中國國家圖書館編

國家圖書館藏敦煌遺書

第一百四十四冊　北敦一五四六三號——北敦一五八四四號

北京圖書館出版社

圖書在版編目(CIP)數據

國家圖書館藏敦煌遺書·第一百四十四册/中國國家圖書館編;任繼愈主編.—北京:北京圖書館出版社,2012.5

ISBN 978-7-5013-3706-4

Ⅰ.國… Ⅱ.①中…②任… Ⅲ.敦煌學-文獻 Ⅳ.K870.6

中國版本圖書館 CIP 數據核字(2012)第 028963 號

ISBN 978-7-5013-3706-4

9 787501 337064 >

書　　名 國家圖書館藏敦煌遺書·第一百四十四册
著　　者 中國國家圖書館編　任繼愈主編
責任編輯 徐　蜀　孫　彦
封面設計 李　璀

出　　版 北京圖書館出版社　(100034　北京西城區文津街7號)
發　　行 010-66139745　66151313　66175620　66126153
66174391(傳真)　66126156(門市部)
E-mail btsfxb@nlc.gov.cn(郵購)
Website www.nlcpress.com → 投稿中心
經　　銷 新華書店
印　　刷 北京文津閣印務有限責任公司

開　　本 八開
印　　張 44.25
版　　次 2012年5月第1版第1次印刷
印　　數 1-250册(套)

書　　號 ISBN 978-7-5013-3706-4/K·1669
定　　價 990.00圓

目録

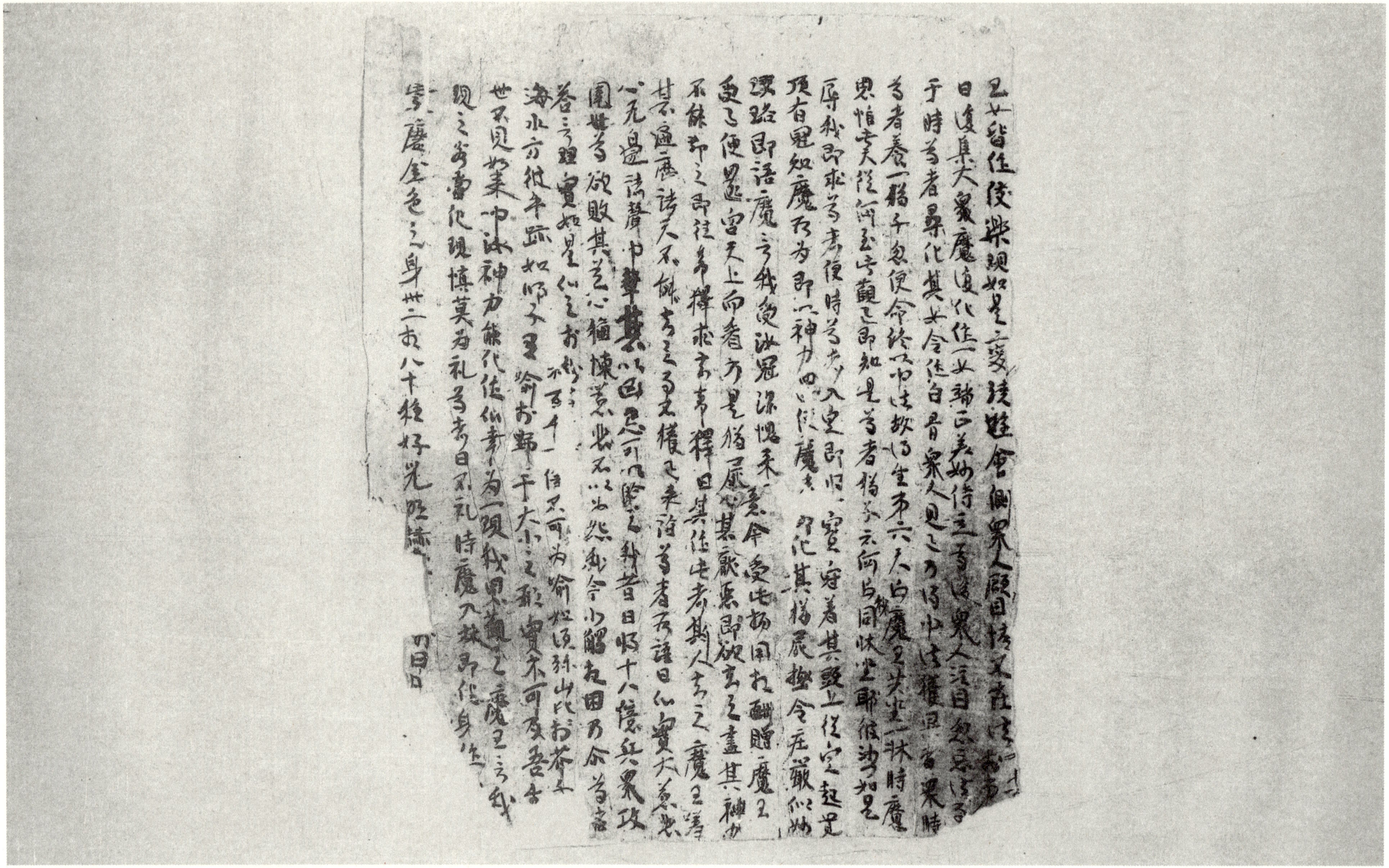

BD15463號　賢愚經卷一三鈔（擬）　（1-1）

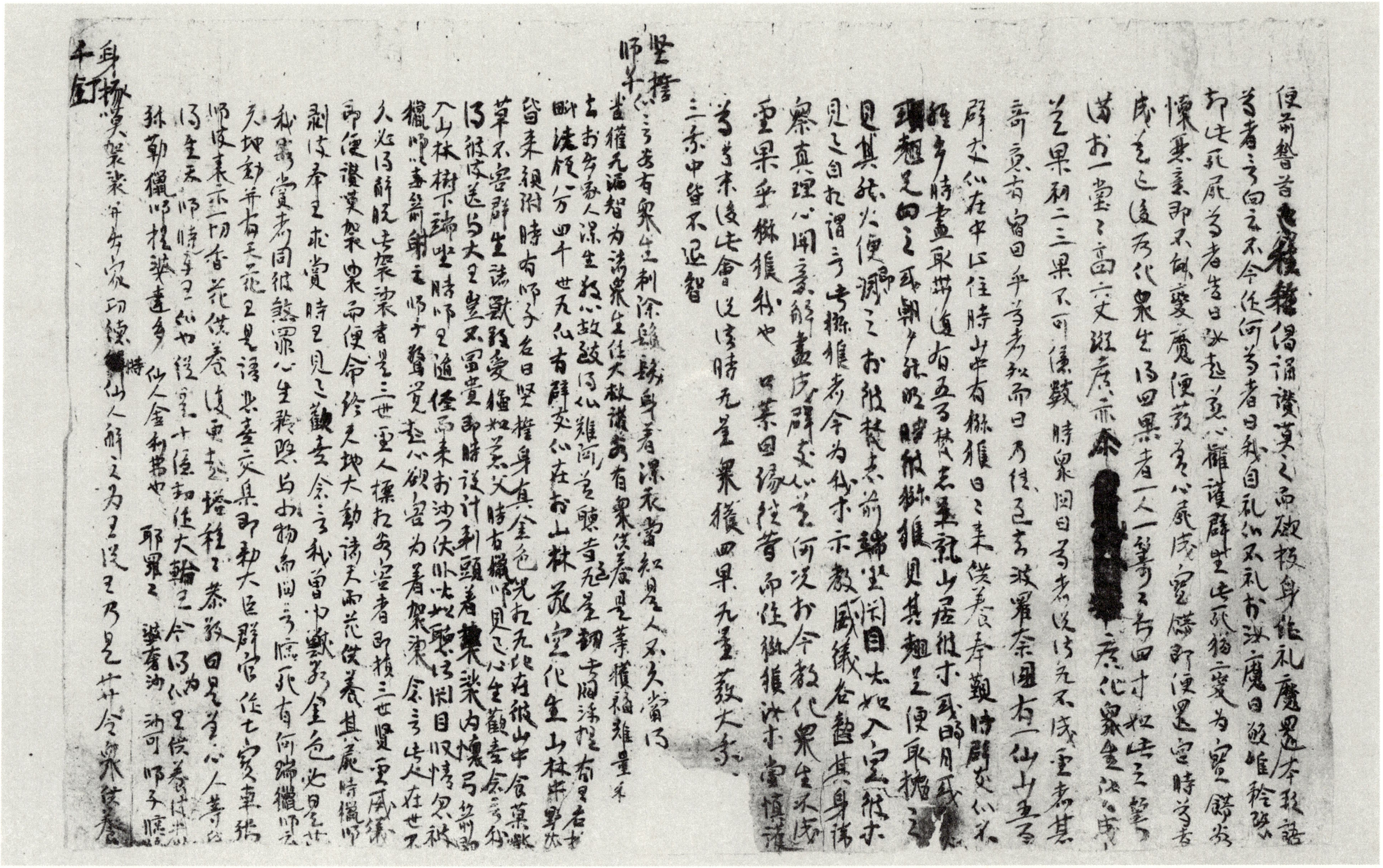

BD15464號　賢愚經卷一三鈔(擬)　(1–1)

BD15465號 賢愚經卷一鈔（擬）

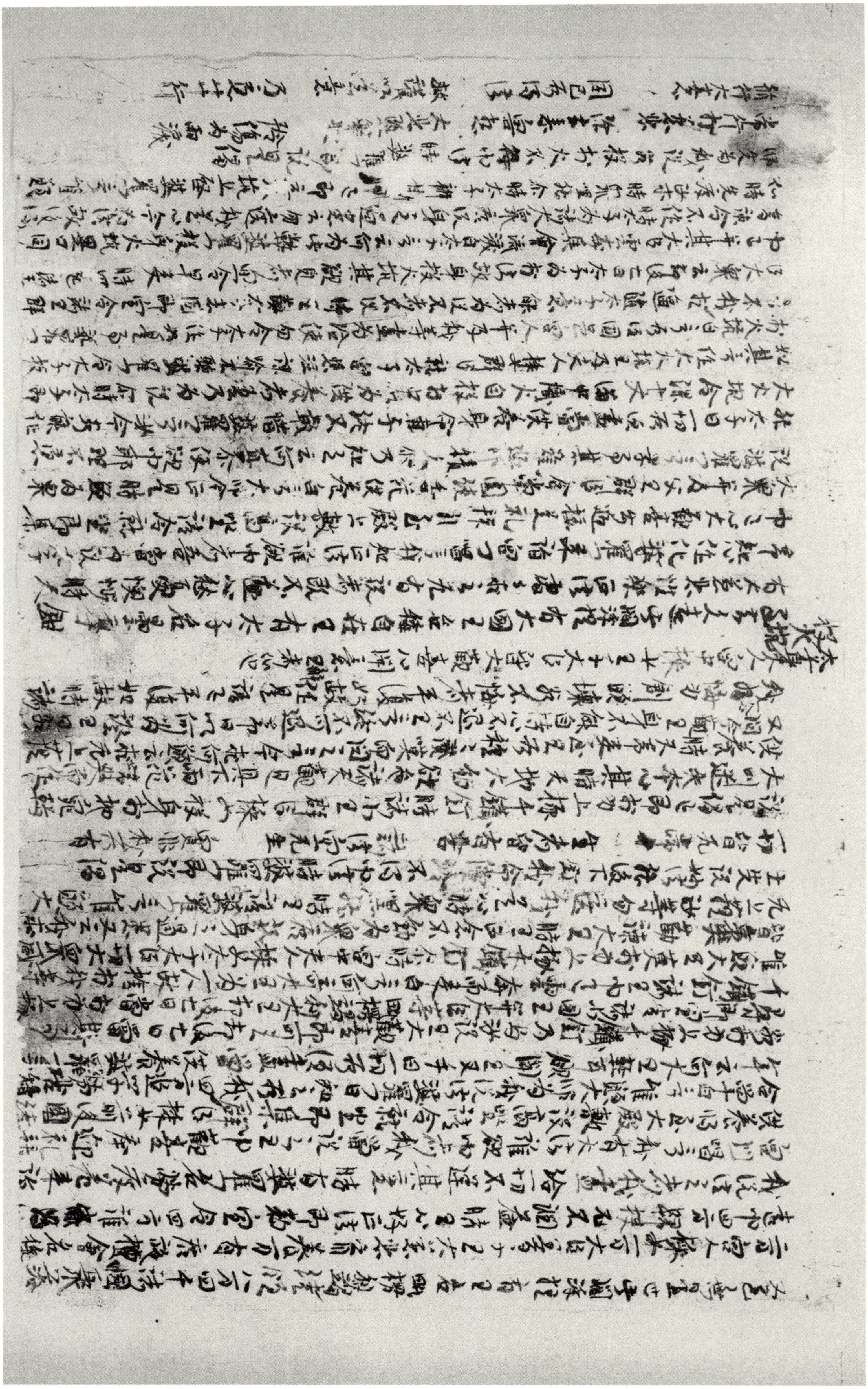

（1-1）

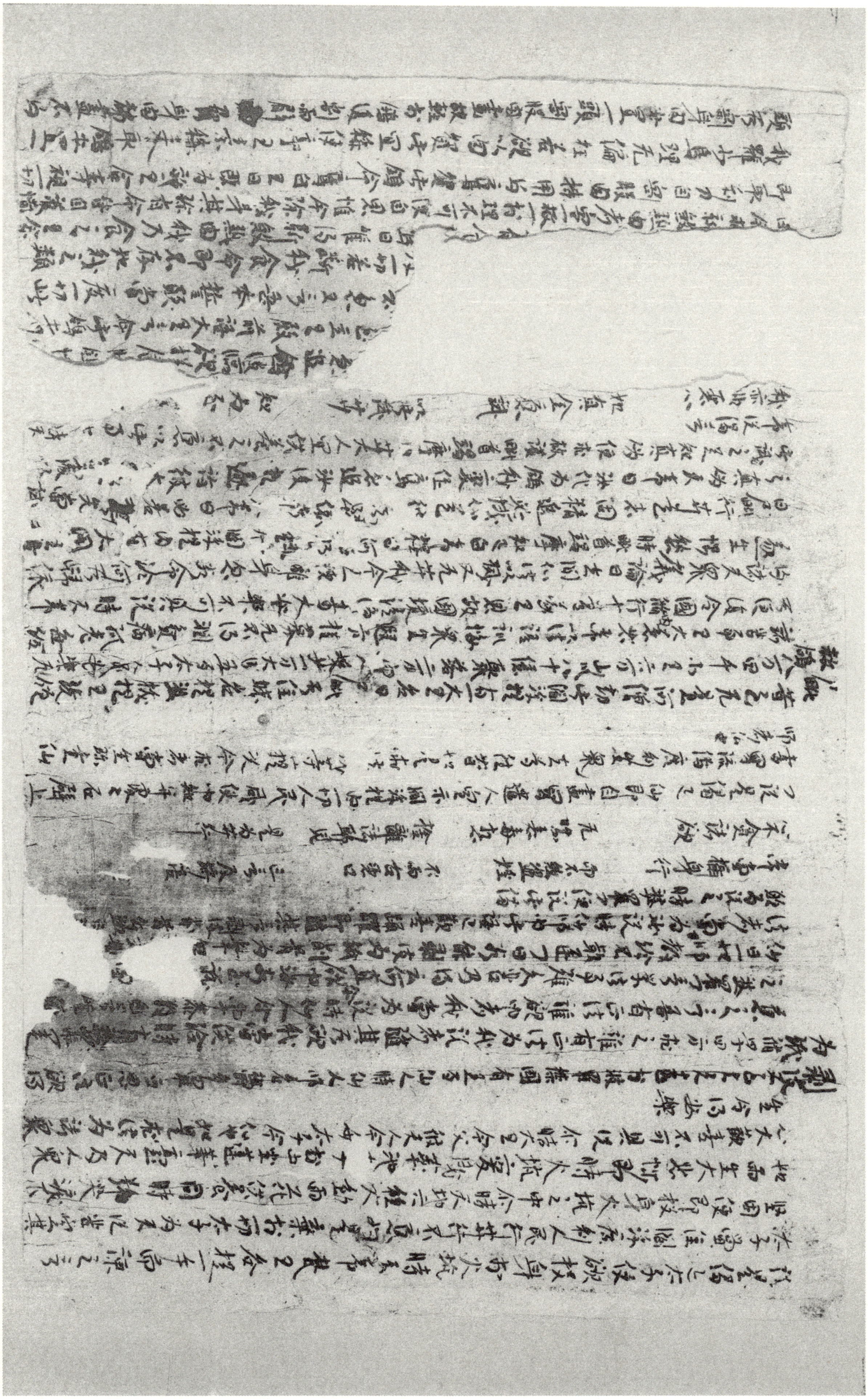

BD15466號　賢愚經卷一鈔（擬）　（1-1）

BD15467號　賢愚經卷一至卷六鈔（擬）

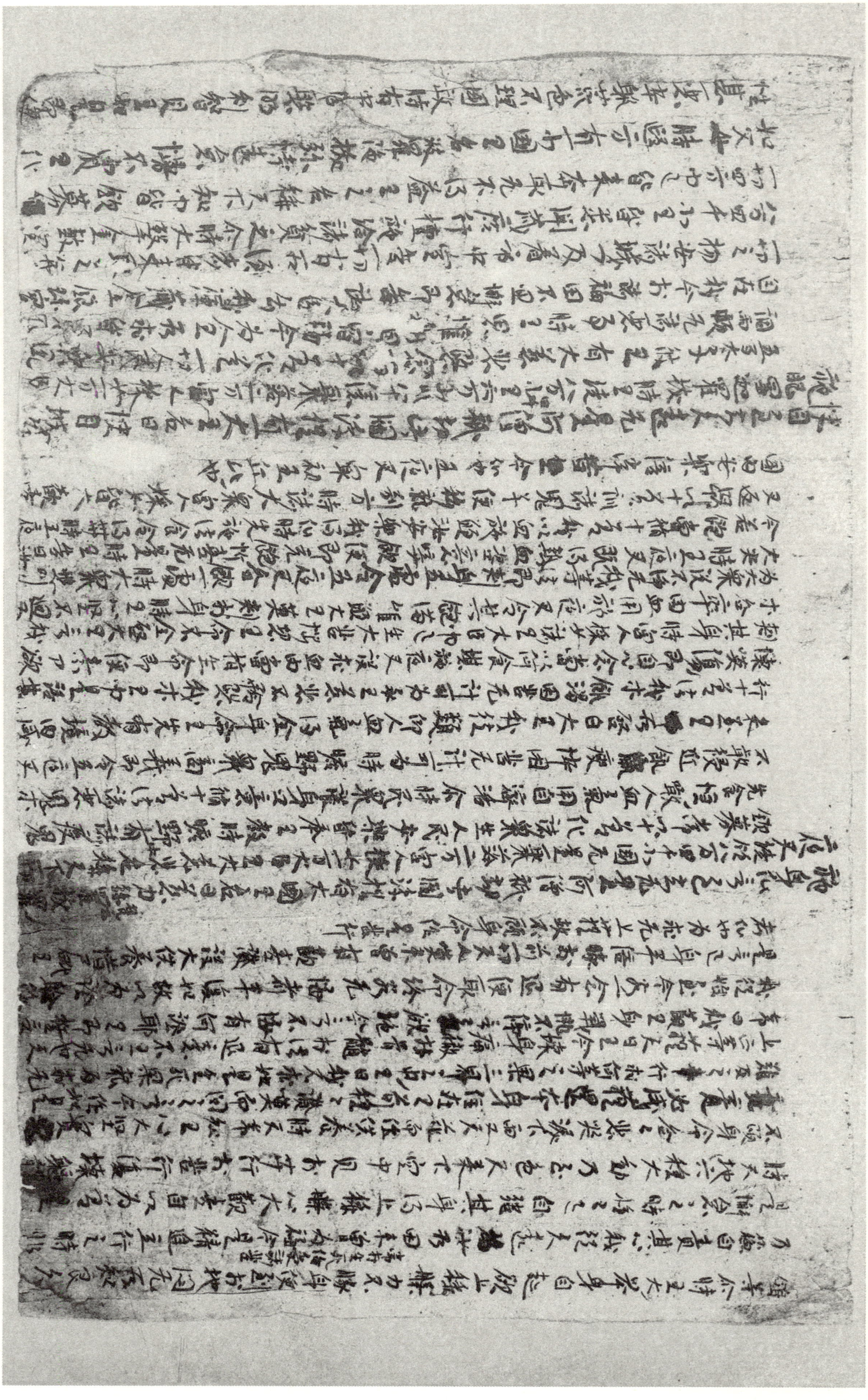

（1–1）

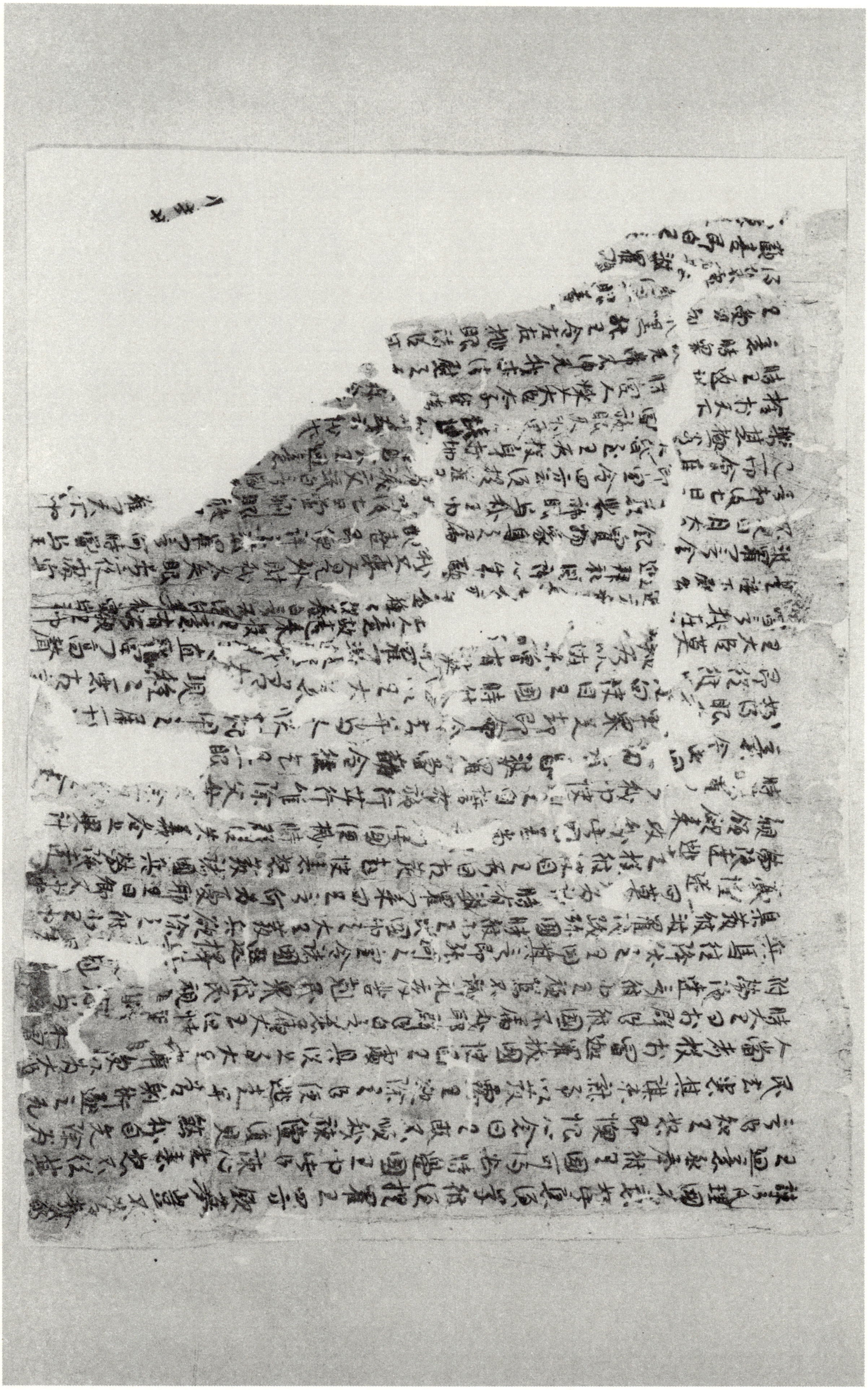

（1–1）

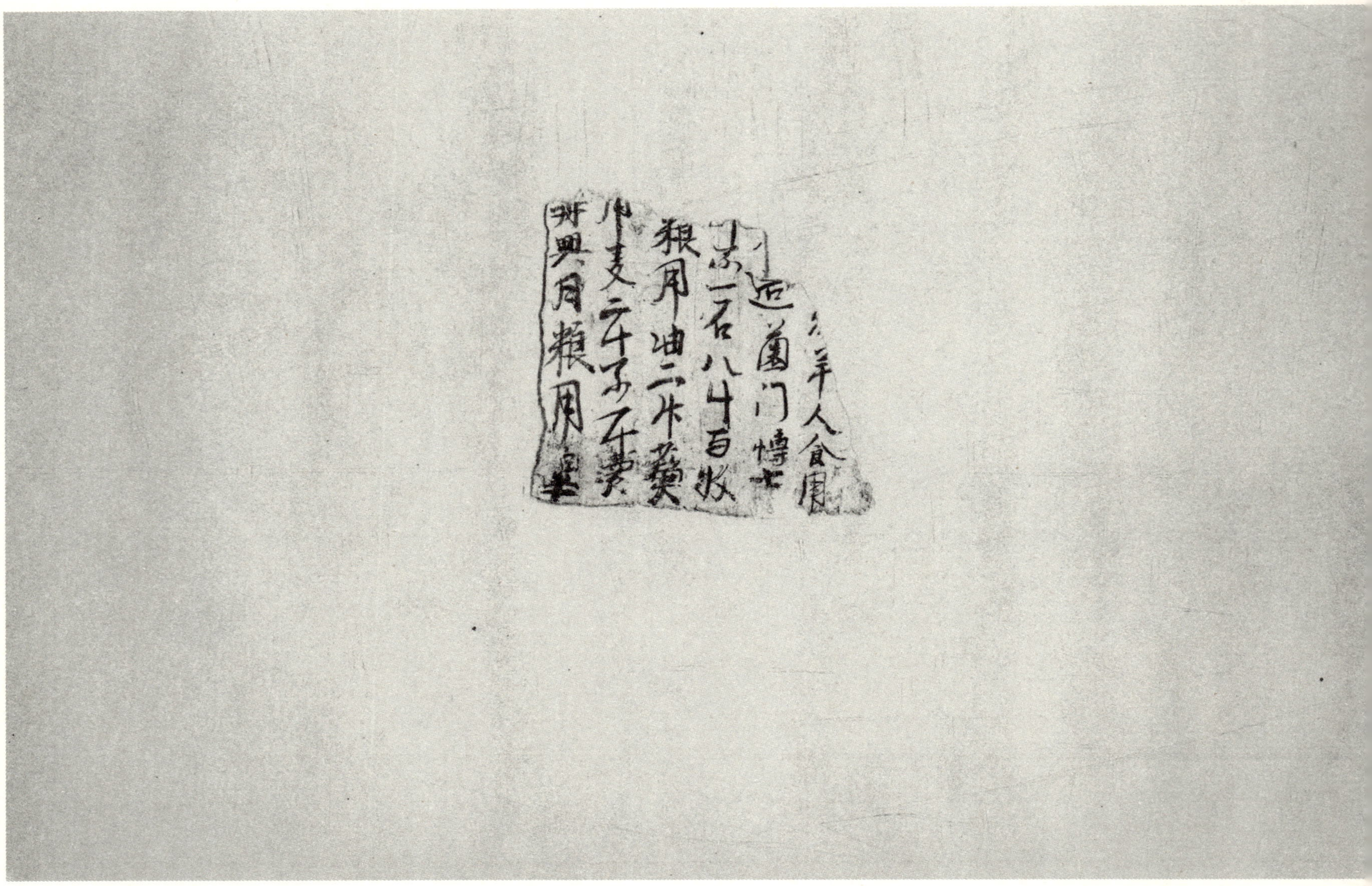

BD15469 號　糧油破歷（擬）　　（1–1）

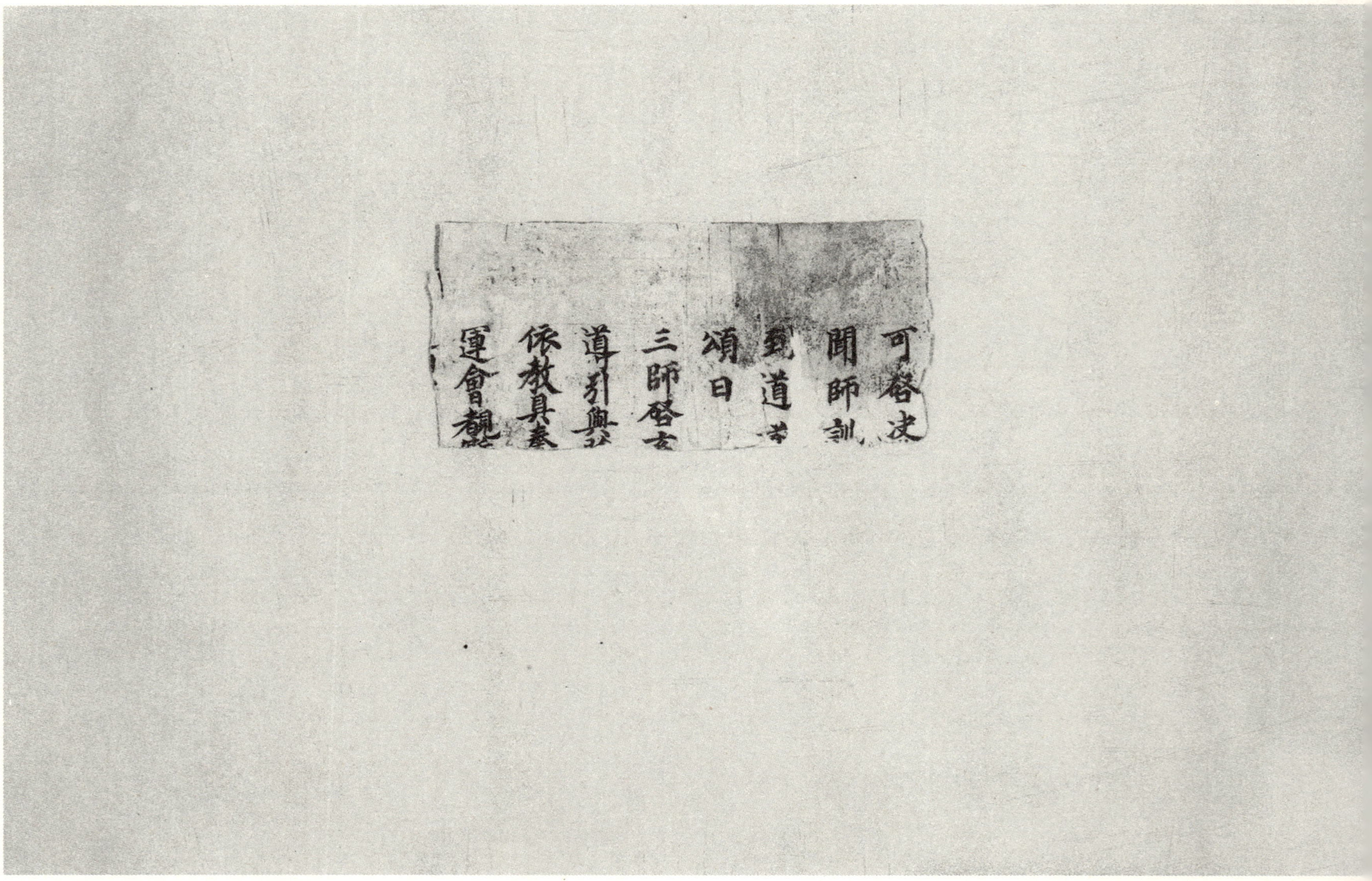

BD15470 號　太玄真一本際經卷四　　（1–1）

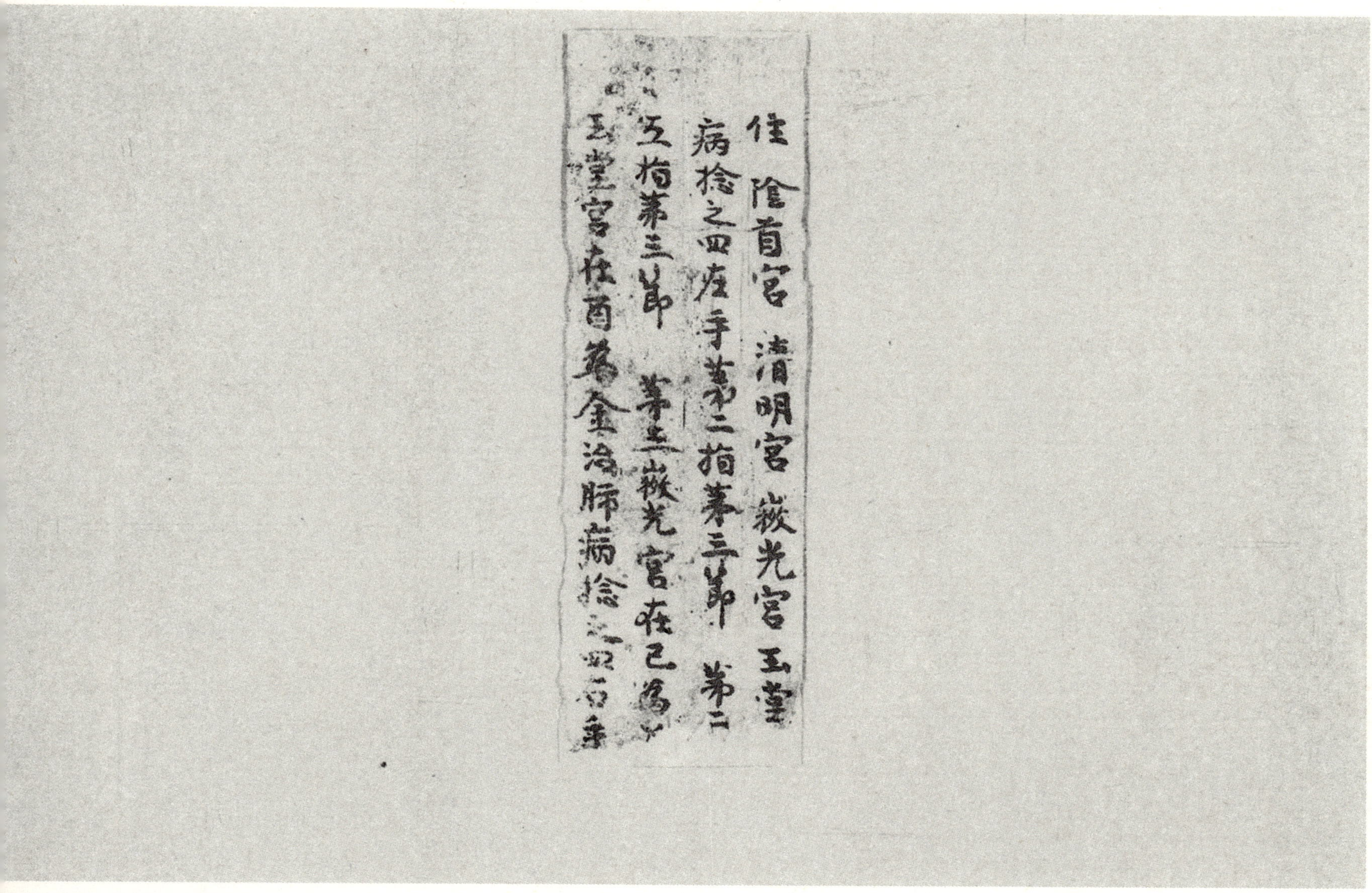

BD15471 號　醫書（擬）　　（1–1）

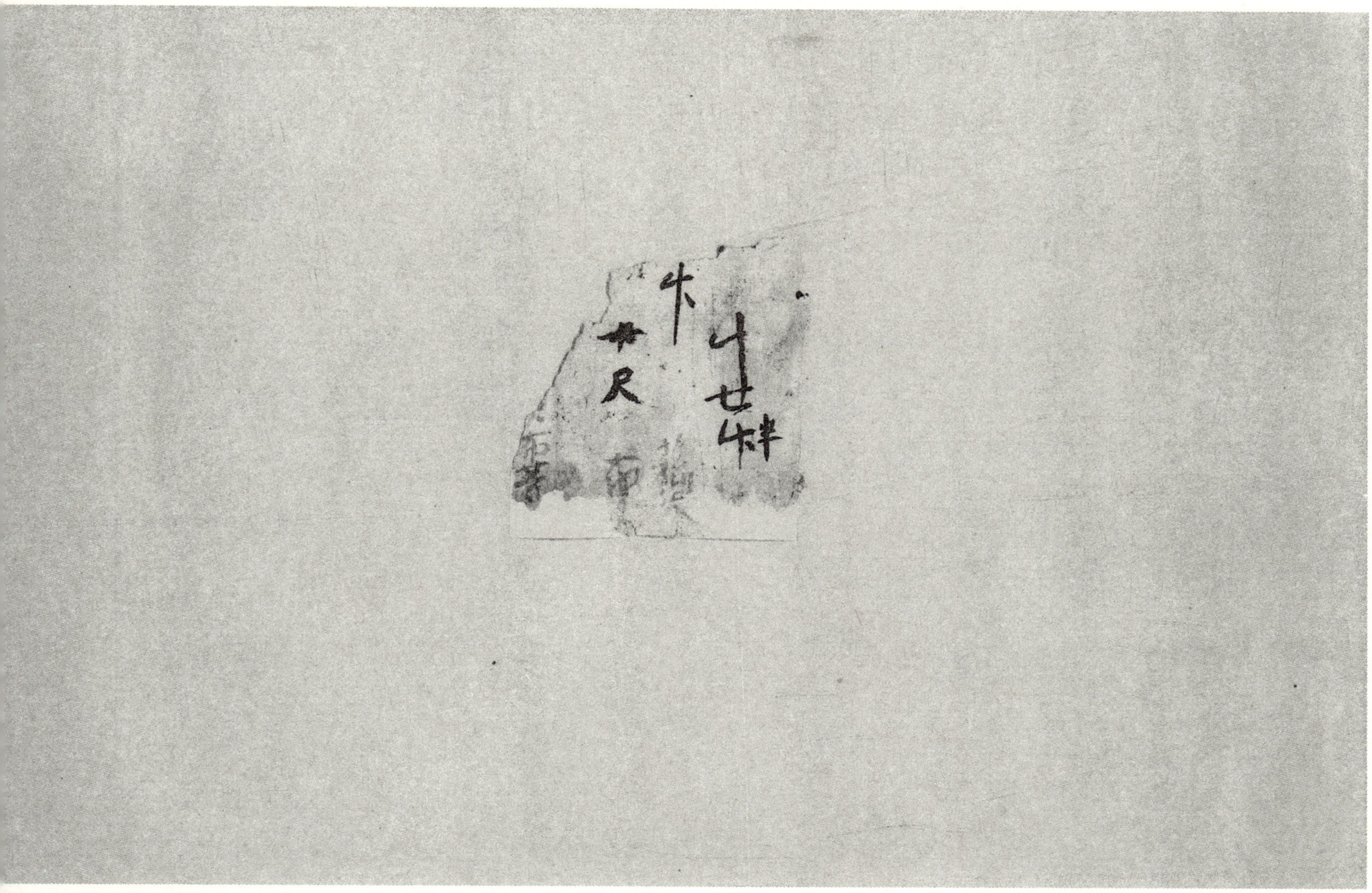

BD15472 號　雜物歷（擬）　　（1–1）

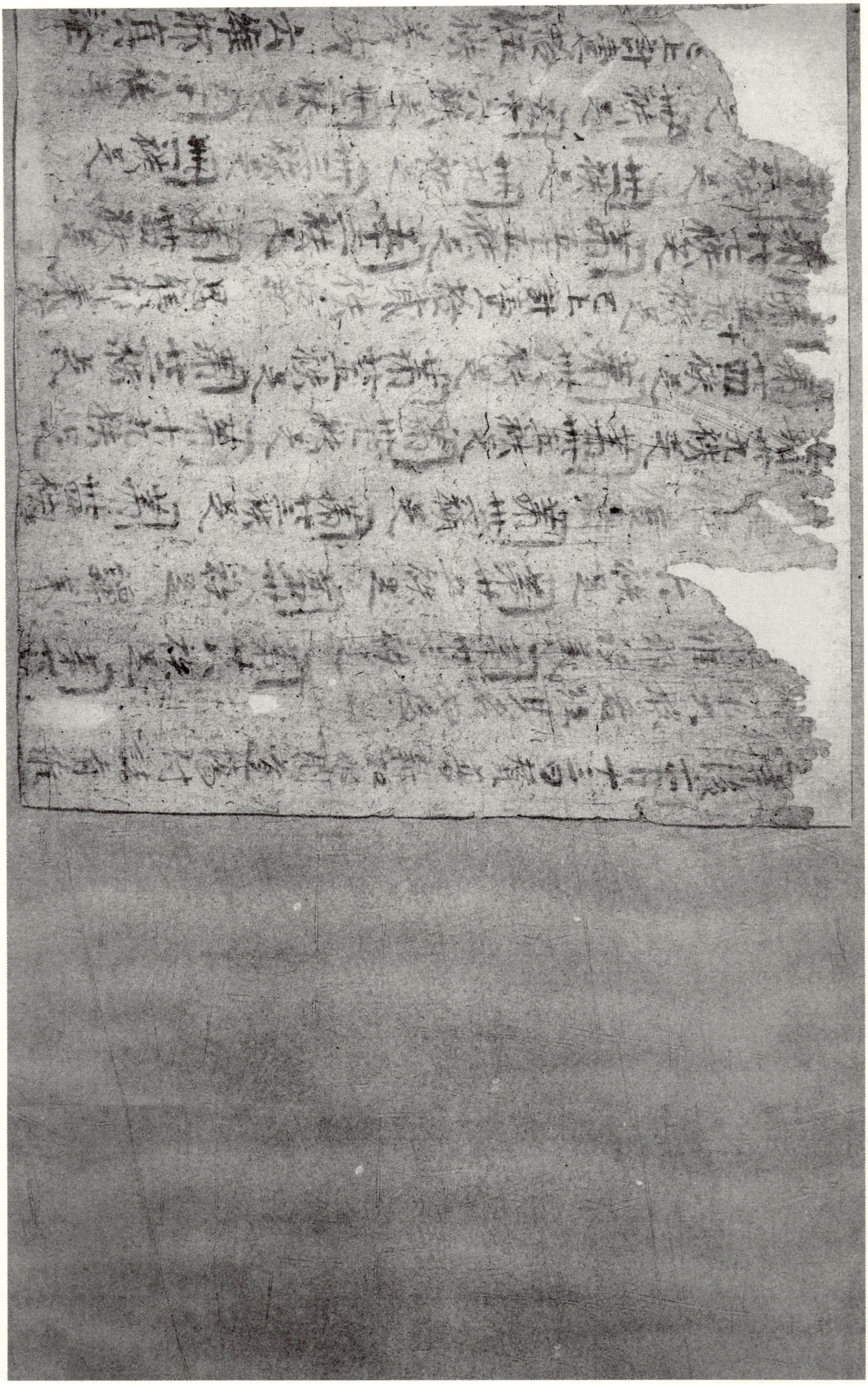

BD15473號　子年後六月十三日贊普新加水則道場付諸寺維那官《大般若經》錄（擬）

（2–1）

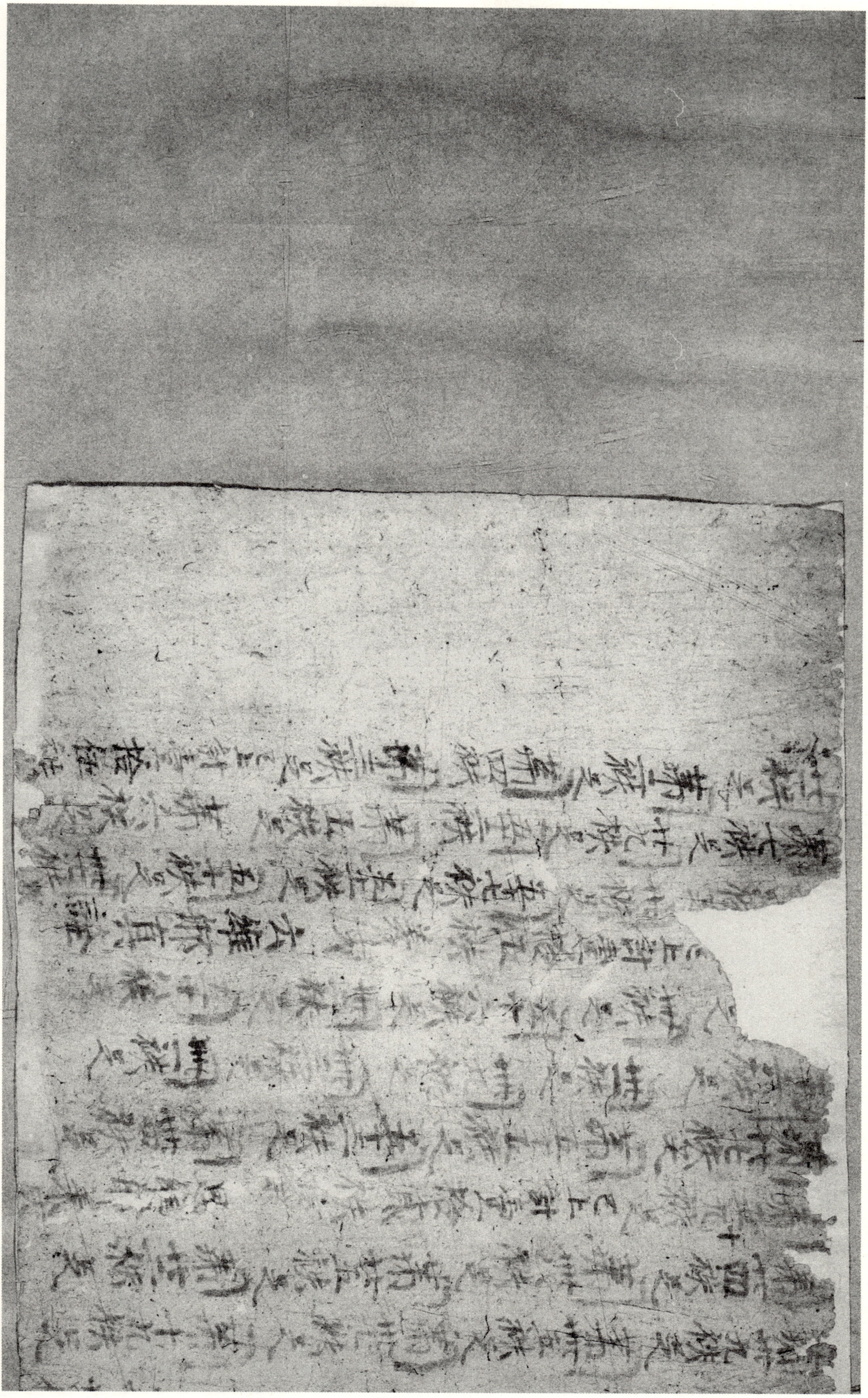

BD15473號　子年後六月十三日贊普新加水則道場付諸寺維那官《大般若經》錄（擬）　（2–2）

BD15473 號背　子年後六月十七日贊普福田出《大般若經》付諸寺維那錄及付經雜錄（擬）　（1–1）

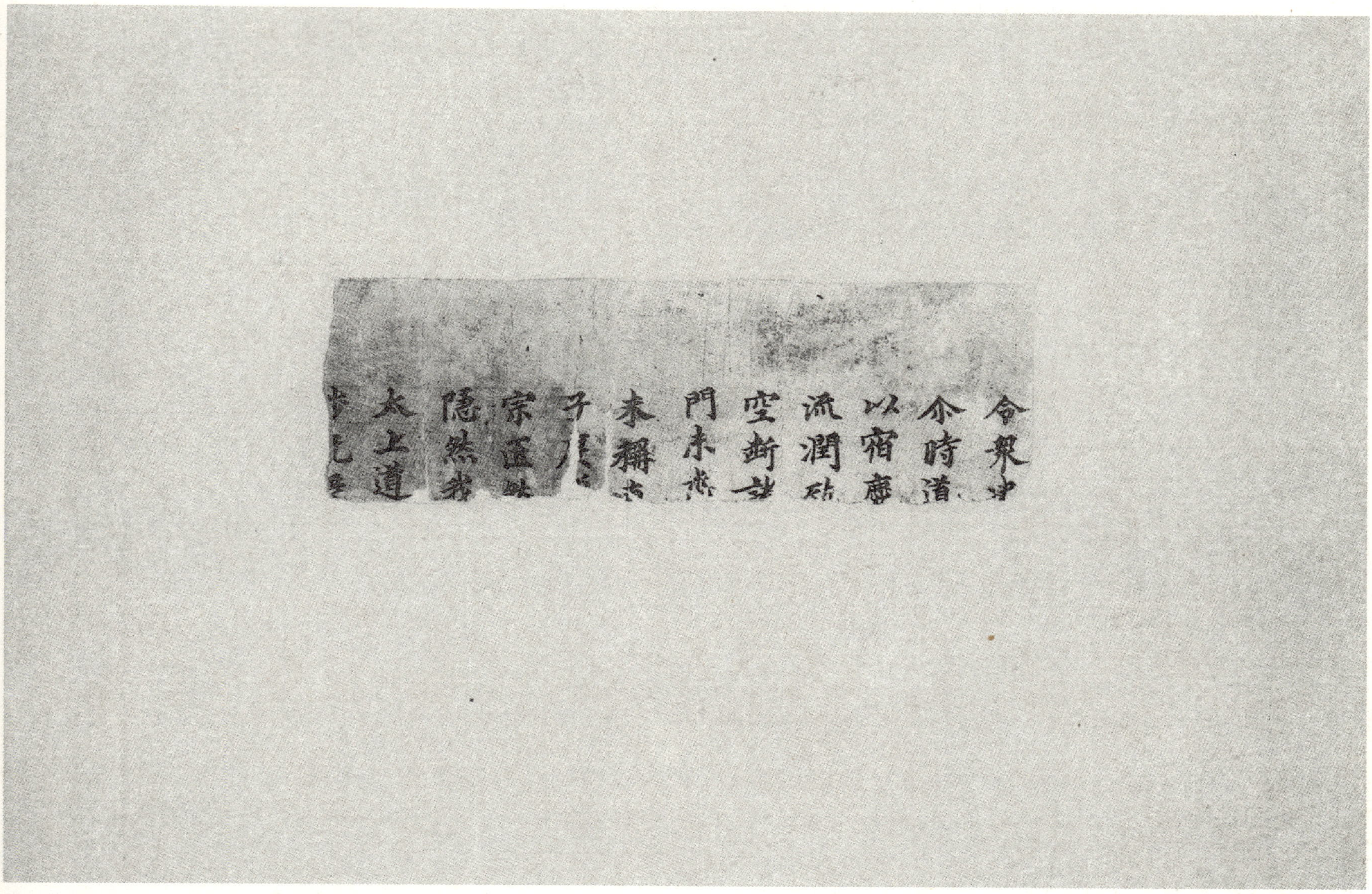

BD15474號 太玄真一本際經卷四 （1-1）

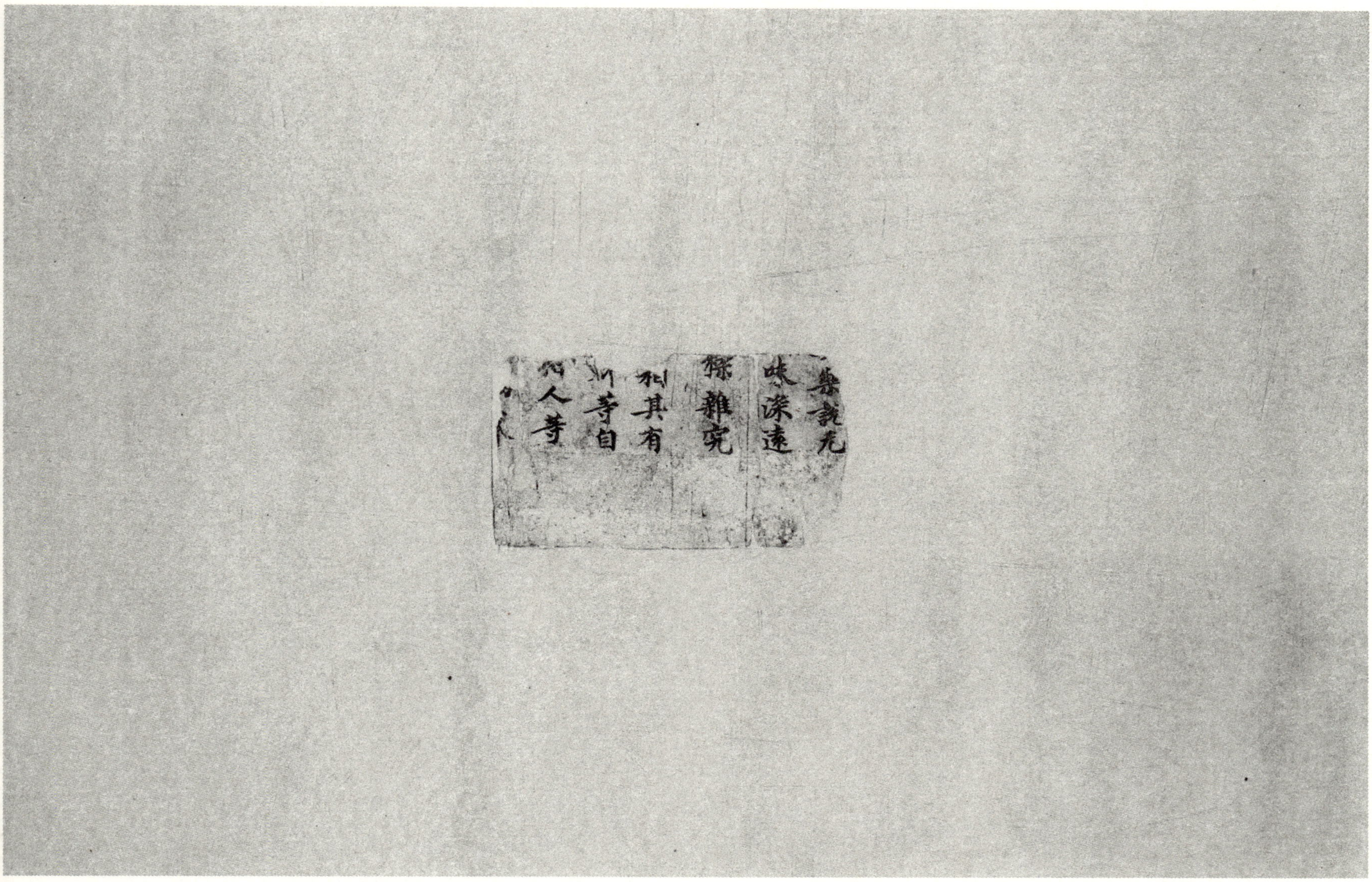

BD15475號 太玄真一本際經卷四 （1-1）

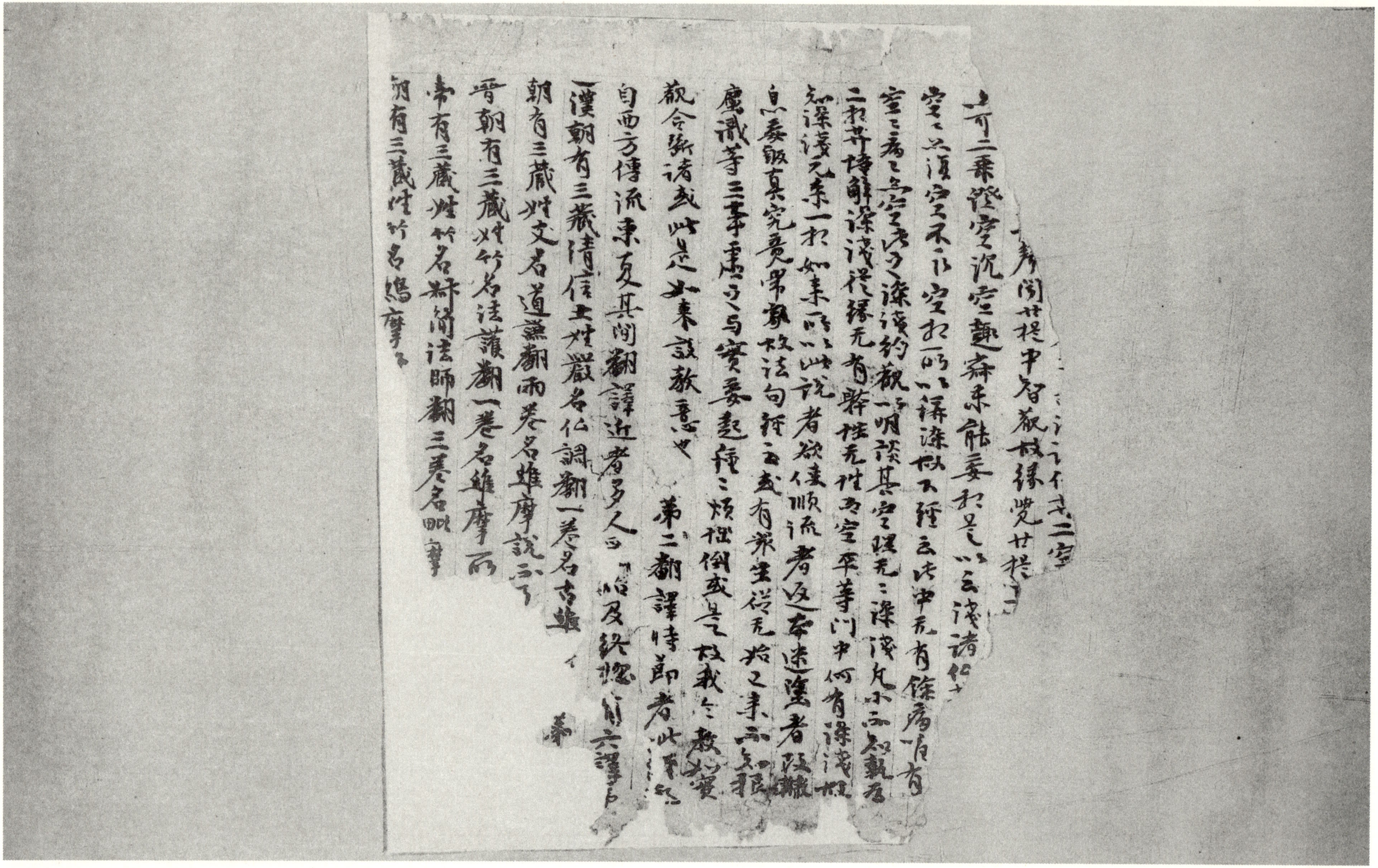

BD15476號　維摩詰經疏（擬）

（1–1）

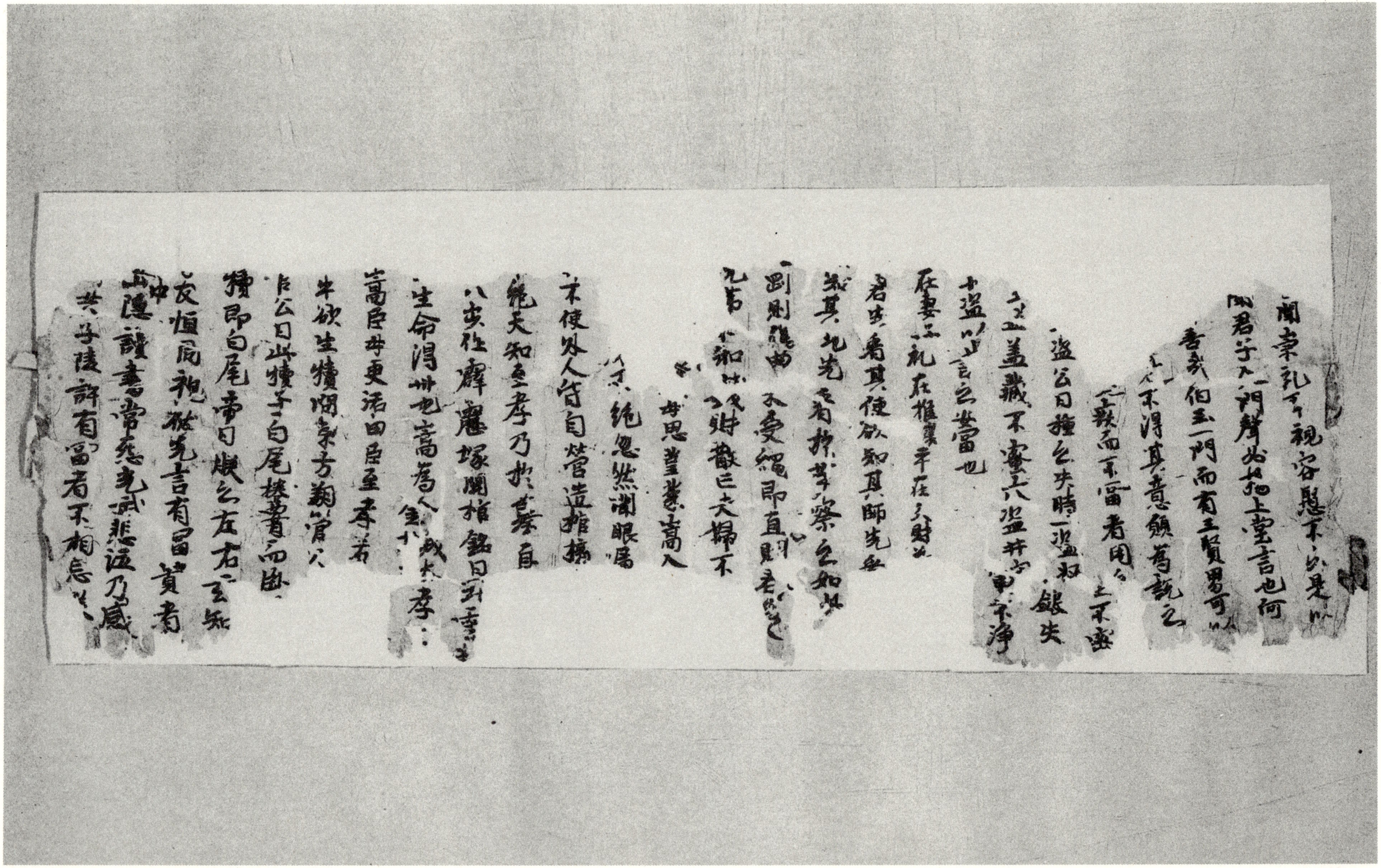

BD15477號　失名類書（擬）　（1–1）

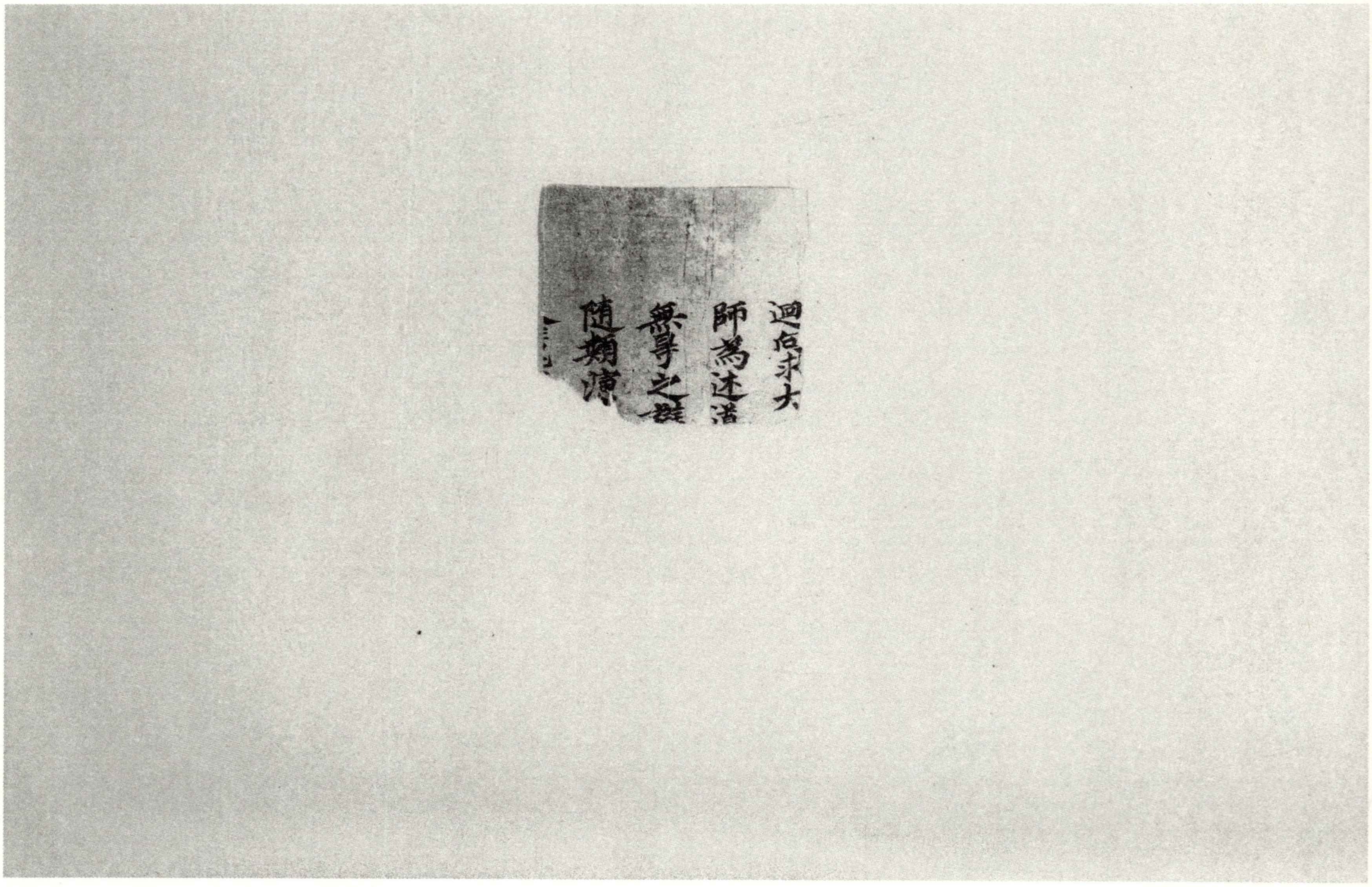

BD15478 號　太玄真一本際經卷四　　（1–1）

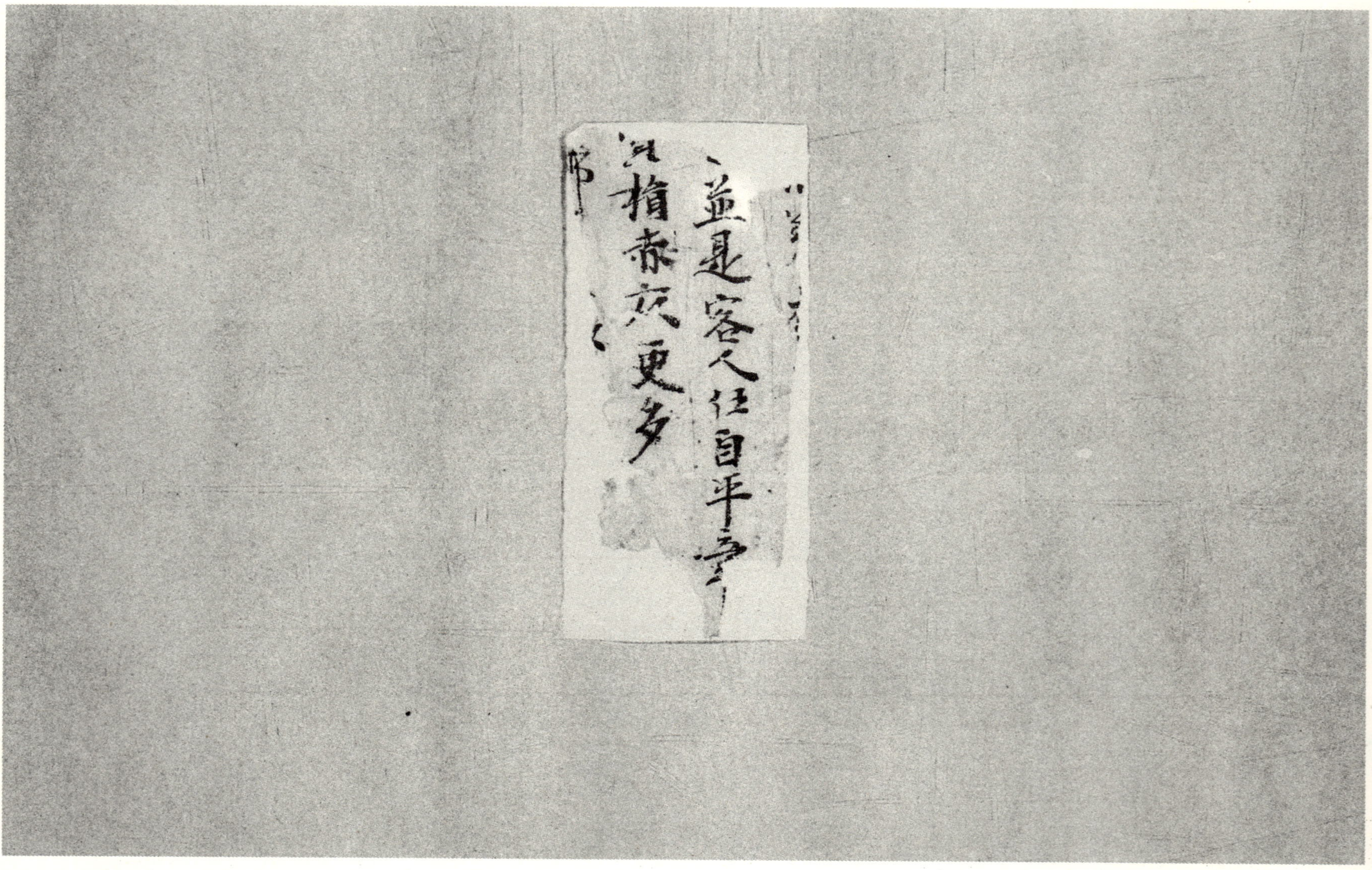

BD15479 號　殘文書（擬）　　（1–1）

BD15480 號　殘片（擬）　（1–1）

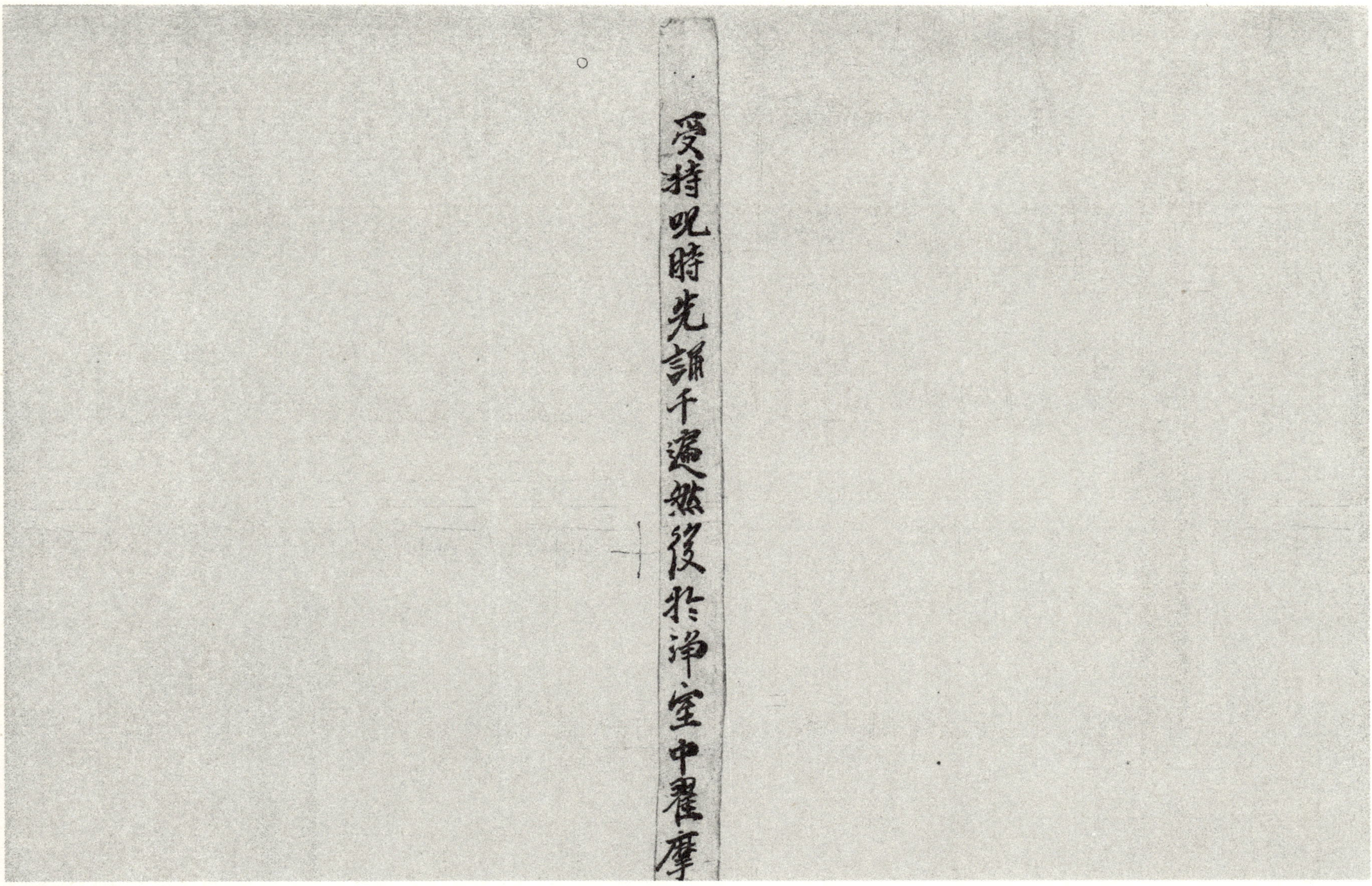

BD15481 號　壇場懺法（擬）　（2–1）

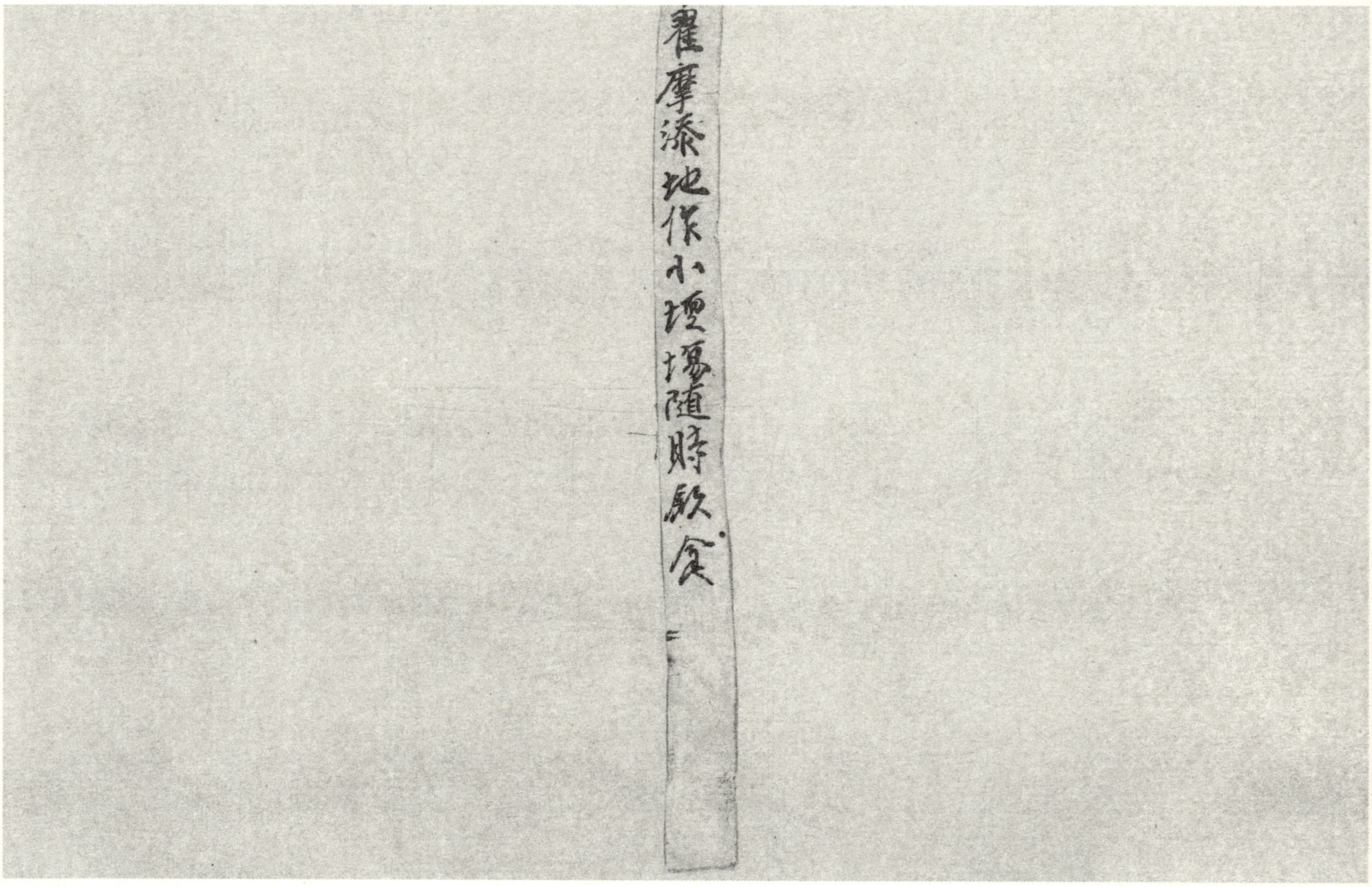

BD15481 號　壇場懺法（擬）　　（2–2）

BD15482 號　入破歷（擬）　　（1–1）

BD15483 號　太玄真一本際經卷四　（1–1）

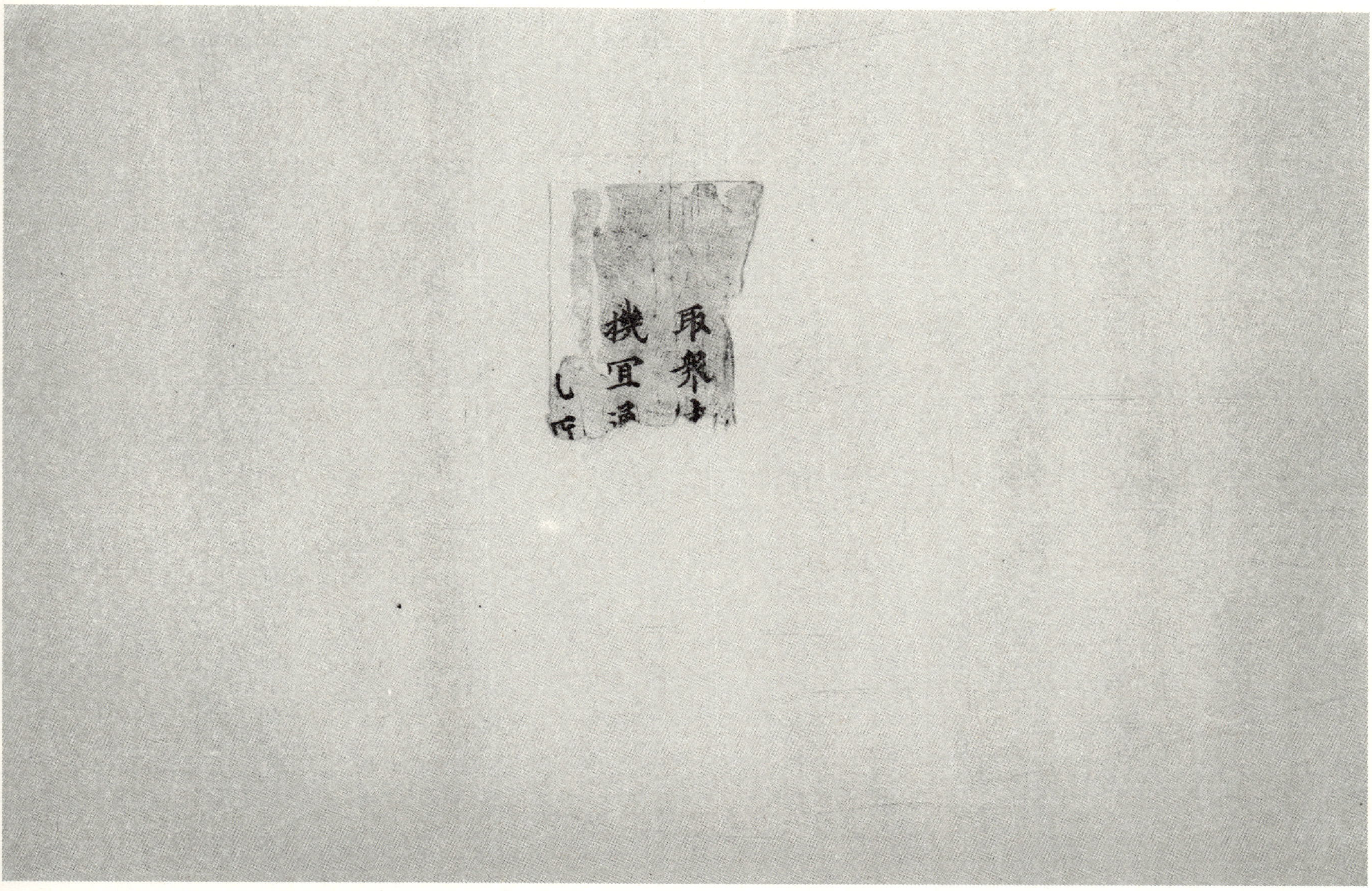

BD15484 號　太玄真一本際經卷四　（1–1）

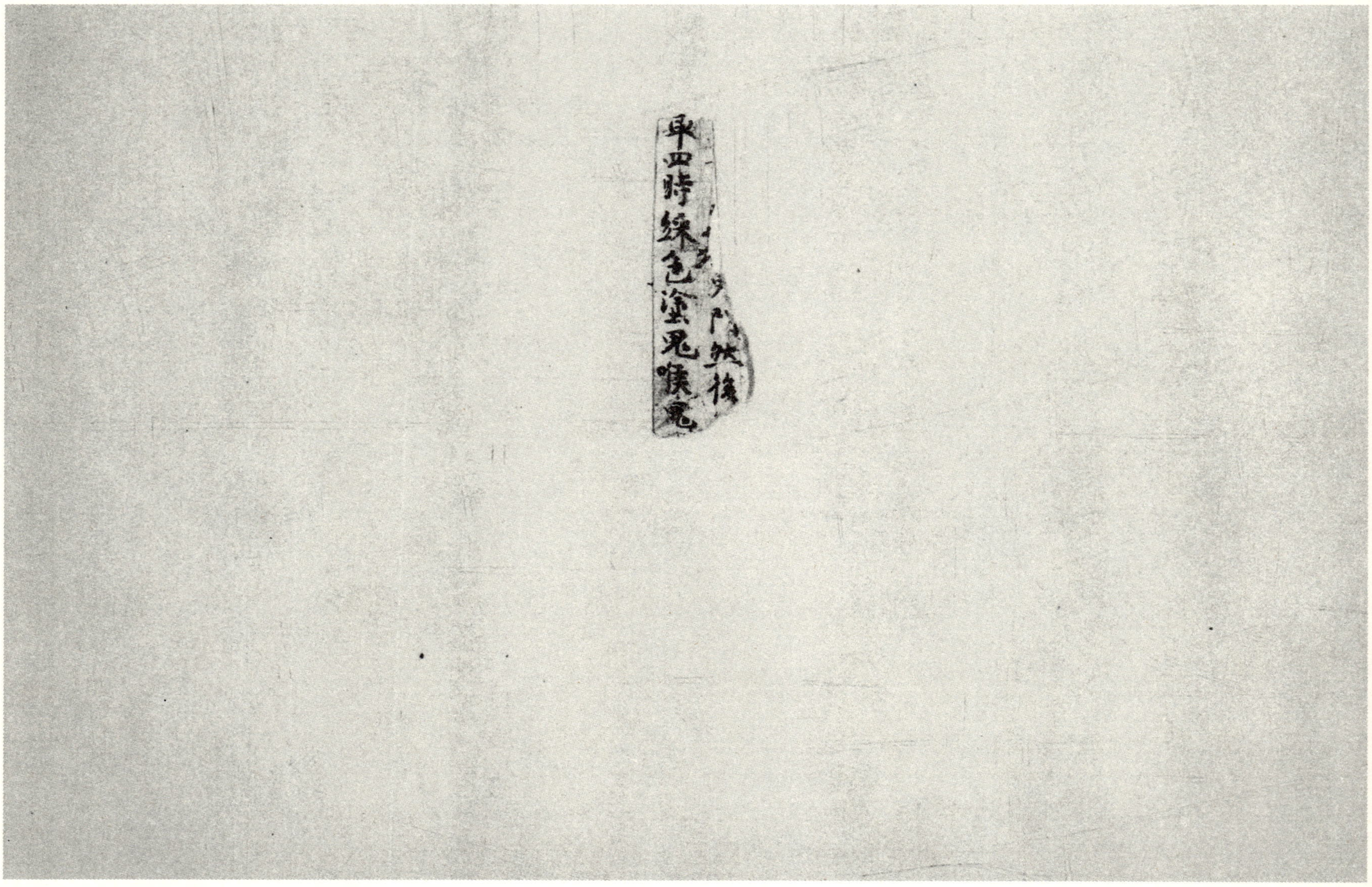
門然後
取四時綵色塗鬼喉竈

BD15485 號　厭鬼法（擬）　　（1–1）

BD15486 號　厭鬼法（擬）　　（1–1）

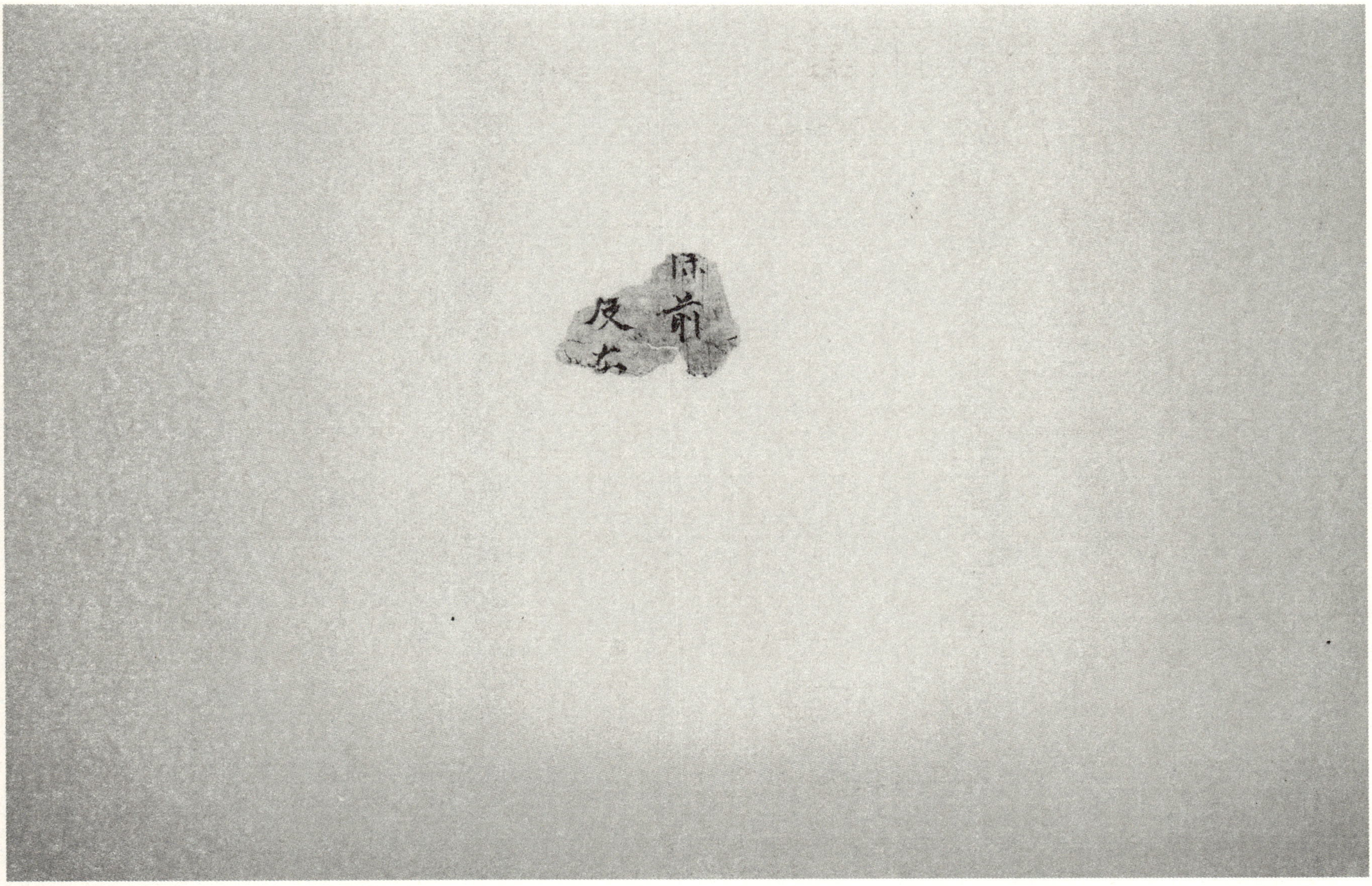

BD15487 號　牒狀（擬）　（1–1）

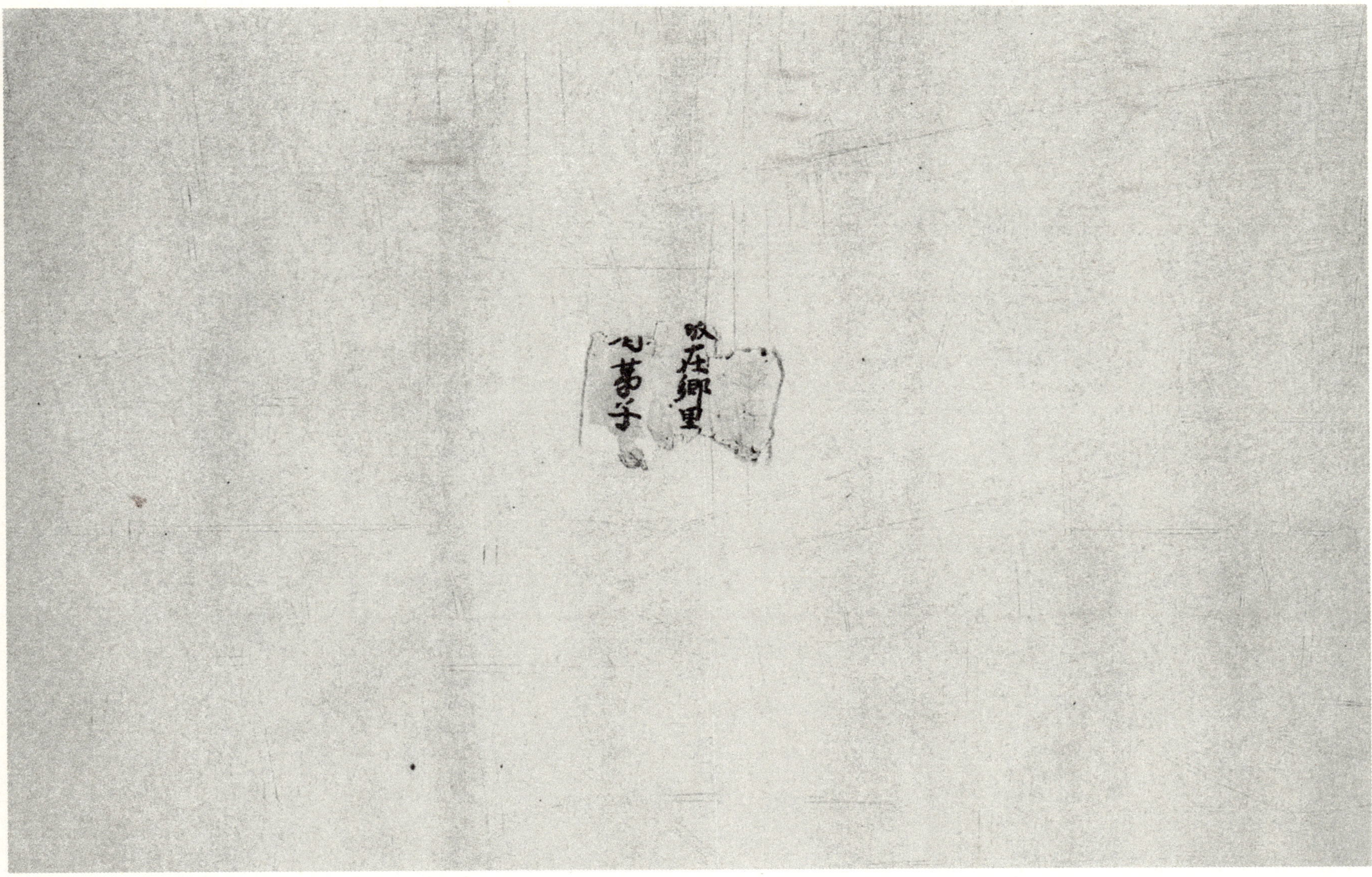

BD15488 號　失名類書（擬）　（1–1）

BD15489 號　雜物歷（擬）　　（1–1）

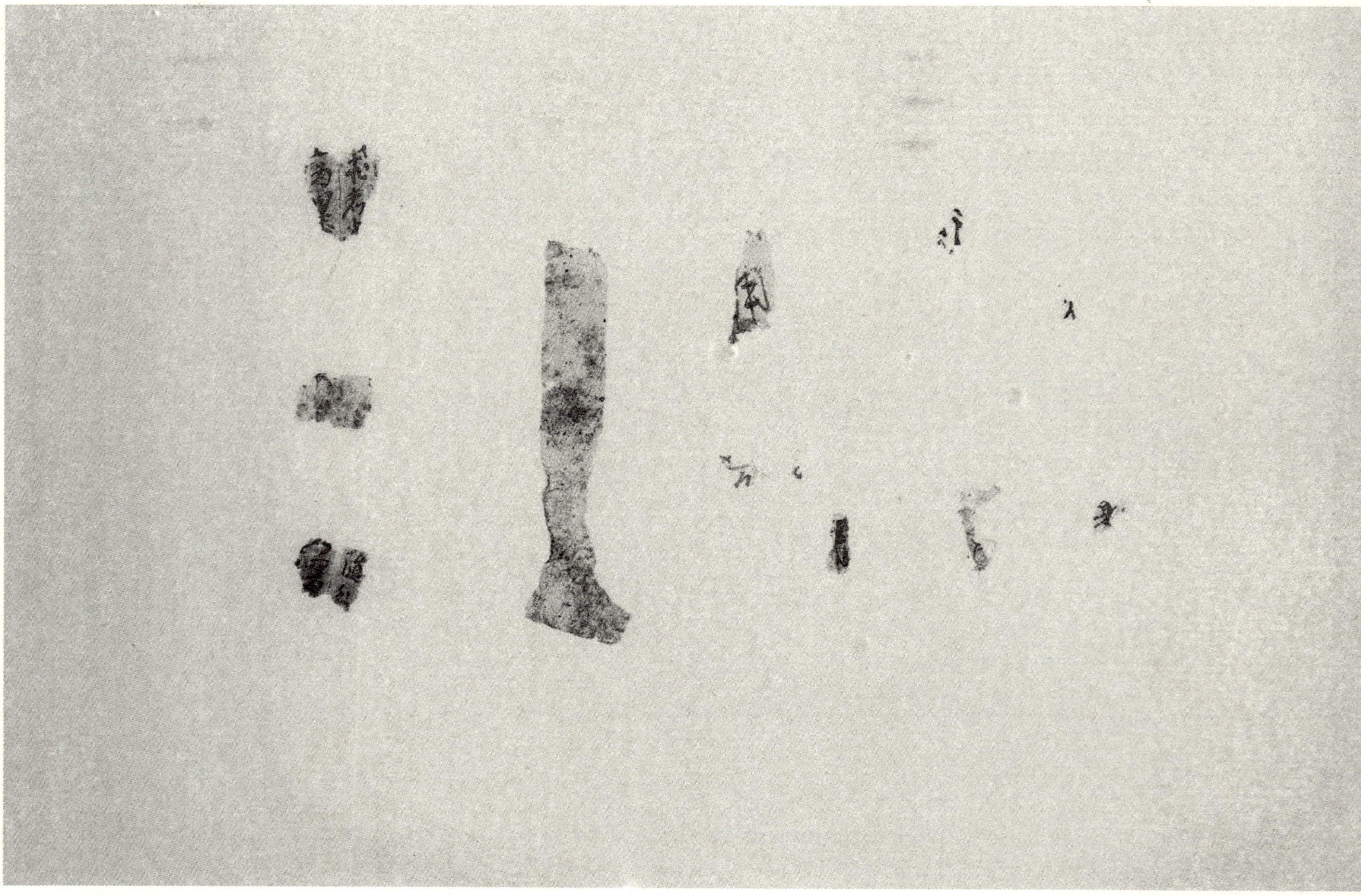

BD15490 號　殘片十一塊（擬）　　（1–1）

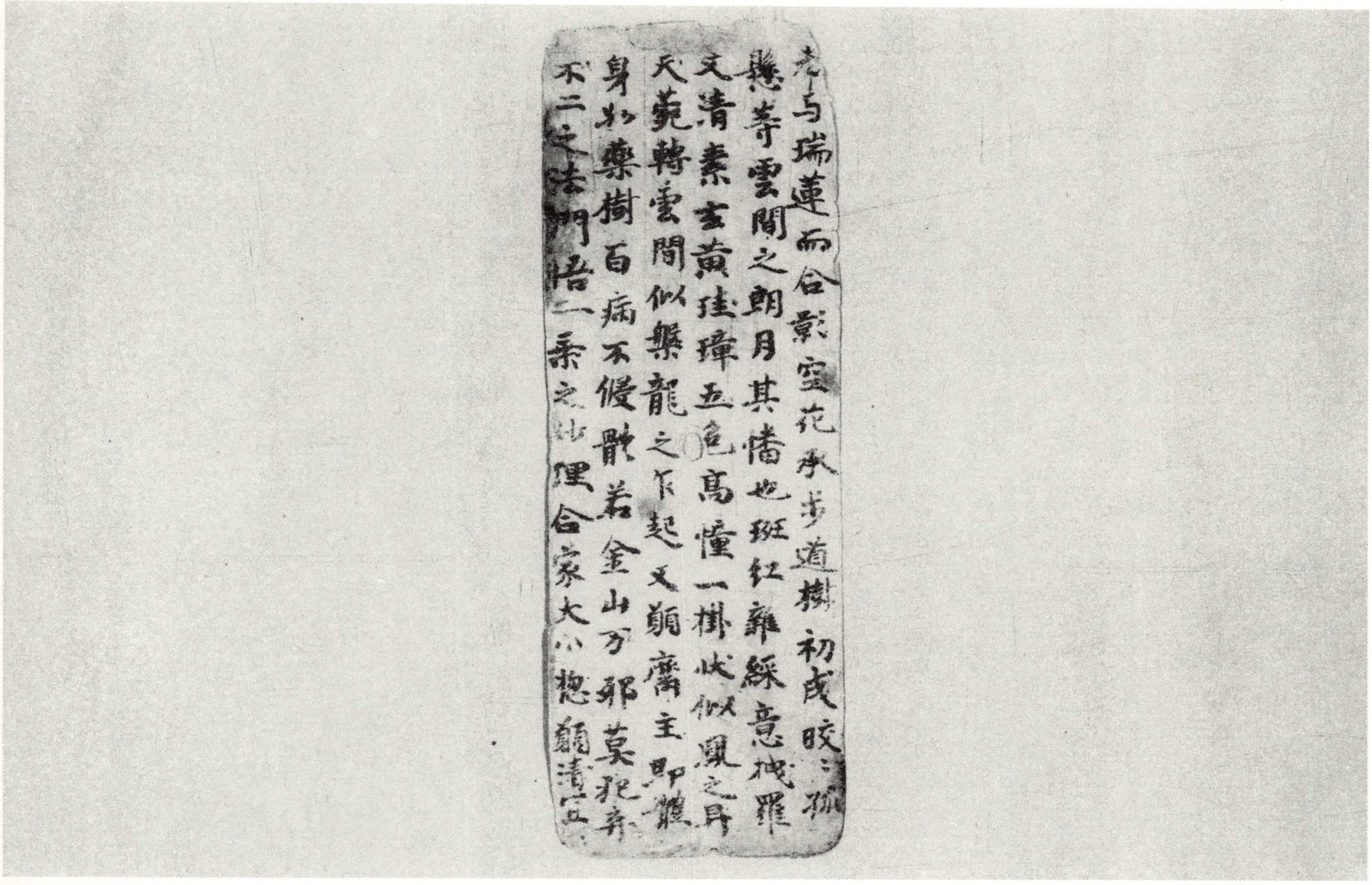

老与瑞蓮而合影空花承步道樹初成皎皎孤
懸壽雲間之朗月其憣也斑紅雜綵意機羅
文清素玄黃珪璋五色高幢一掛狀似鳳之昇
天菀轉雲間似龍之下起又願齋主即體
身如藥樹百病不侵體若金山万邪莫犯弃
不二之法門悟一乘之妙理合家大小揔願清宜

BD15491號　齋文（擬）　（1–1）

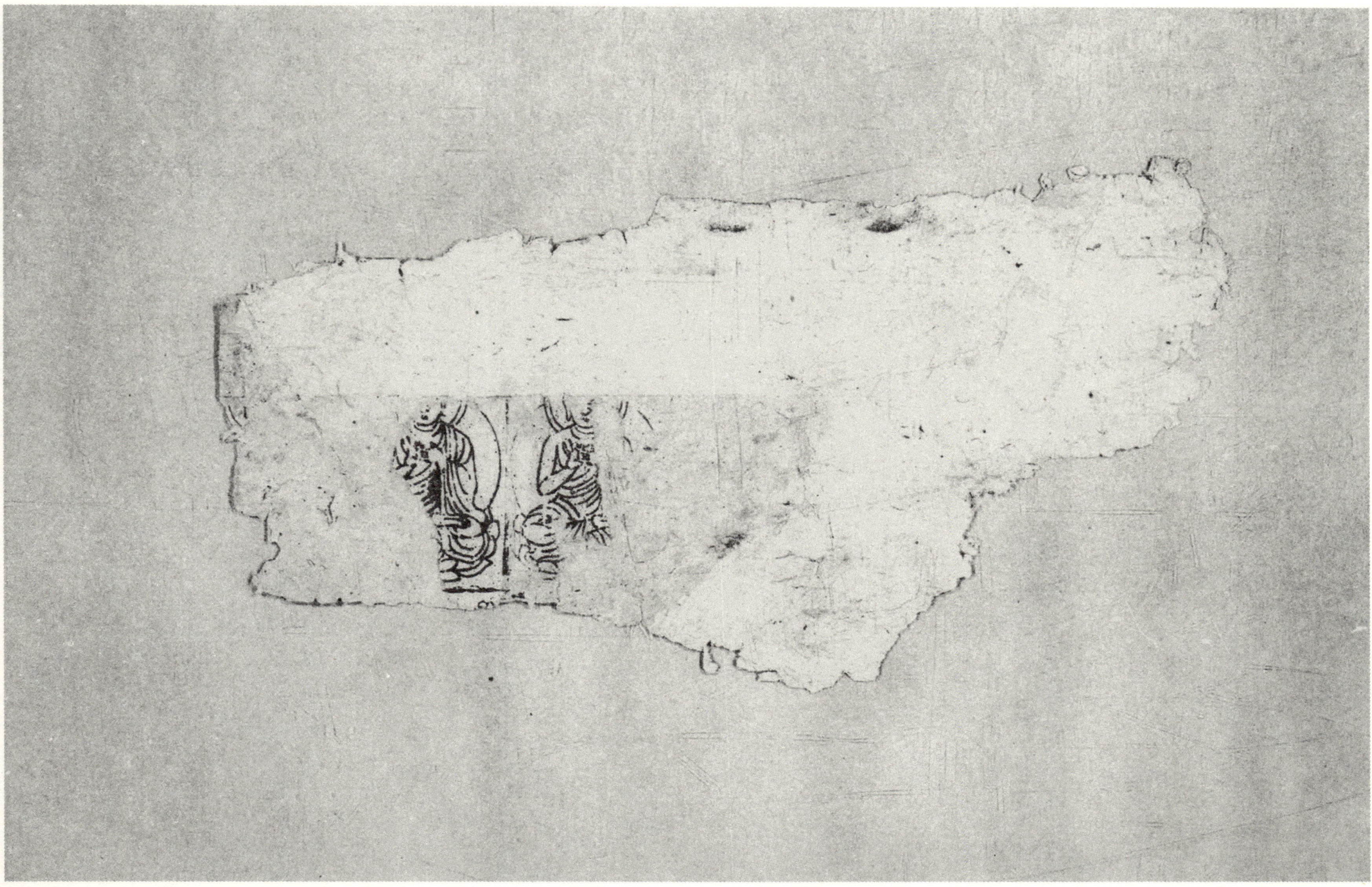

BD15492號　木捺佛像（擬）　（1–1）

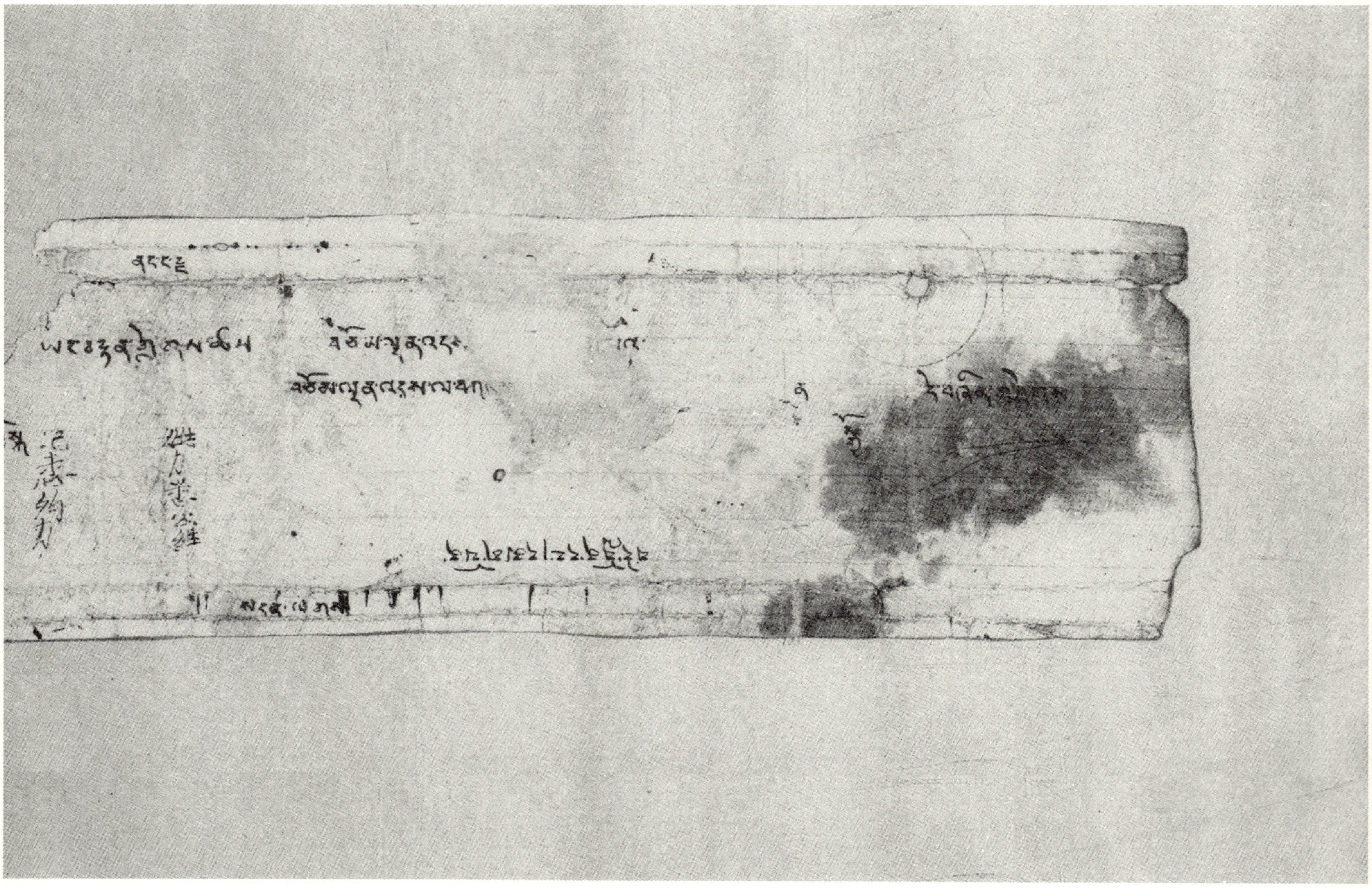

BD15493 號　藏文雜寫（擬）　　　（2–1）

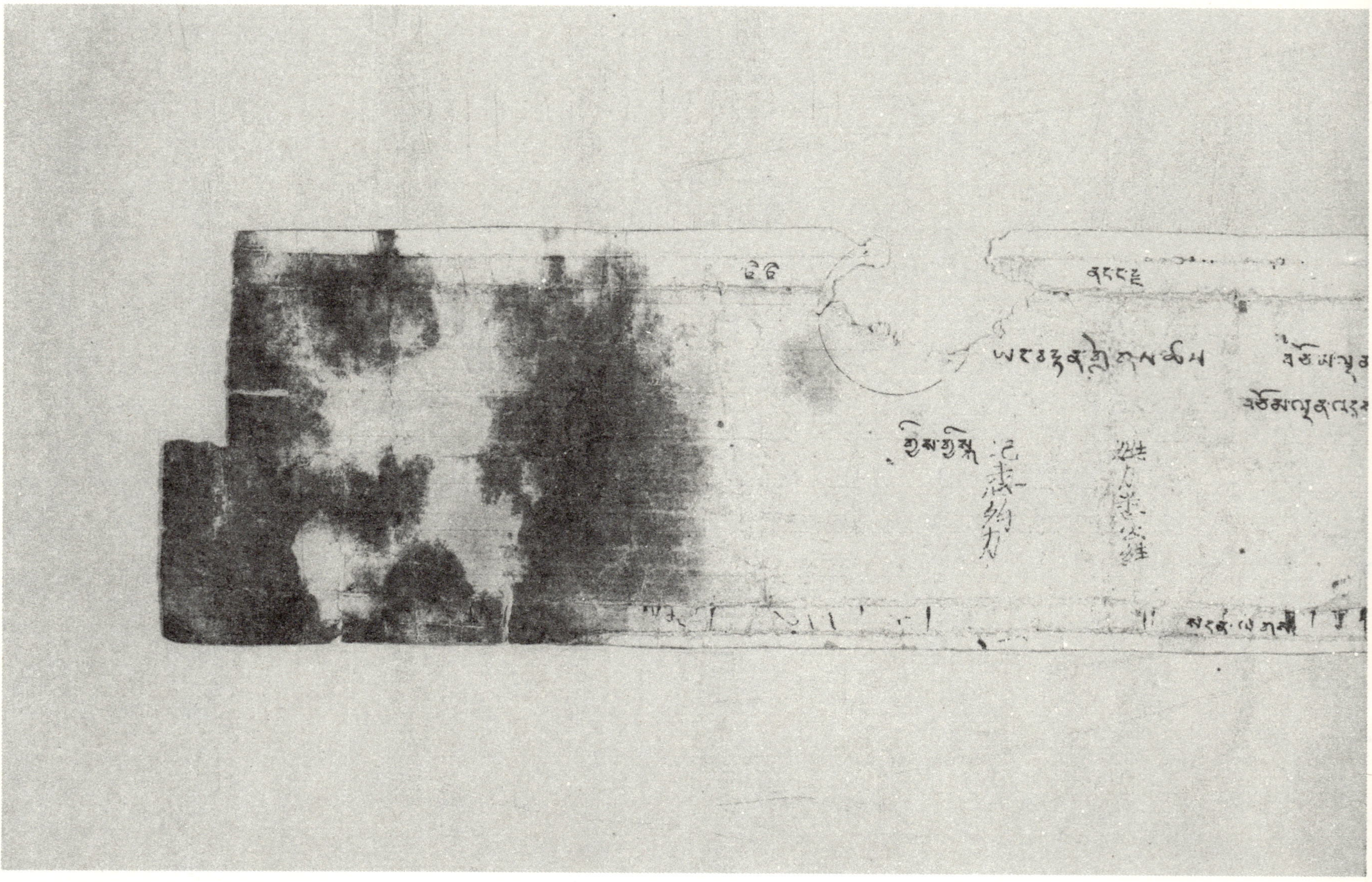

BD15493 號　藏文雜寫（擬）　　　（2–2）

BD15493 號背　藏文雜寫（擬）　　（2–1）

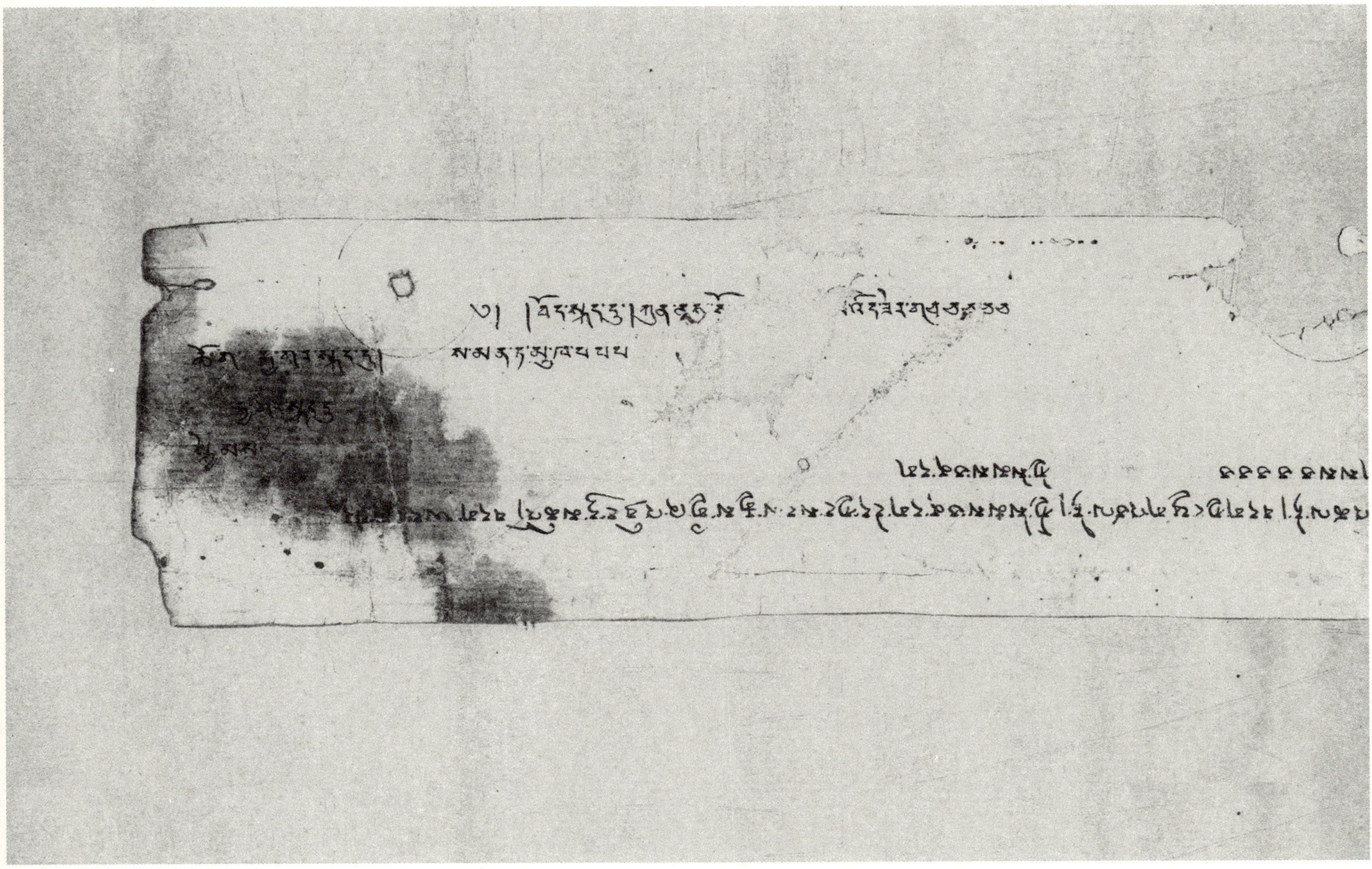

BD15493 號背　藏文雜寫（擬）　　（2–2）

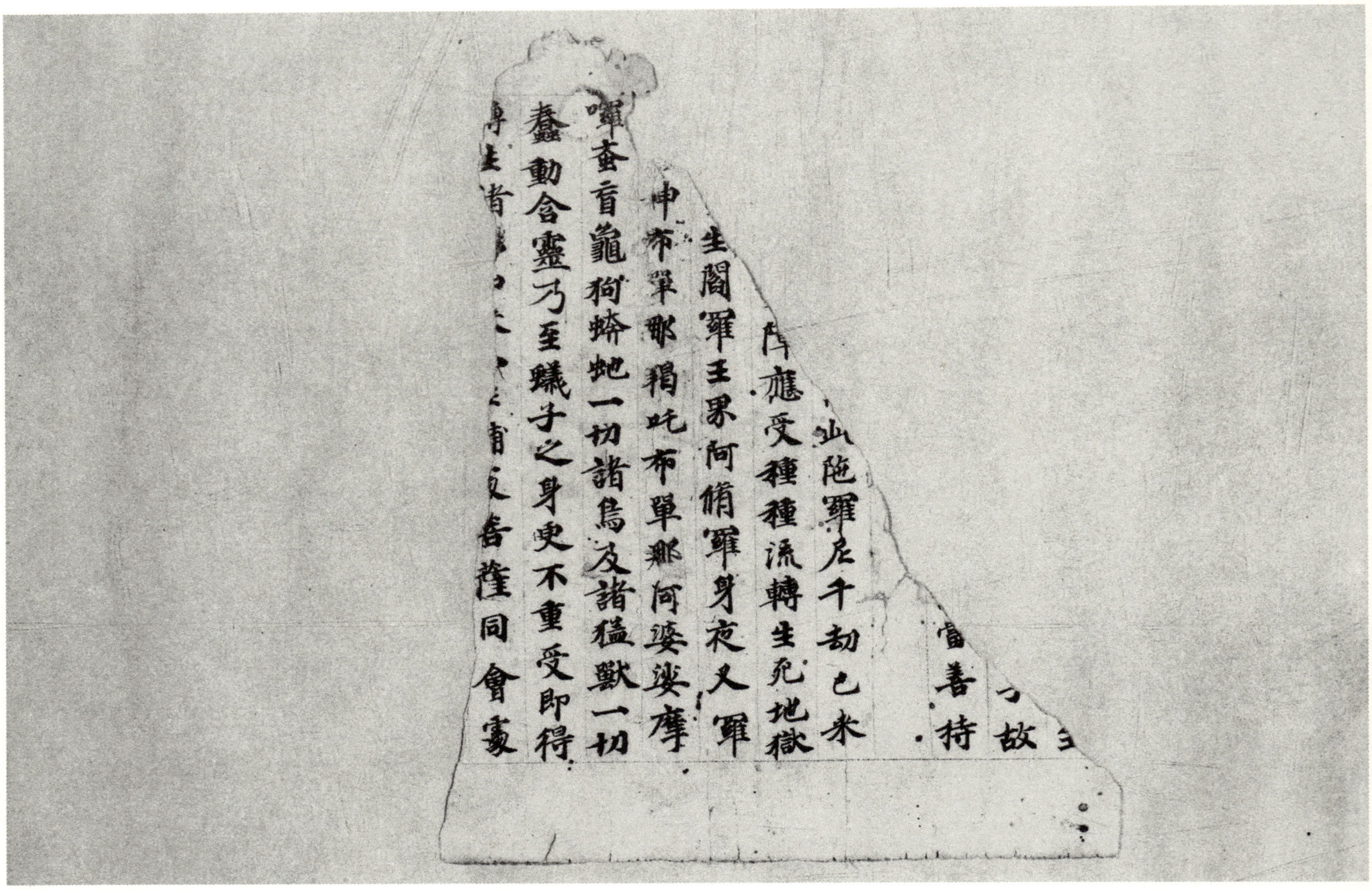

山陀羅尼千劫已來
薩應受種種流轉生死地獄
生閻羅王界阿脩羅身夜叉羅
中布單那羯吒布單那阿婆娑摩
囉畜盲龜狗蟒蛇一切諸鳥及諸猛獸一切
蠢動含靈乃至蟻子之身更不重受即得
菩薩同會處

BD15494 號　佛頂尊勝陀羅尼經（佛陀波利本）　（1–1）

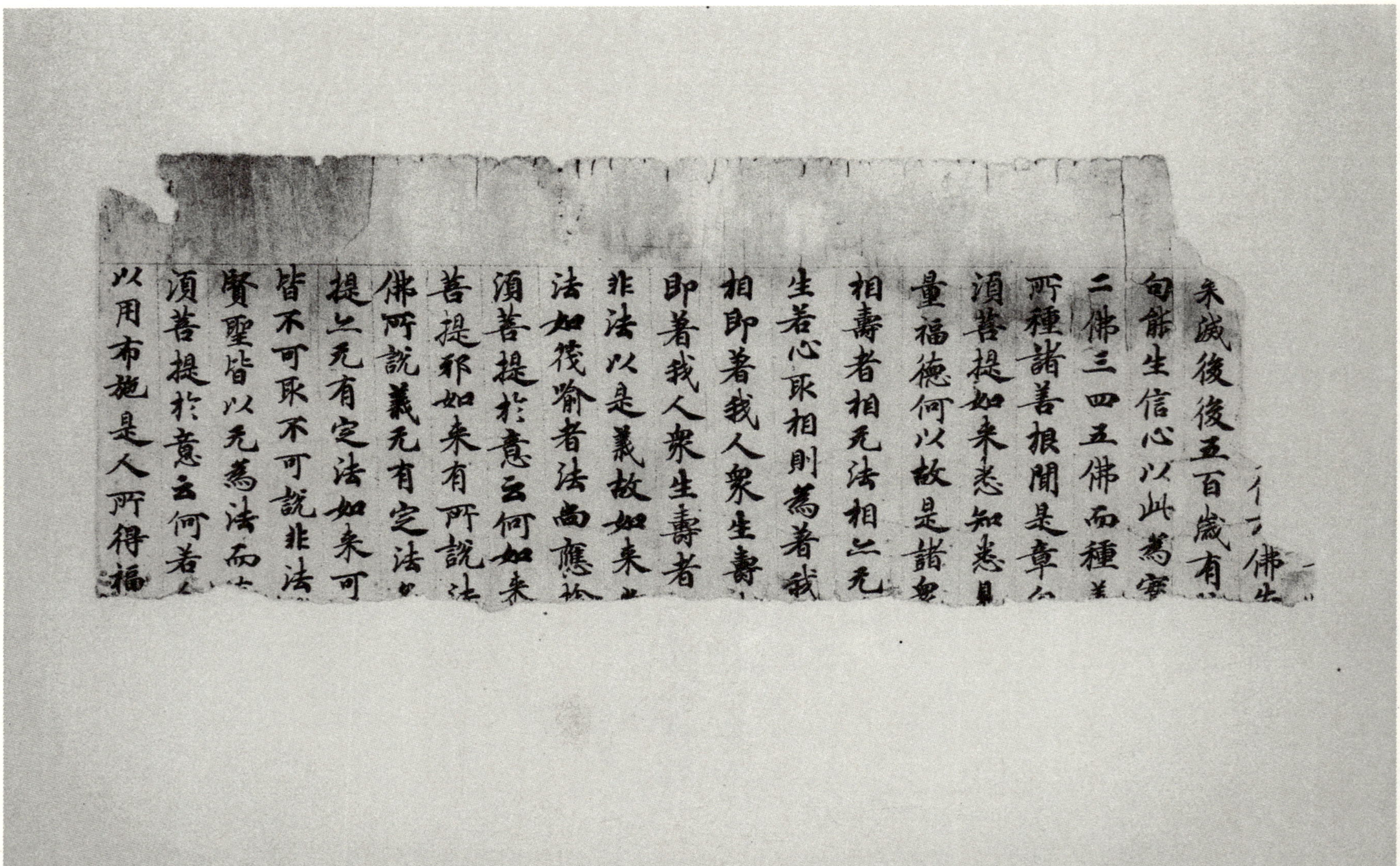

來滅後後五百歲有
句能生信心以此為實
二佛三四五佛而種善
所種諸善根聞是章句
須菩提如來悉知悉見
量福德何以故是諸眾
相壽者相无法相亦无
生若心取相則為著我
相即著我人眾生壽
即著我人眾生壽者
非法以是義故如來常
法如筏喻者法尚應捨
須菩提於意云何如來
菩提耶如來有所說法
佛所說義无有定法名
提亦无有定法如來可
皆不可取不可說非法
賢聖皆以无為法而有
須菩提於意云何若人
以用布施是人所得福

BD15495 號　金剛般若波羅蜜經　（1–1）

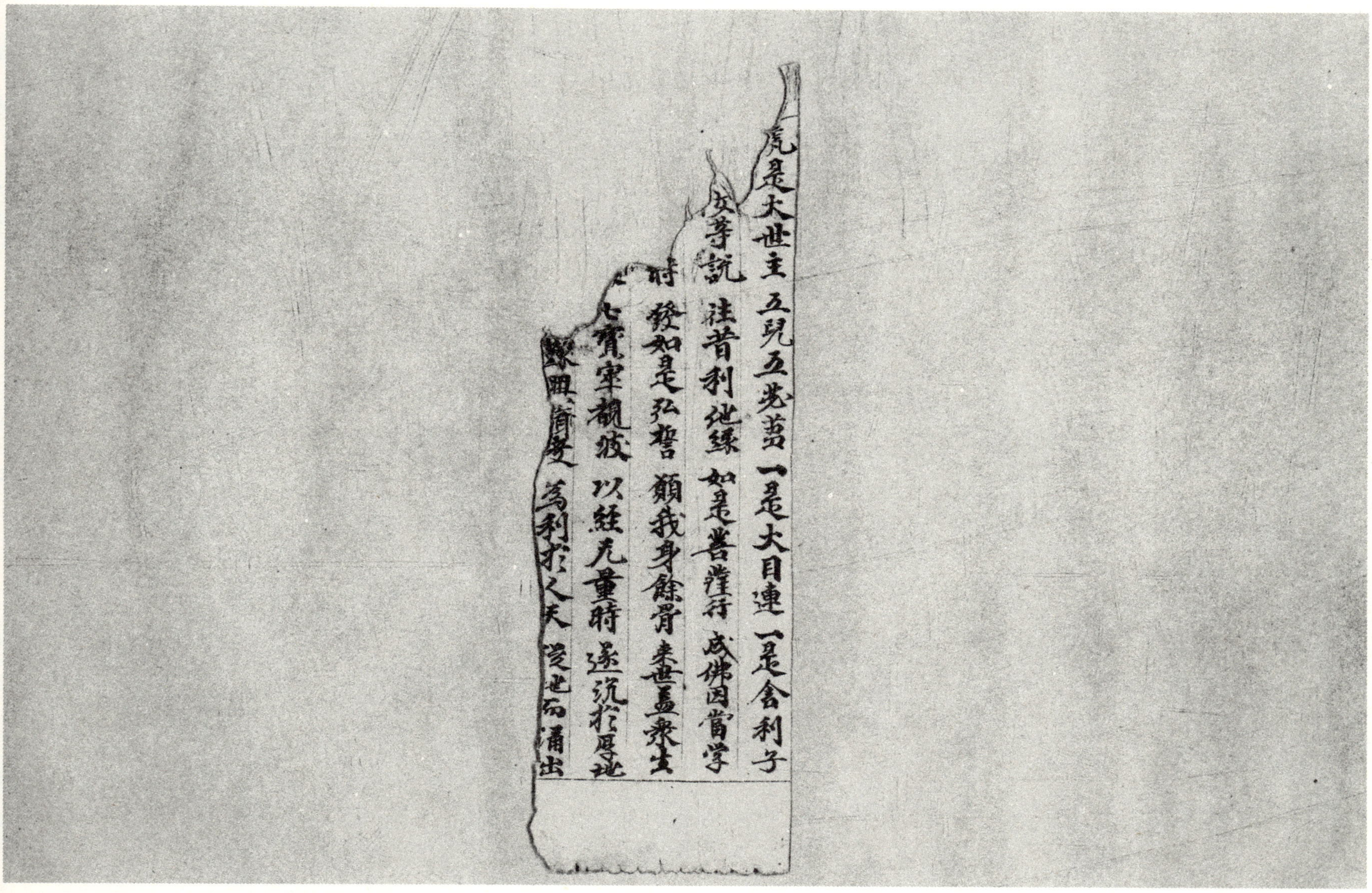
虎是大世主 五兒五苾芻 一是大目連 一是舍利子
汝等說 往昔利他緣 如是菩薩行 成佛因當學
時 發如是弘誓 願我身餘骨 來世益衆生
七寶窣覩波 以經无量時 遂沉於厚地
緣興濟度 為利於人天 從地而涌出

BD15496 號　金光明最勝王經卷一〇　（1–1）

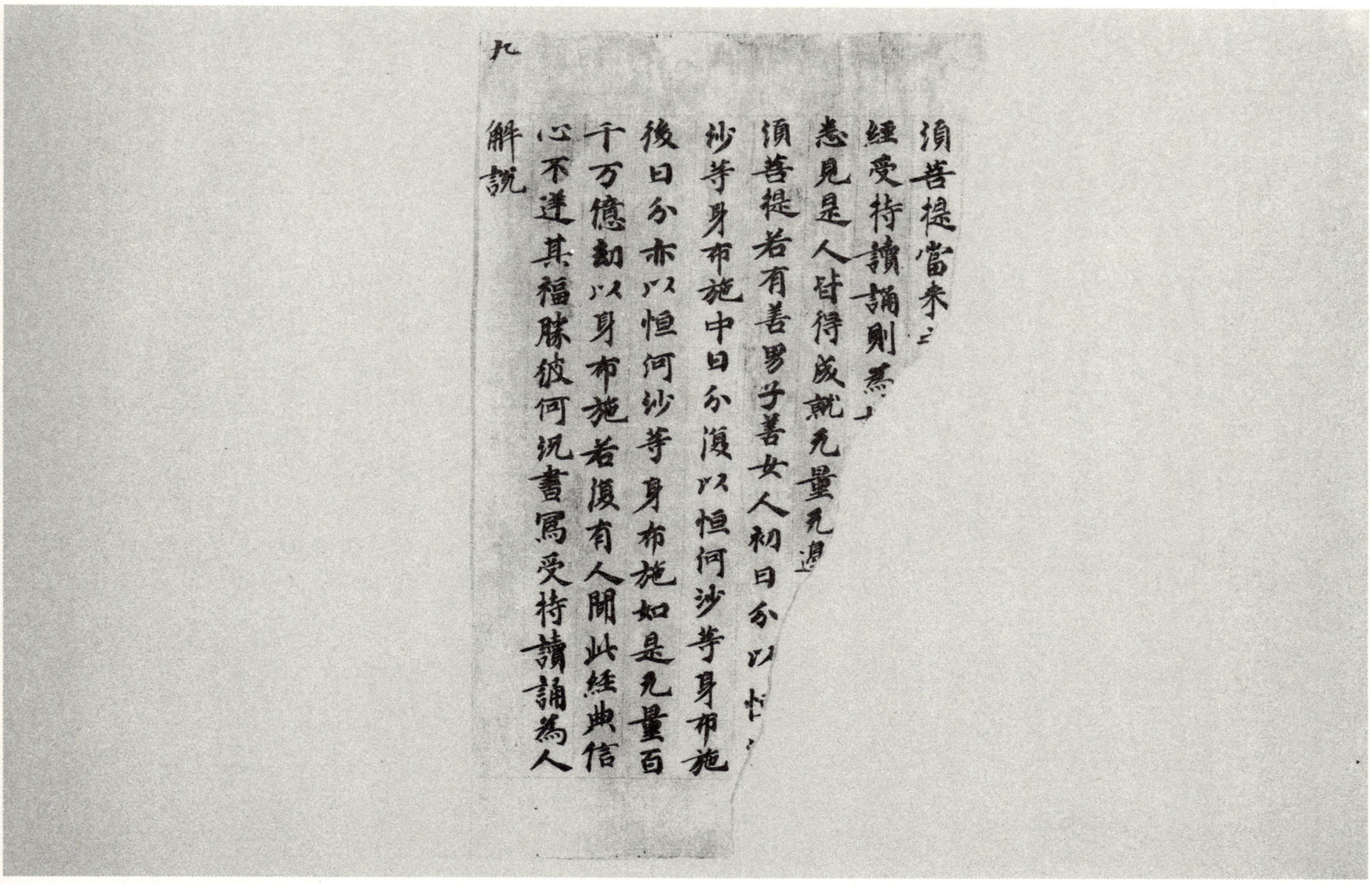
九
須菩提當來之
經受持讀誦則為
悉見是人皆得成就无量无邊
須菩提若有善男子善女人初日分以恒
沙等身布施中日分復以恒河沙等身布施
後日分亦以恒河沙等身布施如是无量百
千万億劫以身布施若復有人聞此經典信
心不逆其福勝彼何況書寫受持讀誦為人
解說

BD15497 號　金剛般若波羅蜜經　（1–1）

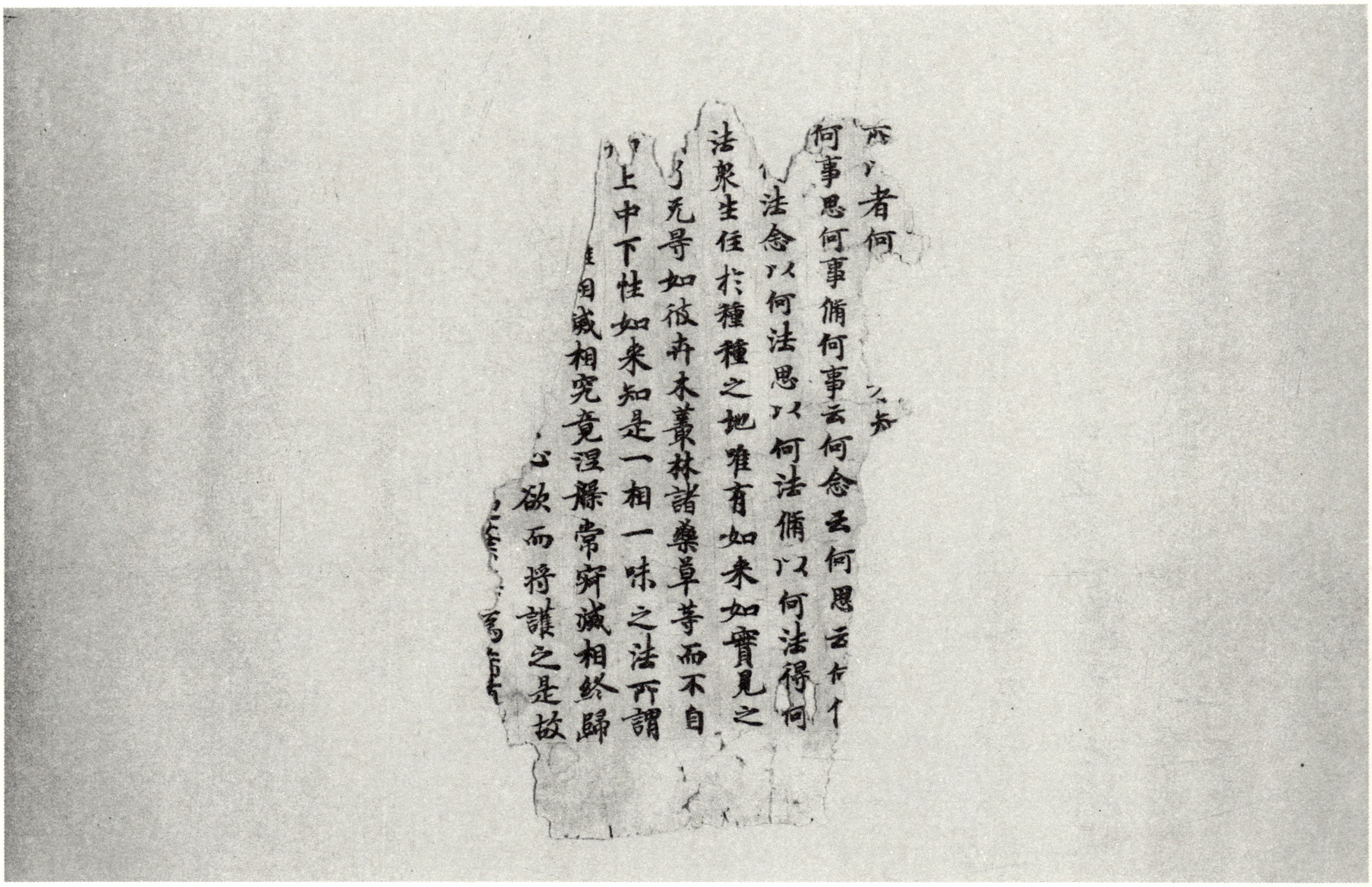

所以者何
何事思何事脩何事云何念云何思云何
法念以何法思以何法脩以何法得何
法衆生住於種種之地唯有如來如實見之
了无㝵如彼卉木叢林諸藥草等而不自
上中下性如來知是一相一味之法所謂
離相滅相究竟涅槃常寂滅相終歸
心欲而將護之是故

BD15498 號　妙法蓮華經卷三　　（1–1）

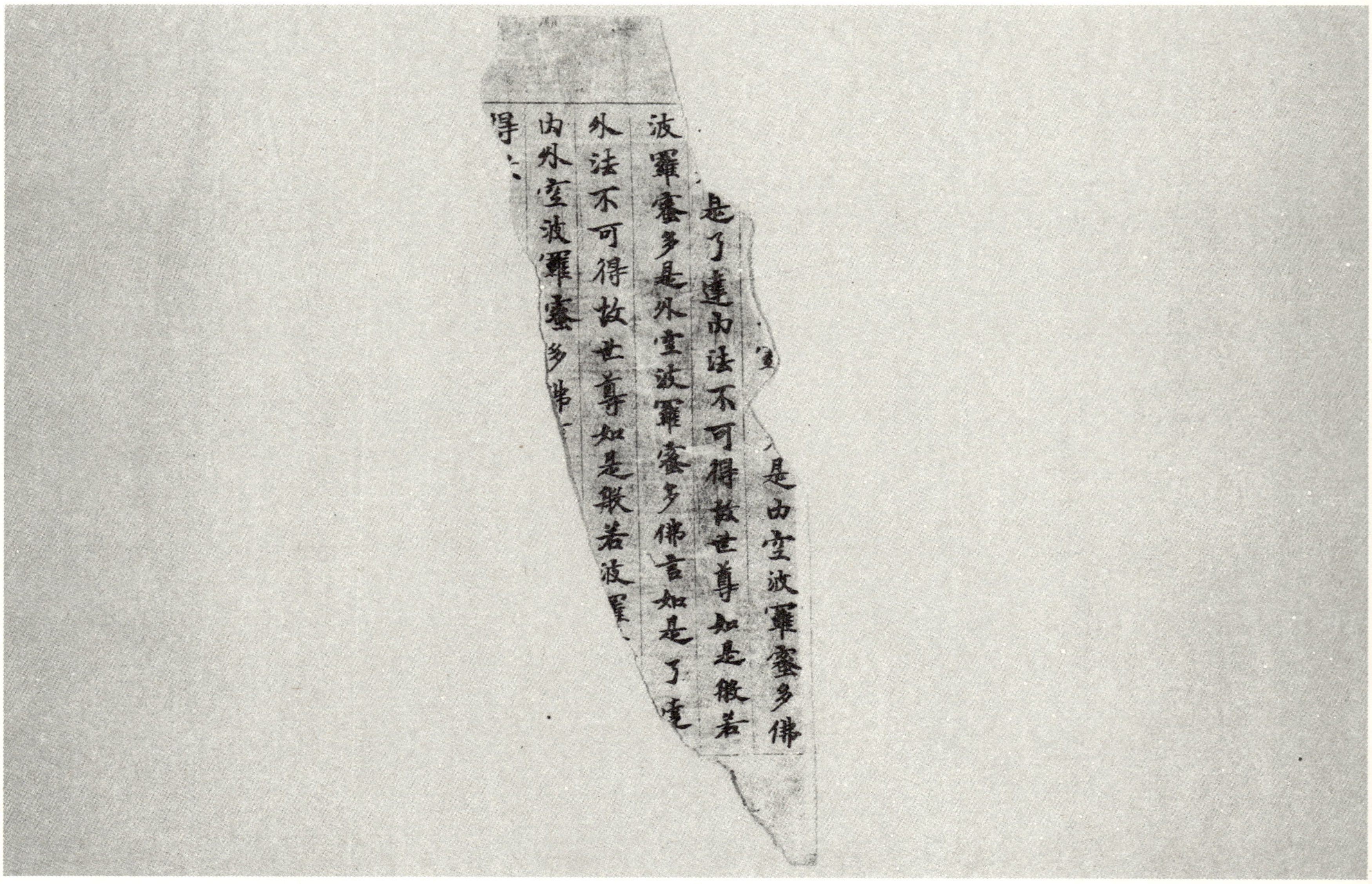

是由空波羅蜜多佛
是了達內法不可得故世尊如是般若
波羅蜜多是外空波羅蜜多佛言如是了達
外法不可得故世尊如是般若波羅
內外空波羅蜜多佛
得

BD15499 號　大般若波羅蜜多經卷二九六　　（1–1）

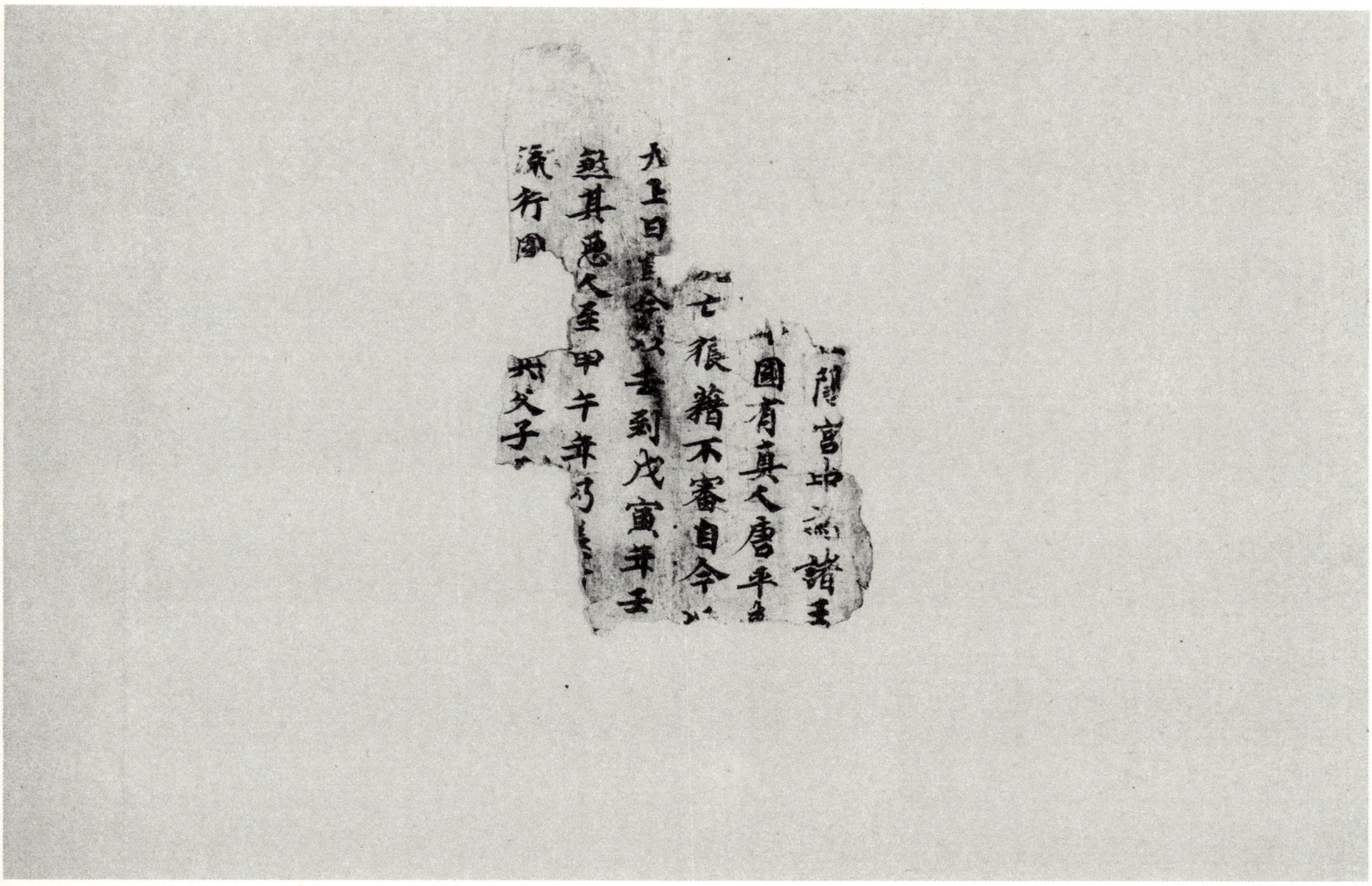

BD15500 號　太上洞淵神呪經卷五　　（1–1）

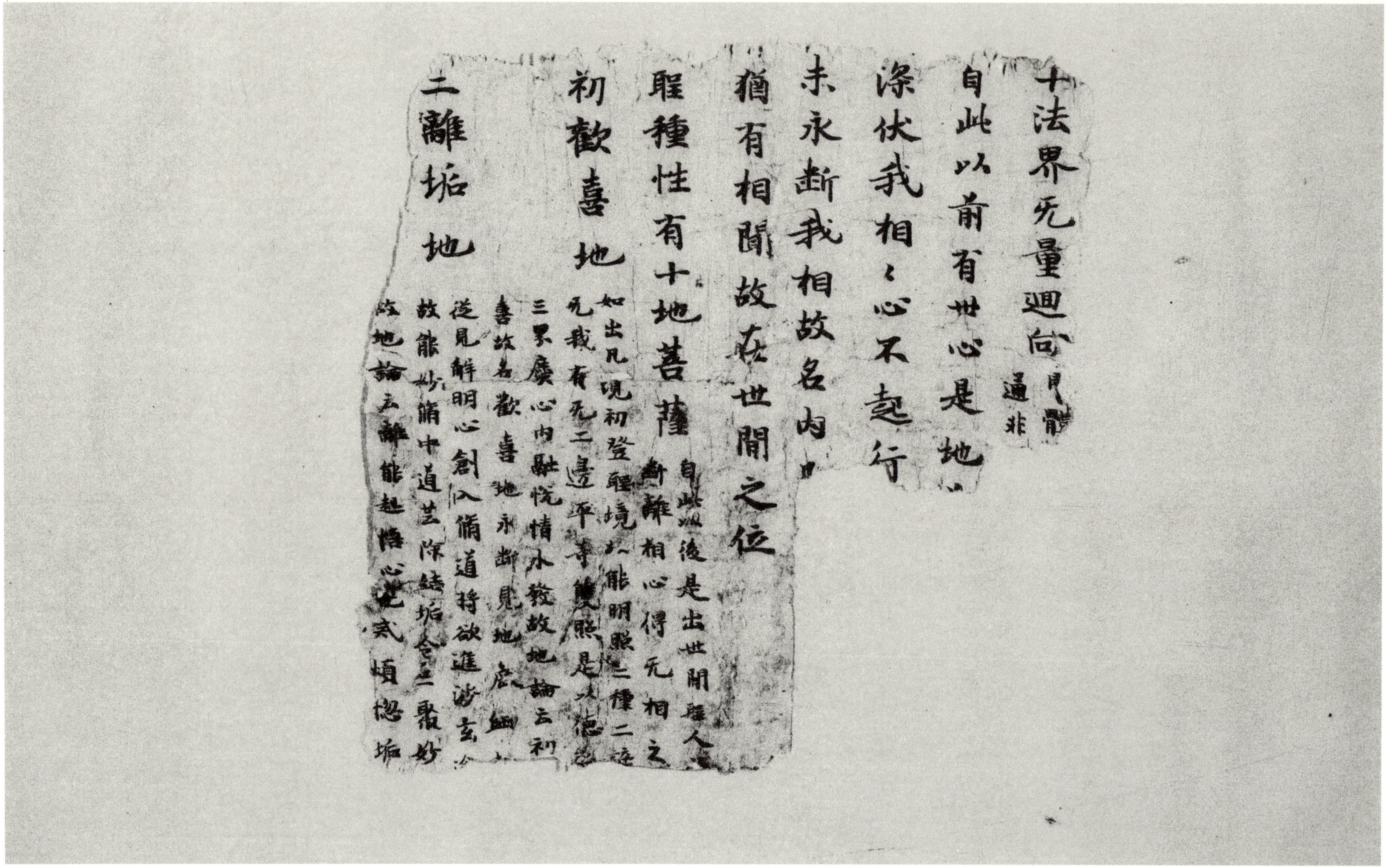

十法界无量迴向 見體 通非
自此以前有世心是地
滌伏我相々心不起行
未永斷我相故名内凡
猶有相闕故在世間之位
聖種性有十地菩薩 自此以後是出世間聖人 斷離相心得无相之
如出凡現初登聖境以能明照二種二边 无我有无二邊平等雙照是以德
初歡喜地
三界廣心内融悦情以致故地論云初 喜故名歡喜地永斷見地惑細
從見斛明心創入脩道将欲進涉玄 故能妙脩中道芸除結垢令三聚妙 於地論云離能起悟心起式頓揔垢
二離垢地

BD15501號　法門名義集（異本）卷一　　（1–1）

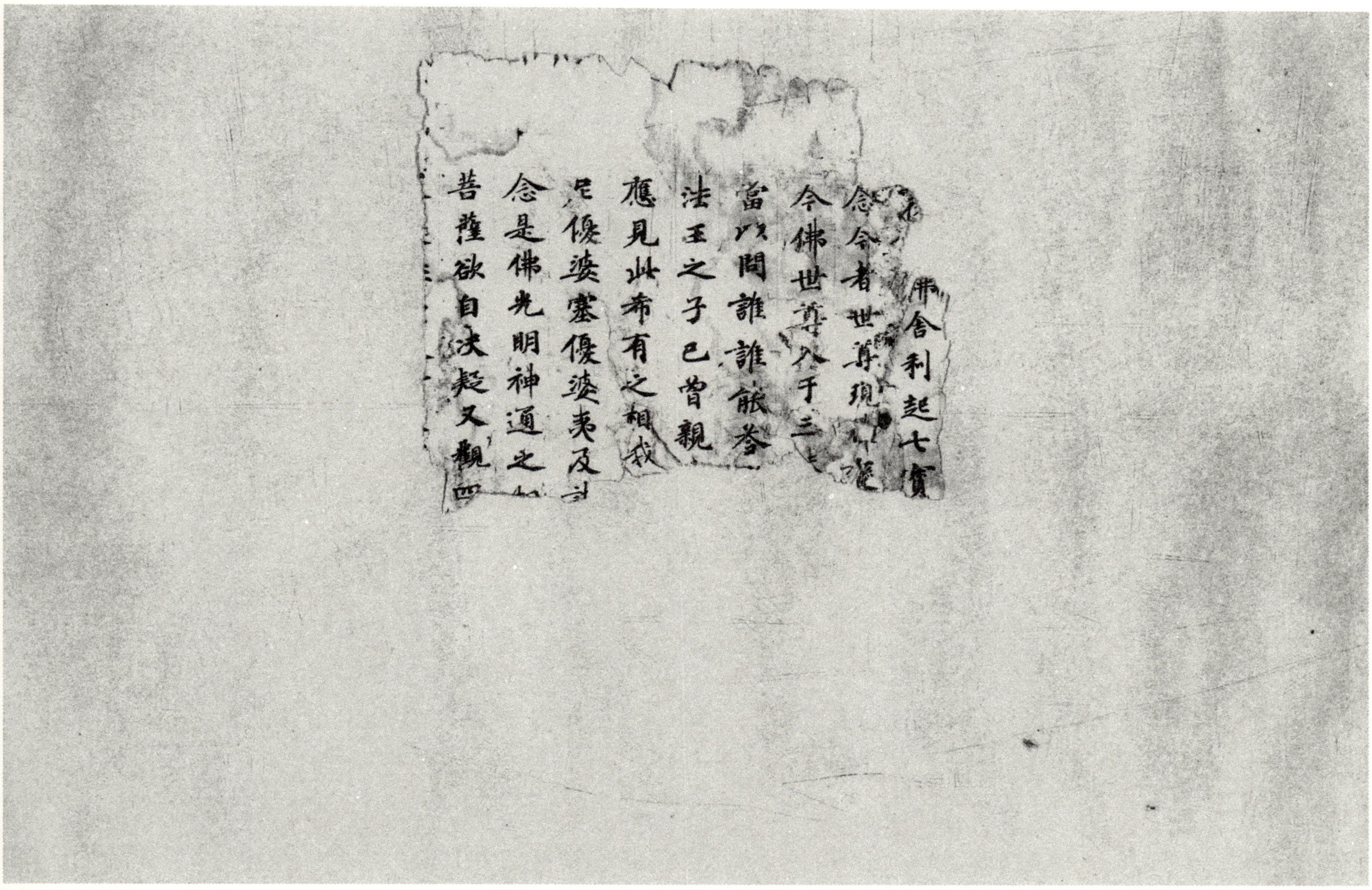

佛舍利起七寶
念今者世尊現
今佛世尊入于三
當以問誰誰能荅
法王之子已曾親
應見此希有之相我
尼優婆塞優婆夷及
念是佛光明神通之
菩薩欲自決疑又觀四

BD15502 號　妙法蓮華經卷一　　（1–1）

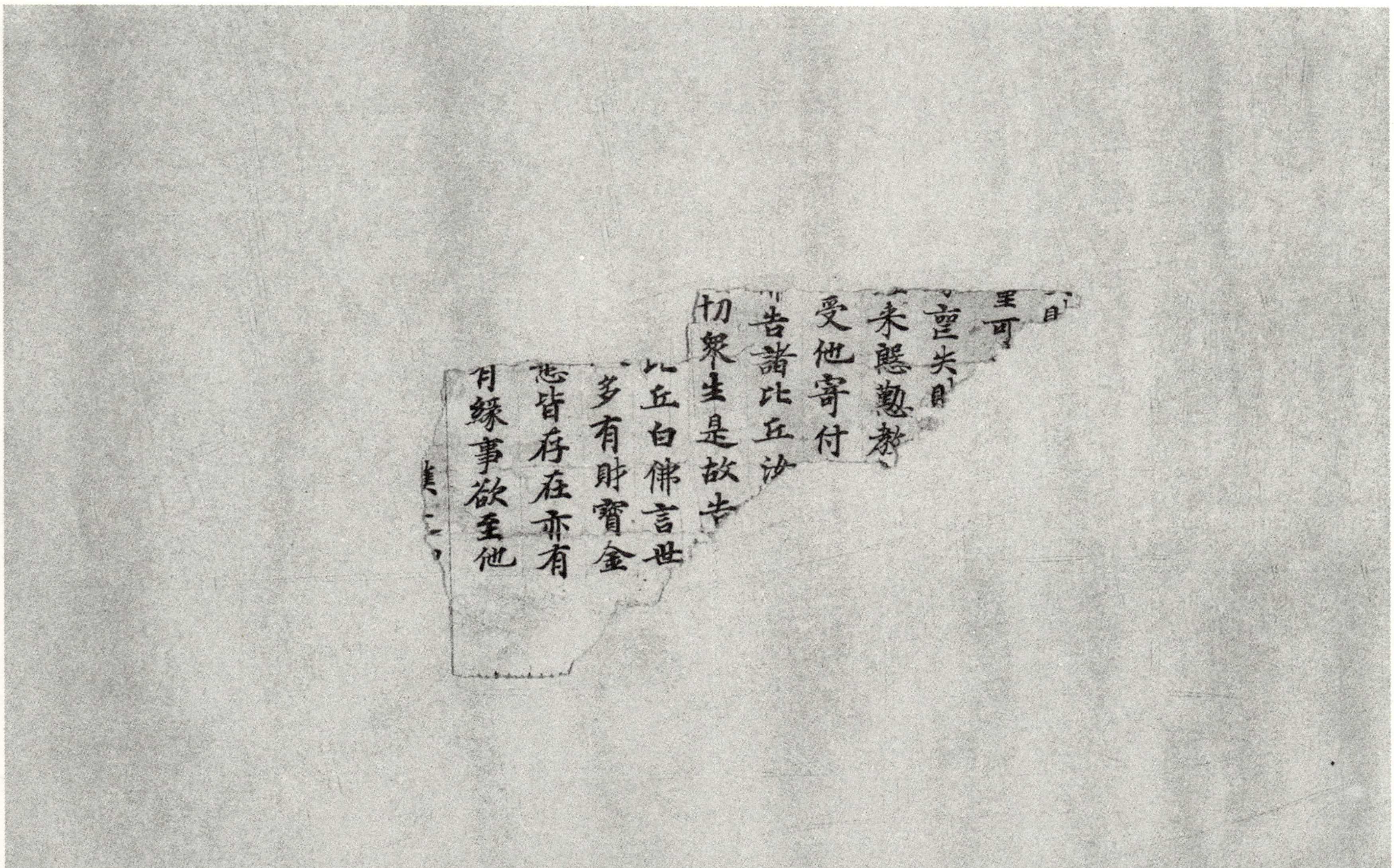

至可
失
來慇懃教
受他寄付
告諸比丘汝
切衆生是故告
比丘白佛言世
多有財寶金
悉皆存在亦有
有緣事欲至他

BD15503 號　大般涅槃經（北本）卷三　　（1–1）

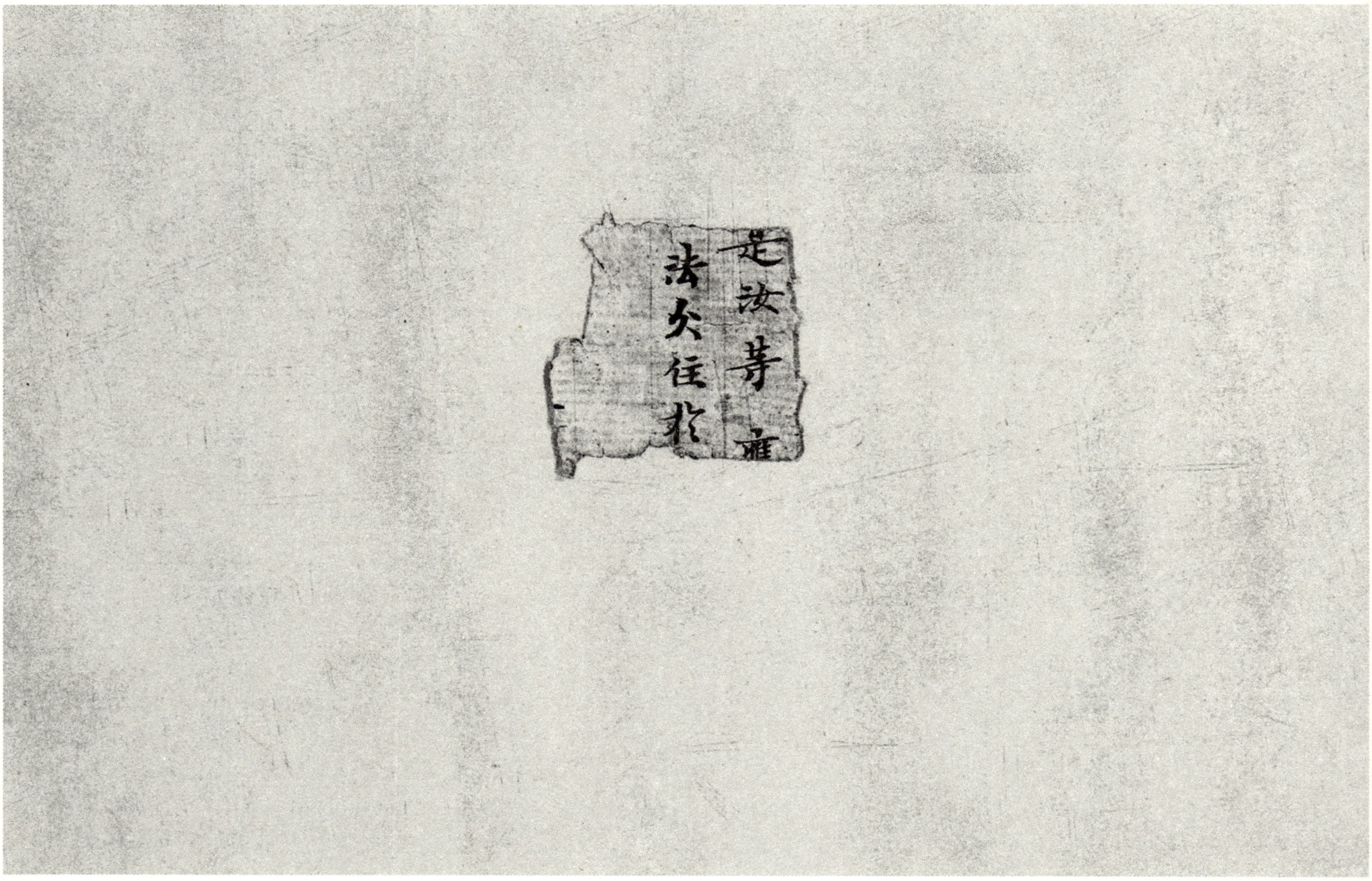

BD15504號 金光明最勝王經卷二 （1–1）

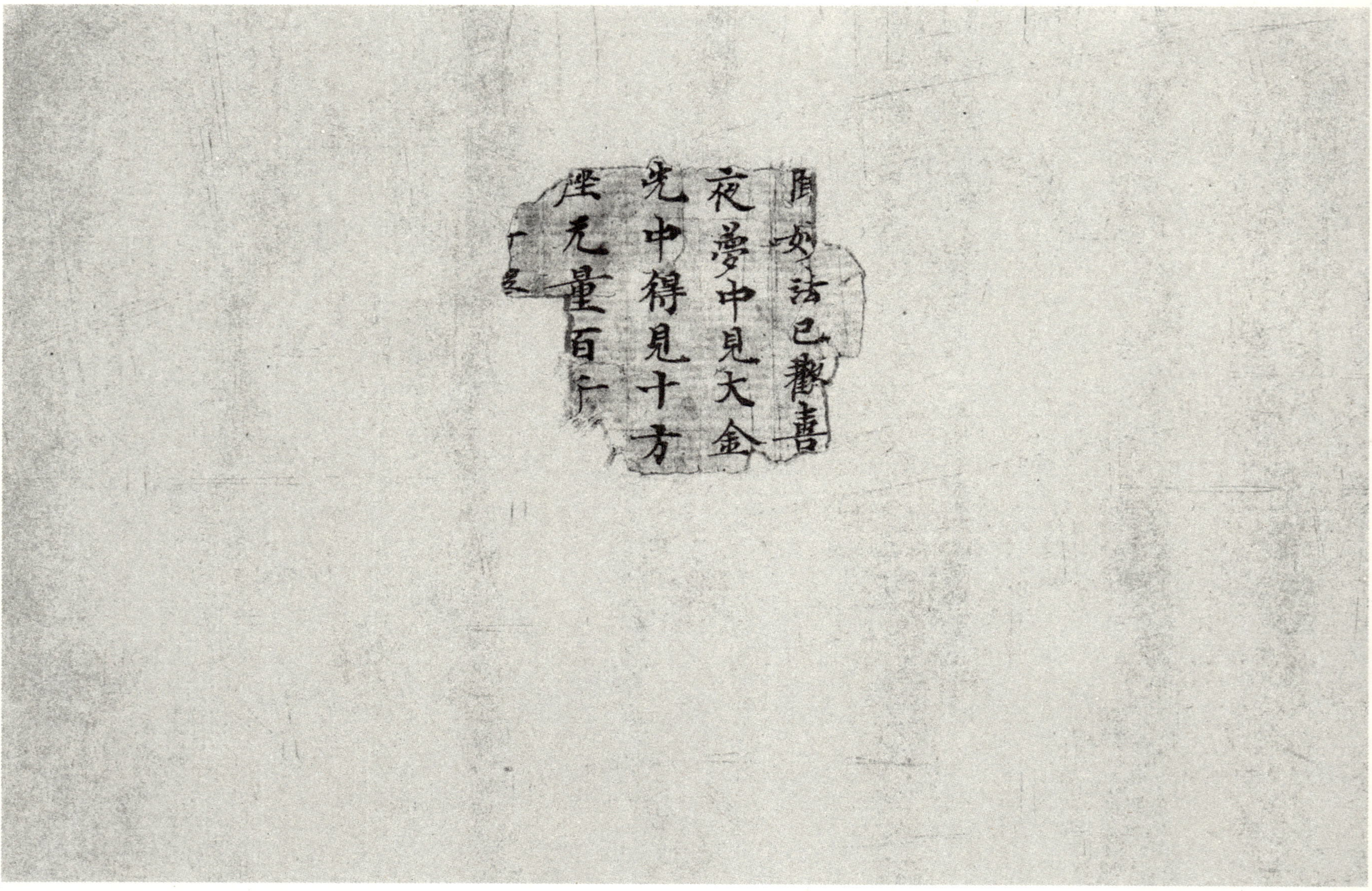

BD15505號 金光明最勝王經卷二 （1–1）

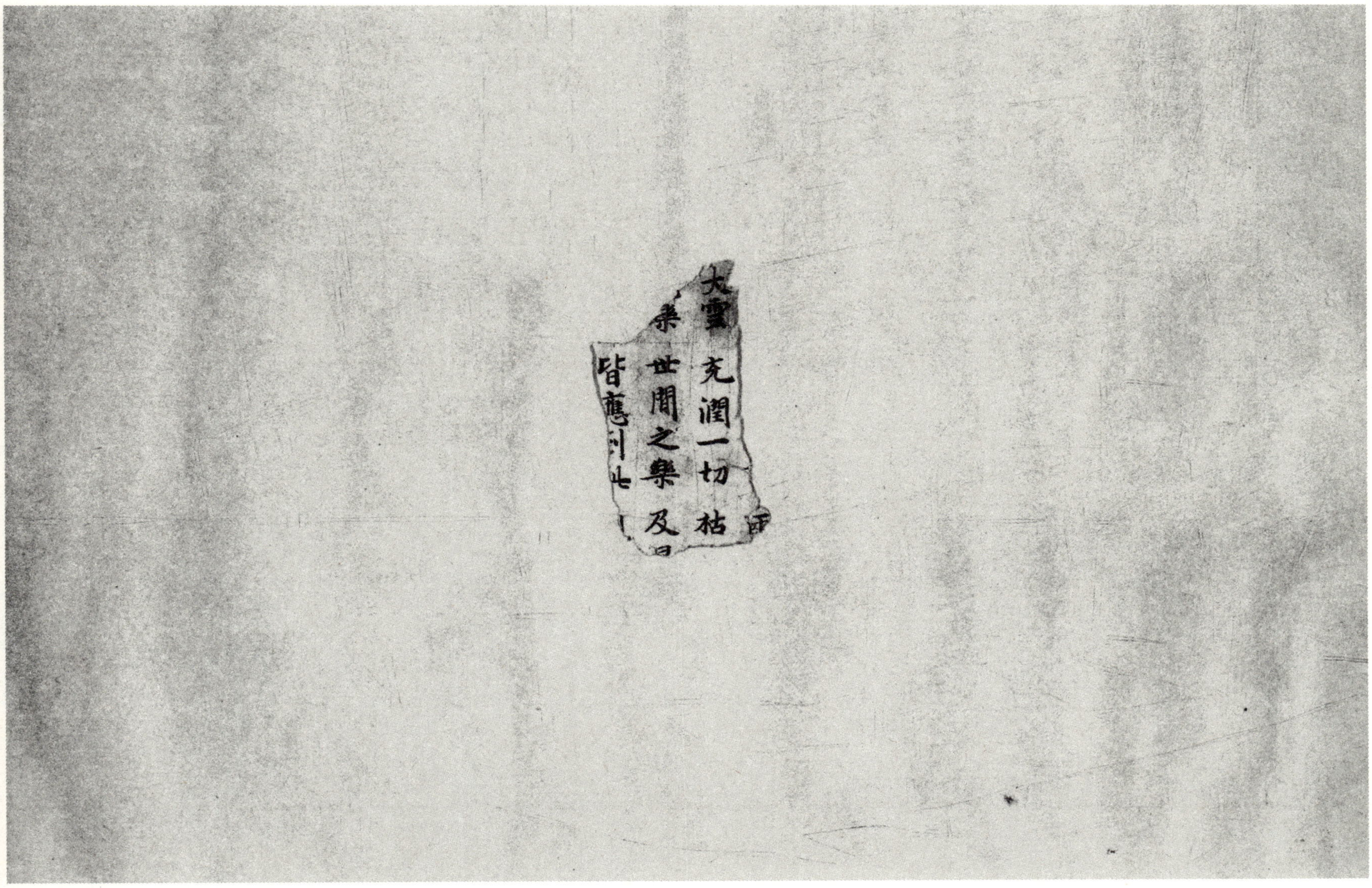

BD15506 號　妙法蓮華經卷三　　（1–1）

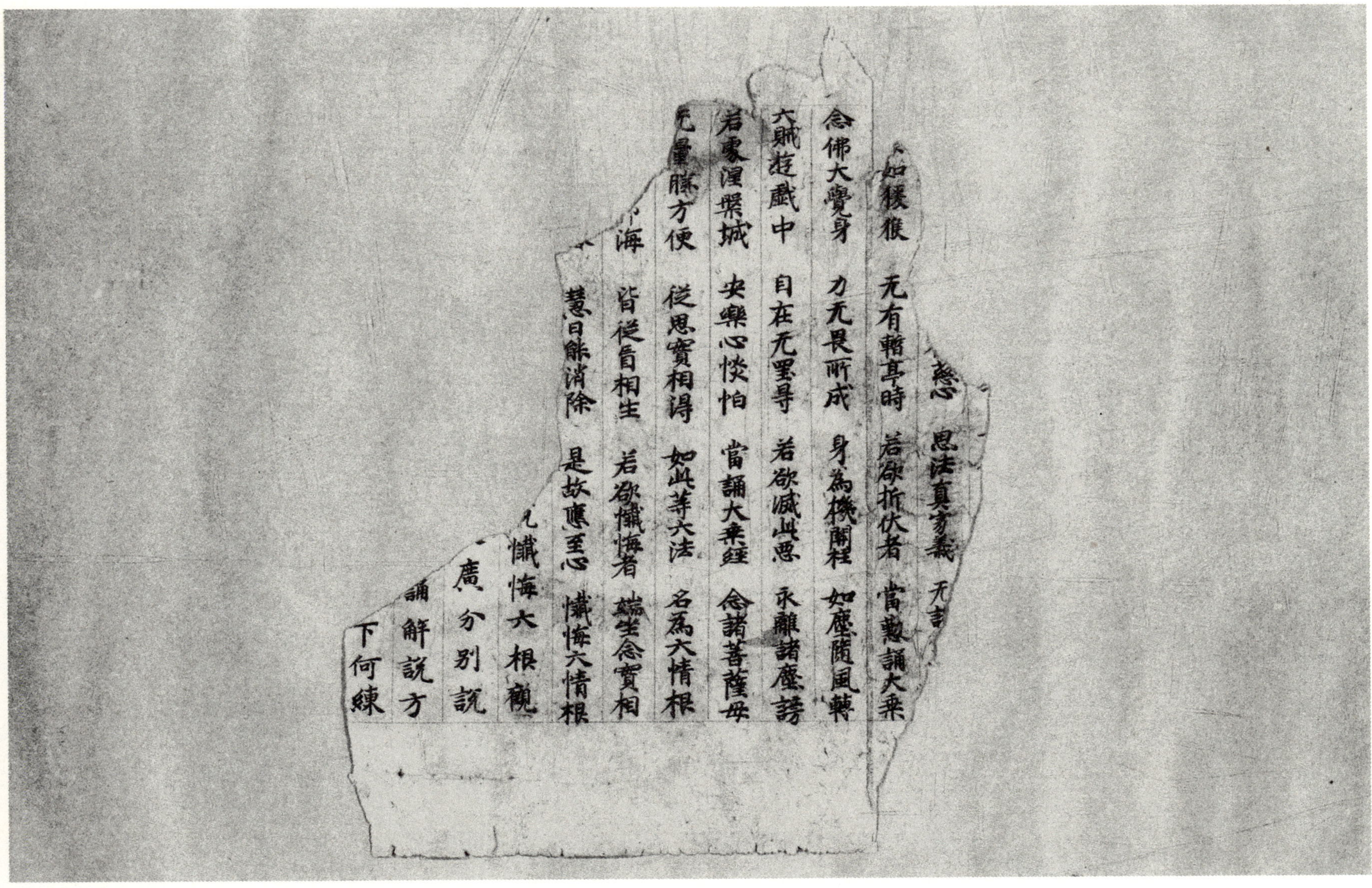

BD15507 號　觀普賢菩薩行法經　　（1–1）

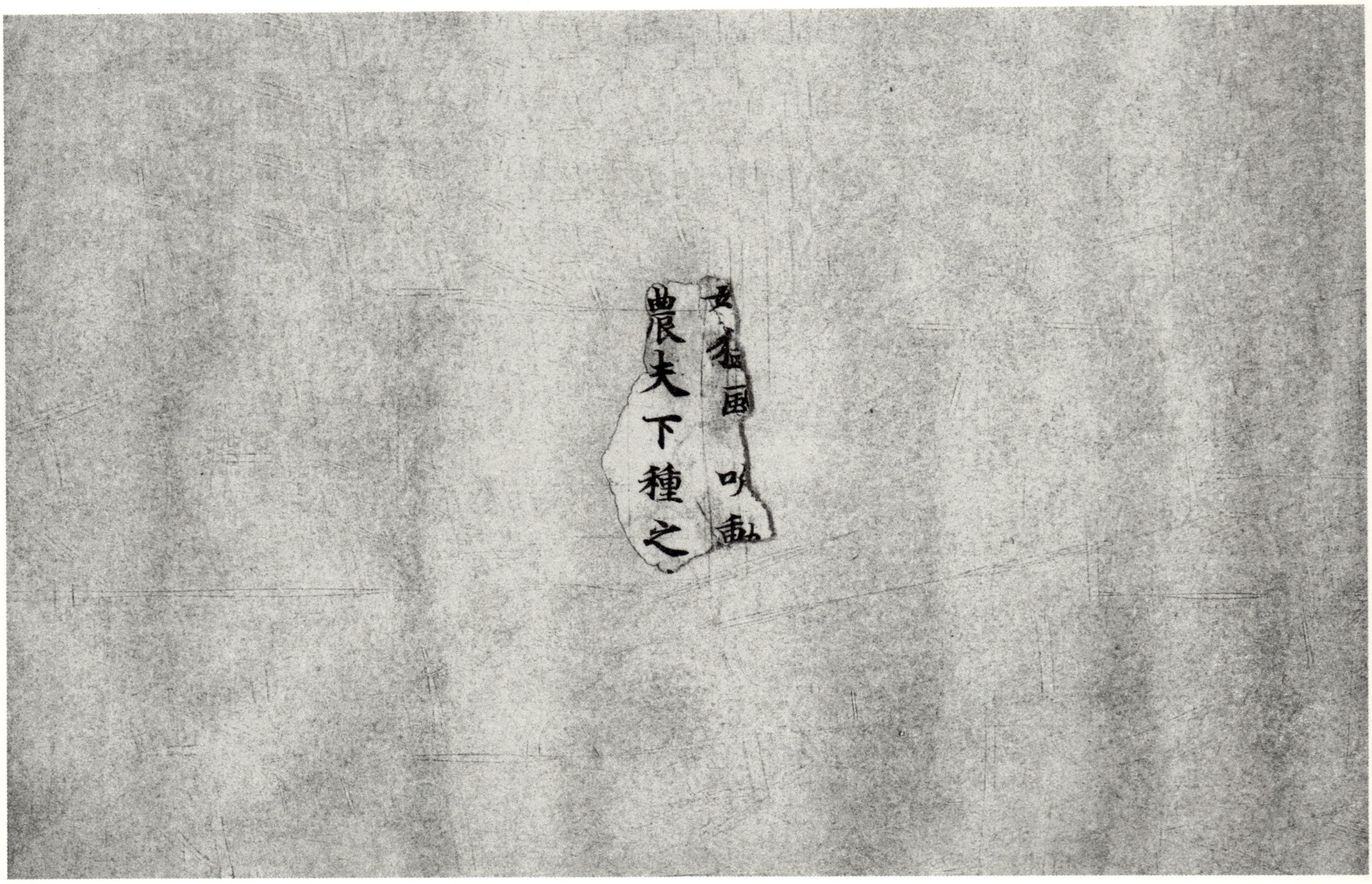

BD15508 號　大般涅槃經（北本）卷一九　　（1-1）

BD15509 號　成實論卷一二　　（1-1）

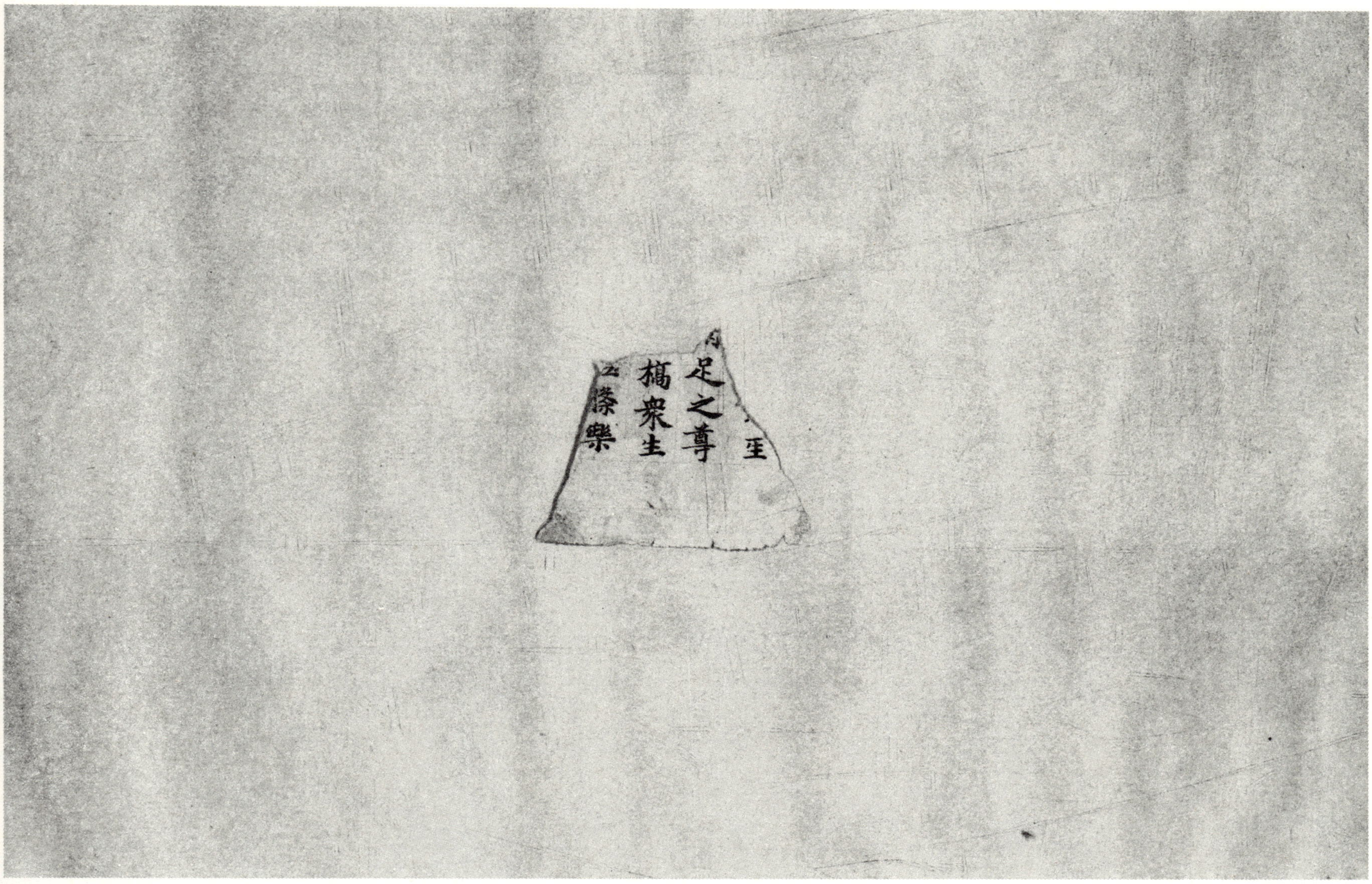
王
足之尊
攝衆生
滌樂

BD15510 號　妙法蓮華經卷三　（1–1）

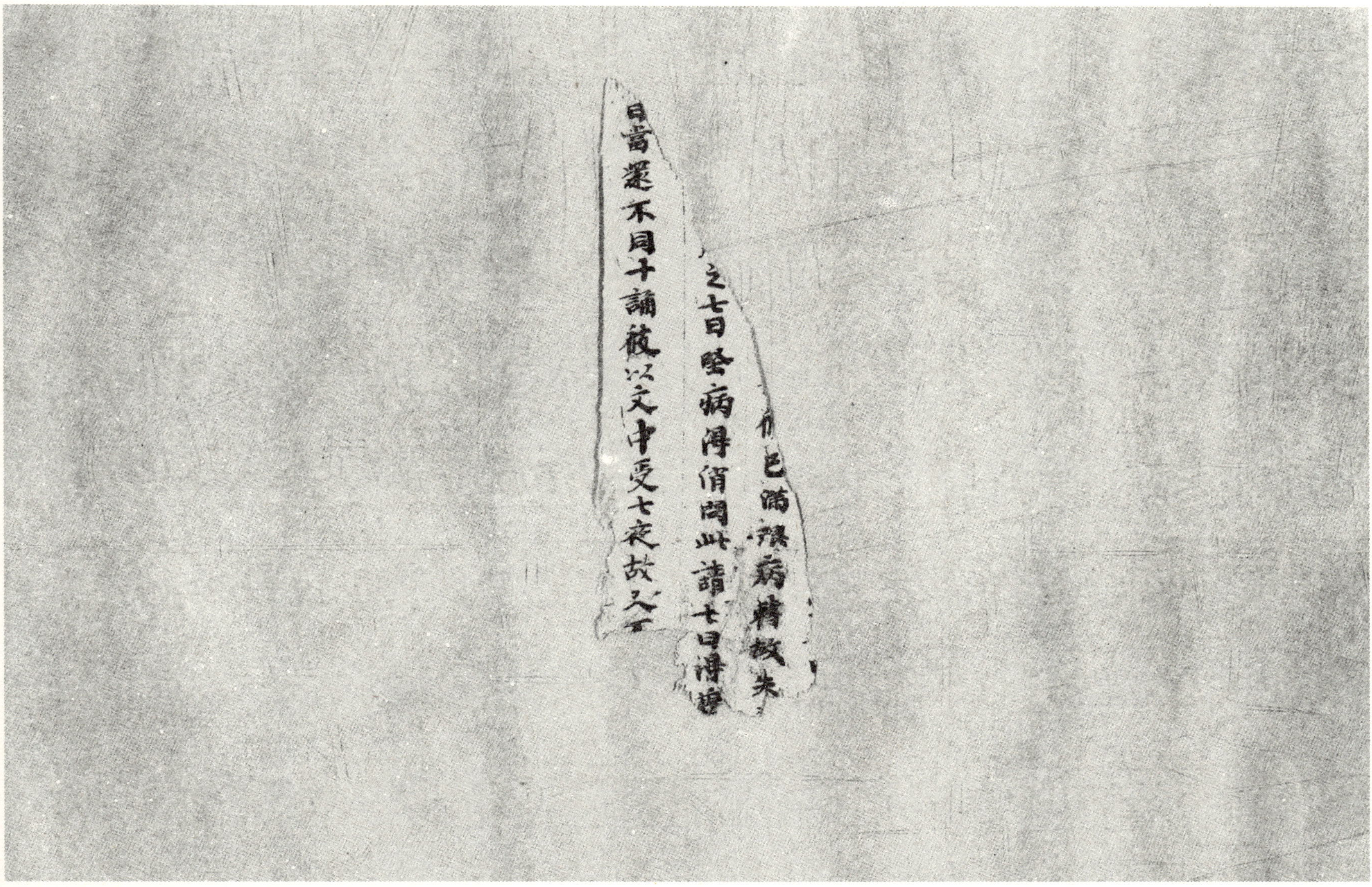
作已滿限病精故失
之七日坐病得僧聞此請七日得
日當還不同十誦故以文中受七夜故之

BD15511 號　四分律刪繁補闕行事鈔卷上　（1–1）

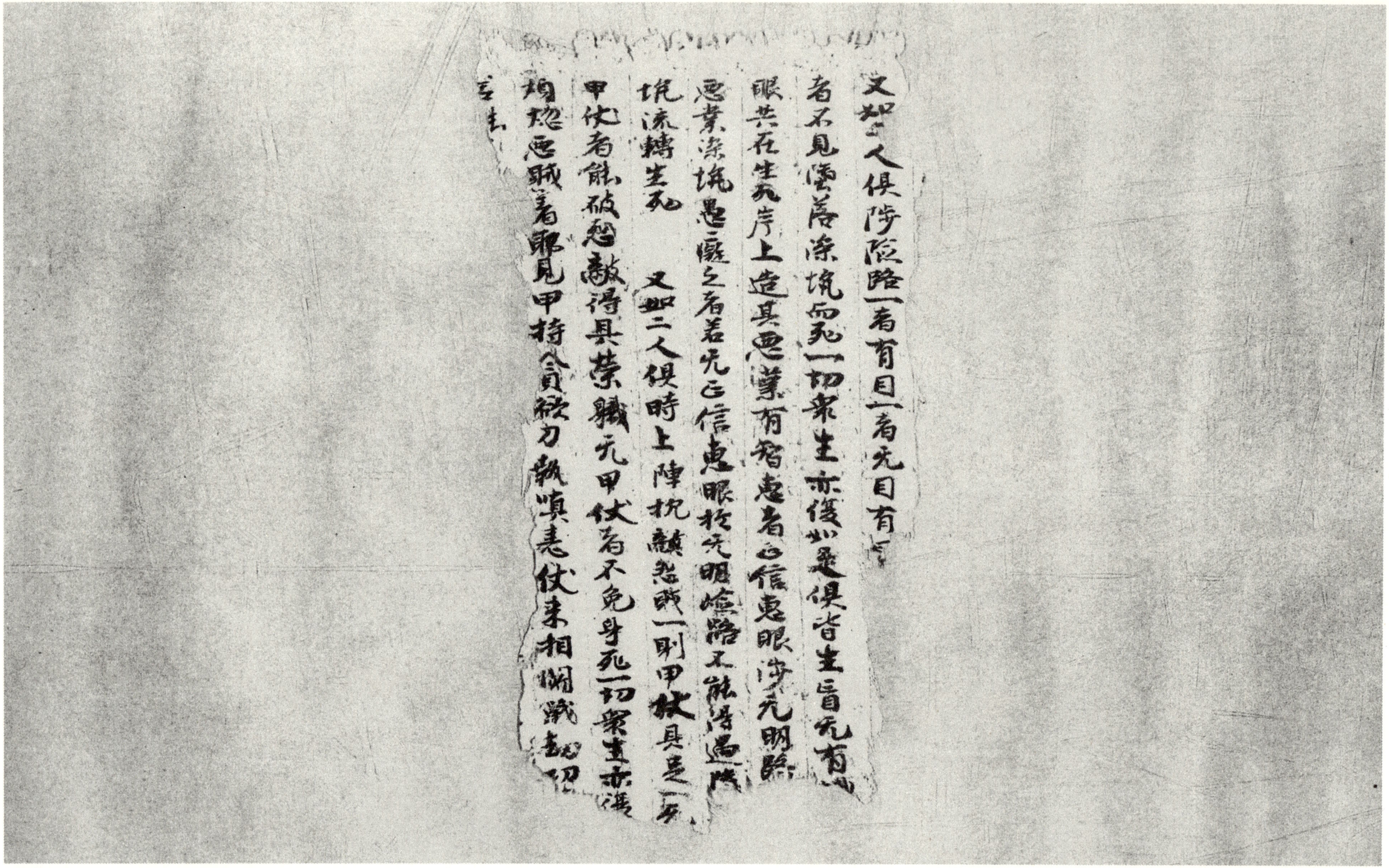

BD15512 號　失名佛教論著（擬）　　　　（1–1）

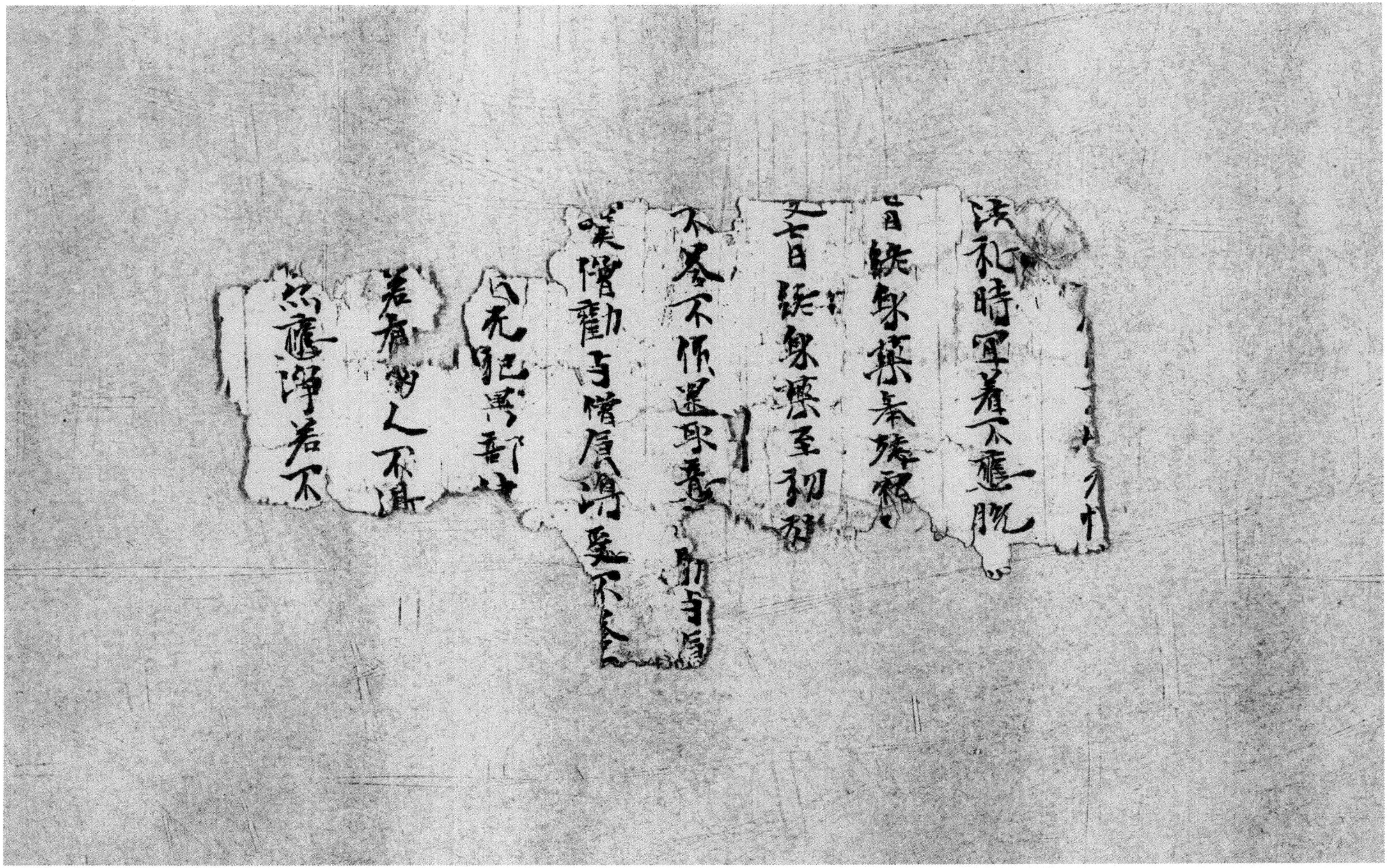

[illegible]
法衣時罝着不應脫
日餘殘藥來殘[illegible]
又七日餘殘藥至初[illegible]
不答不須還取盡 [illegible]
嘆僧勸與僧房濟要不[illegible]
衣無犯罪[illegible]
若有物人不[illegible]
亦應淨若不

BD15513 號　失名佛教戒律（擬）　（1–1）

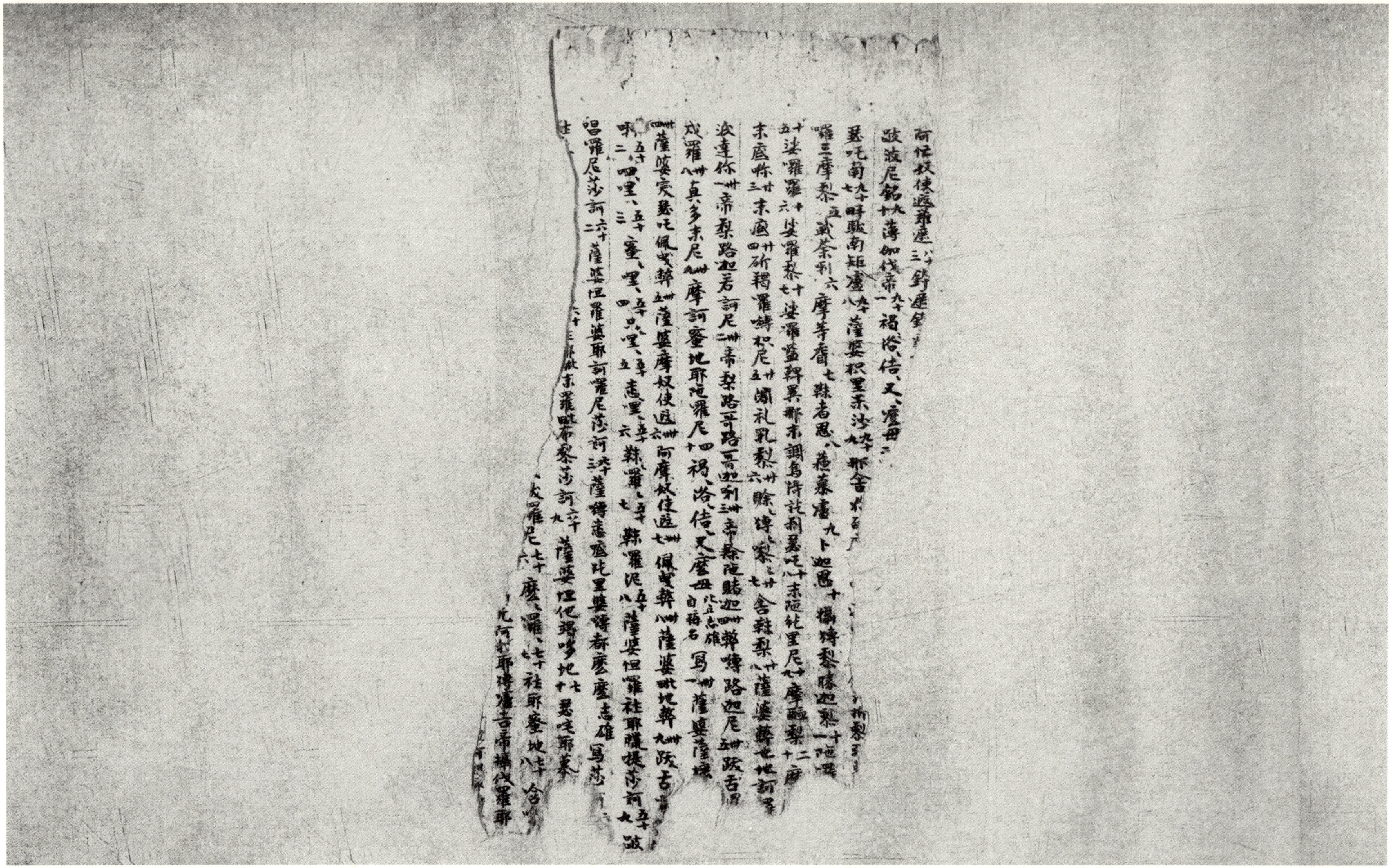

BD15514號　比丘志雄抄陀羅尼（擬）　（1–1）

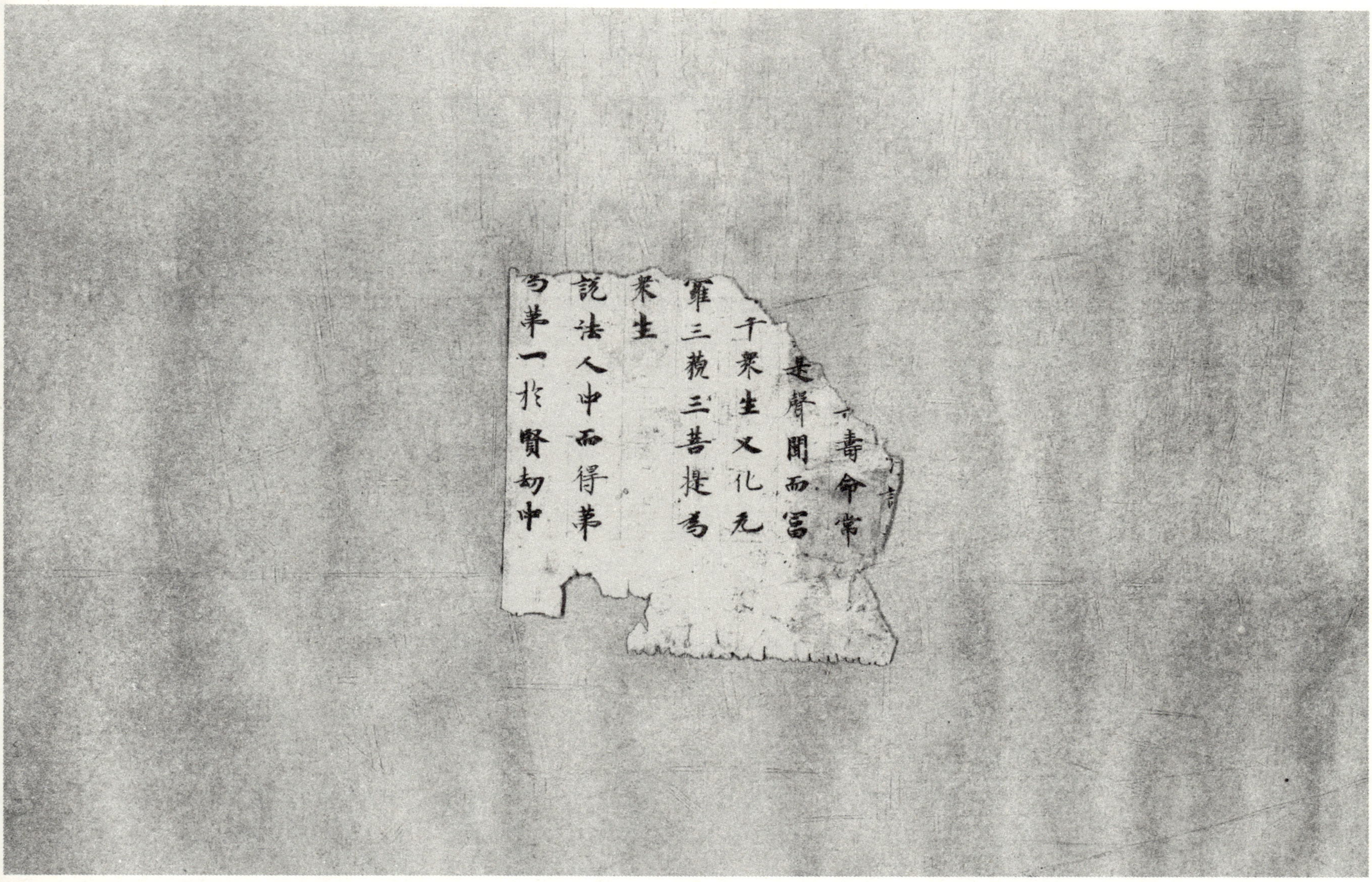

BD15515號　妙法蓮華經卷四　（1-1）

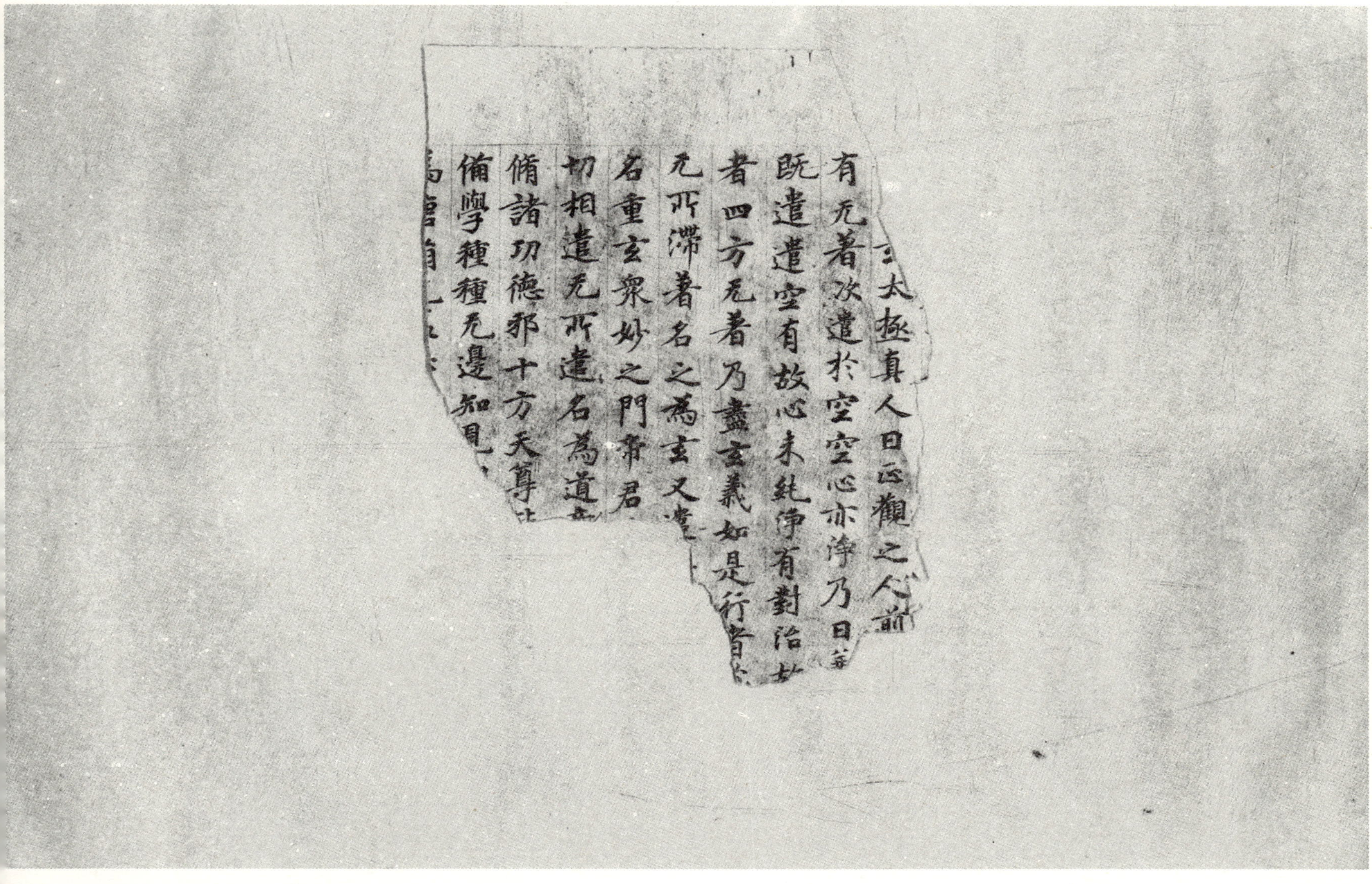

BD15516號　太玄真一本際經卷八　（1-1）

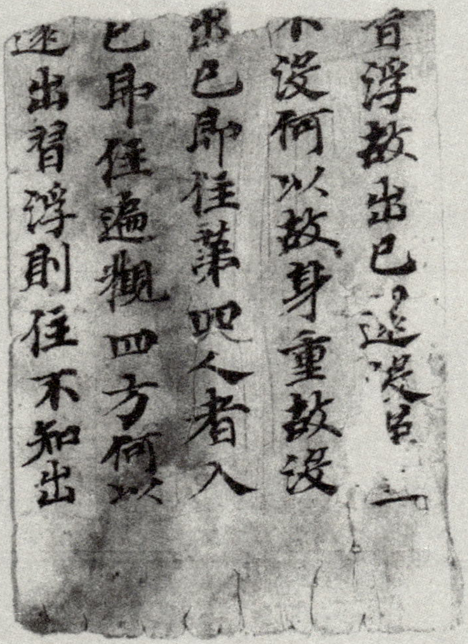

有浮故出已還沒 一
不沒何以故身重故沒
出已即住第四人者入
已即住遍觀四方何以
還出習浮則住不知出

BD15517號　大般涅槃經（北本）卷三二　（1–1）

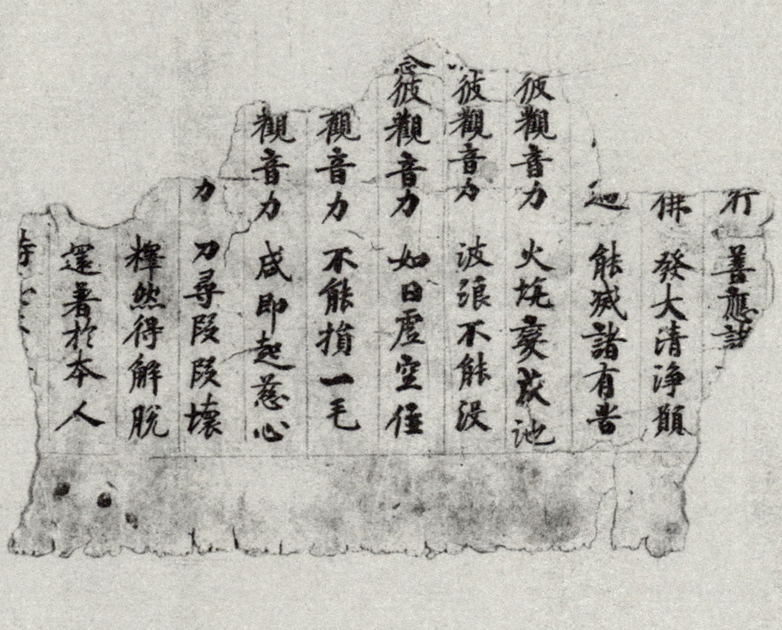

行　善應諸
佛　發大清淨願
過　能滅諸有苦
彼觀音力　火坑變成池
彼觀音力　波浪不能沒
念彼觀音力　如日虛空住
觀音力　不能損一毛
觀音力　咸即起慈心
力　刀尋段段壞
釋然得解脫
還著於本人
時

BD15518號　妙法蓮華經卷七　（1–1）

BD15519 號　殘片（擬）　（1–1）

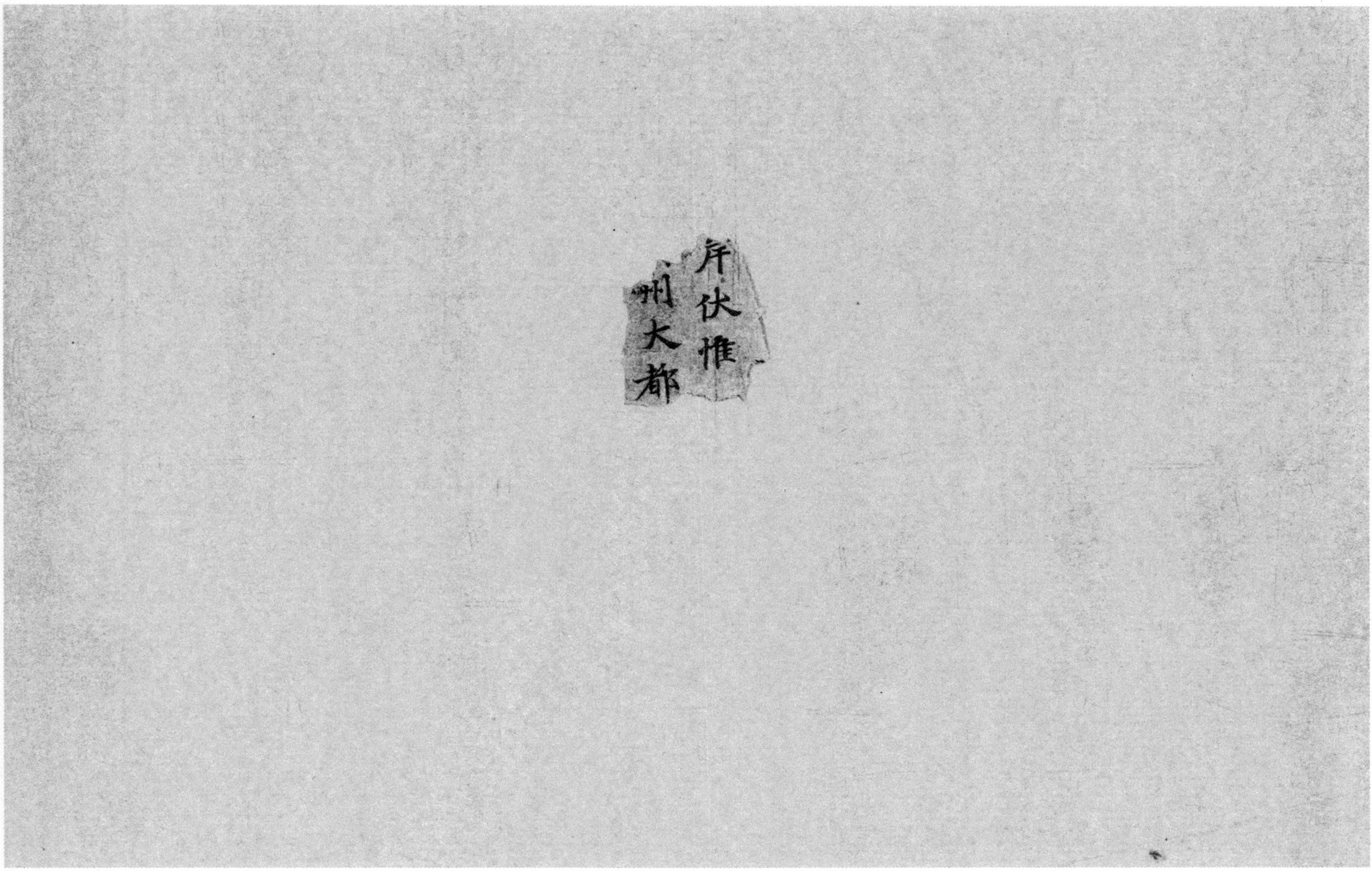

BD15520 號　殘片（擬）　（1–1）

過少
欲減

BD15521 號　五分戒本　　（1–1）

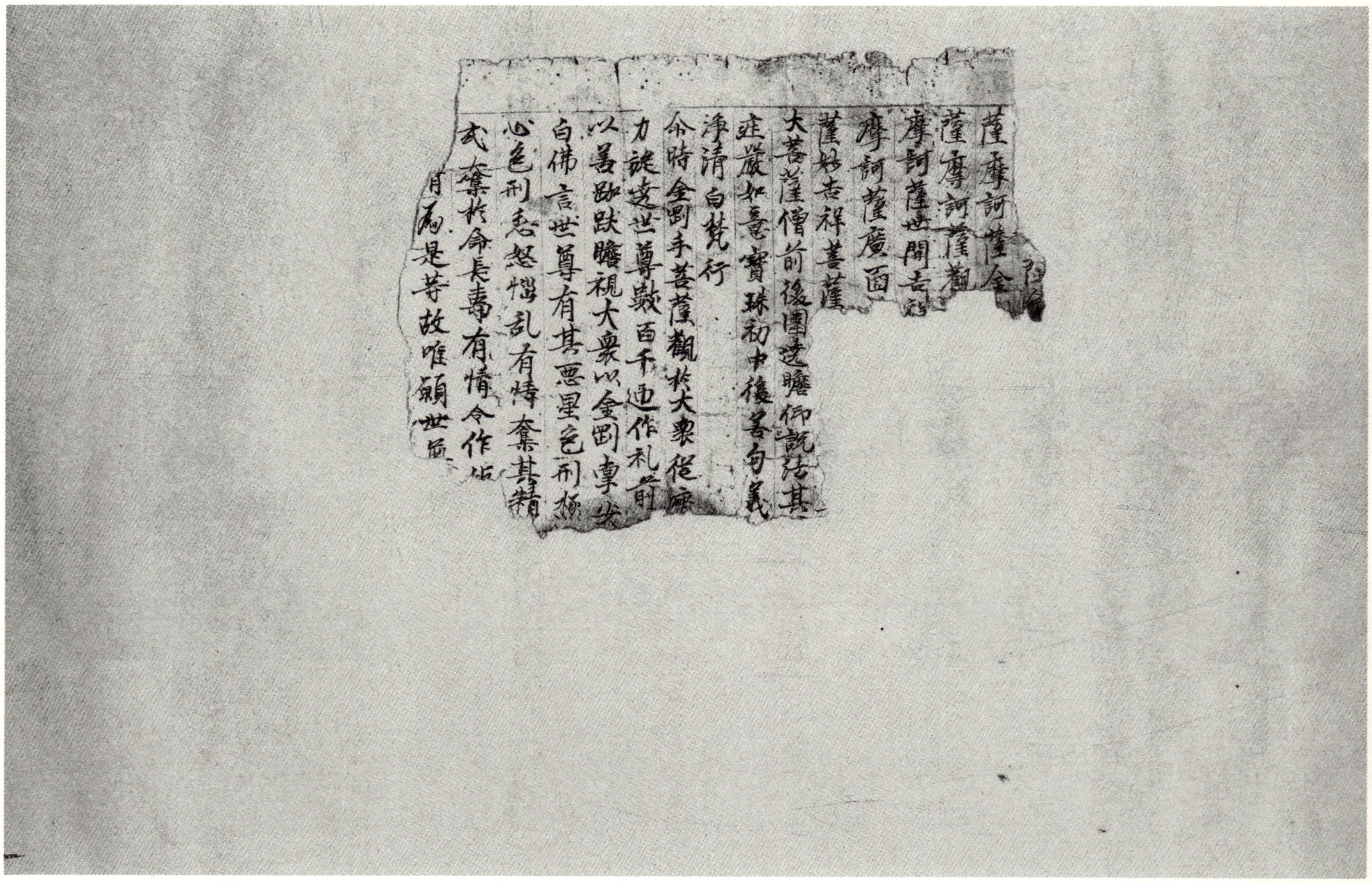

薩摩訶薩金
薩摩訶薩觀
摩訶薩世間吉
摩訶薩廣面
薩妙吉祥菩薩
大菩薩僧前後圍遶瞻仰說法其
莊嚴如意寶珠初中後善句義
淨清白梵行
爾時金剛手菩薩觀於大衆從座
力誐遶世尊數百千匝作礼前
以善跏趺瞻視大衆以金剛拳安
白佛言世尊有其惡星色刑極
心色刑忿怒惱亂有情奪其精
式奪於命長壽有情令作短
月為是等故唯願世尊

BD15522 號　諸星母陀羅尼經　　（1–1）

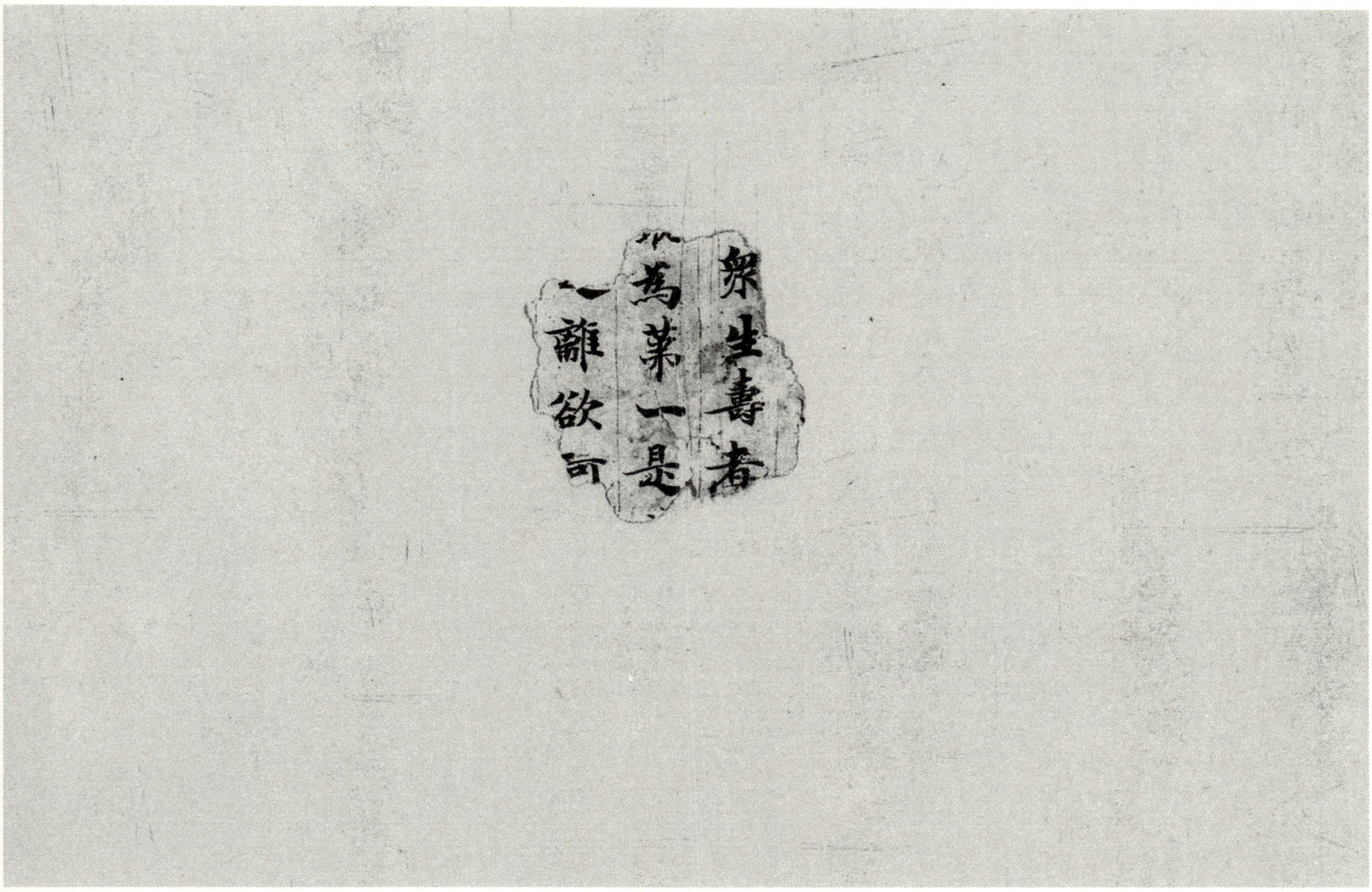

BD15523 號　金剛般若波羅蜜經　（1–1）

BD15524 號　金光明最勝王經卷四　（1–1）

BD15525 號　木捺佛像（擬）　（1–1）

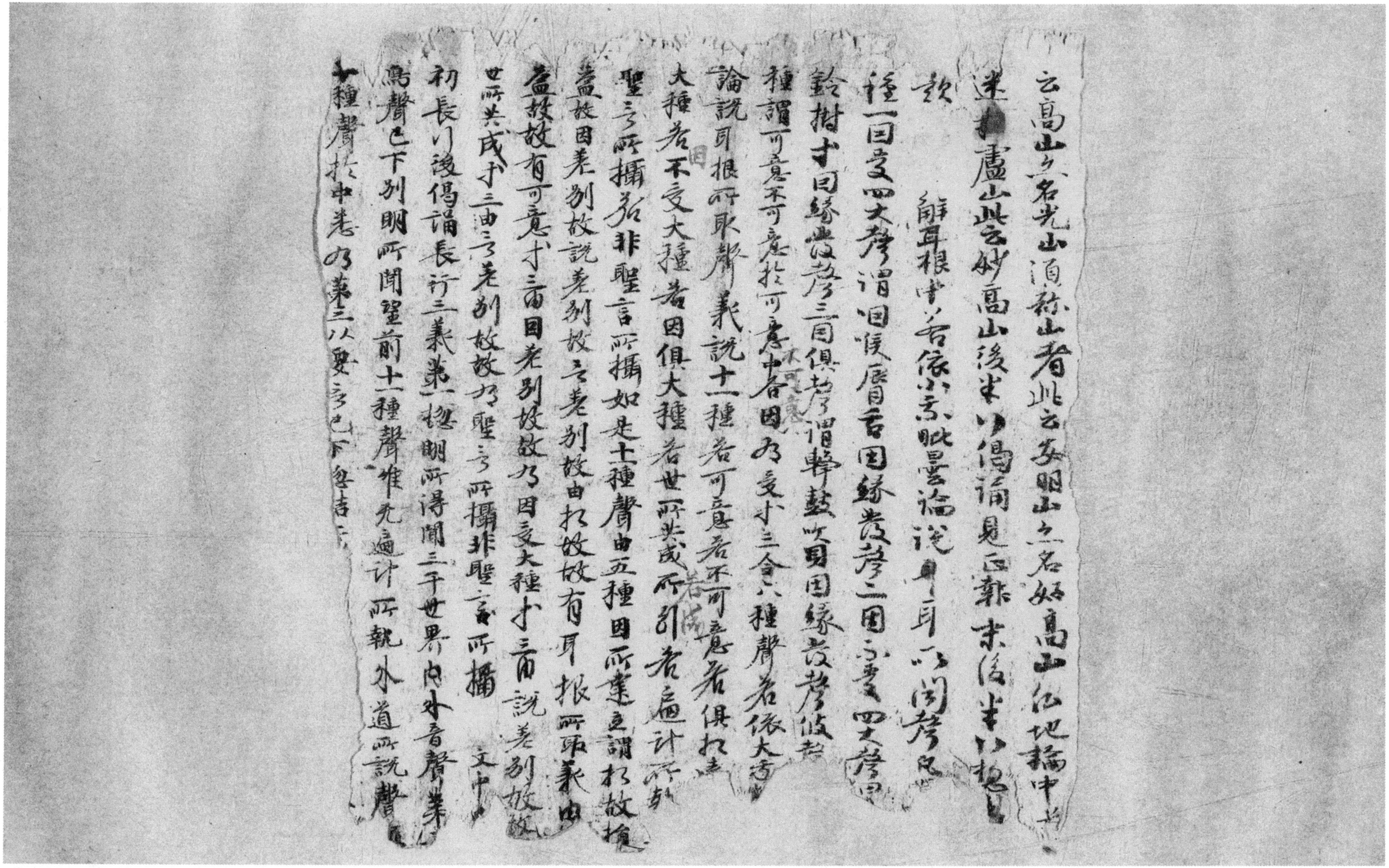

云高山亦名光山須彌山者此云安明山亦名妙高山仏地論中説
迷盧山此云妙高山後半以偈誦見正雜末後半以總
歎　辯耳根中之若依小乘毗曇論説身耳所聞聲也
種一因受四大聲謂咽喉脣舌因緣發聲二因不受四大聲謂
鈴樹等因緣發聲三因俱大聲謂擊鼓吹貝因緣發聲彼
種謂可意不可意於可意中各因乃受等三合六種聲若依大乘
論説耳根所取聲義説十一種若可意若不可意若俱相違
大種若不受大種若因俱大種若世所共成所引若遍計所執
聖言所攝若非聖言所攝如是十一種聲由五種因所建立謂相故境
蘊故因差別故説差別故亦差別故由相故有耳根所取義由
蘊故故有可意等三由因受大種等三由説差別故故
世所共成等三由亦差別故乃聖言所攝非聖言所攝　文中
初長行後偈誦長行三義第一總明所得聞三千世界内外音聲業
爲聲已下別明所聞望前十一種聲唯无遍計所執外道所説聲
十種聲於中卷乃第三以要言之已下總結三

BD15526 號　佛教疏釋（擬）　　（1–1）

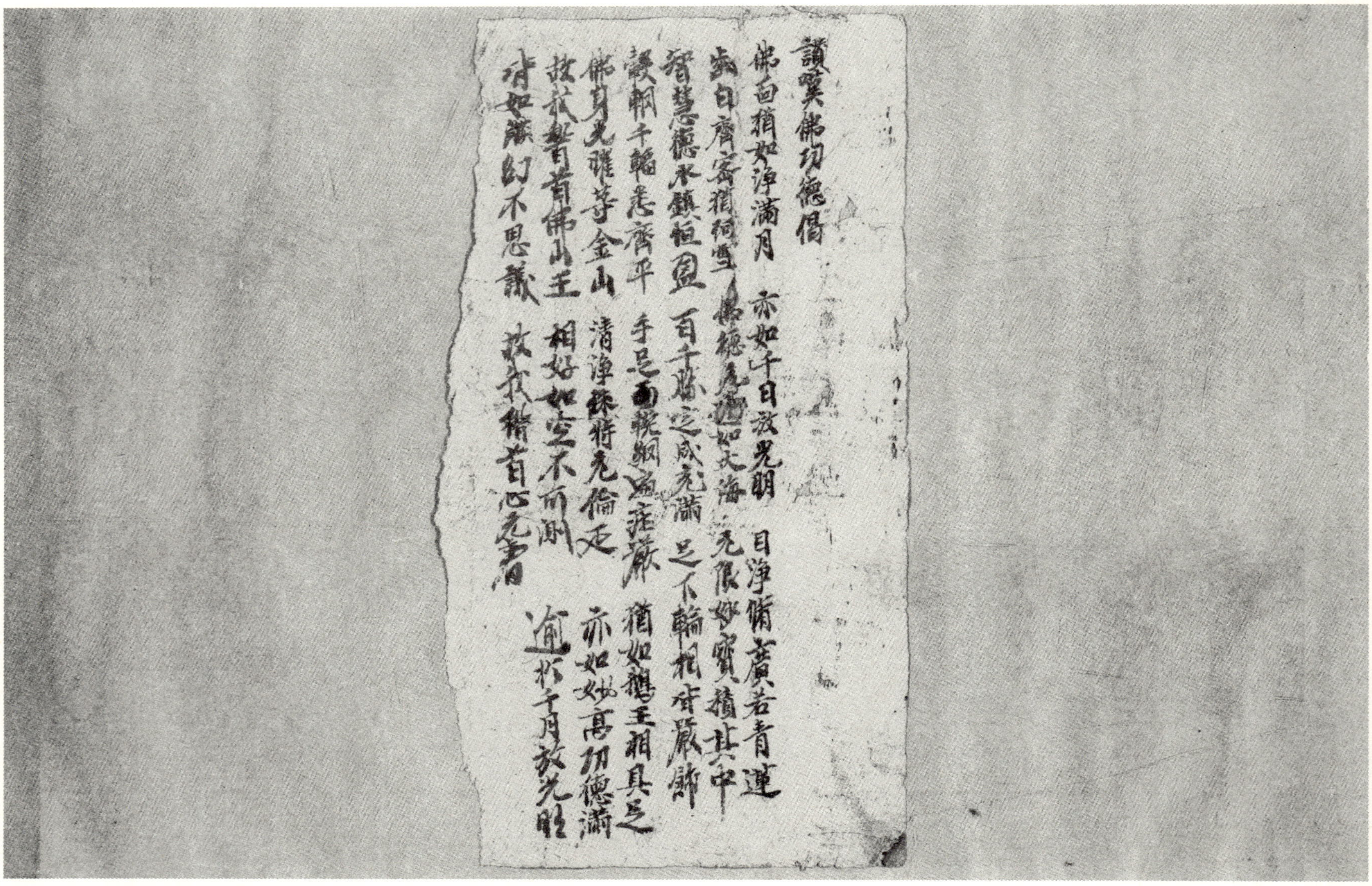
讃嘆佛功德偈
佛面猶如淨滿月　亦如千日放光明　目淨脩廣若青蓮
齒白齊密猶珂雪　佛德[illegible][illegible]如大海　無限妙寶積其中
智慧德水鎮恒盈　百千勝定咸充滿　足下輪相皆嚴飾
轂輞千輻悉齊平　手足[illegible]縵網遍莊嚴　猶如鵝王相具足
佛身光曜等金山　清淨殊特無倫匹　亦如妙高功德滿
故我稽首佛山王　相好如空不可測　逾於千月放光明
猶如燄幻不思議　故我稽首心無著

BD15527 號　讃歎佛功德偈　　　　（1–1）

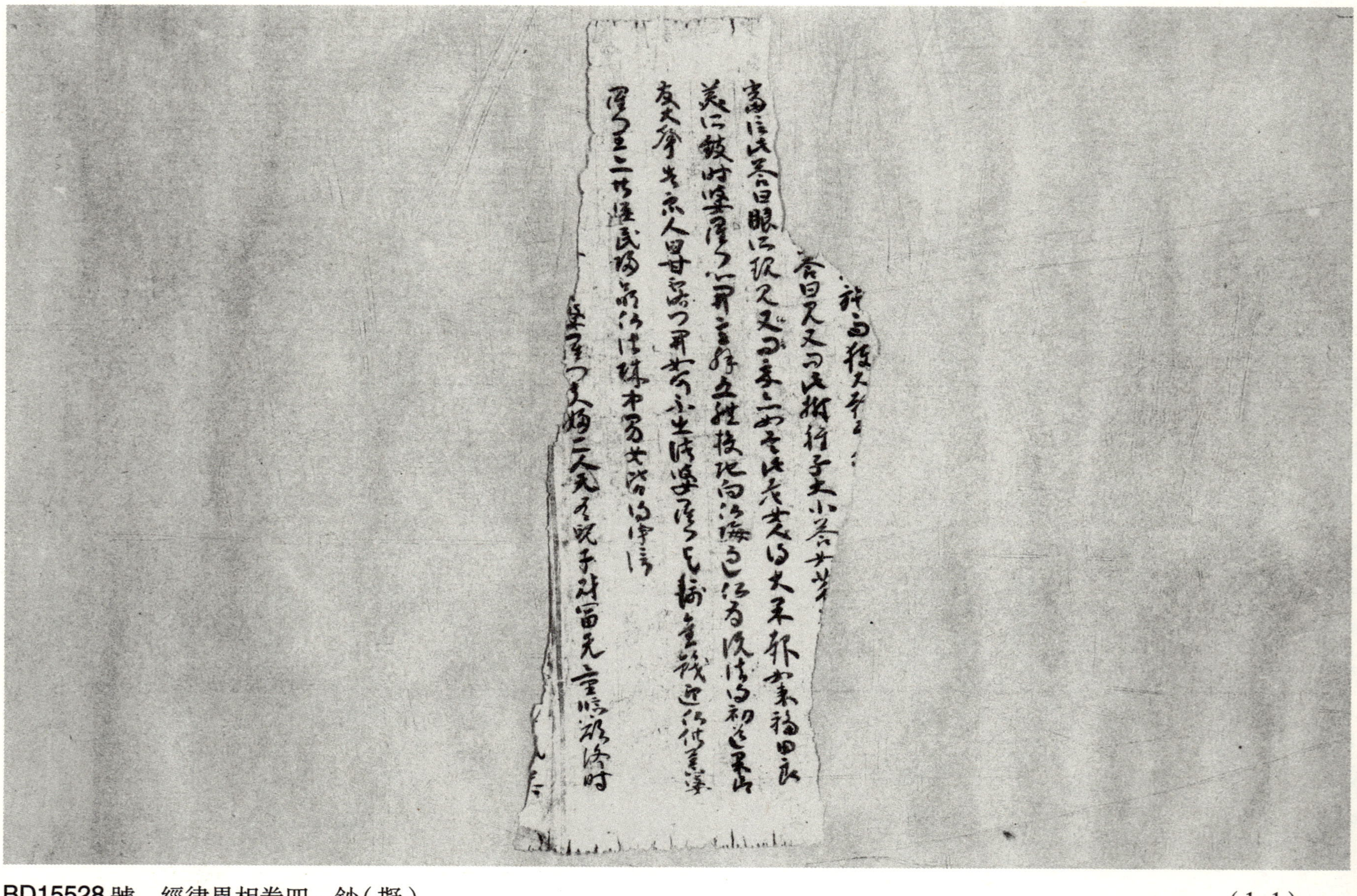

BD15528 號　經律異相卷四一鈔（擬）　　　　（1–1）

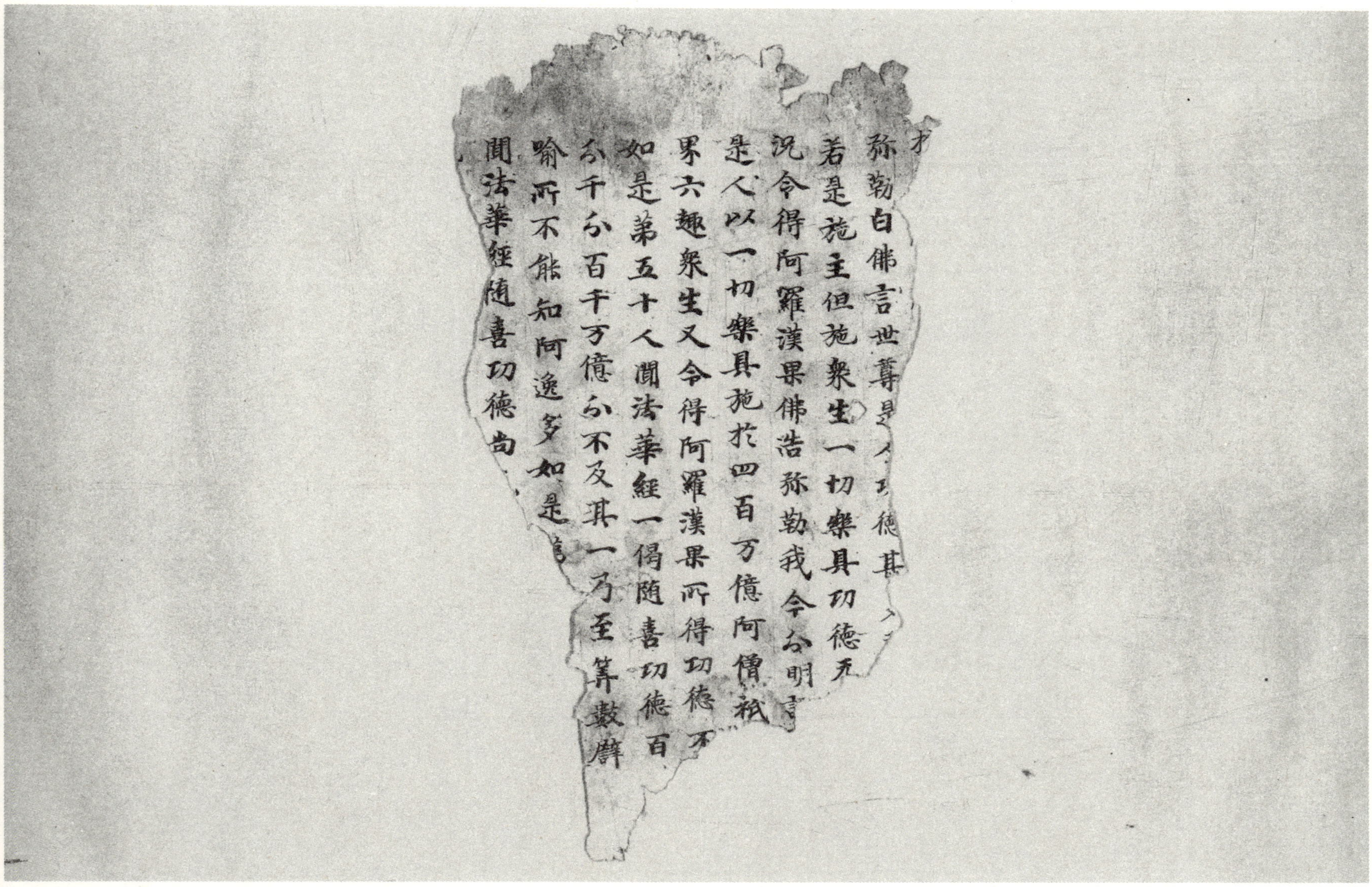

才
弥勒白佛言世尊是人功德甚
若是施主但施衆生一切樂具功德无
況令得阿羅漢果佛告弥勒我今分明
是人以一切樂具施於四百万億阿僧祇
界六趣衆生又令得阿羅漢果所得功德不
如是第五十人聞法華經一偈隨喜功德百
分千分百千万億分不及其一乃至筭數譬
喻所不能知阿逸多如是
聞法華經隨喜功德尚

BD15529 號　妙法蓮華經卷六　（1–1）

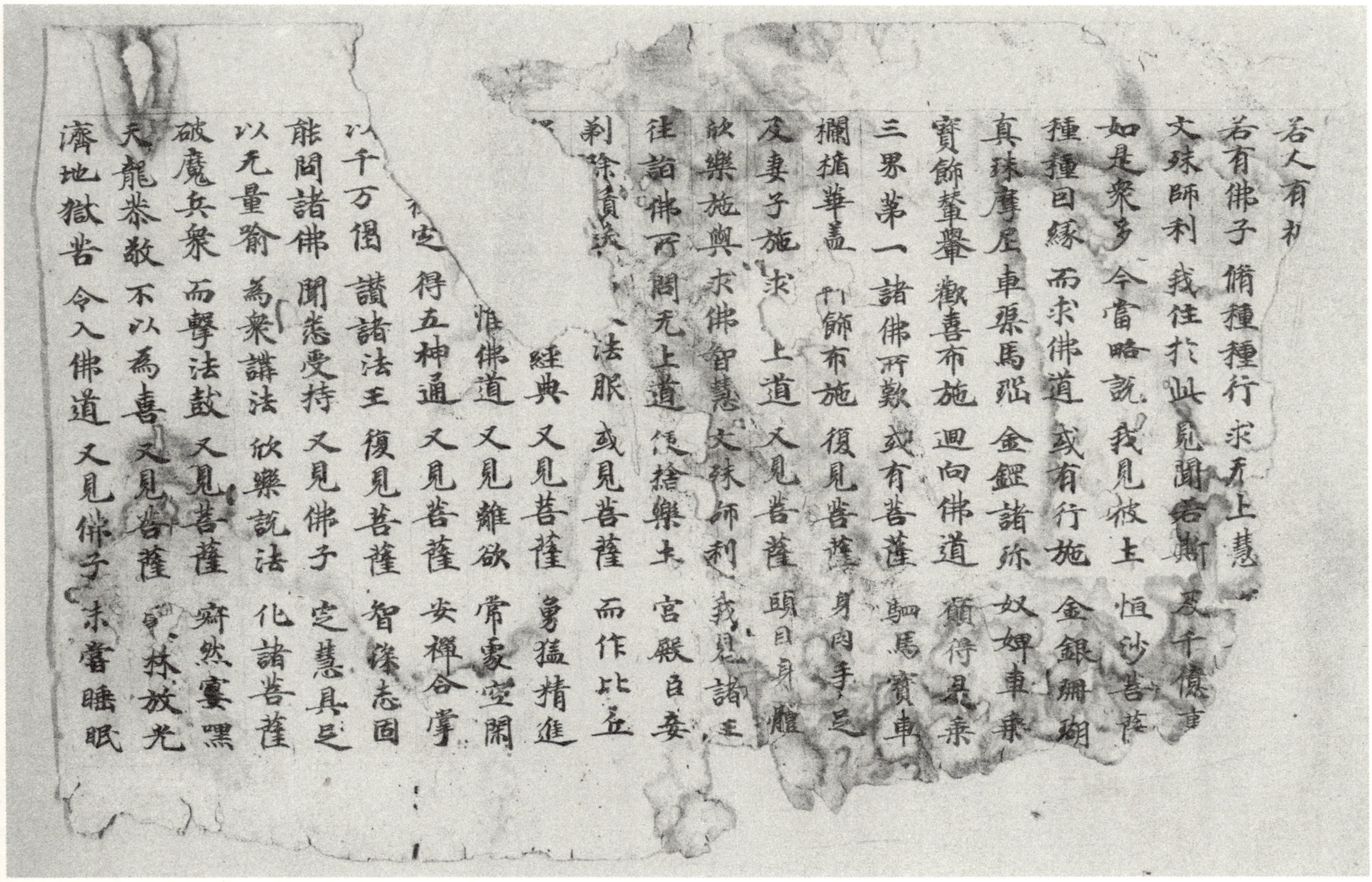

若人有
若有佛子　脩種種行　求无上慧
文殊師利　我住於此　見聞若斯　及千億事
如是衆多　今當略說　我見彼土　恒沙菩薩
種種因緣　而求佛道　或有行施　金銀珊瑚
真珠摩尼　車𤦲馬瑙　金剛諸珎　奴婢車乘
寶飾輦轝　歡喜布施　迴向佛道　願得是乘
三界第一　諸佛所歎　或有菩薩　駟馬寶車
欄楯華蓋　軒飾布施　復見菩薩　身肉手足
及妻子施　求无上道　又見菩薩　頭目身體
欣樂施與　求佛智慧　文殊師利　我見諸王
往詣佛所　問无上道　便捨樂土　宮殿臣妾
剃除鬚髮　而被法服　或見菩薩　而作比丘
經典　又見菩薩　勇猛精進
惟佛道　又見離欲　常處空閑
定　得五神通　又見菩薩　安禪合掌
以千万偈　讚諸法王　復見菩薩　智深志固
能問諸佛　聞悉受持　又見佛子　定慧具足
以无量喻　為衆講法　欣樂說法　化諸菩薩
破魔兵衆　而擊法鼓　又見菩薩　寂然宴默
天龍恭敬　不以為喜　又見菩薩　處林放光
濟地獄苦　令入佛道　又見佛子　未嘗睡眠

BD15533 號　妙法蓮華經卷一　（1–1）

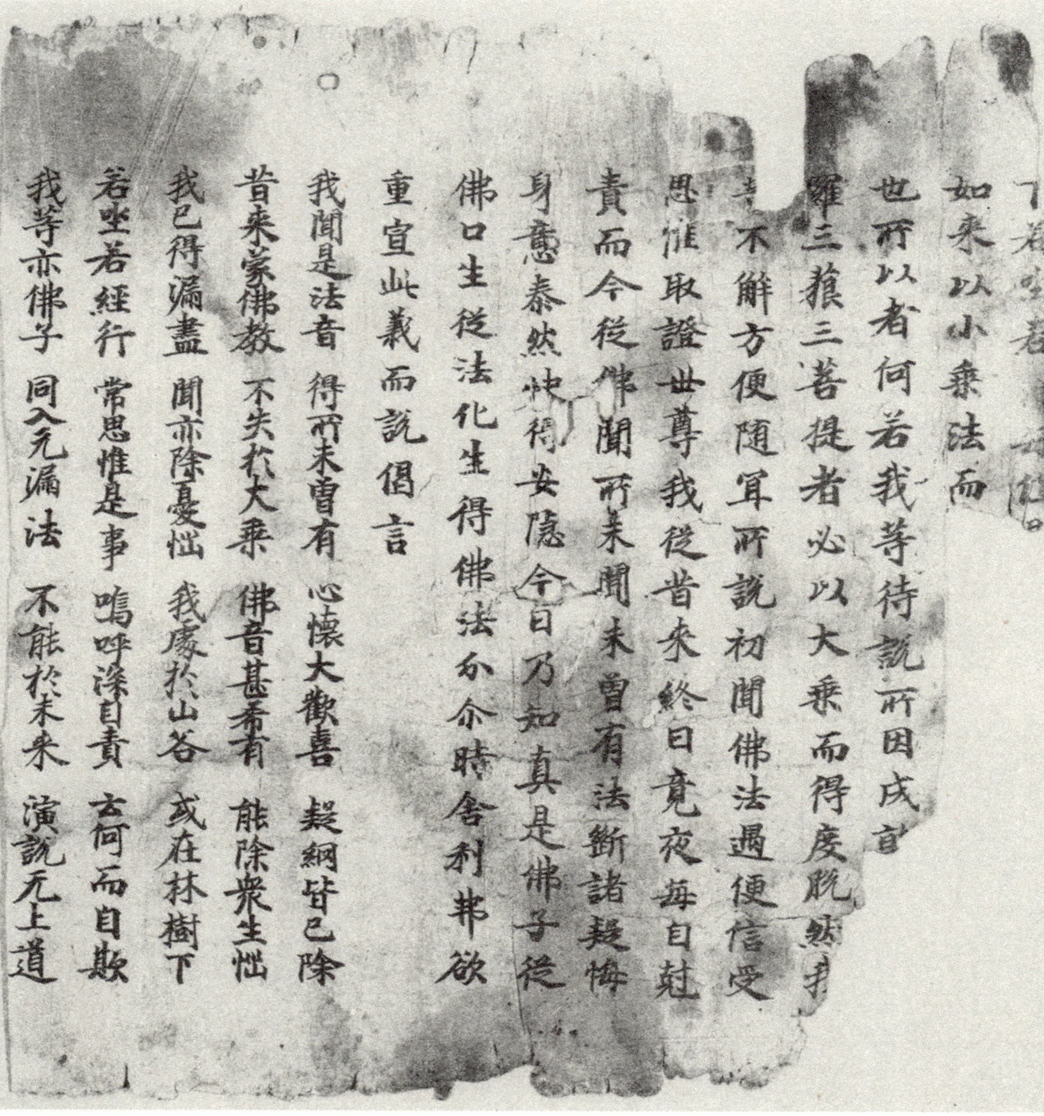

下若坐若□每作
如來以小乘法而
也所以者何若我等待說所因成就
羅三藐三菩提者必以大乘而得度脫然我
等不解方便隨宜所說初聞佛法遇便信受
思惟取證世尊我從昔來終日竟夜每自尅
責而今從佛聞所未聞未曾有法斷諸疑悔
身意泰然快得安隱今日乃知真是佛子從
佛口生從法化生得佛法分尒時舍利弗欲
重宣此義而說偈言
我聞是法音　得所未曾有　心懷大歡喜　疑網皆已除
昔來蒙佛教　不失於大乘　佛音甚希有　能除衆生惱
我已得漏盡　聞亦除憂惱　我處於山谷　或在林樹下
若坐若經行　常思惟是事　嗚呼深自責　云何而自欺
我等亦佛子　同入无漏法　不能於未來　演說无上道

BD15534 號　妙法蓮華經卷二　（1–1）

BD15534 號背　勘記　（1–1）

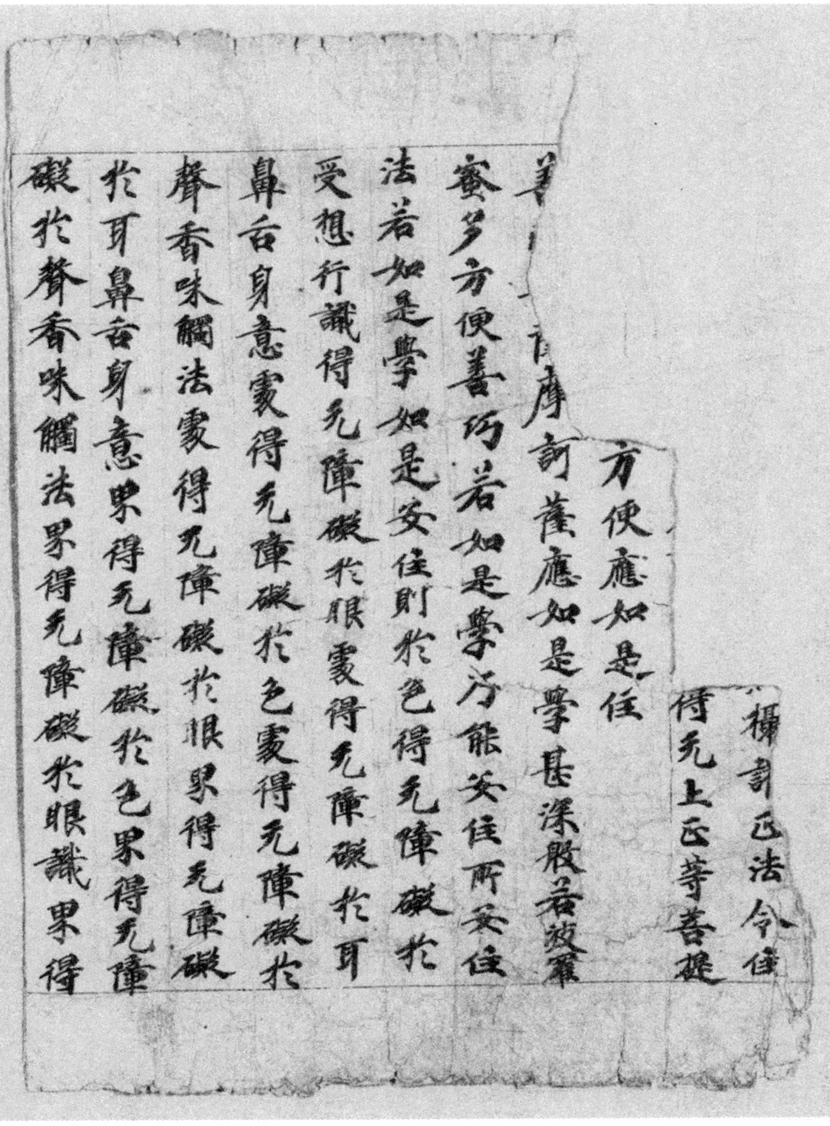

BD15535 號　大般若波羅蜜多經卷三二五　（1–1）

BD15535 號背　勘記　（1–1）

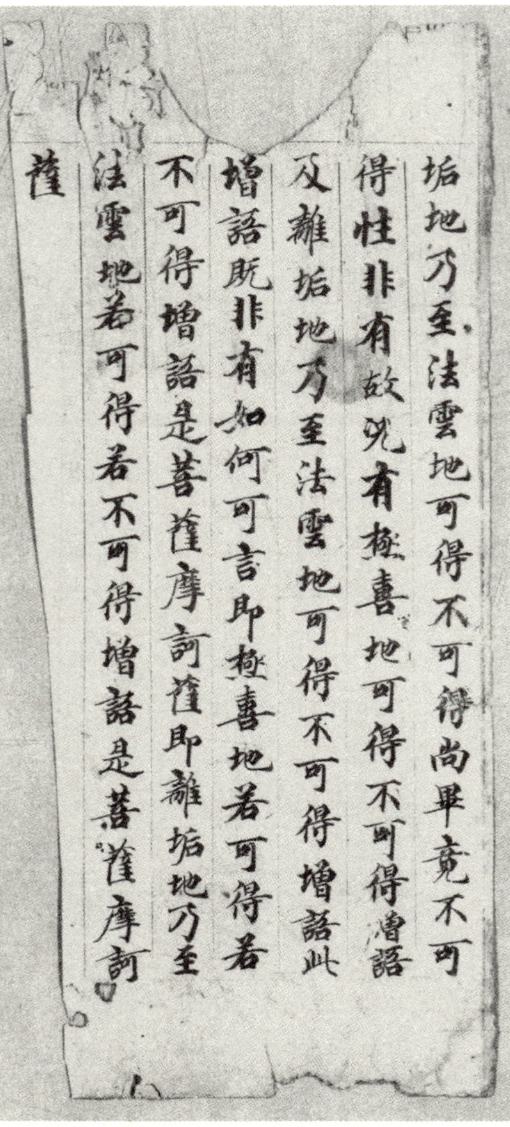

垢地乃至法雲地可得不可得尚畢竟不可
得性非有故况有極喜地可得不可得增語
及離垢地乃至法雲地可得不可得增語此
增語既非有如何可言即極喜地若可得若
不可得增語是菩薩摩訶薩即離垢地乃至
法雲地若可得若不可得增語是菩薩摩訶
薩

BD15536 號　大般若波羅蜜多經卷三二　（1–1）

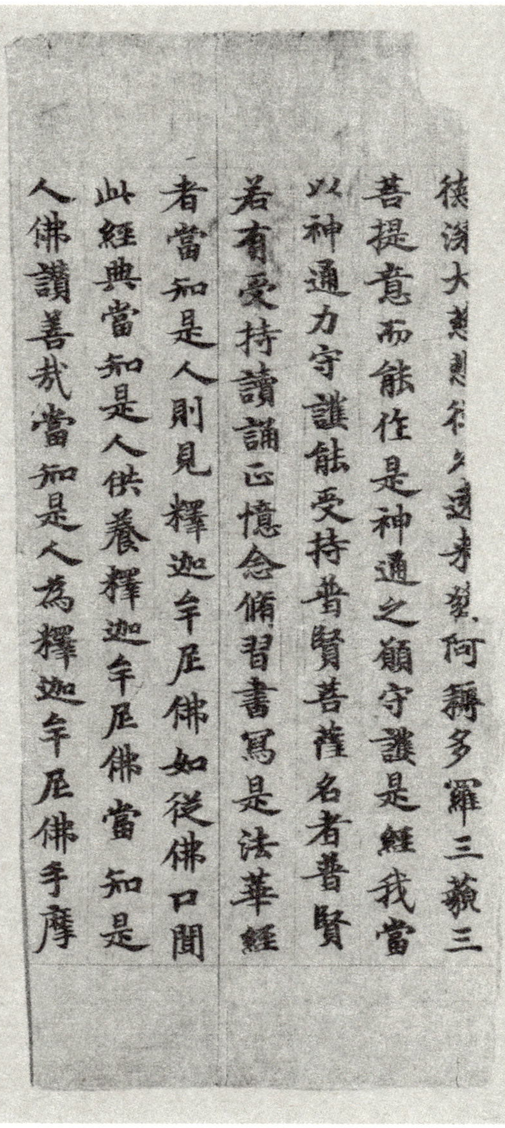

深大慈悲從久遠來發阿耨多羅三藐三
菩提意而能作是神通之願守護是經我當
以神通力守護能受持普賢菩薩名者普賢
若有受持讀誦正憶念脩習書寫是法華經
者當知是人則見釋迦牟尼佛如從佛口聞
此經典當知是人供養釋迦牟尼佛當知是
人佛讚善哉當知是人為釋迦牟尼佛手摩

BD15537 號　妙法蓮華經卷七　（1–1）

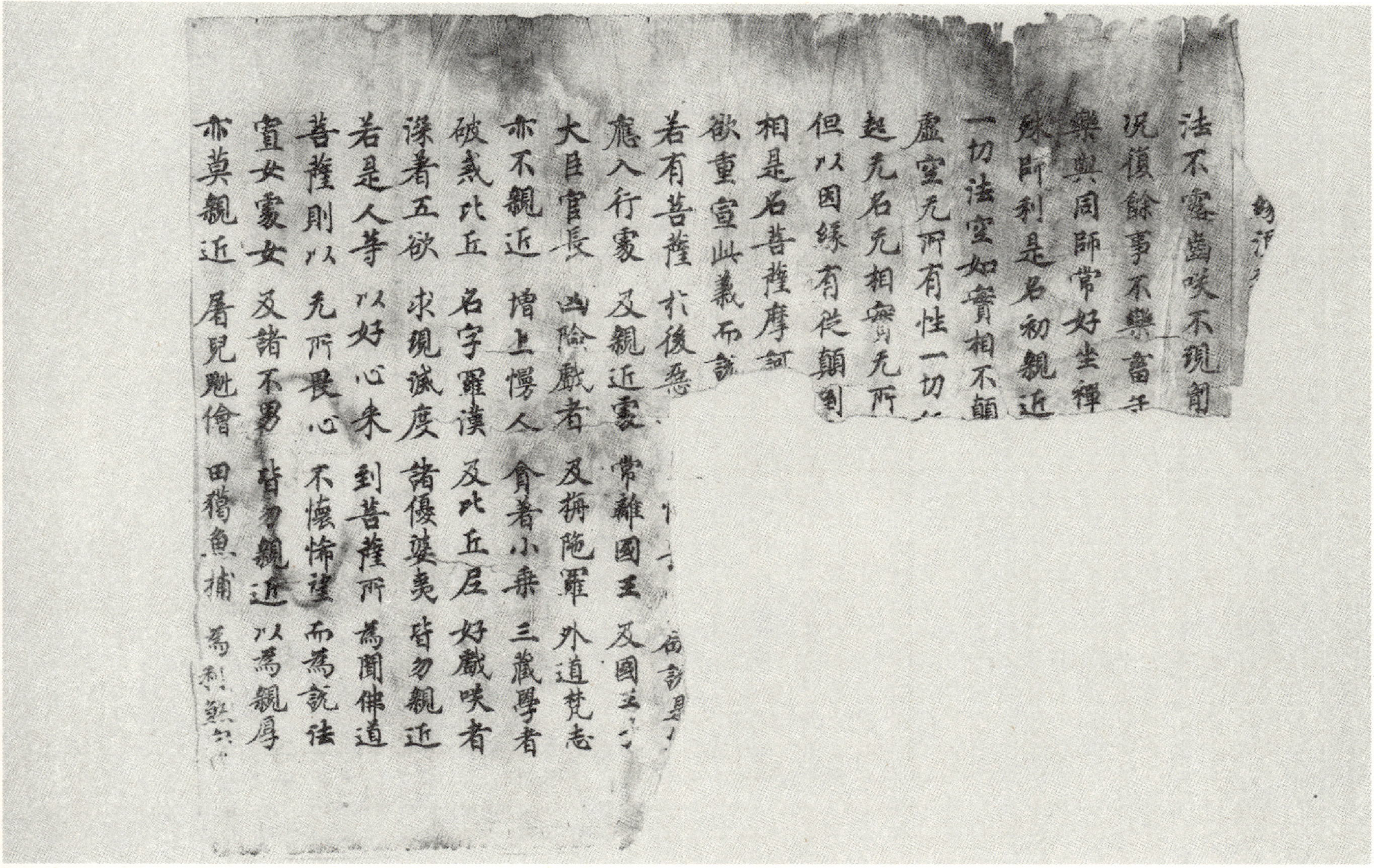

妙法
法不露齒咲不現胷
況復餘事不樂畜年
樂與同師常好坐禪
殊師利是名初親近
一切法空如實相不顛
虛空无所有性一切
起无名无相實无所
但以因緣有從顛倒
相是名菩薩摩訶
欲重宣此義而說
若有菩薩 於後惡 說是
應入行處 及親近處 常離國王 及國王子
大臣官長 凶險戲者 及旃陀羅 外道梵志
亦不親近 增上慢人 貪著小乘 三藏學者
破戒比丘 名字羅漢 及比丘尼 好戲咲者
深著五欲 求現滅度 諸優婆夷 皆勿親近
若是人等 以好心來 到菩薩所 為聞佛道
菩薩則以 无所畏心 不懷悕望 而為說法
寡女處女 及諸不男 皆勿親近 以為親厚
亦莫親近 屠兒魁膾 畋獵魚捕 為利殺害

BD15538 號　妙法蓮華經卷五　　（1–1）

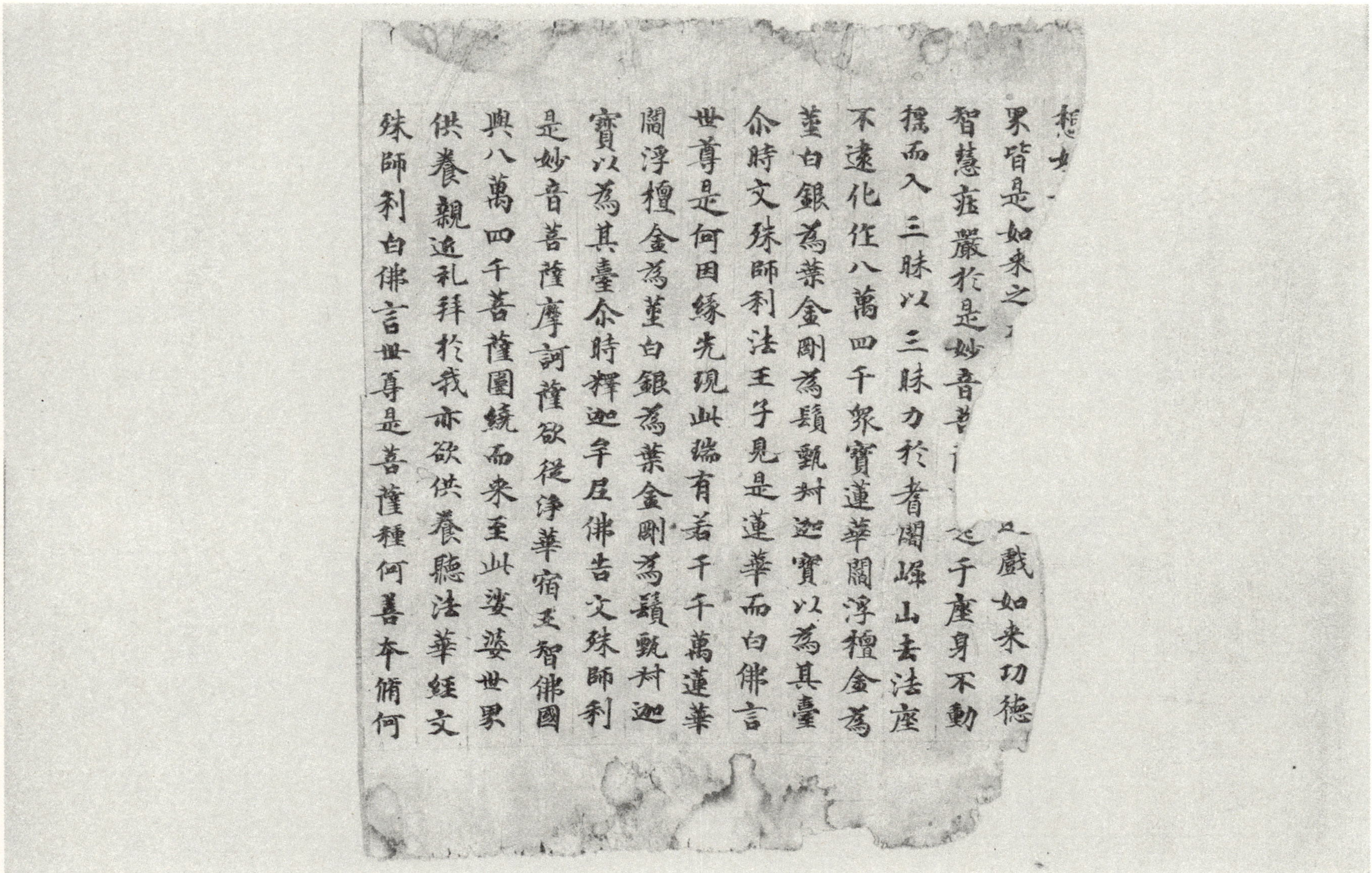

想
界皆是如來之 戲如來功德
智慧莊嚴於是妙音菩 于座身不動
搖而入三昧以三昧力於耆闍崛山去法座
不遠化作八萬四千衆寶蓮華閻浮檀金為
莖白銀為葉金剛為鬚甄叔迦寶以為其臺
尒時文殊師利法王子見是蓮華而白佛言
世尊是何因緣先現此瑞有若干千萬蓮華
閻浮檀金為莖白銀為葉金剛為鬚甄叔迦
寶以為其臺尒時釋迦牟尼佛告文殊師利
是妙音菩薩摩訶薩欲從淨華宿王智佛國
與八萬四千菩薩圍繞而來至此娑婆世界
供養親近礼拜於我亦欲供養聽法華經文
殊師利白佛言世尊是菩薩種何善本脩何

BD15539 號　妙法蓮華經卷七　　（1–1）

BD15539 號背　勘記　（1–1）

那羅等種種變現之戲
又不親近旃陁□畜猪羊雞狗田獵魚捕
諸惡律儀如是人等或時來者則為說法无
所悕望又不親近求聲聞比丘比丘尼優婆
塞優婆夷亦不問訊若於房中若經行處若
在講堂中不共住止或時來者隨宜說法无
所悕求文殊師利又菩薩摩訶薩不應於女
人身取能生欲想相而為說法亦不樂見若
入他家不與小女處女寡女等共語亦復不
近五種不男之人以為親厚不獨入他家若

BD15540 號　妙法蓮華經卷五　（1–1）

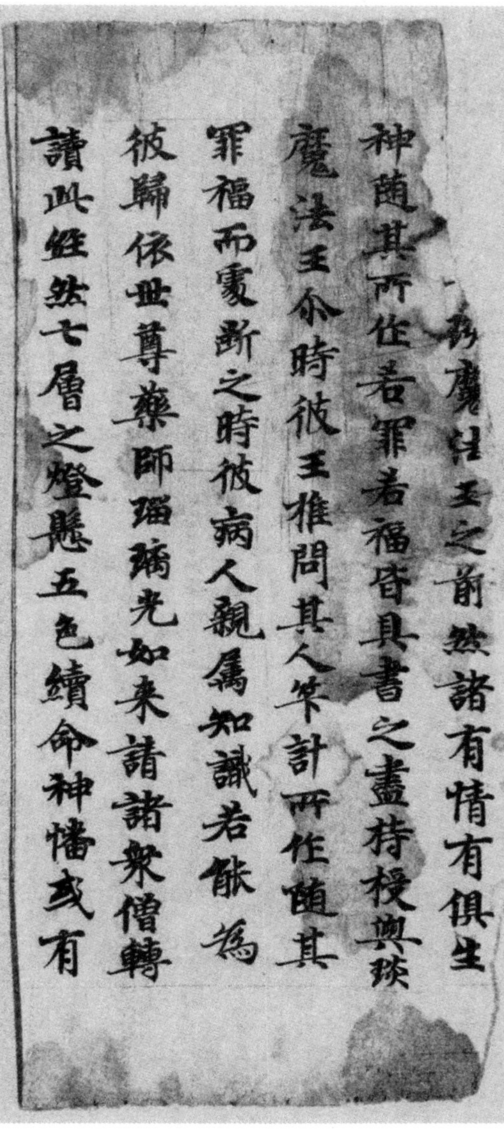

琰魔法王之前然諸有情有俱生
神隨其所作若罪若福皆具書之盡持授與琰
魔法王尒時彼王推問其人筭計所作隨其
罪福而處斷之時彼病人親屬知識若能為
彼歸依世尊藥師瑠璃光如來請諸衆僧轉
讀此經然七層之燈懸五色續命神幡或有

BD15541 號　藥師琉璃光如來本願功德經　（1–1）

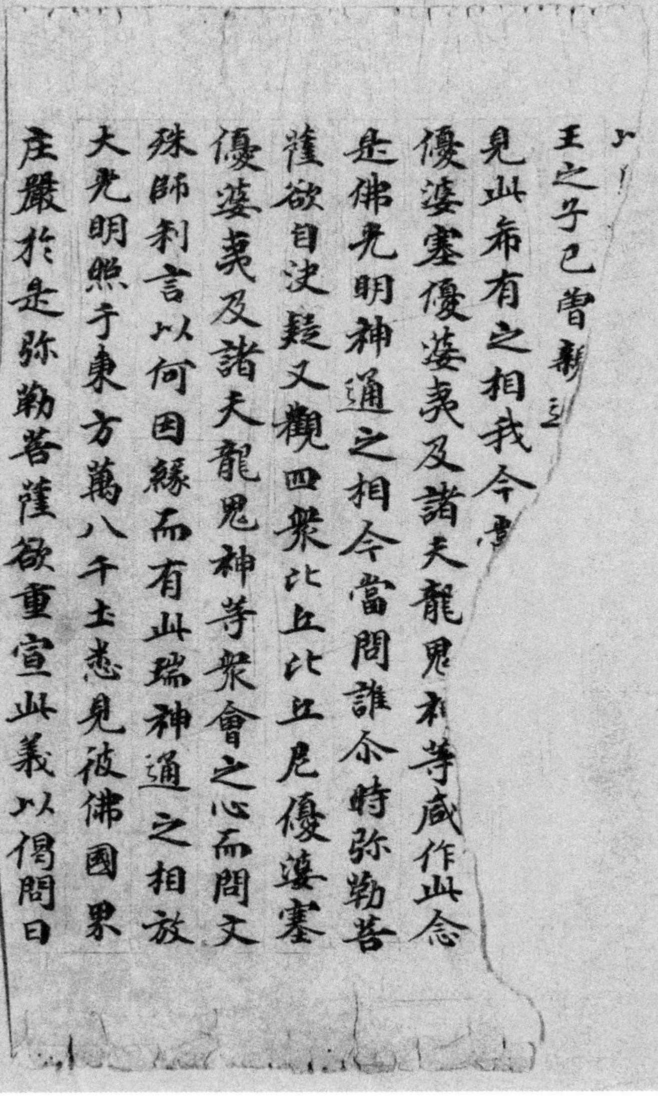

王之子已曾親
見此希有之相我今當
優婆塞優婆夷及諸天龍鬼神等咸作此念
是佛光明神通之相今當問誰尒時弥勒菩
薩欲自決疑又觀四衆比丘比丘尼優婆塞
優婆夷及諸天龍鬼神等衆會之心而問文
殊師利言以何因緣而有此瑞神通之相放
大光明照于東方萬八千土悉見彼佛國界
莊嚴於是弥勒菩薩欲重宣此義以偈問曰

BD15542 號　妙法蓮華經卷一　（1–1）

善學佛子諦聽欲受佛戒者國王王子
百官宰相比丘比丘尼十八梵六欲天庶民
黃門婬男婬女奴婢八部鬼神金剛神
畜生乃至變化人但解法師語盡受得
戒皆名第一清淨者佛告諸佛子言
有十重波羅提木叉若受佛戒不誦此
戒者非菩薩非佛種子我亦如是誦一
切菩薩已學一切菩薩當學一切菩薩
今學我已略說波羅提木叉相貌是事
應當學敬心奉持
佛告佛子若自殺教人殺方便讚歎殺見
作隨喜乃至呪殺殺因殺緣殺法殺業乃
至一切有命者不得故殺是菩薩應起
常住慈悲心孝順心方便救護一切衆生

BD15543號　梵網經盧舍那佛說菩薩心地戒品第十卷下　（1–1）

理者即知身心是佛法器若醉迷不醒不了
自心是佛法根本流浪諸趣墮於惡道永沉
苦海不聞佛法名字无㝵菩薩復白佛言世
尊人之在世生死爲重生不擇日時至即生死
不擇日時至即死何因殯葬即問良辰吉日
然始殯葬殯葬之後還有妨害貧窮者多
滅門者不少唯願世尊爲諸邪見无知衆
生說其因緣令得正道除其顛倒

BD15544號　天地八陽神呪經　（1–1）

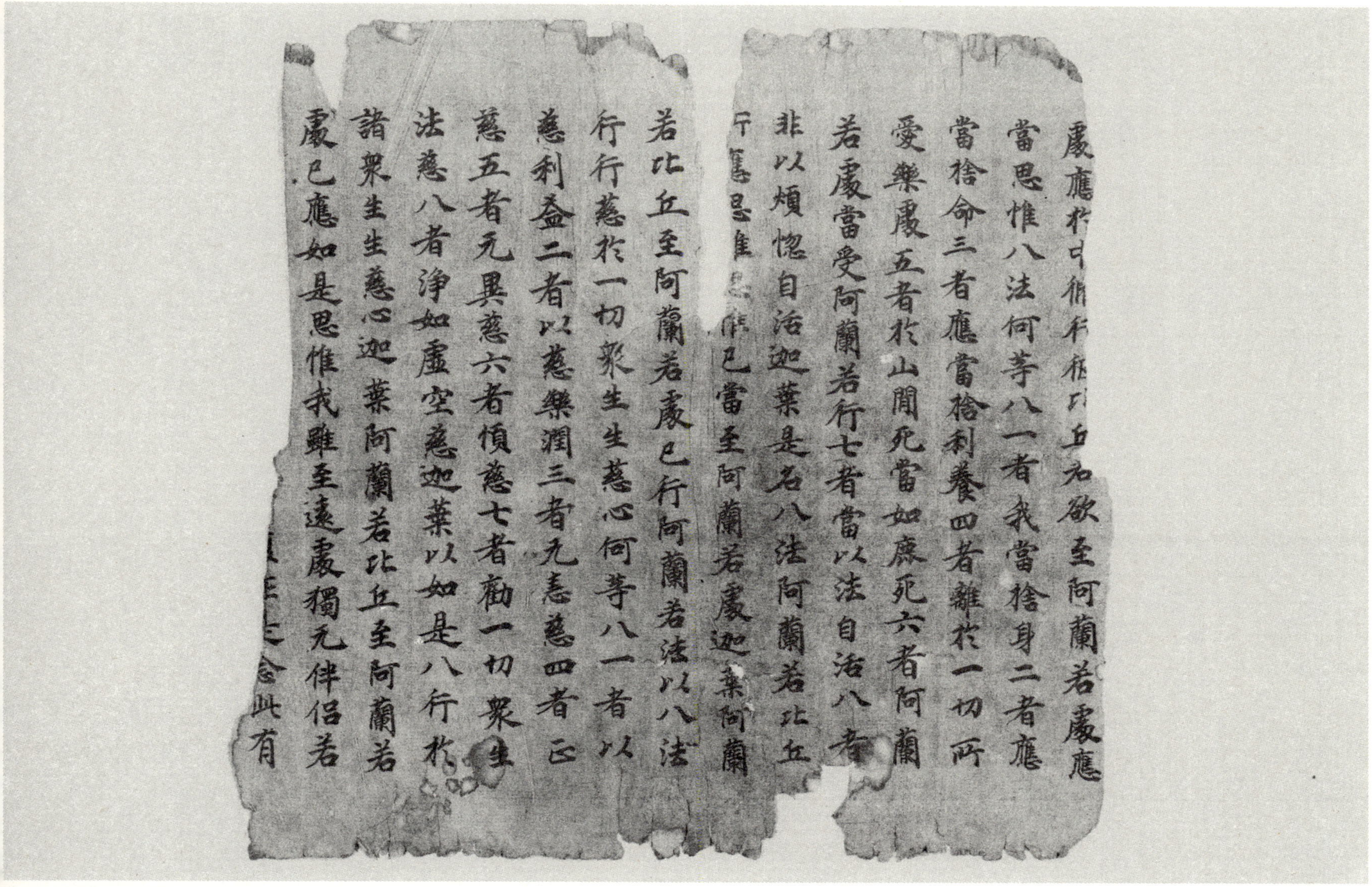

處應於中作行住比丘欲至阿蘭若處應
當思惟八法何等八一者我當捨身二者應
當捨命三者應當捨利養四者離於一切所
愛樂處五者於山間死當如麞死六者阿蘭
若處當受阿蘭若行七者當以法自活八者
非以煩惱自活迦葉是名八法阿蘭若比丘
行集思惟思惟已當至阿蘭若處迦葉阿蘭
若比丘至阿蘭若處已行阿蘭若法以八法
行行慈於一切衆生生慈心何等八一者以
慈利益二者以慈樂潤三者无恚慈四者正
慈五者无異慈六者順慈七者勸一切衆生
法慈八者淨如虛空慈迦葉以如是八行於
諸衆生生慈心迦葉阿蘭若比丘至阿蘭若
處已應如是思惟我雖至遠處獨无伴侶若
……念此有

BD15545 號　大寶積經卷一一四　（1–1）

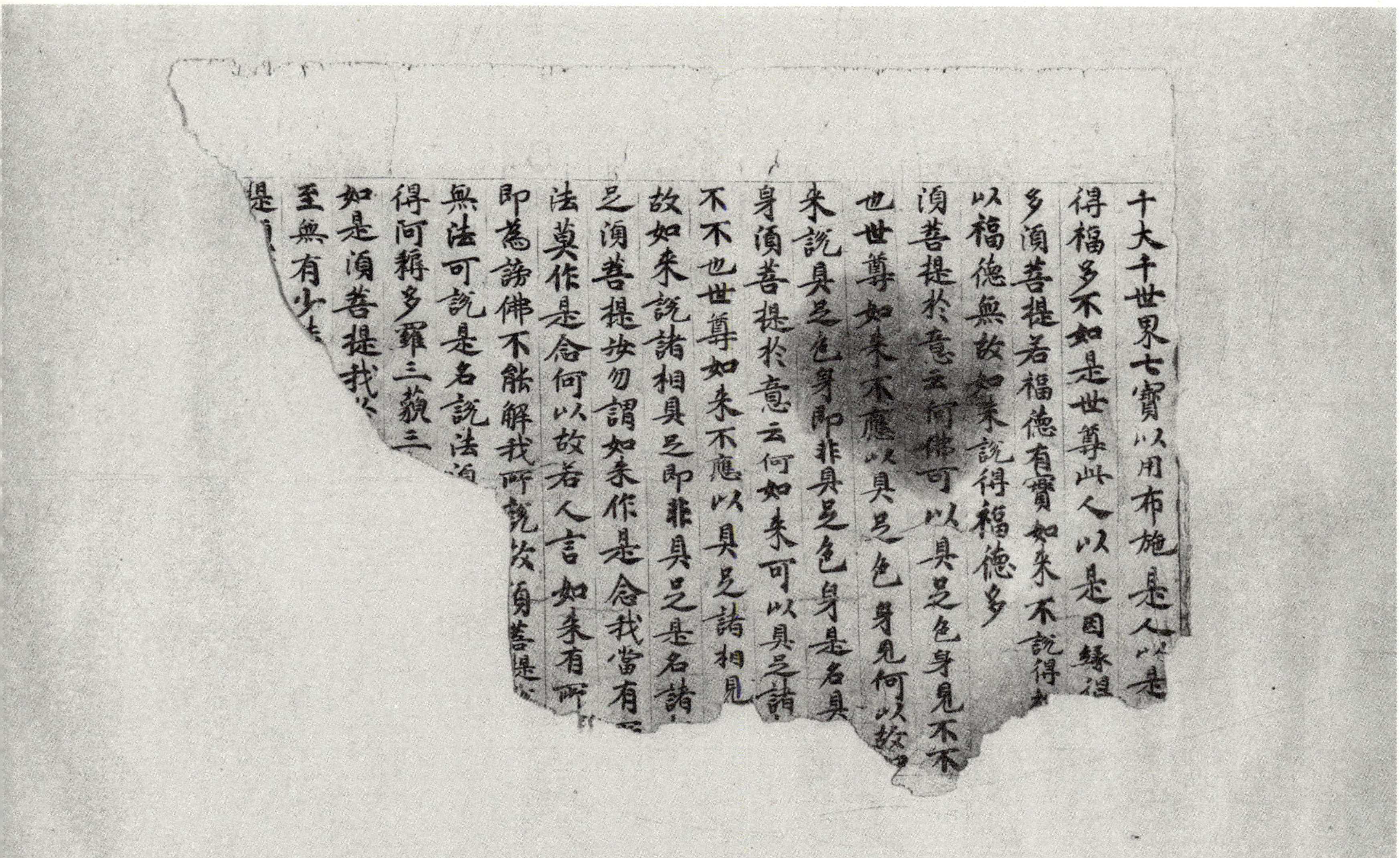

千大千世界七寶以用布施是人以是
得福多不如是世尊此人以是因緣得
多須菩提若福德有實如來不說得
以福德無故如來說得福德多
須菩提於意云何佛可以具足色身見不
也世尊如來不應以具足色身見何以故
來說具足色身即非具足色身是名具
身須菩提於意云何如來可以具足諸
不不也世尊如來不應以具足諸相見
故如來說諸相具足即非具足是名諸
足須菩提汝勿謂如來作是念我當有
法莫作是念何以故若人言如來有所
即為謗佛不能解我所說故須菩提
無法可說是名說法須
得阿耨多羅三藐三
如是須菩提我於
至無有少
提

BD15546 號　金剛般若波羅蜜經　（1–1）

上行意菩薩莊嚴王菩薩
華宿王智佛告妙音菩薩汝莫輕彼國生下
劣想善男子彼娑婆世界高下不平土石諸
山穢惡充滿佛身卑小諸菩薩衆其形亦小
而汝身四万二千由旬我身六百八十万由
旬汝身第一端正百千万福光明殊妙是故
汝往莫輕彼國若佛菩薩及國土生下劣
想妙音菩薩白其佛言世尊我今詣娑婆世
界皆是如來之力如來神通遊戲如來功德智
慧莊嚴於是妙音菩薩不起于座身不動
而搖入三昧以三昧力於耆闍崛山去法座不
遠化作八万四千衆寶蓮華閻浮檀金爲莖
白銀爲葉金剛爲鬚甄叔迦寶以爲其臺介
時文殊師利法王子見是蓮華而白佛言世
尊是何因緣先現此瑞有若干千万蓮華

BD15547 號　妙法蓮華經卷七　（1–1）

即非我見人見衆生見壽者見是名我見人
見衆生見壽者見須菩提發阿耨多羅三藐
三菩提心者於一切法應如是知如是見如是
信解不生法相須菩提所言法相者如來
說即非法相是名法相須菩提若有人以滿
无量阿僧祇世界七寶持用布施若有善男
子善女人發菩薩心者持於此經乃至四句

BD15548 號　金剛般若波羅蜜經　（1–1）

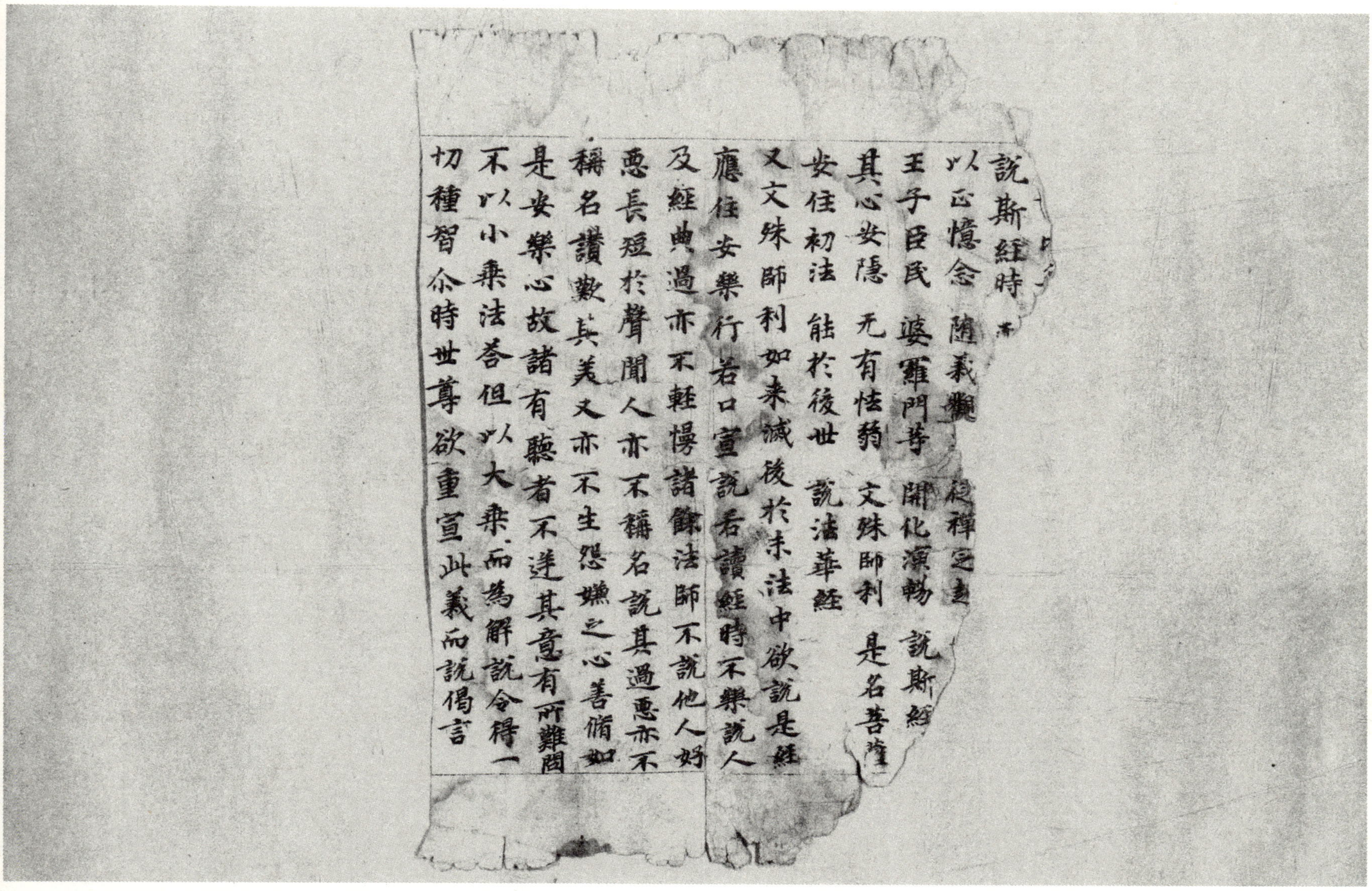
說斯經時
以正憶念 隨義觀 從禪定起
王子臣民 婆羅門等 開化演暢 說斯經
其心安隱 无有怯弱 文殊師利 是名菩薩
安住初法 能於後世 說法華經
又文殊師利如來滅後於末法中欲說是經
應住安樂行若口宣說若讀經時不樂說人
及經典過亦不輕慢諸餘法師不說他人好
惡長短於聲聞人亦不稱名說其過惡亦不
稱名讚歎其美又亦不生怨嫌之心善脩如
是安樂心故諸有聽者不逆其意有所難問
不以小乘法荅但以大乘而為解說令得一
切種智尒時世尊欲重宣此義而說偈言

BD15549 號　妙法蓮華經卷五　（1–1）

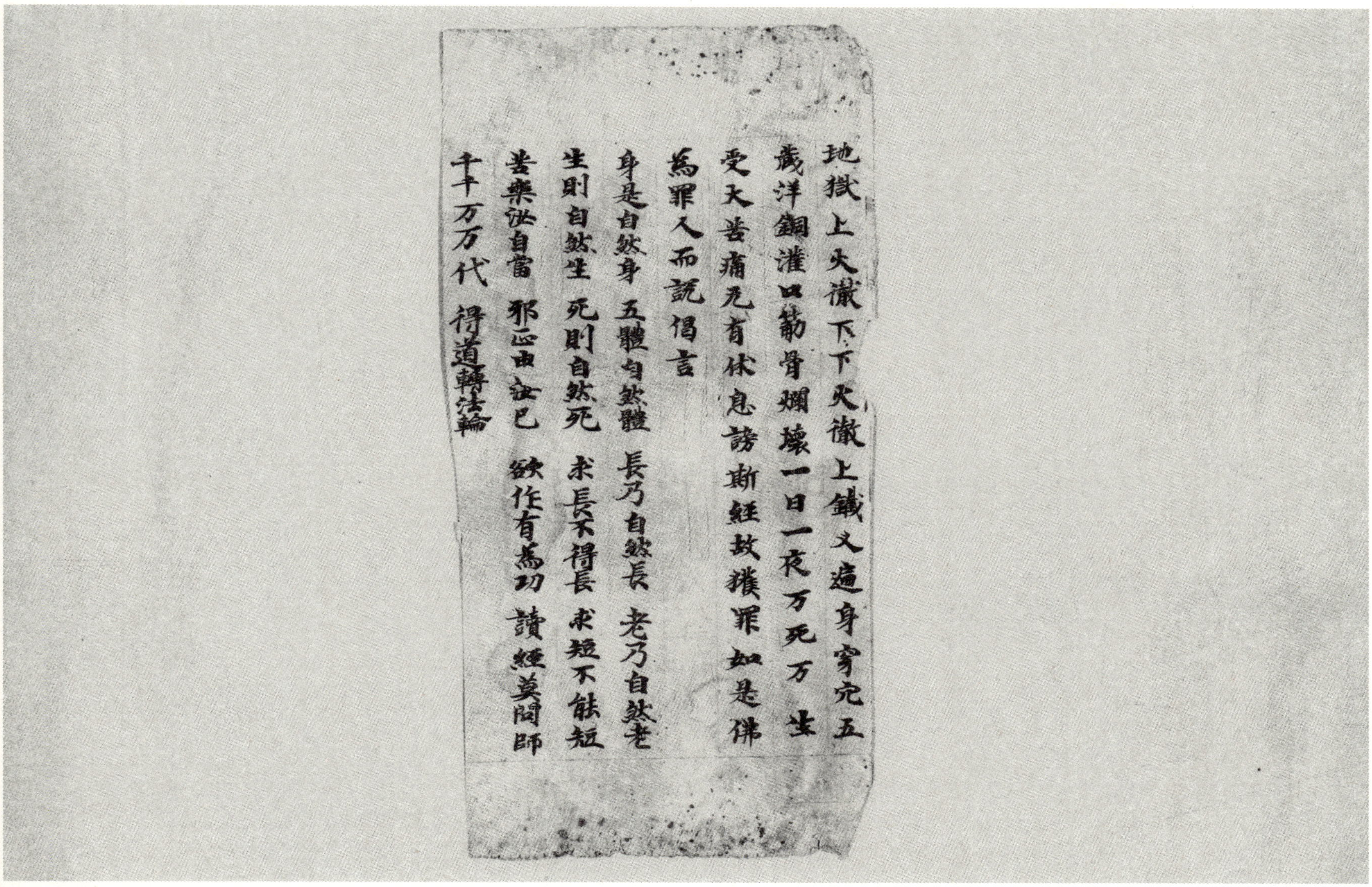
地獄上火徹下下火徹上鐵丈遍身穿穴五
藏洋銅灌口筋骨爛壞一日一夜万死万生
受大苦痛无有休息謗斯經故獲罪如是佛
為罪人而說偈言
身是自然身 五體自然體 長乃自然長 老乃自然老
生則自然生 死則自然死 求長不得長 求短不能短
苦樂汝自當 邪正由汝己 欲作有為功 讀經莫問師
千千万万代 得道轉法輪

BD15550 號　天地八陽神咒經　（1–1）

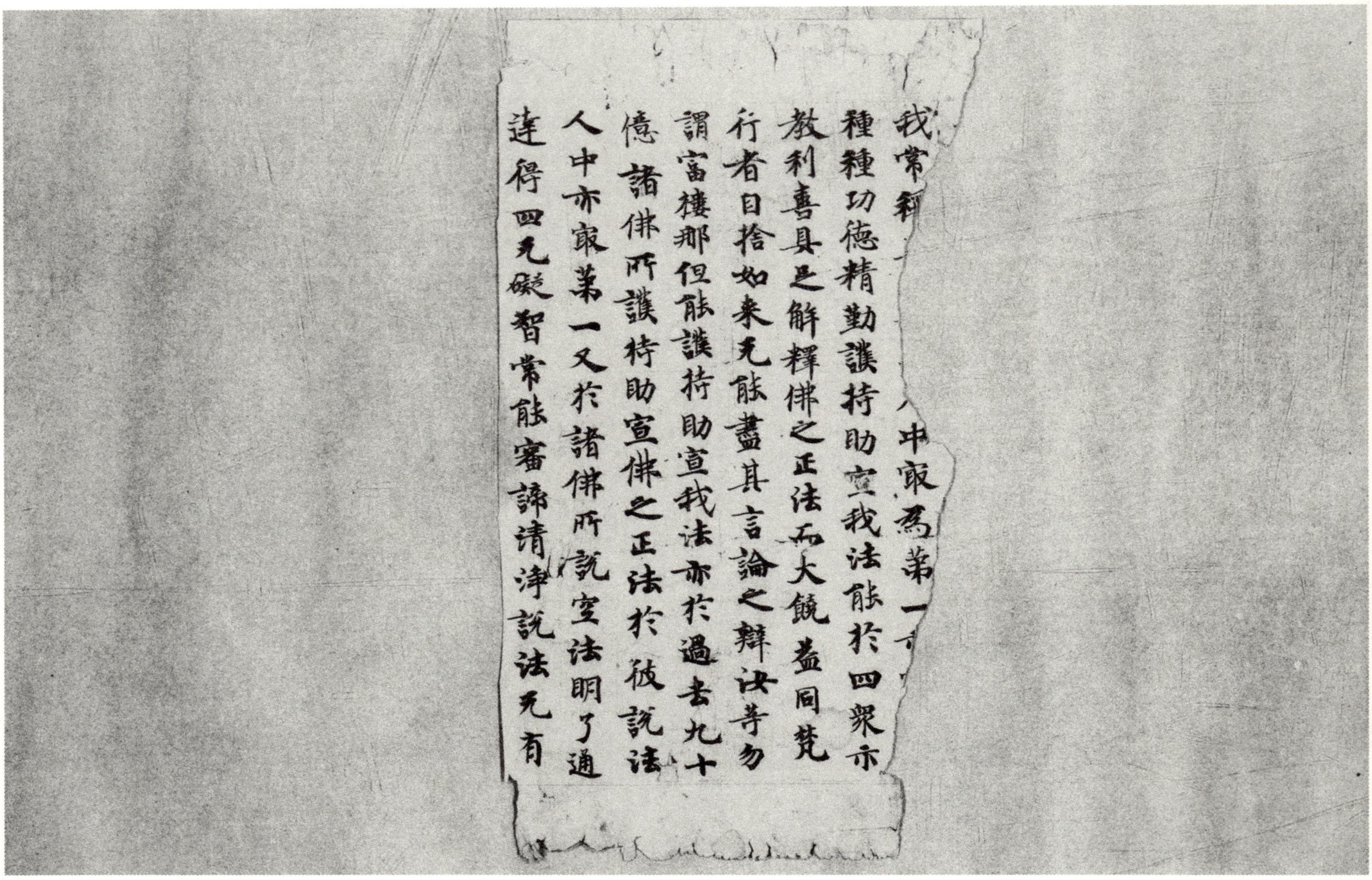
我常稱……人中最為第一亦
種種功德精勤護持助宣我法能於四衆示
教利喜具足解釋佛之正法而大饒益同梵
行者自捨如來无能盡其言論之辯汝等勿
謂富樓那但能護持助宣我法亦於過去九十
億諸佛所護持助宣佛之正法於彼說法
人中亦最第一又於諸佛所說空法明了通
達得四无礙智常能審諦清淨說法无有

BD15551號　妙法蓮華經卷四　　（1–1）

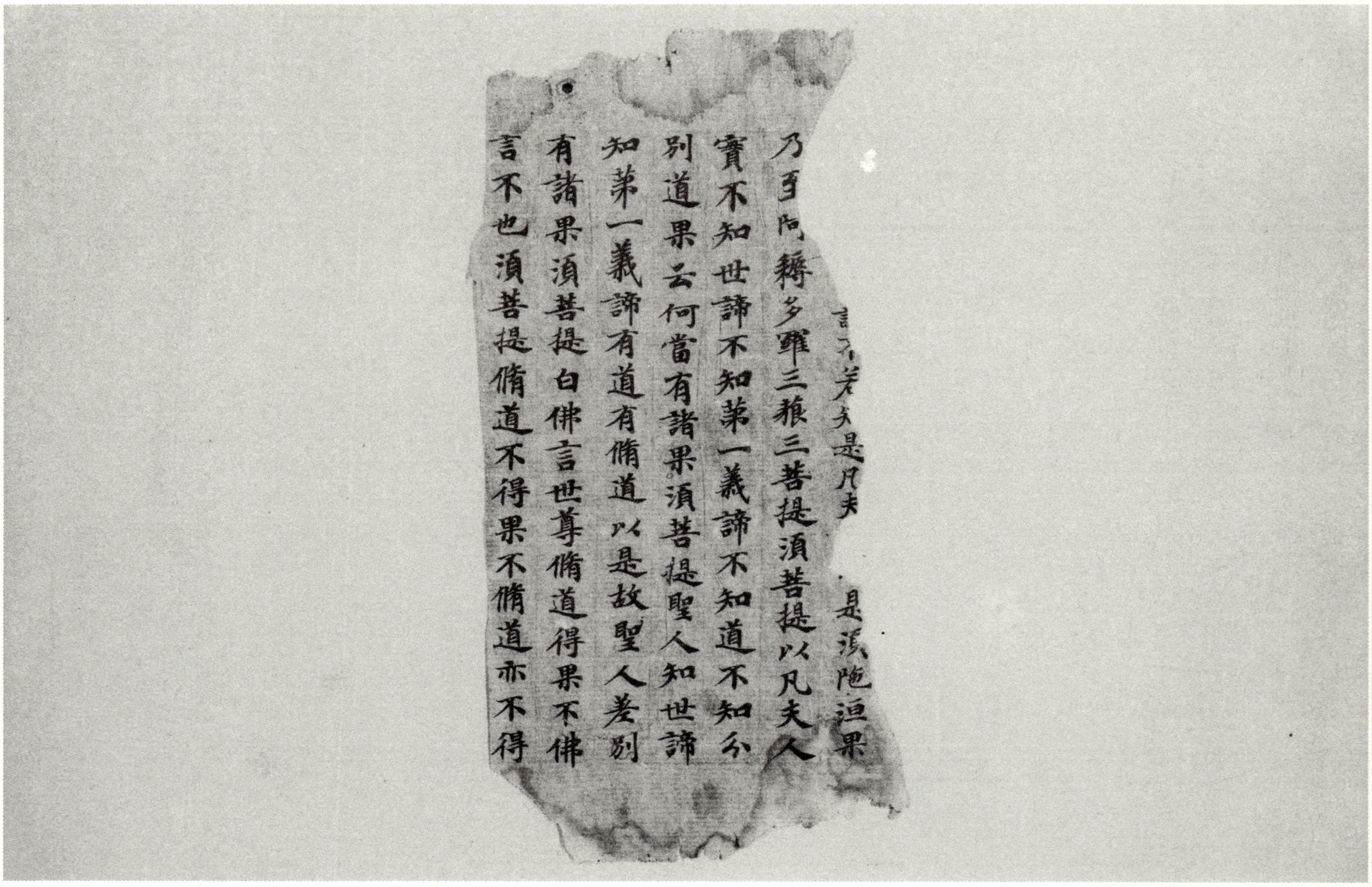
言不[illegible]若尒是凡夫……是須陁洹果
乃至阿耨多羅三藐三菩提須菩提以凡夫人
實不知世諦不知第一義諦不知道不知分
別道果云何當有諸果須菩提聖人知世諦
知第一義諦有道有脩道以是故聖人差別
有諸果須菩提白佛言世尊脩道得果不佛
言不也須菩提脩道不得果不脩道亦不得

BD15552號　摩訶般若波羅蜜經卷二四　　（1–1）

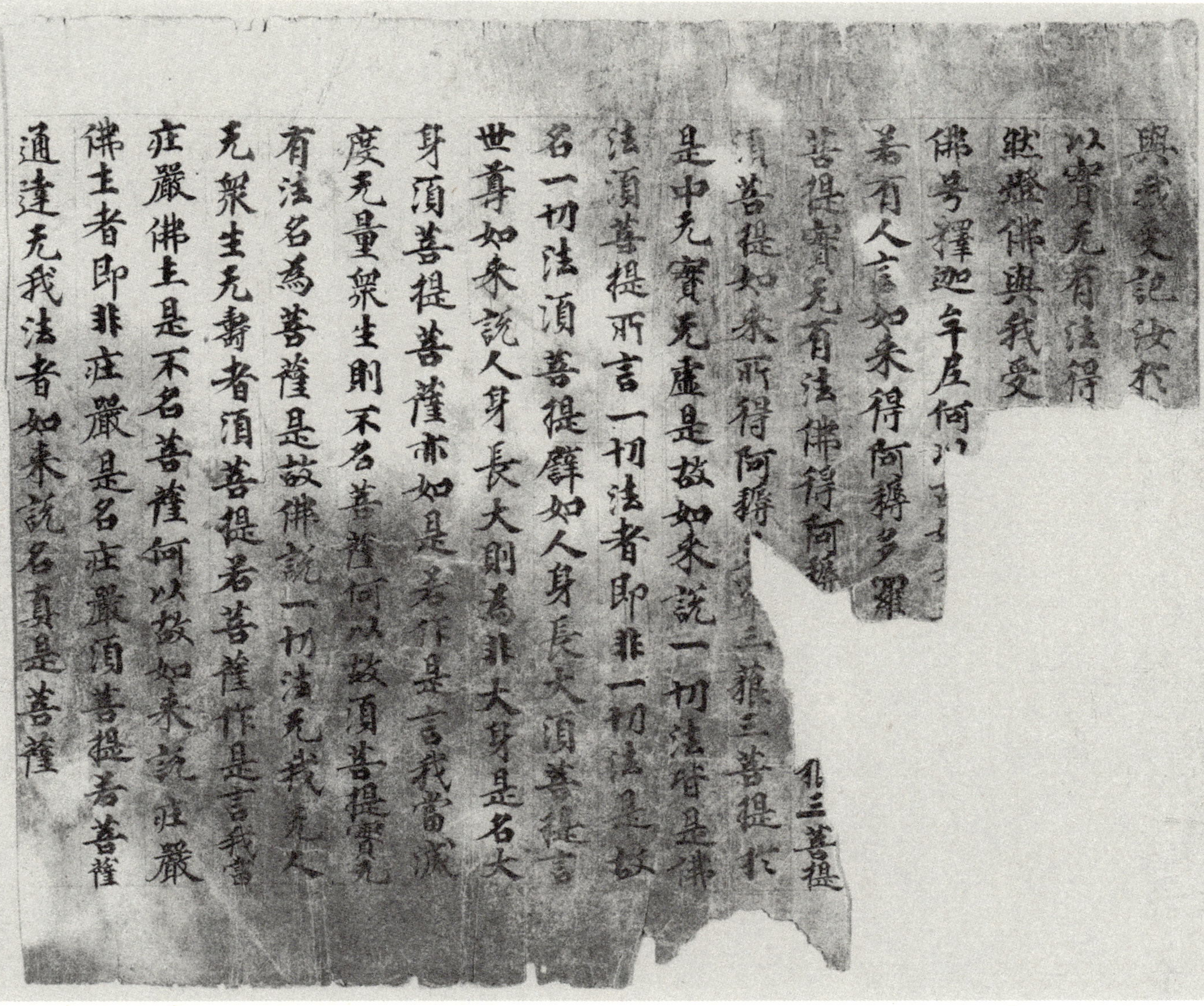
與我受記汝於
以實无有法得
然燈佛與我受
佛号釋迦牟尼何以
若有人言如來得阿耨多羅
菩提實无有法佛得阿耨……三菩提
須菩提如來所得阿耨……三藐三菩提於
是中无實无虛是故如來說一切法皆是佛
法須菩提所言一切法者即非一切法是故
名一切法須菩提譬如人身長大須菩提言
世尊如來說人身長大則為非大身是名大
身須菩提菩薩亦如是若作是言我當滅
度无量衆生則不名菩薩何以故須菩提實无
有法名為菩薩是故佛說一切法无我无人
无衆生无壽者須菩提若菩薩作是言我當
莊嚴佛土是不名菩薩何以故如來說莊嚴
佛土者即非莊嚴是名莊嚴須菩提若菩薩
通達无我法者如來說名真是菩薩

BD15553 號　金剛般若波羅蜜經　（1–1）

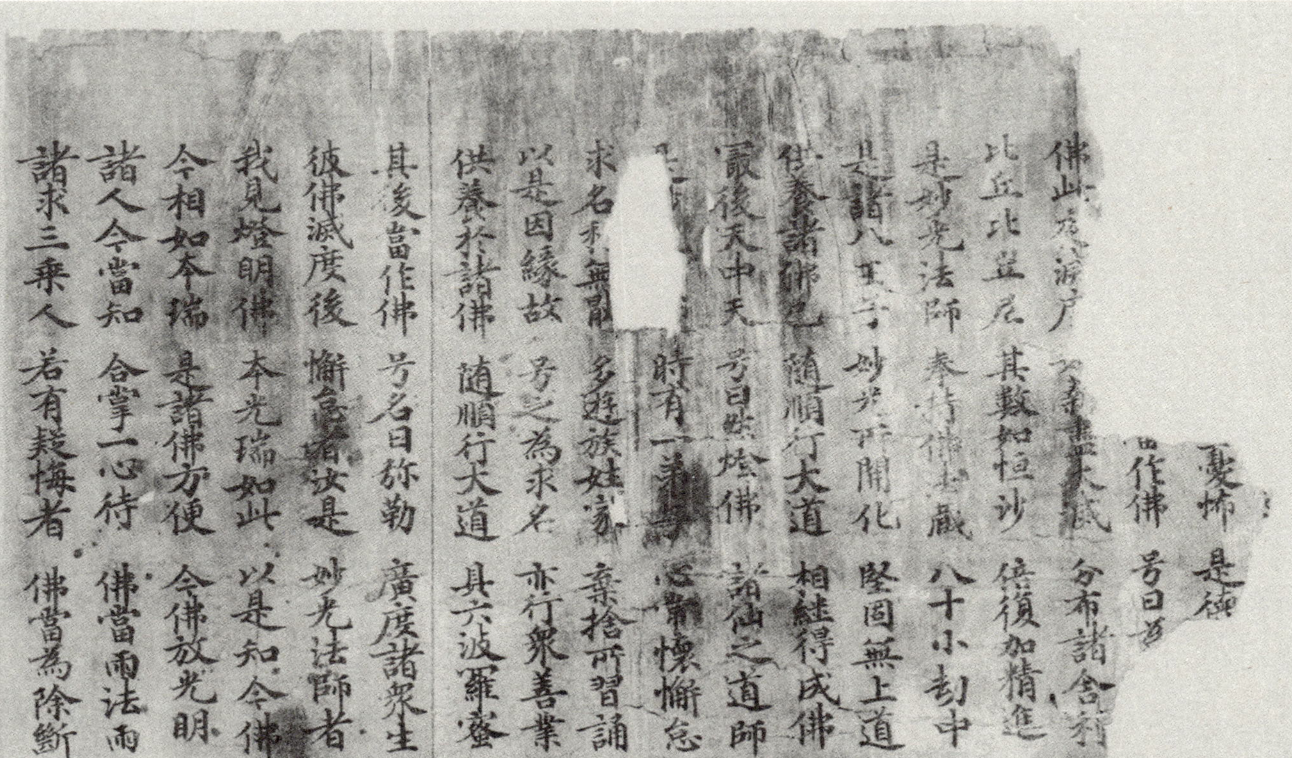
憂怖　是德……
當作佛　号曰淨……
佛此夜滅度　如薪盡火滅　分布諸舍利　而起……
比丘比丘尼　其數如恒沙　倍復加精進　以求无上道
是妙光法師　奉持佛法藏　八十小劫中　廣宣法華經
是諸八王子　妙光所開化　堅固無上道　當見無數佛
供養諸佛已　隨順行大道　相繼得成佛　轉次而授記
最後天中天　号曰然燈佛　諸仙之道師　度脫无量衆
……時有一弟子　心常懷懈怠　貪著於名利
求名利無猒　多遊族姓家　棄捨所習誦　廢忘不通利
以是因緣故　号之為求名　亦行衆善業　得見无數佛
供養於諸佛　隨順行大道　具六波羅蜜　今見釋師子
其後當作佛　号名曰弥勒　廣度諸衆生　其數无有量
彼佛滅度後　懈怠者汝是　妙光法師者　今則我身是
我見燈明佛　本光瑞如此　以是知今佛　欲說法華經
今相如本瑞　是諸佛方便　今佛放光明　助發實相義
諸人今當知　合掌一心待　佛當雨法雨　充足求道者
諸求三乘人　若有疑悔者　佛當為除斷　令盡無有餘

BD15554 號　妙法蓮華經卷一　（1–1）

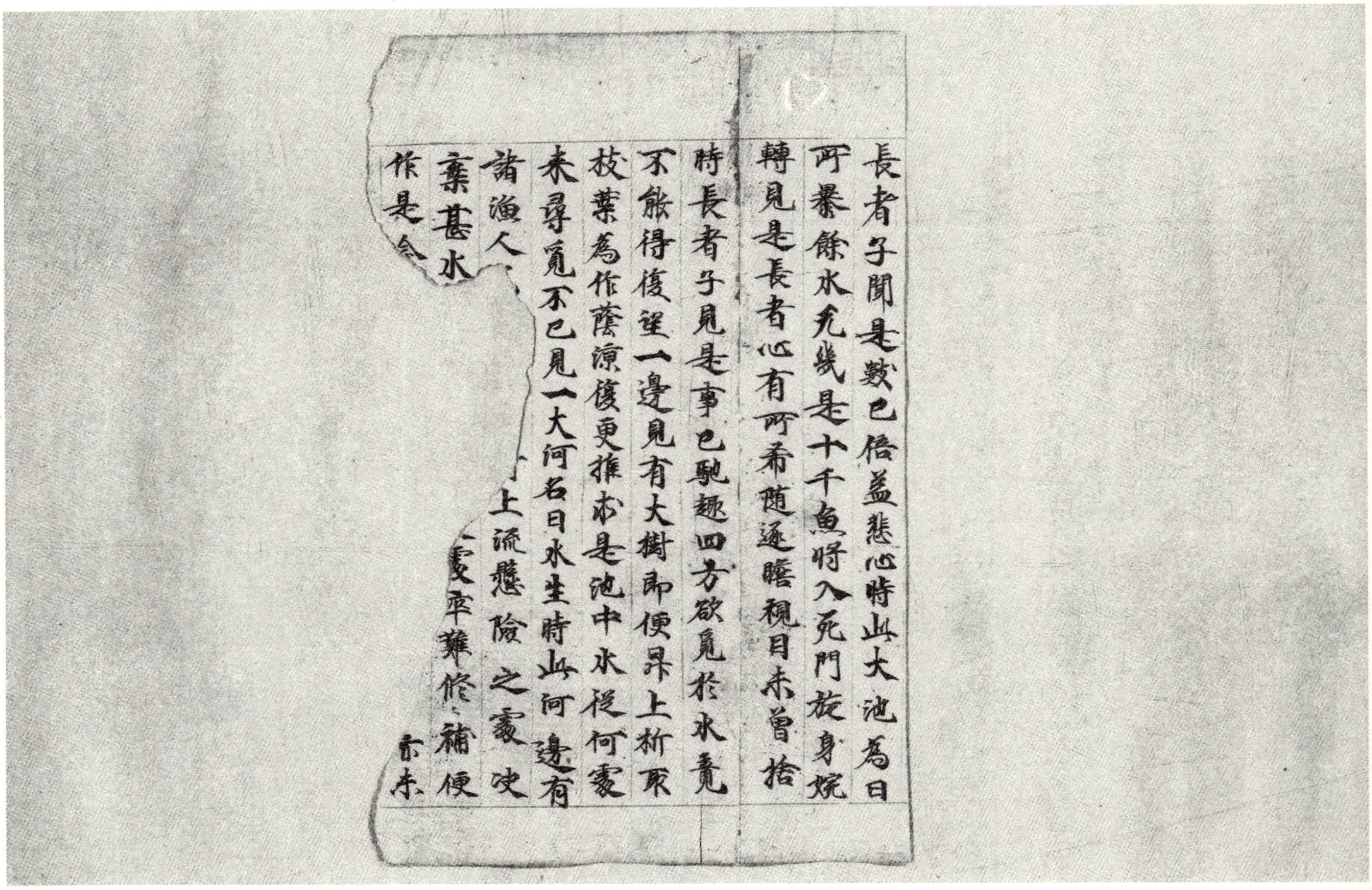
長者子聞是數已倍益悲心時此大池爲日
所暴餘水无幾是十千魚將入死門旋身婉
轉見是長者心有所希隨逐瞻視目未曾捨
時長者子見是事已馳趣四方欲覓於水竟
不能得復望一邊見有大樹即便昇上折取
枝葉爲作蔭涼復更推求是池中水從何處
來尋覓不已見一大河名曰水生時此河邊有
諸漁人　上流懸險之處決
棄甚水　處卒難修補便
作是念　亦未

BD15555 號　金光明最勝王經卷九　（1–1）

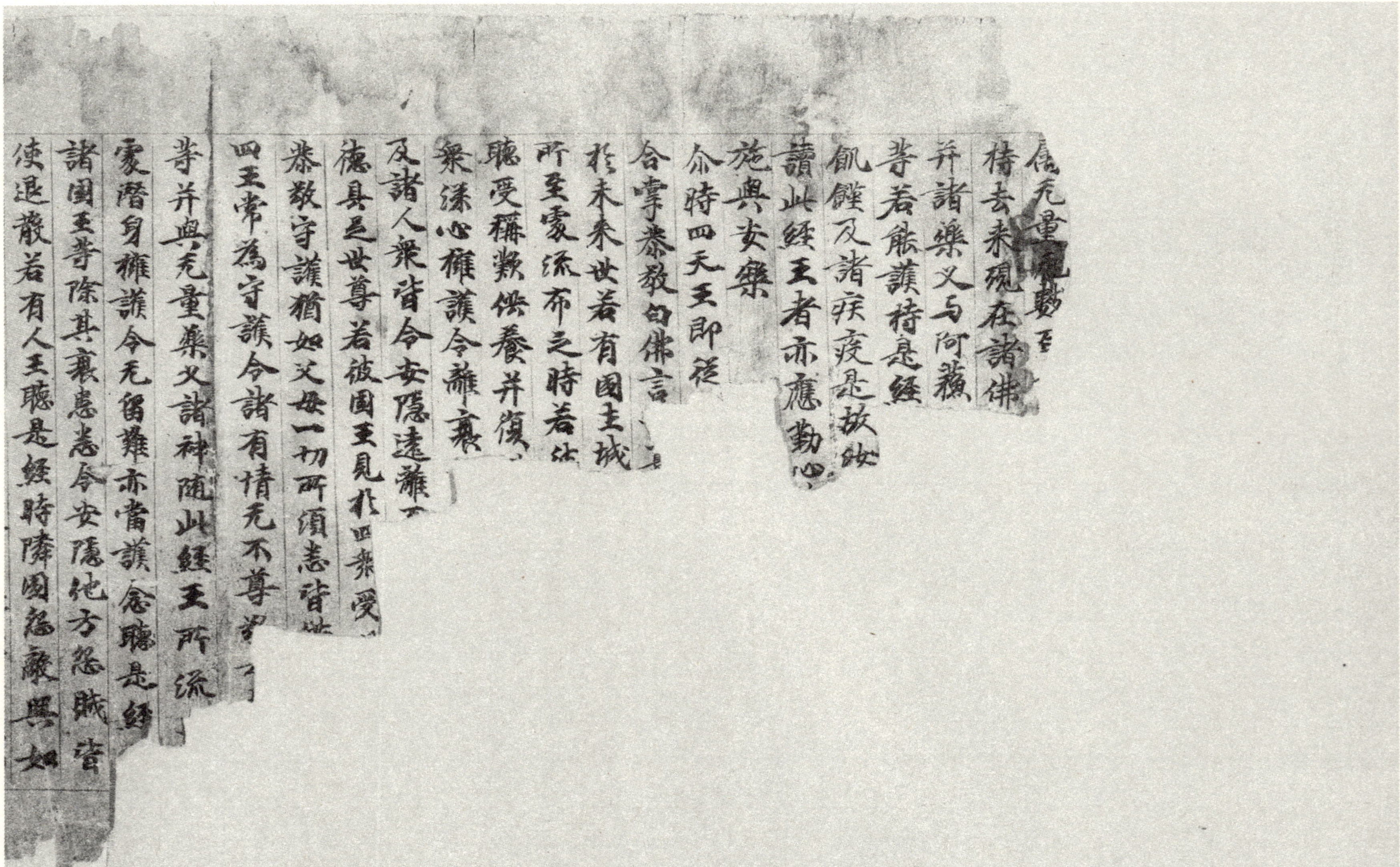
處无量威勢至
持去未現在諸佛
并諸藥叉与阿蘇
等若能護持是經
飢饉及諸疾疫是故汝
讀此經王者亦應勤心
施與安樂
合掌恭敬白佛言
尒時四天王即從
於未來世若有國主城
所至處流布之時若汝
聽受稱歎供養并復
衆深心擁護令離衰
及諸人衆皆令安隱遠離
德具足世尊若彼國王見於四衆受
恭敬守護猶如父母一切所須悉皆供
四王常爲守護令諸有情无不尊
等并與无量藥叉諸神隨此經王所流
處潛身擁護令无留難亦當護念聽是經
諸國王等除其衰患悉令安隱他方怨賊皆
使退散若有人王聽是經時鄰國怨敵興如

BD15556 號　金光明最勝王經卷六　（2–1）

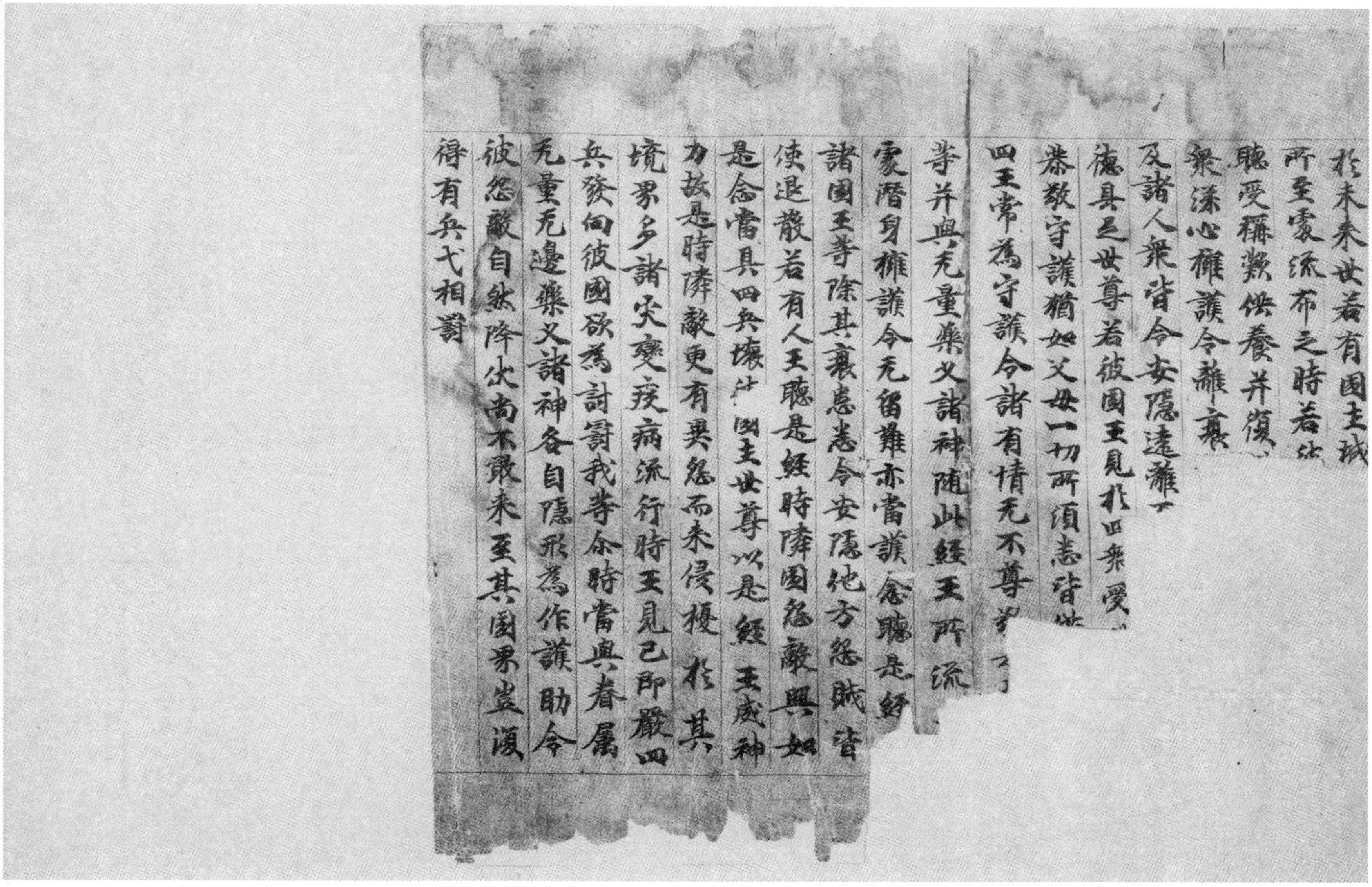

於未來世若有國主城
所至處流布之時若此
聽受稱歎供養并復
衆深心擁護令離衰
及諸人衆皆令安隱遠離
德具足世尊若彼國王見於四衆受
恭敬守護猶如父母一切所須悉皆供
四王常為守護令諸有情无不尊
等并與无量藥叉諸神隨此經王所流
處潛身擁護令无留難亦當護念聽是經
諸國王等除其衰患悉令安隱他方怨賊皆
使退散若有人王聽是經時隣國怨敵興如
是念當具四兵壞彼國土世尊以是經王威神
力故是時隣敵更有異怨而來侵擾於其
境界多諸災變疫病流行時王見已即嚴四
兵發向彼國欲為討罰我等尒時當與眷屬
无量无邊藥叉諸神各自隱形為作護助令
彼怨敵自然降伏尚不敢來至其國界豈復
得有兵戈相罰

BD15556 號　金光明最勝王經卷六　（2–2）

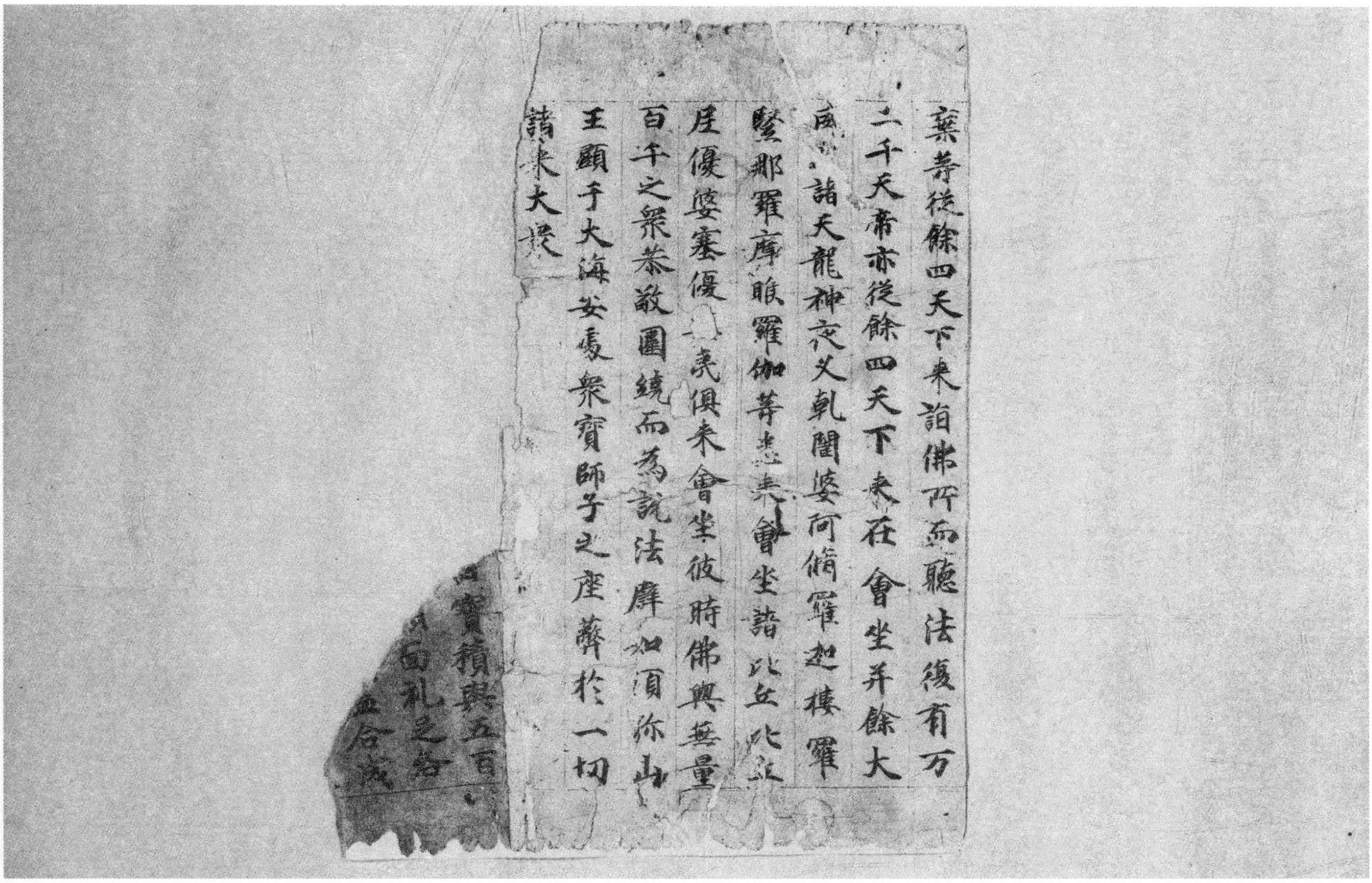

葉等從餘四天下來詣佛所而聽法復有万
二千天帝亦從餘四天下來在會坐并餘大
威□諸天龍神夜叉乾闥婆阿脩羅迦樓羅
緊那羅摩睺羅伽等悉來會坐諸比丘比丘
尼優婆塞優婆夷俱來會坐彼時佛與無量
百千之衆恭敬圍繞而為說法譬如須弥山
王顯于大海安處衆寶師子之座蔽於一切
諸來大衆

寶積與五百
白礼之各
合成

BD15557 號　維摩詰所說經卷上　（1–1）

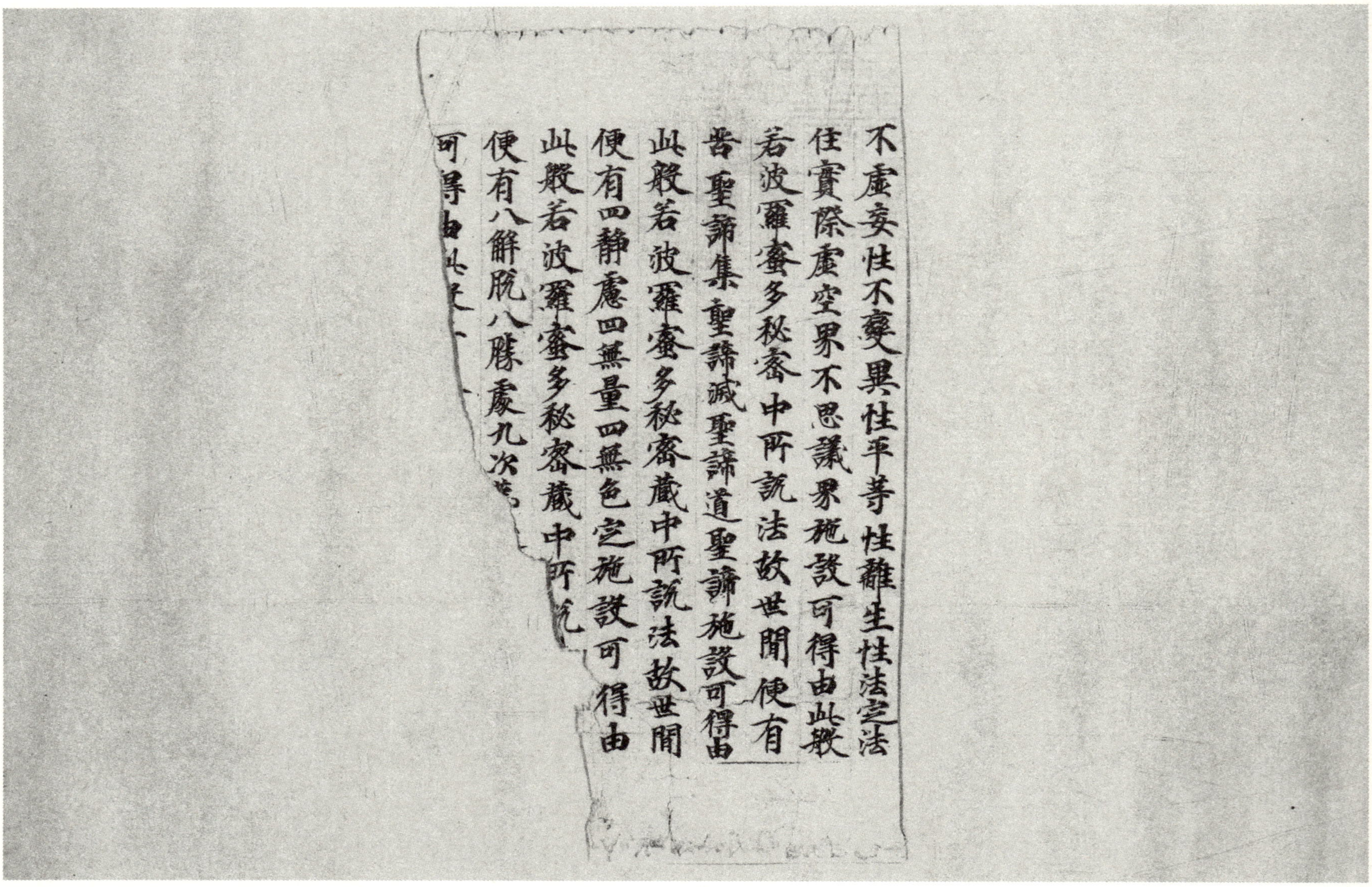

不虛妄性不變異性平等性離生性法定法
住實際虛空界不思議界施設可得由此般
若波羅蜜多秘密中所說法故世間便有
苦聖諦集聖諦滅聖諦道聖諦施設可得由
此般若波羅蜜多秘密藏中所說法故世間
便有四靜慮四無量四無色定施設可得由
此般若波羅蜜多秘密藏中所說
便有八解脫八勝處九次第
可得由此

BD15558 號　大般若波羅蜜多經卷一三一　（1–1）

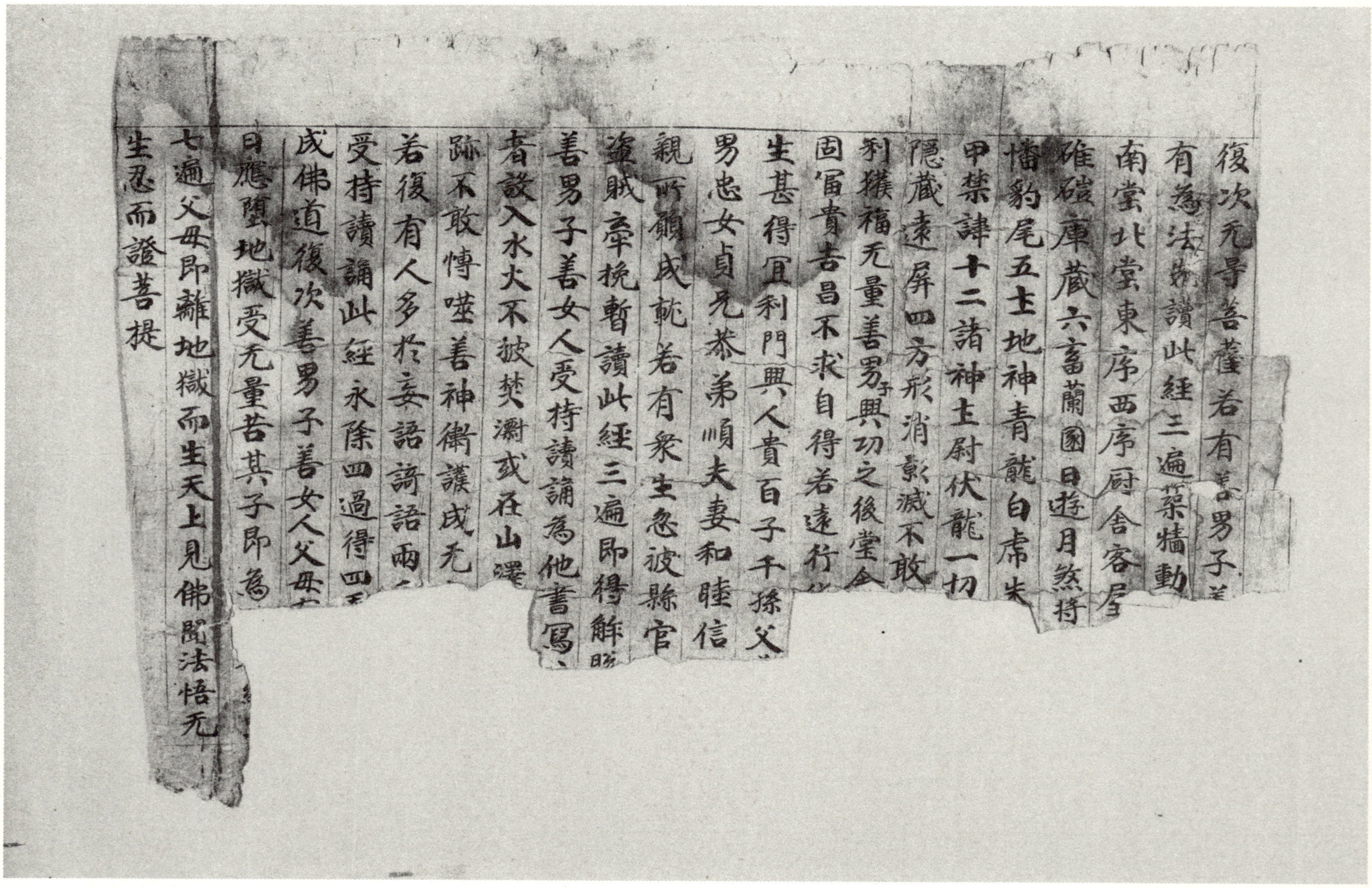

復次无导菩薩若有善男子
有為法妨讀此經三遍築牆動
南堂北堂東序西序廚舍客屋
碓磑庫藏六畜蘭圈日遊月煞將
軍豹尾五土地神青龍白虎朱
甲禁諱十二諸神土尉伏龍一切
隱藏遠屏四方形消影滅不敢
剎獲福无量善男子興功之後堂舍
固富貴吉昌不求自得若遠行從
生甚得宜利門興人貴百子千孫父
男忠女貞兄恭弟順夫妻和睦信
親所願成就若有衆生忽被縣官
盜賊牽挽暫讀此經三遍即得解
善男子善女人受持讀誦為他書寫
者設入水火不被焚漂或在山澤
跡不敢傳噬善神衛護成无
若復有人多於妄語綺語兩
受持讀誦此經永除四過得四
成佛道復次善男子善女人父母
日應墮地獄受无量苦其子即為
七遍父母即離地獄而生天上見佛聞法悟无
生忍而證菩提

BD15559 號　天地八陽神咒經　（1–1）

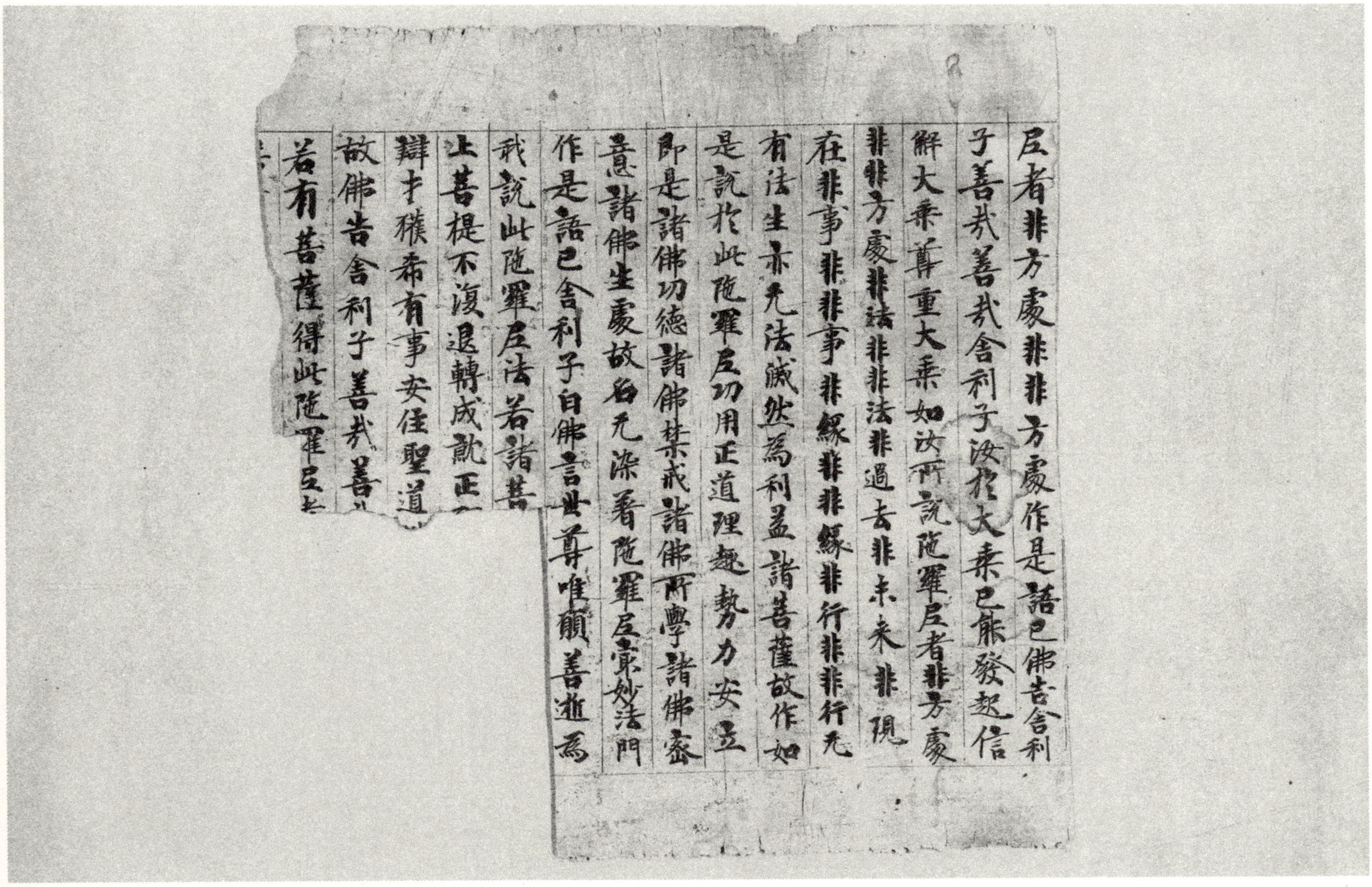

尼者非方處非非方處作是語已佛告舍利
子善哉善哉舍利子汝於大乘已能發起信
解大乘尊重大乘如汝所說陀羅尼者非方處
非非方處非法非非法非過去非未來非現
在非事非非事非緣非非緣非行非非行无
有法生亦无法滅然為利益諸菩薩故作如
是說於此陀羅尼功用正道理趣勢力安立
即是諸佛功德諸佛禁戒諸佛所學諸佛秘
意諸佛生處故名无染著陀羅尼最妙法門
作是語已舍利子白佛言世尊唯願善逝為
我說此陀羅尼法若諸菩
上菩提不復退轉成就正
辯才獲希有事安住聖道
故佛告舍利子善哉善
若有菩薩得此陀羅尼者

BD15560號　金光明最勝王經卷七　（1–1）

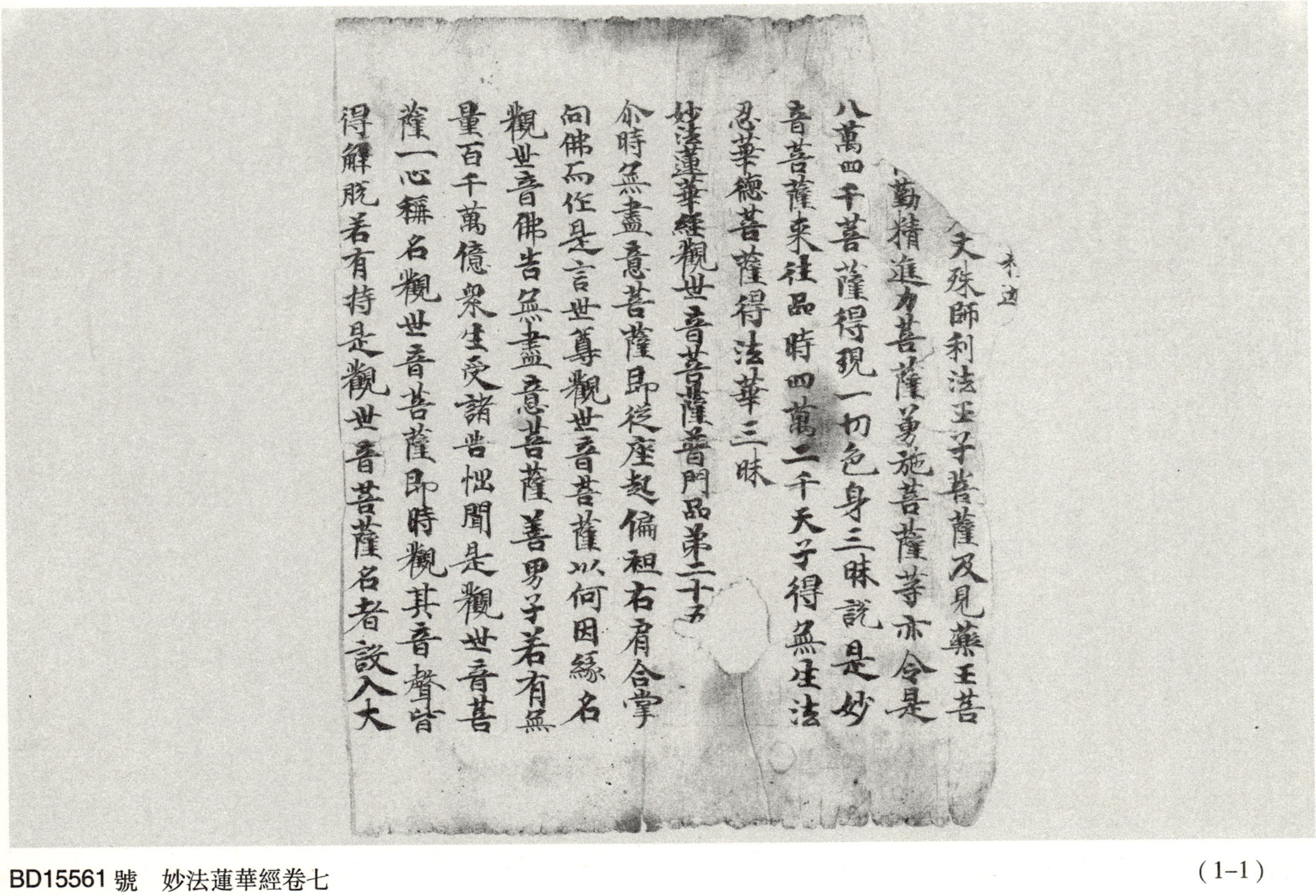

文殊師利法王子菩薩及見藥王菩
勤精進力菩薩勇施菩薩等亦令是
八萬四千菩薩得現一切色身三昧說是妙
音菩薩來往品時四萬二千天子得无生法
忍華德菩薩得法華三昧
妙法蓮華經觀世音菩薩普門品第二十五
尒時无盡意菩薩即從座起偏袒右肩合掌
向佛而作是言世尊觀世音菩薩以何因緣名
觀世音佛告无盡意菩薩善男子若有无
量百千萬億衆生受諸苦惱聞是觀世音菩
薩一心稱名觀世音菩薩即時觀其音聲皆
得解脫若有持是觀世音菩薩名者設入大

BD15561號　妙法蓮華經卷七　（1–1）

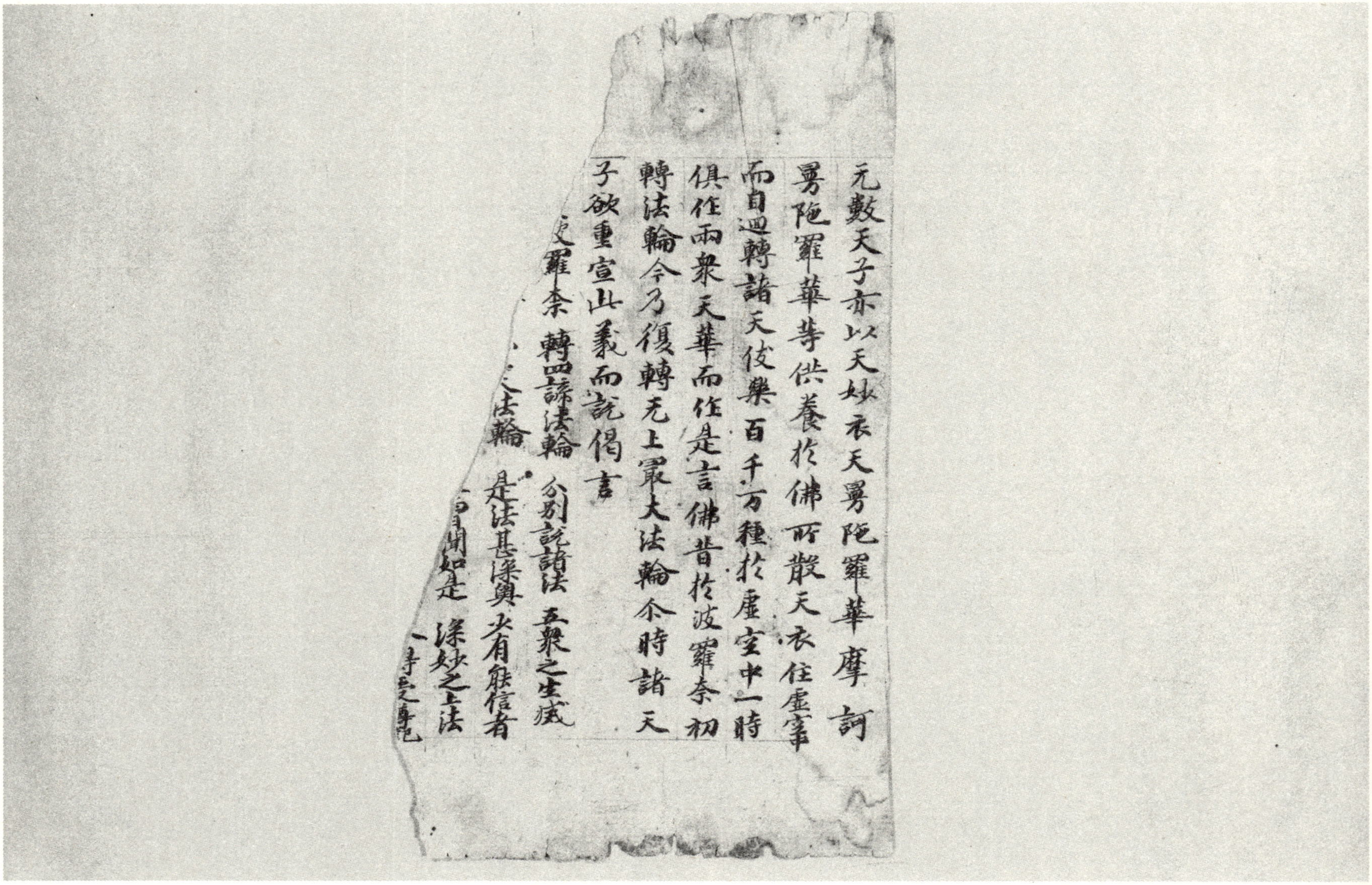

无數天子亦以天妙衣天曼陁羅華摩訶
曼陁羅華等供養於佛所散天衣住虛空
而自迴轉諸天伎樂百千万種於虛空中一時
俱作雨衆天華而作是言佛昔於波羅奈初
轉法輪今乃復轉无上最大法輪尒時諸天
子欲重宣此義而說偈言
波羅奈　轉四諦法輪　分別說諸法　五衆之生滅
法輪　是法甚深奧　少有能信者
聞如是　深妙之上法
一寺孟文尊記

BD15562 號　妙法蓮華經卷二　（1-1）

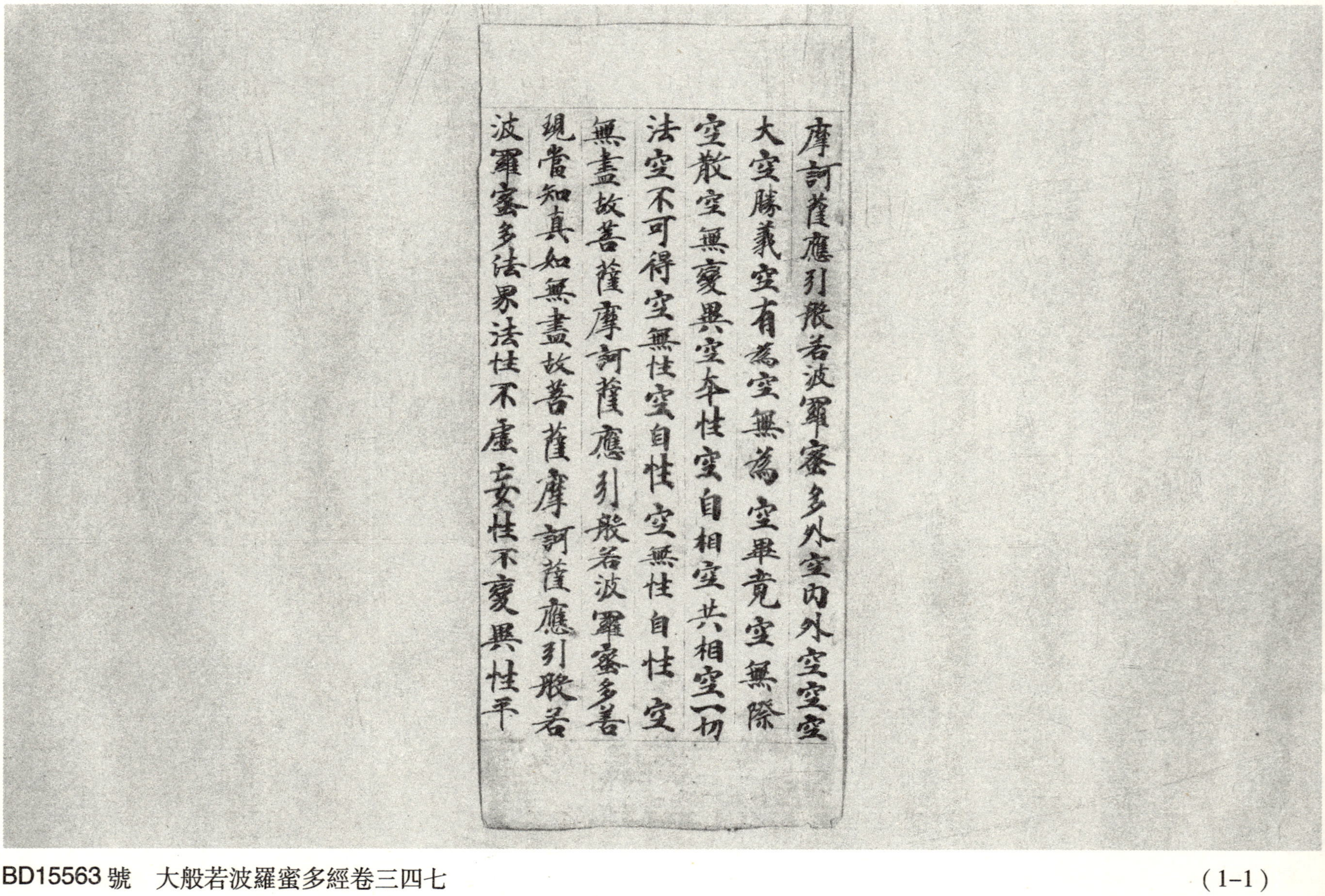

摩訶薩應引般若波羅蜜多外空內外空空
大空勝義空有為空無為空畢竟空無際
空散空無變異空本性空自相空共相空一切
法空不可得空無性空自性空無性自性空
無盡故菩薩摩訶薩應引般若波羅蜜多善
現當知真如無盡故菩薩摩訶薩應引般若
波羅蜜多法界法性不虛妄性不變異性平

BD15563 號　大般若波羅蜜多經卷三四七　（1-1）

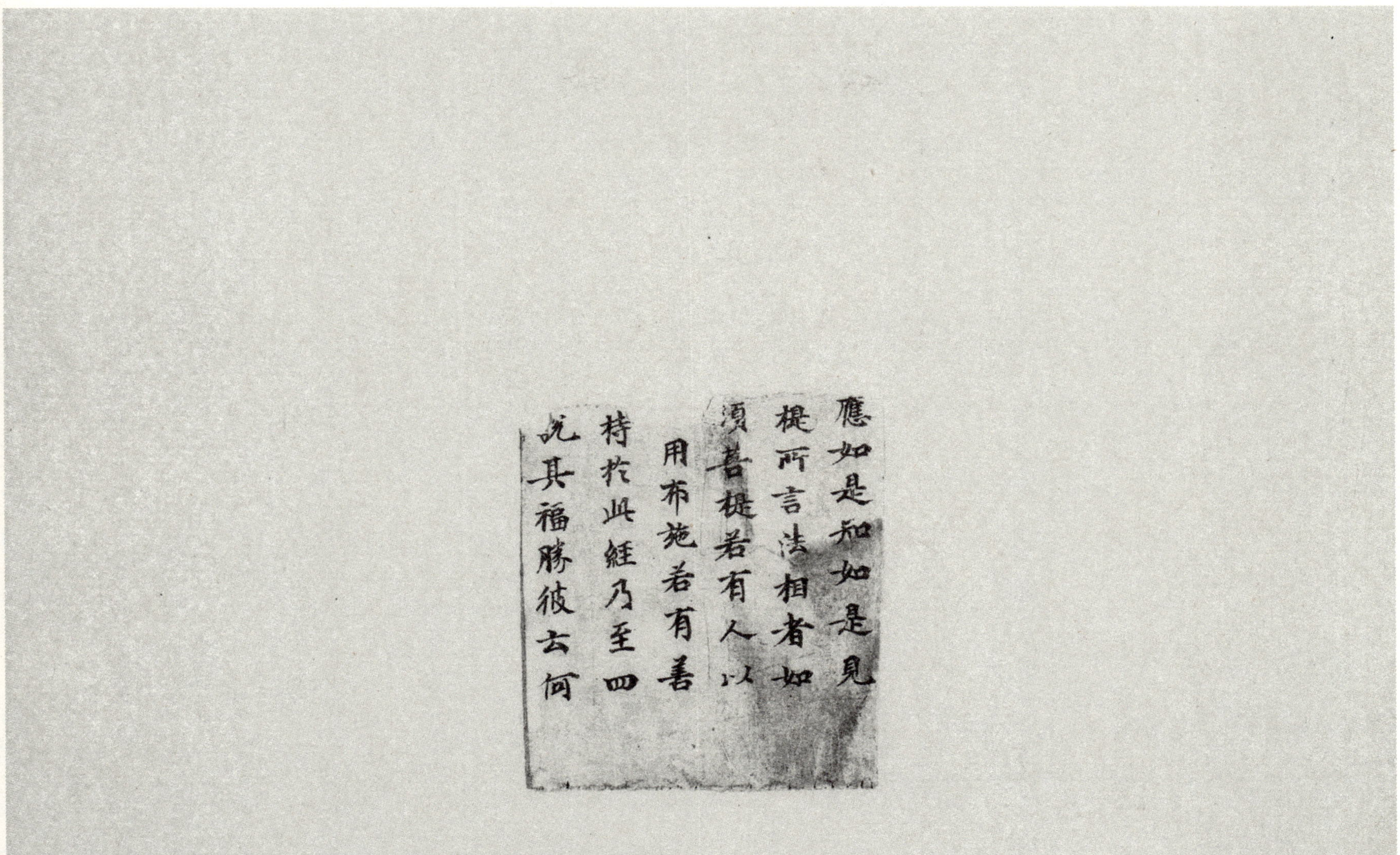
應如是知如是見
提所言法相者如
須菩提若有人以
用布施若有善
持於此經乃至四
說其福勝彼云何

BD15564 號　金剛般若波羅蜜經　（1–1）

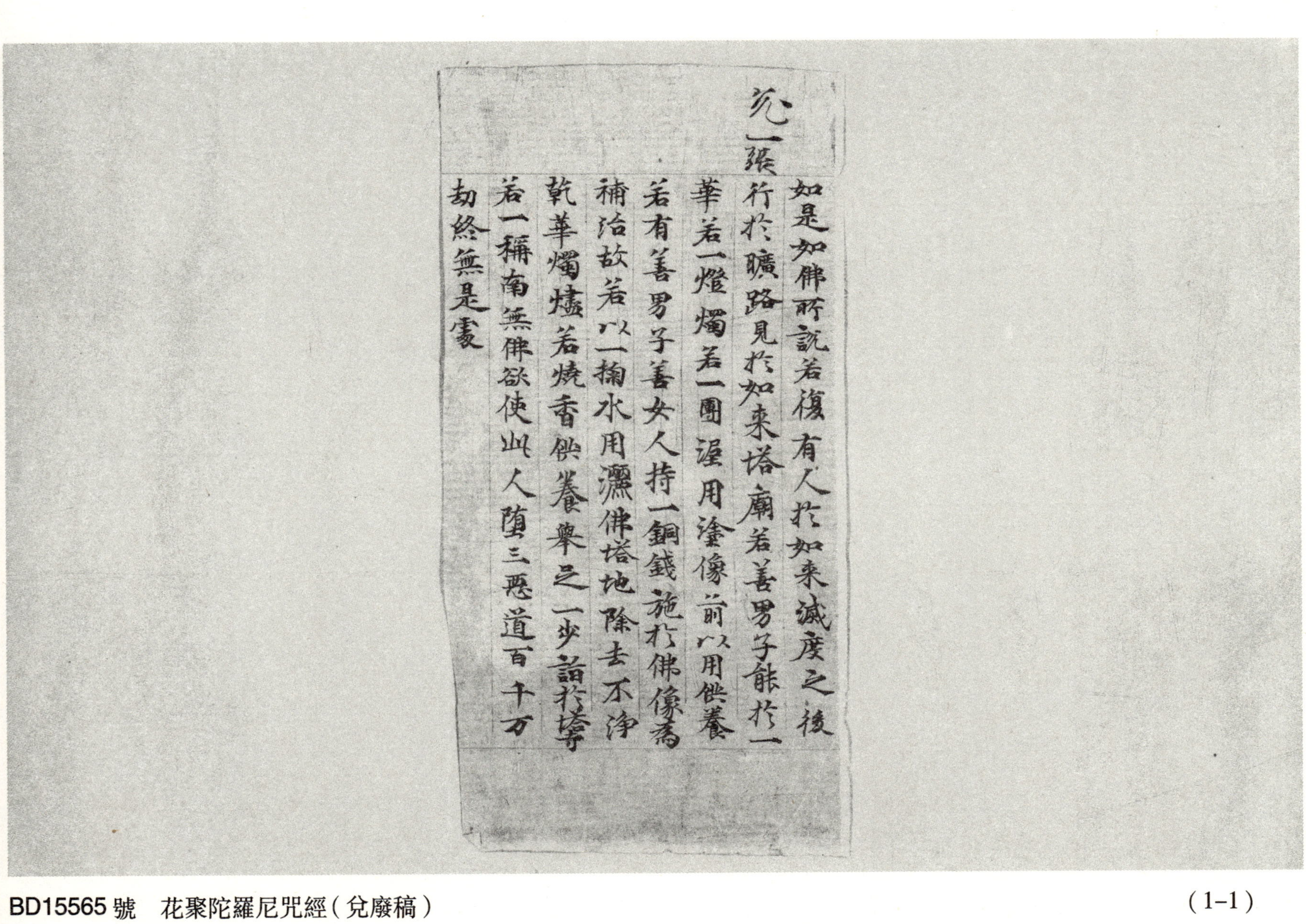
兑一張
如是如佛所說若復有人於如來滅度之後
行於曠路見於如來塔廟若善男子能於一
華若一燈燭若一團泥用塗像前以用供養
若有善男子善女人持一銅錢施於佛像為
補治故若以一掬水用灑佛塔地除去不淨
乾華燭燼若燒香供養舉之一步詣於塔
若一稱南無佛欲使此人墮三惡道百千万
劫終無是處

BD15565 號　花聚陀羅尼咒經（兑廢稿）　（1–1）

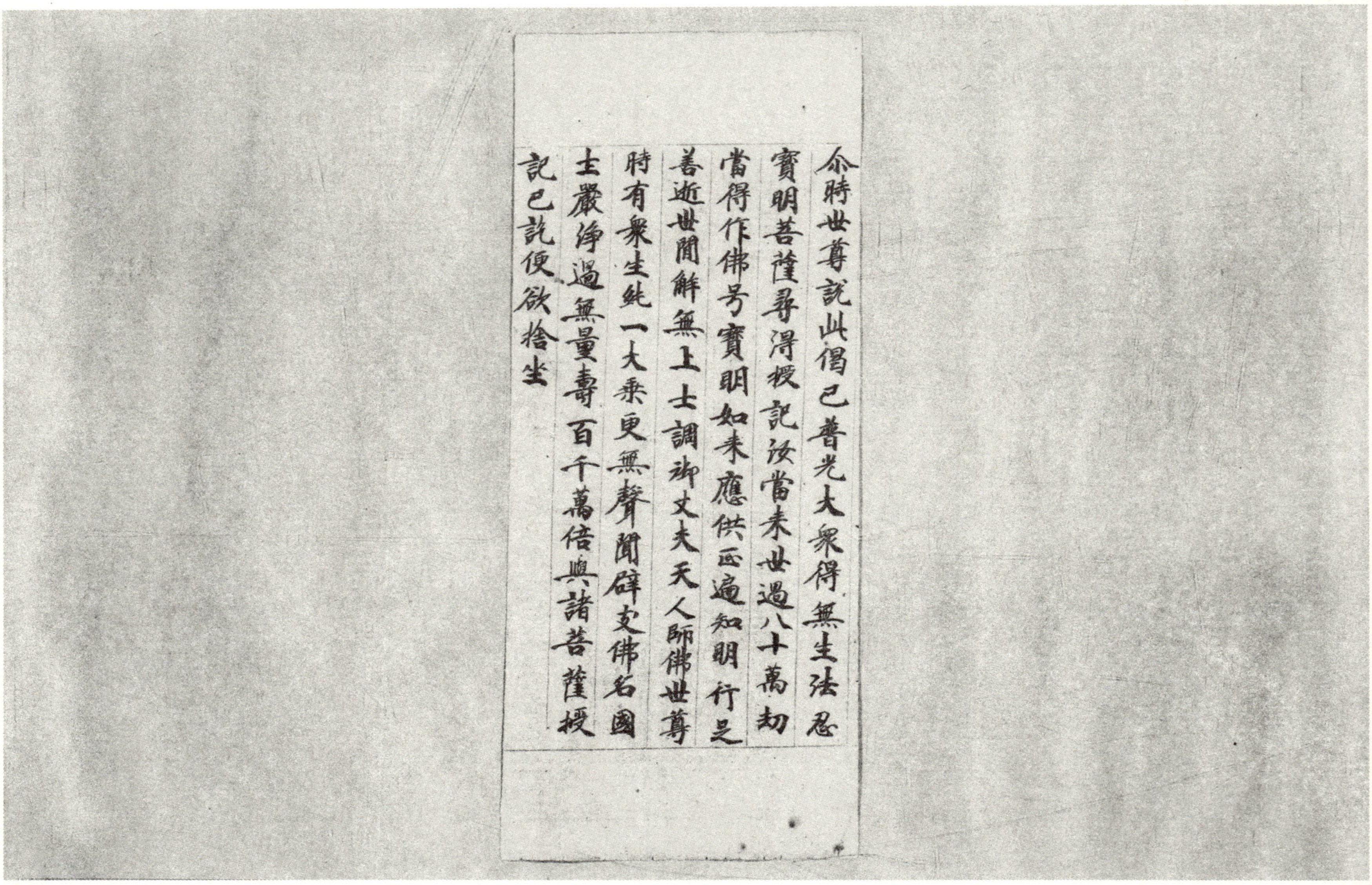
佘時世尊說此偈已普光大衆得無生法忍
實明菩薩尋得授記汝當來世過八十萬劫
當得作佛号實明如來應供正遍知明行足
善逝世間解無上士調御丈夫天人師佛世尊
時有衆生純一大乘更無聲聞辟支佛名國
土嚴淨遍無量壽百千萬倍與諸菩薩授
記已說便欲捨坐

BD15566 號　法句經（僞經）　　（1–1）

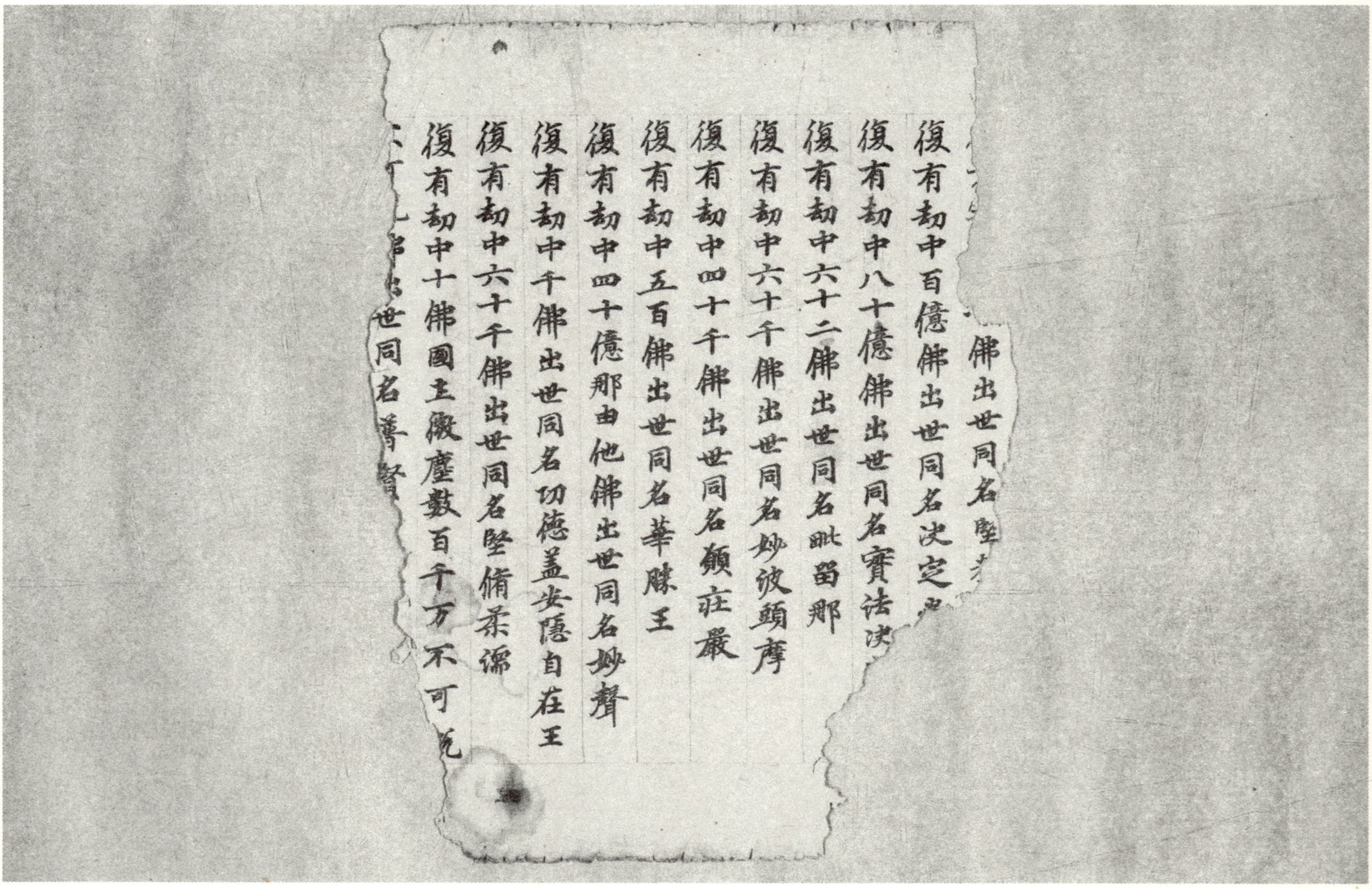
佛出世同名堅
復有劫中百億佛出世同名決定
復有劫中八十億佛出世同名寶法決
復有劫中六十二佛出世同名毗留那
復有劫中六十千佛出世同名妙波頭摩
復有劫中四十千佛出世同名願莊嚴
復有劫中五百佛出世同名華勝王
復有劫中四十億那由他佛出世同名妙聲
復有劫中千佛出世同名功德蓋安隱自在王
復有劫中六十千佛出世同名堅脩柔濡
復有劫中十佛國土微塵數百千万不可說
世同名普賢

BD15567 號　佛名經（十二卷本）卷七　　（1–1）

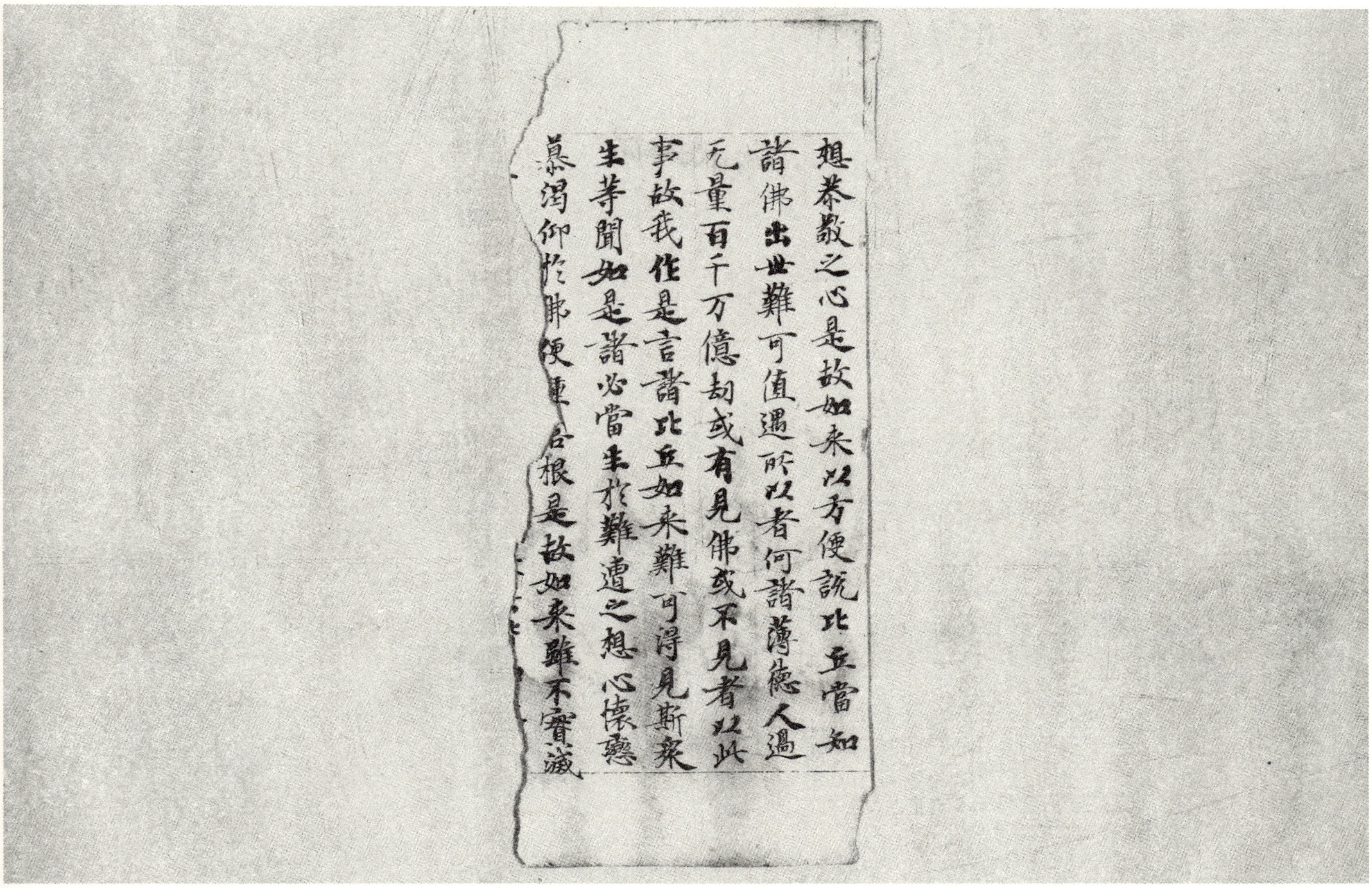
想恭敬之心是故如來以方便說比丘當知
諸佛出世難可值遇所以者何諸薄德人過
无量百千万億劫或有見佛或不見者以此
事故我作是言諸比丘如來難可得見斯衆
生等聞如是語必當生於難遭之想心懷戀
慕渴仰於佛便種善根是故如來雖不實滅

BD15568 號　妙法蓮華經卷五　（1–1）

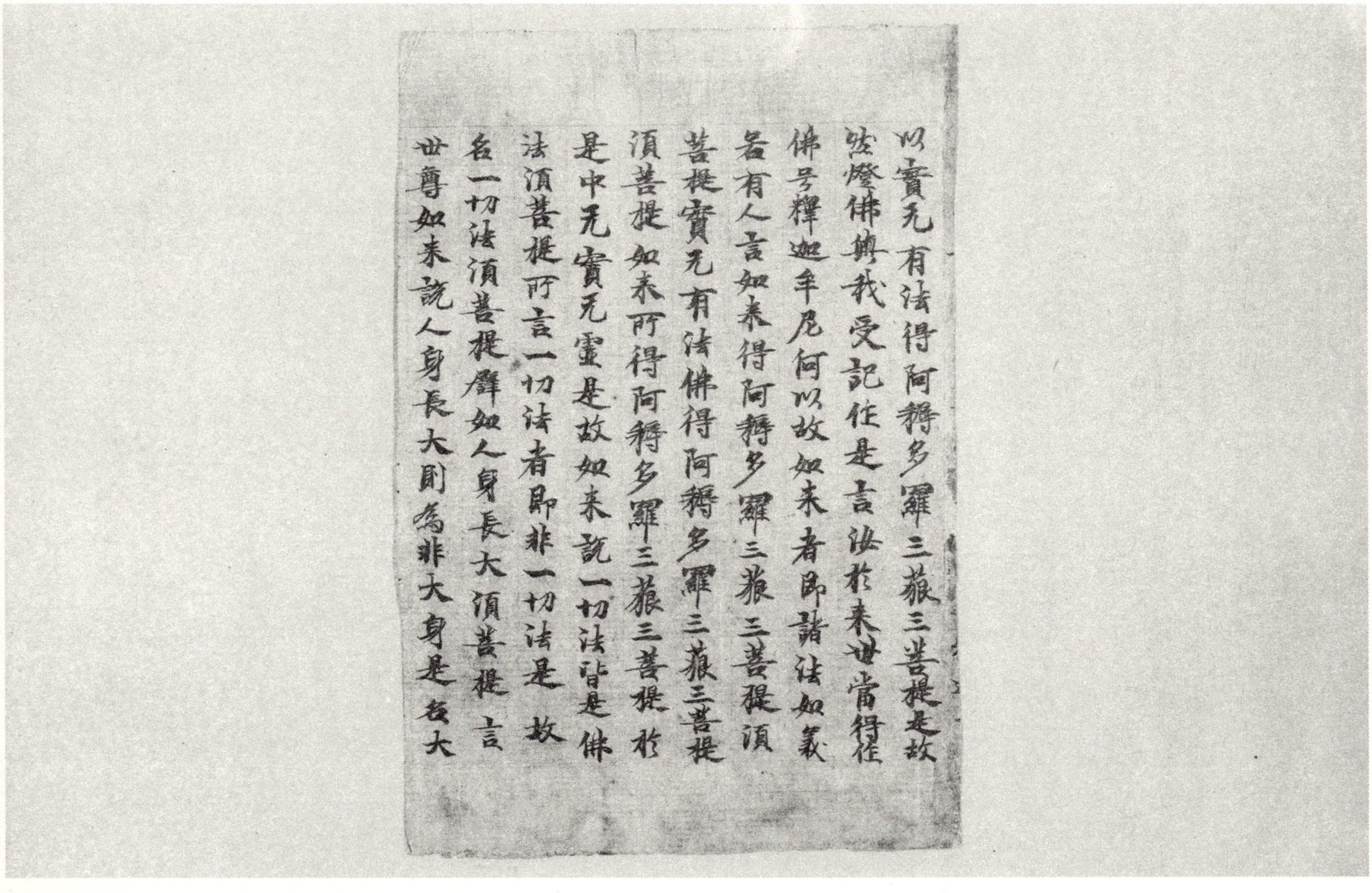
以實无有法得阿耨多羅三藐三菩提是故
然燈佛與我受記作是言汝於來世當得作
佛号釋迦牟尼何以故如來者即諸法如義
若有人言如來得阿耨多羅三藐三菩提須
菩提實无有法佛得阿耨多羅三藐三菩提
須菩提如來所得阿耨多羅三藐三菩提於
是中无實无虛是故如來說一切法皆是佛
法須菩提所言一切法者即非一切法是故
名一切法須菩提譬如人身長大須菩提言
世尊如來說人身長大則為非大身是名大

BD15569 號　金剛般若波羅蜜經　（1–1）

BD15569 號背　勘記　　（1–1）

悕求文殊師利又菩薩摩訶薩不應於女人
身取能生欲想相而為說法亦不樂見若入
他家不與小女處女寡女等共語亦復不近
五種不男之人以為親厚不獨入他家若有
因緣須獨入時但一心念佛若為女人說法
不露齒咲不現胸臆乃至為法猶不親厚況

BD15570 號　妙法蓮華經卷五　　（1–1）

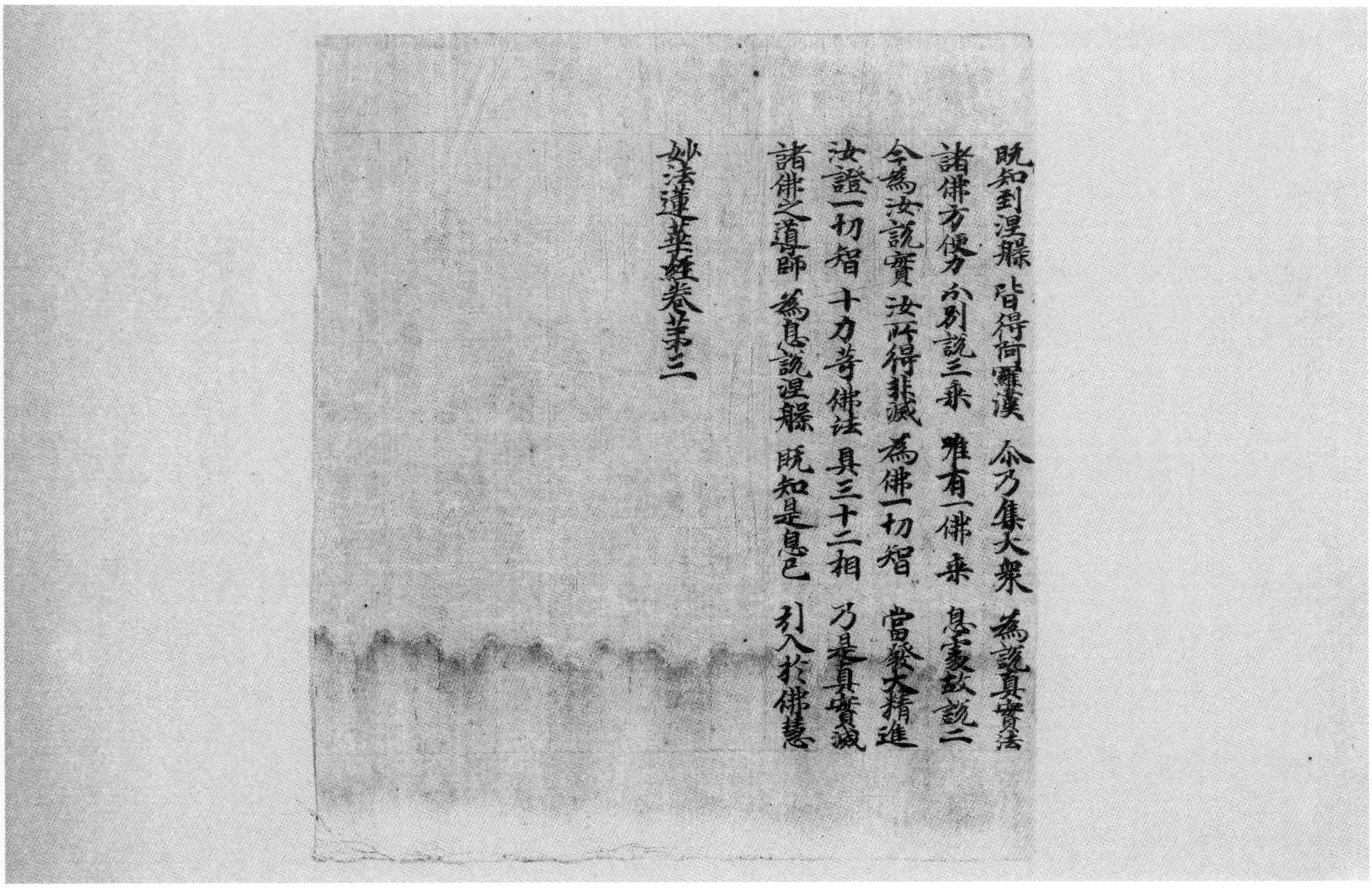
既知到涅槃　皆得阿羅漢　尒乃集大衆　為說真實法
諸佛方便力　分別說三乘　唯有一佛乘　息處故說二
今為汝說實　汝所得非滅　為佛一切智　當發大精進
汝證一切智　十力等佛法　具三十二相　乃是真實滅
諸佛之導師　為息說涅槃　既知是息已　引入於佛慧
妙法蓮華經卷第三

BD15571號　妙法蓮華經卷三　（1–1）

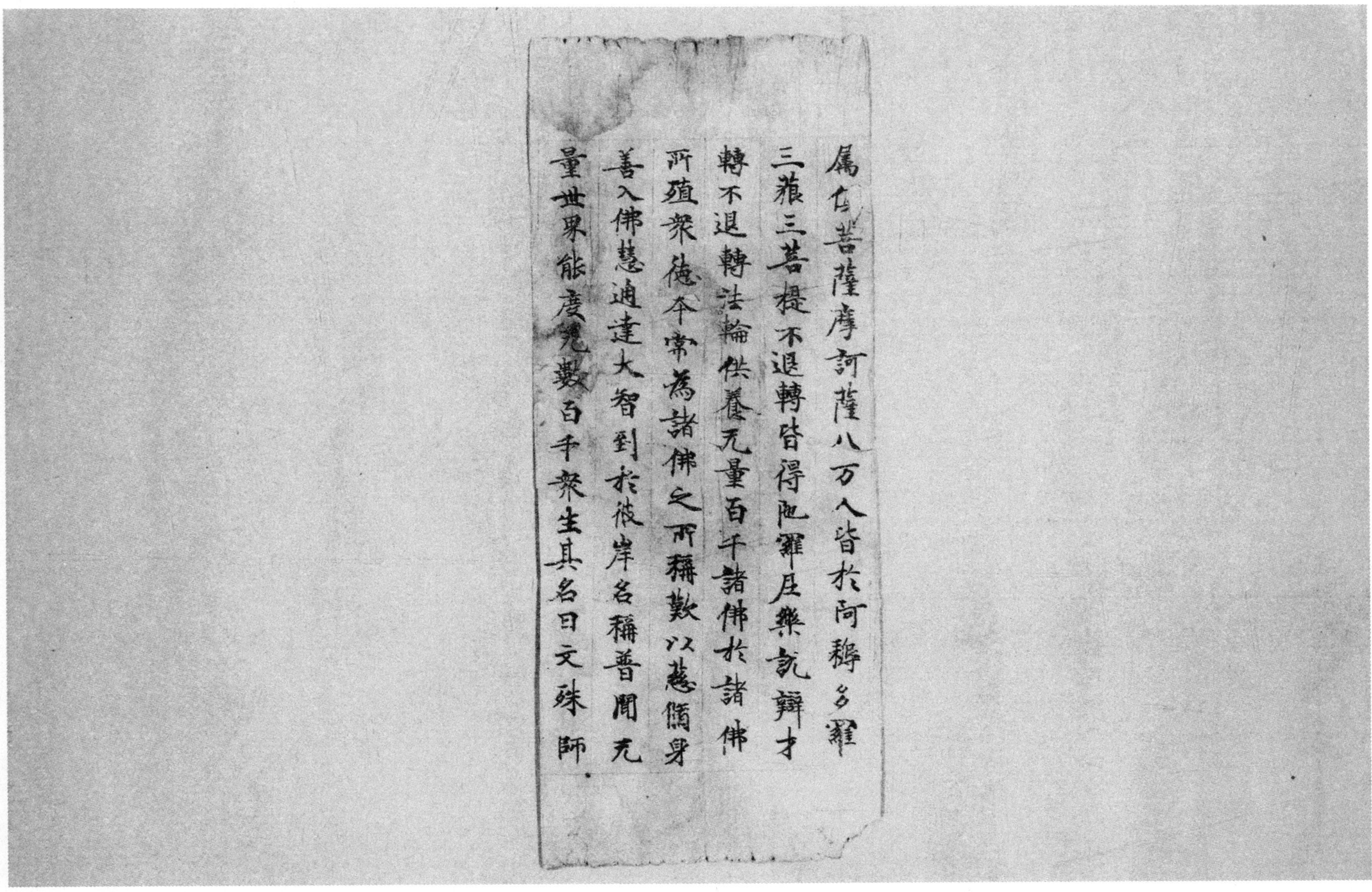
屬俱菩薩摩訶薩八万人皆於阿耨多羅
三藐三菩提不退轉皆得陁羅尼樂說辯才
轉不退轉法輪供養无量百千諸佛於諸佛
所殖衆德本常為諸佛之所稱歎以慈脩身
善入佛慧通達大智到於彼岸名稱普聞无
量世界能度无數百千衆生其名曰文殊師

BD15572號　妙法蓮華經卷一　（1–1）

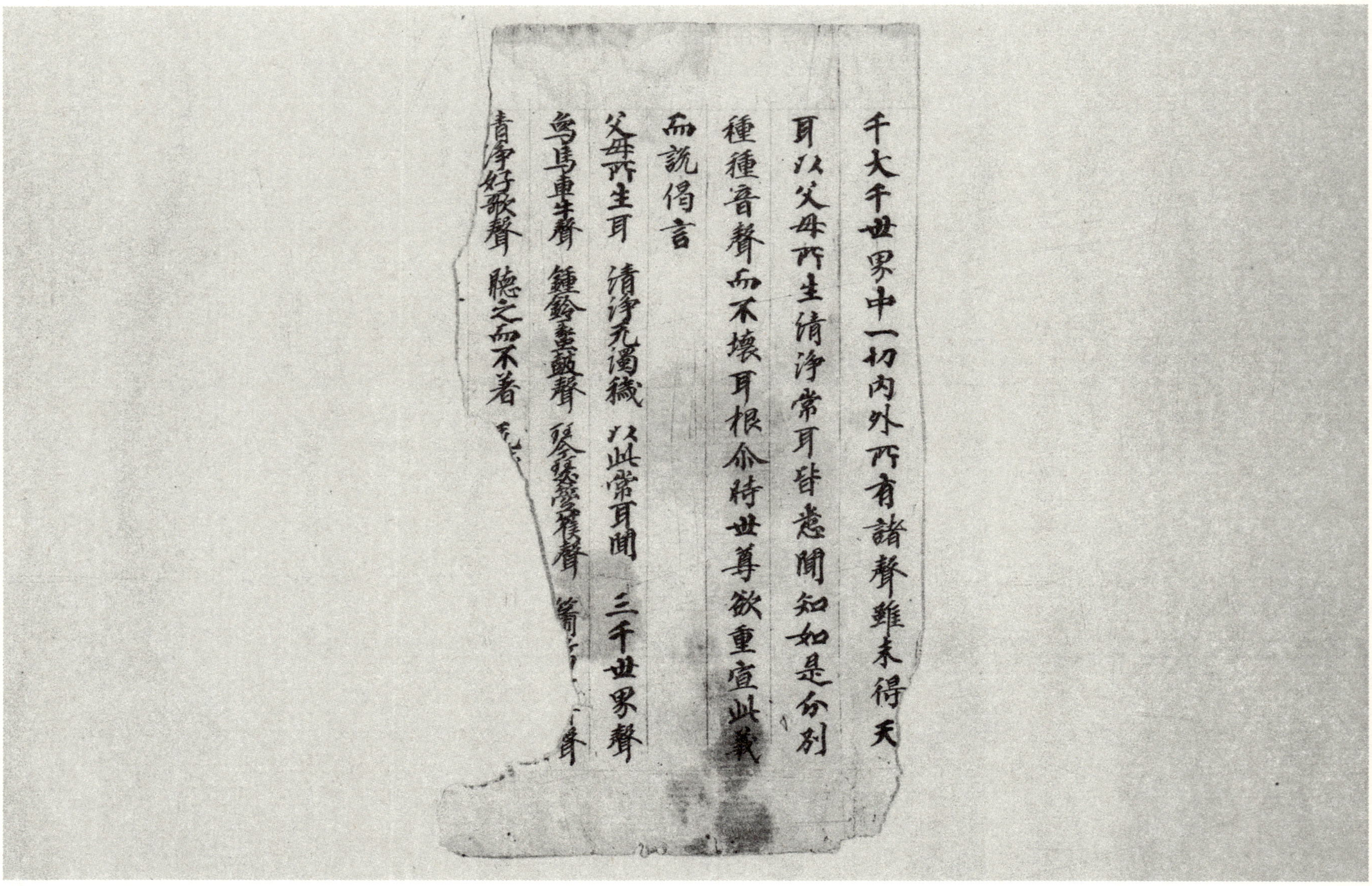
千大千世界中一切内外所有諸聲雖未得天
耳以父母所生清淨常耳皆悉聞知如是分別
種種音聲而不壞耳根尒時世尊欲重宣此義
而說偈言
父母所生耳　清淨无濁穢　以此常耳聞　三千世界聲
象馬車牛聲　鍾鈴螺鼓聲　琴瑟箜篌聲　簫[illegible]聲
清淨好歌聲　聽之而不著

BD15573 號　妙法蓮華經卷六　（1-1）

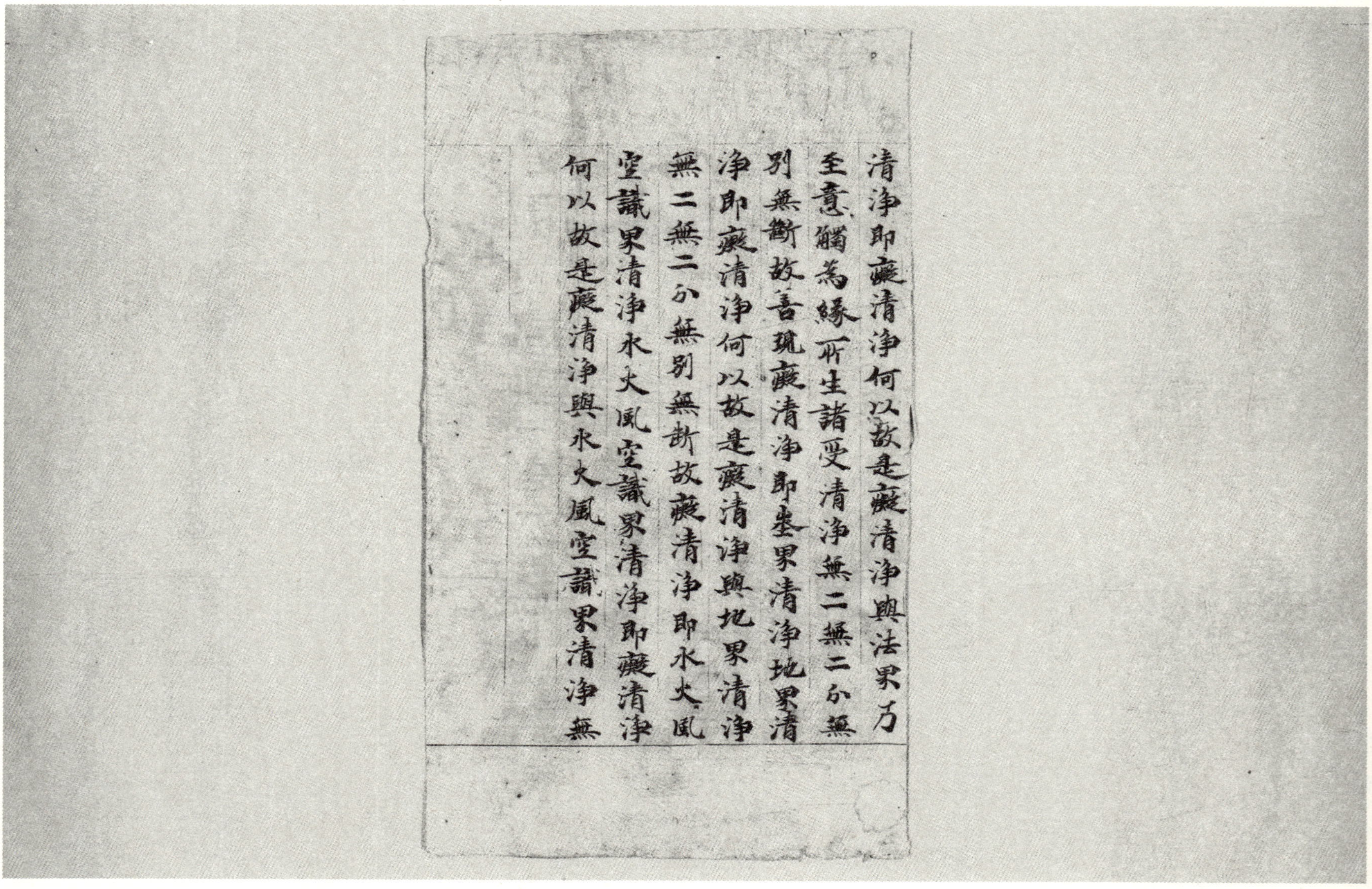
清淨即癡清淨何以故是癡清淨與法界乃
至意觸為緣所生諸受清淨無二無二分無
別無斷故善現癡清淨即地界清淨地界清
淨即癡清淨何以故是癡清淨與地界清淨
無二無二分無別無斷故癡清淨即水火風
空識界清淨水火風空識界清淨即癡清淨
何以故是癡清淨與水火風空識界清淨無

BD15574 號　大般若波羅蜜多經（兌廢稿）卷二〇二　（1-1）

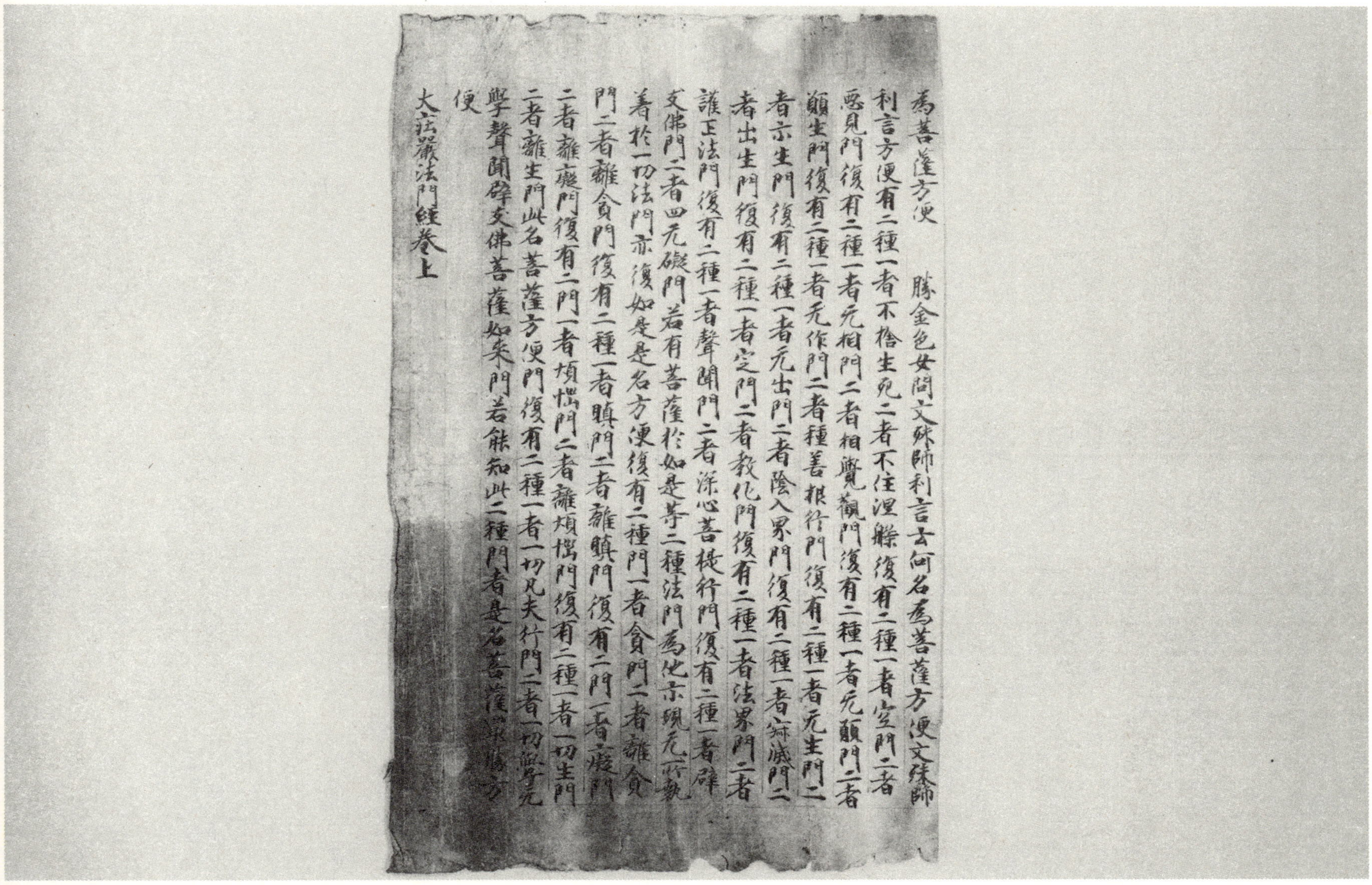

爲菩薩方便　勝金色女問文殊師利言云何名爲菩薩方便文殊師
利言方便有二種一者不捨生死二者不住涅槃復有二種一者空門二者
惡見門復有二種一者无相門二者相覺觀門復有二種一者无願門二者
願生門復有二種一者无作門二者種善根行門復有二種一者无生門二
者示生門復有二種一者无出門二者陰入界門復有二種一者寂滅門二
者出生門復有二種一者定門二者教化門復有二種一者法界門二者
護正法門復有二種一者聲聞門二者深心菩提行門復有二種一者辟
支佛門二者四无礙門若有菩薩於如是等二種法門爲化示現无行教
善於一切法門亦復如是名方便復有二種門一者貪門二者離貪
門二者離貪門復有二種一者瞋門二者離瞋門復有二門一者癡門
二者離癡門復有二門一者煩惱門二者離煩惱門復有二種一者一切生門
二者離生門此名菩薩方便門復有二種一者一切凡夫行門二者一切學无
學聲聞辟支佛菩薩如來門若能知此二種門者是名菩薩勝方
便
大莊嚴法門經卷上

BD15575 號　大莊嚴法門經卷上　（1–1）

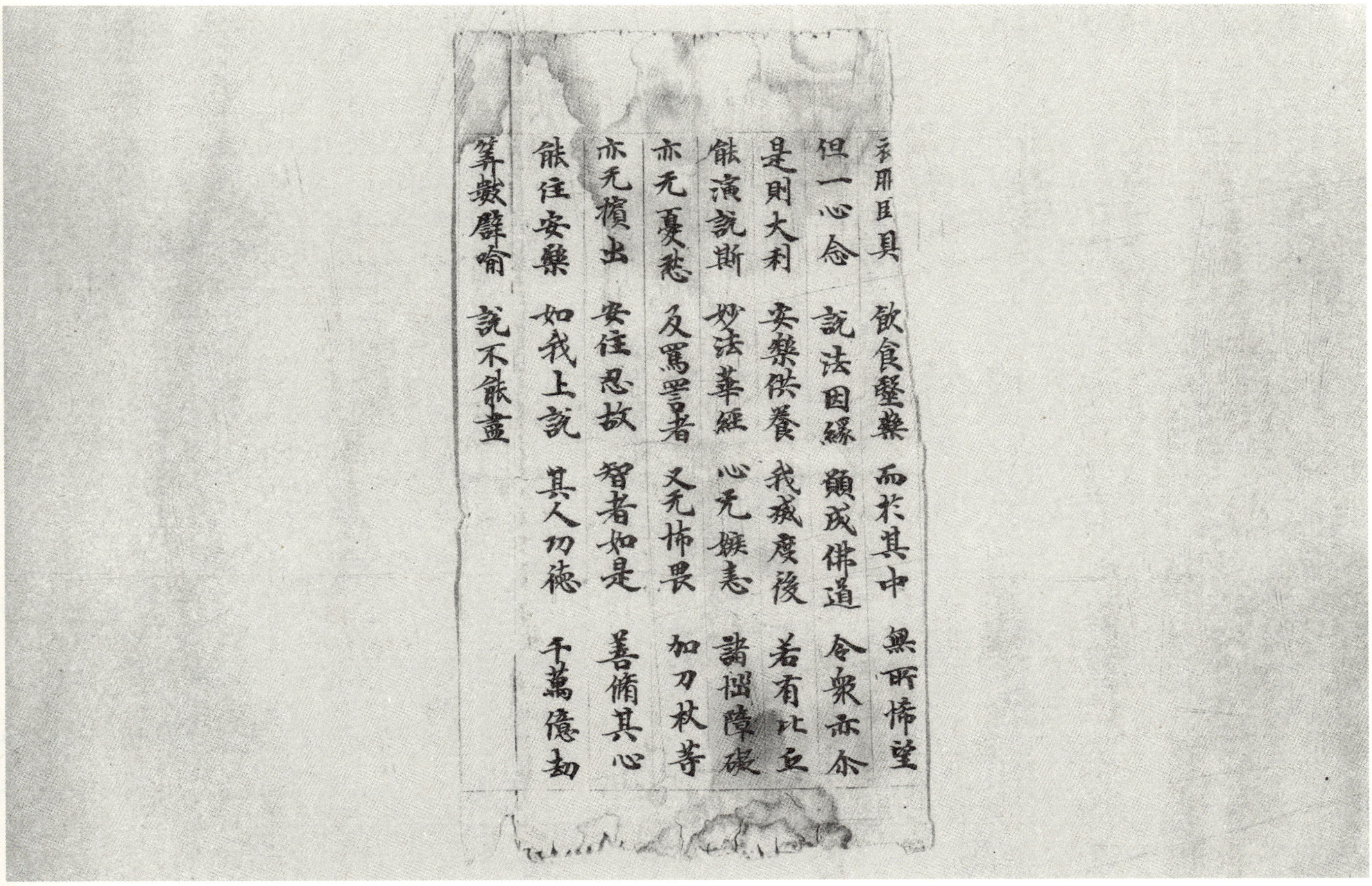

衣服臥具　飲食醫藥　而於其中　無所悕望
但一心念　說法因緣　願成佛道　令衆亦尒
是則大利　安樂供養　我滅度後　若有比丘
能演說斯　妙法華經　心无嫉恚　諸惱障礙
亦无憂愁　及罵詈者　又无怖畏　加刀杖等
亦无擯出　安住忍故　智者如是　善脩其心
能住安樂　如我上說　其人功德　千萬億劫
筭數譬喻　說不能盡

BD15576 號　妙法蓮華經卷五　（1–1）

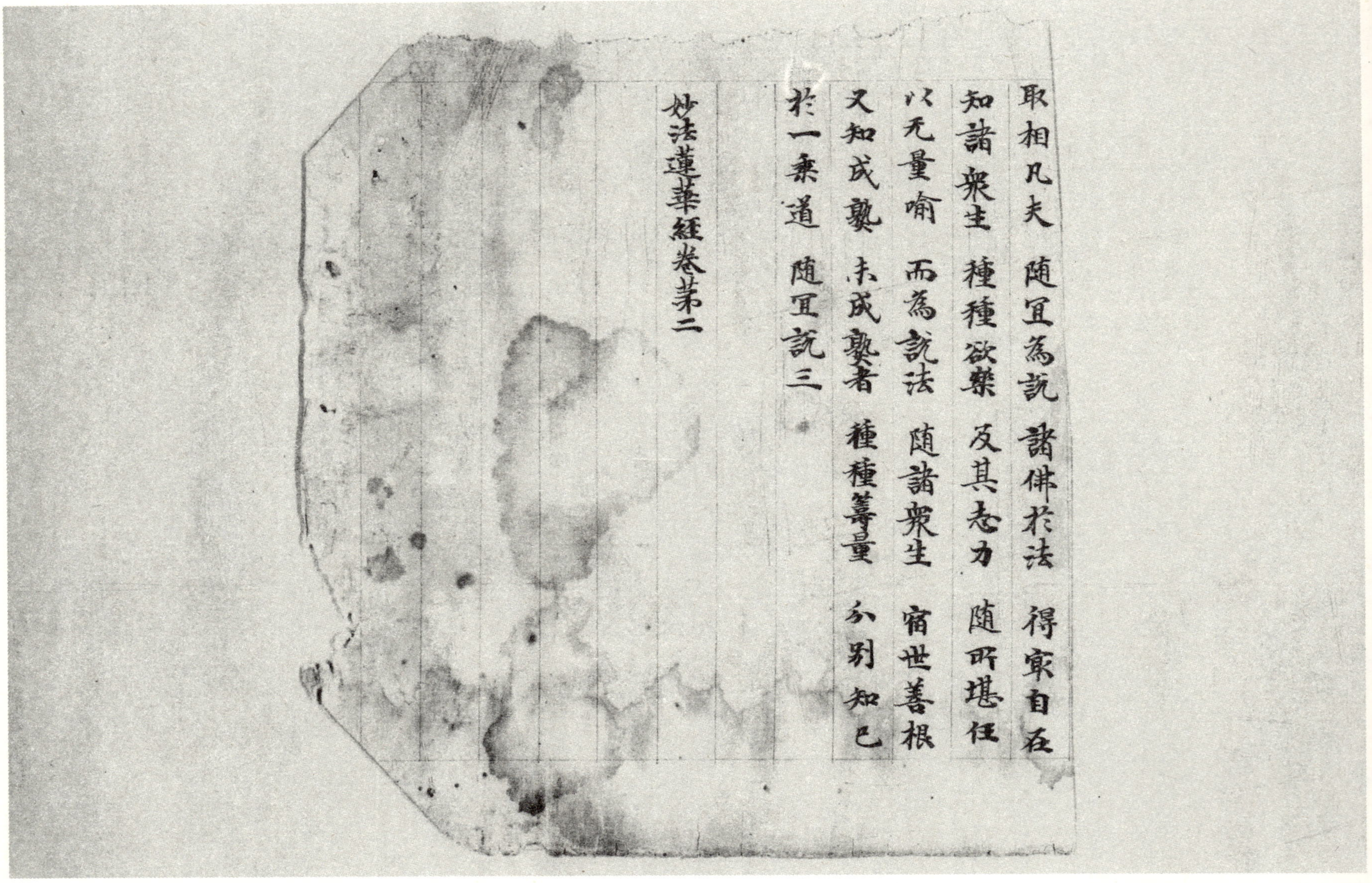

取相凡夫　隨宜為說　諸佛於法　得最自在
知諸衆生　種種欲樂　及其志力　隨所堪任
以无量喻　而為說法　隨諸衆生　宿世善根
又知成熟　未成熟者　種種籌量　分別知已
於一乘道　隨宜說三

妙法蓮華經卷第二

BD15577 號　妙法蓮華經卷二　（1–1）

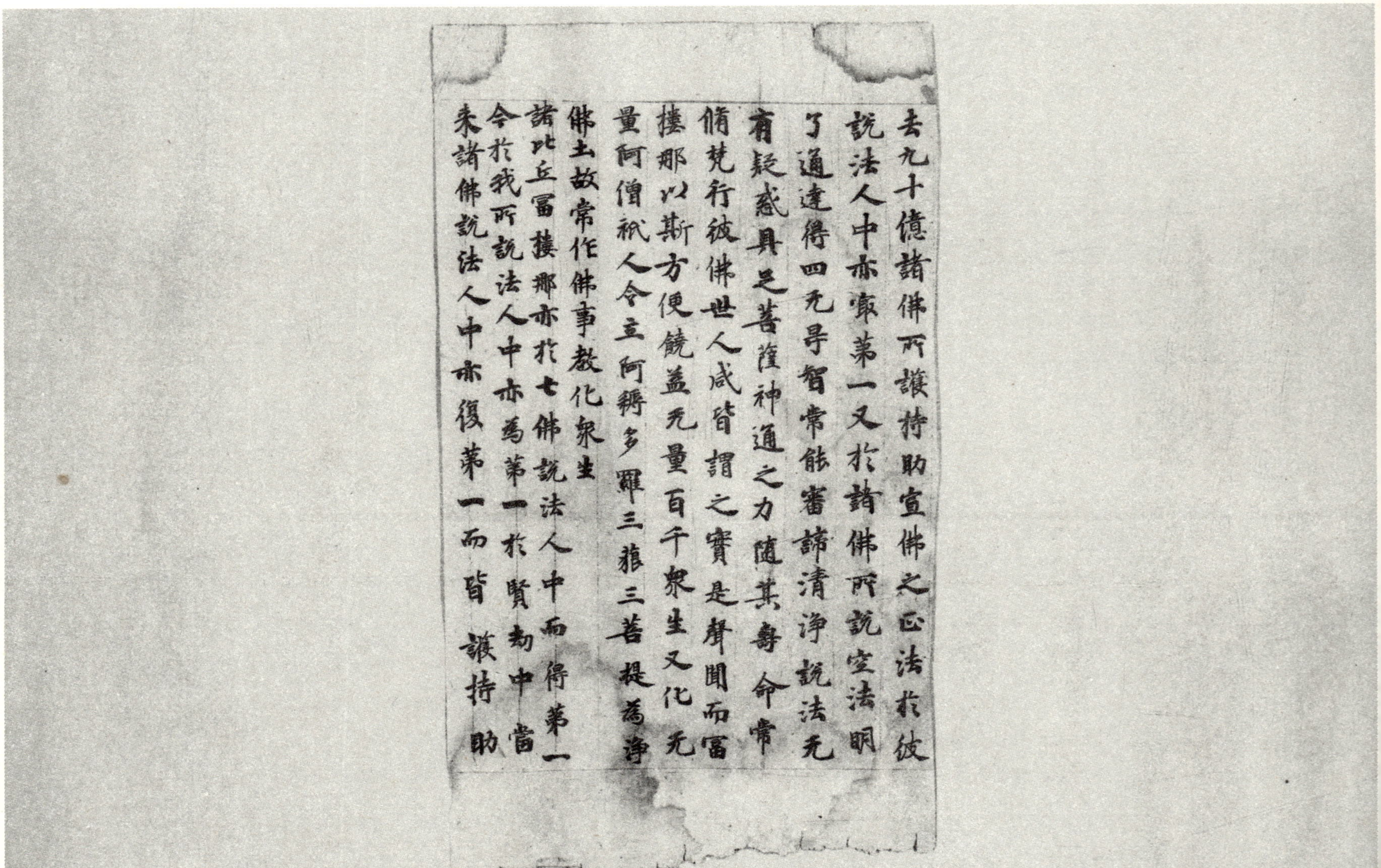

去九十億諸佛所讃持助宣佛之正法於彼
說法人中亦最第一又於諸佛所說空法明
了通達得四无㝵智常能審諦清淨說法无
有疑惑具足菩薩神通之力隨其壽命常
脩梵行彼佛世人咸皆謂之實是聲聞而富
樓那以斯方便饒益无量百千衆生又化无
量阿僧祇人令立阿耨多羅三藐三菩提為淨
佛土故常作佛事教化衆生
諸比丘富樓那亦於七佛說法人中而得第一
今於我所說法人中亦為第一於賢劫中當
來諸佛說法人中亦復第一而皆讃持助

BD15578 號　妙法蓮華經卷四　（1–1）

[illegible]
大願殊勝功德令諸聞[illegible]爲欲利
樂像法轉時諸有情故
尒時世尊讃曼殊室利童子言善哉善哉曼
殊室利汝以大悲勸請我說諸佛名号本願
功德爲拔業鄣所纏有情利益安樂像法轉
時諸有情故汝今諦聽極善思惟當爲汝說
曼殊室利言唯然願說我等樂聞
佛言曼殊室利東方去此過十殑伽沙等佛
土有世界名淨瑠璃佛号藥師瑠璃光如来
應正等覺明行圓滿善逝世間解无上丈夫
調御士天人師佛薄伽梵曼殊室利彼世尊
藥師瑠璃光如来本行菩薩道時發十二大
願令諸有情所求皆得

BD15579 號　藥師琉璃光如來本願功德經　（1–1）

常處人天不生下賤恒得親近諸佛如來聽
正法常生諸佛清淨國土所以者何由得聞
此甚深法故是善男子善女人則爲如来已
知已記當得不退阿耨多羅三藐三菩提若
善男子善女人於此甚深微妙之法一經耳
者當知是人不謗如來不毀正法不輕聖衆一切
衆生未種善根令得種故已種善根令增長
故成熟故一切世界所有衆生皆勸修行六波羅
多
尒時虛空藏菩薩梵釋四王諸天衆等即
從座起偏袒右肩合掌恭敬頂禮佛足白
佛言世尊若所在處講說如是金光明王微妙
經典於其國土有四種利益何者爲四一者國
王軍衆強盛無諸怨敵離於疾病壽命
延長吉祥安樂正法興顯二者中宮妃后王子
臣和悅無諍離於[illegible]

BD15580 號　金光明最勝王經卷二　（1–1）

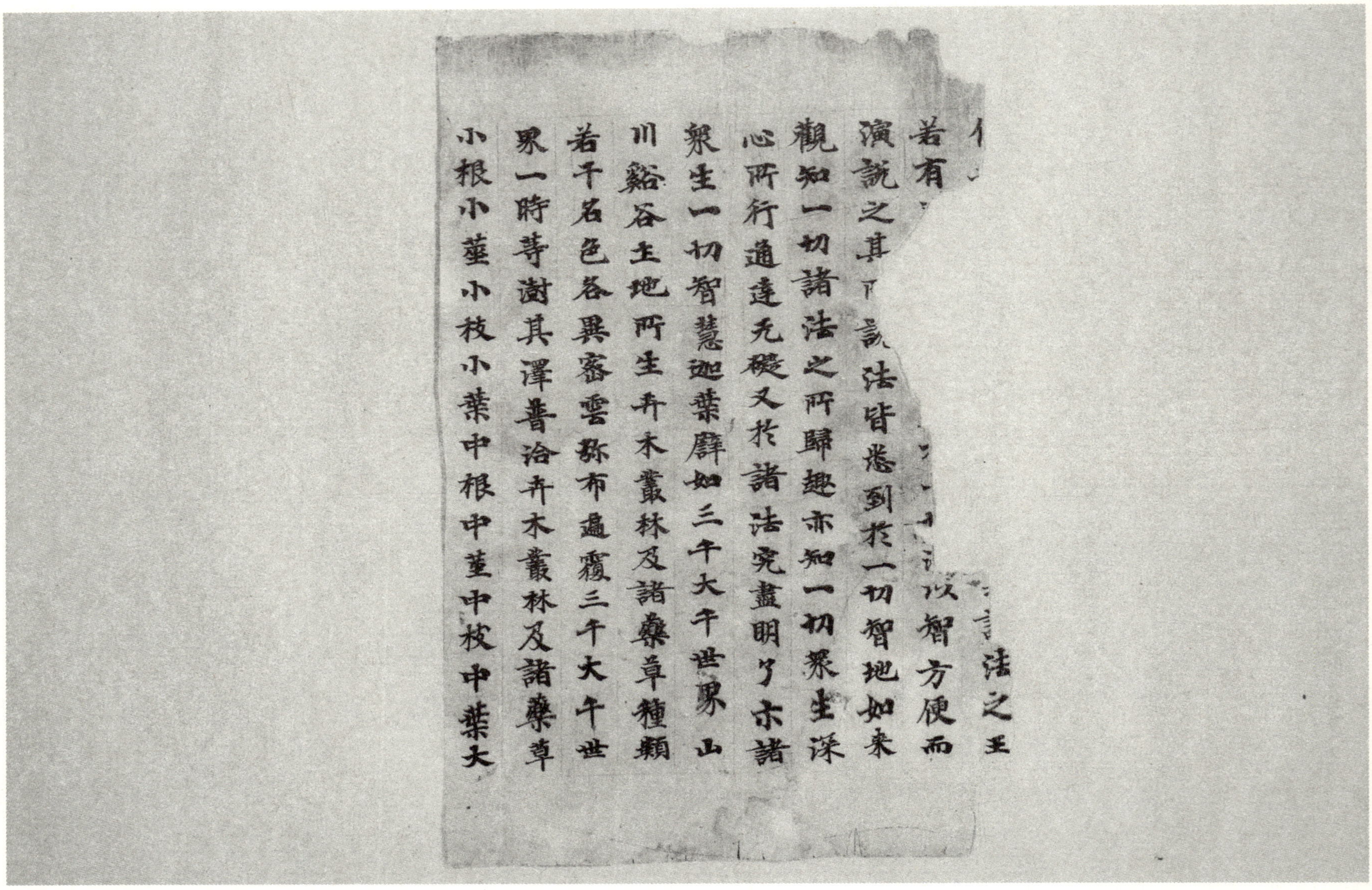

佛之　法之王
若有　以智方便而
演說之其所說法皆悉到於一切智地如來
觀知一切諸法之所歸趣亦知一切衆生深
心所行通達无礙又於諸法究盡明了示諸
衆生一切智慧迦葉譬如三千大千世界山
川谿谷土地所生卉木叢林及諸藥草種類
若干名色各異密雲彌布遍覆三千大千世
界一時等澍其澤普洽卉木叢林及諸藥草
小根小莖小枝小葉中根中莖中枝中葉大

BD15581 號　妙法蓮華經卷三　（1–1）

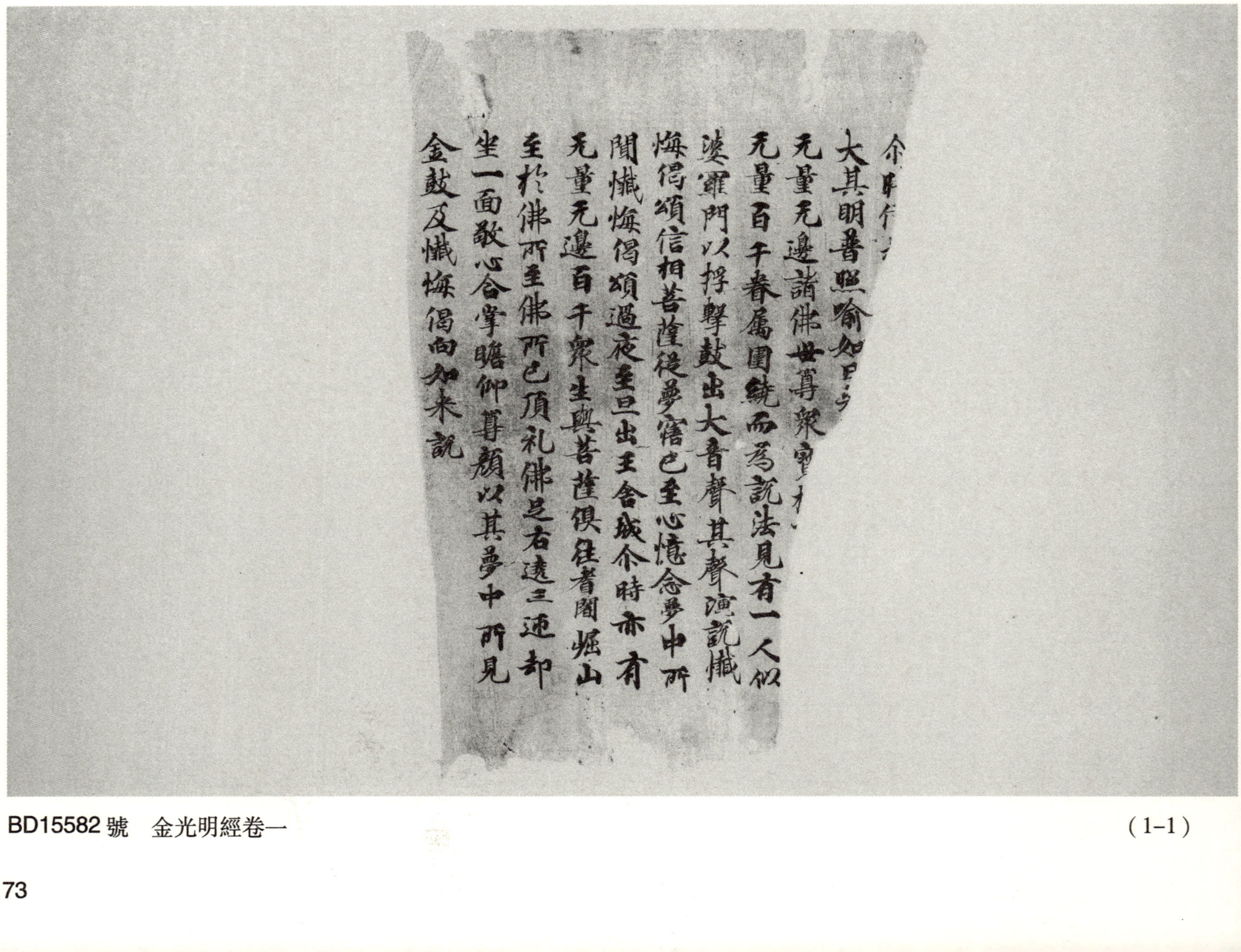

尒時信
大其明普照喻如日
无量无邊諸佛世尊衆寶樹
无量百千眷屬圍遶而爲說法見有一人似
婆羅門以桴擊鼓出大音聲其聲演說懺
悔偈頌信相菩薩從夢寤已至心憶念夢中所
聞懺悔偈頌過夜至旦出王舍城尒時亦有
无量无邊百千衆生與菩薩俱往耆闍崛山
至於佛所至佛所已頂礼佛足右遶三匝却
坐一面敬心合掌瞻仰尊顏以其夢中所見
金鼓及懺悔偈向如來說

BD15582 號　金光明經卷一　（1–1）

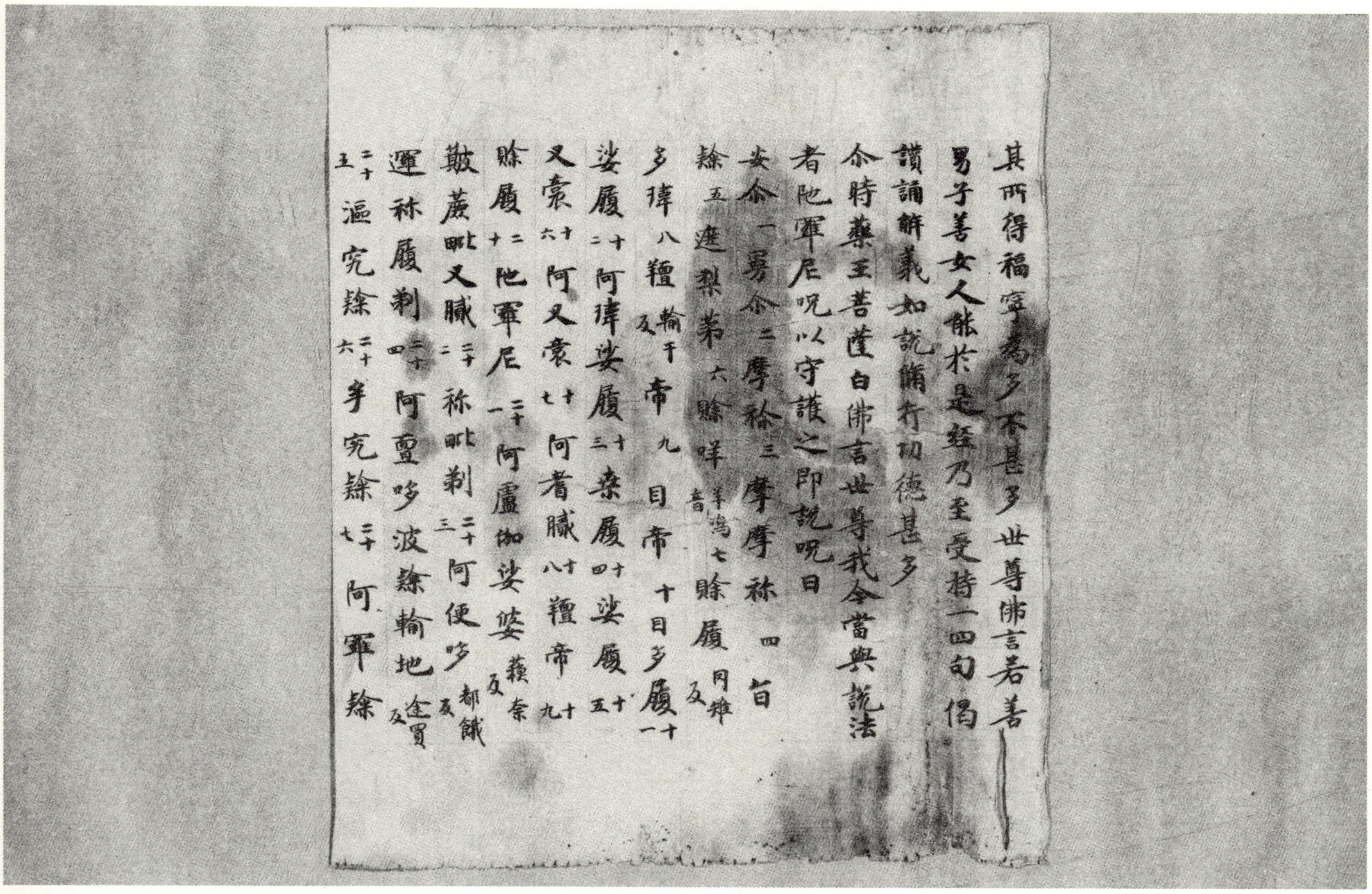

其所得福寧爲多不甚多世尊佛言若善
男子善女人能於是經乃至受持一四句偈
讀誦解義如說脩行功德甚多
尒時藥王菩薩白佛言世尊我今當與說法
者陀羅尼呪以守護之即說呪曰
安尒一曼尒二摩袮三摩摩袮四旨
隸五遮梨第六賖咩羊鳴音七賖履冈雉反
多瑋八羶帝九目帝十目多履十一
娑履十二阿瑋娑履十三桑履十四娑履十五
叉裔十六阿叉裔十七阿耆膩十八羶帝十九
賖履二十陀羅尼二十一阿盧伽婆娑蔌奈反
簸蔗毘叉膩二十二袮毘剃二十三阿便哆都餓反
邏袮履剃二十四阿亶哆波隸輸地途賣反
二十五漚究隸二十六牟究隸二十七阿羅隸

BD15583 號　妙法蓮華經卷七　　(1–1)

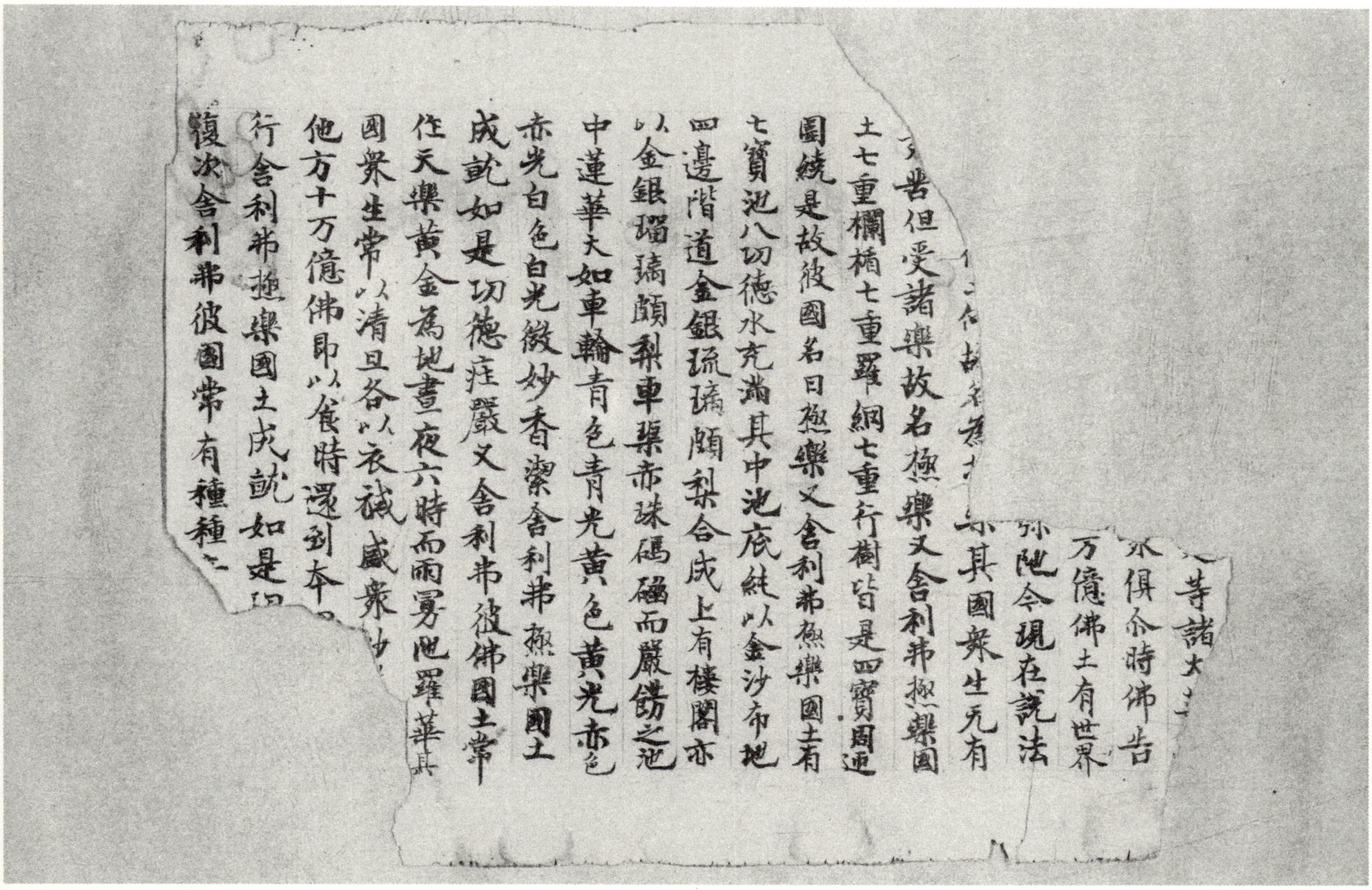

等諸大
衆俱尒時佛告
万億佛土有世界
彌陀今現在說法
故名為[...]其國衆生无有
苦但受諸樂故名極樂又舍利弗極樂國
土七重欄楯七重羅網七重行樹皆是四寶周迊
圍繞是故彼國名曰極樂又舍利弗極樂國土有
七寶池八功德水充滿其中池底純以金沙布地
四邊階道金銀琉璃頗梨合成上有樓閣亦
以金銀瑠璃頗梨車𤦲赤珠碼碯而嚴餝之池
中蓮華大如車輪青色青光黃色黃光赤色
赤光白色白光微妙香潔舍利弗極樂國土
成就如是功德莊嚴又舍利弗彼佛國土常
作天樂黃金為地晝夜六時而雨曼陀羅華其
國衆生常以清旦各以衣裓盛衆妙
他方十万億佛即以食時還到本
行舍利弗極樂國土成就如是功
復次舍利弗彼國常有種種

BD15584 號　阿彌陀經　　(1–1)

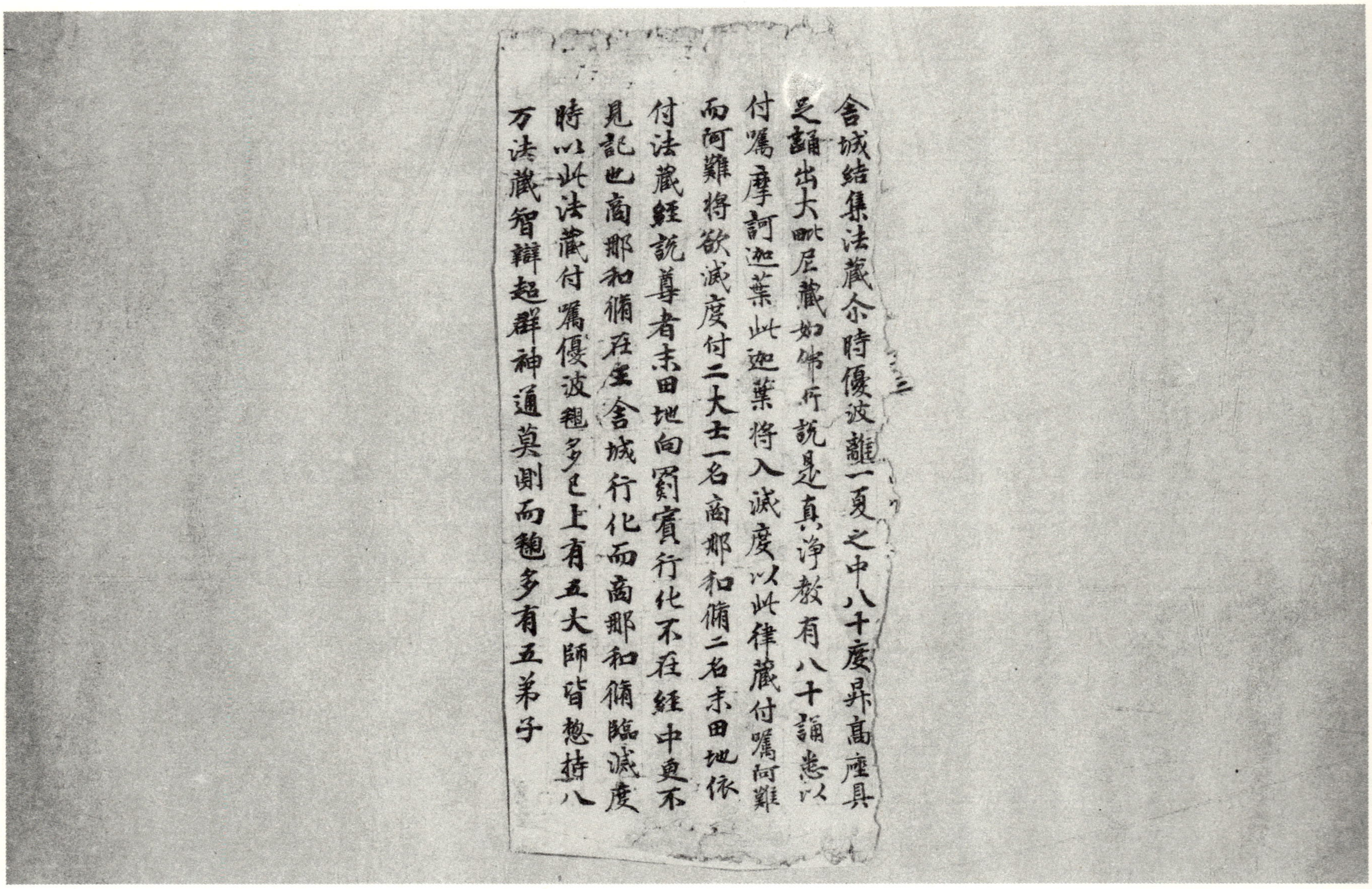

舍城結集法藏尒時優波離一夏之中八十度昇高座具
足誦出大毗尼藏如佛所說是真淨教有八十誦悉以
付囑摩訶迦葉此迦葉将入滅度以此律藏付囑阿難
而阿難将欲滅度付二大士一名商那和脩二名末田地依
付法藏經說尊者末田地向罽賓行化不在經中更不
見記也商那和脩在王舍城行化而商那和脩臨滅度
時以此法藏付囑優波毱多已上有五大師皆揔持八
万法藏智辯超群神通莫測而毱多有五弟子

BD15585號　毗尼心卷一　　　　（1-1）

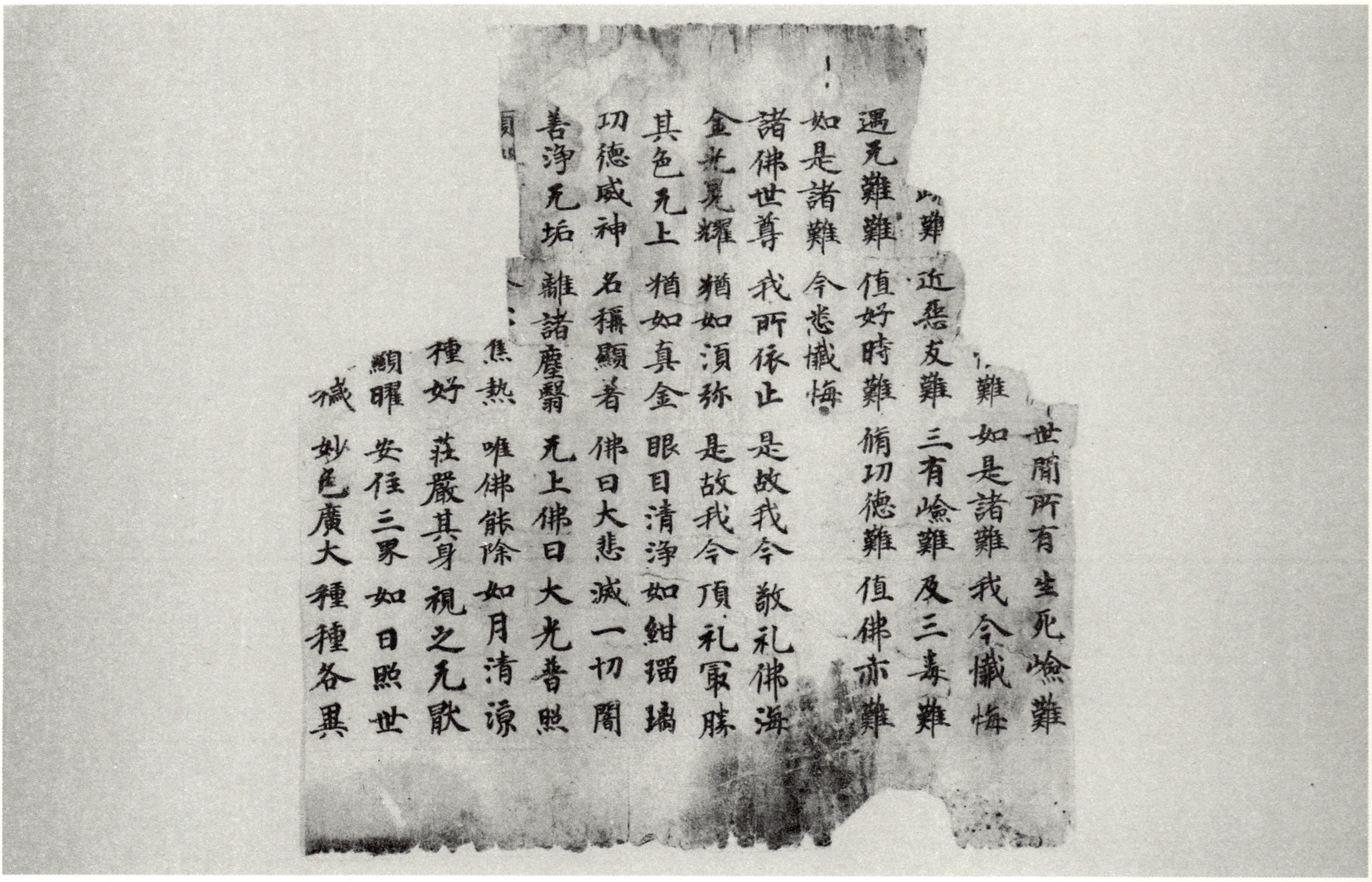

世間所有　生死嶮難
難　如是諸難　我今懺悔
難　近惡友難　三有嶮難　及三毒難
遇无難難　值好時難　脩功德難　值佛亦難
如是諸難　今悉懺悔
諸佛世尊　我所依止　是故我今　敬礼佛海
金光晃耀　猶如須弥　是故我今　頂礼寶勝
其色无上　猶如真金　眼目清淨　如紺瑠璃
功德威神　名稱顯著　佛日大悲　滅一切闇
善淨无垢　離諸塵翳　无上佛日　大光普照
頁　焦熱　唯佛能除　如月清涼
種好　莊嚴其身　視之无猒
顯曜　安住三界　如日照世
城　妙色廣大　種種各異

BD15586號　金光明經卷一　　　　（1-1）

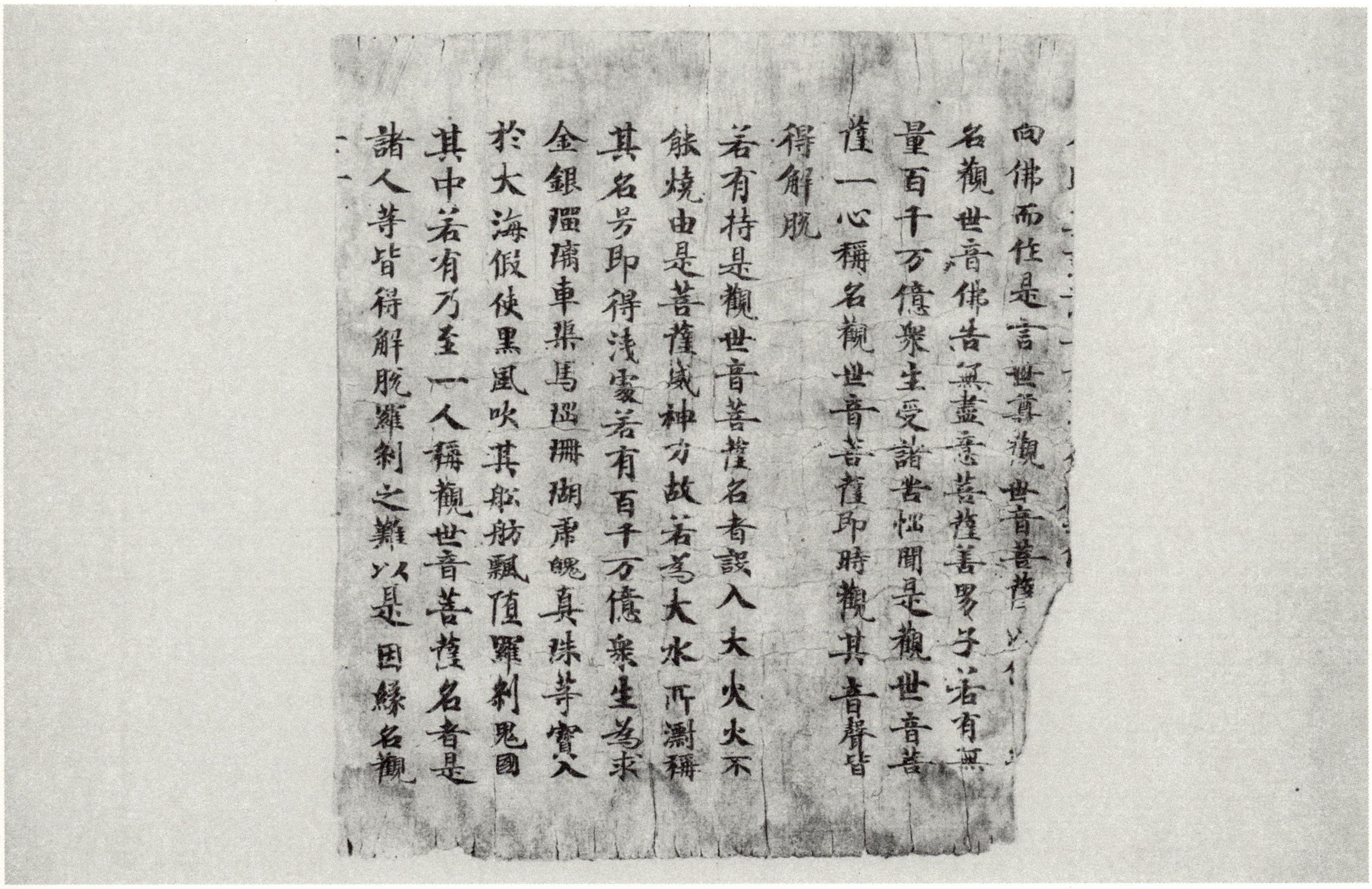
向佛而作是言世尊觀世音菩薩以何
名觀世音佛告無盡意菩薩善男子若有無
量百千万億衆生受諸苦惱聞是觀世音菩
薩一心稱名觀世音菩薩即時觀其音聲皆
得解脫
若有持是觀世音菩薩名者設入大火火不
能燒由是菩薩威神力故若為大水所漂稱
其名号即得淺處若有百千万億衆生為求
金銀瑠璃車渠馬瑙珊瑚虎珀真珠等寶入
於大海假使黑風吹其船舫飄墮羅刹鬼國
其中若有乃至一人稱觀世音菩薩名者是
諸人等皆得解脫羅刹之難以是因緣名觀

BD15587 號　妙法蓮華經卷七　（1–1）

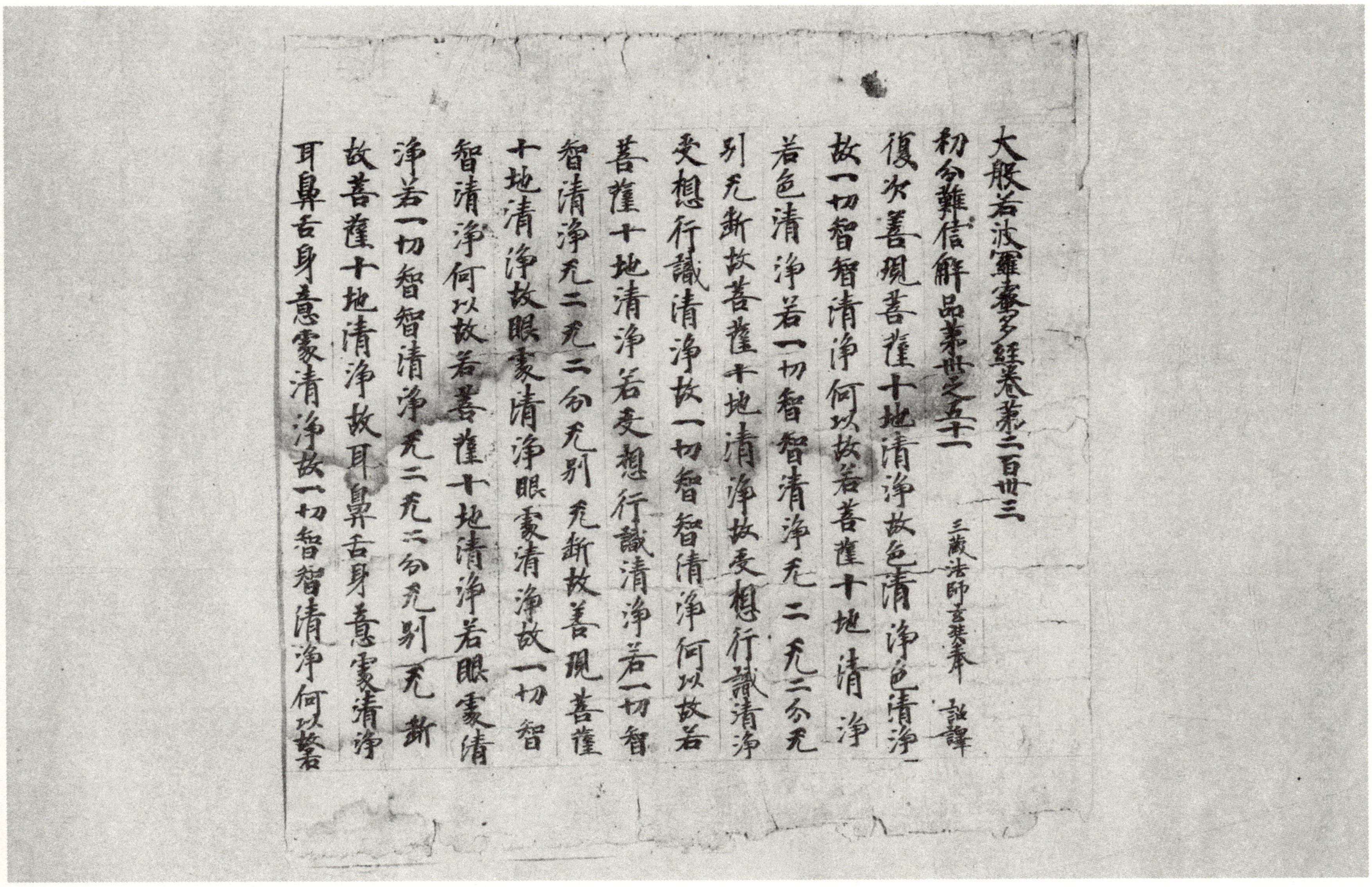
大般若波羅蜜多經卷第二百卅三
初分難信解品第卅四之五十二　三藏法師玄奘奉　詔譯
復次善現菩薩十地清淨故色清淨色清淨
故一切智智清淨何以故若菩薩十地清淨
若色清淨若一切智智清淨无二无二分无
別无斷故菩薩十地清淨故受想行識清淨
受想行識清淨故一切智智清淨何以故若
菩薩十地清淨若受想行識清淨若一切智
智清淨无二无二分无別无斷故善現菩薩
十地清淨故眼處清淨眼處清淨故一切智
智清淨何以故若菩薩十地清淨若眼處清
淨若一切智智清淨无二无二分无別无斷
故菩薩十地清淨故耳鼻舌身意處清淨
耳鼻舌身意處清淨故一切智智清淨何以故若

BD15588 號　大般若波羅蜜多經卷二三三　（1–1）

三

卌

BD15588 號背　勘記　（1–1）

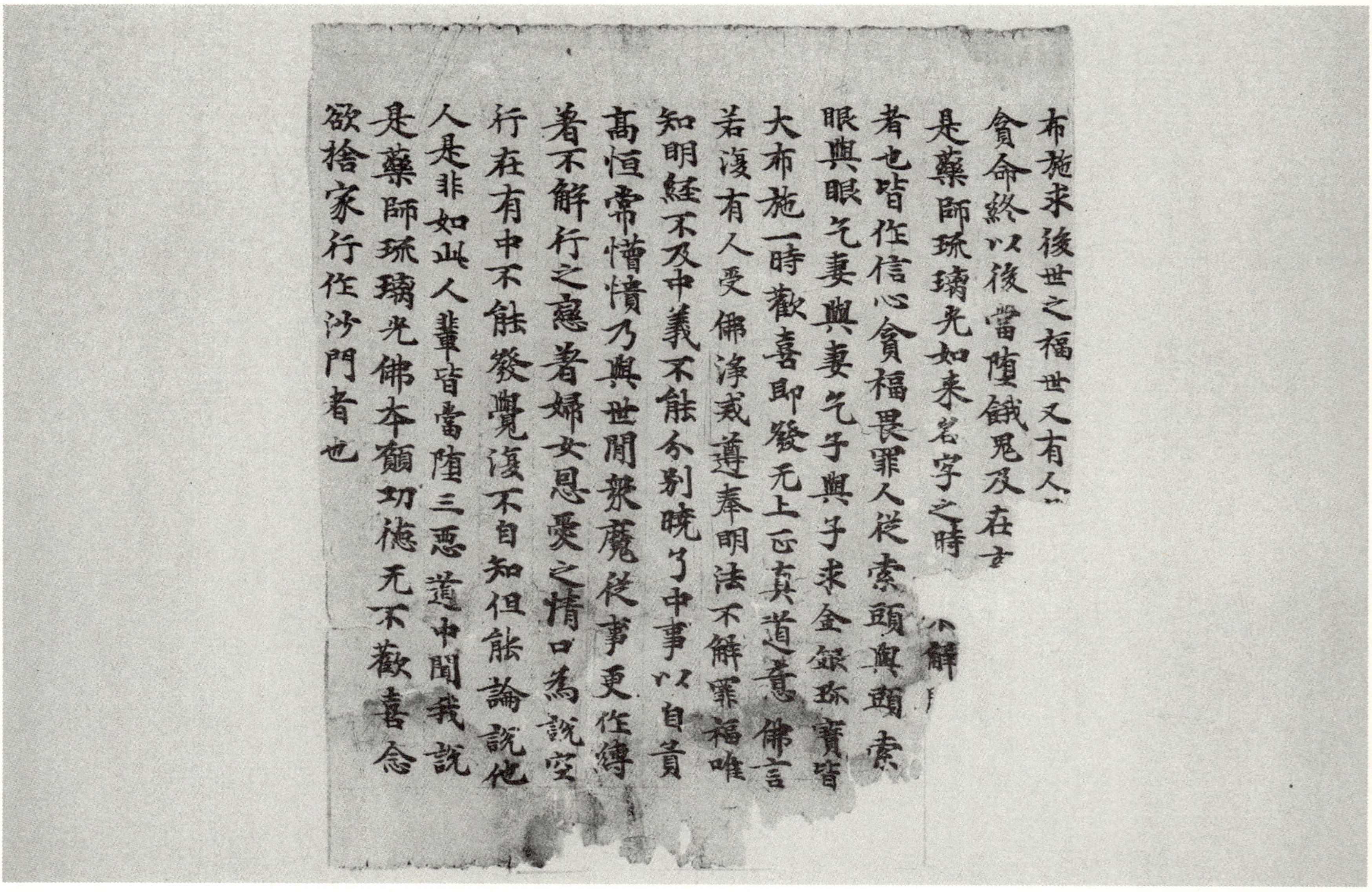
布施求後世之福世又有人[illegible]
貪命終以後當墮餓鬼及在畜
是藥師琉璃光如来名字之時小解
者也皆作信心貪福畏罪人從索頭與頭索
眼與眼乞妻與妻乞子與子求金銀珎寶皆
大布施一時歡喜即發无上正真道意佛言
若復有人受佛淨戒遵奉明法不解罪福唯
知明經不及中義不能分別曉了中事以自貢
高恒常憒憒乃與世間衆魔從事更作縛
著不解行之意著婦女恩愛之情口為說空
行在有中不能發覺復不自知但能論說他
人是非如此人輩皆當墮三惡道中聞我說
是藥師琉璃光佛本願功德无不歡喜念
欲捨家行作沙門者也

BD15589 號　灌頂章句拔除過罪生死得度經　（1–1）

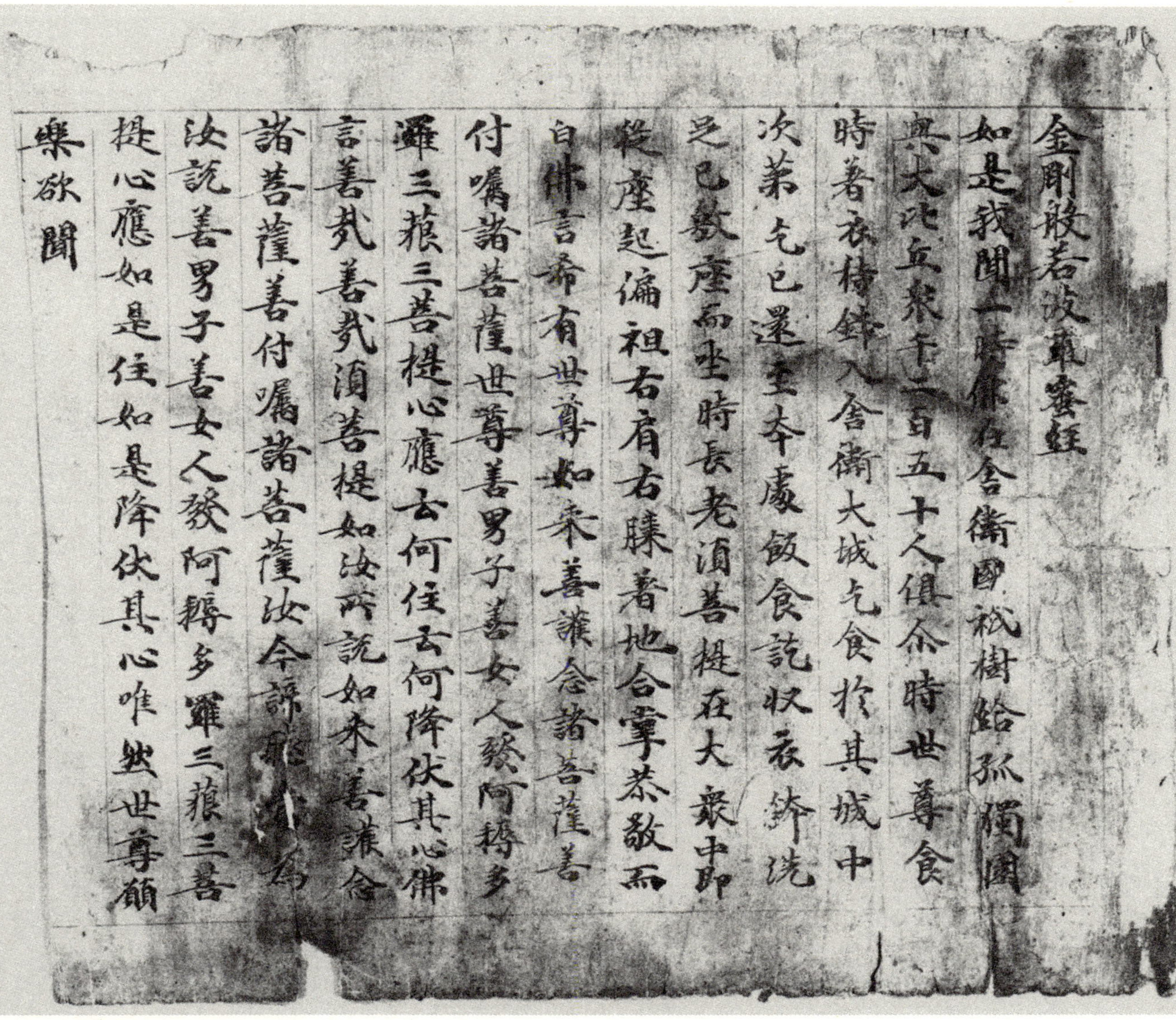

金剛般若波羅蜜經
如是我聞一時佛在舍衛國祇樹給孤獨園
與大比丘衆千二百五十人俱尒時世尊食
時著衣持鉢入舍衛大城乞食於其城中
次第乞已還至本處飯食訖收衣鉢洗
足已敷座而坐時長老須菩提在大衆中即
從座起偏袒右肩右膝著地合掌恭敬而
白佛言希有世尊如來善護念諸菩薩善
付囑諸菩薩世尊善男子善女人發阿耨多
羅三藐三菩提心應云何住云何降伏其心佛
言善哉善哉須菩提如汝所說如來善護念
諸菩薩善付囑諸菩薩汝今諦聽當為
汝說善男子善女人發阿耨多羅三藐三菩
提心應如是住如是降伏其心唯然世尊願
樂欲聞

BD15590 號　金剛般若波羅蜜經　　（1–1）

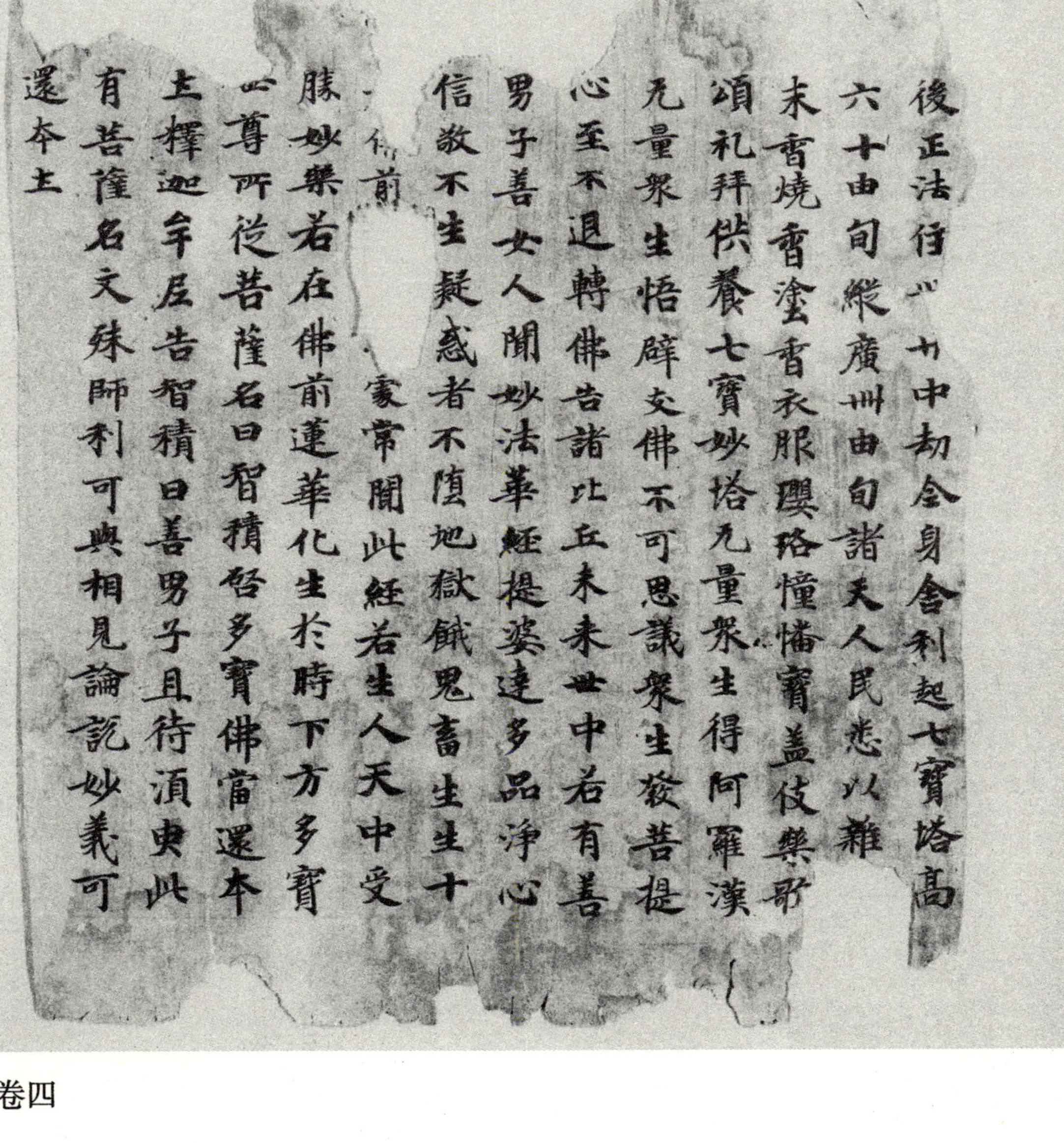

後正法住世廿中劫全身舍利起七寶塔高
六十由旬縱廣卌由旬諸天人民悉以雜
末香燒香塗香衣服瓔珞幢幡寶蓋伎樂歌
頌礼拜供養七寶妙塔无量衆生得阿羅漢
无量衆生悟辟支佛不可思議衆生發菩提
心至不退轉佛告諸比丘未來世中若有善
男子善女人聞妙法華經提婆達多品淨心
信敬不生疑惑者不墮地獄餓鬼畜生生十
方佛前[illegible]處常聞此經若生人天中受
勝妙樂若在佛前蓮華化生於時下方多寶
世尊所從菩薩名曰智積啓多寶佛當還本
土釋迦牟尼告智積曰善男子且待須臾此
有菩薩名文殊師利可與相見論說妙義可
還本土

BD15591 號　妙法蓮華經卷四　　（1–1）

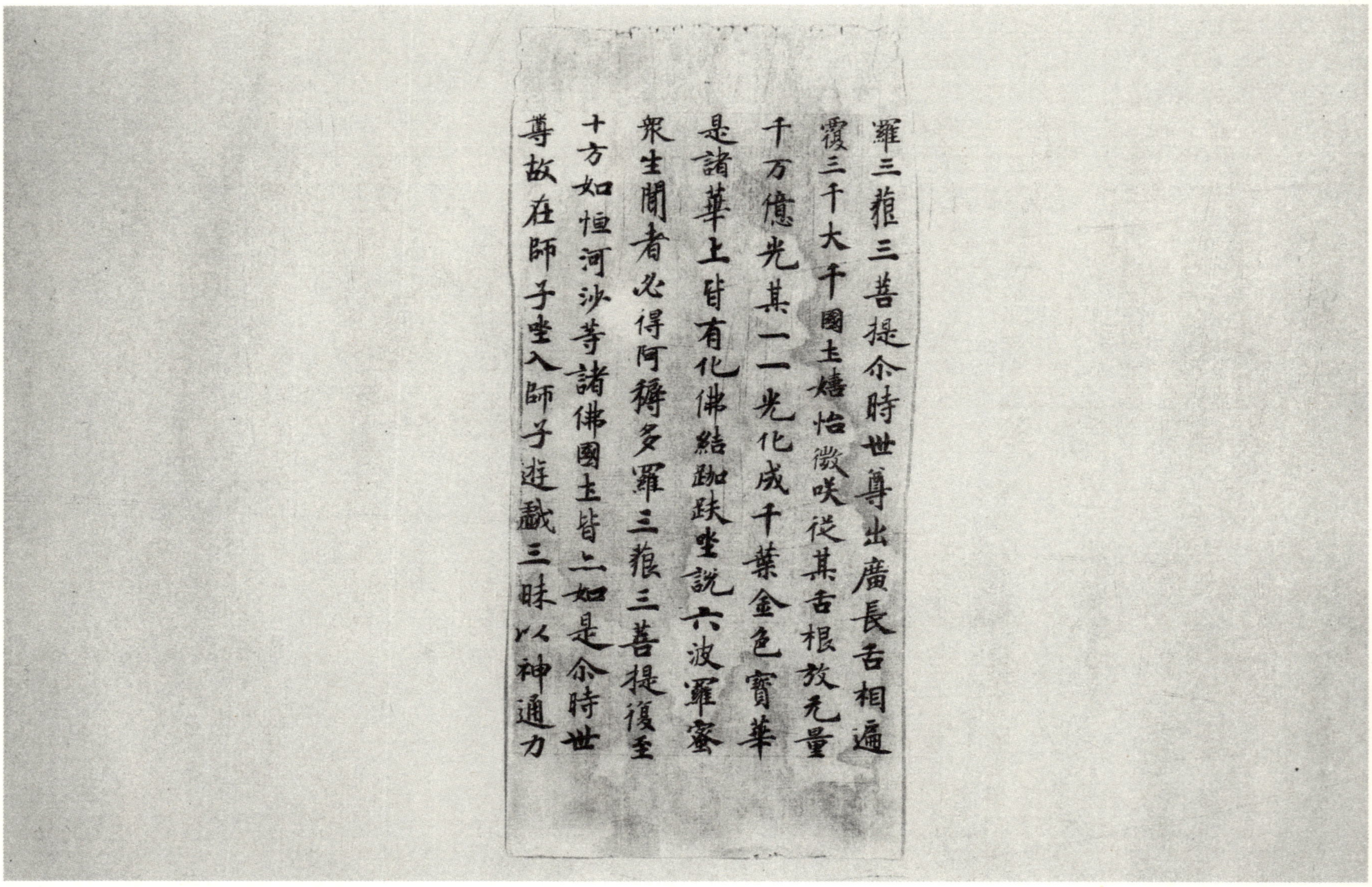

羅三藐三菩提尒時世尊出廣長舌相遍
覆三千大千國土熈怡微咲從其舌根放无量
千万億光其一一光化成千葉金色寶華
是諸華上皆有化佛結跏趺坐說六波羅蜜
衆生聞者必得阿耨多羅三藐三菩提復至
十方如恒河沙等諸佛國土皆亦如是尒時世
尊故在師子坐入師子遊戲三昧以神通力

BD15592號　摩訶般若波羅蜜經卷一　（1–1）

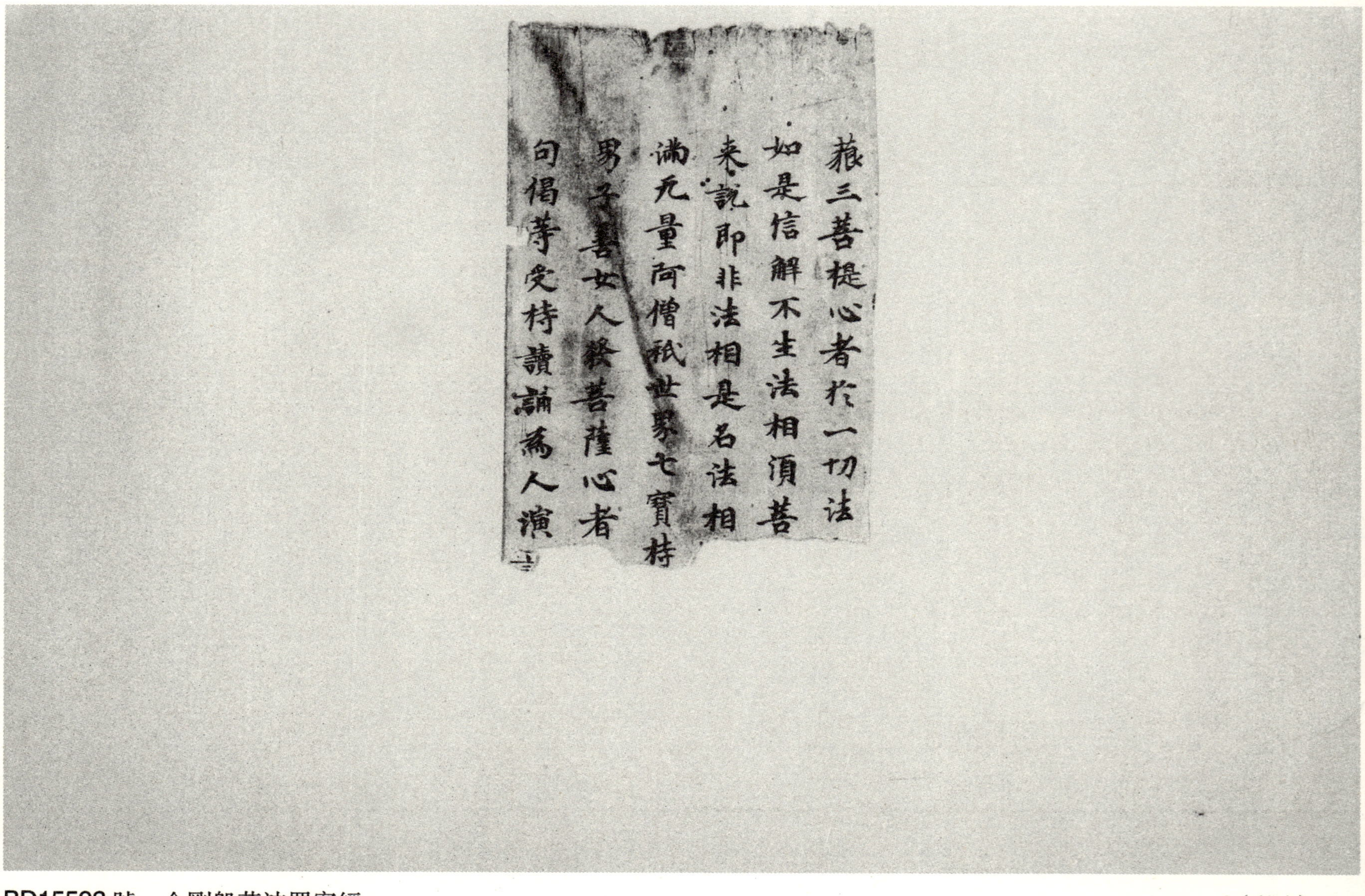

藐三菩提心者於一切法
如是信解不生法相須菩
來說即非法相是名法相
滿无量阿僧祇世界七寶持
男子善女人發菩薩心者
句偈等受持讀誦為人演

BD15593號　金剛般若波羅蜜經　（1–1）

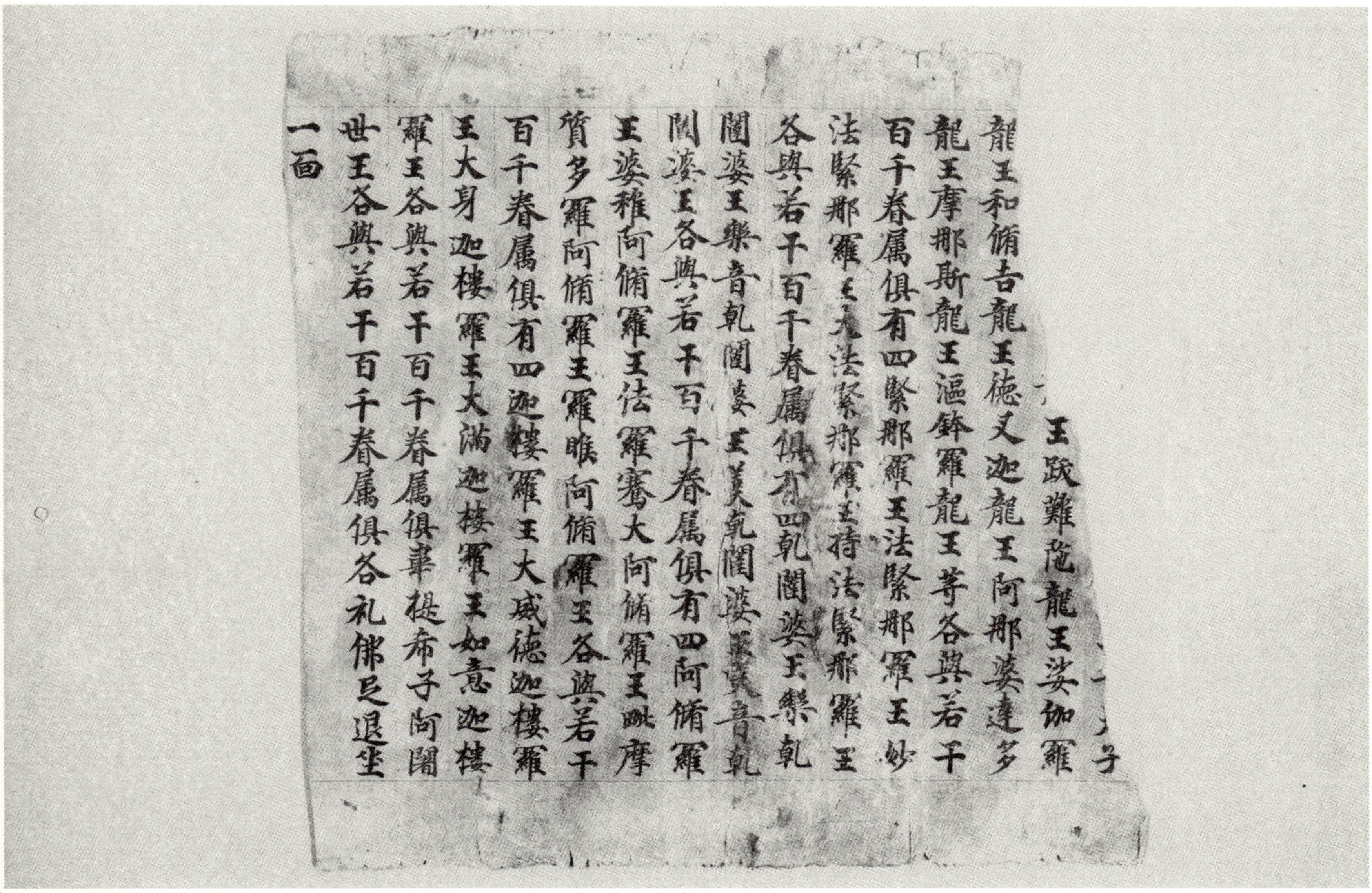

子
王跋難陀龍王娑伽羅
龍王和脩吉龍王德叉迦龍王阿那婆達多
龍王摩那斯龍王漚鉢羅龍王等各與若干
百千眷屬俱有四緊那羅王法緊那羅王妙
法緊那羅王大法緊那羅王持法緊那羅王
各與若干百千眷屬俱有四乾闥婆王樂乾
闥婆王樂音乾闥婆王美乾闥婆王美音乾
闥婆王各與若干百千眷屬俱有四阿脩羅
王婆稚阿脩羅王佉羅騫大阿脩羅王毗摩
質多羅阿脩羅王羅睺阿脩羅王各與若干
百千眷屬俱有四迦樓羅王大威德迦樓羅
王大身迦樓羅王大滿迦樓羅王如意迦樓
羅王各與若干百千眷屬俱韋提希子阿闍
世王各與若干百千眷屬俱各礼佛足退坐
一面

BD15594 號　妙法蓮華經卷一　（1–1）

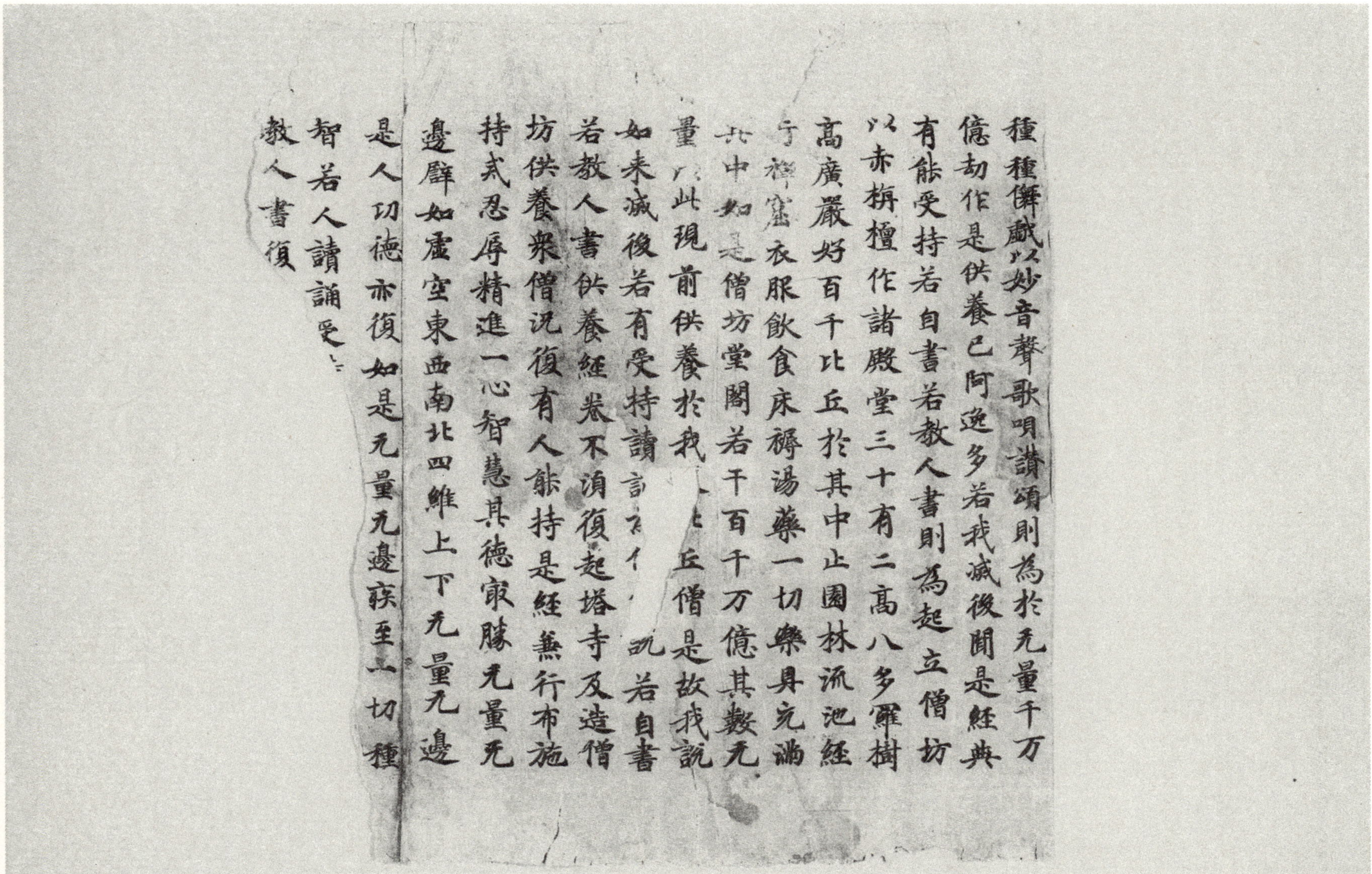

種種儛戲以妙音聲歌唄讚頌則為於无量千万
億劫作是供養已阿逸多若我滅後聞是經典
有能受持若自書若教人書則為起立僧坊
以赤栴檀作諸殿堂三十有二高八多羅樹
高廣嚴好百千比丘於其中止園林流池經
行禪窟衣服飲食床褥湯藥一切樂具充滿
其中如是僧坊堂閣若干百千万億其數无
量以此現前供養於我[illegible]比丘僧是故我說
如來滅後若有受持讀誦[illegible]他人說若自書
若教人書供養經卷不須復起塔寺及造僧
坊供養衆僧況復有人能持是經兼行布施
持戒忍辱精進一心智慧其德最勝无量无
邊辟如虛空東西南北四維上下无量无邊
是人功德亦復如是无量无邊疾至一切種
智若人讀誦受持
教人書復

BD15595 號　妙法蓮華經卷五　（1–1）

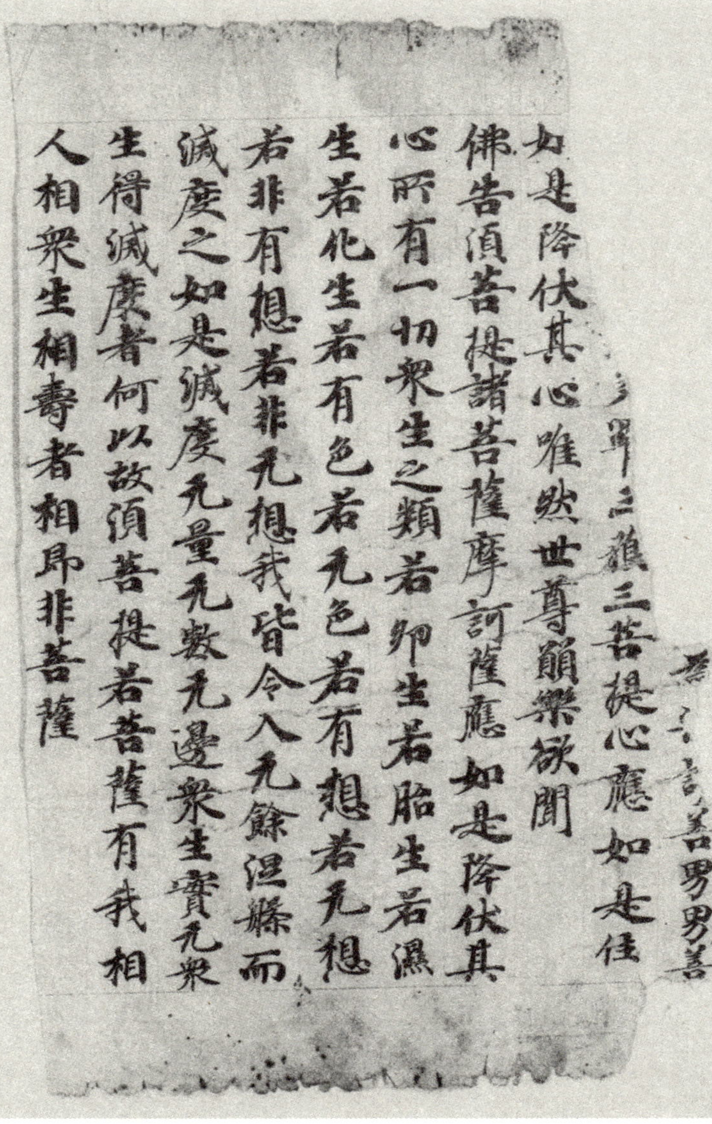

言善男善
多羅三藐三菩提心應如是住
如是降伏其心唯然世尊願樂欲聞
佛告須菩提諸菩薩摩訶薩應如是降伏其
心所有一切衆生之類若卵生若胎生若濕
生若化生若有色若无色若有想若无想
若非有想若非无想我皆令入无餘涅槃而
滅度之如是滅度无量无數无邊衆生實无衆
生得滅度者何以故須菩提若菩薩有我相
人相衆生相壽者相即非菩薩

BD15596 號　金剛般若波羅蜜經　（1–1）

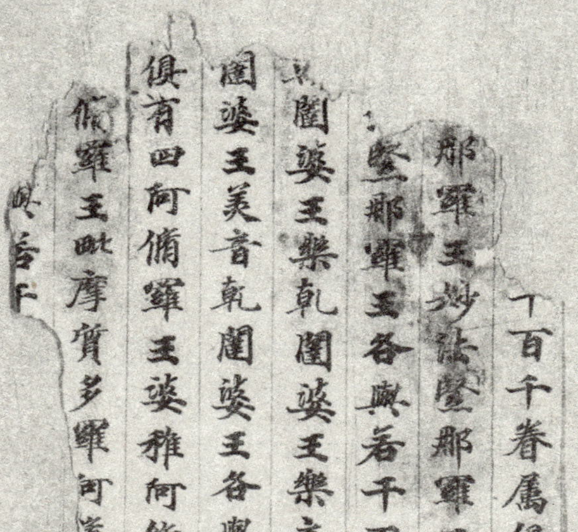

千百千眷屬俱有四緊那羅王
那羅王妙法緊那羅王大法緊那羅王
緊那羅王各與若干百千眷屬俱有四
闥婆王樂乾闥婆王樂音乾闥婆王美乾
闥婆王美音乾闥婆王各與若干百千眷屬
俱有四阿脩羅王婆稚阿脩羅王佉羅騫馱
脩羅王毗摩質多羅阿脩
與若干

BD15597 號　妙法蓮華經卷一　（1–1）

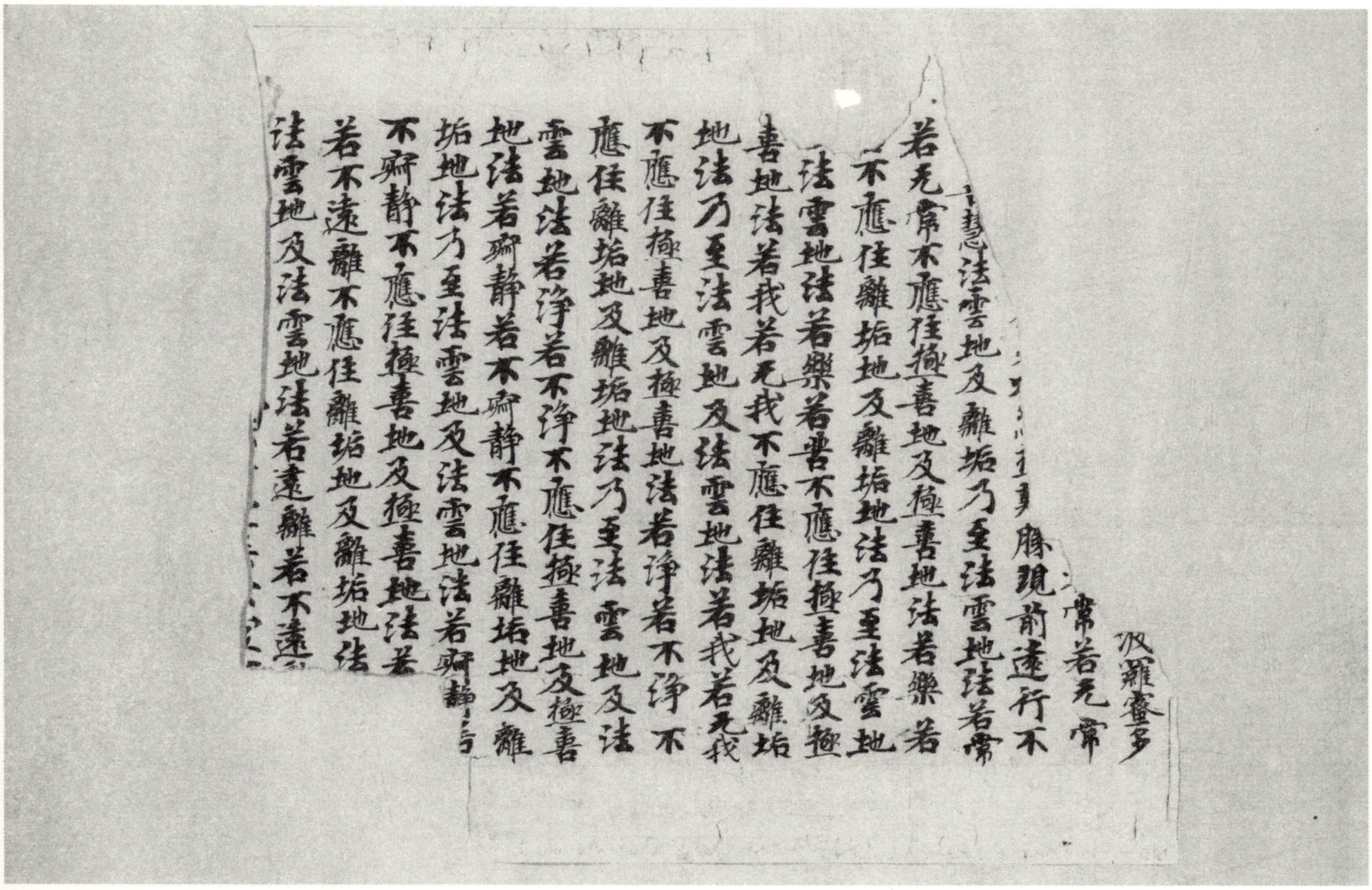

波羅蜜多
常若无常
勝現前遠行不
慧法雲地及離垢乃至法雲地法若常
若无常不應住極善地及極善地法若樂若
不應住離垢地及離垢地法乃至法雲地
法雲地法若樂若苦不應住極善地及極
善地法若我若无我不應住離垢地及離垢
地法乃至法雲地及法雲地法若我若无我
不應住極善地及極善地法若淨若不淨不
應住離垢地及離垢地法乃至法雲地及法
雲地法若淨若不淨不應住極善地及極善
地法若寂靜若不寂靜不應住離垢地及離
垢地法乃至法雲地及法雲地法若寂靜若
不寂靜不應住極善地及極善地法若
若不遠離不應住離垢地及離垢地法
法雲地及法雲地法若遠離若不遠

BD15598號　大般若波羅蜜多經卷八〇　　（1–1）

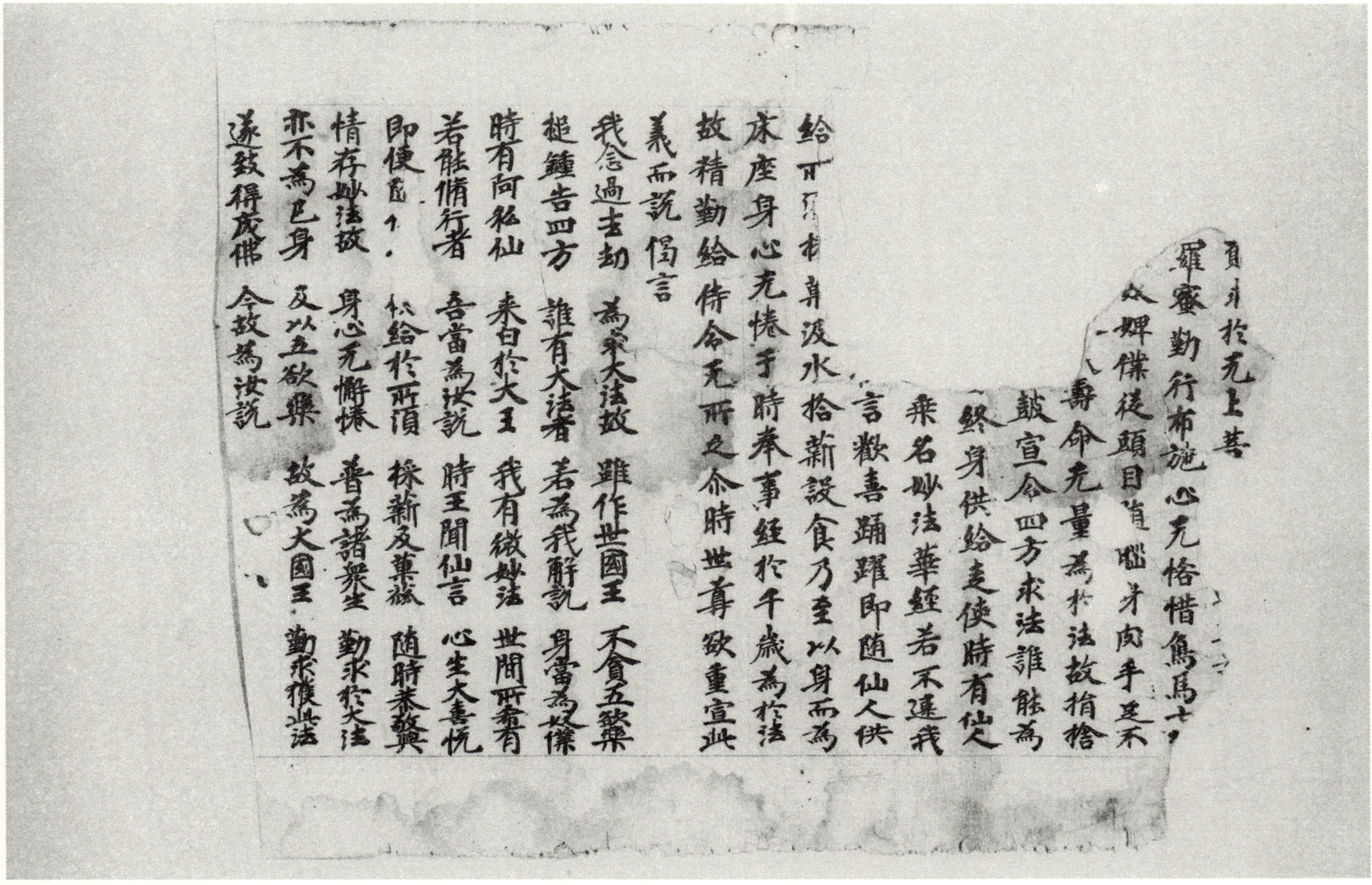

於无上菩
羅蜜勤行布施心无悋惜象馬七
奴婢僕從頭目髓腦身肉手足不
壽命无量為於法故捐捨
鼓宣令四方求法誰能為
終身供給走使時有仙人
乘名妙法華經若不違我
言歡喜踊躍即隨仙人供
給所須採果汲水拾薪設食乃至以身而為
床座身心无惓于時奉事經於千歲為於法
故精勤給侍令无所乏爾時世尊欲重宣此
義而說偈言
我念過去劫　為求大法故　雖作世國王　不貪五欲樂
槌鍾告四方　誰有大法者　若為我解說　身當為奴僕
時有阿私仙　來白於大王　我有微妙法　世間所希有
若能脩行者　吾當為汝說　時王聞仙言　心生大喜悅
即便隨仙人　供給於所須　採薪及菓蓏　隨時恭敬與
情存妙法故　身心无懈惓　普為諸衆生　勤求於大法
亦不為己身　及以五欲樂　故為大國王　勤求獲此法
遂致得成佛　今故為汝說

BD15599號　妙法蓮華經卷四　　（1–1）

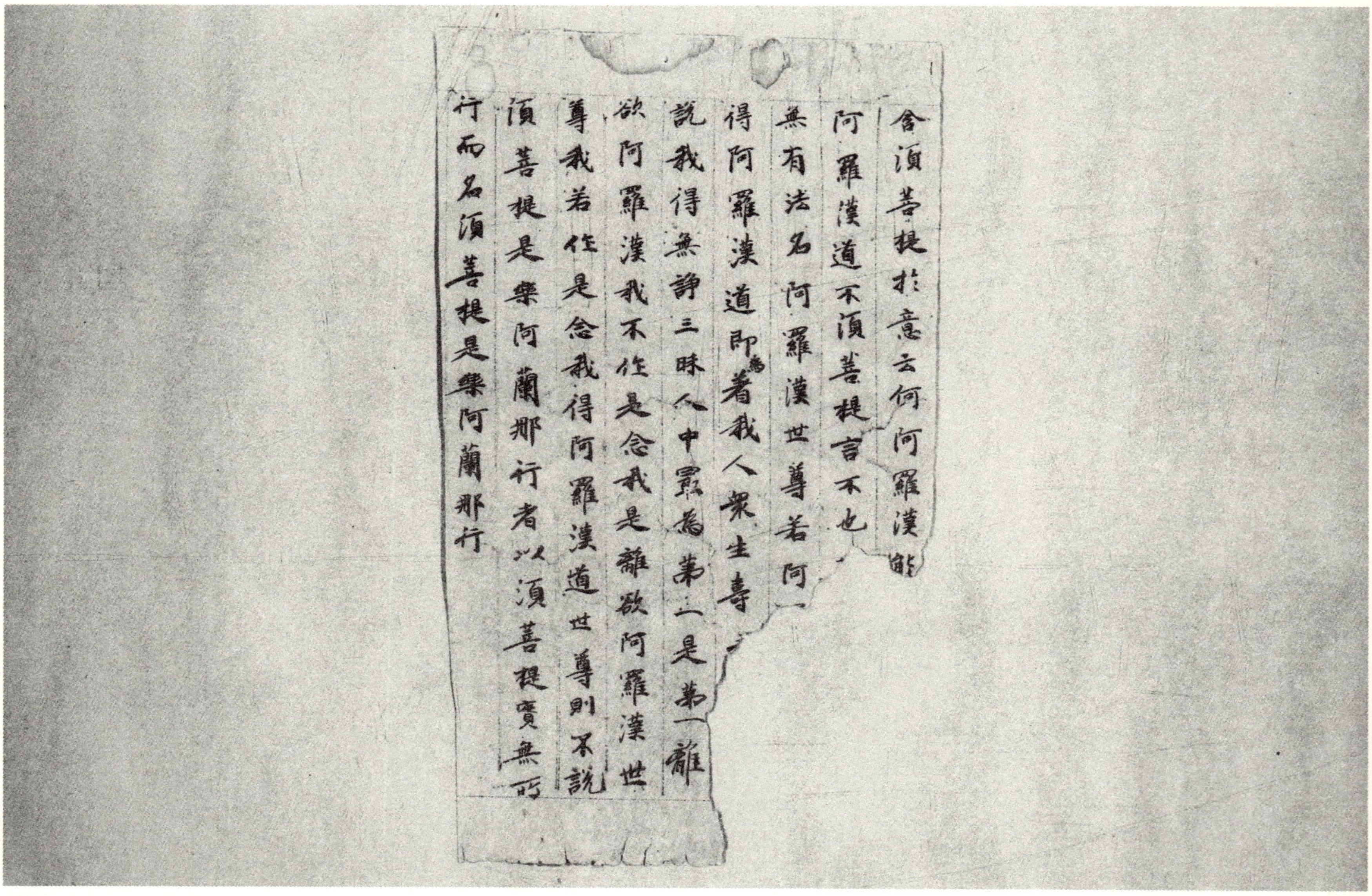
含須菩提於意云何阿羅漢能
阿羅漢道不須菩提言不也
無有法名阿羅漢世尊若阿
得阿羅漢道即爲著我人衆生壽
說我得無諍三昧人中最爲第一是第一離
欲阿羅漢我不作是念我是離欲阿羅漢世
尊我若作是念我得阿羅漢道世尊則不說
須菩提是樂阿蘭那行者以須菩提實無所
行而名須菩提是樂阿蘭那行

BD15600 號　金剛般若波羅蜜經　(1–1)

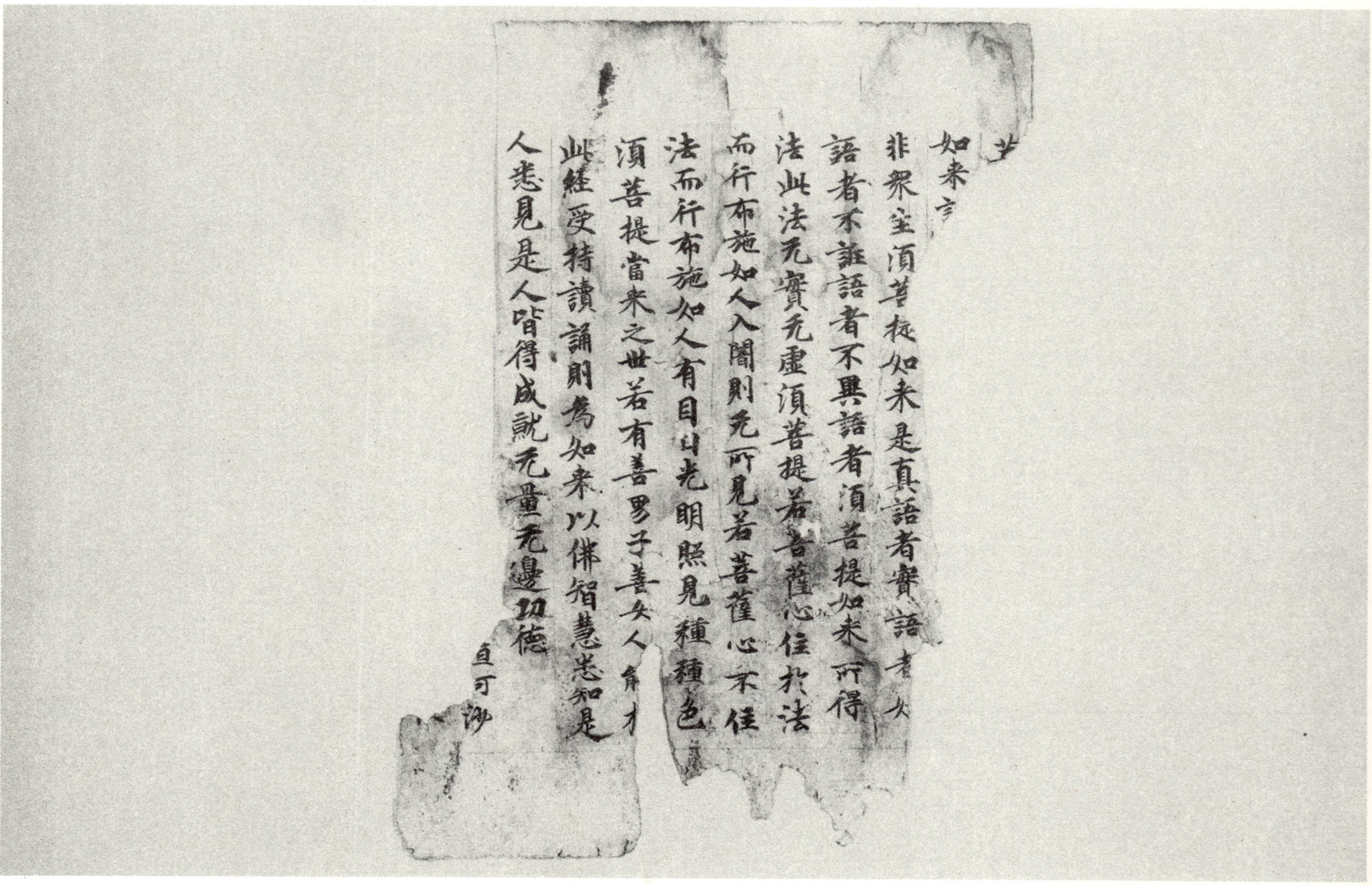
如来言
非衆生須菩提如来是真語者實語者如
語者不誑語者不異語者須菩提如来所得
法此法无實无虚須菩提若菩薩心住於法
而行布施如人入闇則无所見若菩薩心不住
法而行布施如人有目日光明照見種種色
須菩提當来之世若有善男子善女人能
此經受持讀誦則爲如来以佛智慧悉知是
人悉見是人皆得成就无量无邊功德
直可沙

BD15601 號　金剛般若波羅蜜經　(1–1)

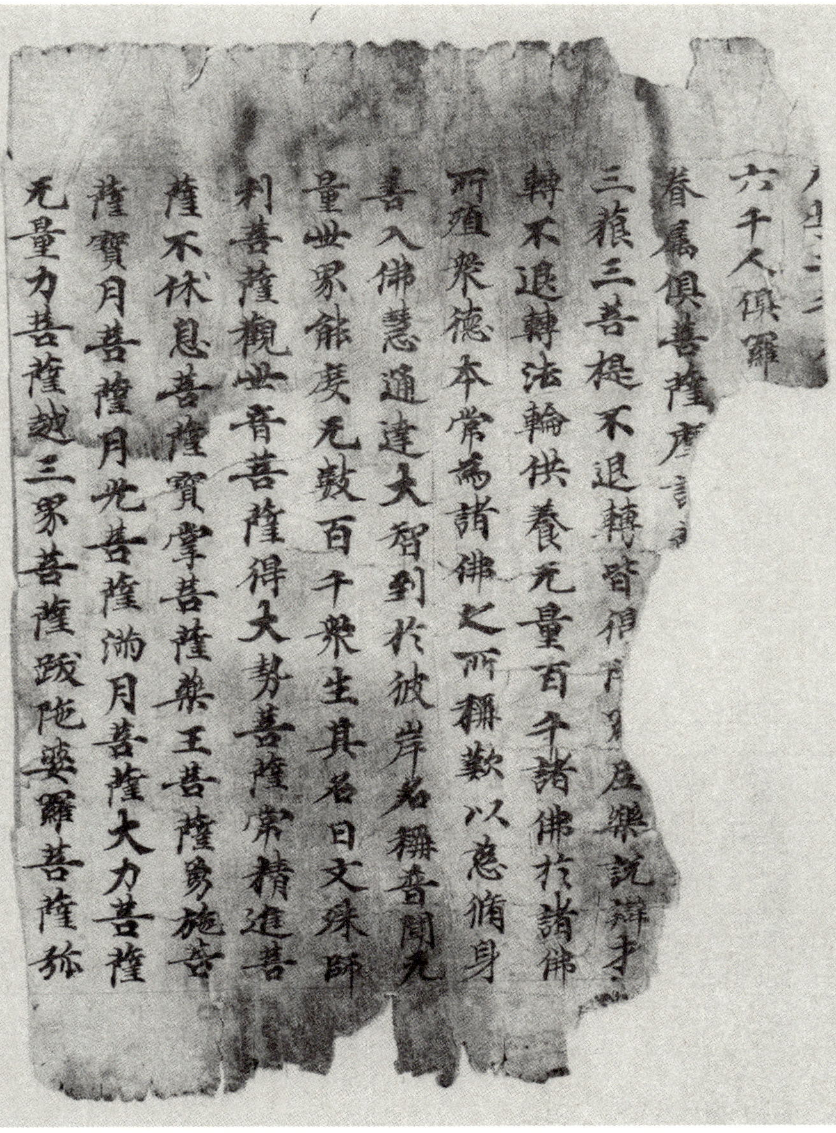

[illegible]
六千人俱羅
眷屬俱菩薩摩訶
三藐三菩提不退轉皆得陀羅尼樂說辯才
轉不退轉法輪供養无量百千諸佛於諸佛
所殖衆德本常為諸佛之所稱歎以慈脩身
善入佛慧通達大智到於彼岸名稱普聞无
量世界能度无數百千衆生其名曰文殊師
利菩薩觀世音菩薩得大勢菩薩常精進菩
薩不休息菩薩寶掌菩薩藥王菩薩勇施菩
薩寶月菩薩月光菩薩滿月菩薩大力菩薩
无量力菩薩越三界菩薩跋陀婆羅菩薩弥

BD15602 號　妙法蓮華經卷一　（1-1）

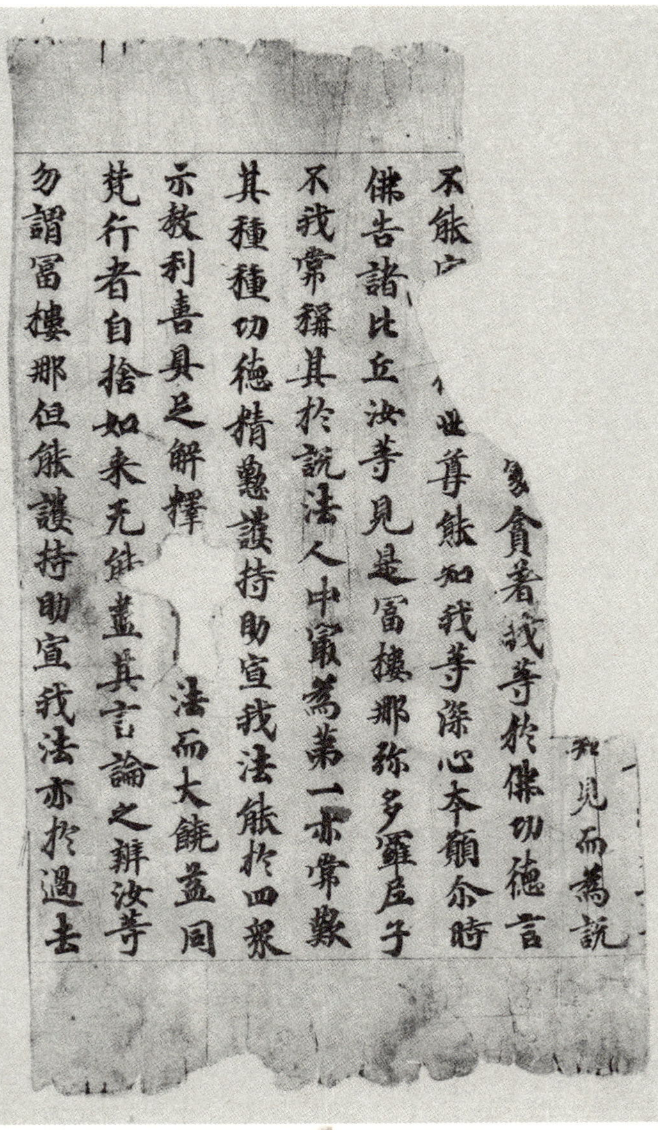

知見而為說
處貪著我等於佛功德言
不能宣　世尊能知我等深心本願尒時
佛告諸比丘汝等見是富樓那弥多羅尼子
不我常稱其於說法人中最為第一亦常歎
其種種功德精勤護持助宣我法能於四衆
示教利喜具足解釋　法而大饒益同
梵行者自捨如來无能盡其言論之辯汝等
勿謂富樓那但能護持助宣我法亦於過去

BD15603 號　妙法蓮華經卷四　（1-1）

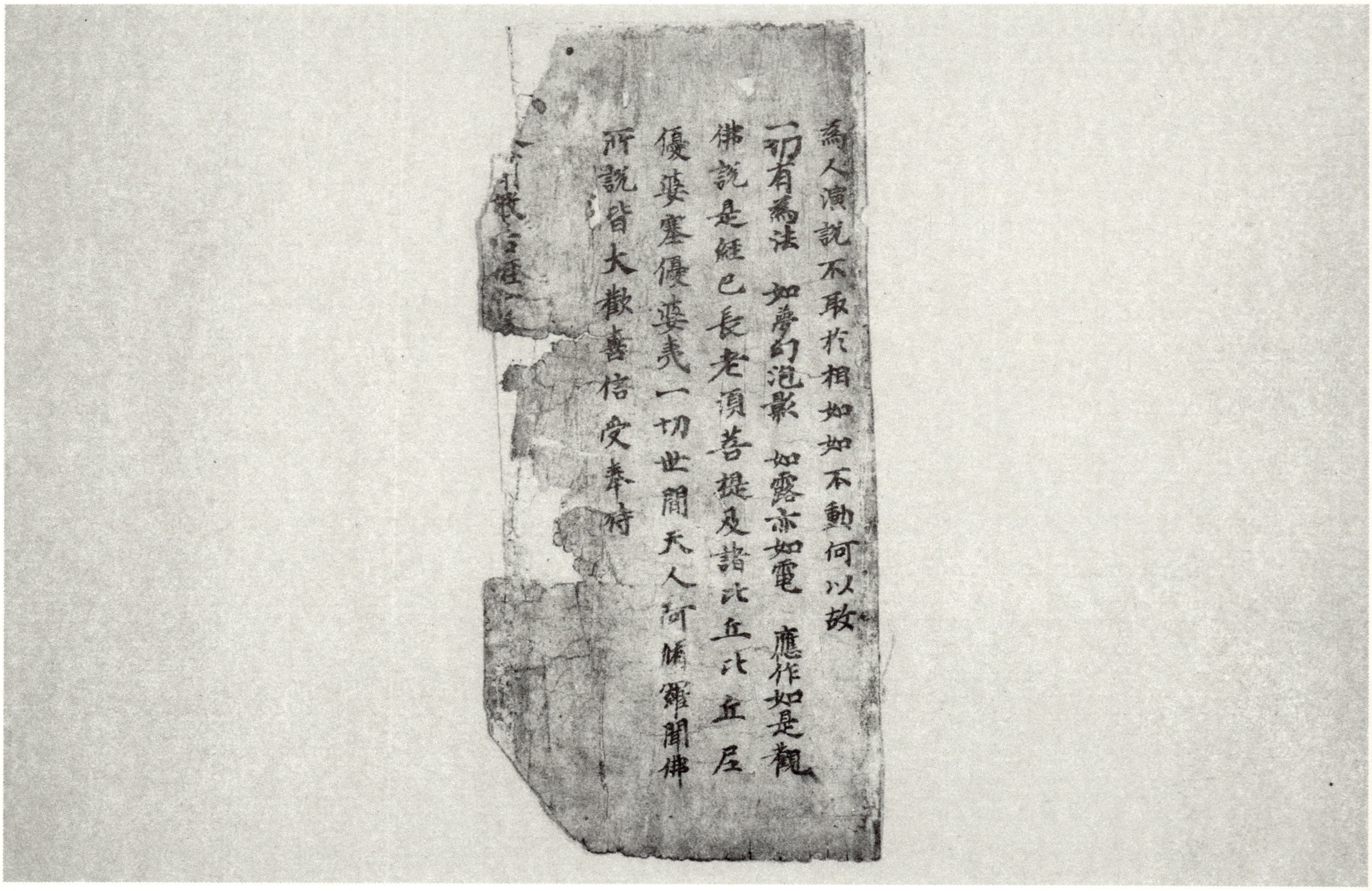

爲人演說不取於相如如不動何以故
一切有爲法 如夢幻泡影 如露亦如電 應作如是觀
佛說是經已長老須菩提及諸比丘比丘尼
優婆塞優婆夷一切世間天人阿脩羅聞佛
所說皆大歡喜信受奉持

BD15604 號　金剛般若波羅蜜經　（1–1）

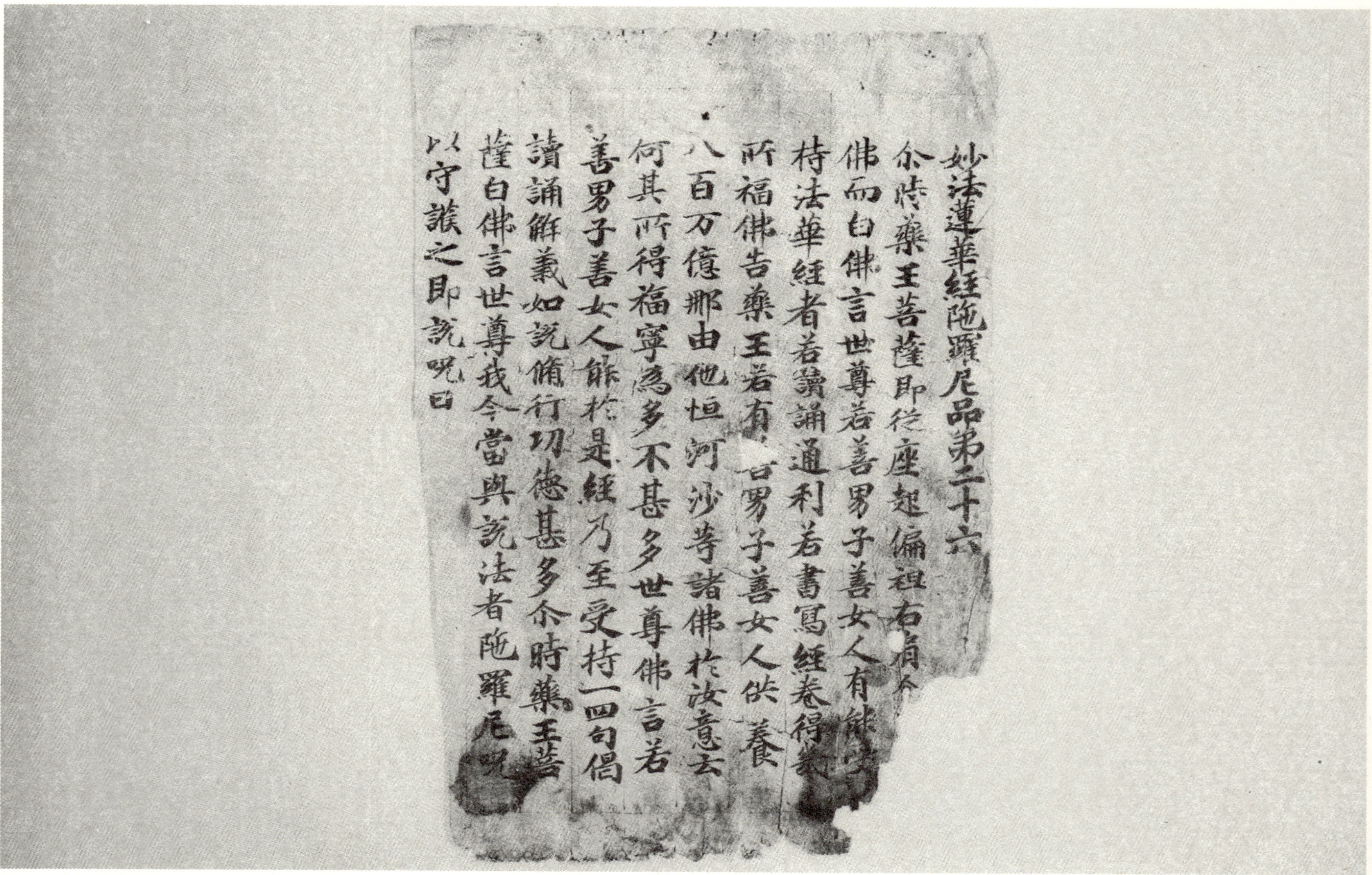

妙法蓮華經陁羅尼品第二十六
尒時藥王菩薩即從座起偏袒右肩合
佛而白佛言世尊若善男子善女人有能受
持法華經者若讀誦通利若書寫經卷得幾
所福佛告藥王若有善男子善女人供養
八百万億那由他恒河沙等諸佛於汝意云
何其所得福寧爲多不甚多世尊佛言若
善男子善女人能於是經乃至受持一四句偈
讀誦解義如說脩行功德甚多尒時藥王菩
薩白佛言世尊我今當與說法者陁羅尼呪
以守護之即說呪曰

BD15605 號　妙法蓮華經卷七　（1–1）

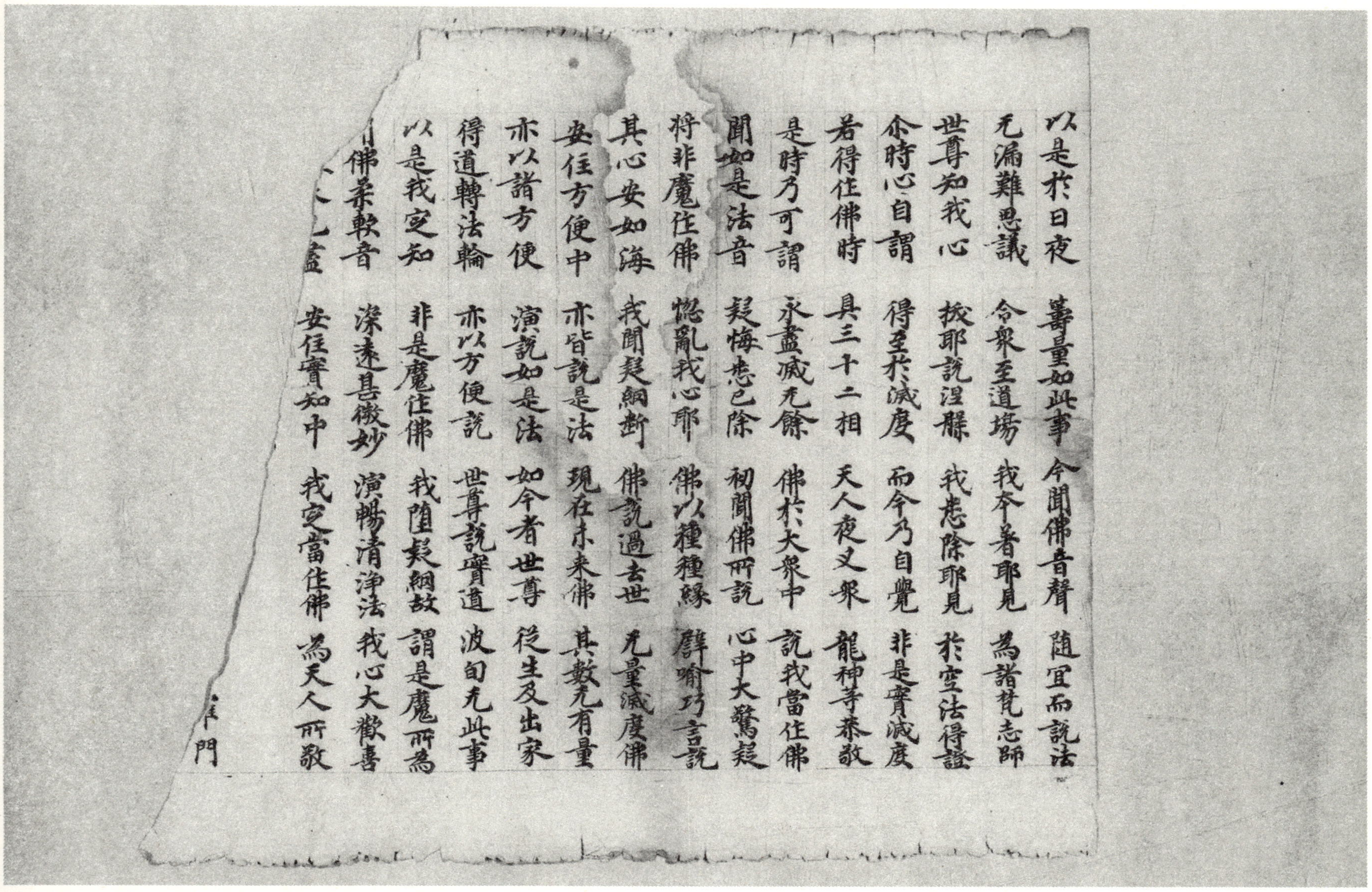
以是於日夜 籌量如此事 今聞佛音聲 隨宜而說法
无漏難思議 令衆至道場 我本著邪見 為諸梵志師
世尊知我心 拔邪說涅槃 我悉除邪見 於空法得證
尒時心自謂 得至於滅度 而今乃自覺 非是實滅度
若得作佛時 具三十二相 天人夜叉衆 龍神等恭敬
是時乃可謂 永盡滅无餘 佛於大衆中 說我當作佛
聞如是法音 疑悔悉已除 初聞佛所說 心中大驚疑
將非魔作佛 惱亂我心耶 佛以種種緣 譬喻巧言說
其心安如海 我聞疑網斷 佛說過去世 无量滅度佛
安住方便中 亦皆說是法 現在未來佛 其數无有量
亦以諸方便 演說如是法 如今者世尊 從生及出家
得道轉法輪 亦以方便說 世尊說實道 波旬无此事
以是我定知 非是魔作佛 我墮疑網故 謂是魔所為
聞佛柔軟音 深遠甚微妙 演暢清淨法 我心大歡喜
已盡 安住實智中 我定當作佛 為天人所敬
門

BD15606號　妙法蓮華經卷二　（1–1）

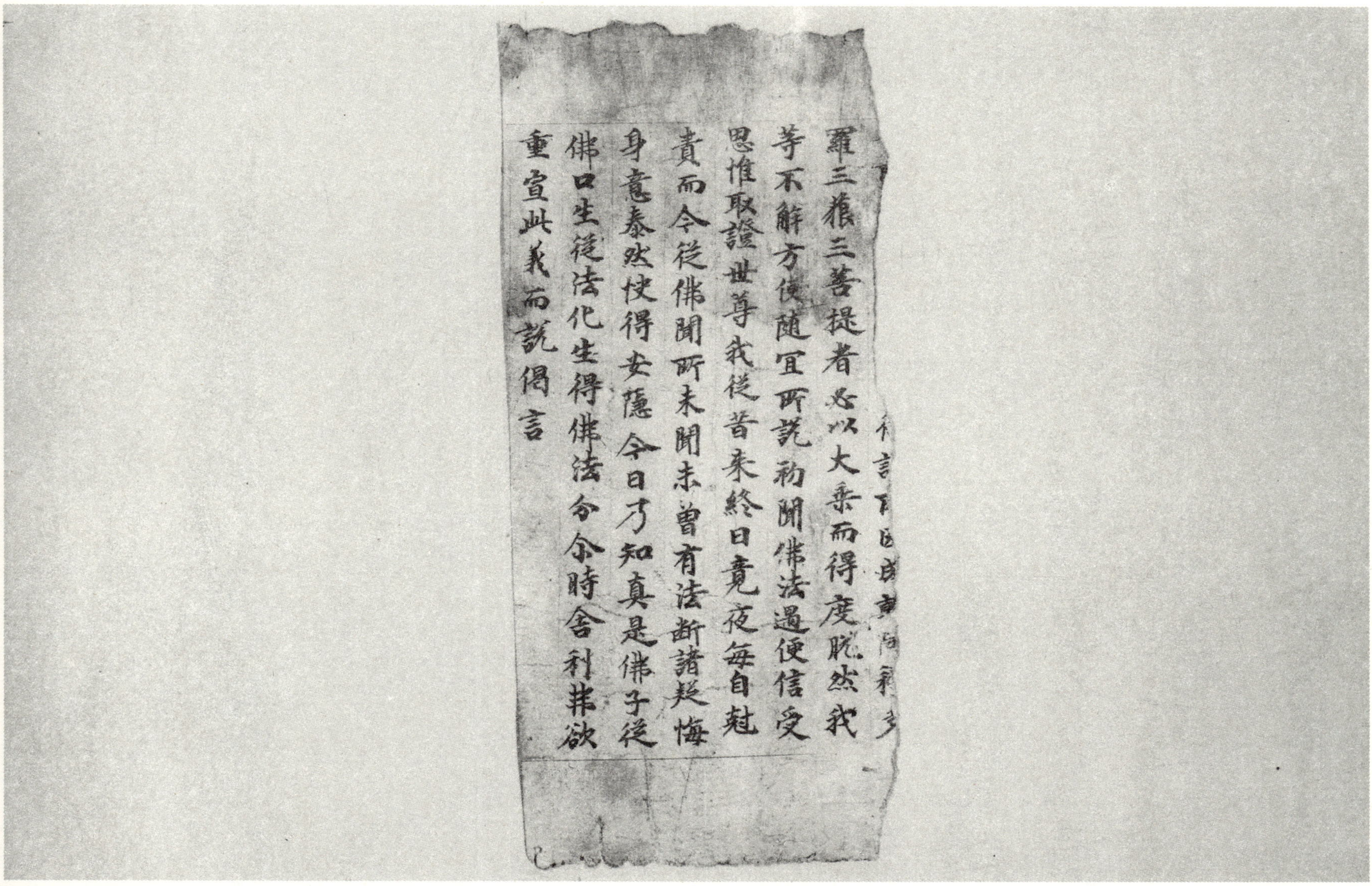
羅三藐三菩提者 必以大乘而得度脫 然我
等不解方便隨宜所說 初聞佛法 遇便信受
思惟取證 世尊 我從昔來 終日竟夜 每自剋
責 而今從佛聞所未聞 未曾有法 斷諸疑悔
身意泰然 快得安隱 今日乃知真是佛子 從
佛口生 從法化生 得佛法分 尒時舍利弗欲
重宣此義 而說偈言

BD15607號　妙法蓮華經卷二　（1–1）

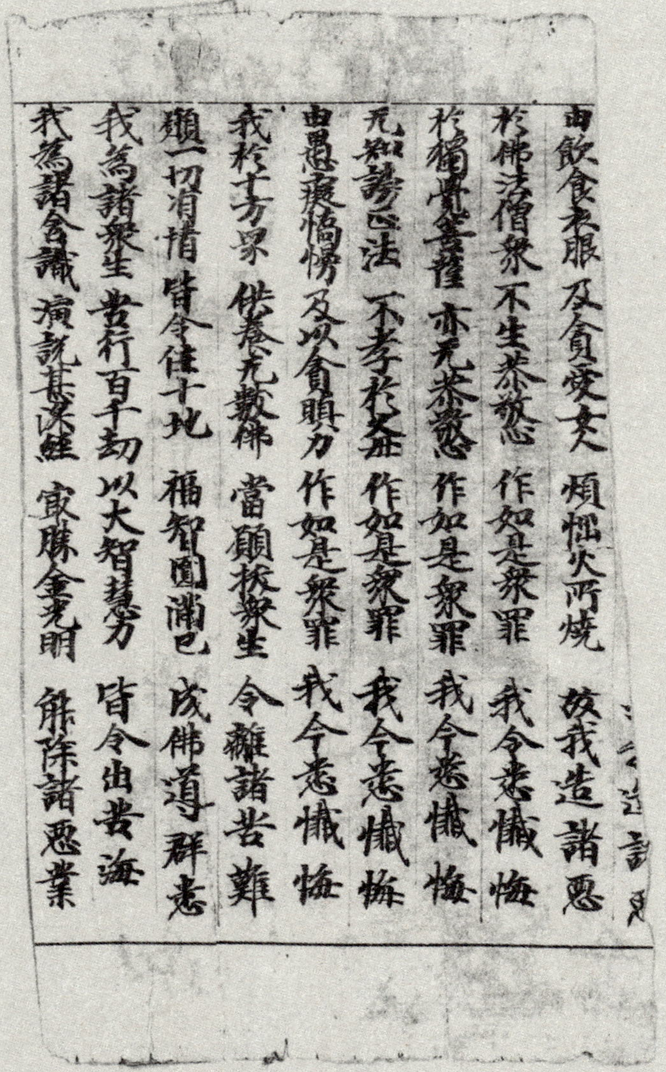

由飲食衣服　及貪愛女人　煩惱火所燒　故我造諸惡
於佛法僧衆　不生恭敬心　作如是衆罪　我今悉懺悔
於獨覺菩薩　亦无恭敬心　作如是衆罪　我今悉懺悔
无知謗正法　不孝於父母　作如是衆罪　我今悉懺悔
由愚癡憍慢　及以貪瞋力　作如是衆罪　我今悉懺悔
我於十方界　供養无數佛　當願拔衆生　令離諸苦難
願一切有情　皆令住十地　福智圓滿已　成佛導群迷
我為諸衆生　苦行百千劫　以大智慧力　皆令出苦海
我為諸含識　演說甚深經　最勝金光明　能除諸惡業

BD15608號　金光明最勝王經卷二　　（1–1）

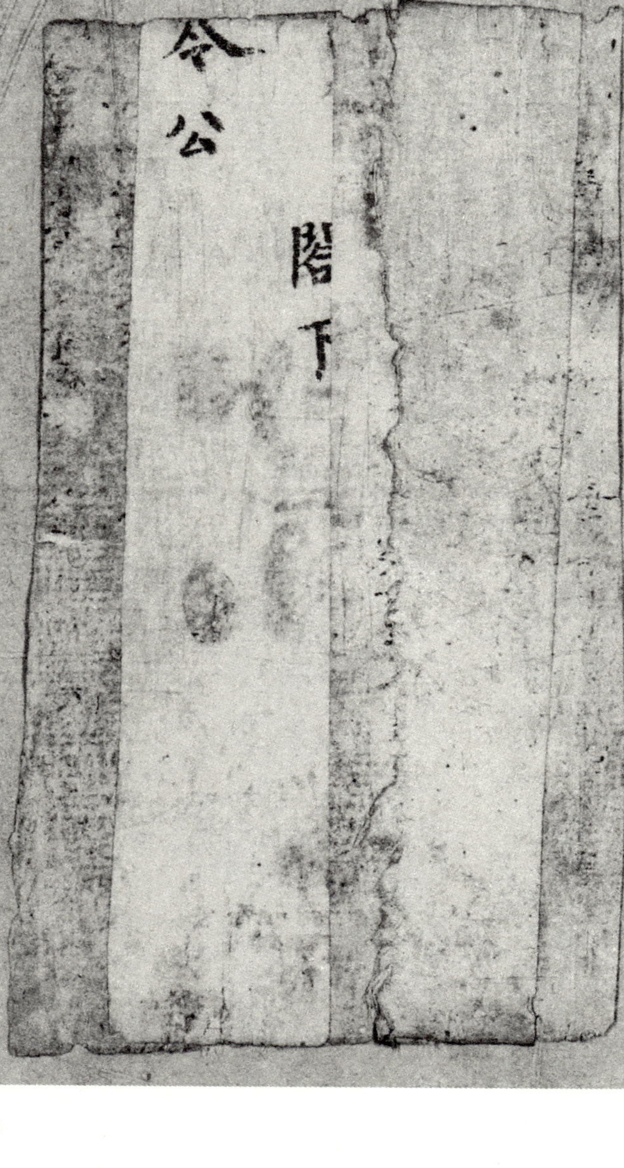

令公　閤下

BD15608號背　上令公信函封套（擬）　　（1–1）

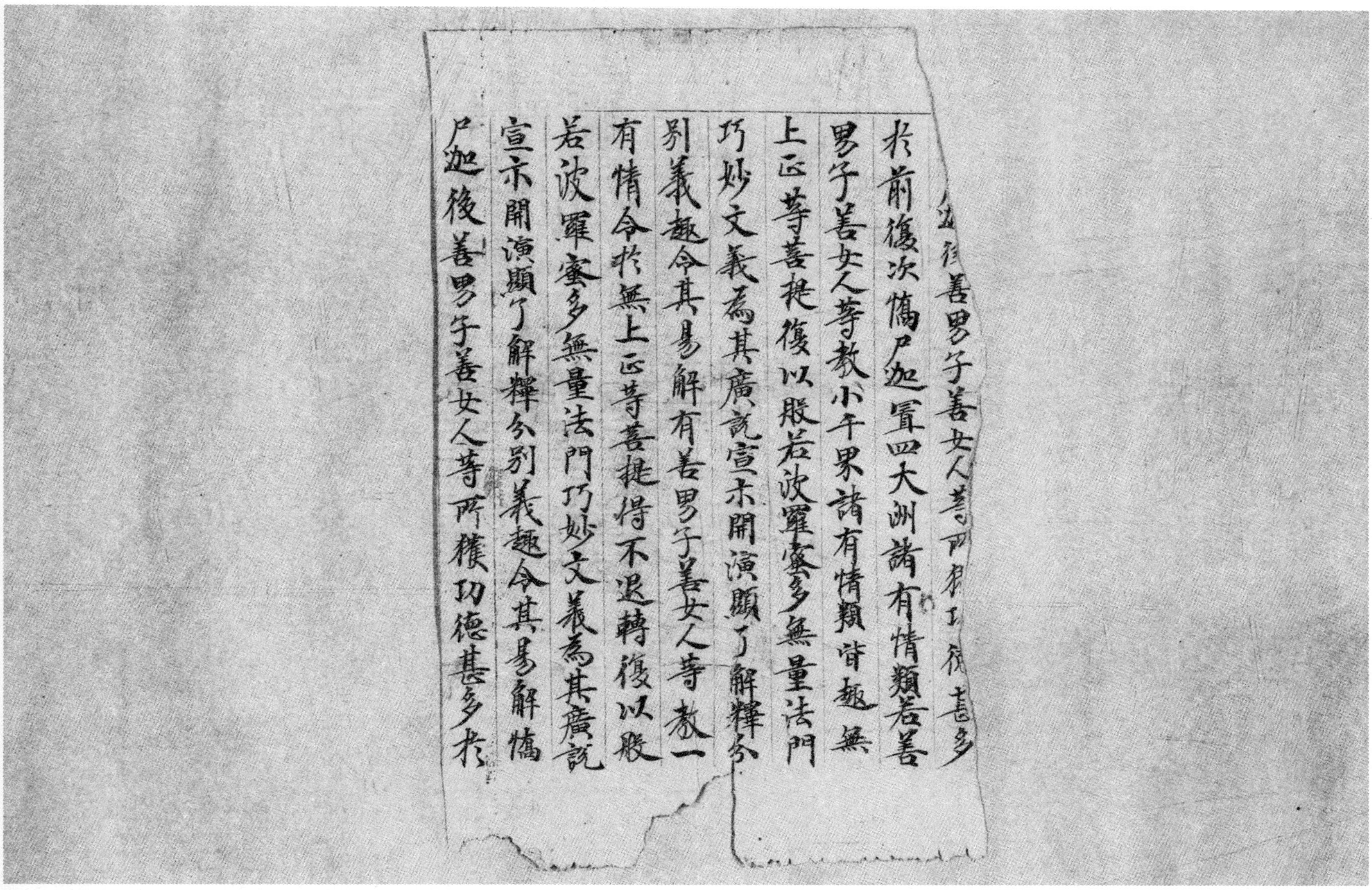

迦後善男子善女人等所獲功德甚多
於前復次憍尸迦置四大洲諸有情類若善
男子善女人等教小千界諸有情類皆趣無
上正等菩提復以般若波羅蜜多無量法門
巧妙文義爲其廣說宣示開演顯了解釋分
別義趣令其易解有善男子善女人等教一
有情令於無上正等菩提得不退轉復以般
若波羅蜜多無量法門巧妙文義爲其廣說
宣示開演顯了解釋分別義趣令其易解憍
尸迦後善男子善女人等所獲功德甚多於

BD15609 號　大般若波羅蜜多經卷一六八　　（1–1）

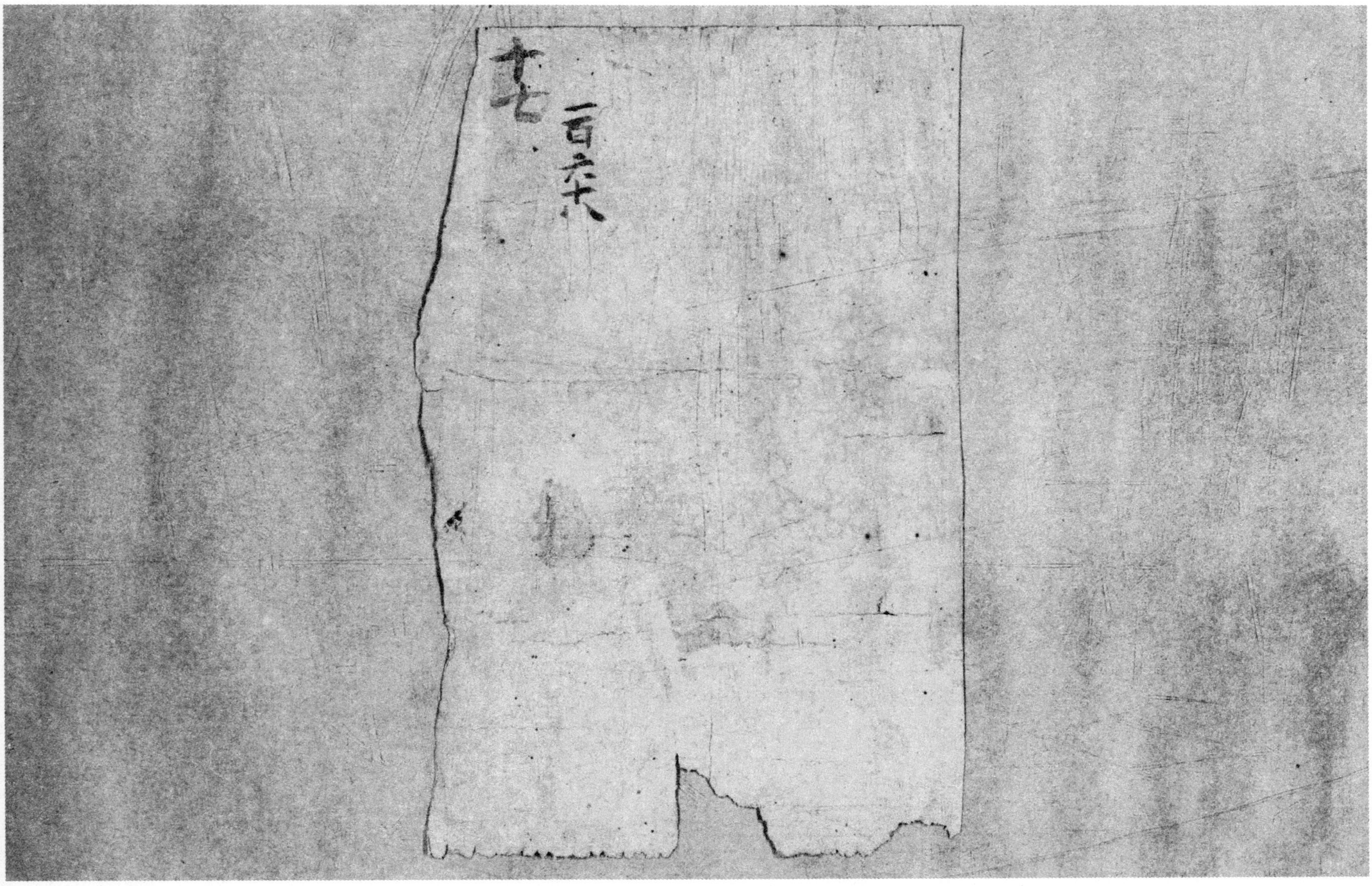

十七
一百六八

BD15609 號背　勘記　　（1–1）

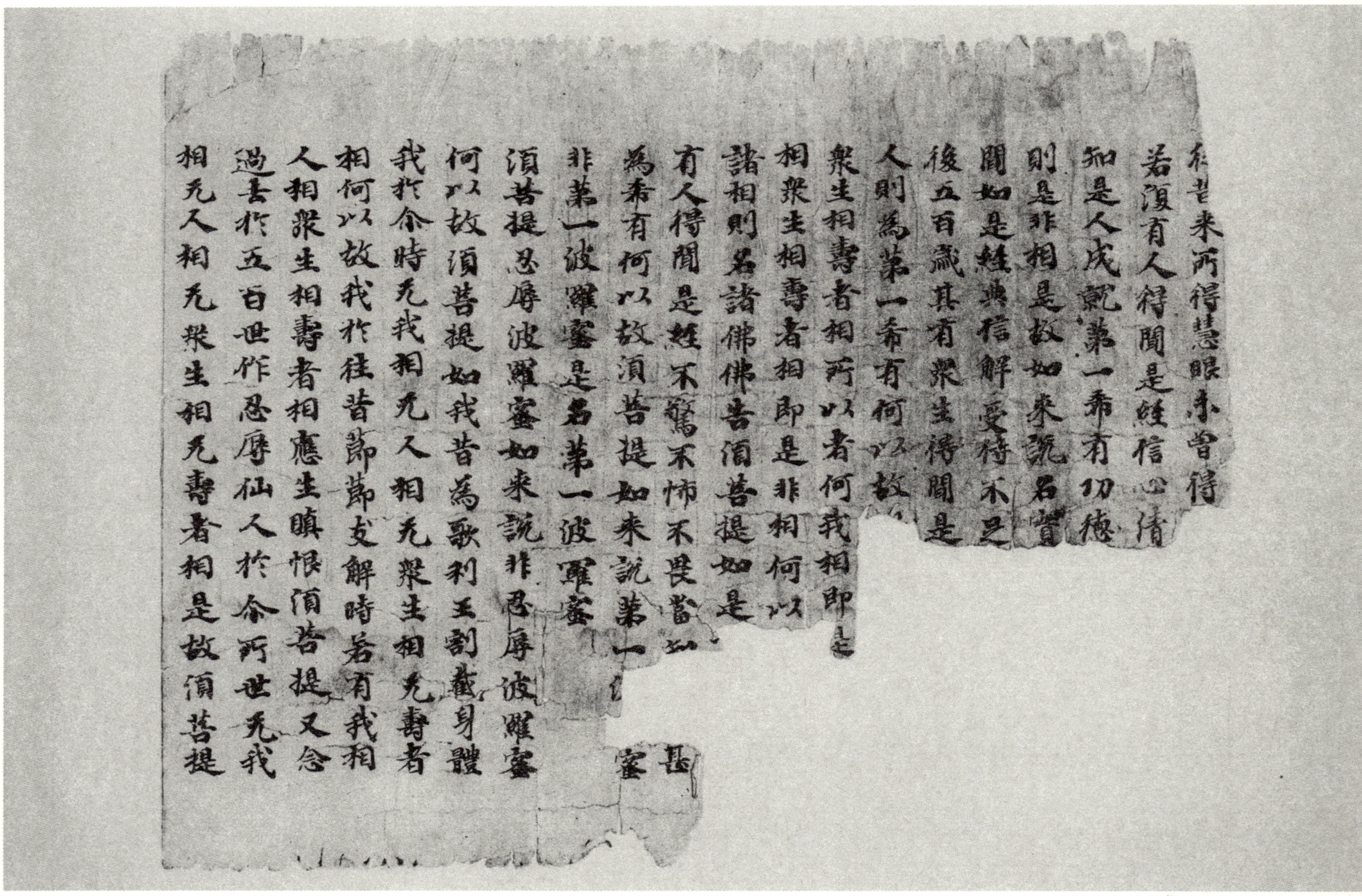

於昔來所得慧眼未曾得
若復有人得聞是經信心清
知是人成就第一希有功德
則是非相是故如來說名實
聞如是經典信解受持不足
後五百歲其有衆生得聞是
人則為第一希有何以故
衆生相壽者相所以者何我相即是
相衆生相壽者相即是非相何以
諸相則名諸佛佛告須菩提如是
有人得聞是經不驚不怖不畏當知…甚
為希有何以故須菩提如來說第一…蜜
非第一波羅蜜是名第一波羅蜜
須菩提忍辱波羅蜜如來說非忍辱波羅蜜
何以故須菩提如我昔為歌利王割截身體
我於爾時无我相无人相无衆生相无壽者
相何以故我於往昔節節支解時若有我相
人相衆生相壽者相應生瞋恨須菩提又念
過去於五百世作忍辱仙人於爾所世无我
相无人相无衆生相无壽者相是故須菩提

BD15610號　金剛般若波羅蜜經　（1–1）

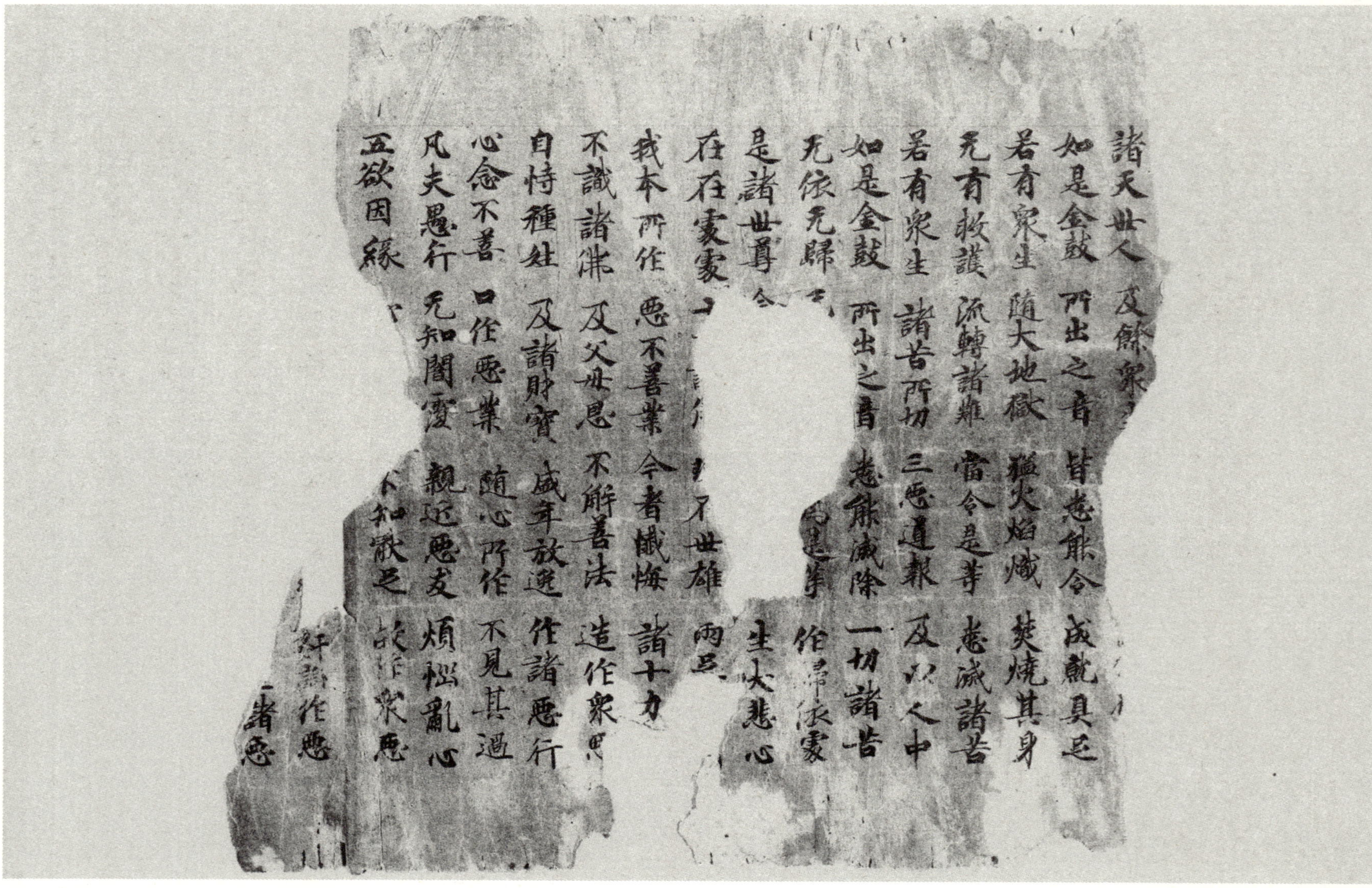

諸天世人　及餘衆…
如是金鼓　所出之音　皆悉能令　成就具足
若有衆生　墮大地獄　猛火熾然　焚燒其身
无有救護　流轉諸難　當令是等　悉滅諸苦
若有衆生　諸苦所切　三惡道報　及以人中
如是金鼓　所出之音　悉能滅除　一切諸苦
无依无歸…　…作歸依處
是諸世尊…　…生大悲心
在在處處…　…不世雄　兩足…
我本所作　惡不善業　今者懺悔　諸十力
不識諸佛　及父母恩　不解善法　造作衆罪
自恃種姓　及諸財寶　盛年放逸　作諸惡行
心念不善　口作惡業　隨心所作　不見其過
凡夫愚行　无知闇覆　親近惡友　煩惱亂心
五欲因緣…　…不知厭足　故作衆惡
…作惡
…諸惡

BD15611號　合部金光明經卷二　（1–1）

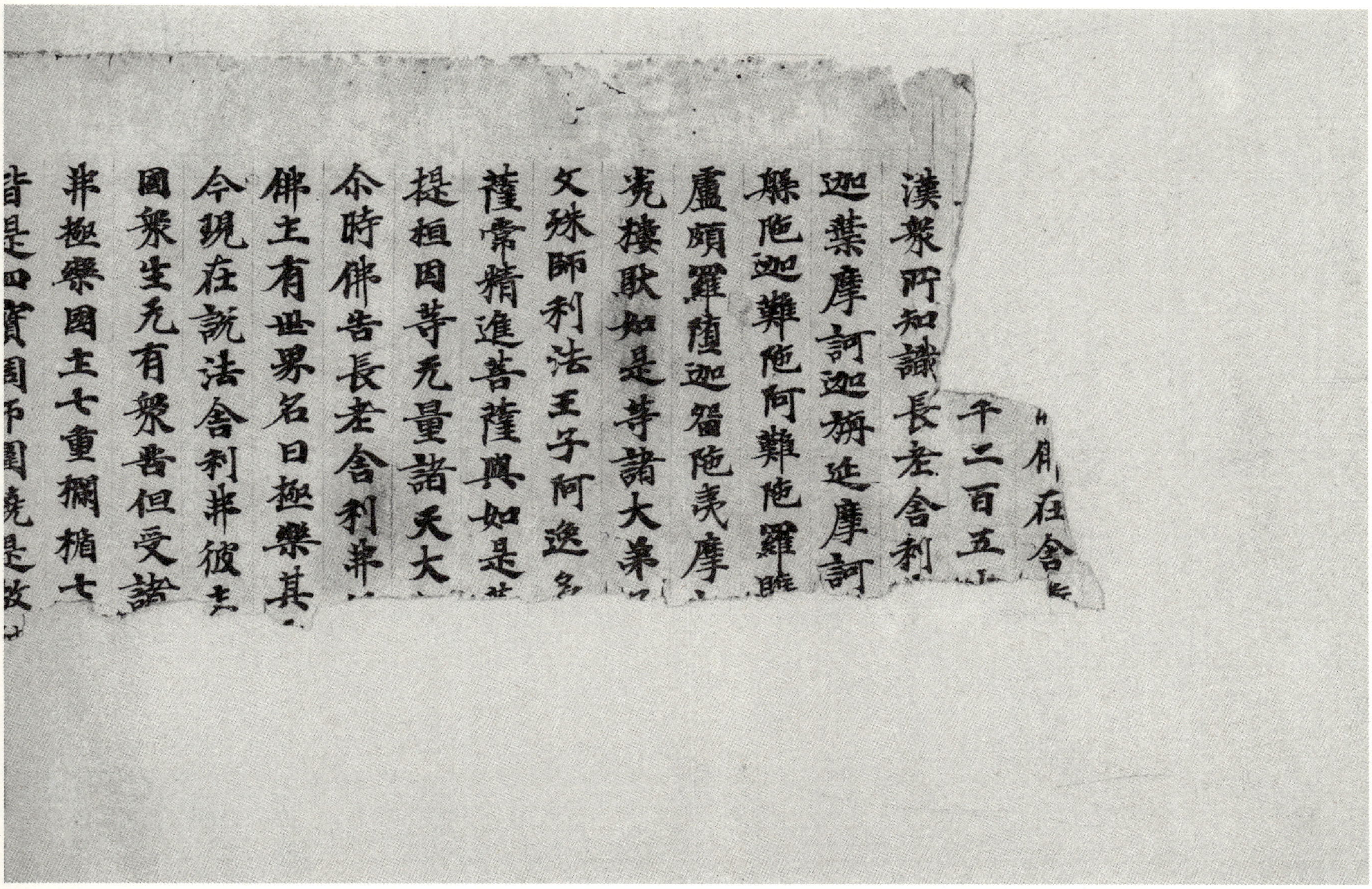
佛在舍
千二百五
漢衆所知識長老舍利
迦葉摩訶迦旃延摩訶
槃陀迦難陀阿難陀羅睺
盧頗羅墮迦留陀夷摩
㝹樓馱如是等諸大弟
文殊師利法王子阿逸多
薩常精進菩薩與如是
提桓因等无量諸天大
尒時佛告長老舍利弗
佛土有世界名曰極樂其
今現在說法舍利弗彼土
國衆生无有衆苦但受諸
弗極樂國土七重欄楯七
皆是四寶周帀圍繞是故

BD15612 號　阿彌陀經　（2-1）

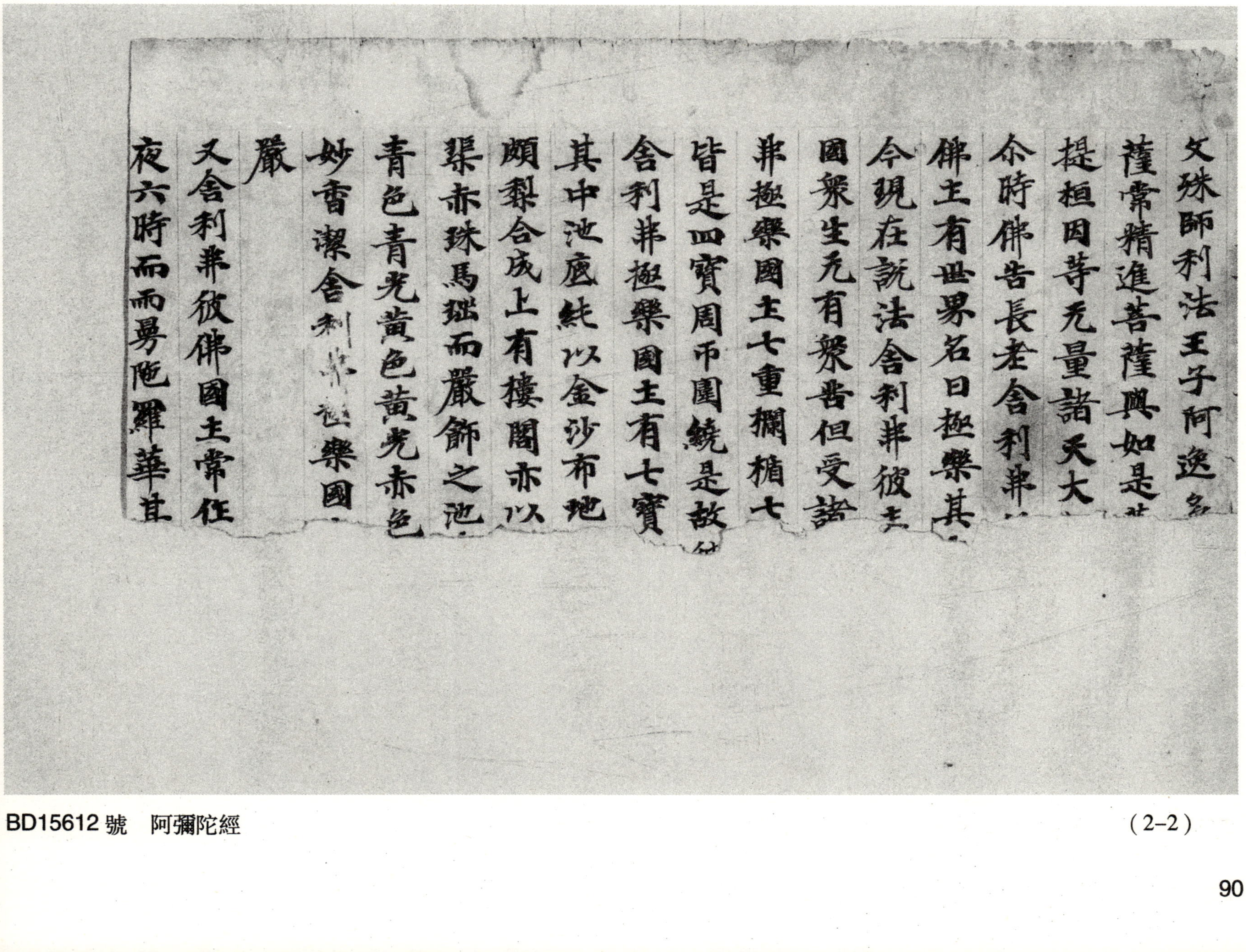
文殊師利法王子阿逸多
薩常精進菩薩與如是
提桓因等无量諸天大
尒時佛告長老舍利弗
佛土有世界名曰極樂其
今現在說法舍利弗彼土
國衆生无有衆苦但受諸
弗極樂國土七重欄楯七
皆是四寶周帀圍繞是故
舍利弗極樂國土有七寶
其中池底純以金沙布地
頗梨合成上有樓閣亦以
璖赤珠馬瑙而嚴飾之池
青色青光黃色黃光赤色
妙香潔舍利弗極樂國
嚴
又舍利弗彼佛國土常作
夜六時而雨曼陀羅華其

BD15612 號　阿彌陀經　（2-2）

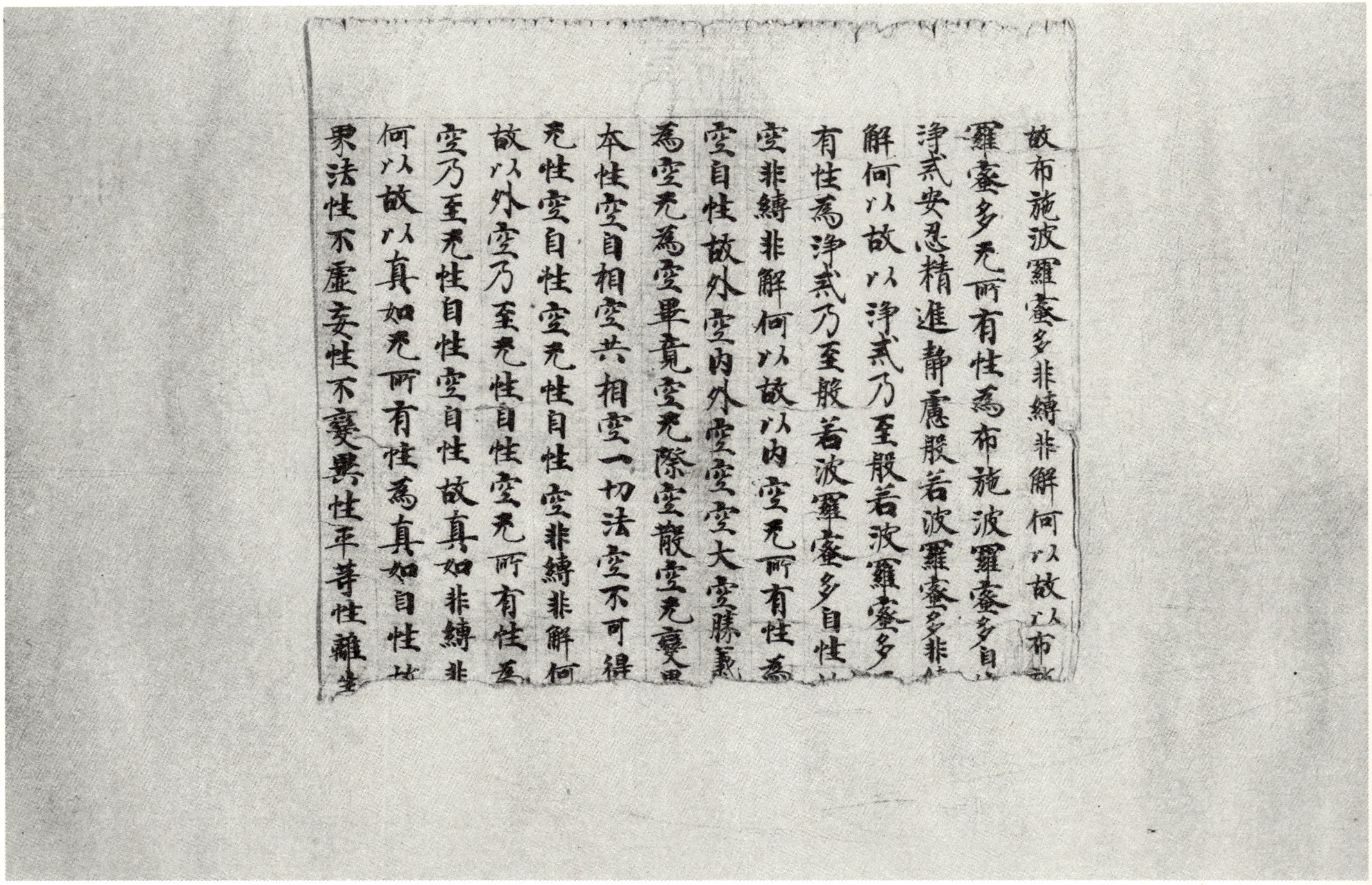

故布施波羅蜜多非縛非解何以故以布施
羅蜜多无所有性爲布施波羅蜜多自性
淨戒安忍精進靜慮般若波羅蜜多非縛
解何以故以淨戒乃至般若波羅蜜多无
有性爲淨戒乃至般若波羅蜜多自性故
空非縛非解何以故以内空无所有性爲
空自性故外空内外空空空大空勝義
爲空无爲空畢竟空无際空散空无變異
本性空自相空共相空一切法空不可得
无性空自性空无性自性空非縛非解何
故以外空乃至无性自性空无所有性爲
空乃至无性自性空自性故真如非縛非
何以故以真如无所有性爲真如自性故
界法性不虛妄性不變異性平等性離生

BD15613 號　大般若波羅蜜多經卷一八二　（1–1）

僧三寶孝
止即口放无量光明
菩薩十八梵六欲天子
心聽佛誦一切諸佛大乘
言我今半月半月自誦諸
一切發心菩薩亦誦乃
十金剛十地諸菩薩
出有緣非無因故光
非色非心非有非無
本原行菩薩道之相
是……諸佛
爲根本是故大衆諸佛子應受持應讀誦

BD15614 號　梵網經盧舍那佛說菩薩心地戒品第十卷下　（1–1）

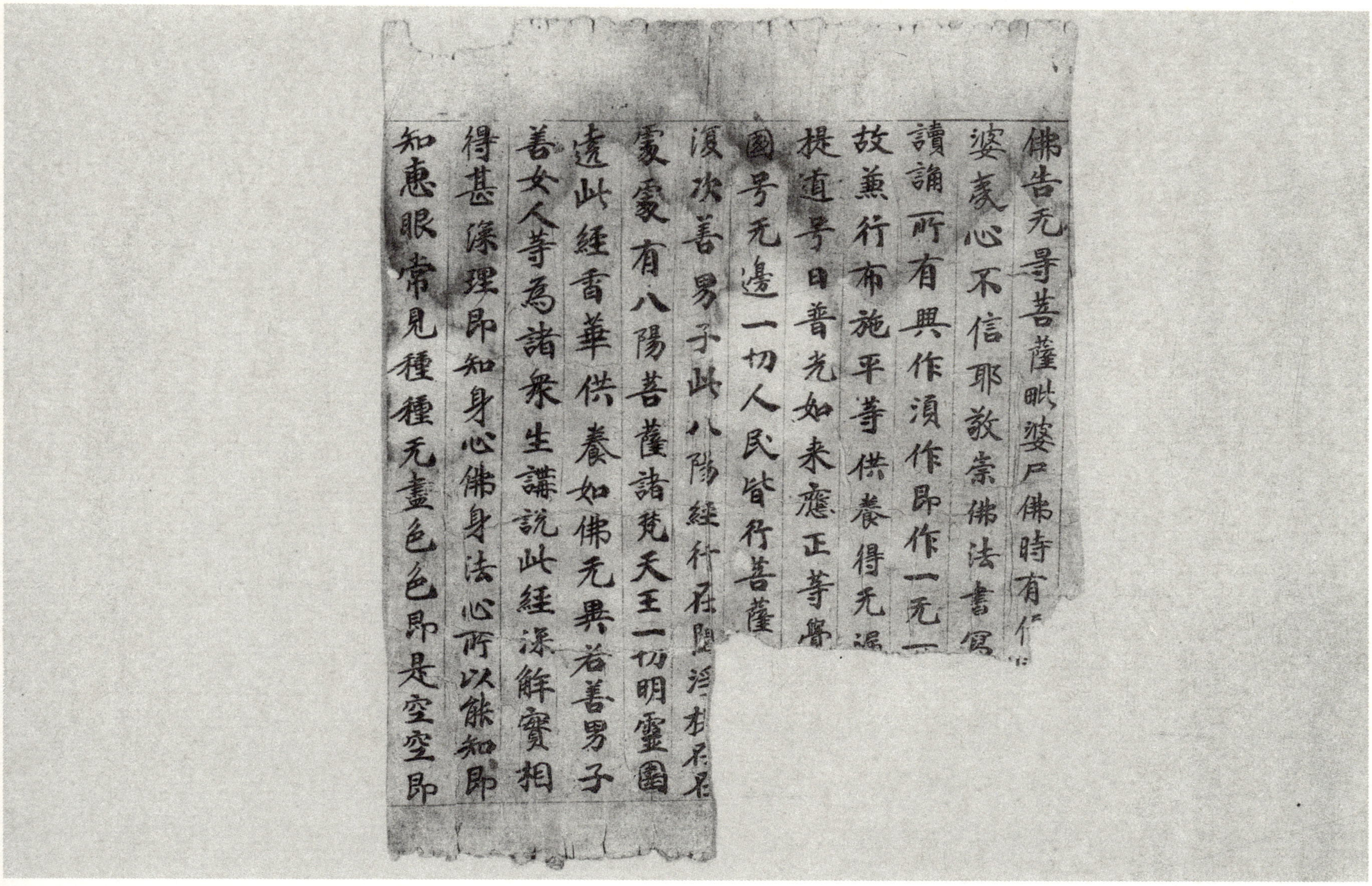

佛告无㝵菩薩毗婆尸佛時有信
婆夷心不信耶敬崇佛法書寫
讀誦所有興作須作即作一无一
故兼行布施平等供養得无過
提道号日普光如来應正等覺
國号无邊一切人民皆行菩薩
復次善男子此八陽經行在閻浮提在在
處處有八陽菩薩諸梵天王一切明靈圍
遶此經香華供養如佛无異若善男子
善女人等為諸衆生講說此經深解實相
得甚深理即知身心佛身法心所以能知即
知惠眼常見種種无盡色色即是空空即

BD15615號　天地八陽神咒經　（1–1）

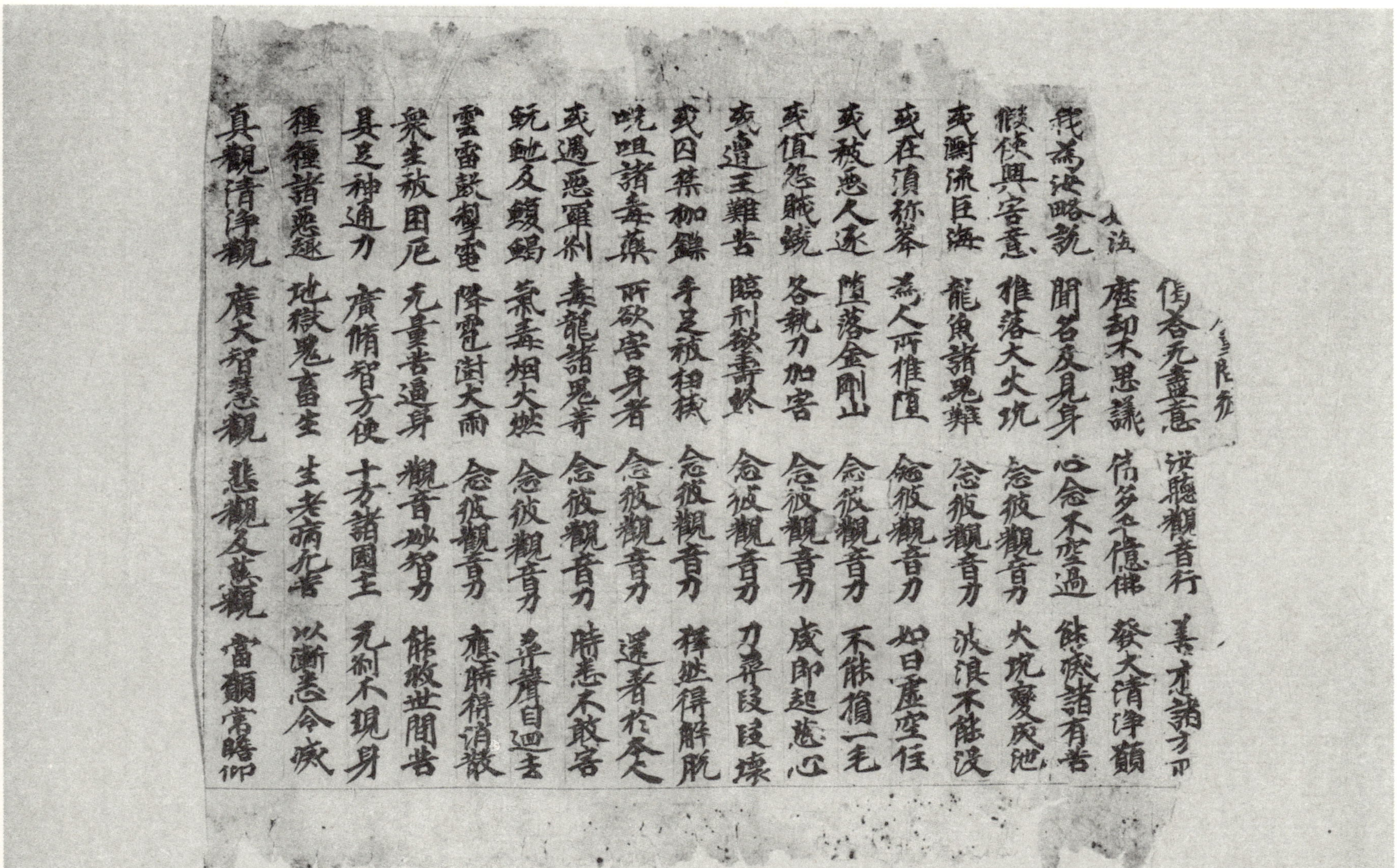

偈荅无盡意　汝聽觀音行　善應諸方所
歷劫不思議　侍多千億佛　發大清淨願
我為汝略說　聞名及見身　心念不空過　能滅諸有苦
假使興害意　推落大火坑　念彼觀音力　火坑變成池
或漂流巨海　龍魚諸鬼難　念彼觀音力　波浪不能沒
或在須弥峯　為人所推墮　念彼觀音力　如日虛空住
或被惡人逐　墮落金剛山　念彼觀音力　不能損一毛
或值怨賊繞　各執刀加害　念彼觀音力　咸即起慈心
或遭王難苦　臨刑欲壽終　念彼觀音力　刀尋段段壞
或囚禁枷鎖　手足被杻械　念彼觀音力　釋然得解脫
呪詛諸毒藥　所欲害身者　念彼觀音力　還著於本人
或遇惡羅剎　毒龍諸鬼等　念彼觀音力　時悉不敢害
蚖蛇及蝮蠍　氣毒烟火燃　念彼觀音力　尋聲自迴去
雲雷鼓掣電　降雹澍大雨　念彼觀音力　應時得消散
衆生被困厄　无量苦逼身　觀音妙智力　能救世間苦
具足神通力　廣脩智方便　十方諸國土　无刹不現身
種種諸惡趣　地獄鬼畜生　生老病死苦　以漸悉令滅
真觀清淨觀　廣大智慧觀　悲觀及慈觀　常願常瞻仰

BD15616號　妙法蓮華經卷七　（1–1）

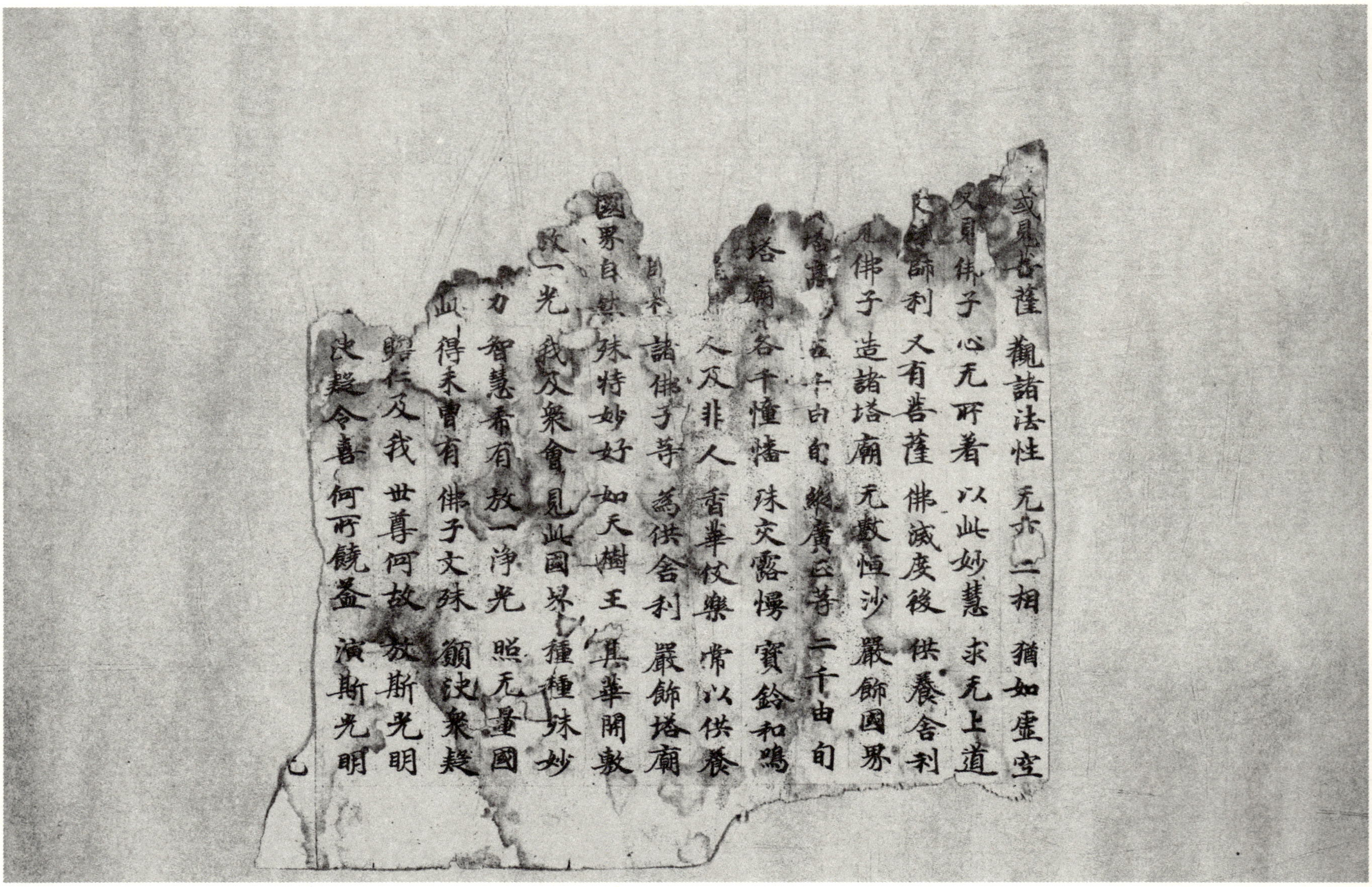

BD15617 號　妙法蓮華經卷一　（1–1）

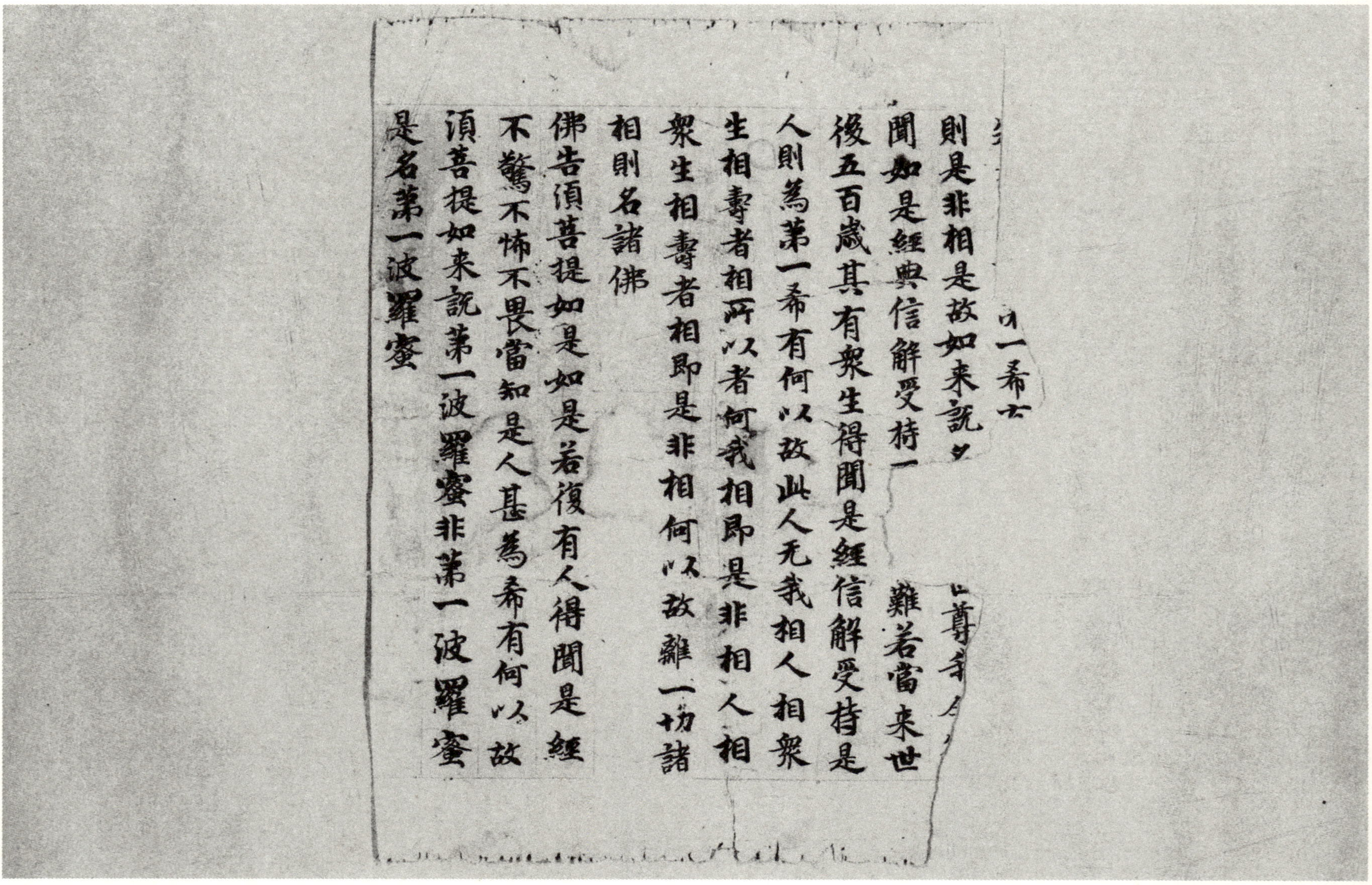

BD15618 號　金剛般若波羅蜜經　（1–1）

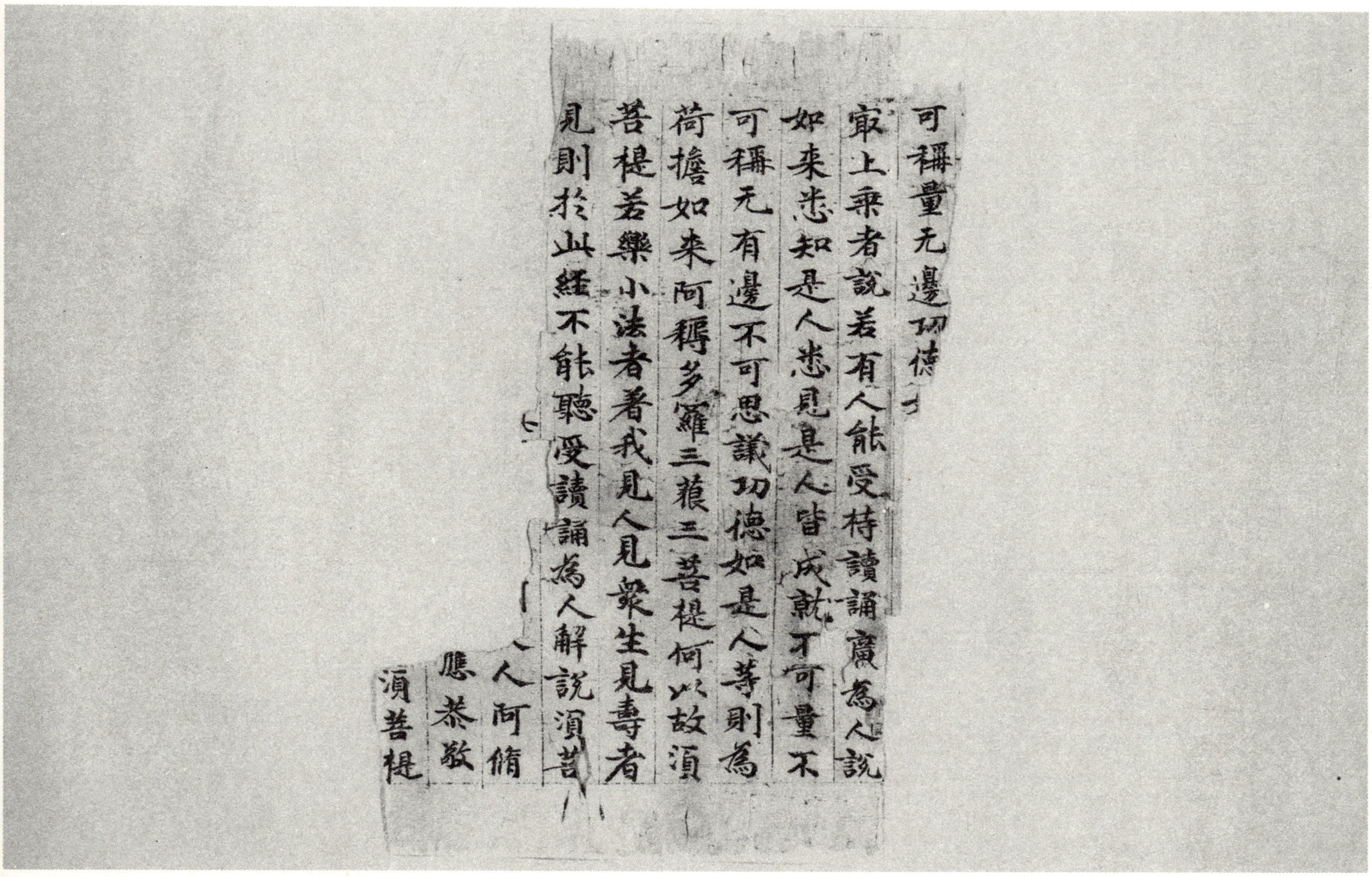
可稱量无邊功德
最上乘者說若有人能受持讀誦廣為人說
如来悉知是人悉見是人皆成就不可量不
可稱无有邊不可思議功德如是人等則為
荷擔如来阿耨多羅三藐三菩提何以故須
菩提若樂小法者著我見人見衆生見壽者
見則於此經不能聽受讀誦為人解說須菩
人阿脩
應恭敬
須菩提

BD15619 號　金剛般若波羅蜜經　（1–1）

大般涅槃經卷第十

BD15620 號　護首（大般涅槃經・大寶積經）　（2–1）

BD15620 號　護首（大般涅槃經・大寶積經）　　（2–2）

BD15623 號　護首（妙法蓮華經卷六）　　（1–1）

BD15624 號　護首（大寶積經）　（1–1）

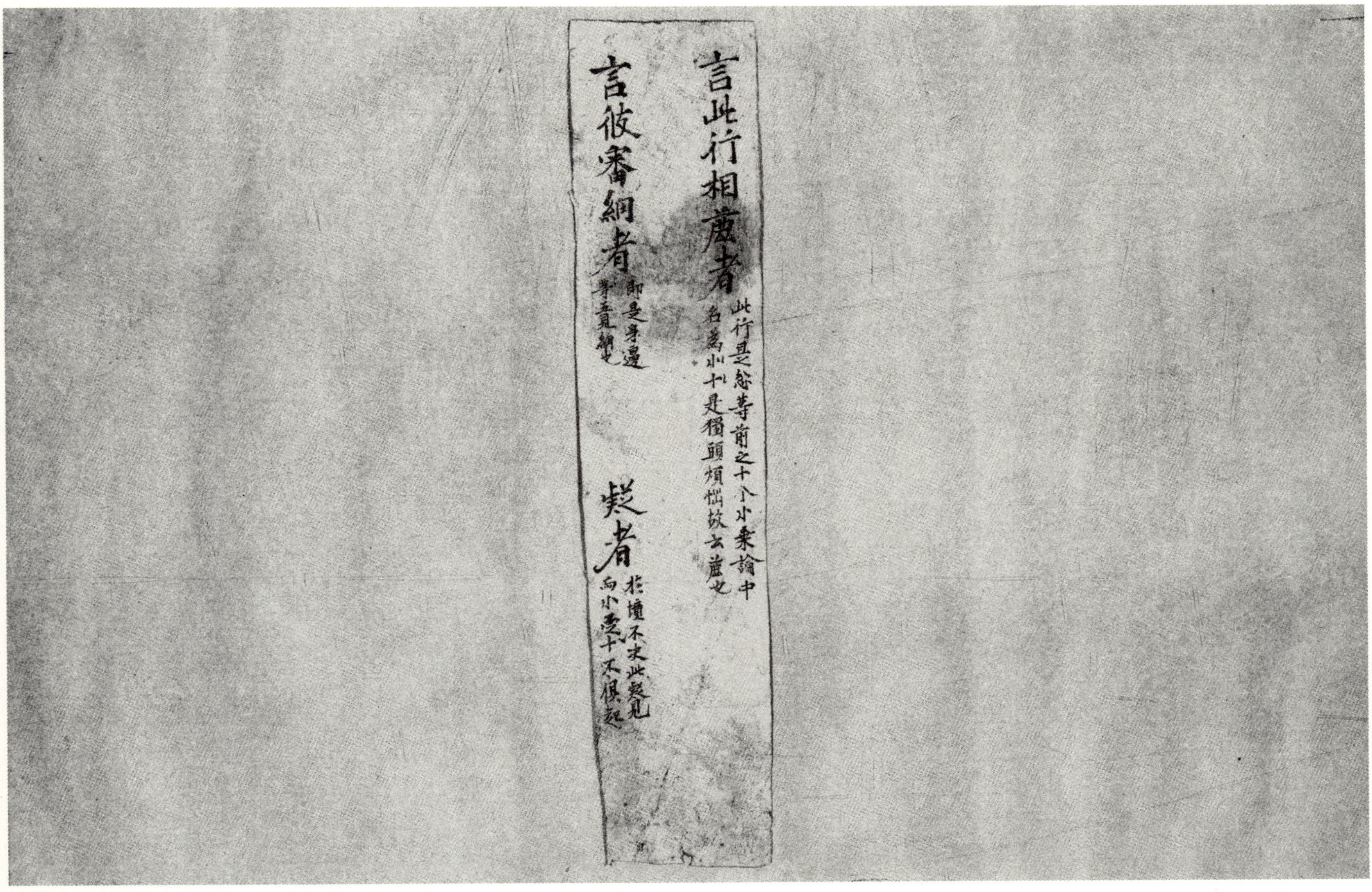

BD15626 號　名相釋（擬）　（1–1）

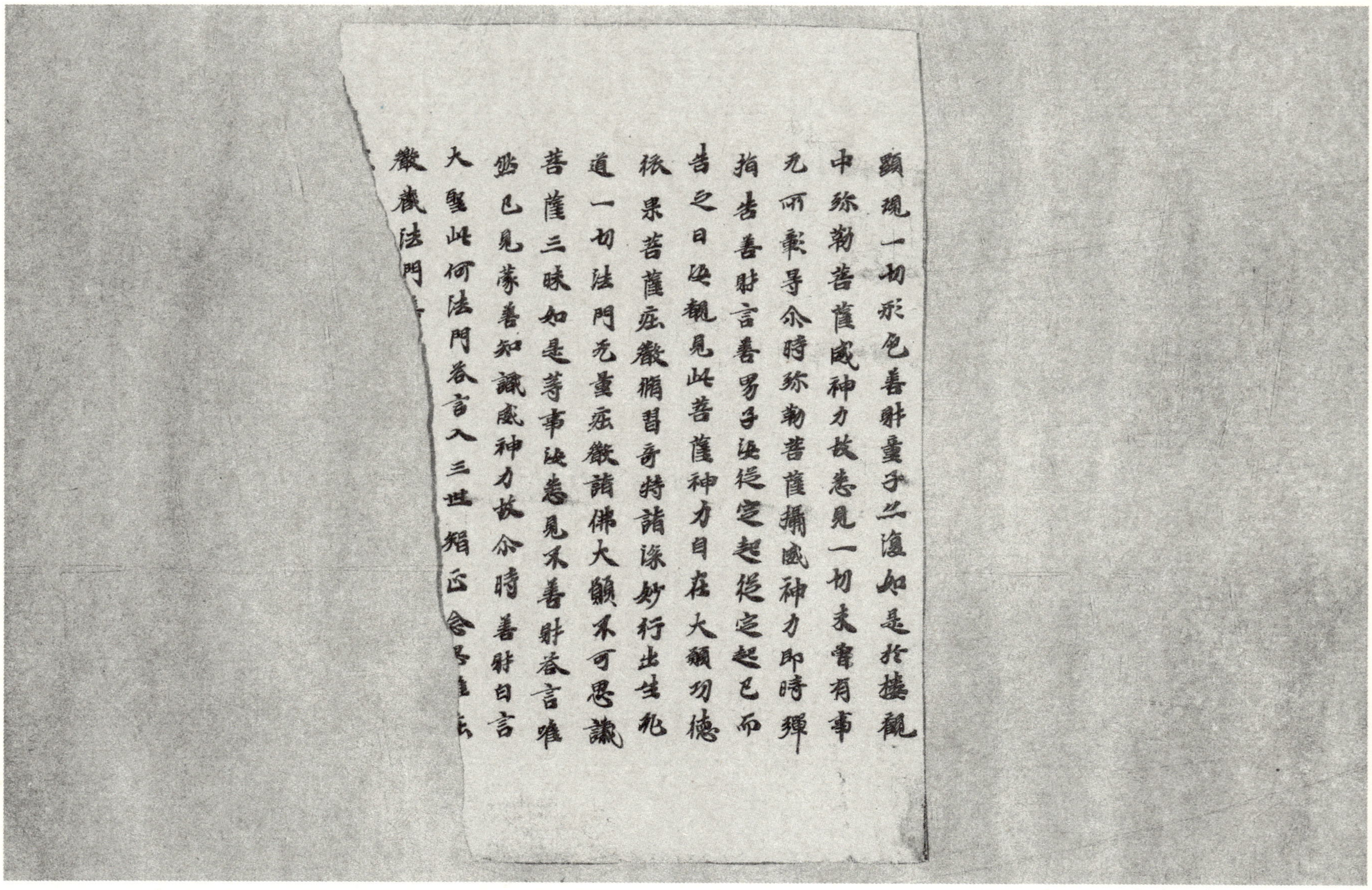

BD15627號　大方廣佛華嚴經（晉譯）卷六〇　（1–1）

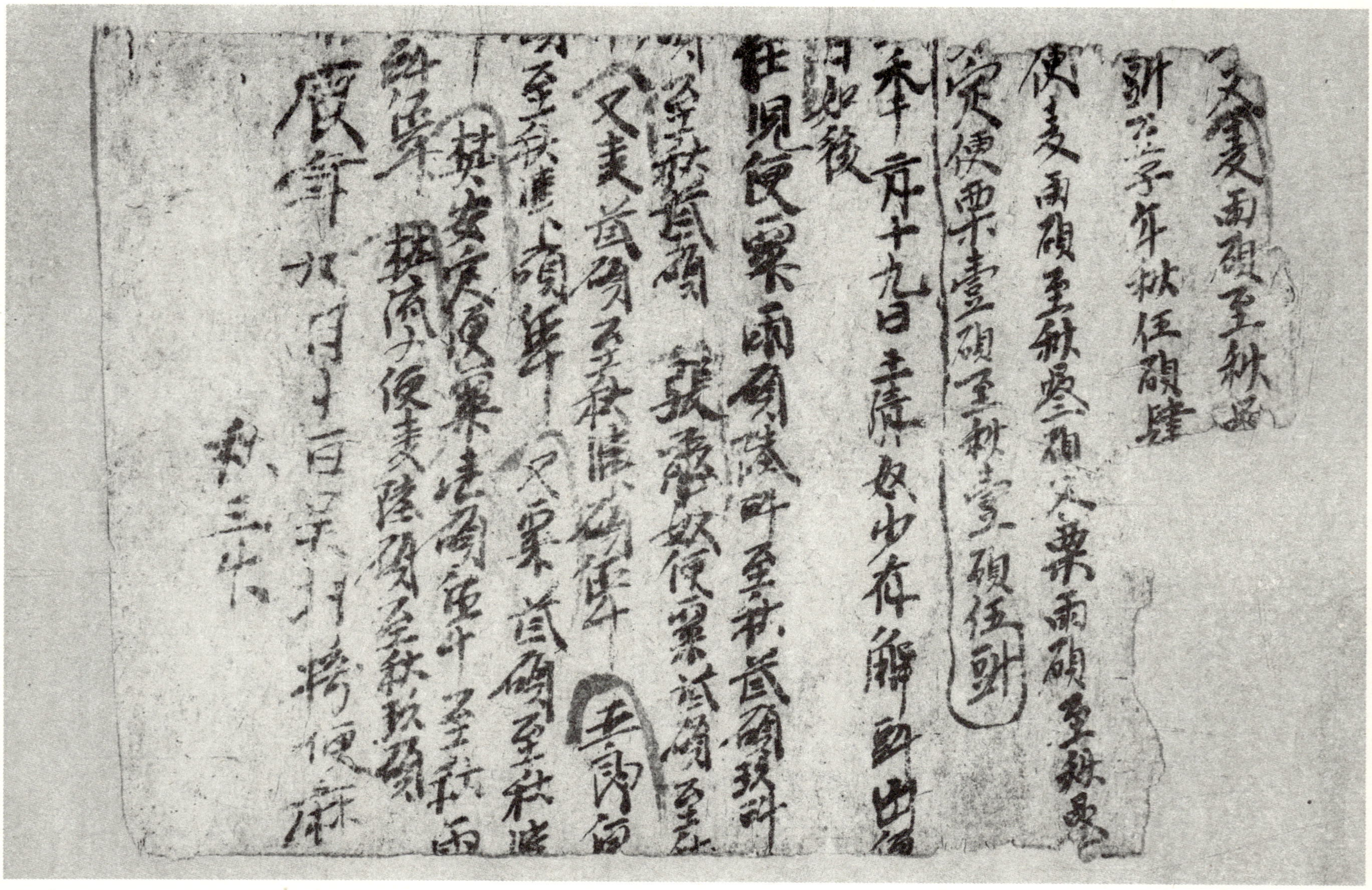

BD15628號　王清奴出便斛斗歷（擬）　（1–1）

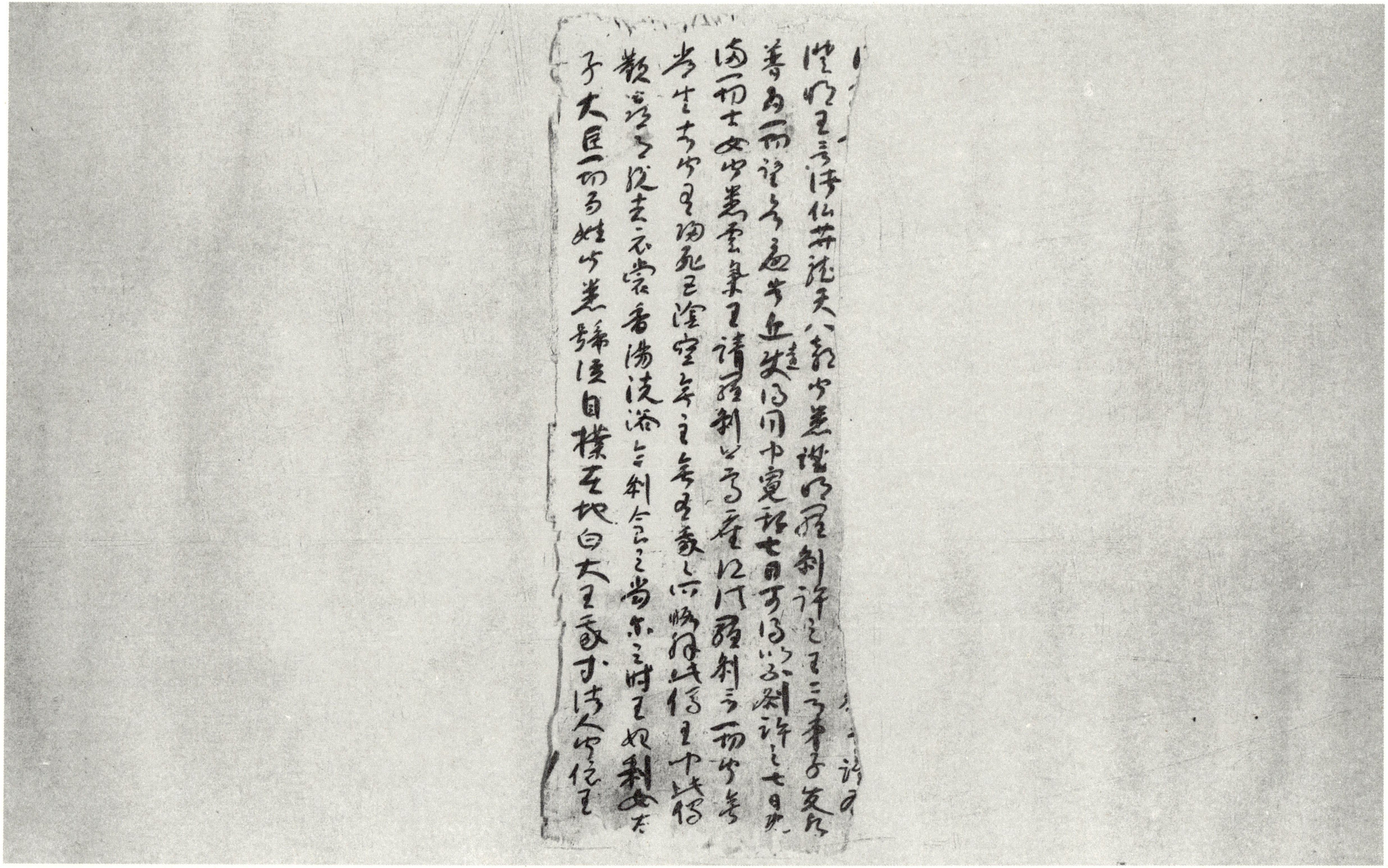

BD15629 號　捨身求法故事(擬)　(1–1)

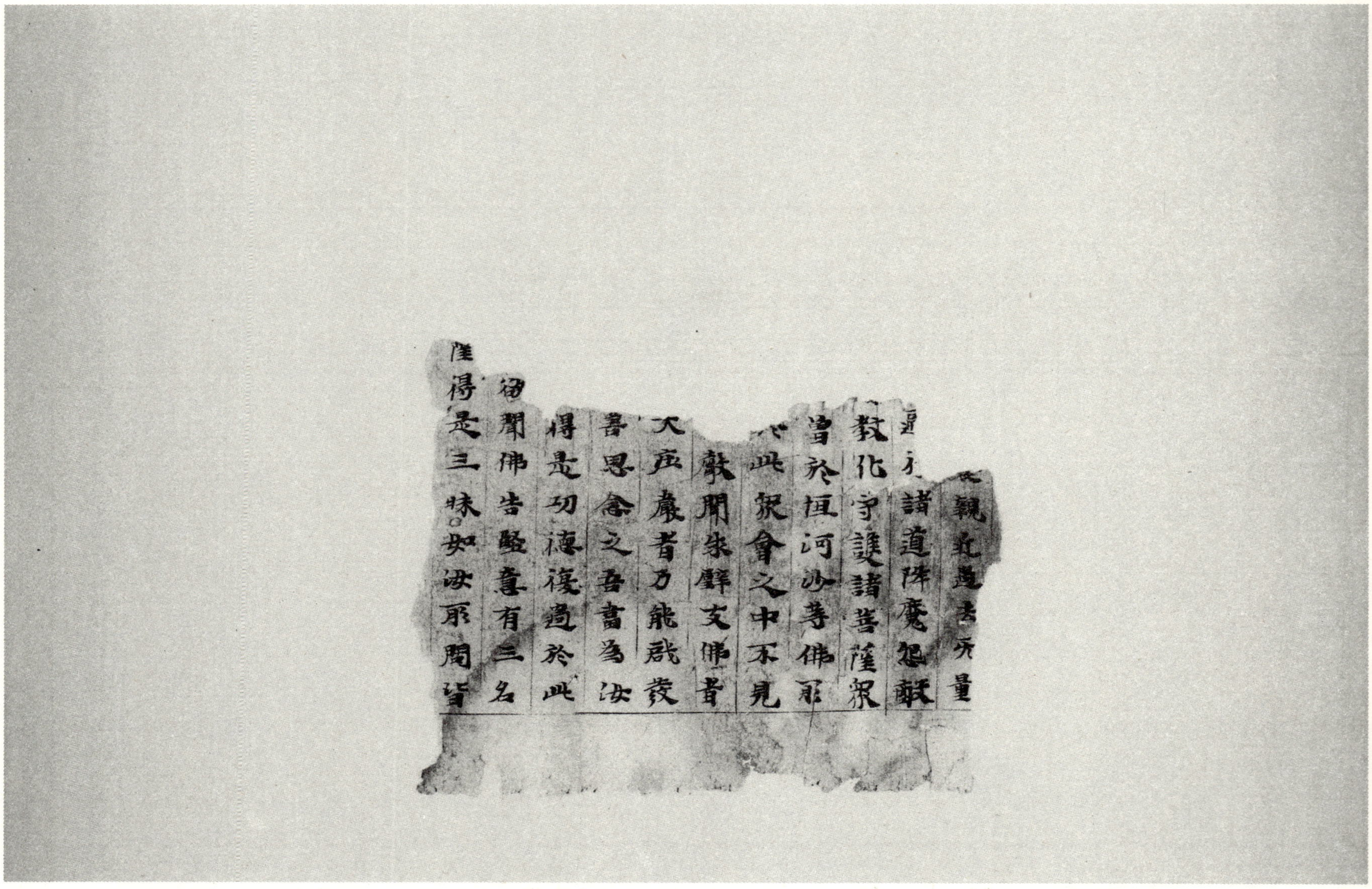
親近過去无量
遍於諸道降魔怨敵
教化守護諸菩薩眾
曾於恒河沙等佛所
於此眾會之中不見
聲聞辟支佛者
大莊嚴者乃能識發
善思念之吾當為汝
得是功德復過於此
欲聞佛告堅意有三名
薩得是三昧如汝所問皆

BD15630號　首楞嚴三昧經卷上　（1–1）

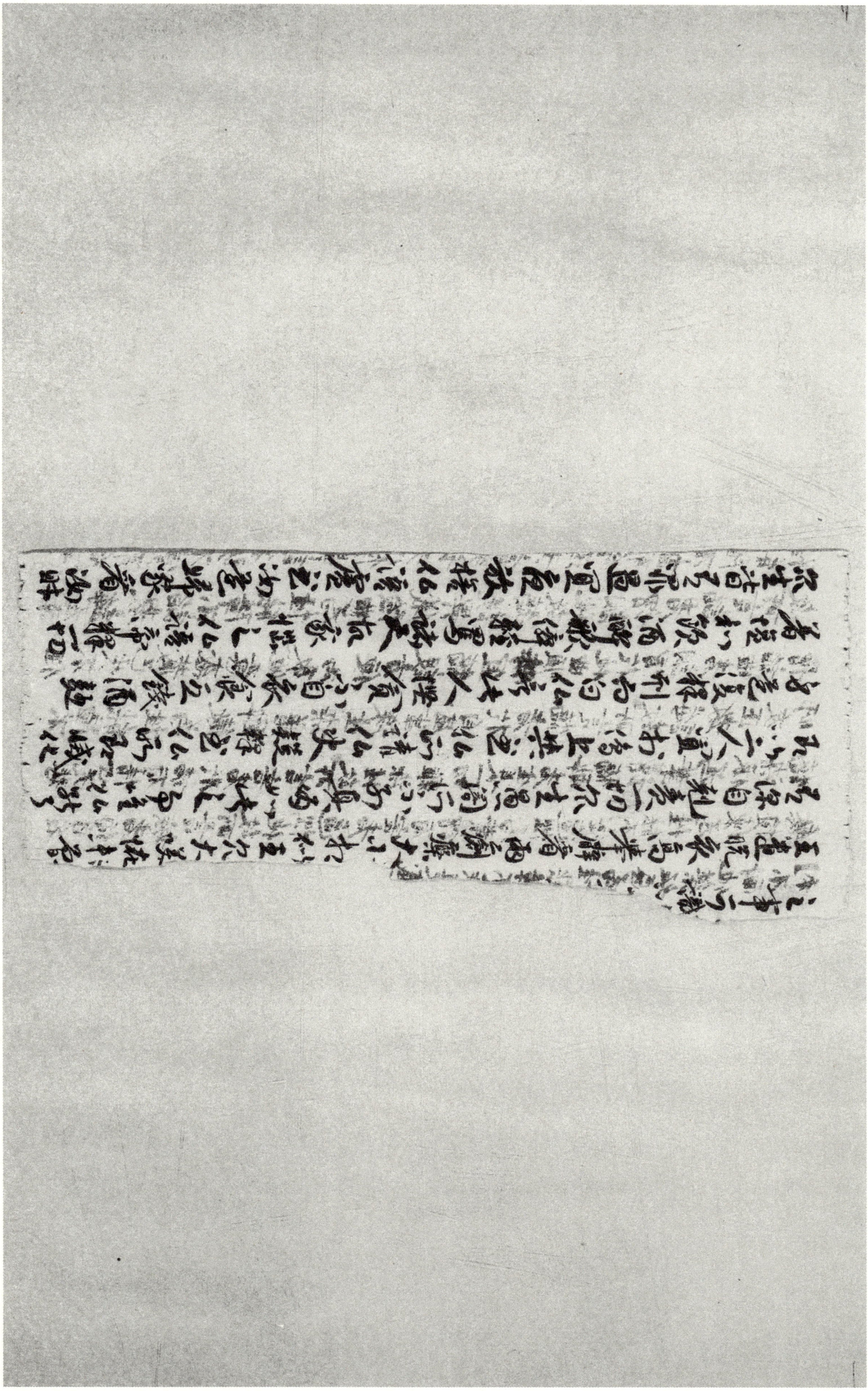

（1–1）

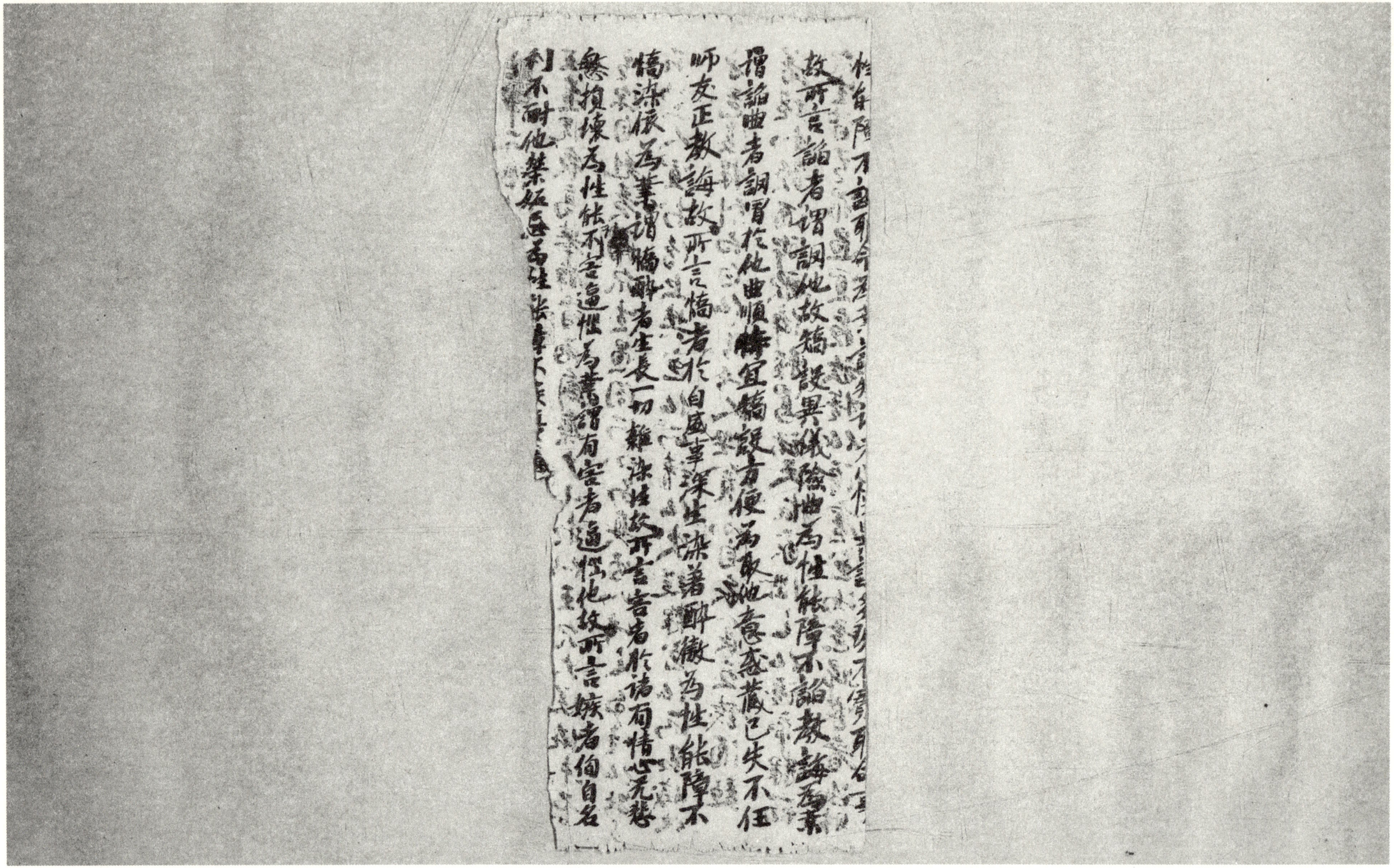
故所言諂者謂詷他故矯設異儀險曲為性能障不諂教誨為業
謂諂曲者詷罔於他曲順時宜矯設方便為取他意或藏已失不任
師友正教誨故所言憍者於自盛事深生染著醉傲為性能障不
憍染依為業謂憍醉者生長一切雜染法故所言害者於諸有情心无悲
愍損惱為性能障不害逼惱為業謂有害者逼惱他故所言嫉者殉自名
利不耐他榮妬忌為性

BD15631 號背　大乘百法明門論開宗義記　（1–1）

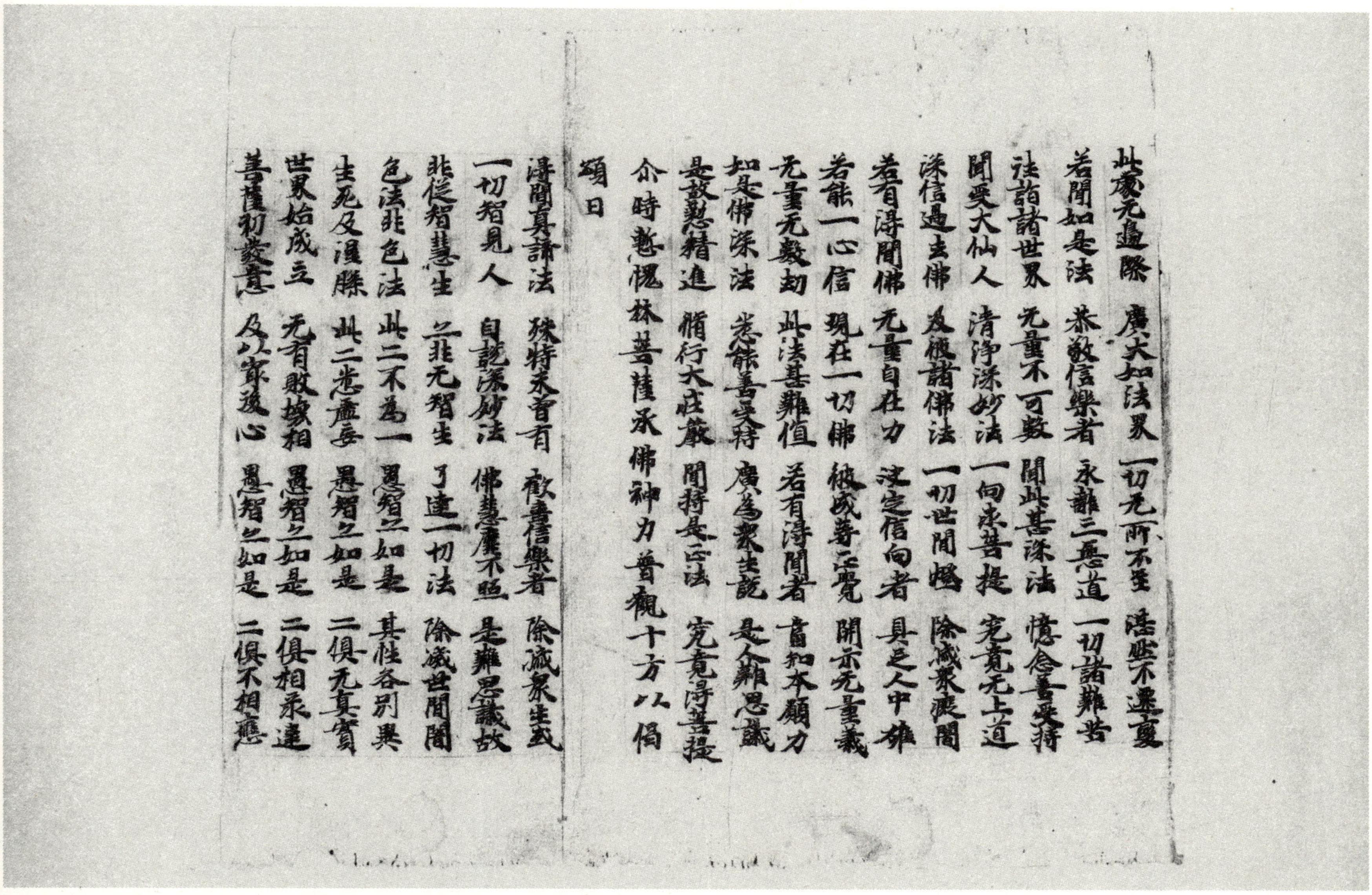
此處无邊際　廣大如法界　一切无所不至　往昔不還復
若聞如是法　恭敬信樂者　永離三惡道　一切諸難苦
往詣諸世界　无量不可數　聞此甚深法　憶念善受持
聞受大仙人　清淨深妙法　一向求菩提　究竟无上道
深信過去佛　及彼諸佛法　一切世間燈　除滅眾癡闇
若有得聞佛　无量自在力　決定信向者　具足人中雄
若能一心信　現在一切佛　德成等正覺　開示无量義
无量无數劫　此法甚難值　若有得聞者　當知本願力
如是佛深法　悉能善受持　廣為眾生說　是人難思議
是故懃精進　脩行大莊嚴　聞持是正法　究竟得菩提
尒時慙愧林菩薩承佛神力普觀十方以偈
頌曰
得聞真諦法　殊特未曾有　歡喜信樂者　除滅眾生惑
一切智見人　自說深妙法　佛慧廣不照　是難思議故
非從智慧生　亦非无智生　了達一切法　除滅世間闇
色法非色法　此二不為一　愚智亦如是　其性各別異
生死及涅槃　此二悉虛妄　愚智亦如是　二俱无真實
世界始成立　无有敗壞相　愚智亦如是　二俱相乖違
菩薩初發意　及以最後心　愚智亦如是　二俱不相應

BD15632 號　大方廣佛華嚴經（晉譯）卷一〇　（1–1）

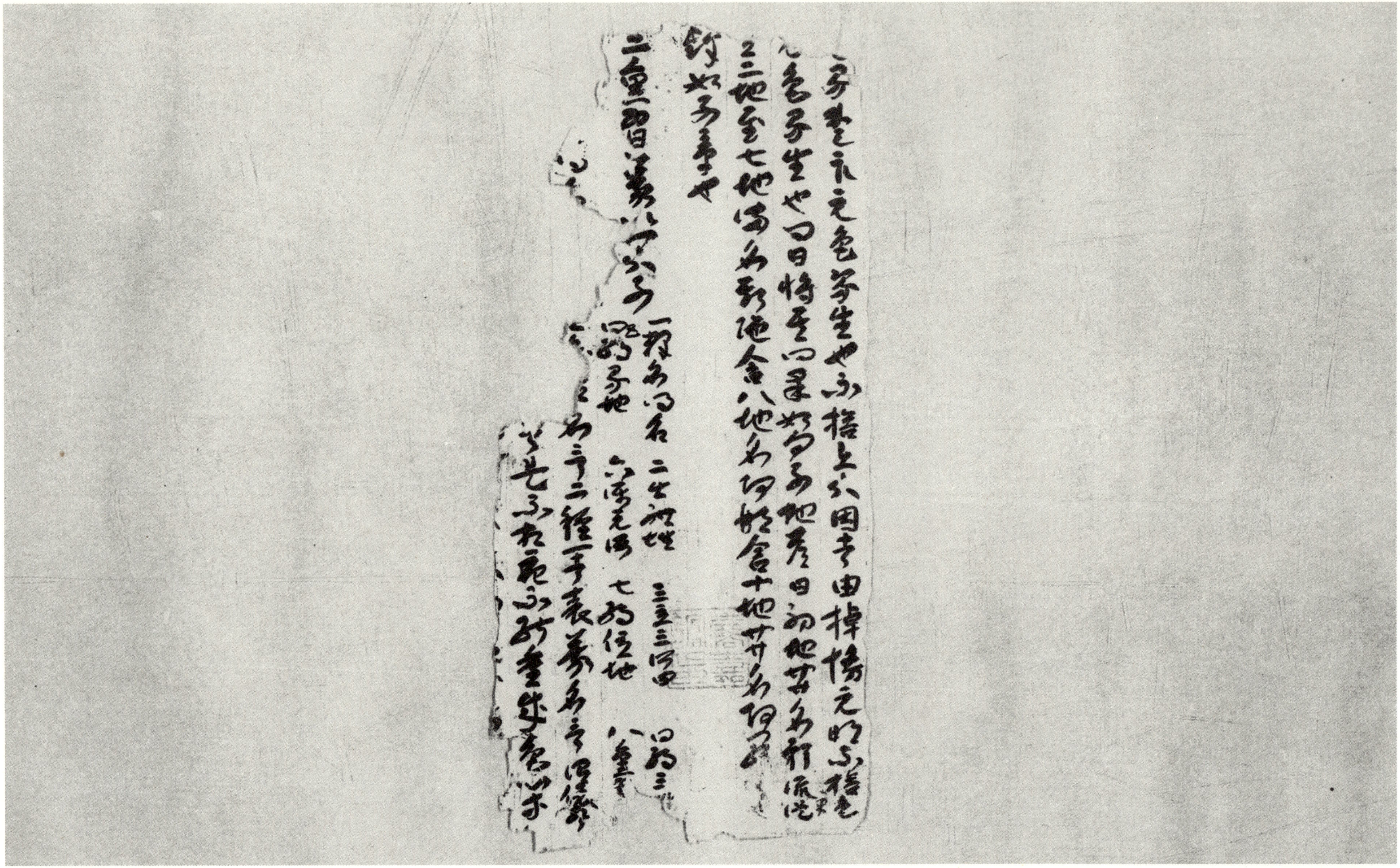

BD15633號　唯識論疏（擬）

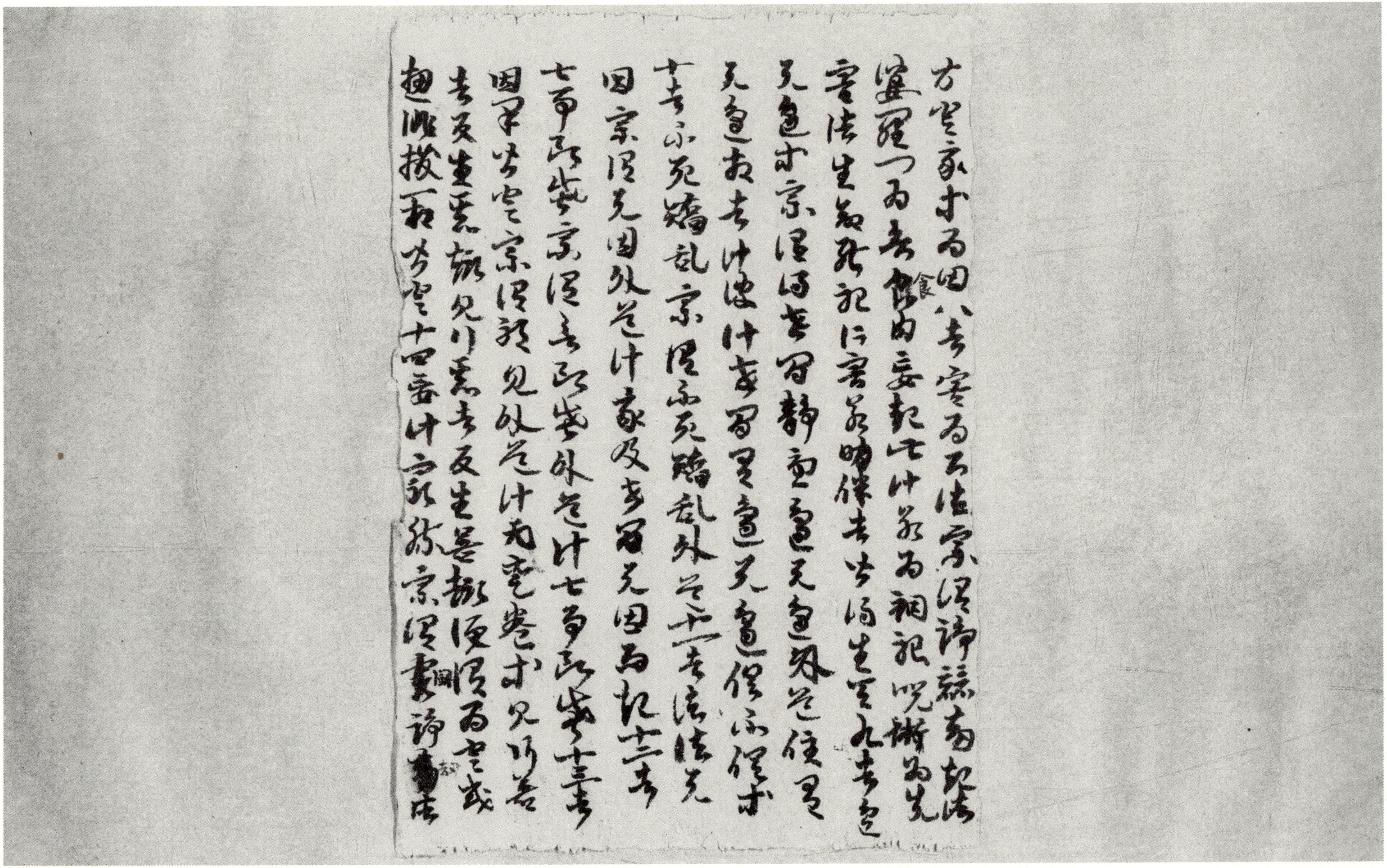

BD15634號　大乘法苑義林章卷一

（1–1）

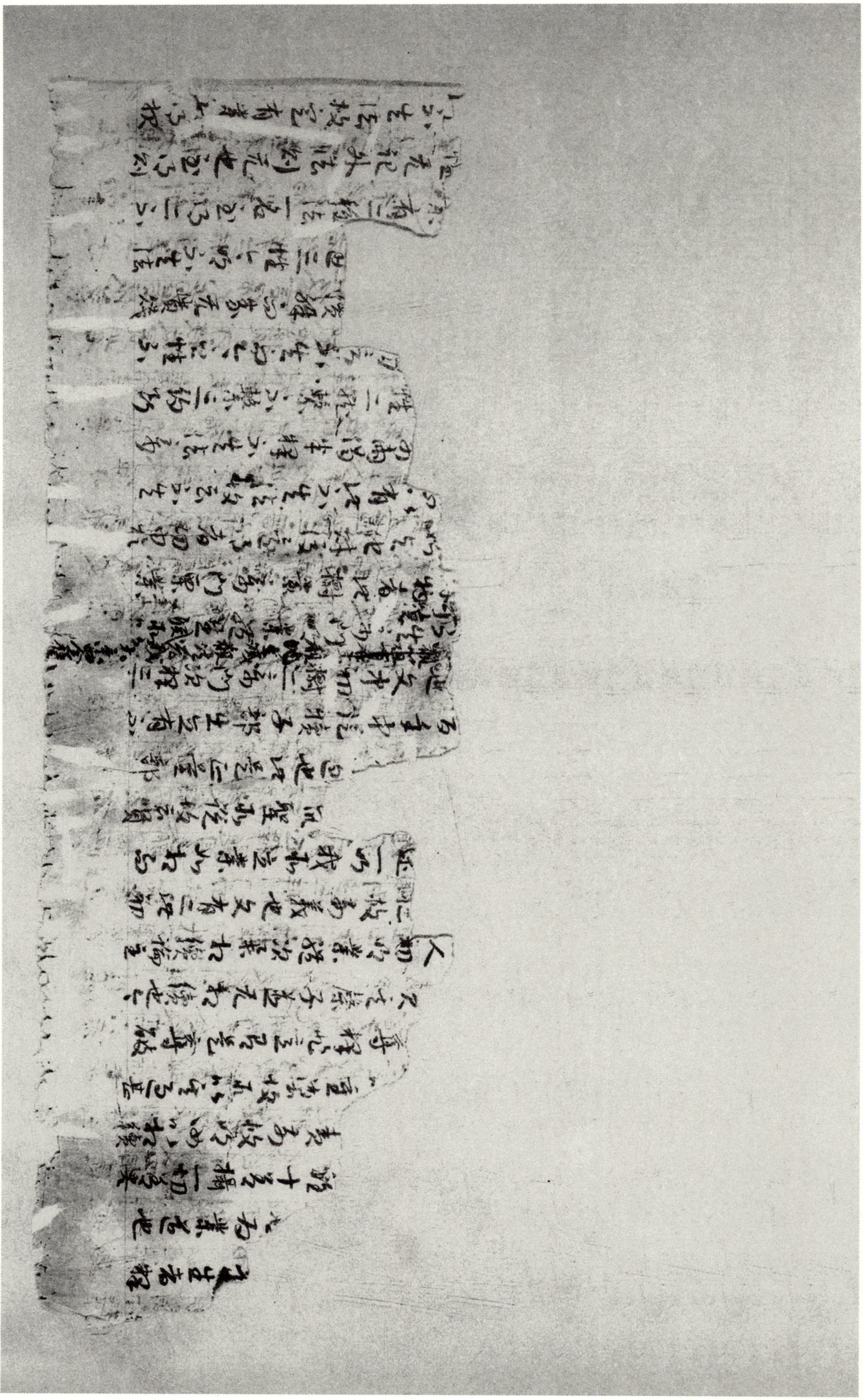

BD15635號　唯識論疏釋（擬）

（1–1）

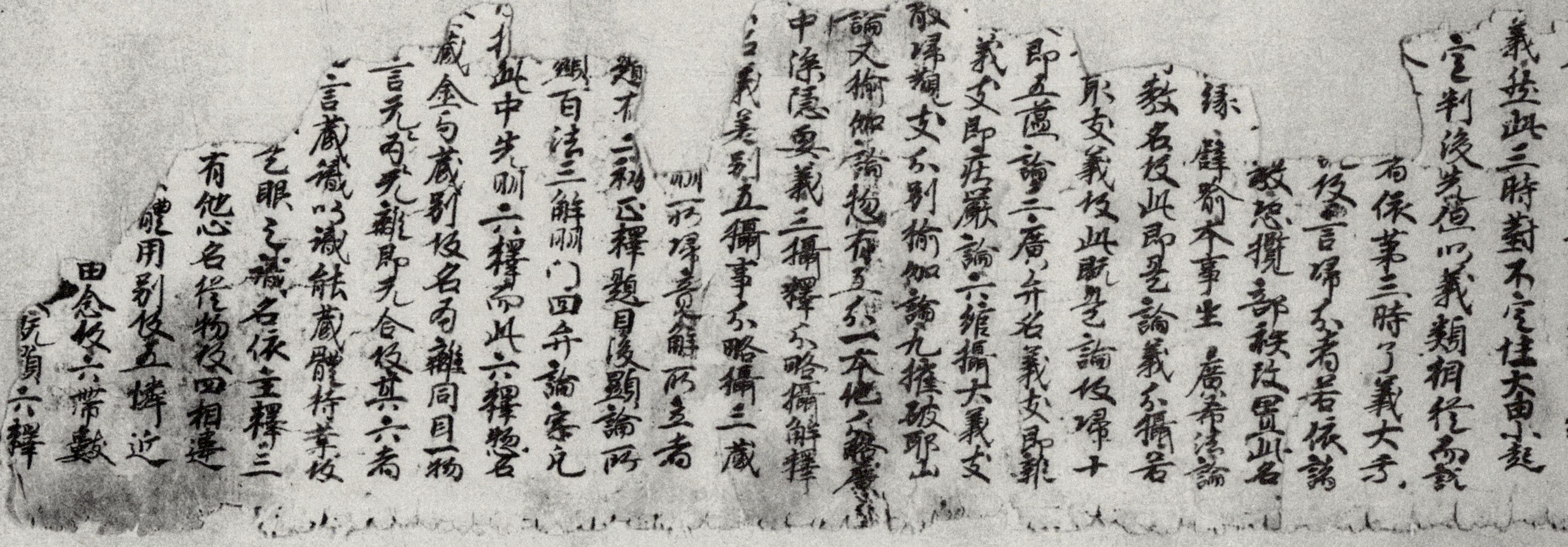

BD15635 號背　大乘百法明門論開宗義記　　（1–1）

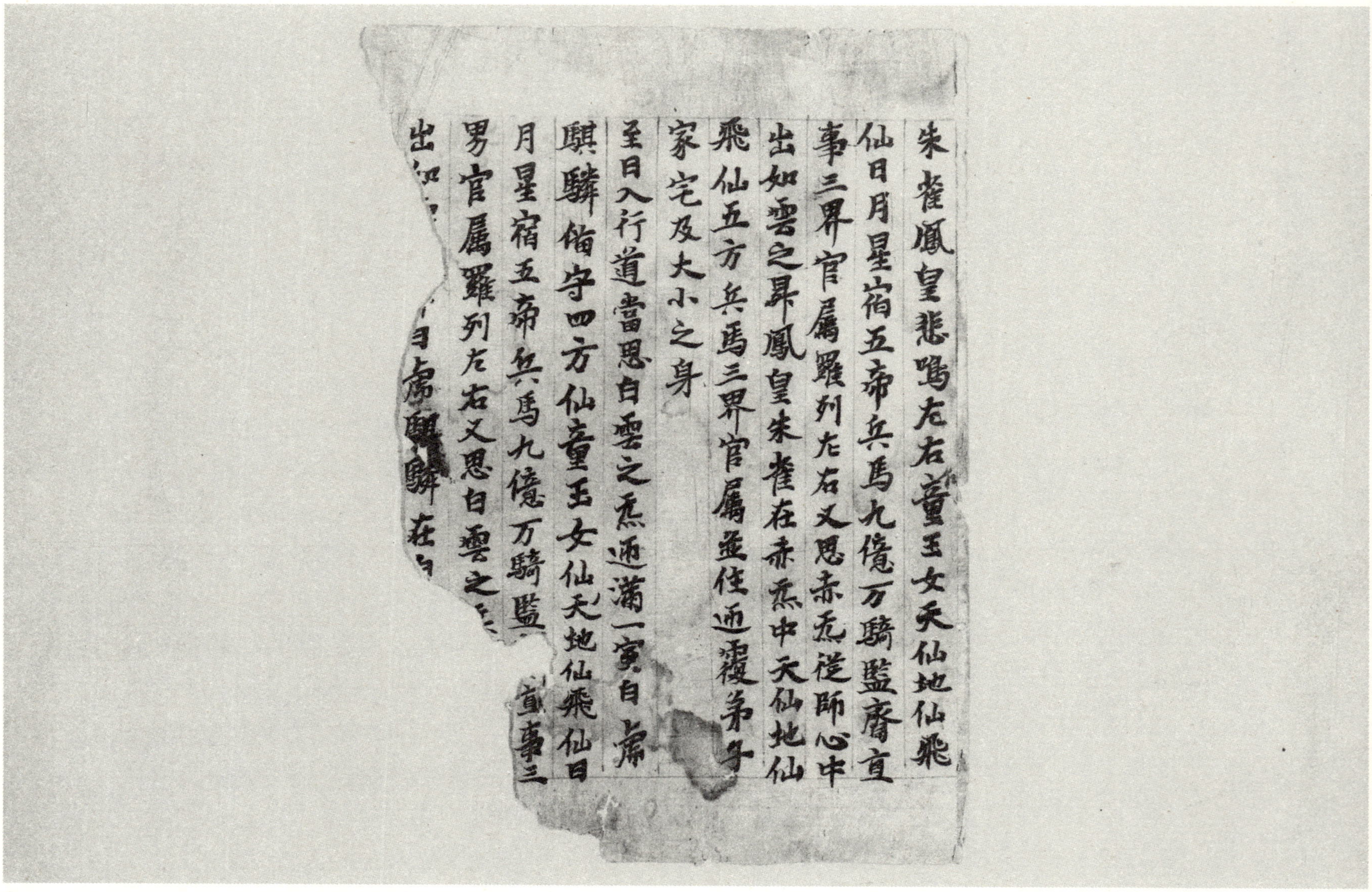
朱雀鳳皇悲鳴左右童玉女天仙地仙飛
仙日月星宿五帝兵馬九億万騎監齋直
事三界官屬羅列左右又思赤炁從師心中
出如雲之昇鳳皇朱雀在赤炁中天仙地仙
飛仙五方兵馬三界官屬並住通霞弟子
家宅及大小之身
至日入行道當思白雲之炁通滿一室白虎
騏驎侍守四方仙童玉女仙天地仙飛仙日
月星宿五帝兵馬九億万騎監齋事三
男官屬羅列左右又思白雲之炁
出如[illegible]白虎騏驎在白

BD15636號　洞玄靈寶自然齋戒威儀經（擬）　（1–1）

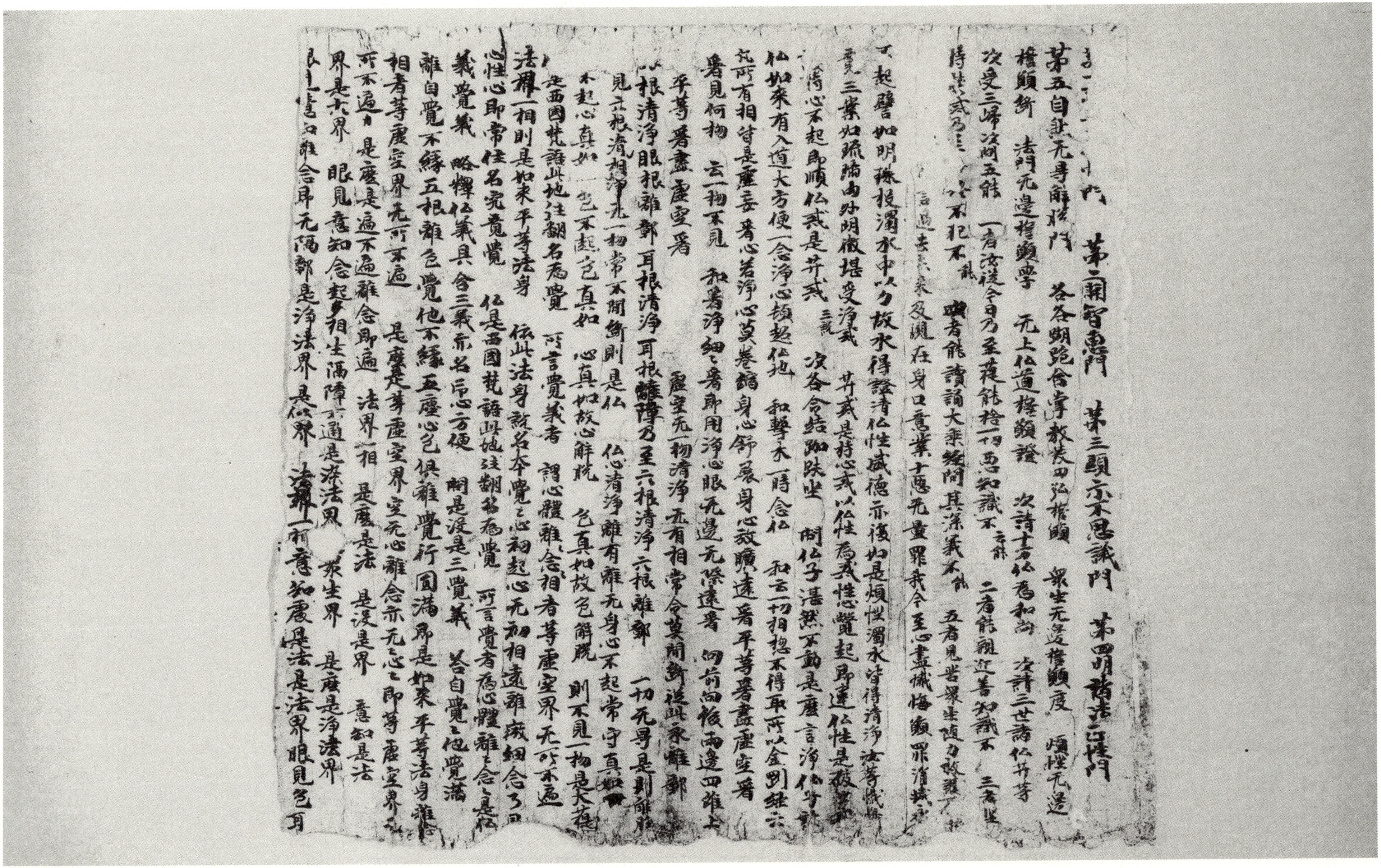

BD15637號　大乘無生方便門

（1–1）

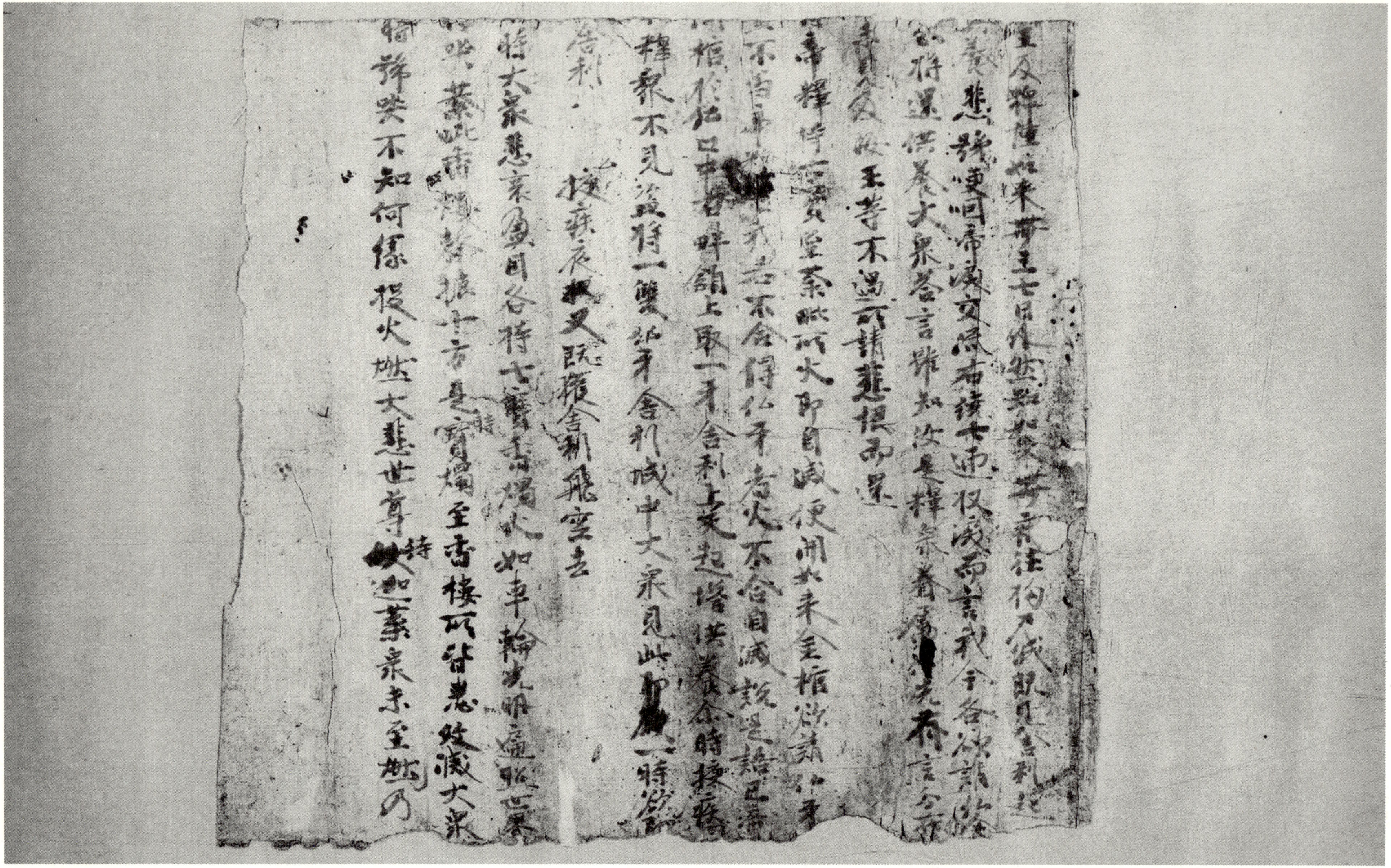

BD15637號背　大般涅槃經變壁畫榜題（擬）　（1–1）

亦是人以聞思慧修四現也此下人也種種相修為種種相為一相亦是人以聞
思慧修四比思及无行行中一行也此是利人也更一師解六三昧一行修為一相
亦干慧定以為一行為一相亦聞慧理中定也一行修為種種相者干慧以為一相
為聞慧觀解為種種也一行修為一相種種行亦干慧為一行為一相亦聞慧定
為一相為聞慧勝解為種種相修為種行亦聞慧為種種相為種種行亦為四
現慧解也種種行修為一行亦聞慧為種種為一行亦四現定也種種相修為種種
為一行者聞慧為種種相為四現理解為種種為見諦理定為行也凡解修
義要當增明若現修比此劣為該也復一師解行修一行修為一相者若
人定還定亦此是鈍人也一行修為種種行若人定生聞慧為種種相也
此是中人一行修為一行種種亦若因定還及生聞慧為種種此是利人種種
相修為種種亦若人因聞慧生思慧亦此是不論利鈍種種行修為一相若
人因聞慧修稀定　　乃曰有論師云非外人義外人无學无憂无喜
為一行禪絕四受不苦不樂為行五支五通為種種也四若羅漢為一行亦
……十智云何為一若第四禪亦衆支來求第二第三亦應
……空亦不動不苦不樂皆應為一若五支為
……若五通為種種十智三昧十一那含皆應
……中人……種定也乃二初四六種第
既之人亦住
盡唯
前四人
下第
二
如

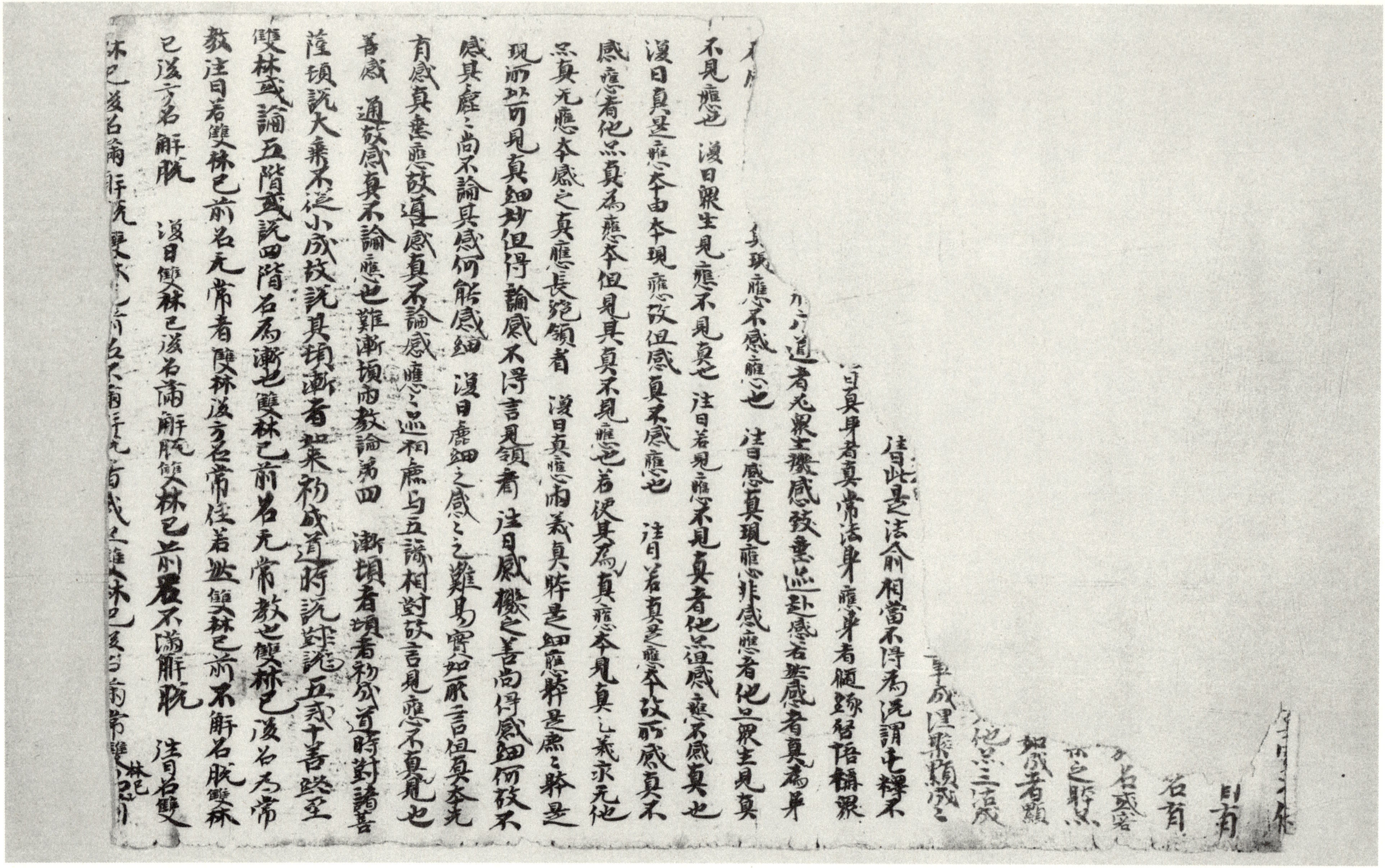
…作
…有
若有
…若或…
…之聽…
如成者顯
…他只三法成
…事成理果顯成之
注曰此是法爾相當不得為說謂之釋不
注曰真身者真常法身應身者隨跡留悟攝眾
…六道者无眾生機感致意遍赴感若無感者真為身
真現應不感應也　注曰感真現應非感應者他只眾生見真
不見應也　復曰眾生見應不見真也　注曰若見應不見真者他只但感應不感真也
復曰真是應之本由本現應故但感真不感應也　注曰若真是應之本故所感真不
感應者他只真為應本但見真真不見應也若使其為真應本見真之義求无他
只真无應本感之真應長遠領者　復曰真應兩義真時是細應時是麁之時是
現而以可見真細妙但得論感不得言見領者　注曰感機之善尚得感細何故不
感其麁麁尚不論其感何能感細　復曰麁細之感之之難易實如所言但真本无
有感真起應故導感真不論感應之遍相麁與五識相對故言見應不真見也
善感　通致感真不論應也　難漸頓兩教論第四　漸頓者頓者初成道時對諸菩
薩頓說大乘不從小成故說其頓漸者如來初成道時說諸說五戒十善蹬至
雙林或論五階或說四階名為漸也雙林已前名无常教也雙林已後名為常
教　注曰若雙林已前名无常者雙林後方名常住若然雙林已前不解名脫雙林
已後方名解脫　復曰雙林已後名滿解脫雙林已前名不滿解脫　注曰若雙
林已後名滿解脫雙林[illegible]前名不滿解脫[illegible]雙林已後當[illegible]名常雙林已前[illegible]

BD15638號背　難漸頓兩教論等（擬）　　（1–1）

於二乘菩薩[illegible]雖有多為度二句一問慈若
實益何故衆生不等得樂二問若是虛觀何故如來自云循慈得勝果
報如來下還答此二問明慈悲實益非是虛妄之説偈云於衆生不
瞋與樂此之慈善超于施福是以便能獲勝果報即酬其後問從善男
子大循慈者實非妄想示説盡大乘涅槃亦不可思議此之一段廣引
衆義證慈真實非是虛假即答初問就答初問中文可有六第一從初
示明神通變化令物得益證慈真實第二從云何名為真實思惟謂
能斷除諸煩惱示明慈悲之行能除煩惱以證慈實第三從四无量
心諸善根本示明慈能廣生一切衆善故非虛也第四從善男子能為
善者名實思惟示明其慈[illegible]
第五從菩薩住是大乘
人愛有如是示

BD15640號　阿難陀目佉尼呵離陀隣尼經　　（1–1）

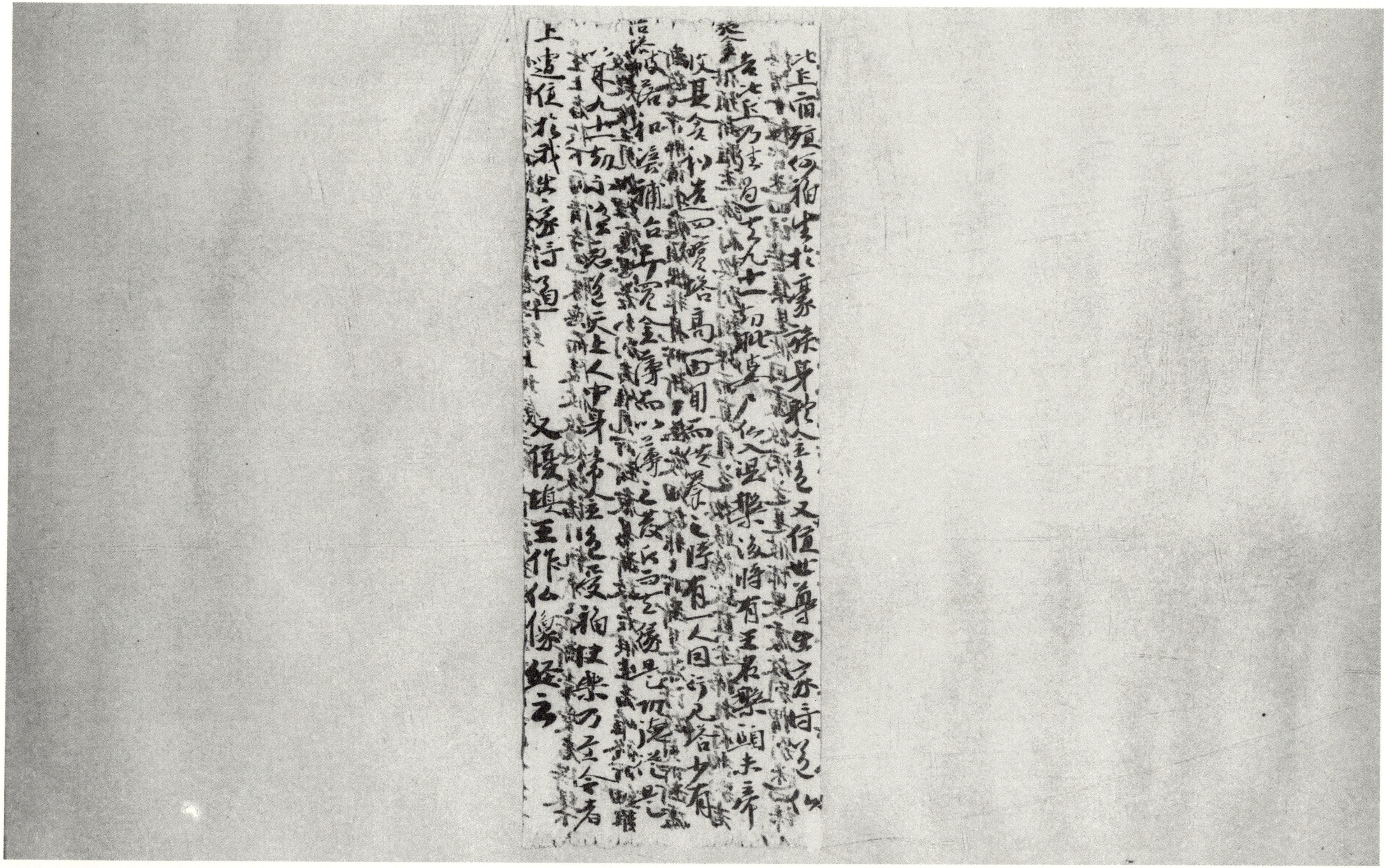

BD15641號　諸經法苑（擬）　（1–1）

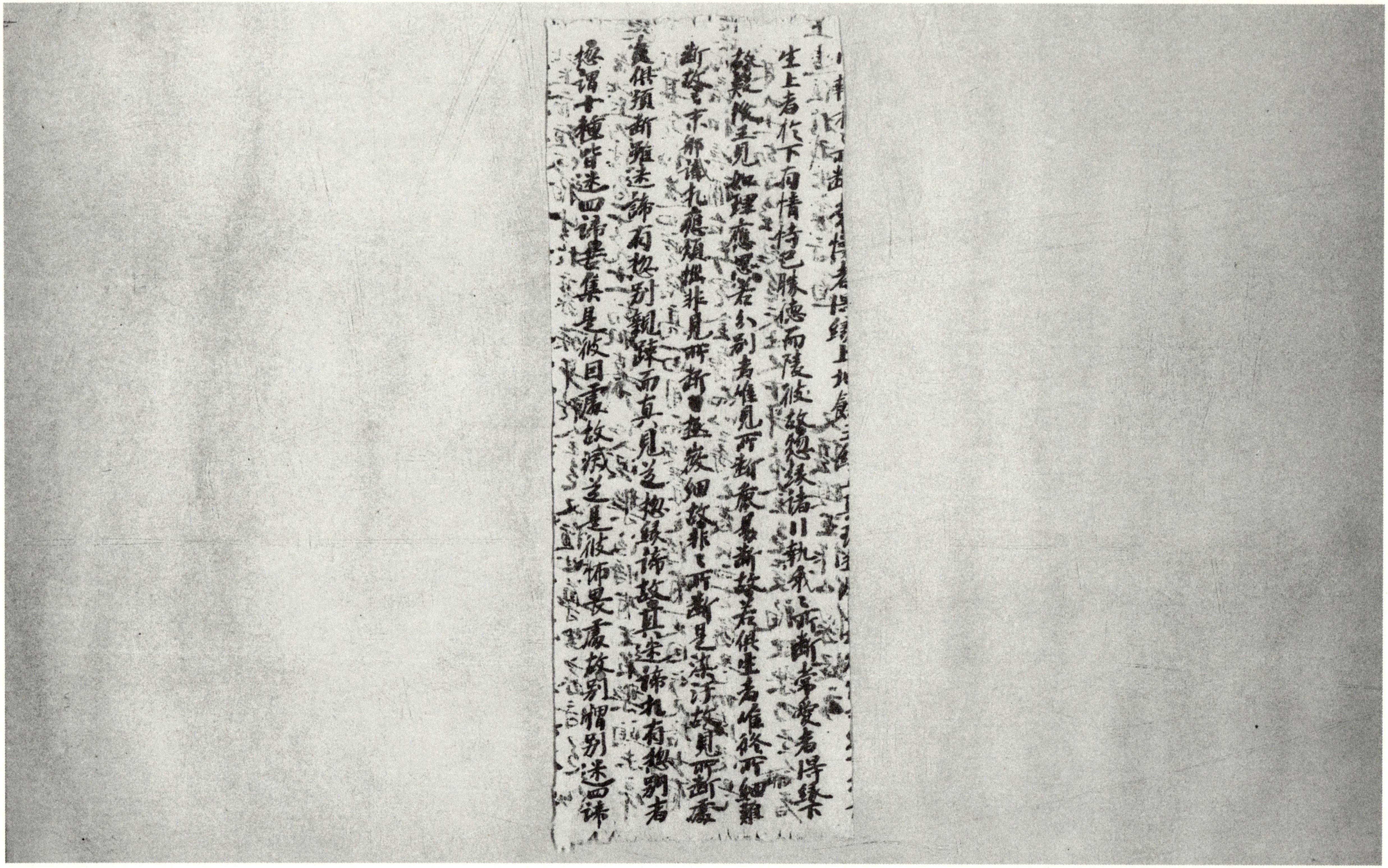

BD15641 號背　大乘百法明門論開宗義記

（1–1）

菩薩舍利弗語須菩提若三昧不異菩薩菩
薩不異三昧三昧即是菩薩菩薩即是三昧
菩薩云何知一切諸法等三昧須菩提言若
菩薩入是三昧是時不作是念我以是法入
是三昧以是因緣故舍利弗是菩薩於諸三
昧不知不念舍利弗言何以故不知不念須
菩提言諸三昧无所有故是菩薩不知不念
尒時佛讚言善哉善哉須菩提如我說汝行
无諍三昧第一与此義相應菩薩摩訶薩應
如是學般若波羅蜜禪波羅蜜毗梨耶波羅
蜜羼提波羅蜜尸波羅蜜檀波羅蜜四念處
乃至十八不共法亦應如是學舍利弗白佛
言世尊菩薩摩訶薩如是學為學般若波羅
蜜耶佛告舍利弗菩薩摩訶薩如是學為學
般若波羅蜜是法不可得故乃至學檀波羅
蜜是法亦不可得故學四念處乃至十八不
共法是法不可得故舍利弗白佛言世尊如

BD15643號　摩訶般若波羅蜜經卷三　（2–1）

蜜羼提波羅蜜尸波羅蜜檀波羅蜜四念處
乃至十八不共法亦應如是學舍利弗白佛
言世尊菩薩摩訶薩如是學為學般若波羅
蜜耶佛告舍利弗菩薩摩訶薩如是學為學
般若波羅蜜是法不可得故乃至學檀波羅
蜜是法亦不可得故學四念處乃至十八不
共法是法不可得故舍利弗白佛言世尊如
是菩薩摩訶薩學般若波羅蜜是法不可得
耶佛言如是菩薩摩訶薩學般若波羅蜜是
法不可得
舍利弗言世尊何等法不可得佛言我不可
得乃至知者見者不可得畢竟淨故五陰不
可得十二入不可得十八界不可得畢竟淨
故无明不可得畢竟淨故乃至老死不可得
畢竟淨故苦諦不可得畢竟淨故集滅道諦
不可得畢竟淨故欲界不可得畢竟淨故色
界无色界不可得畢竟淨故四念處不可得
畢竟淨故乃至十八不共法不可得畢竟淨

BD15643號　摩訶般若波羅蜜經卷三　（2–2）

BD15644 號　木捺佛像（擬）　（1–1）

BD15645 號　瓜沙州大王印（擬）　（1–1）

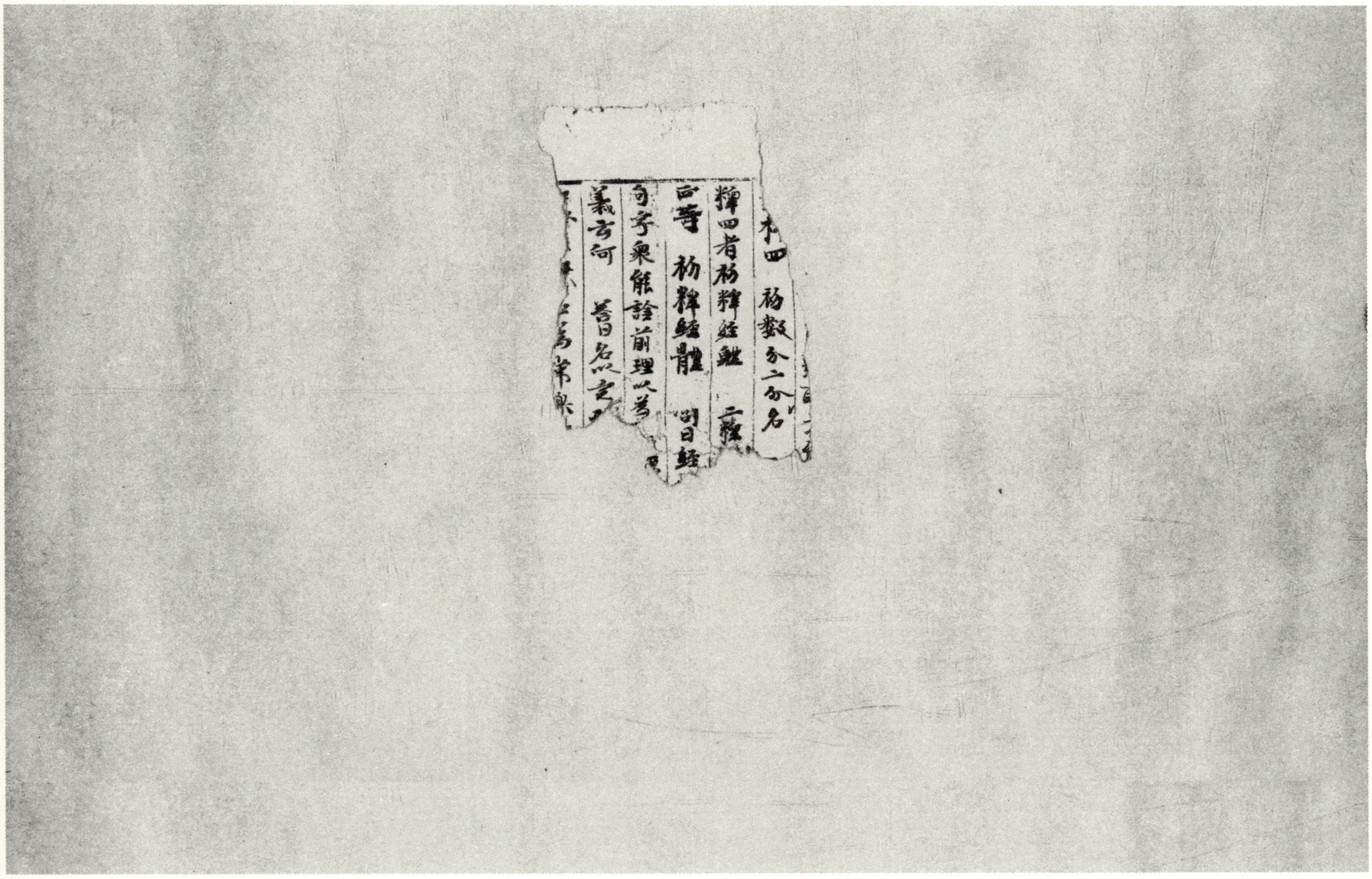

BD15646 號　佛教經疏（擬）　　（1–1）

BD15647 號　沙州敦煌縣某鄉手實殘片（擬）　　（1–1）

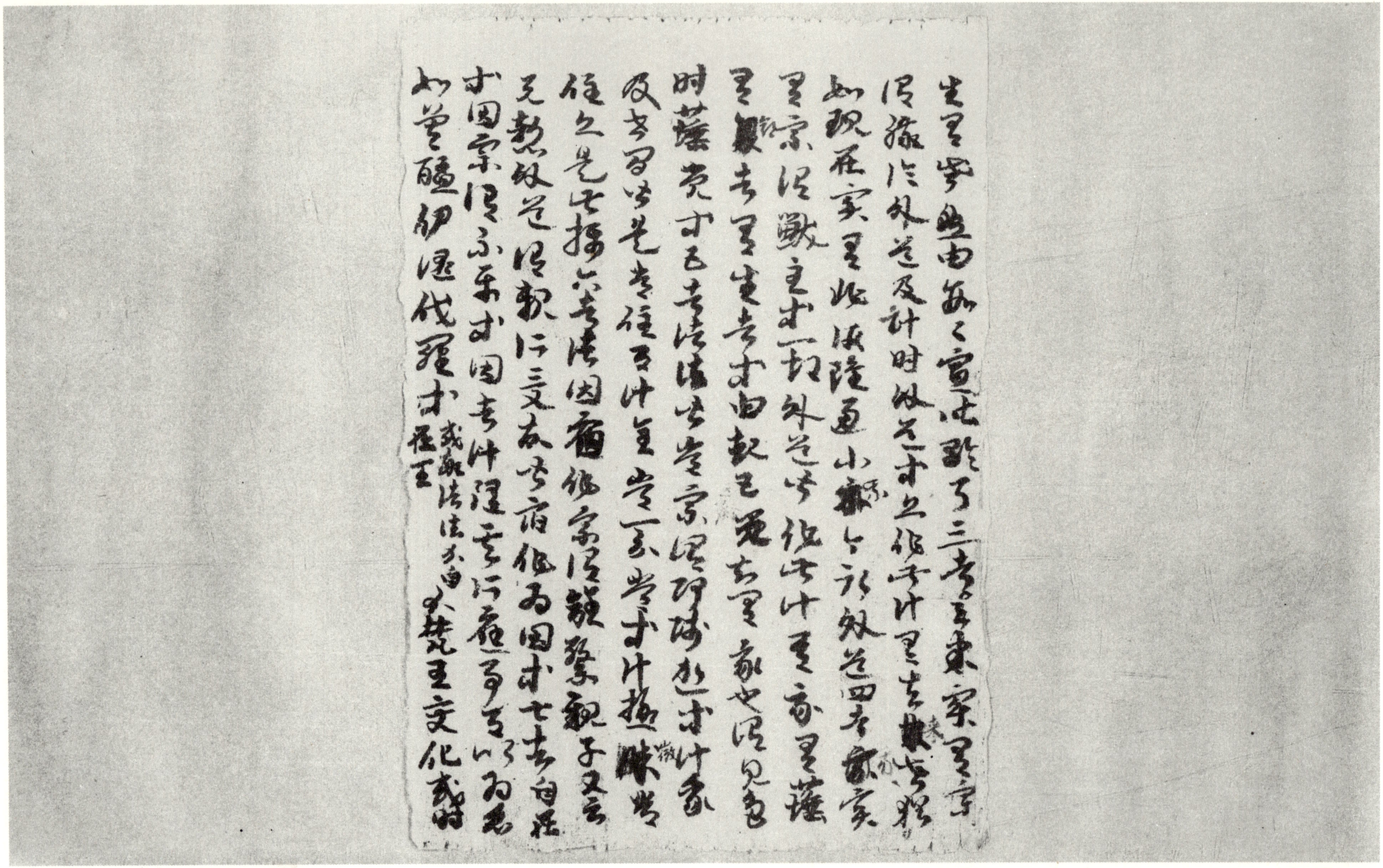

BD15648號　大乘法苑義林章卷一　（1–1）

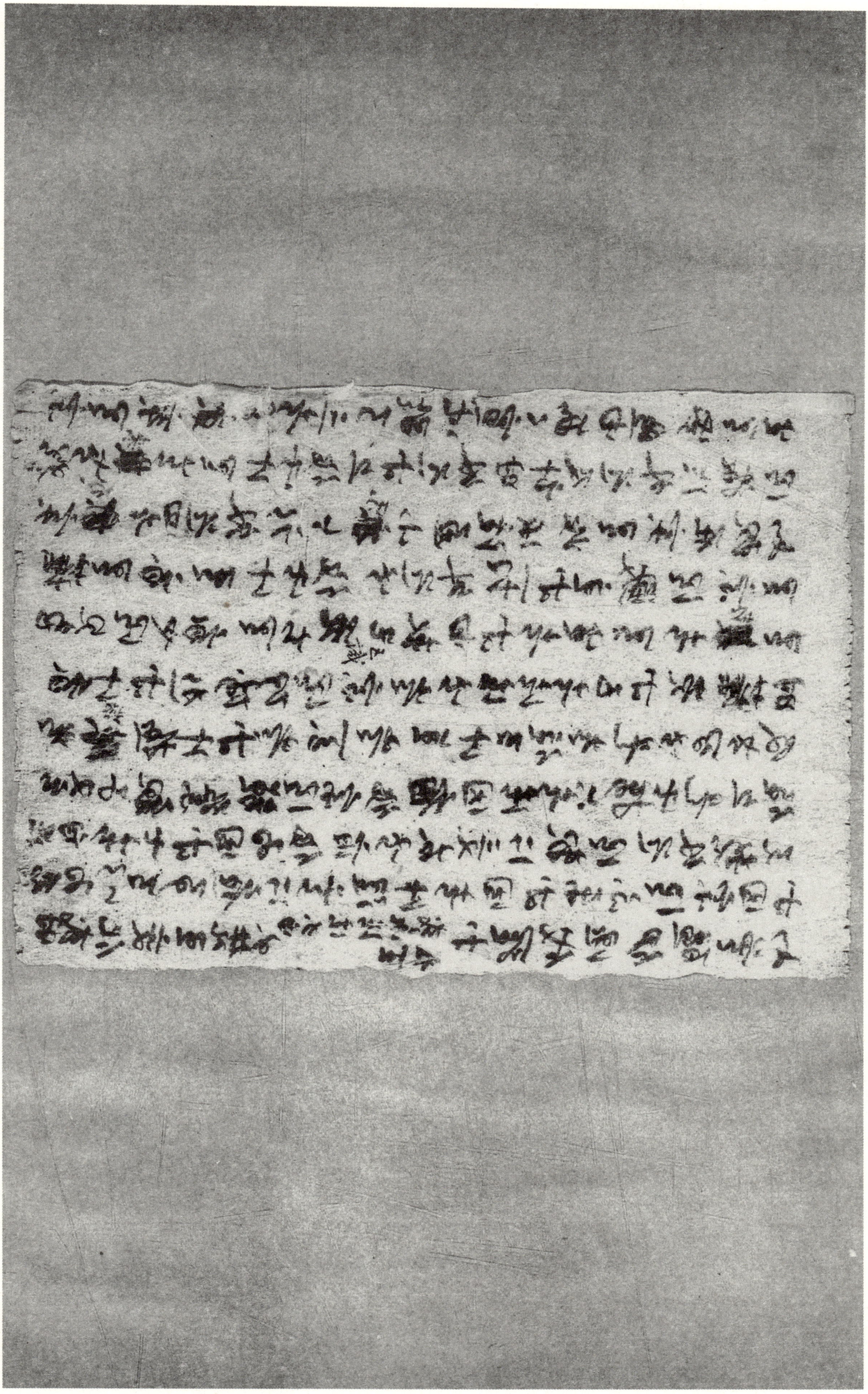

（1–1）

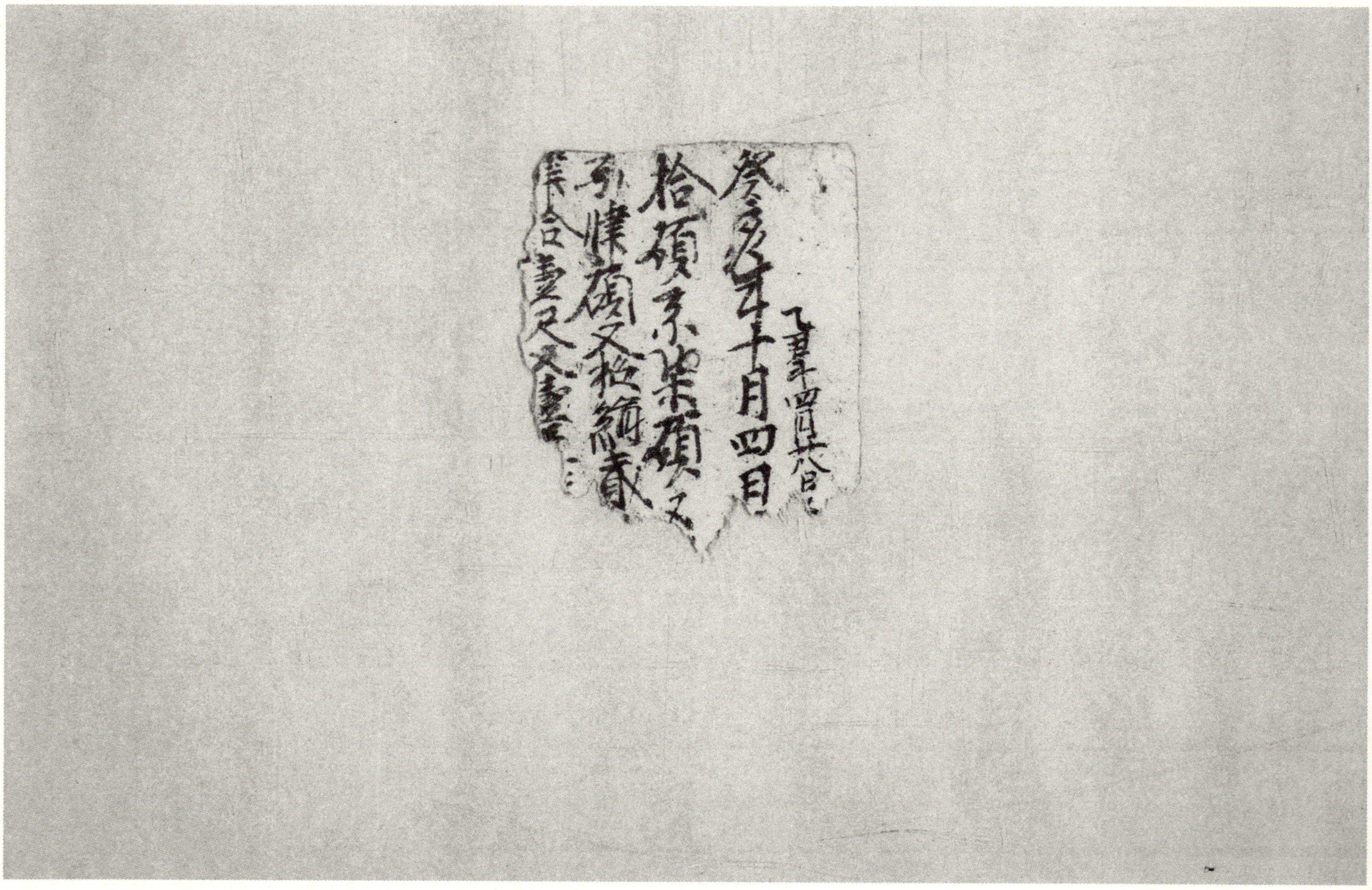

BD15649號　癸亥年十月四日色物歷（擬）　（1-1）

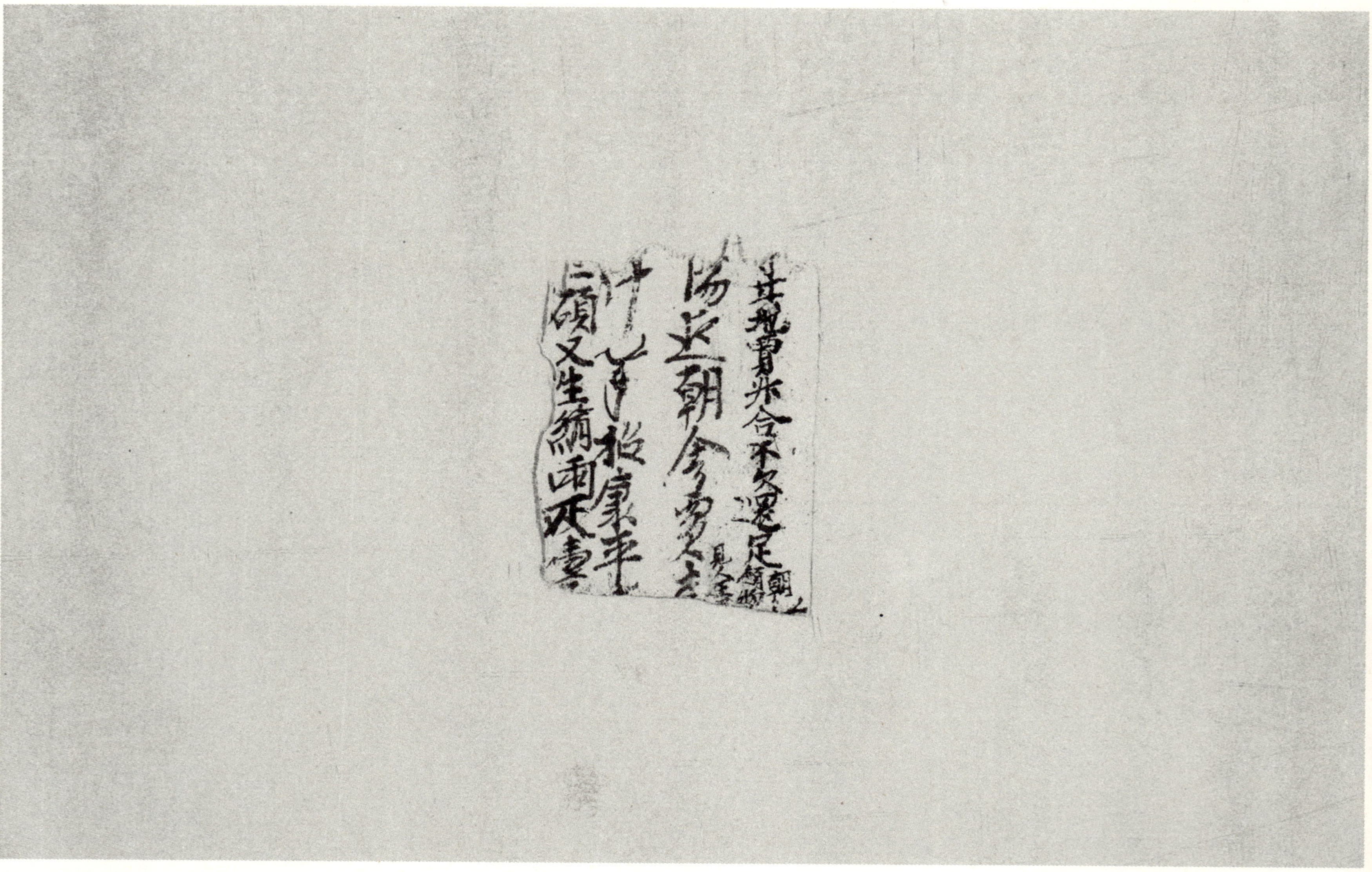

BD15650號　色物歷（擬）　（1-1）

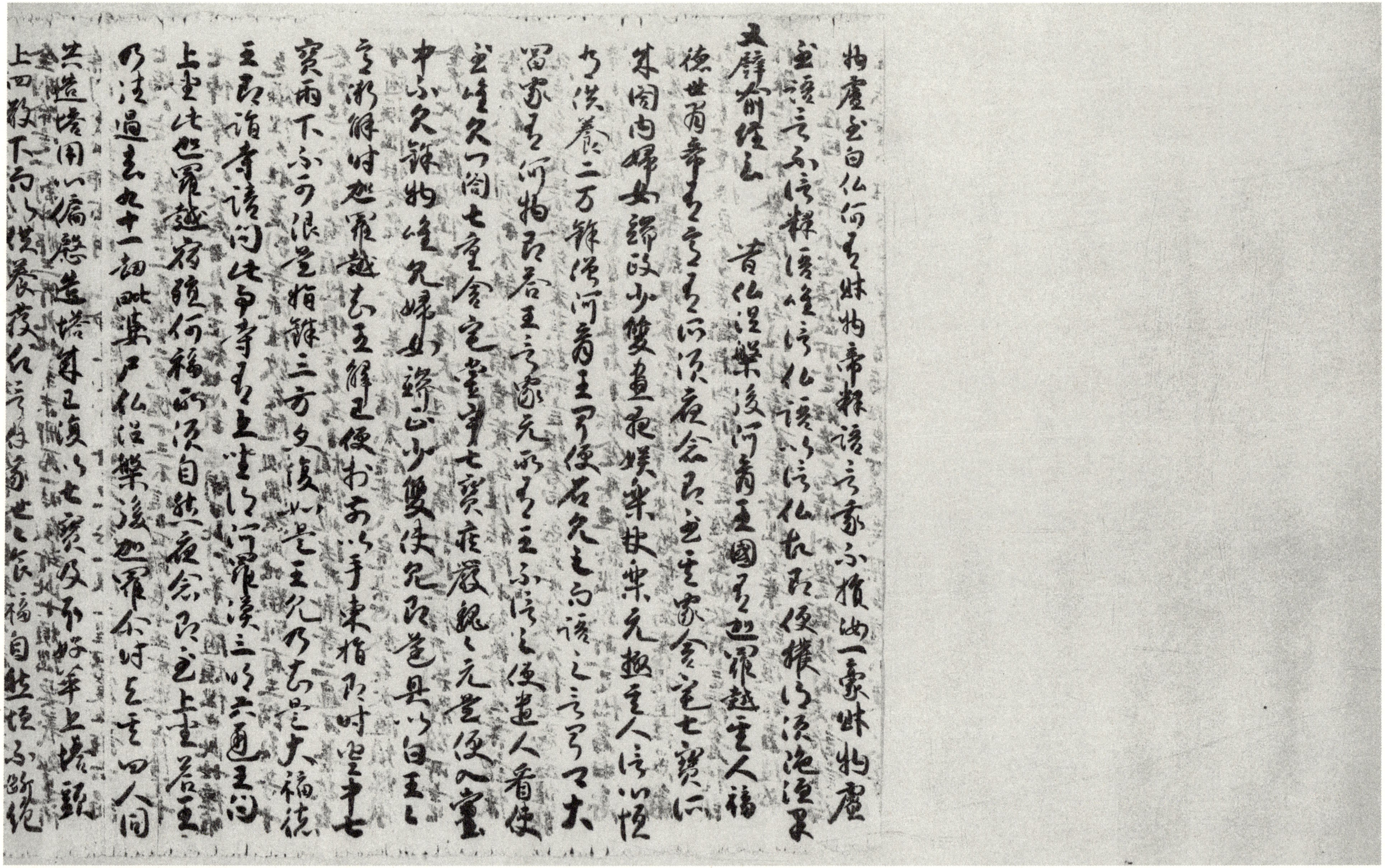

BD15651號　諸經法苑（擬）　（2–1）

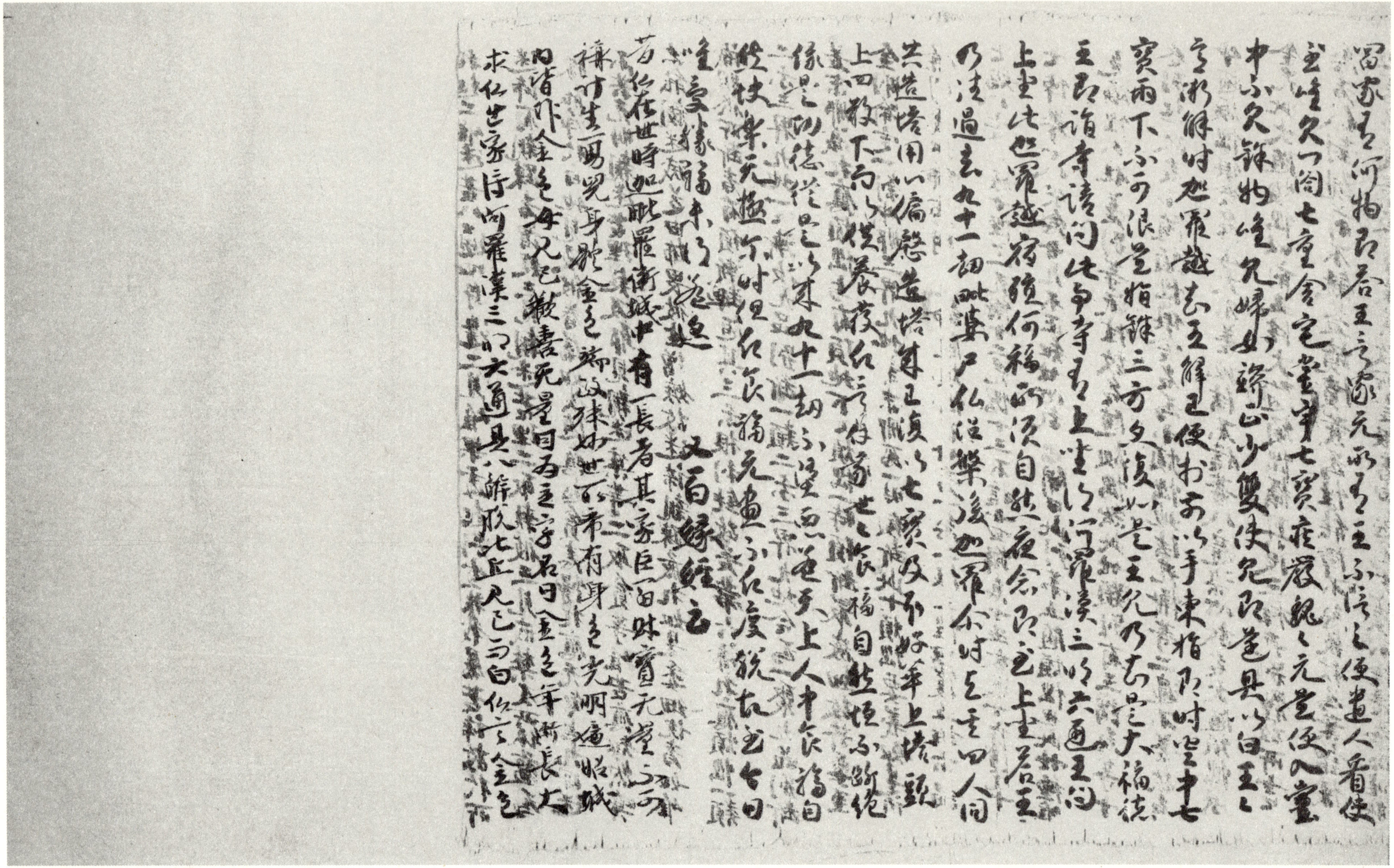

BD15651號　諸經法苑（擬）　　（2–2）

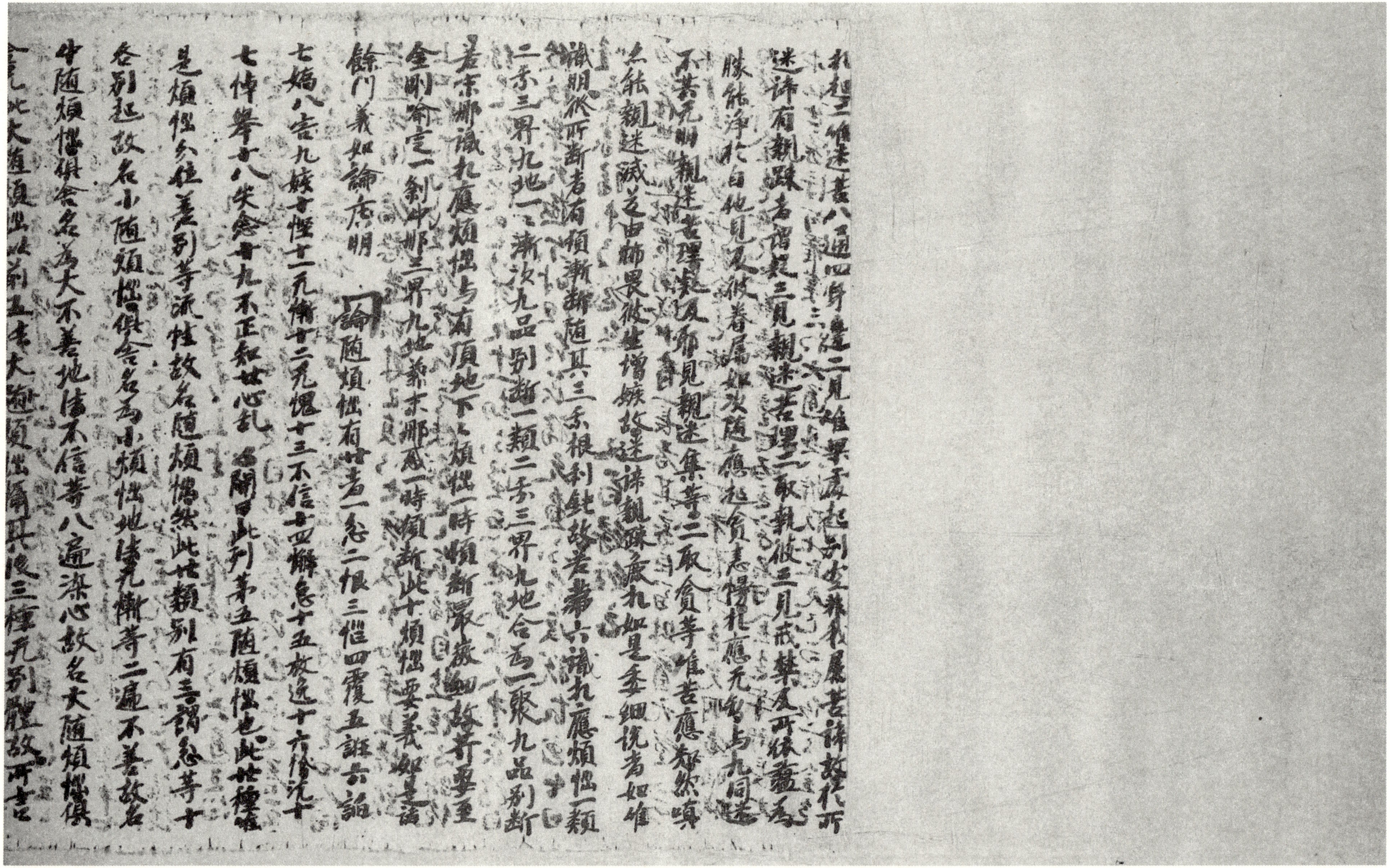

BD15651 號背　大乘百法明門論開宗義記　　（2–1）

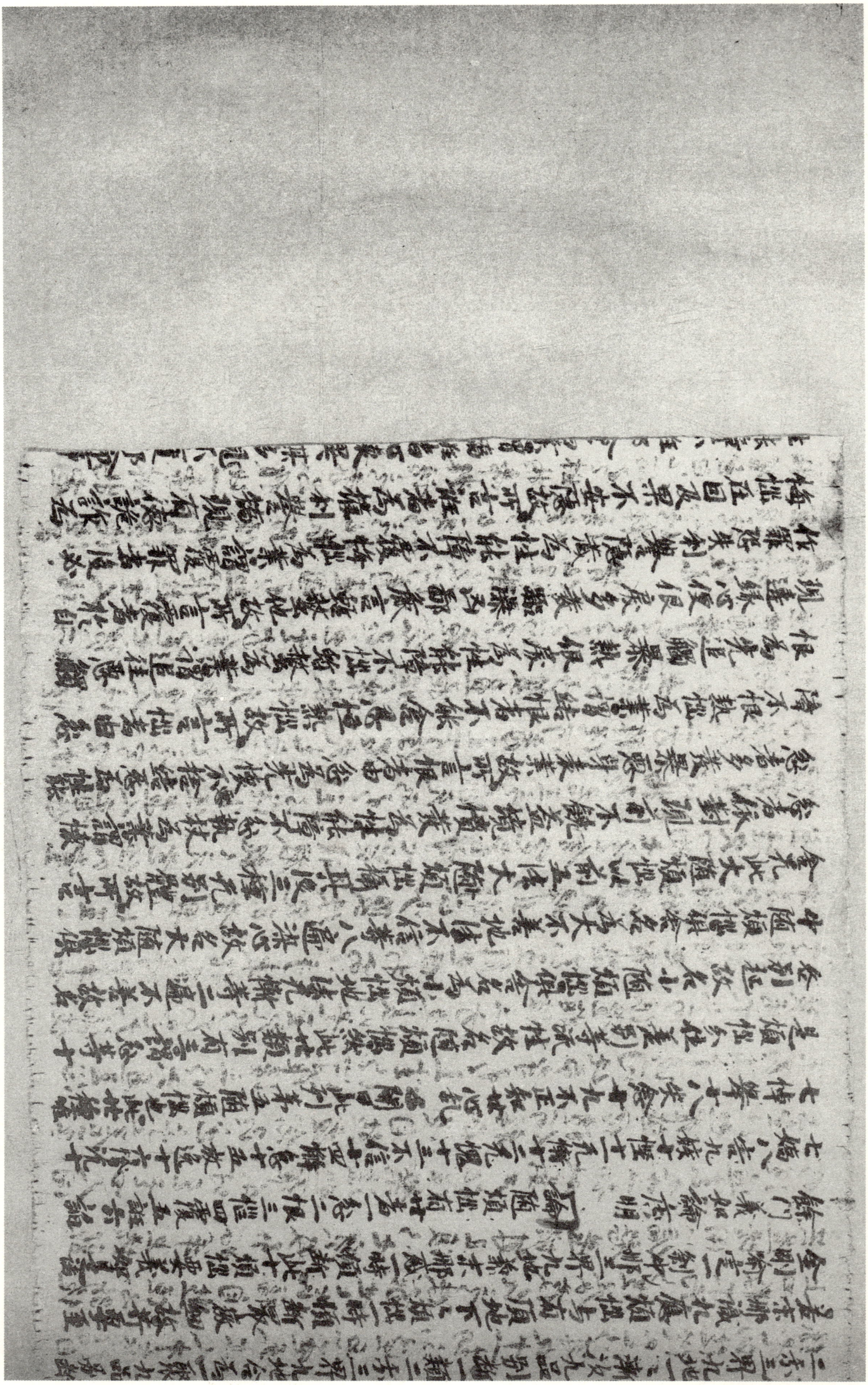

BD15651號背　大乘百法明門論開宗義記

（2–2）

浩山勝報下即說偈但歎慈之功德
[illegible]慈者實非虛相[illegible]答第一問明二乘局志行絕兼濟无有實
益可名虛妄耳菩薩之人内悟真常外兼群品慈教真實非是虛
妄從能為一切諸善根本盡不無得成就如是无量功德以來此之一段
先答第三問也答意脩慈功德豈但唯得所說人天果報亦已明脩慈
功德乃令行人脩生万善終得常果豈非真實然此常果始可謂是大
大慈之極云何而言慈悲非真實也譬如有人身被毒箭者此譬始行之
人於別前田慳惜不施取其檀行也悋慳害慧命譬之毒箭言眷屬來
譬諸仏菩薩即令良醫[illegible]受者財物時節和合施因緣具時[illegible]而為
拔箭者因緣既具勸行布施除慳心也自此以前名内慳心以為毒箭從
我今當觀如是毒箭從何方來至下名前田乞者之緣以爲毒箭以其
能生内心慳毒故名毒也何方來者觀被前田何方土來誰之所射者
[illegible]者義同剎利婆羅門之所射也若外
之所射也[illegible]耶者觀其前人
[illegible]

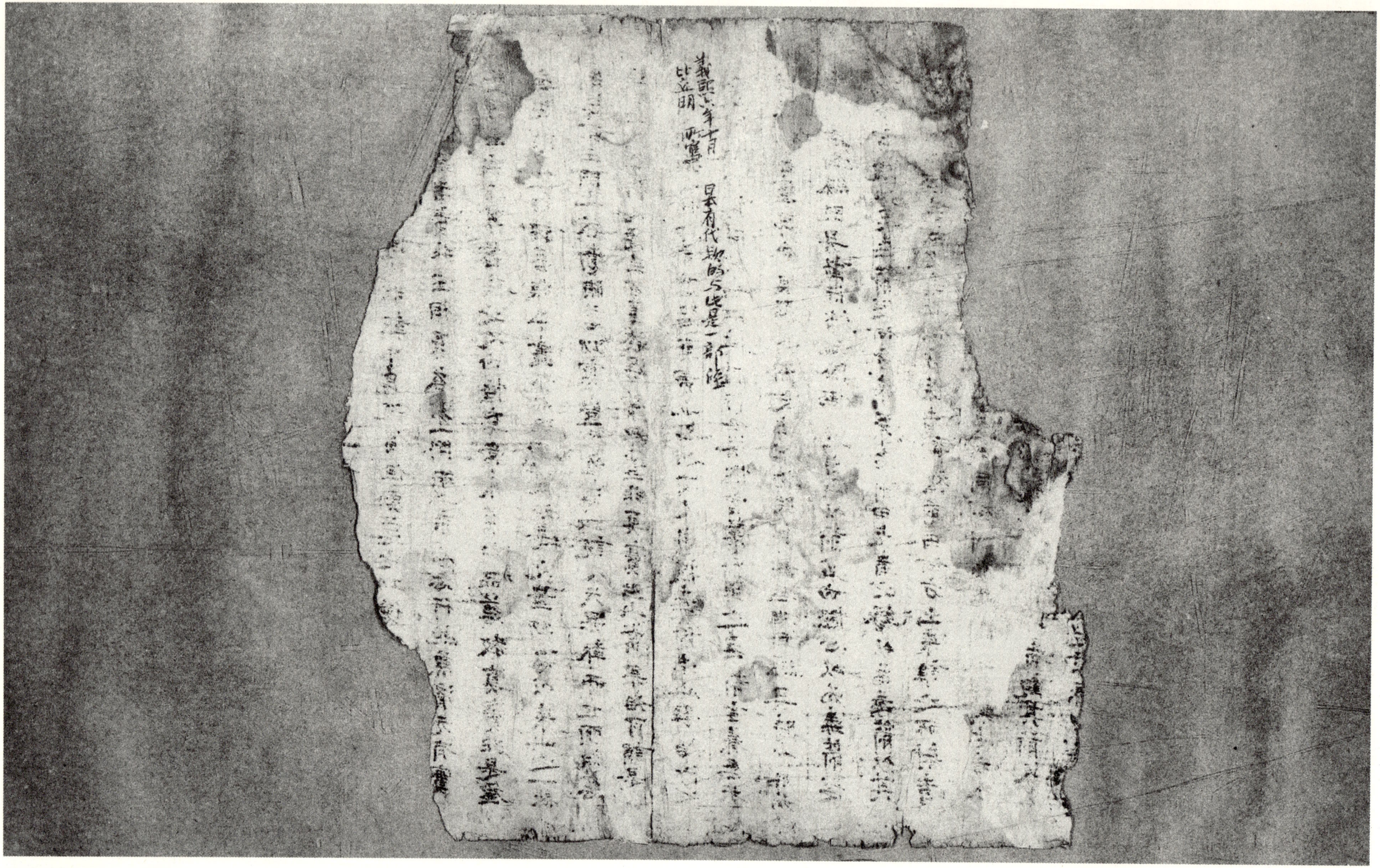

BD15652號背　題記

(1–1)

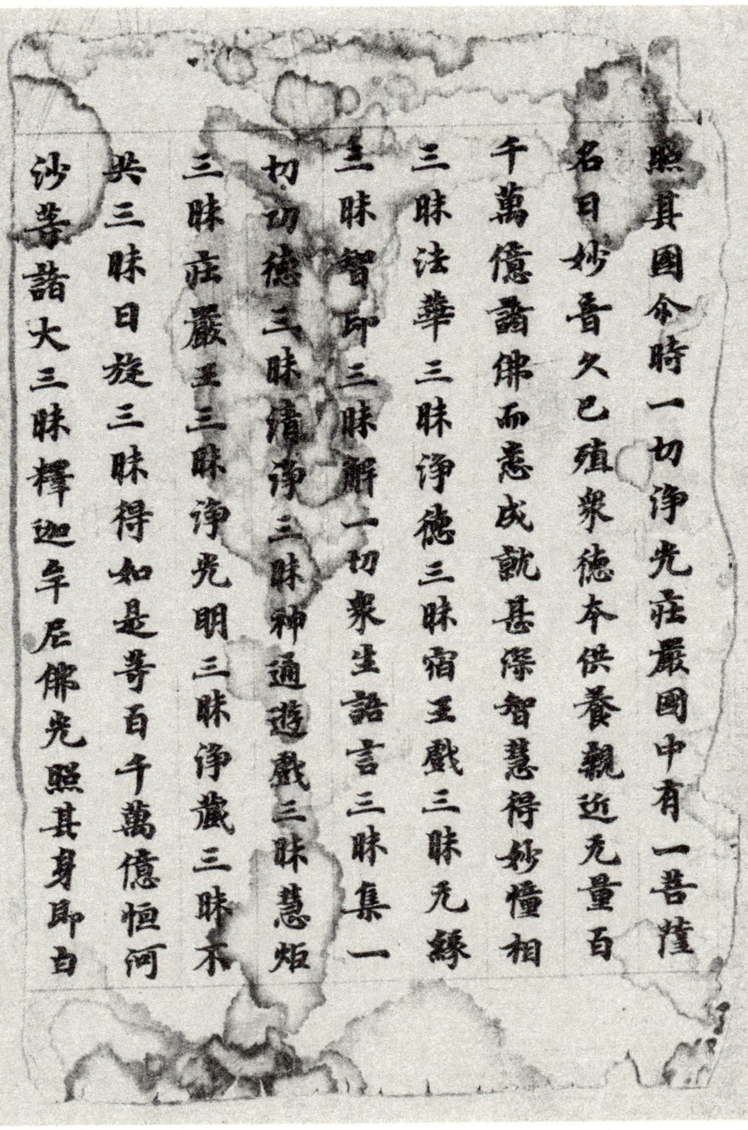

照其國尒時一切淨光莊嚴國中有一菩薩
名曰妙音久已殖衆德本供養親近无量百
千萬億諸佛而悉成就甚深智慧得妙幢相
三昧法華三昧淨德三昧宿王戲三昧无緣
三昧智印三昧解一切衆生語言三昧集一
切功德三昧清淨三昧神通遊戲三昧慧炬
三昧莊嚴王三昧淨光明三昧淨藏三昧不
共三昧日旋三昧得如是等百千萬億恒河
沙等諸大三昧釋迦牟尼佛光照其身即白

BD15653 號　妙法蓮華經卷七　　(1–1)

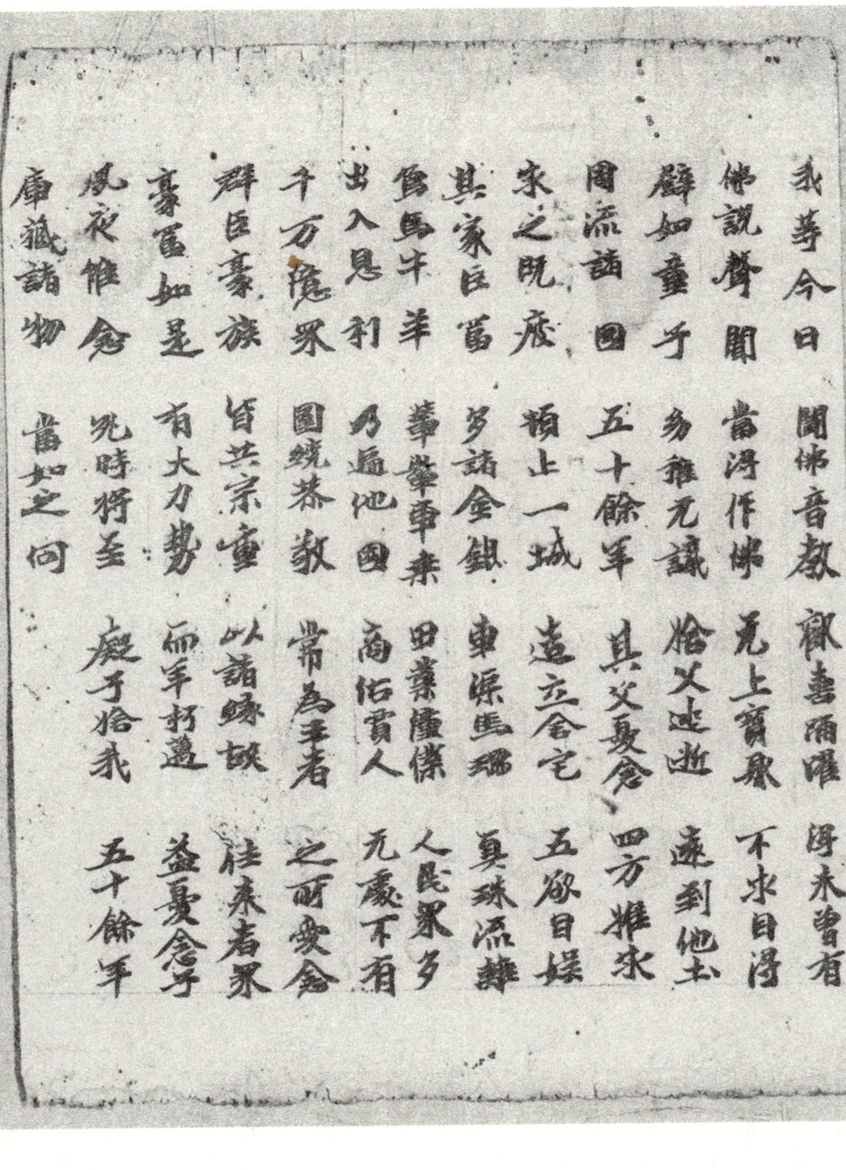

我等今日　聞佛音教　歡喜踊躍　得未曾有
佛說聲聞　當得作佛　无上寶聚　不求自得
譬如童子　幼稚无識　捨父逃逝　遠到他土
周流諸國　五十餘年　其父憂念　四方推求
求之既疲　頓止一城　造立舍宅　五欲自娛
其家巨富　多諸金銀　車𤦲馬瑙　真珠琉璃
象馬牛羊　輦輿車乘　田業僮僕　人民衆多
出入息利　乃遍他國　商估賈人　无處不有
千万億衆　圍繞恭敬　常為王者　之所愛念
群臣豪族　皆共宗重　以諸緣故　往來者衆
豪富如是　有大力勢　而年朽邁　益憂念子
夙夜惟念　死時將至　癡子捨我　五十餘年
庫藏諸物　當如之何

BD15654 號　妙法蓮華經卷二　　(1–1)

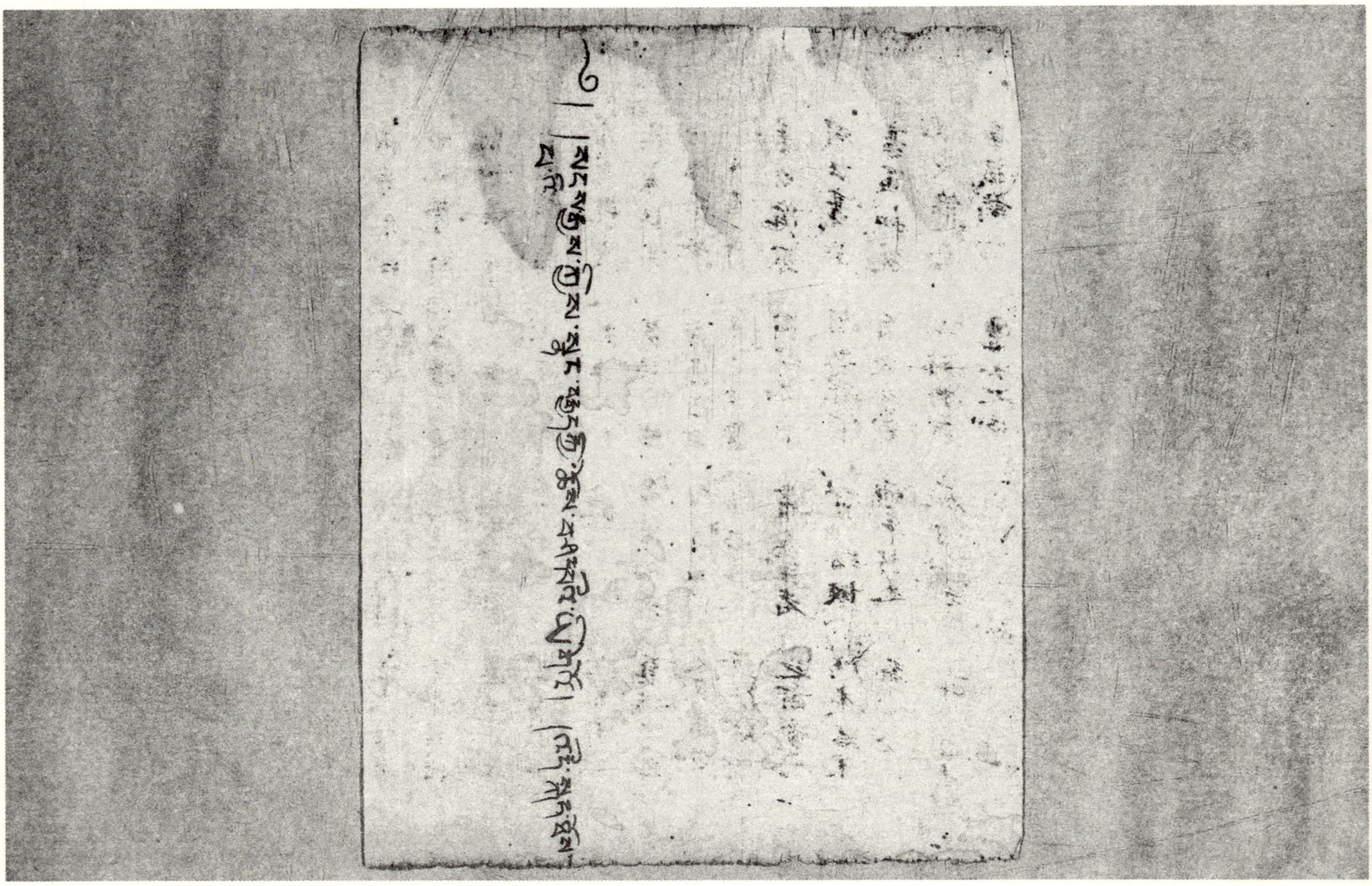

BD15654 號背　藏文雜寫（世尊所講八種感受經）（擬）　　（1–1）

BD15655號　大乘無生方便門

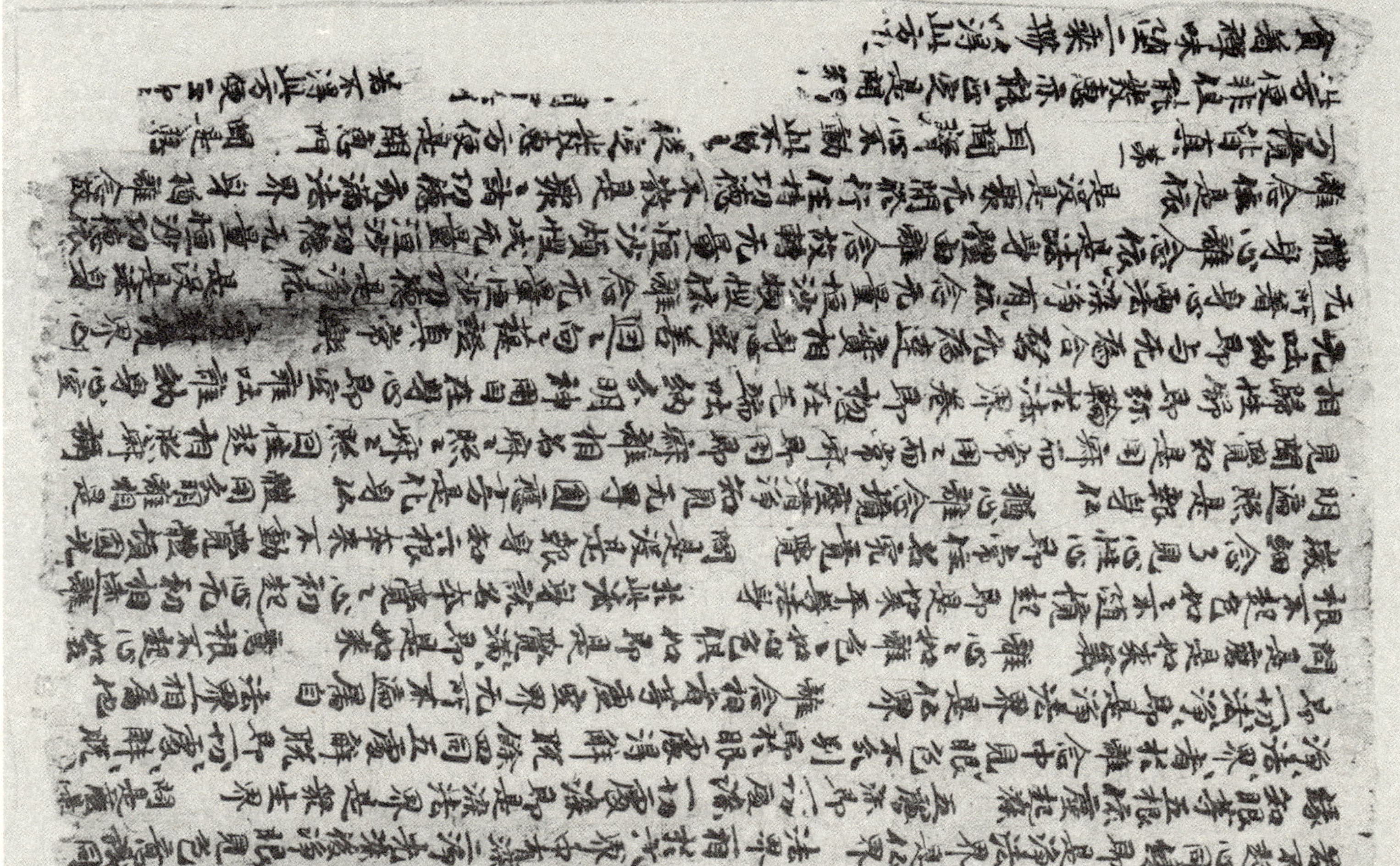

（1–1）

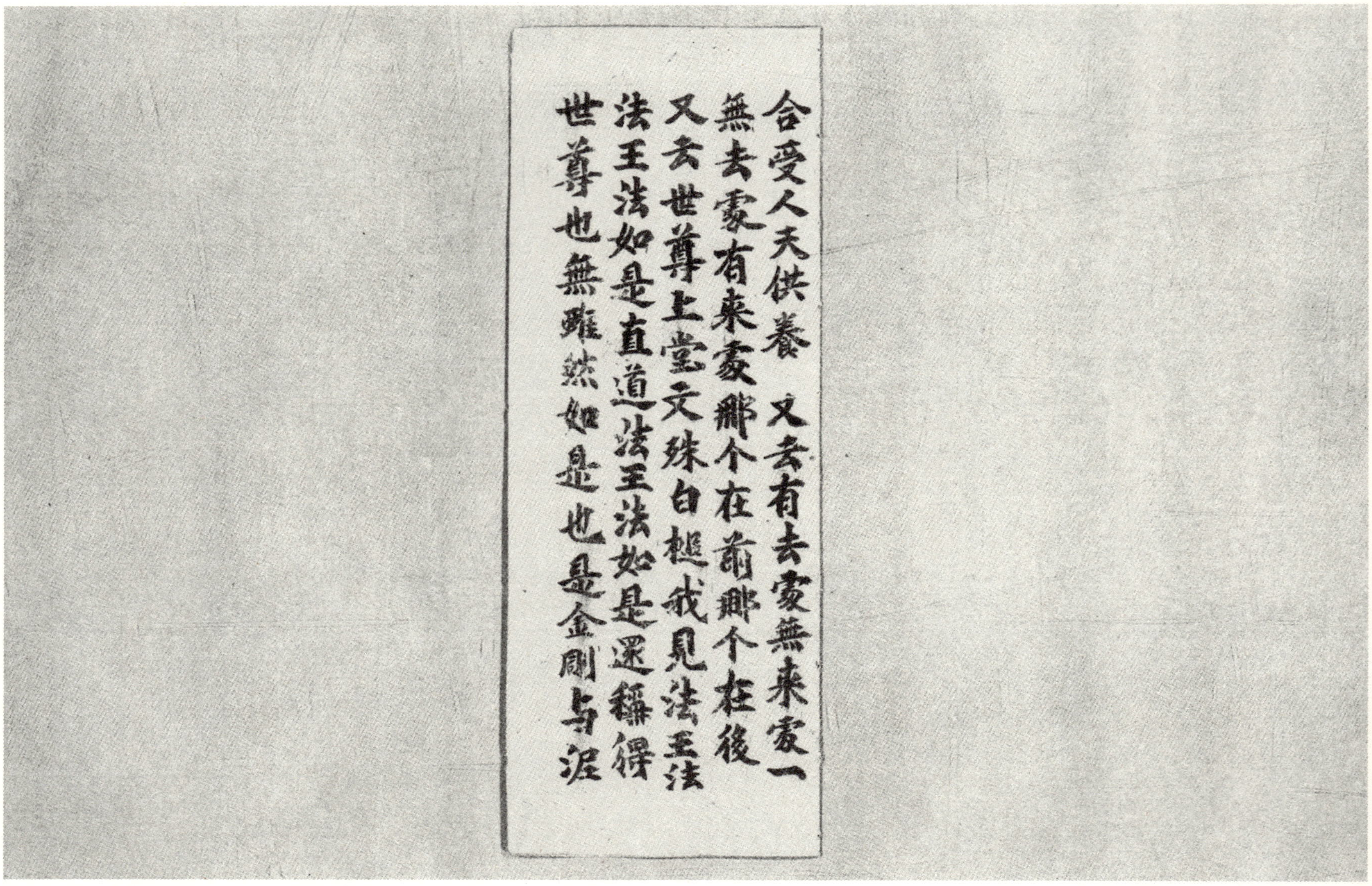
合受人天供養　又云有去處無來處一
無去處有來處那个在前那个在後
又云世尊上堂文殊白槌我見法王法
法王法如是直道法王法如是還稱得
世尊也無雖然如是也是金剛与泥

BD15656 號　某禪宗語錄（擬）　（3–1）

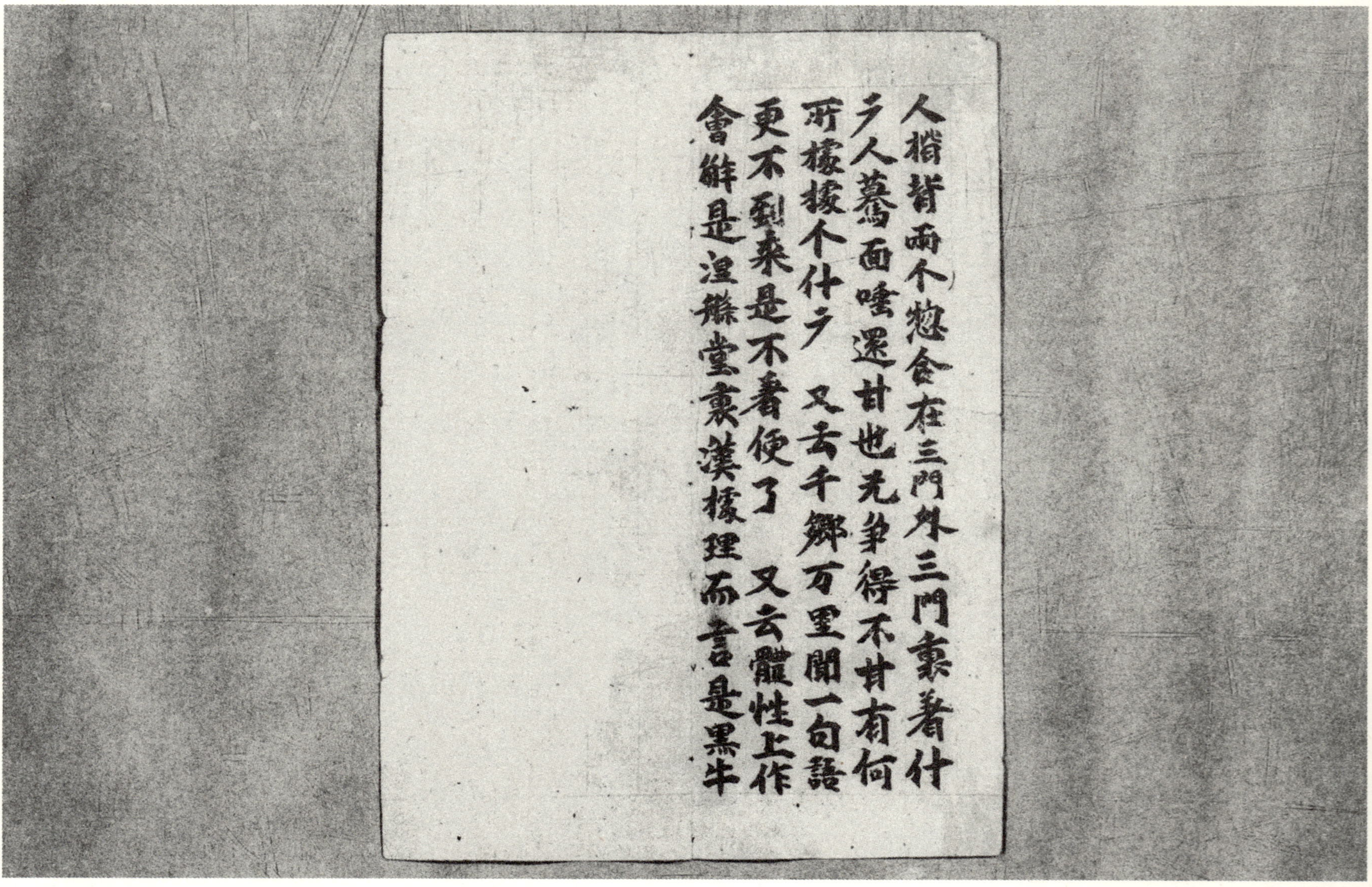
人揹背而不惣合在三門外三門裏着什
么人驀面唾還甘也无爭得不甘有何
所據據个什么　又云千鄉万里聞一句語
更不到來是不著便了　又云體性上作
會解是涅槃堂裏漢據理而言是黑牛

BD15656 號　某禪宗語錄（擬）　（3–2）

BD15656 號　某禪宗語錄(擬)　　(3–3)

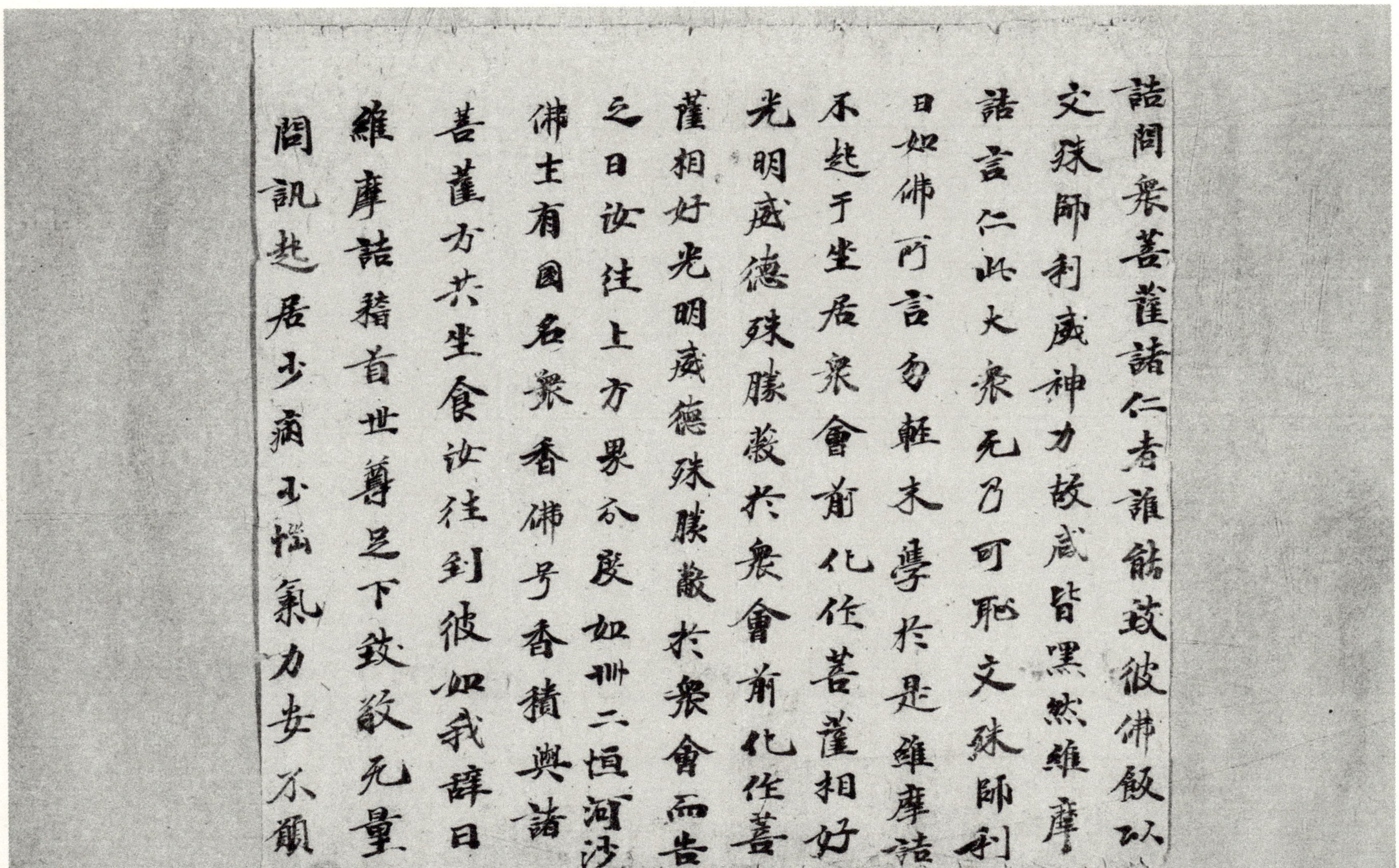

詰問衆菩薩諸仁者誰能致彼佛飯以
文殊師利威神力故咸皆黙然維摩
詰言仁此大衆无乃可耻文殊師利
曰如佛所言勿輕未學於是維摩詰
不起于坐居衆會前化作菩薩相好
光明威德殊勝蔽於衆會前化作菩
薩相好光明威德殊勝蔽於衆會而告
之曰汝往上方界分度如卌二恒河沙
佛土有國名衆香佛号香積與諸
菩薩方共坐食汝往到彼如我辭曰
維摩詰稽首世尊足下致敬无量
問訊起居少病少惱氣力安不願

BD15657 號　維摩詰所說經卷下　　(1–1)

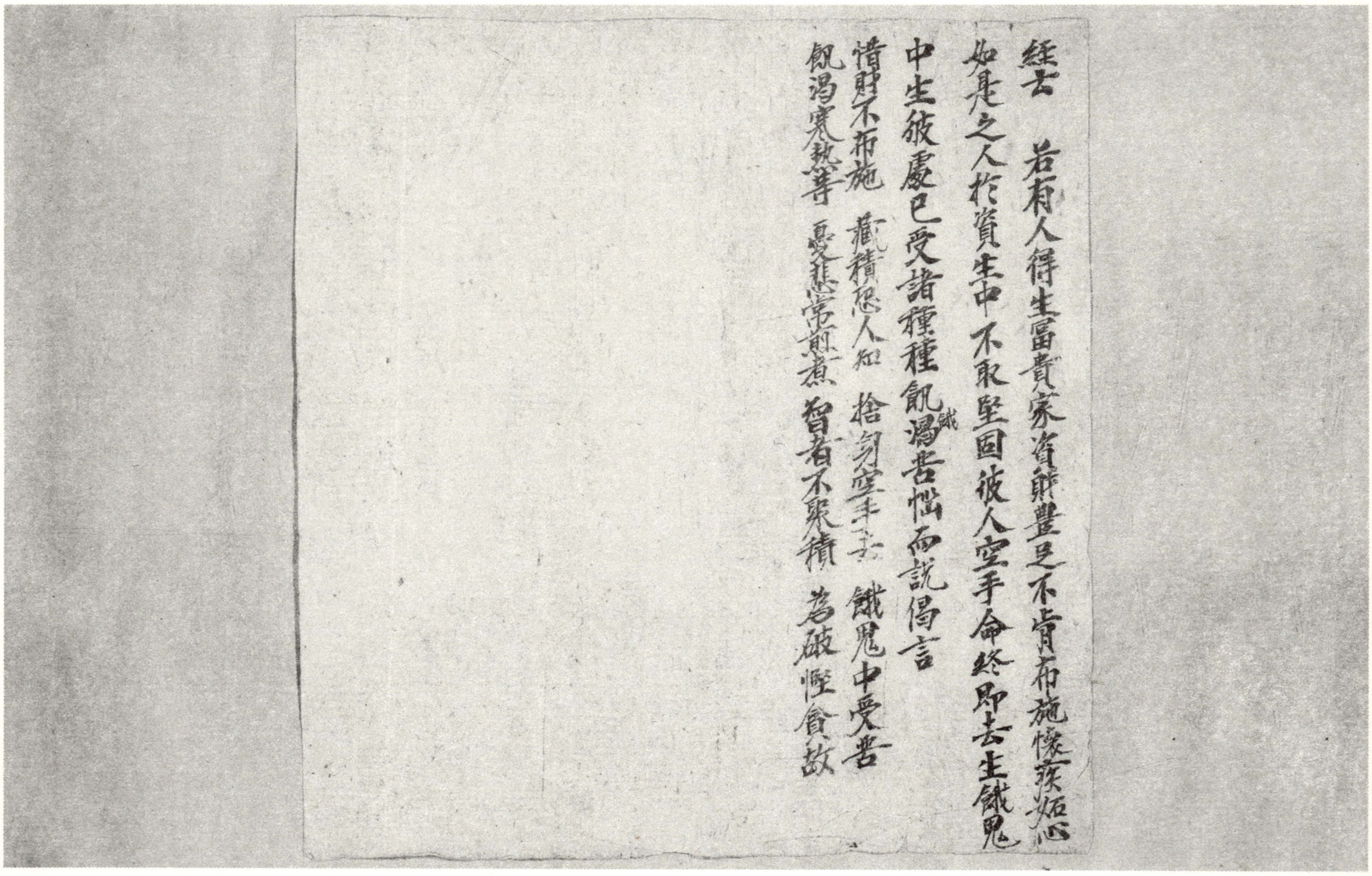

經云
若有人得生富貴家資財豐足不肯布施懷嫉妬心
如是之人於資生中不取堅固彼人空手命終即去生餓鬼
中生彼處已受諸種種飢渴苦惱而說偈言
慳財不布施　藏積恐人知　捨身空手去　餓鬼中受苦
飢渴寒熱等　憂悲常煎煮　智者不聚積　為破慳貪故

BD15658 號　大薩遮尼乾子所說經卷五鈔　（1–1）

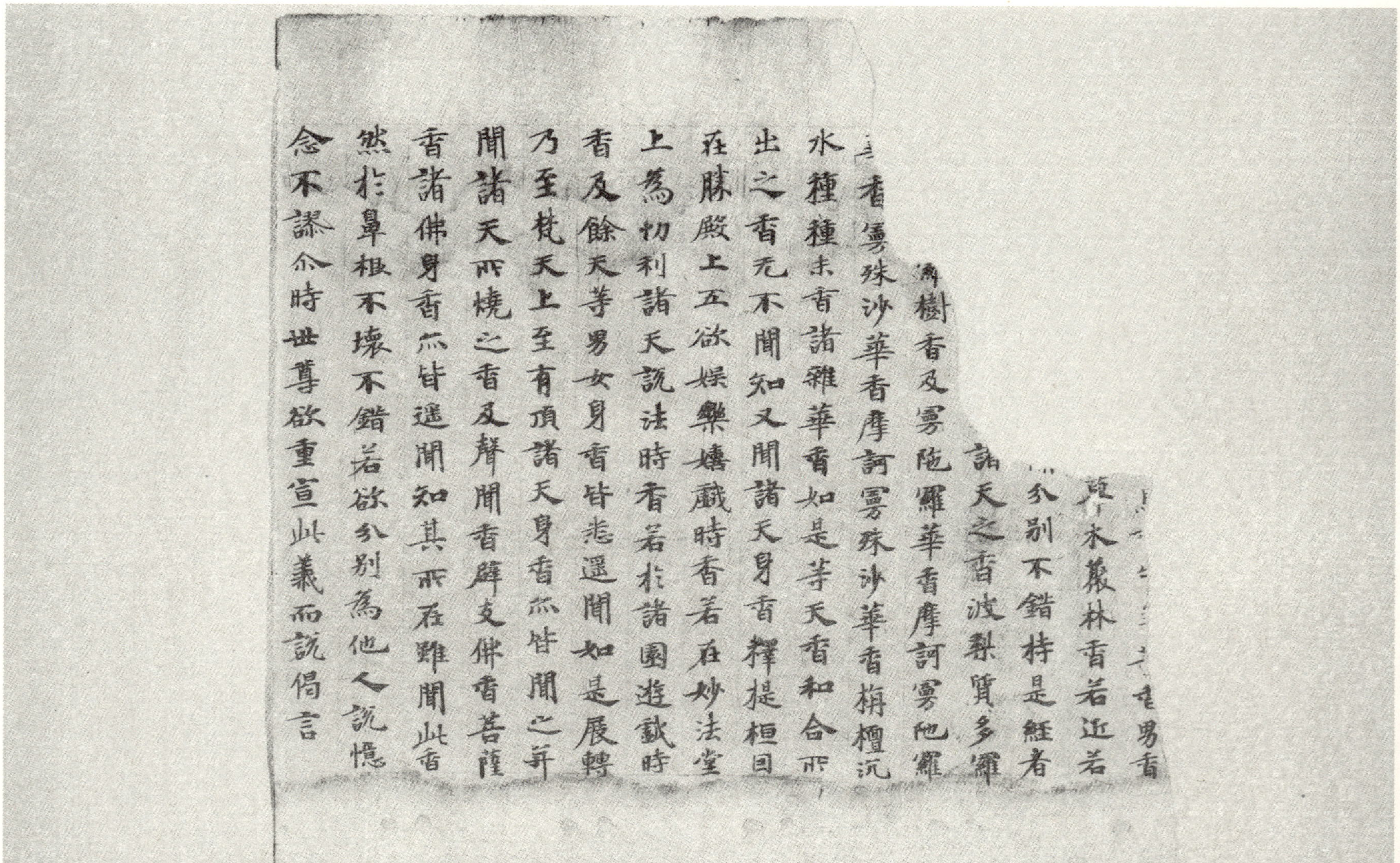

男香
木叢林香若近若
分別不錯持是經者
諸天之香波梨質多羅
樹香及曼陁羅華香摩訶曼陁羅
香曼殊沙華香摩訶曼殊沙華香栴檀沉
水種種末香諸雜華香如是等天香和合所
出之香无不聞知又聞諸天身香釋提桓因
在勝殿上五欲娛樂嬉戲時香若在妙法堂
上為忉利諸天說法時香若於諸園遊戲時
香及餘天等男女身香皆悉遙聞如是展轉
乃至梵天上至有頂諸天身香亦皆聞之并
聞諸天所燒之香及聲聞香辟支佛香菩薩
香諸佛身香亦皆遙聞知其所在雖聞此香
然於鼻根不壞不錯若欲分別為他人說憶
念不謬尒時世尊欲重宣此義而說偈言

BD15659 號　妙法蓮華經卷六　（1–1）

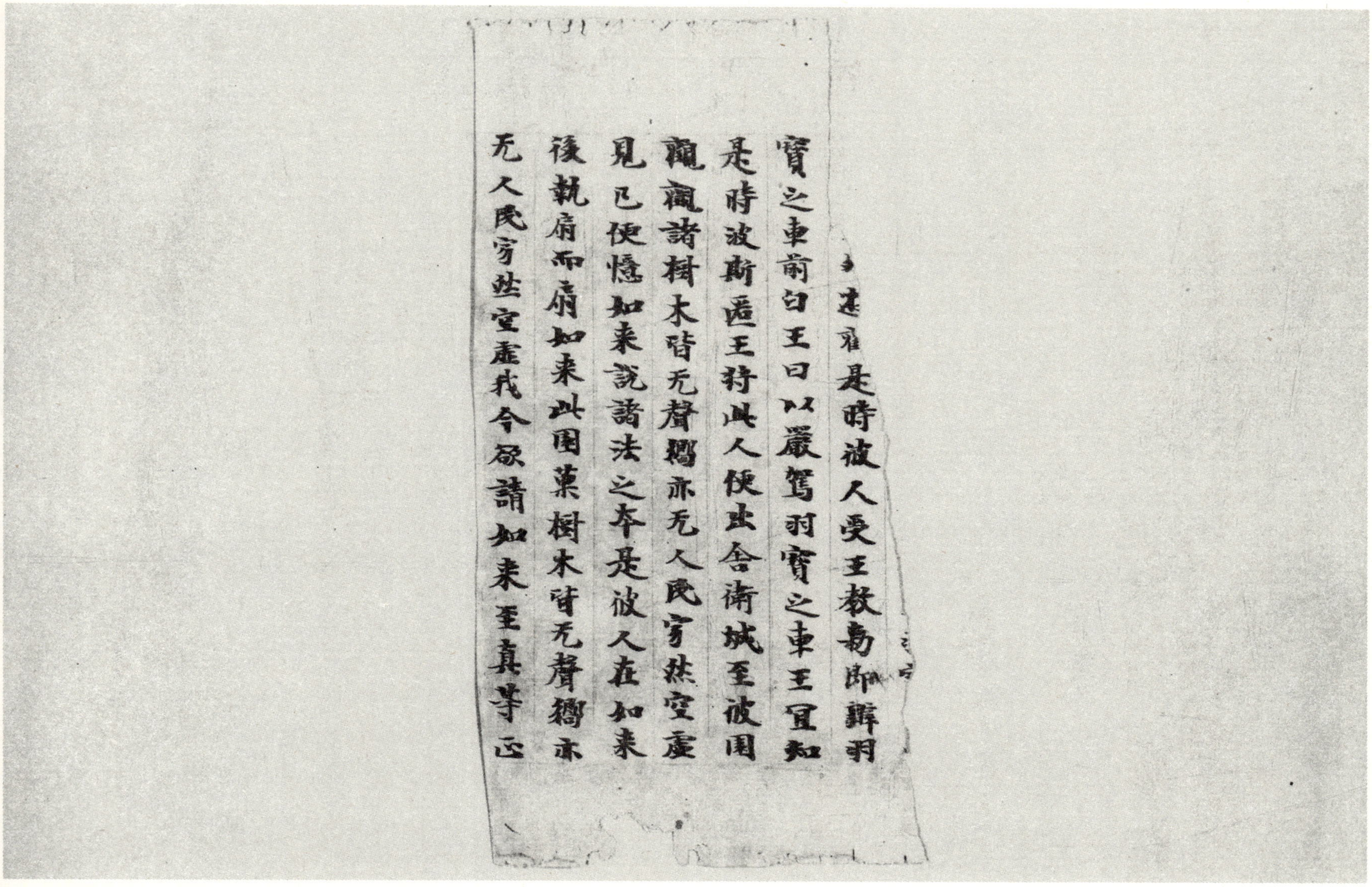
遣雍是時彼人受王教勑即辦羽
寶之車前白王曰以嚴駕羽寶之車王宜知
是時波斯匿王特此人便出舍衛城至彼園
觀諸樹木皆无聲響亦无人民寂然空虛
見已便憶如來說諸法之本是彼人在如来
後執扇而扇如来此園菓樹木皆无聲響亦
无人民寂然空虛我今欲請如来至真等正

BD15660號　增壹阿含經卷三二　（1–1）

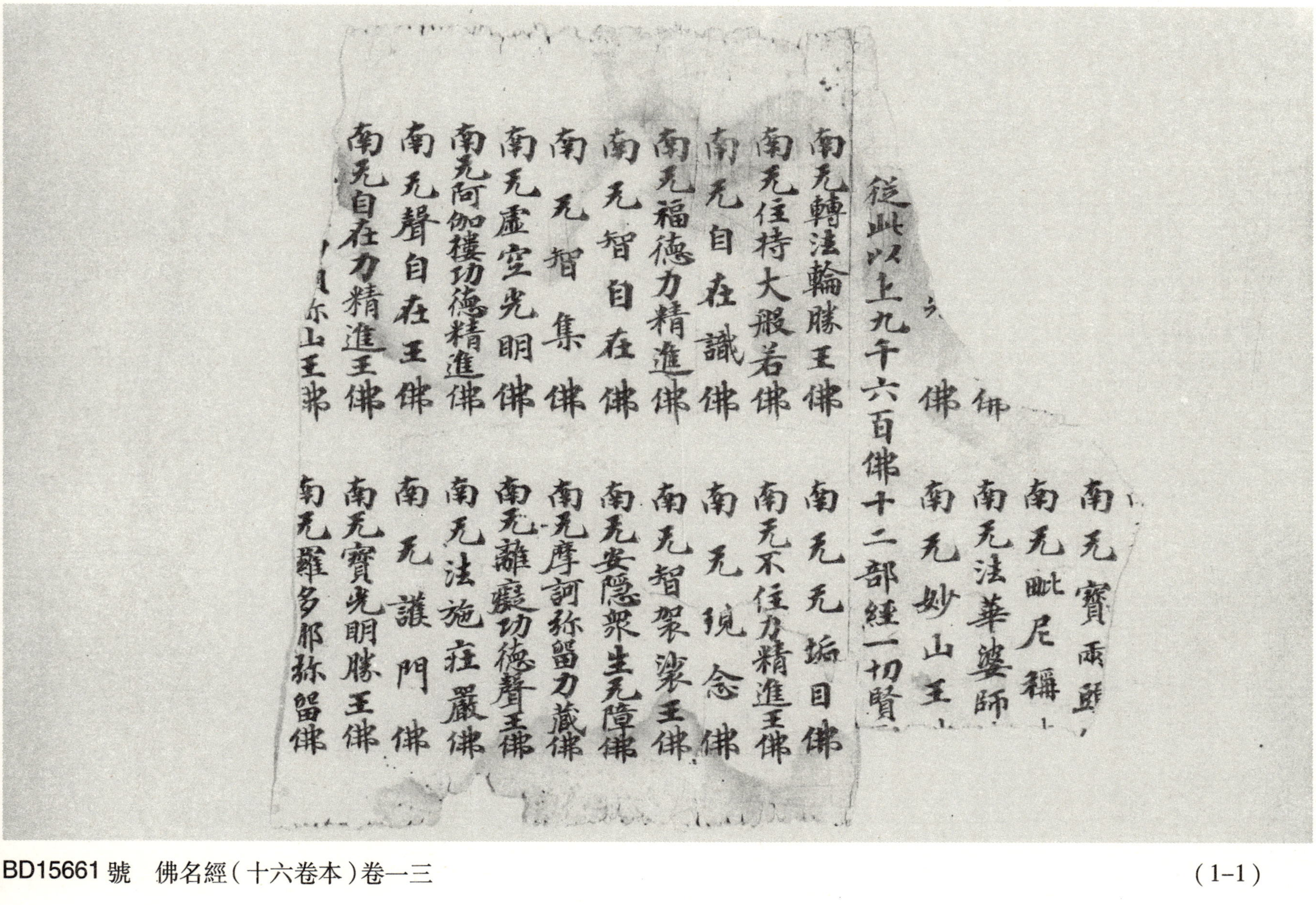
南无寶雨
南无毗尼稱
佛　南无法華婆師
佛　南无妙山王
從此以上九千六百佛十二部經一切賢
南无轉法輪勝王佛　南无无垢目佛
南无住持大般若佛　南无不住力精進王佛
南无自在識佛　南无現念佛
南无福德力精進佛　南无智聚衆王佛
南无智自在佛　南无安隱衆生无障佛
南无智集佛　南无摩訶弥留力藏佛
南无虛空光明佛　南无離癡功德聲王佛
南无阿伽樓功德精進佛　南无法施莊嚴佛
南无聲自在王佛　南无護門佛
南无自在力精進王佛　南无寶光明勝王佛
尒山王佛　南无羅多那弥留佛

BD15661號　佛名經（十六卷本）卷一三　（1–1）

南无執寶炬菩薩
南无寶見菩薩
南无明網菩薩
南无慧積菩薩
南无天王菩薩
南无電得菩薩
南无功德相嚴菩薩
南无雷音　菩薩
南无香象　菩薩
南无妙　生菩薩
南无梵網　菩薩
南无　无勝菩薩
南无金髻　菩薩
南无光嚴童子菩薩

南无寶勇菩薩
南无帝網菩薩
南无〻緣觀菩薩
南无寶勝菩薩
南无懷魔菩薩
南无自在王菩薩
南无師子吼菩薩
南无山相擊音菩薩
南无白香象菩薩
南无華嚴菩薩
南无寶杖菩薩
南无嚴土菩薩
南无珠髻菩薩
南无持世菩薩

BD15662 號　佛名經（二十卷本）卷二〇　（1–1）

波羅蜜无相故　生
蜜无相故具足解脫
次第定波羅蜜无相
乃至具足十八不共法
薩无相故自具足是諸
法无相故須菩提若諸法
者菩薩摩訶薩行般若
无相无憶念得阿耨多羅
令得无漏法何以故一切
故如是須菩提菩薩摩
蜜以无漏法利益衆生須菩
若一切法无相无憶念云何數是
辟支佛法是菩薩法是佛法佛告
汝意云何无相法與聲聞法異不
无相法與辟支佛法菩薩法佛法
世尊佛告須菩提无相法即是須
陁含果阿那含果阿羅漢果辟支佛法
法佛法須菩提言如是世尊須菩提以是
緣故當知一切法皆是无相須菩提菩薩摩
訶薩學是一切法无相得增益善法所謂六
波羅蜜四禪四无量心四无色定四念處乃
至十八不共法何以故菩薩不以餘法為要
如三解脫門所謂空无相无作所以者何一
切善法皆入三解脫門何以故一切法自相
空是名空解脫門一切法无相是名无相解
脫門一切法无作无起相是名无作解脫門

BD15663 號　摩訶般若波羅蜜經卷二四　（1–1）

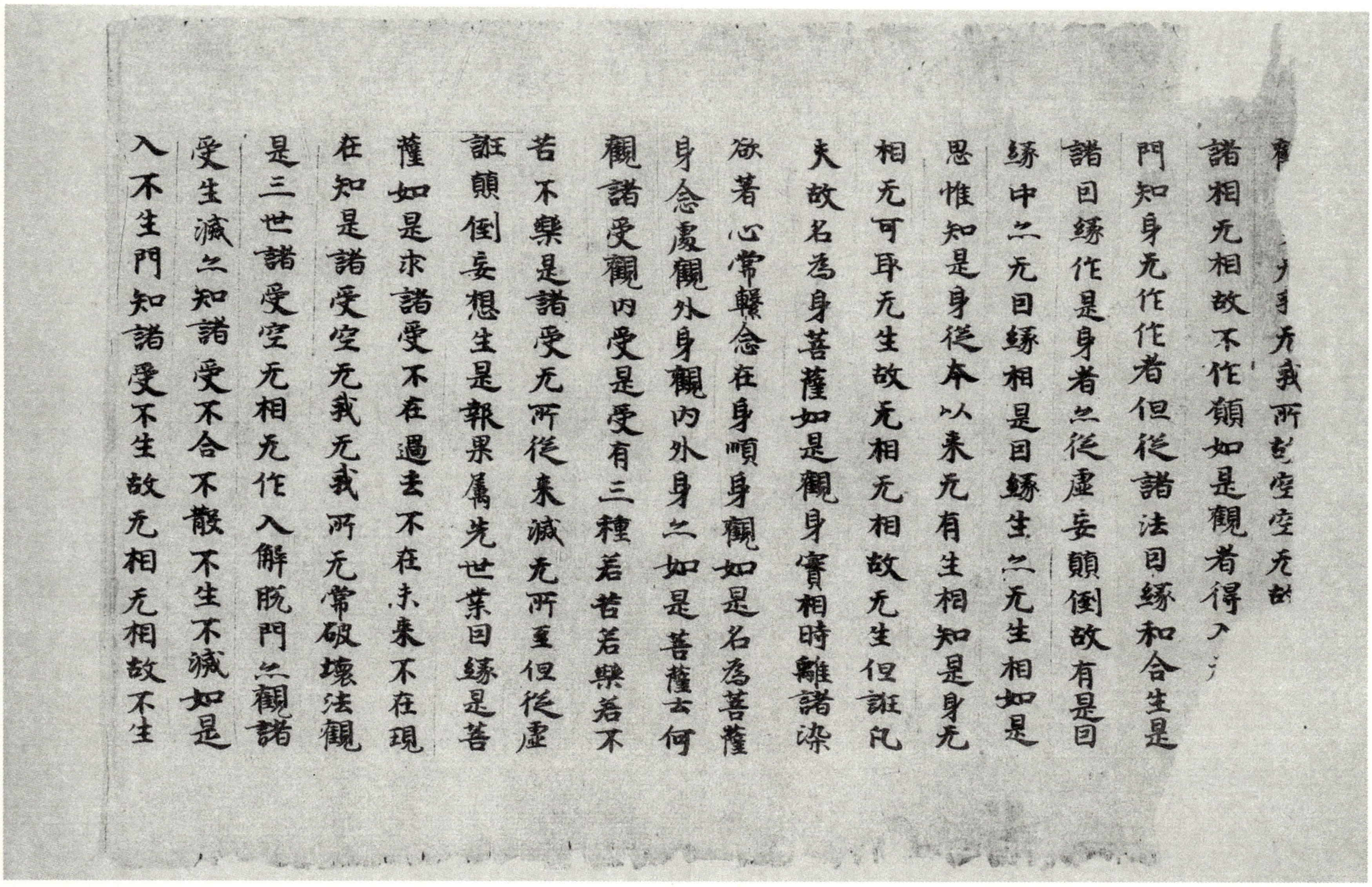

□□□□无我所故空空无故
諸相无相故不作願如是觀者得入□□
門知身无作作者但從諸法因緣和合生是
諸因緣作是身者亦從虛妄顛倒故有是因
緣中亦无因緣相是因緣生亦无生相如是
思惟知是身從本以來无有生相知是身无
相无可取无生故无相无相故无生但誑凡
夫故名為身菩薩如是觀身實相時離諸染
欲著心常繫念在身順身觀如是名為菩薩
身念處觀外身觀內外身亦如是菩薩云何
觀諸受觀內受是受有三種若苦若樂若不
苦不樂是諸受无所從來滅无所至但從虛
誑顛倒妄想生是報果屬先世業因緣是菩
薩如是求諸受不在過去不在未來不在現
在知是諸受空无我无我所无常破壞法觀
是三世諸受空无相无作入解脫門亦觀諸
受生滅亦知諸受不合不散不生不滅如是
入不生門知諸受不生故无相无相故不生

BD15664號　大智度論卷一九　（1–1）

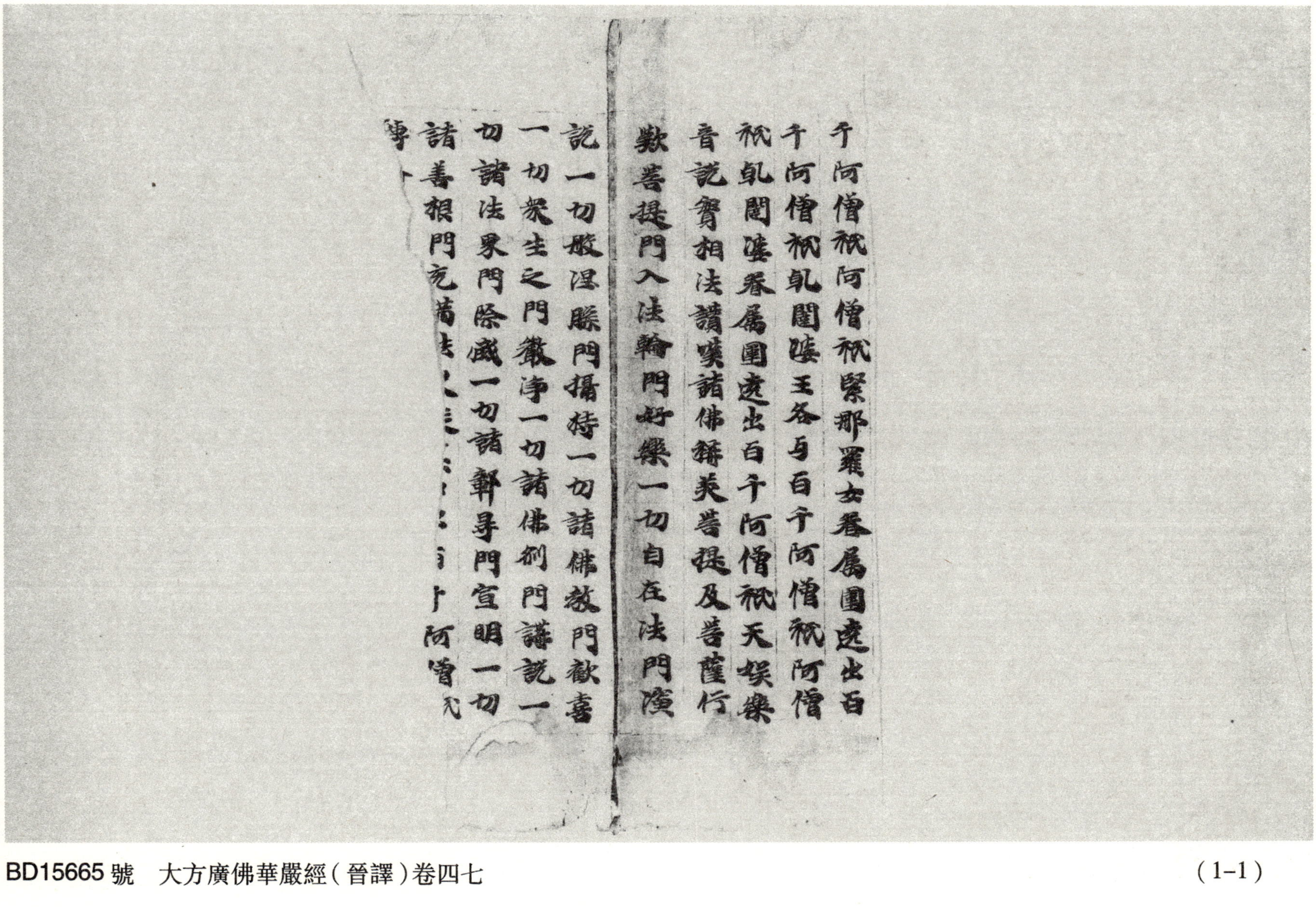

千阿僧祇阿僧祇緊那羅女眷屬圍遶出百
千阿僧祇乾闥婆王各與百千阿僧祇阿僧
祇乾闥婆眷屬圍遶出百千阿僧祇天娛樂
音說實相法讚歎諸佛稱美菩提及菩薩行
歎菩提門入法輪門娛樂一切自在法門演
說一切般涅槃門攝持一切諸佛教門歡喜
一切眾生之門嚴淨一切諸佛剎門讚說一
切諸法界門除滅一切諸邪見門宣明一切
諸善根門充滿□□□□□□□阿僧□
□

BD15665號　大方廣佛華嚴經（晉譯）卷四七　（1–1）

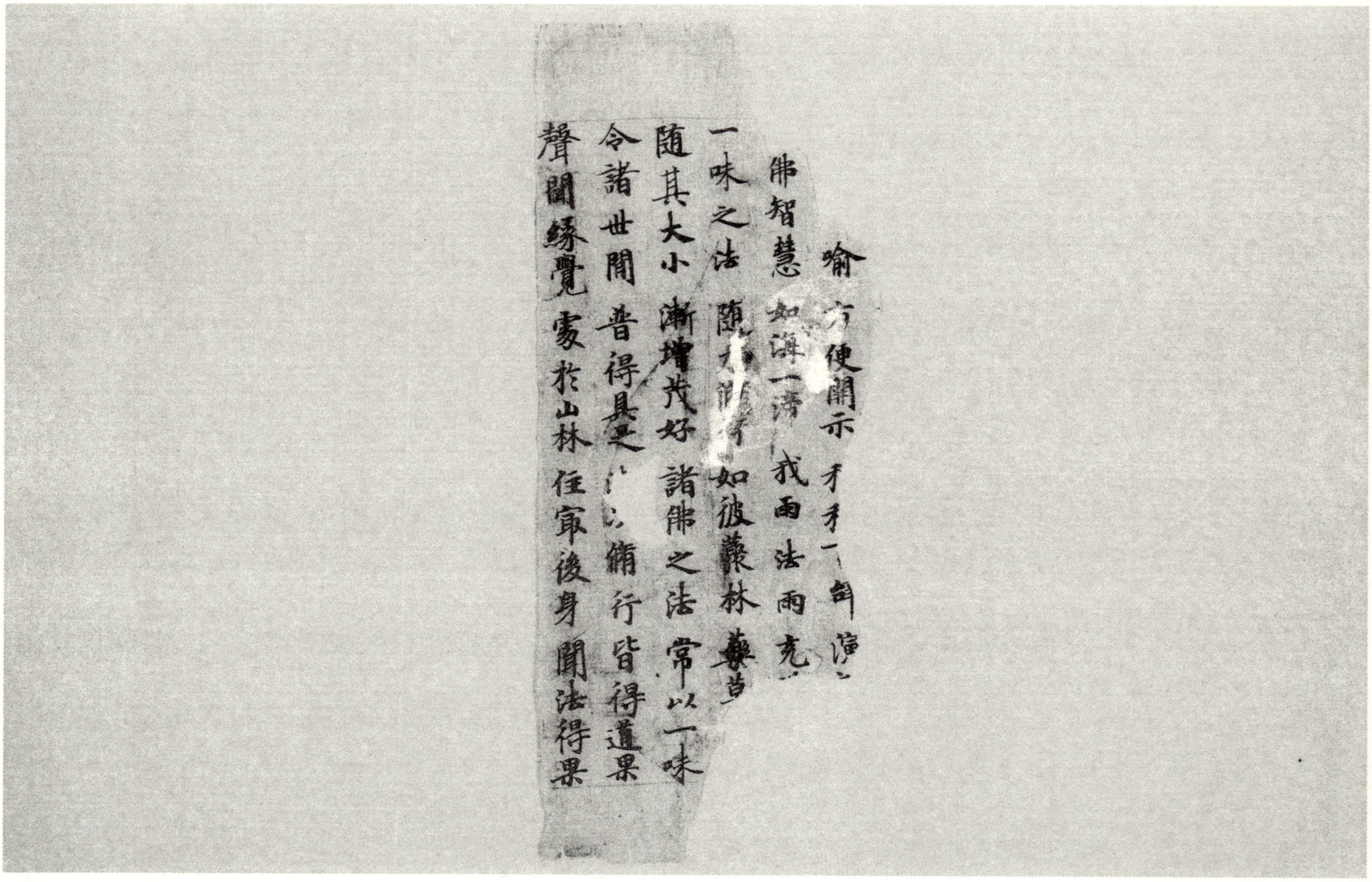
喻　方便開示　種種言辭　演
佛智慧　如海一渧　我雨法雨　充
一味之法　隨力修行　如彼叢林　藥草
隨其大小　漸增茂好　諸佛之法　常以一味
令諸世間　普得具足　漸次脩行　皆得道果
聲聞緣覺　處於山林　住最後身　聞法得果

BD15666 號　妙法蓮華經卷三　（1–1）

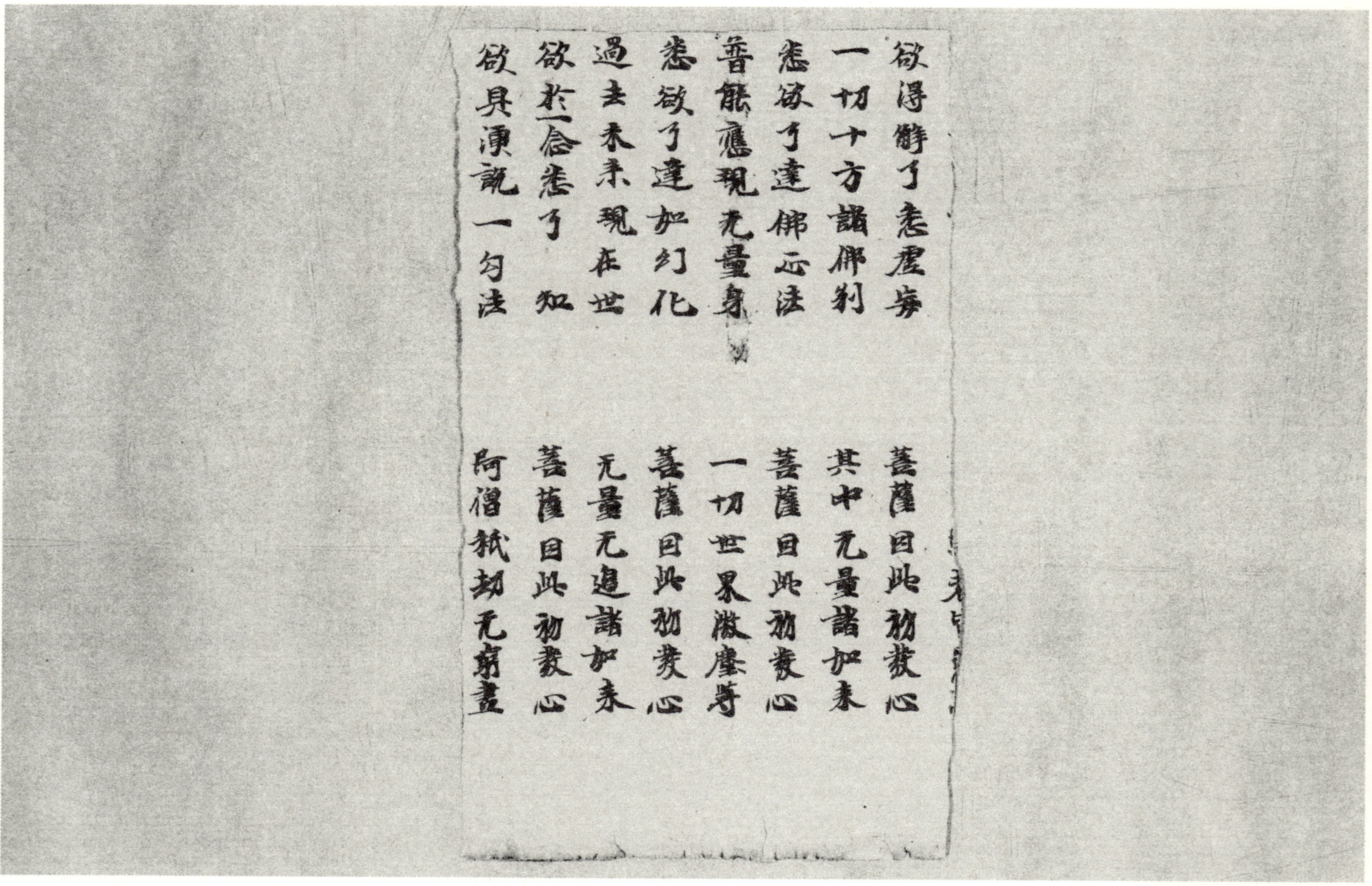
欲得解了悉虛空
一切十方諸佛刹
悉欲了達佛正法
普能應現无量身
悉欲了達如幻化
過去未來現在世
欲於一念悉了知
欲具演說一句法

菩薩因此初發心
其中无量諸如來
菩薩因此初發心
一切世界微塵等
菩薩因此初發心
无量无邊諸如來
菩薩因此初發心
阿僧祇劫无窮盡

BD15667 號　大方廣佛華嚴經（晉譯）卷八　（1–1）

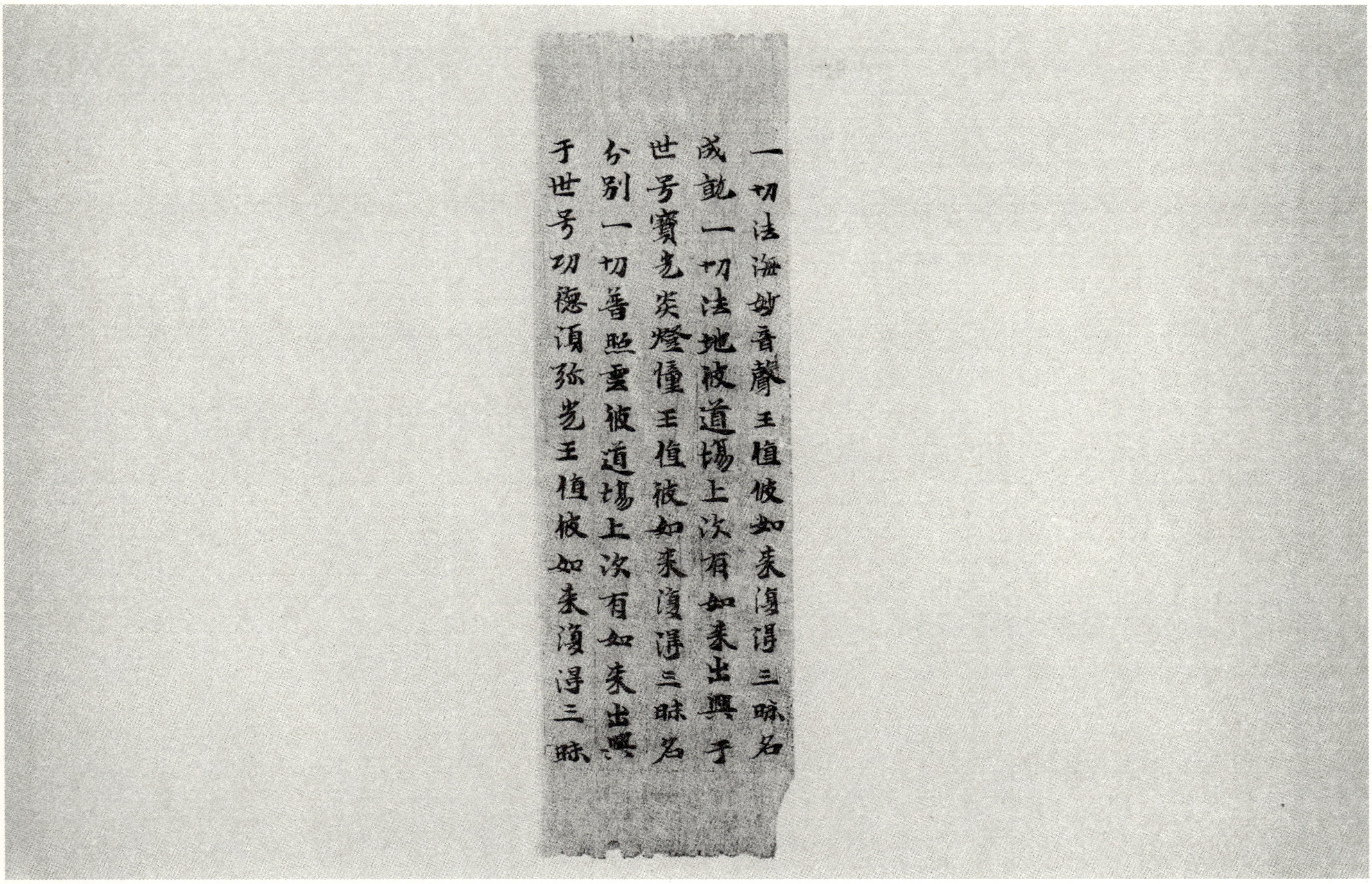
一切法海妙音聲王值彼如来複得三昧名
成就一切法地被道場上次有如来出興于
世号寶光炎燈幢王值彼如来復得三昧名
分別一切普照雲被道場上次有如来出興
于世号功德須弥光王值彼如来復得三昧

BD15668號 大方廣佛華嚴經(晉譯)卷五三 (1–1)

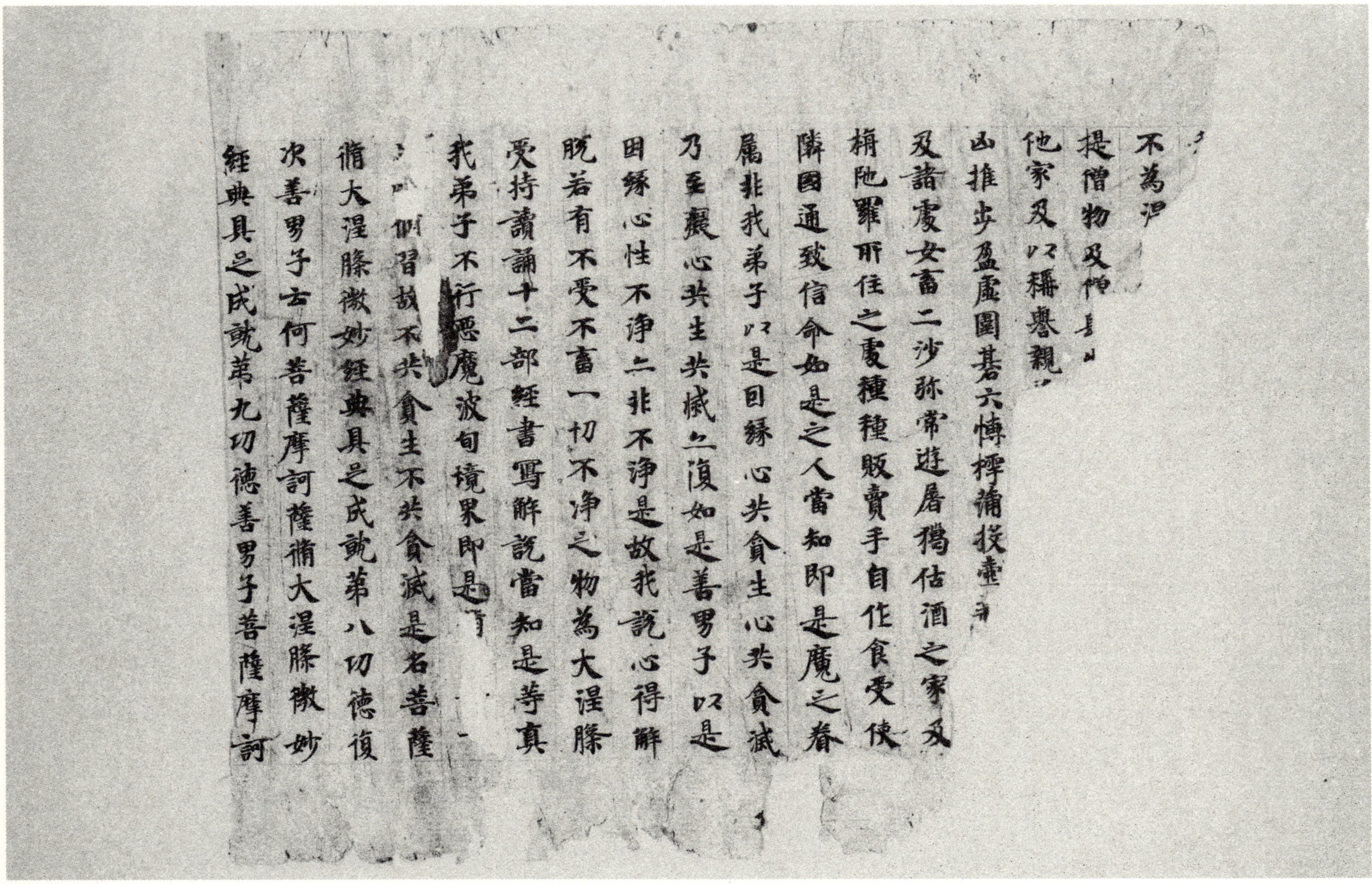
不為沮
提僧物及佛
他家及以稱譽親
出推步盈虛圍碁六博樗蒱投壺
及諸處女寡二沙弥常遊屠獵估酒之家及
旃陀羅所住之處種種販賣手自作食受使
隣國通致信命如是之人當知即是魔之眷
屬非我弟子以是因緣心共貪生心共貪滅
乃至癡心共生共滅亦復如是善男子以是
因緣心性不淨亦非不淨是故我說心得解
脫若有不受不畜一切不淨之物為大涅槃
受持讀誦十二部經書寫解說當知是等真
我弟子不行惡魔波旬境界即是
[illegible]修習故不共貪生不共貪滅是名菩薩
脩大涅槃微妙經典具足成就第八功德復
次善男子云何菩薩摩訶薩脩大涅槃微妙
經典具足成就第九功德善男子菩薩摩訶

BD15669號 大般涅槃經(北本 宮本)卷二六 (1–1)

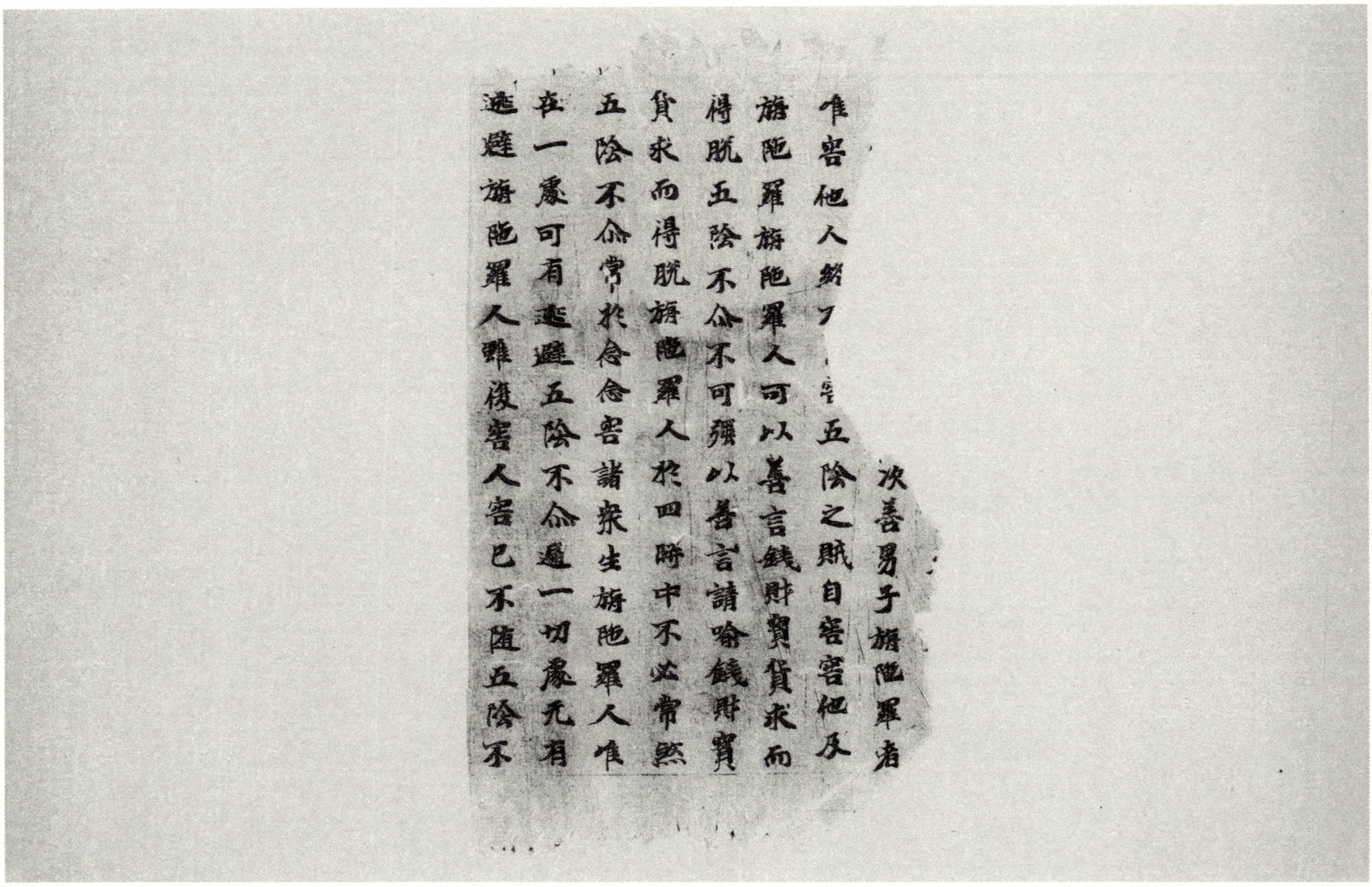

次善男子旃陁羅者
唯害他人然[illegible]五陰之賊自害害他及
旃陁羅旃陁羅人可以善言錢財寶貨求而
得脫五陰不尒不可彌以善言誘喻錢財寶
貨求而得脫旃陁羅人於四時中不必常煞
五陰不尒常於念念害諸衆生旃陁羅人唯
在一處可有逃避五陰不尒遍一切處无有
逃避旃陁羅人雖復害人害已不隨五陰不

BD15670號　大般涅槃經（北本）卷二三　（1–1）

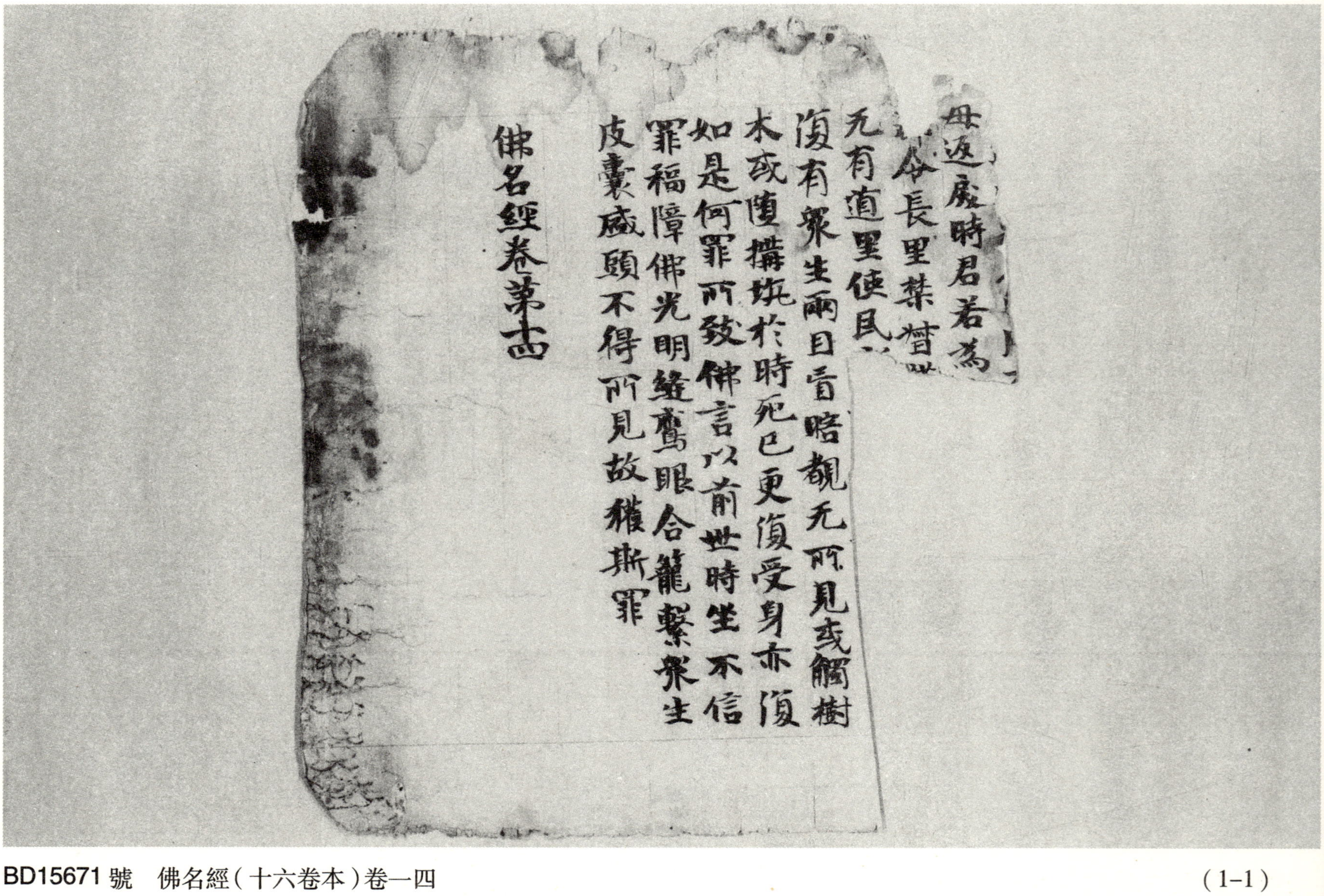

毋返處時君若為
令長里禁暂[illegible]
无有道里使民[illegible]
復有衆生兩目盲暗覩无所見或觸樹
木或墮攝坑於時死已更復受身亦復
如是何罪所致佛言以前世時坐不信
罪福障佛光明縫鷹眼合籠繫衆生
皮囊盛頭不得所見故獲斯罪

佛名經卷第十四

BD15671號　佛名經（十六卷本）卷一四　（1–1）

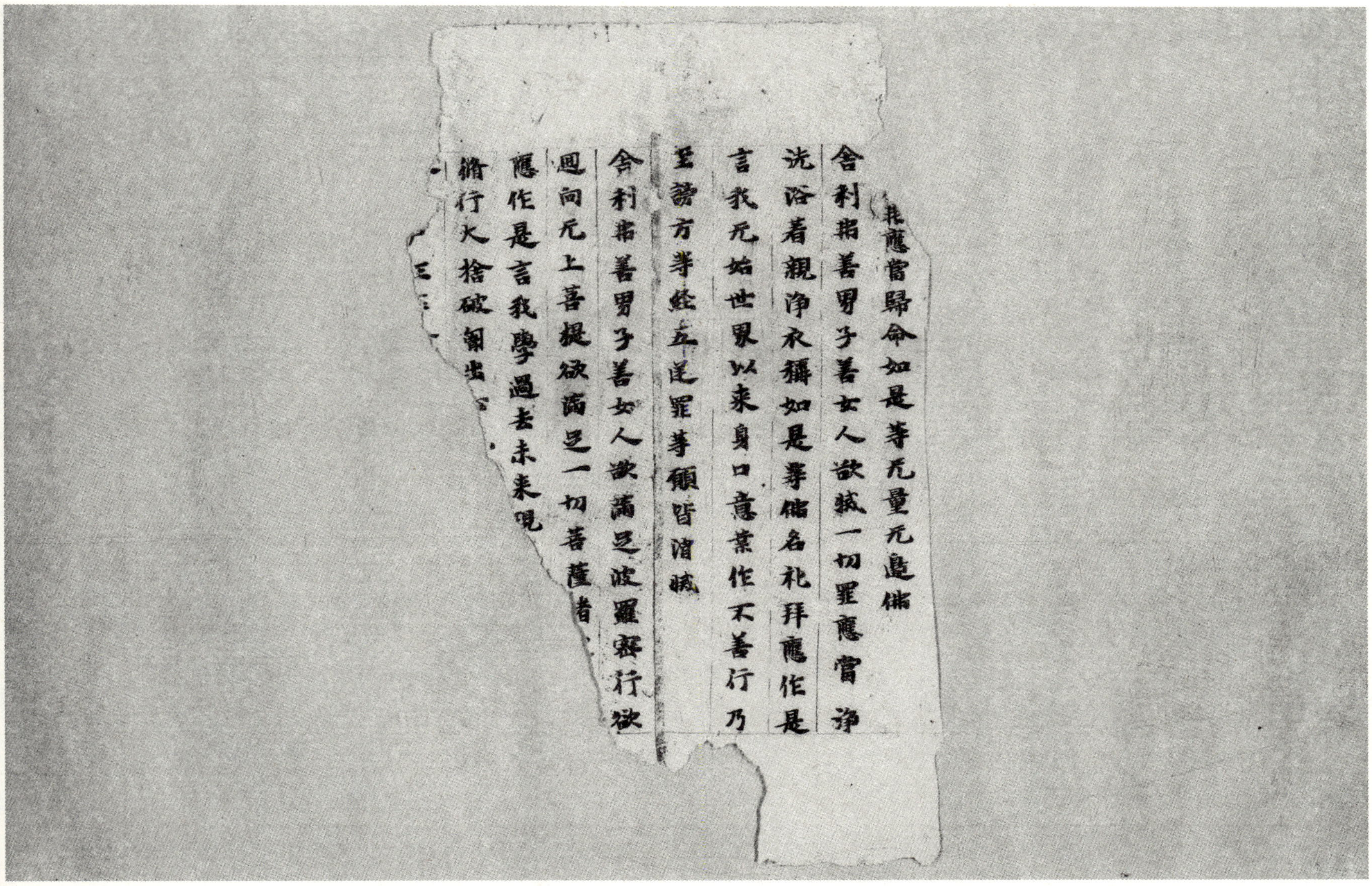

非應當歸命如是等无量无邊佛
舍利弗善男子善女人欲滅一切罪應當淨
洗浴著新淨衣稱如是等佛名禮拜應作是
言我无始世界以來身口意業作不善行乃
至謗方等經五逆罪等願皆消滅
舍利弗善男子善女人欲滿足波羅蜜行欲
迴向无上菩提欲滿足一切菩薩者
應作是言我學過去未來現
脩行大捨破留出

BD15672 號　佛名經（十二卷本）卷九　　（1–1）

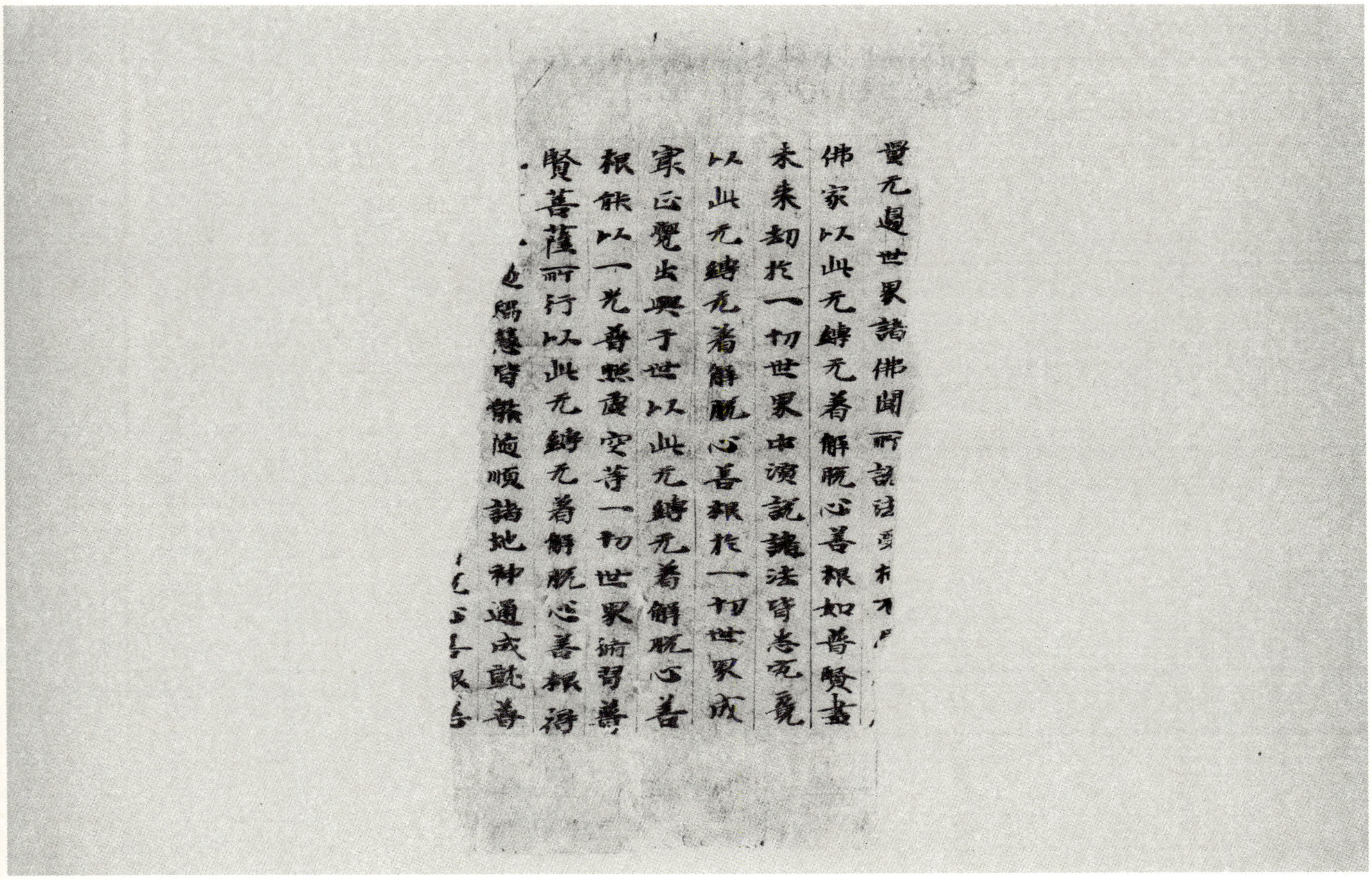

量无邊世界諸佛聞所說法受持不
佛家以此无縛无著解脫心善根如普賢菩
未來劫於一切世界中演說諸法皆悉究竟
以此无縛无著解脫心善根於一切世界成
寂正覺出興于世以此无縛无著解脫心善
根能以一光普照虛空等一切世界修習善
賢菩薩所行以此无縛无著解脫心善根得
邊智慧皆能隨順諸地神通成就善

BD15673 號　大方廣佛華嚴經（晉譯六十卷本）卷二〇　　（1–1）

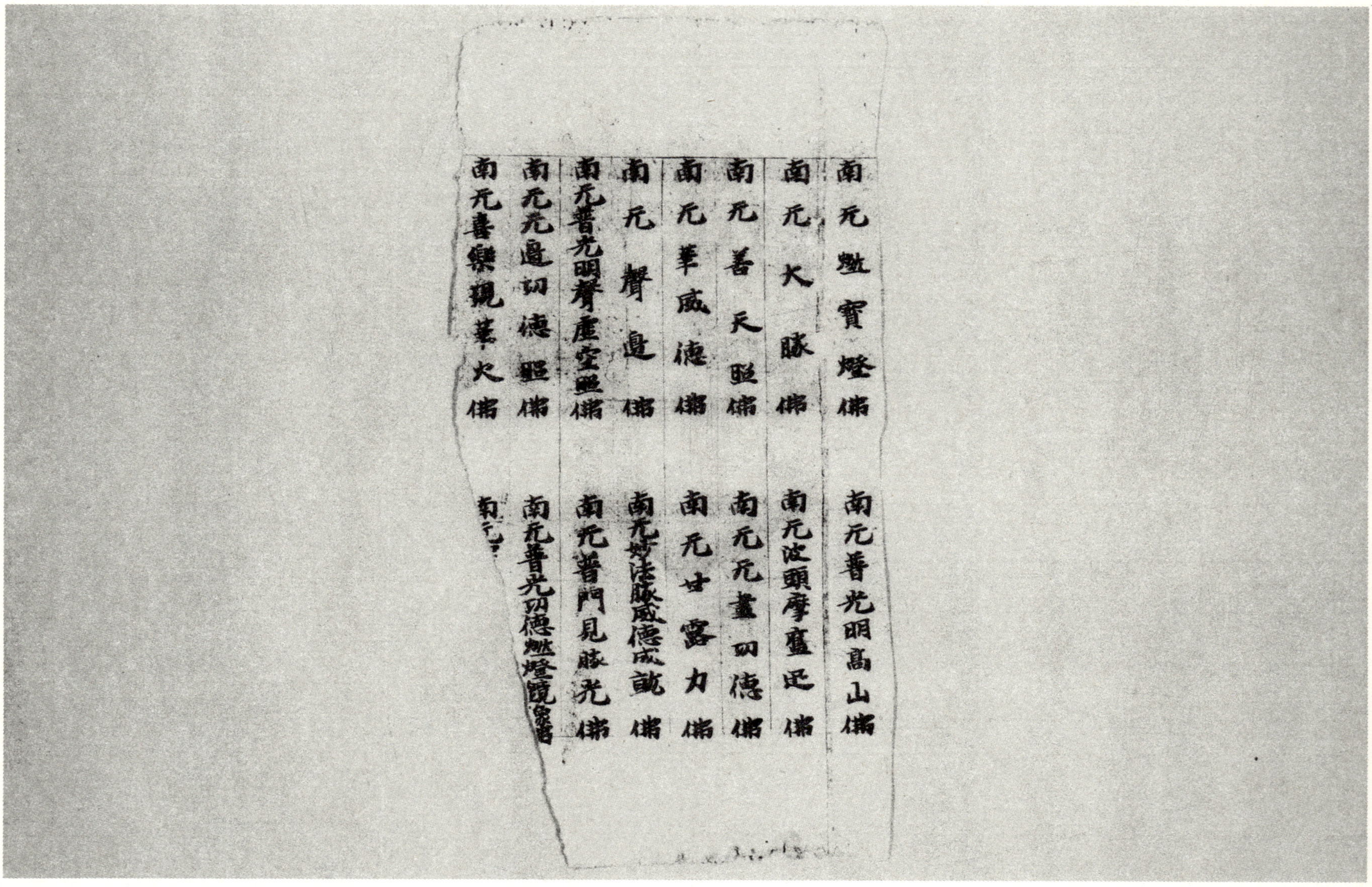
南无然寶燈佛
南无大勝佛
南无善天王佛
南无華威德佛
南无聲邊佛
南无普光明聲虛空王佛
南无无邊功德王佛
南无喜樂現華火佛
南无普光明高山佛
南无波頭摩盧迅佛
南无无盡功德佛
南无甘露力佛
南无妙法勝威德成就佛
南无普門見勝光佛
南无普光功德然燈鏡像
南无

BD15674 號　佛名經（十二卷本）卷九　　（1-1）

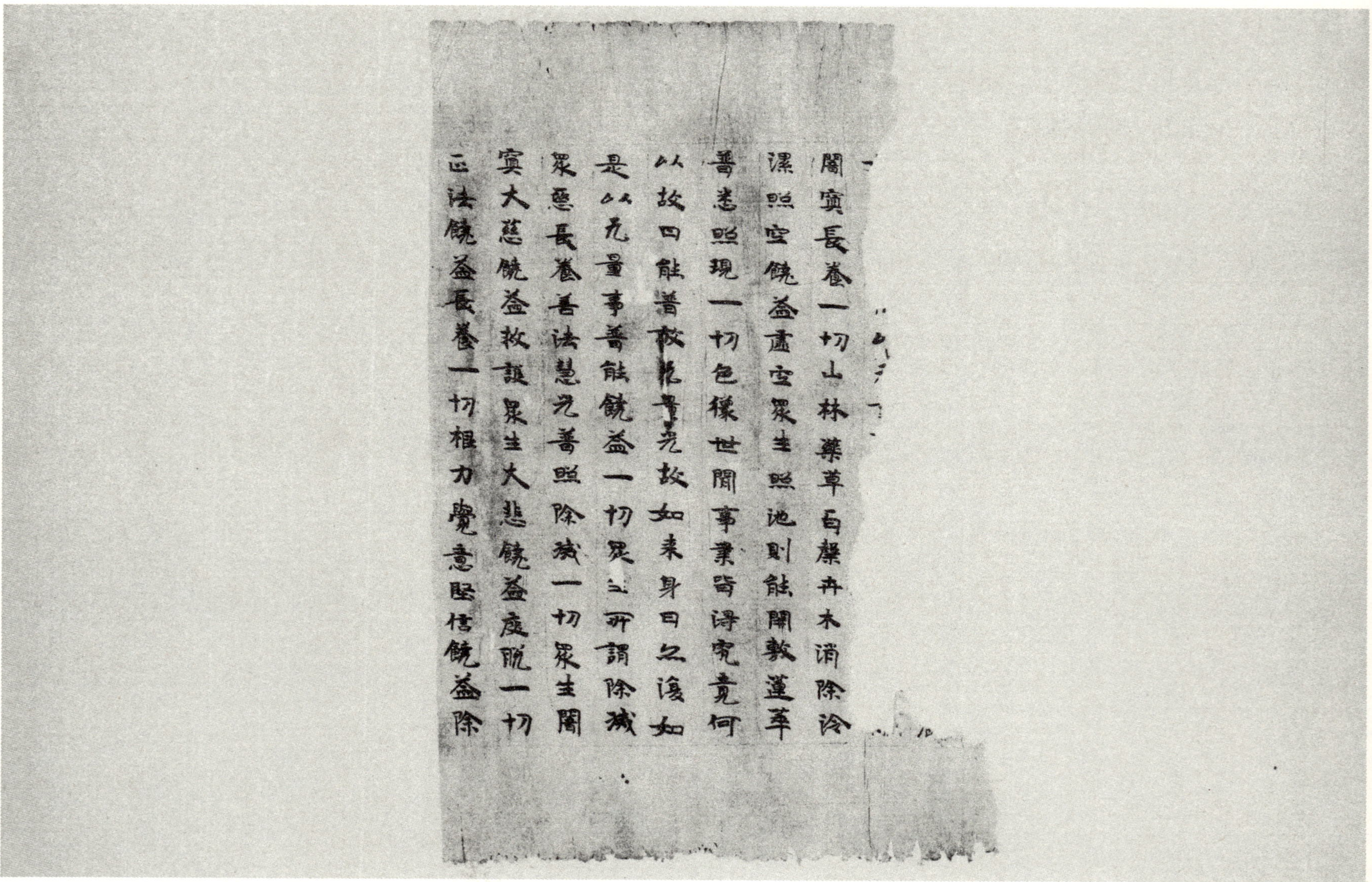
闇冥長養一切山林藥草百穀卉木消除冷
濕照空饒益虛空衆生照池則能開敷蓮華
普悉照現一切色像世間事業皆得究竟何
以故日能普放无量光故如來身日亦復如
是以无量事普能饒益一切衆生所謂除滅
衆惡長養善法慧光普照除滅一切衆生闇
冥大慈饒益救護衆生大悲饒益度脫一切
正法饒益長養一切根力覺意堅信饒益除

BD15675 號　大方廣佛華嚴經（晉譯）卷三四　　（1-1）

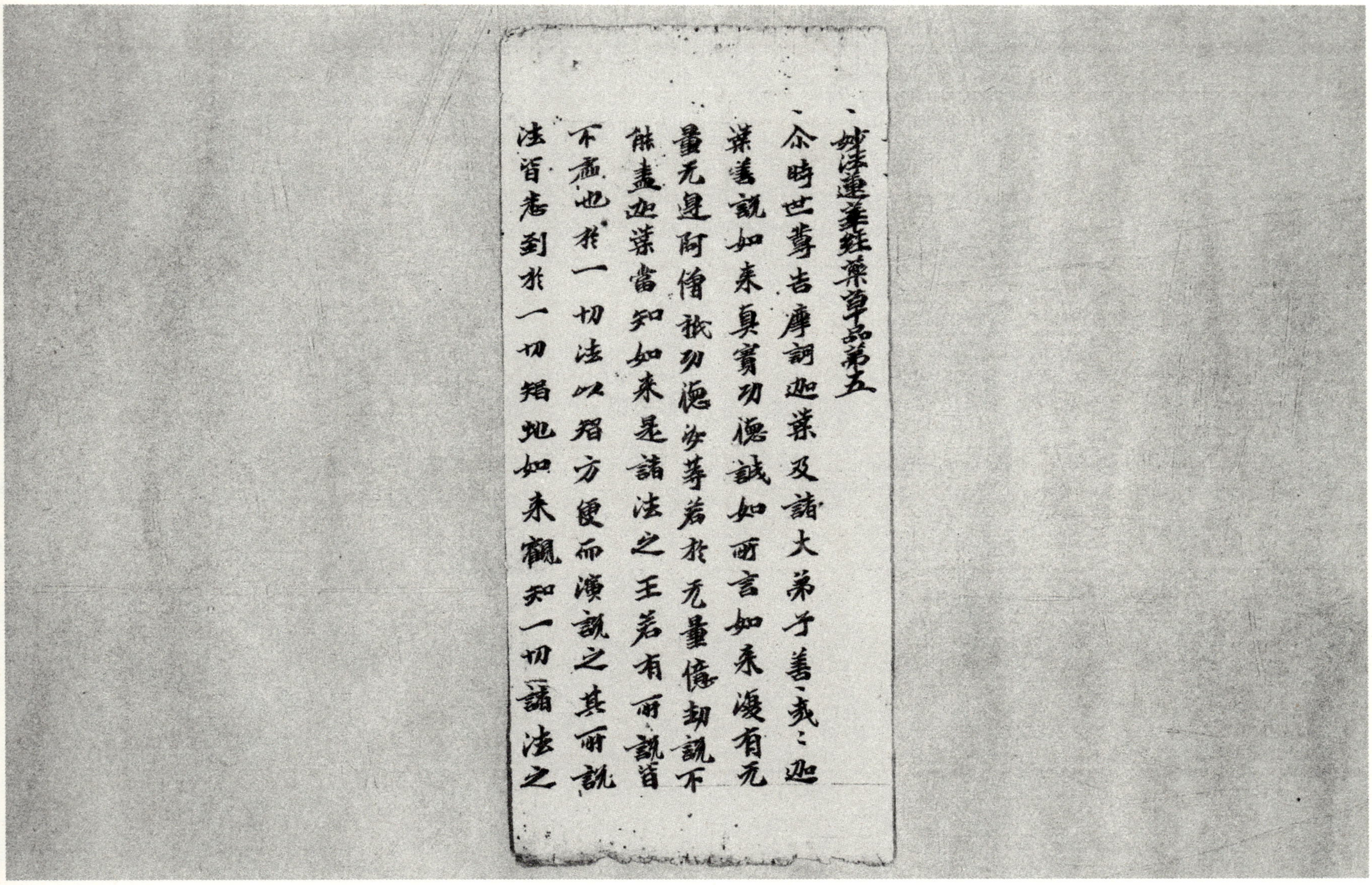
妙法蓮華經藥草喻品第五
尒時世尊告摩訶迦葉及諸大弟子善哉善哉迦
葉善說如來真實功德誠如所言如來復有无
量无邊阿僧祇功德汝等若於无量億劫說不
能盡迦葉當知如來是諸法之王若有所說皆
不虛也於一切法以智方便而演說之其所說
法皆悉到於一切智地如來觀知一切諸法之

BD15676 號　妙法蓮華經卷三　（1–1）

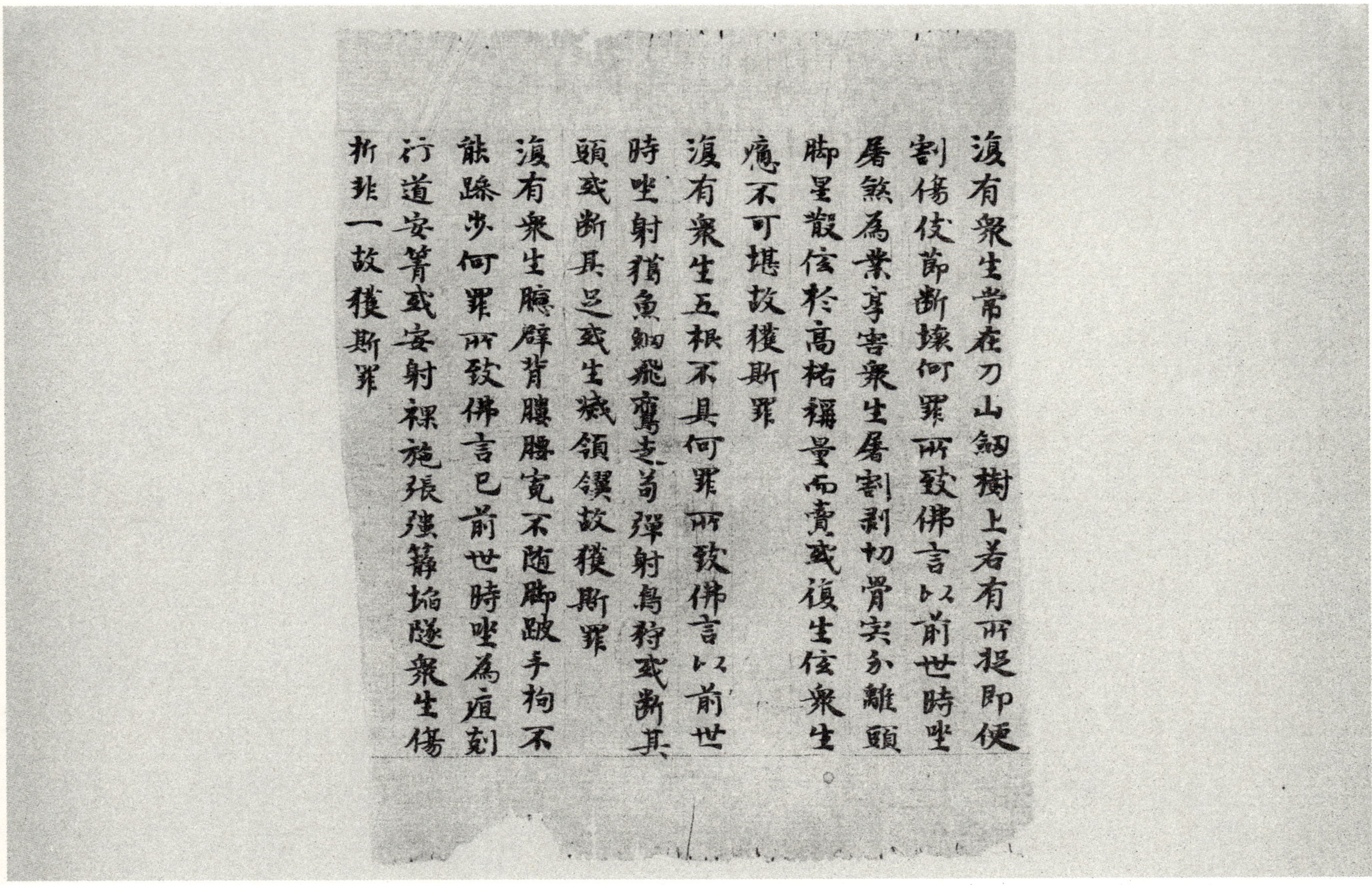
復有眾生常在刀山劍樹上若有所捉即便
割傷伎節斷壞何罪所致佛言以前世時坐
屠煞為業烹害眾生屠割剝切骨宍分離頭
脚星散懸於高格稱量而賣或復生懸眾生
痛不可堪故獲斯罪
復有眾生五根不具何罪所致佛言以前世
時坐射獵魚鰍飛鷹走狗彈射鳥狩或斷其
頭或斷其足或生拔翎翼故獲斯罪
復有眾生癰癖背僂腰寬不隨脚跛手拘不
能行步何罪所致佛言以前世時坐為庖刻
行道安弩或安射禖施張強弩坑陷眾生傷
折非一故獲斯罪

BD15677 號　罪業應報教化地獄經　（1–1）

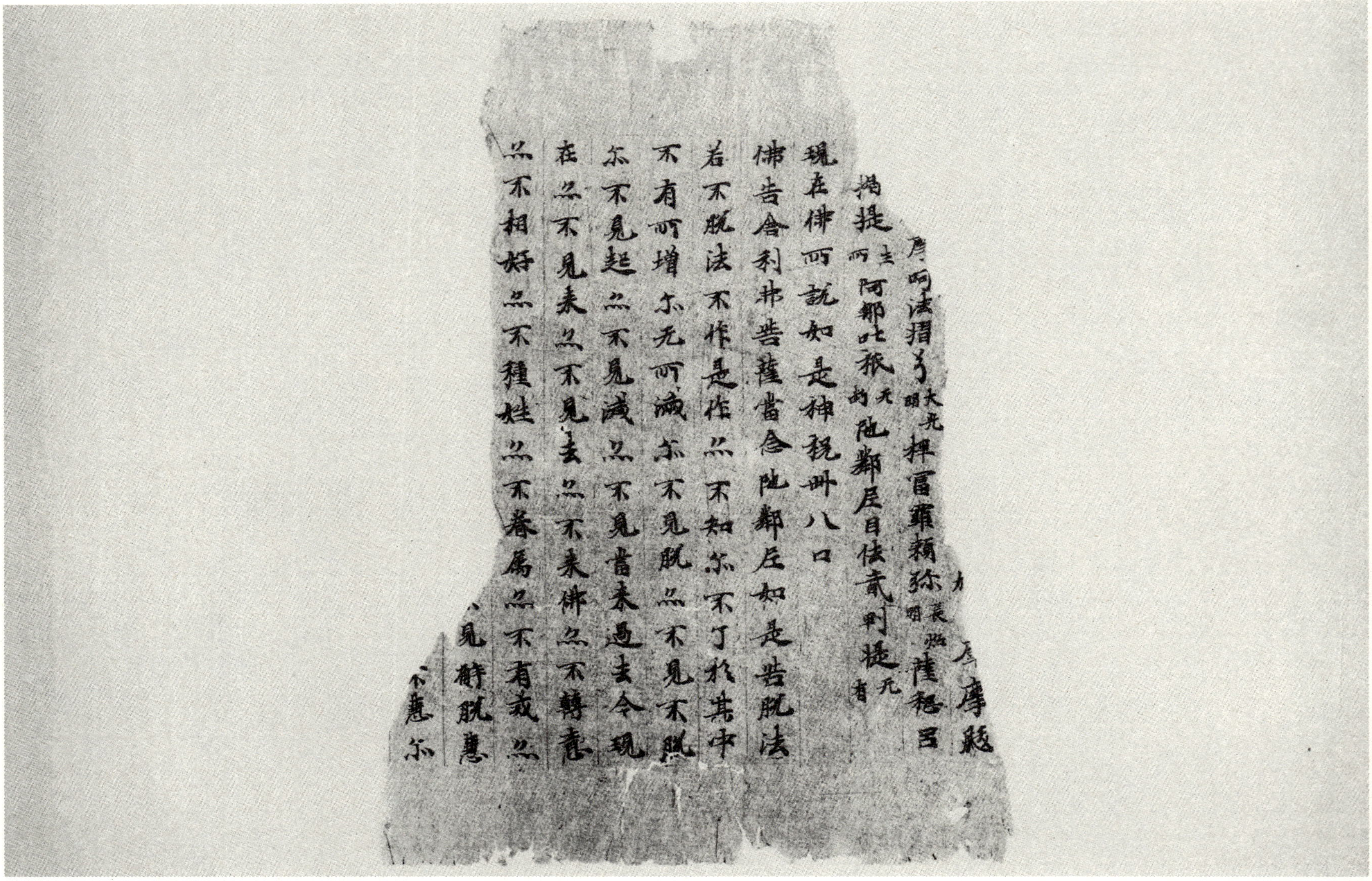
……摩訶
摩呵法揩多大光明桿富羅賴㳽長炎明薩惒呂
揭提主所阿鄒叱祇无尚陁鄰尼目佉貳州提无有
現在佛所說如是神親卅八口
佛告舍利弗菩薩當念陁鄰尼如是菩脫法
若不脫法不作是作亦不知亦不了於其中
不有所增亦无所減亦不見脫亦不見不脫
亦不見起亦不見滅亦不見當來過去今現
在亦不見來亦不見去亦不來佛亦不轉意
亦不相好亦不種姓亦不眷屬亦不有哉亦
……見解脫惠
……不惠尓

BD15678 號　阿難陀目佉尼呵離陀鄰尼經　　（1–1）

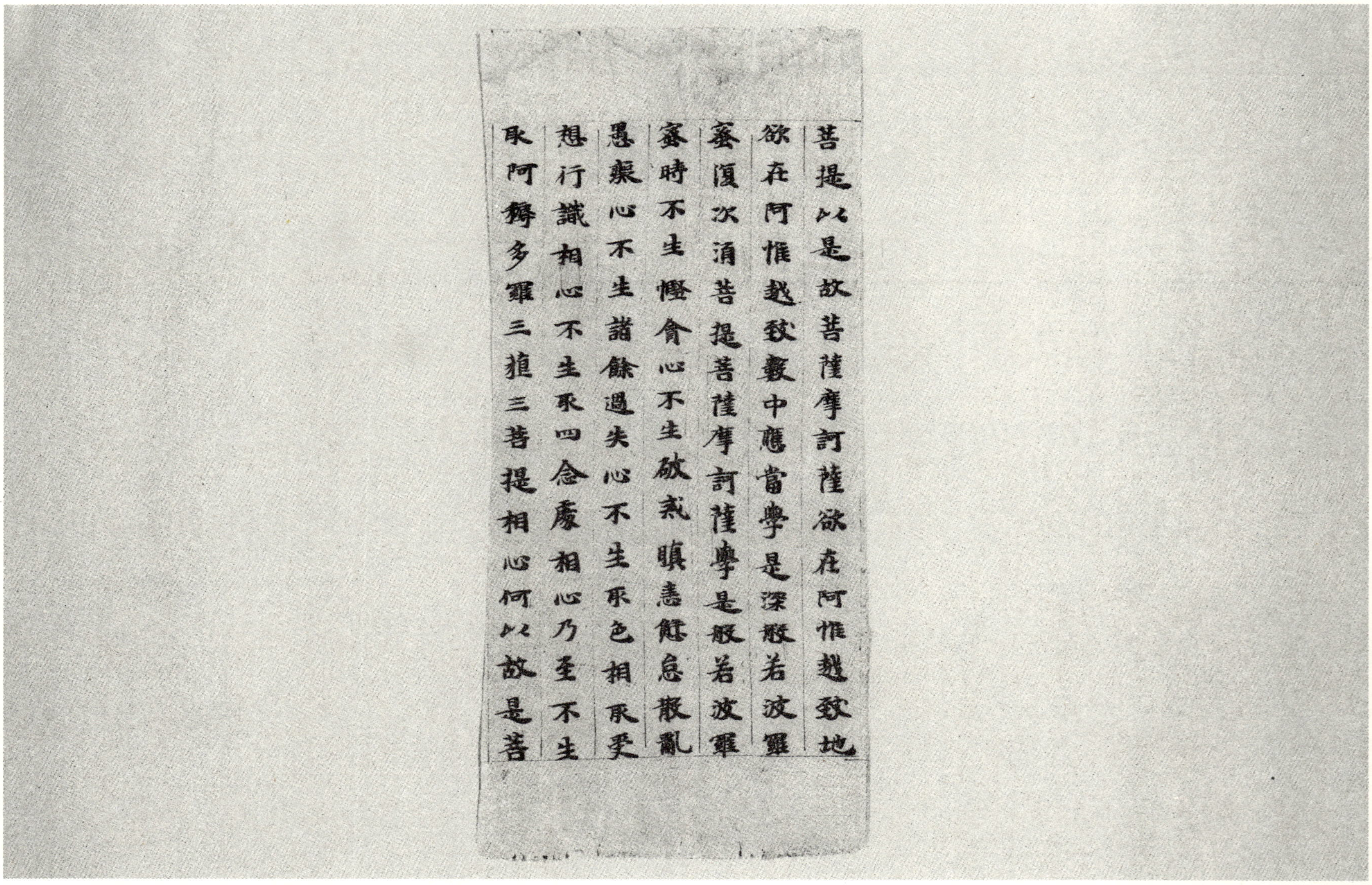
菩提以是故菩薩摩訶薩欲在阿惟越致地
欲在阿惟越致數中應當學是深般若波羅
蜜復次須菩提菩薩摩訶薩學是般若波羅
蜜時不生慳貪心不生破戒瞋恚懈怠散亂
愚癡心不生諸餘過失心不生取色相取受
想行識相心不生取四念處相心乃至不生
取阿耨多羅三藐三菩提相心何以故是菩

BD15679 號　摩訶般若波羅蜜經卷一九　　（1–1）

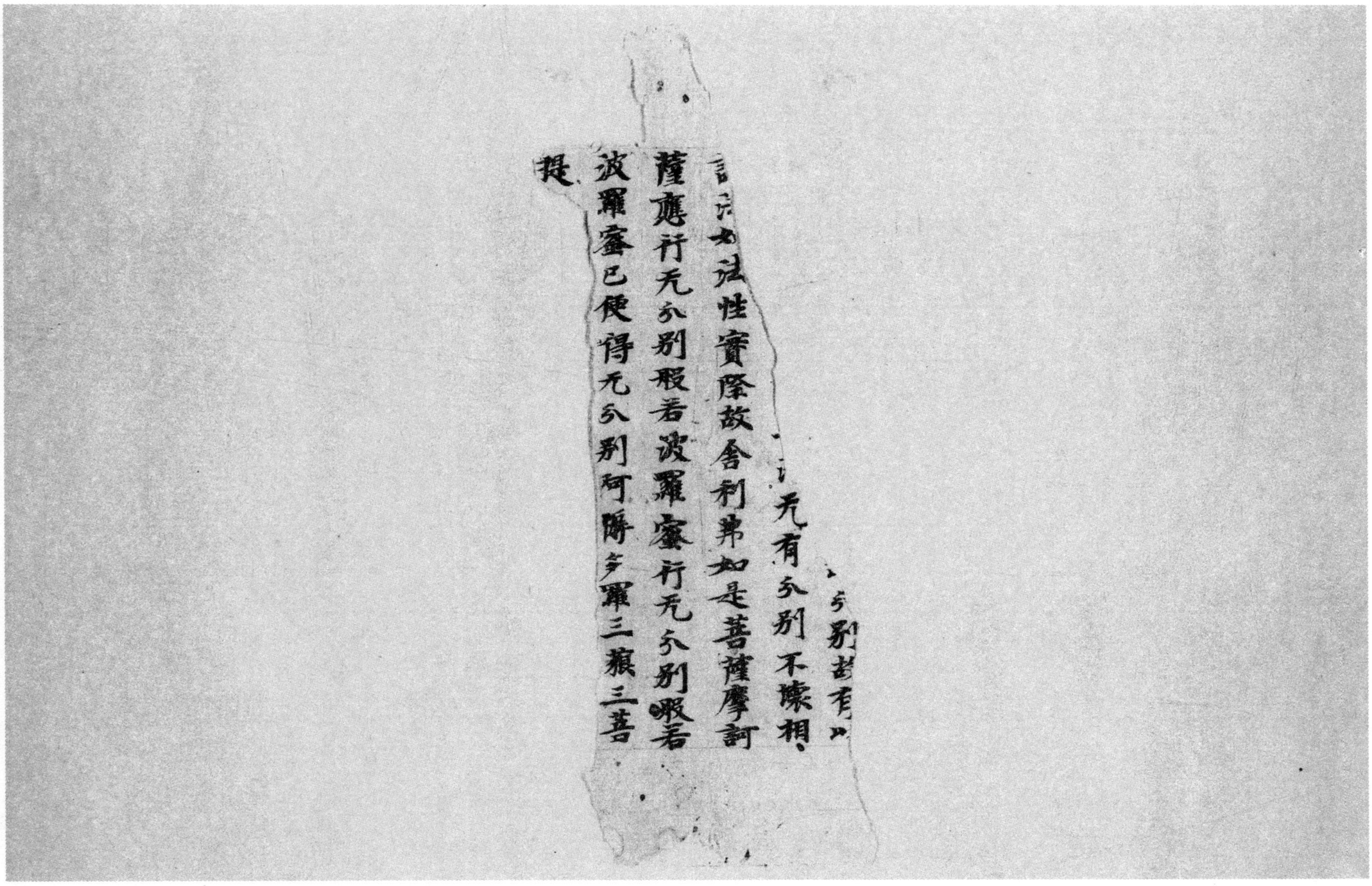

BD15680 號　摩訶般若波羅蜜經卷一九　（1–1）

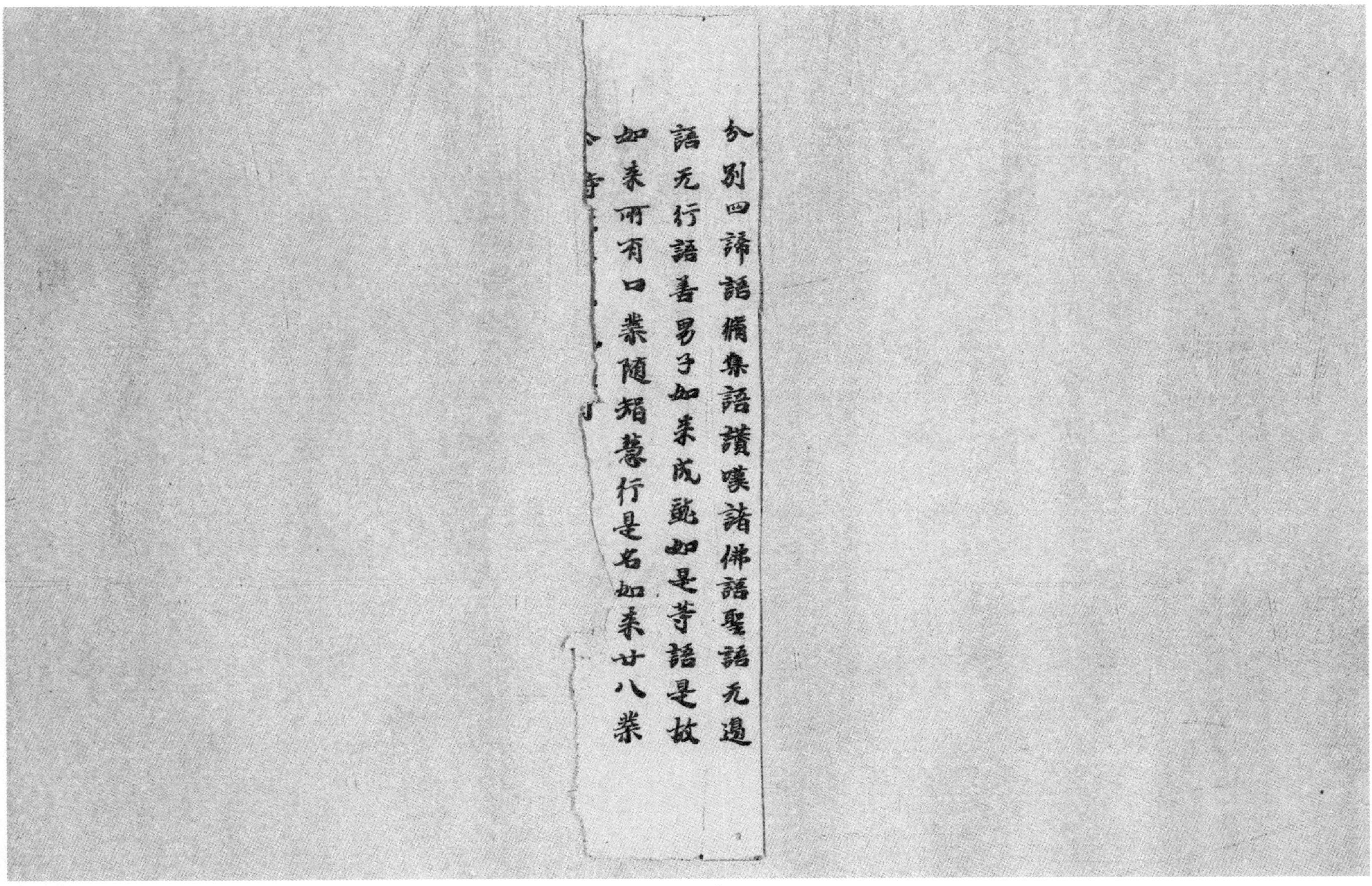

BD15681 號　大方等大集經卷三　（1–1）

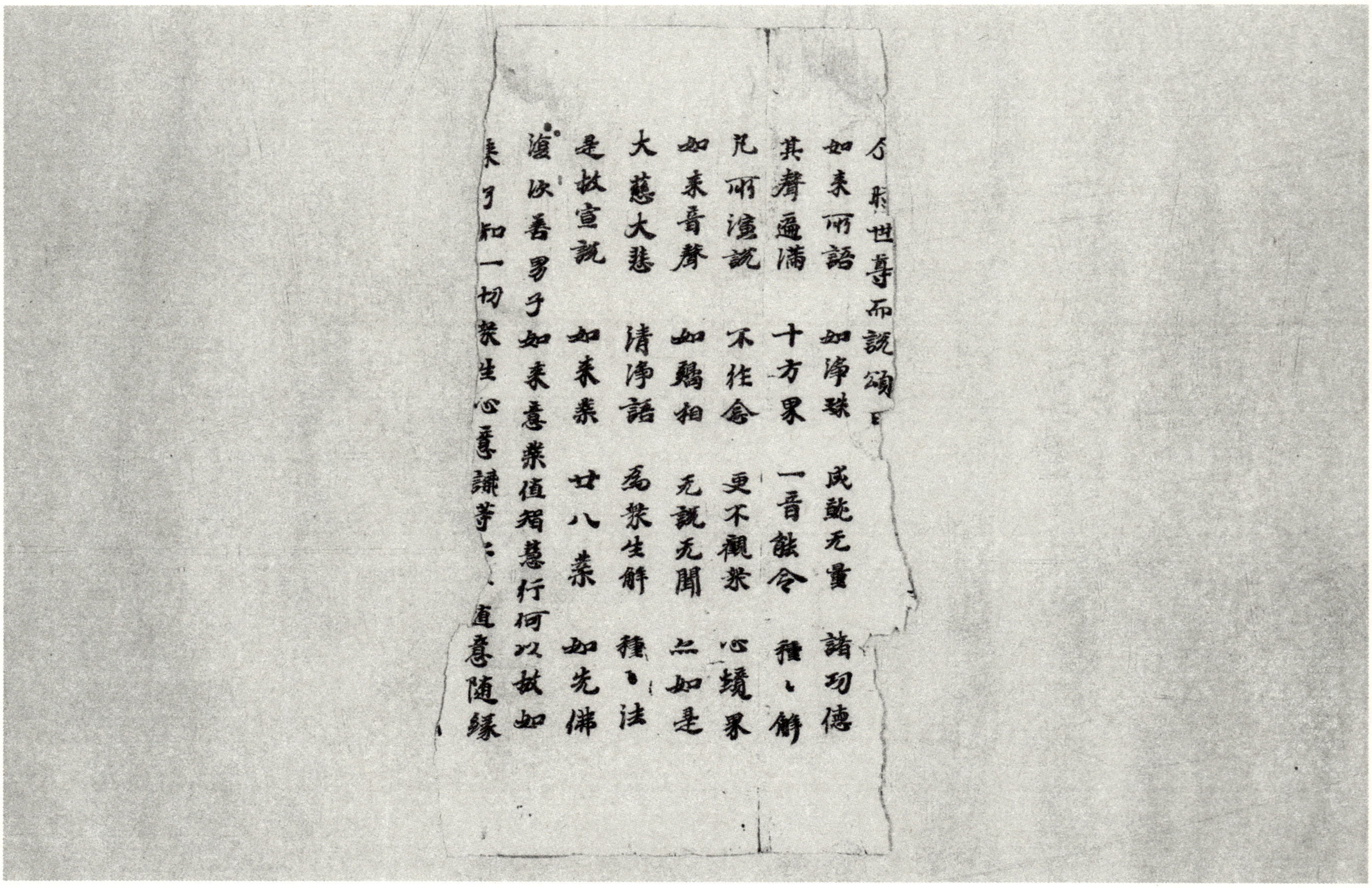
尒時世尊而說頌曰
如來所語 如淨珠 成就无量 諸功德
其聲遍滿 十方界 一音能令 種々解
凡所演說 不作念 更不觀彼 心境界
如來音聲 如響相 无說无聞 亦如是
大慈大悲 清淨語 為衆生解 種々法
是故宣說 如來業 廿八業 如先佛
復次善男子如來意業隨智慧行何以故如
來了知一切衆生心意識等々 直意隨緣

BD15682 號　大方等大集經卷三　（1–1）

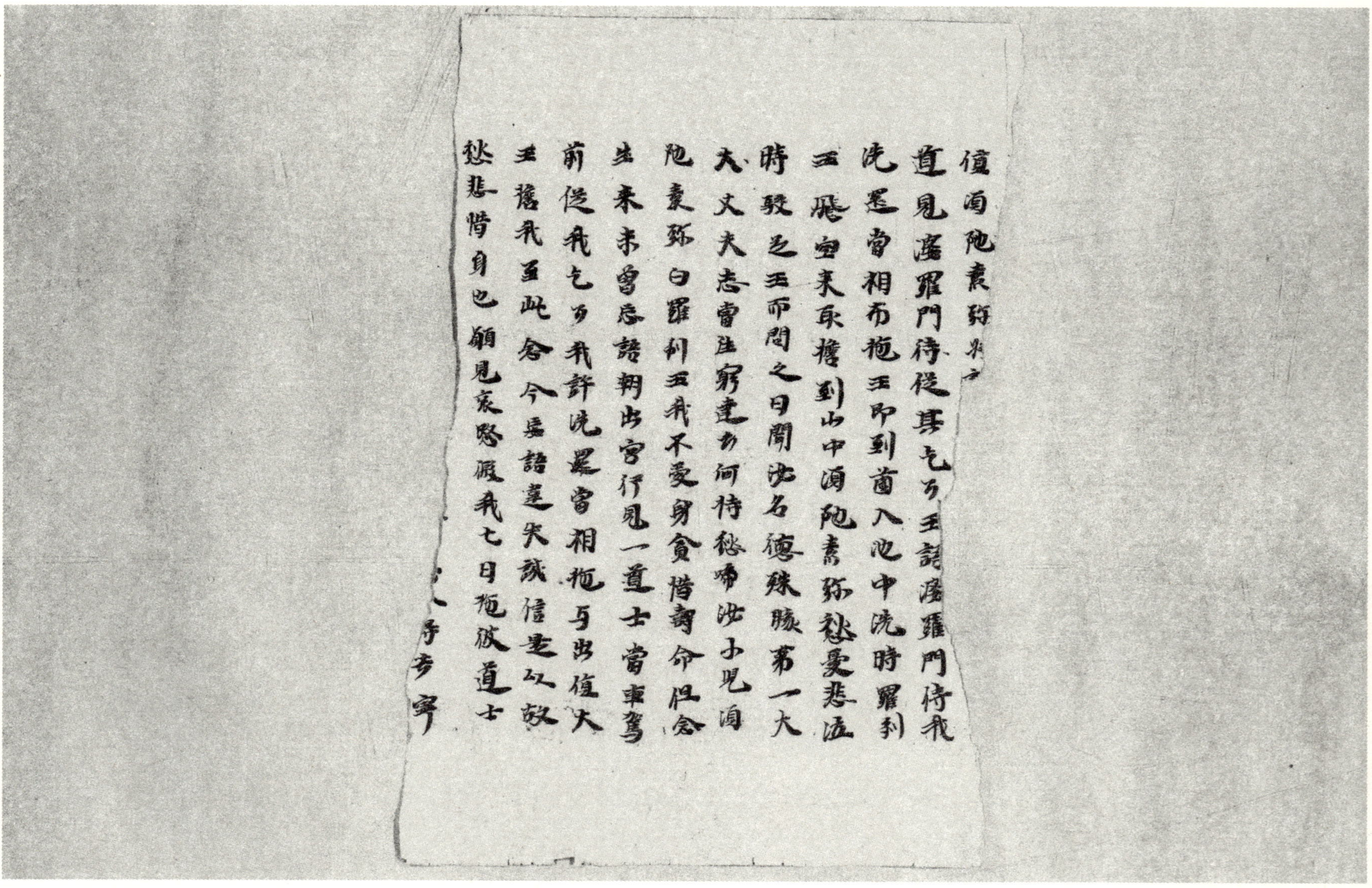
值須陁素彌
道見婆羅門待從其乞丐王語婆羅門待我
洗竟當相布施王即到園入池中洗時羅剎
王飛空來取擔到山中須陁素彌愁憂悲泣
時駮足王而問之曰聞汝名德殊勝第一大
丈夫志當至死建立何持愁啼如小兒須
陁素彌白羅剎王我不愛身貪惜壽命但念
生來未曾忘語朝出宮行見一道士當車乞
前從我乞丐我許洗竟當相施與出值大
王擒我至此念今無語違失誠信是以故
愁悲惜身也願見哀愍假我七日施彼道士

BD15683 號　賢愚經卷一一　（1–1）

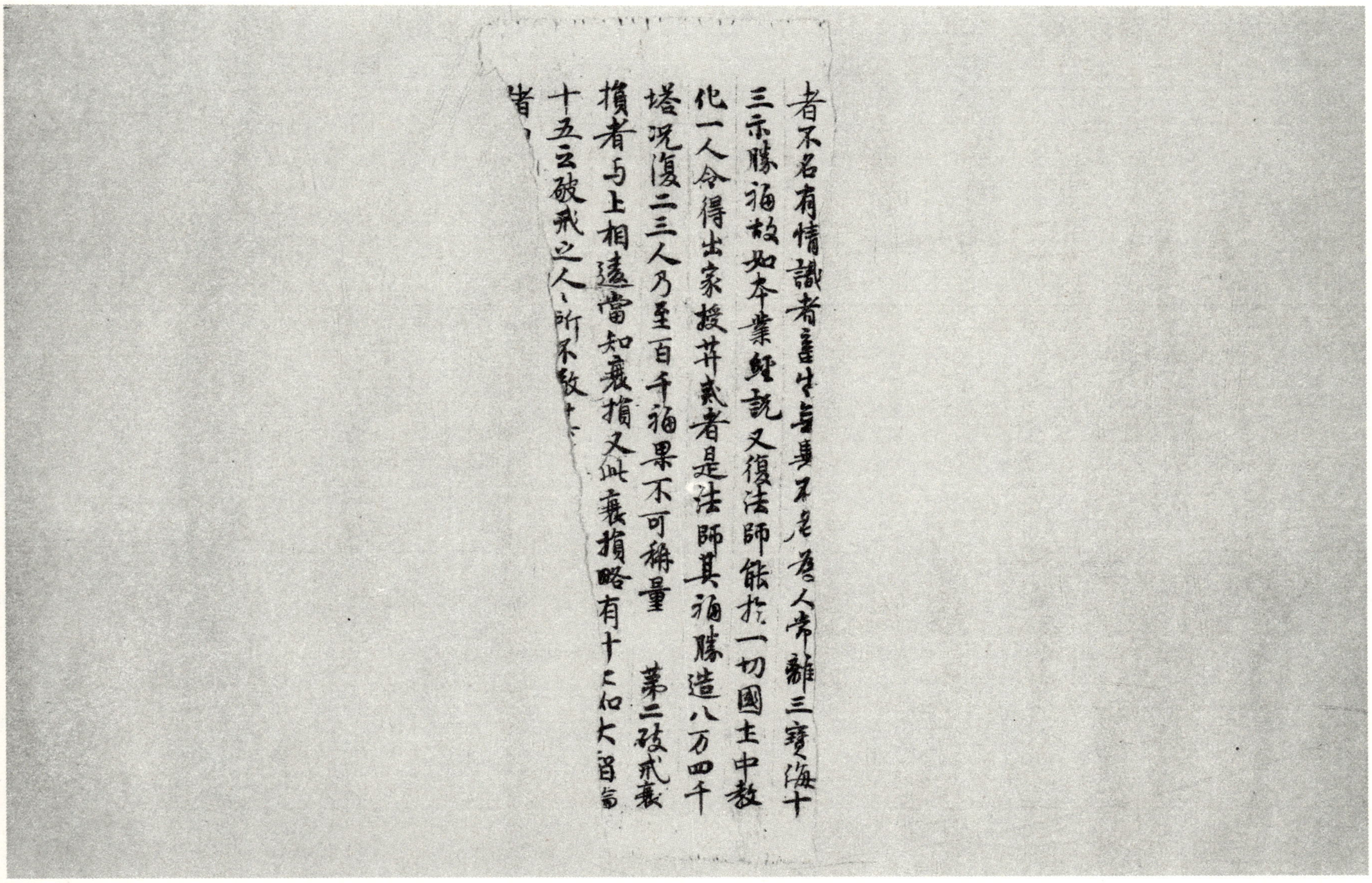
者不名有情識者善生与專不名為人常離三寶海十
三永勝福故如本業經說又復法師能於一切國土中教
化一人令得出家授菩薩戒者是法師其福勝造八万四千
塔況復二三人乃至百千福果不可稱量　第二破戒義
損者与上相違當知義損又此義損略有十七如大智論
十五云破戒之人人所不敬
者

BD15684號　梵網經疏（擬）　　（1–1）

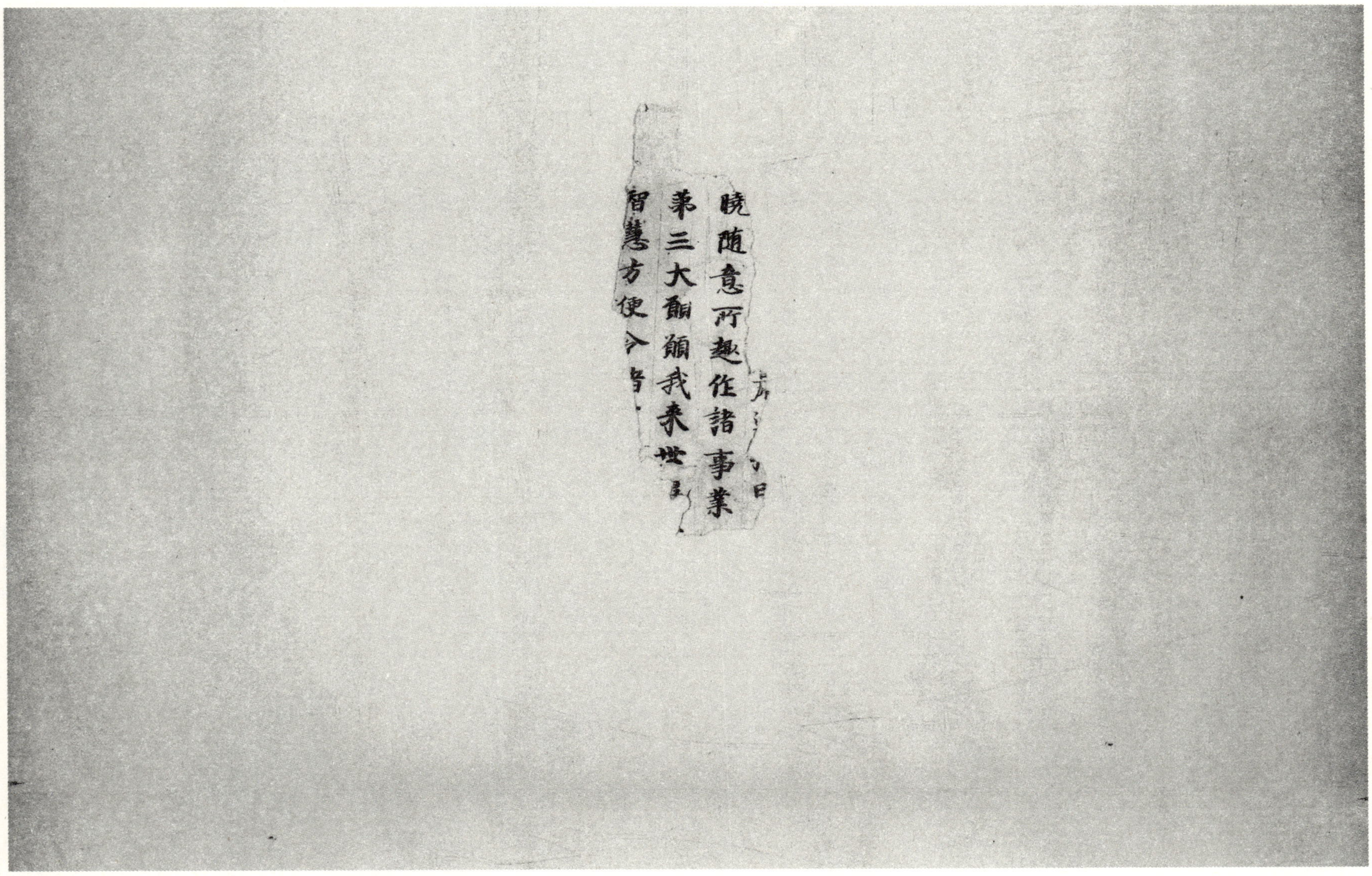
曉隨意所趣作諸事業
第三大願願我來世
智慧方便令

BD15685號　藥師琉璃光如來本願功德經　　（1–1）

BD15686 號　某經第二袟抄經用紙歷（擬）　（1–1）

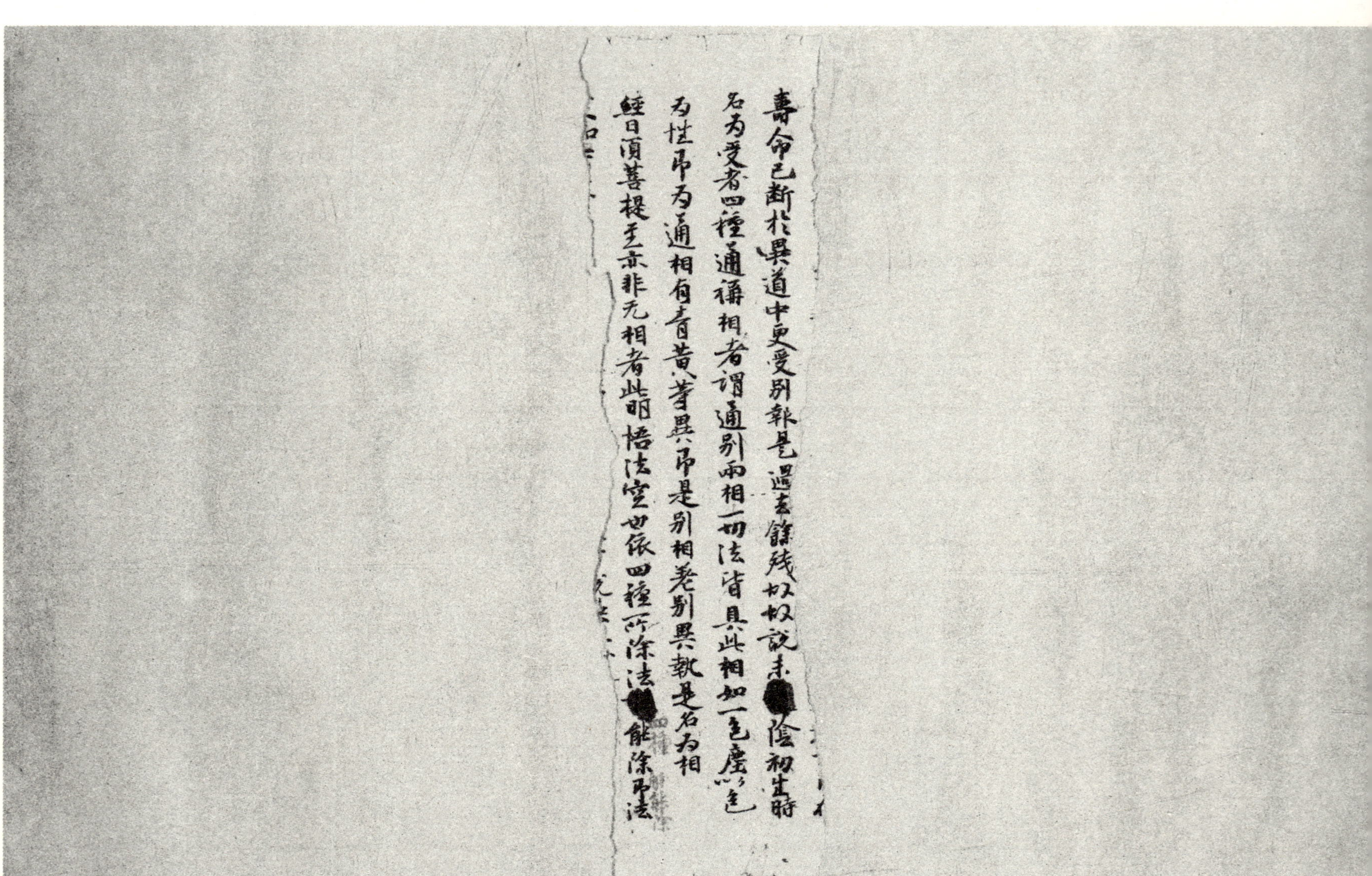

BD15687 號　金剛般若波羅蜜經疏（擬）　（1–1）

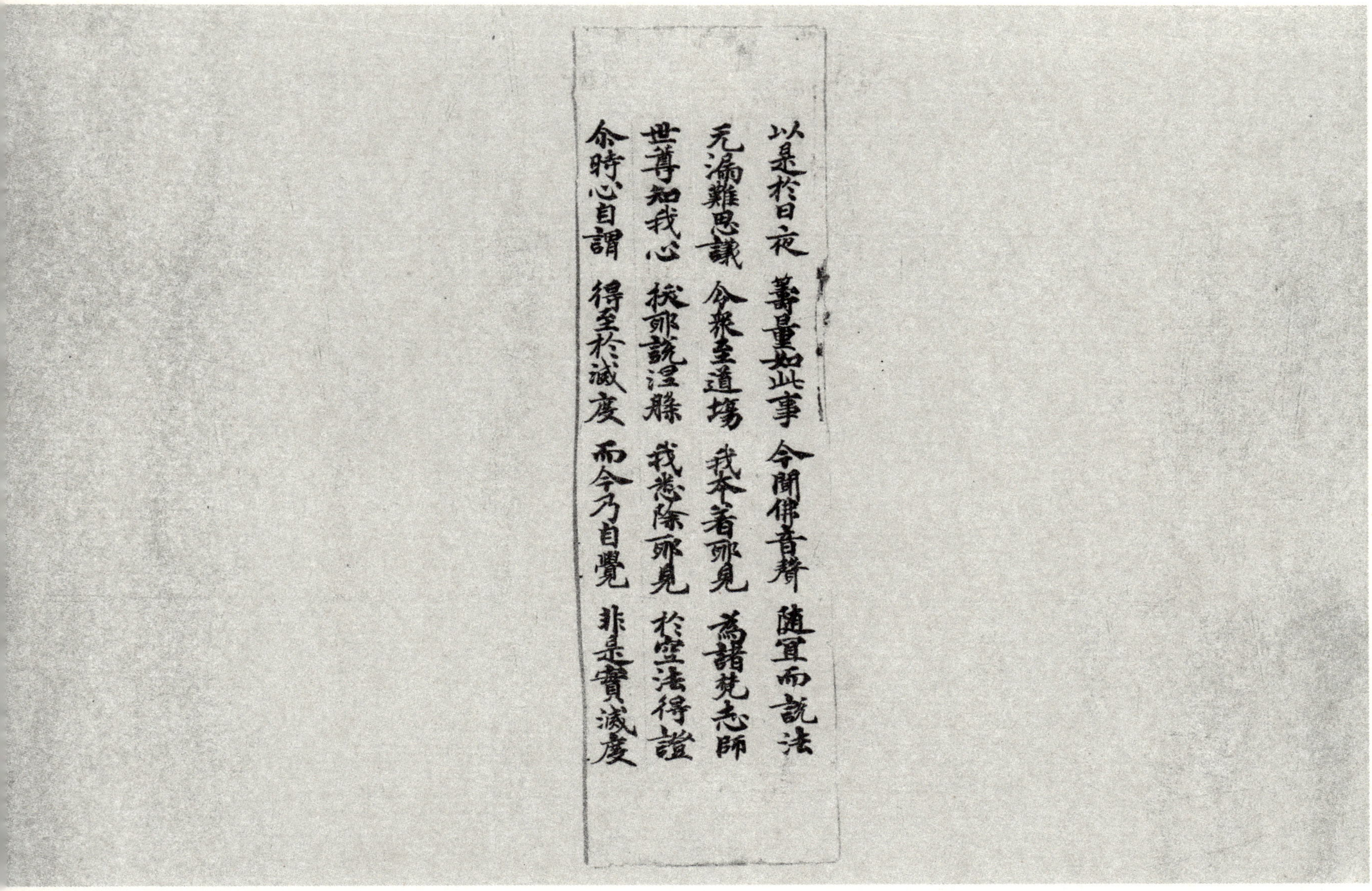
以是於日夜　籌量如此事　今聞佛音聲　隨宜而說法
无漏難思議　令衆至道場　我本着邪見　爲諸梵志師
世尊知我心　拔邪說涅槃　我悉除邪見　於空法得證
尒時心自謂　得至於滅度　而今乃自覺　非是實滅度

BD15688號　妙法蓮華經卷二　（1–1）

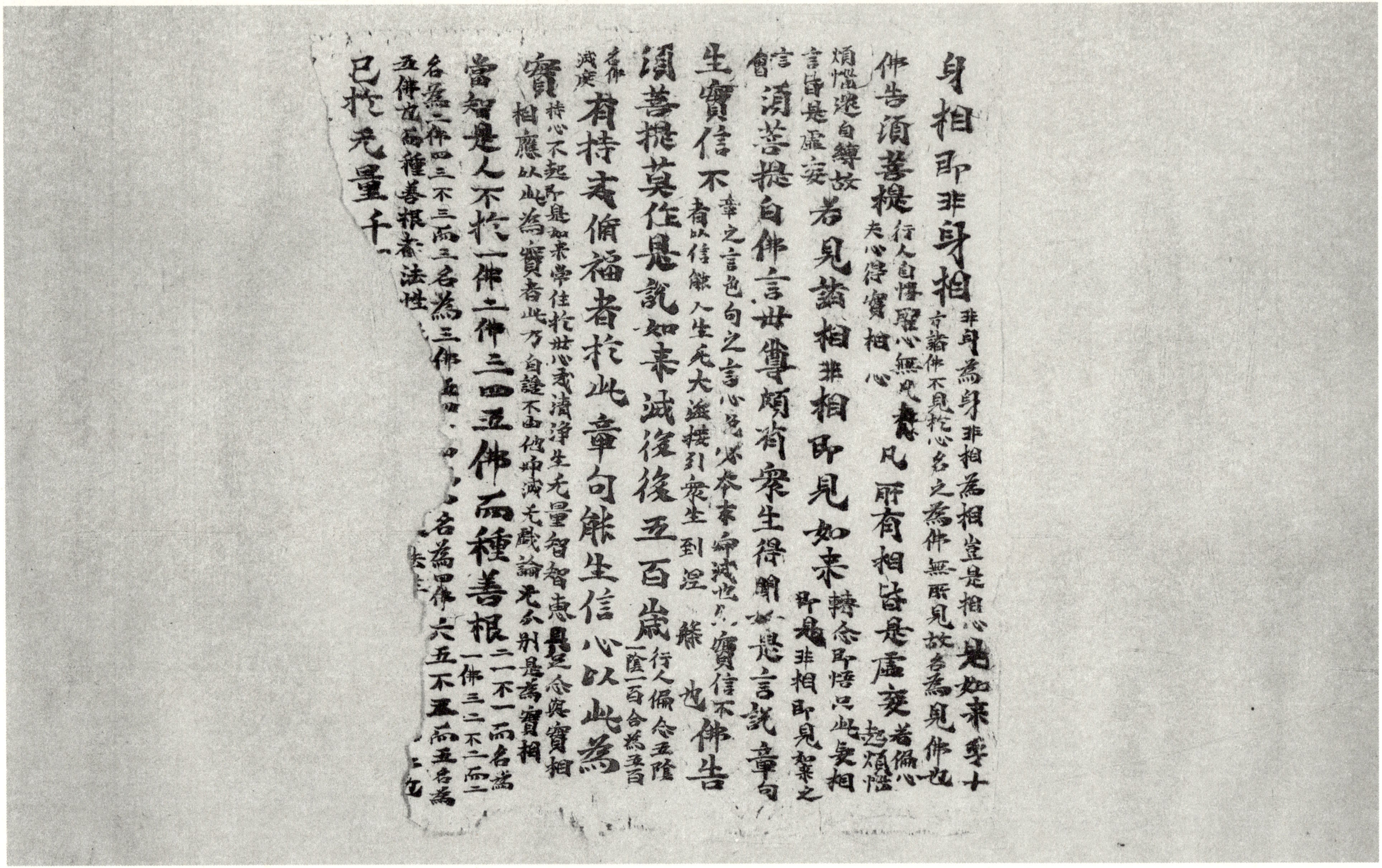

BD15689號　夾註金剛經（擬）　（1-1）

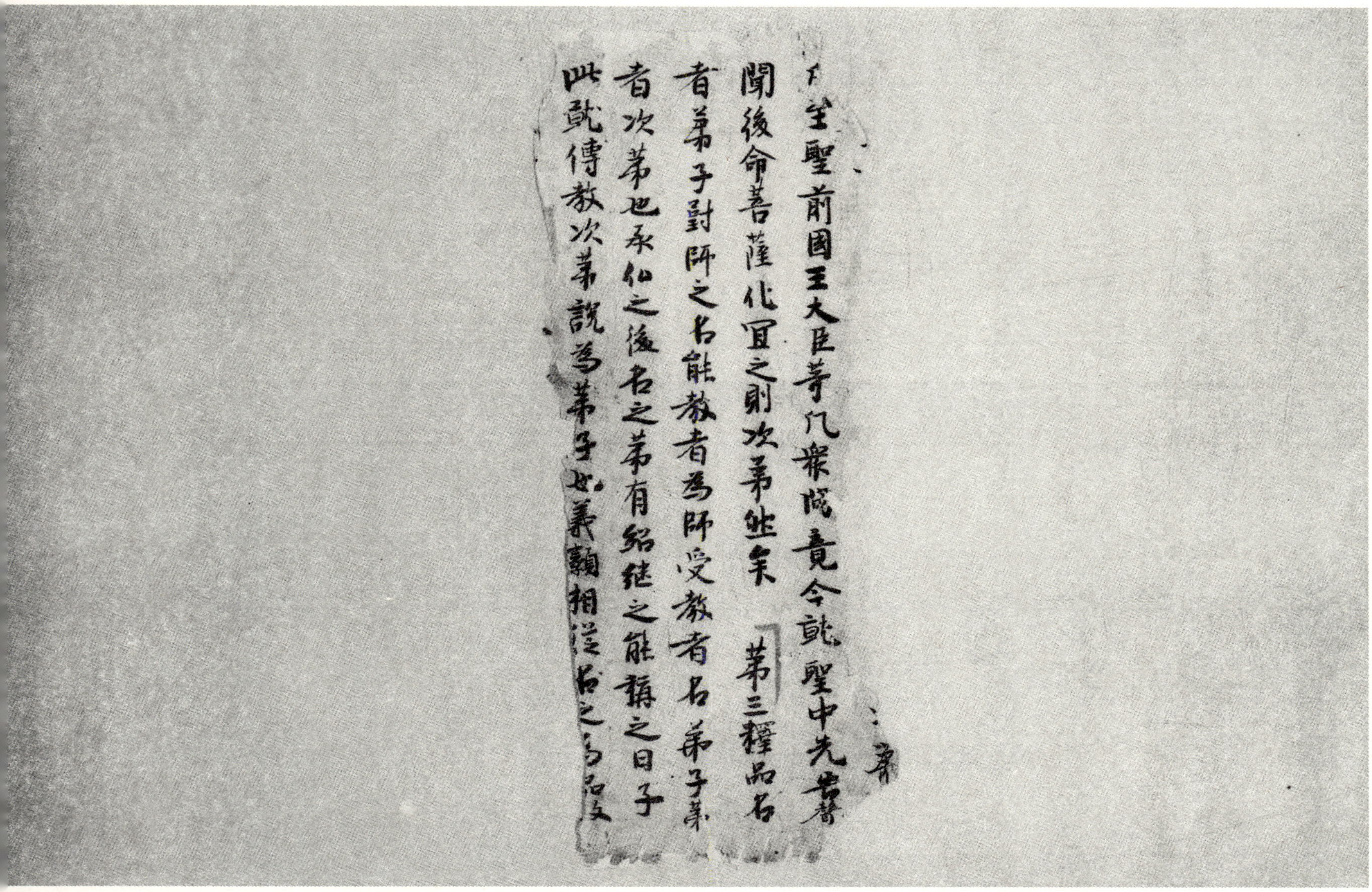
□坐聖前國王大臣等凡衆聞竟今就聖中先聲
聞後命菩薩化宜之則次第然矣　第三釋品名
者弟子對師之名能教者為師受教者名弟子弟
者次第也承仏之後名之弟有紹繼之能稱之曰子
此就傳教次第說為弟子也義顯相從名之為品文

BD15690 號　維摩詰所說經疏（擬）　（1–1）

仁[illegible]也真諦三藏法師引隨實論云聲聞方

眼見小千世界色，惛淨天眼見中千世界色，獨用報淨天眼見中

色，惛淨天眼見大千世界色，仏報淨天眼見大千世界色，惛淨天

无邊世界色。此与李毗曇論同。故成論云：聲聞不方便見小千世界，

方便見二千世界。緣覺不方便見二千世界，方便見三千世界。仏不方便

見三千世界，方便見无量无邊億百千三千世界。今解：持經力故，能見三千

世界內水所有山林河海諸事。雖見三千大千世界，其間或有

不見：小不見，遠不見，細物不見，遠不見近，如遠見日輪不見眼。

大小遠近一切悉見。如一四天下有八大山，有八大海，如是三千大千世界

億八大山，百億八大海，有千中鐵圍，有一大鐵圍，中間小山小海諸所

一切悉見。已見其中一切眾生及業因緣果報生處，悉見悉知者，明

報業因生處。小乘解云：天眼有二種：惛得天眼見外色二[illegible]

能知此眾生死此生彼因果事。法花論釋：六根清淨者，於六

六用。是故眼根故業因緣果報生處。　問曰：眼根云何見？

五以持經力故，悟眼皆是因緣故，有推其本性自性寂滅，即是

相續[illegible]是法身，法身无異，是故六根得互用也。　問曰

見根同見聞三千之可眼根與耳根同得千二百。解云：如燈雖有

先用無眼一寶眼，耳雖多[illegible]聞之用同於千

故但見三千，更不多見。解云：智度論釋三千界外乃風輪與眼相

能見。　問曰：既能見三千，何故不名天眼？解云：非禪所起，又不能

故不名天眼。　問曰：二乘天眼亦見三千，與今何異？解云：二乘見三千

[illegible]圓土，能解金持經力，故雖見三千，了知三千世界本性寂滅，[illegible]

相故能見諸仏補土菩薩，故与二乘為異。　五行偈文：回為三義，初

偈勑聽，次三行半正誦，於中初三誦見依果，次[illegible]樓山[illegible]者此

BD15691號　法華經疏（擬）　（1–1）

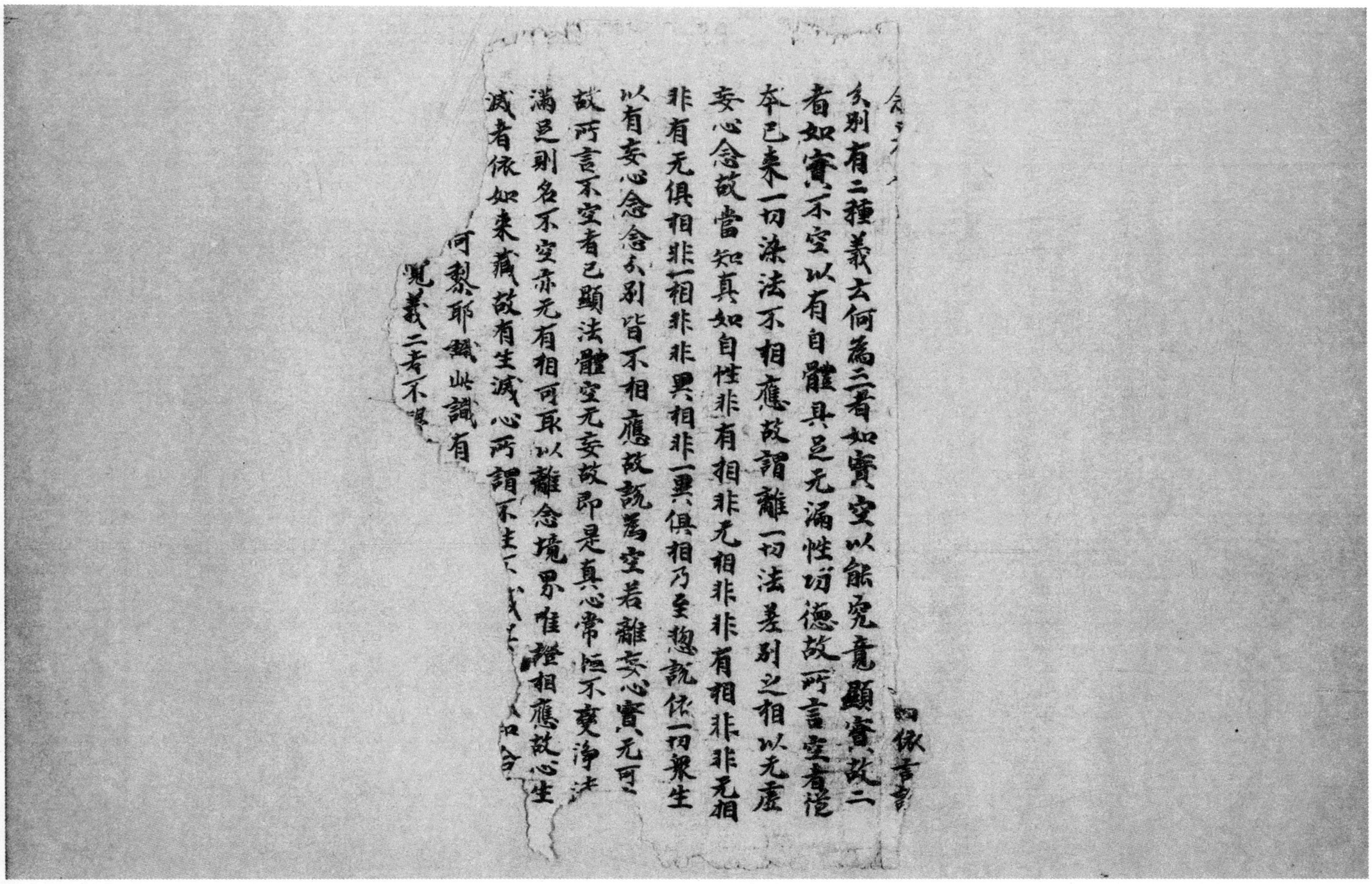

BD15692號　大乘起信論（真諦本）　（1–1）

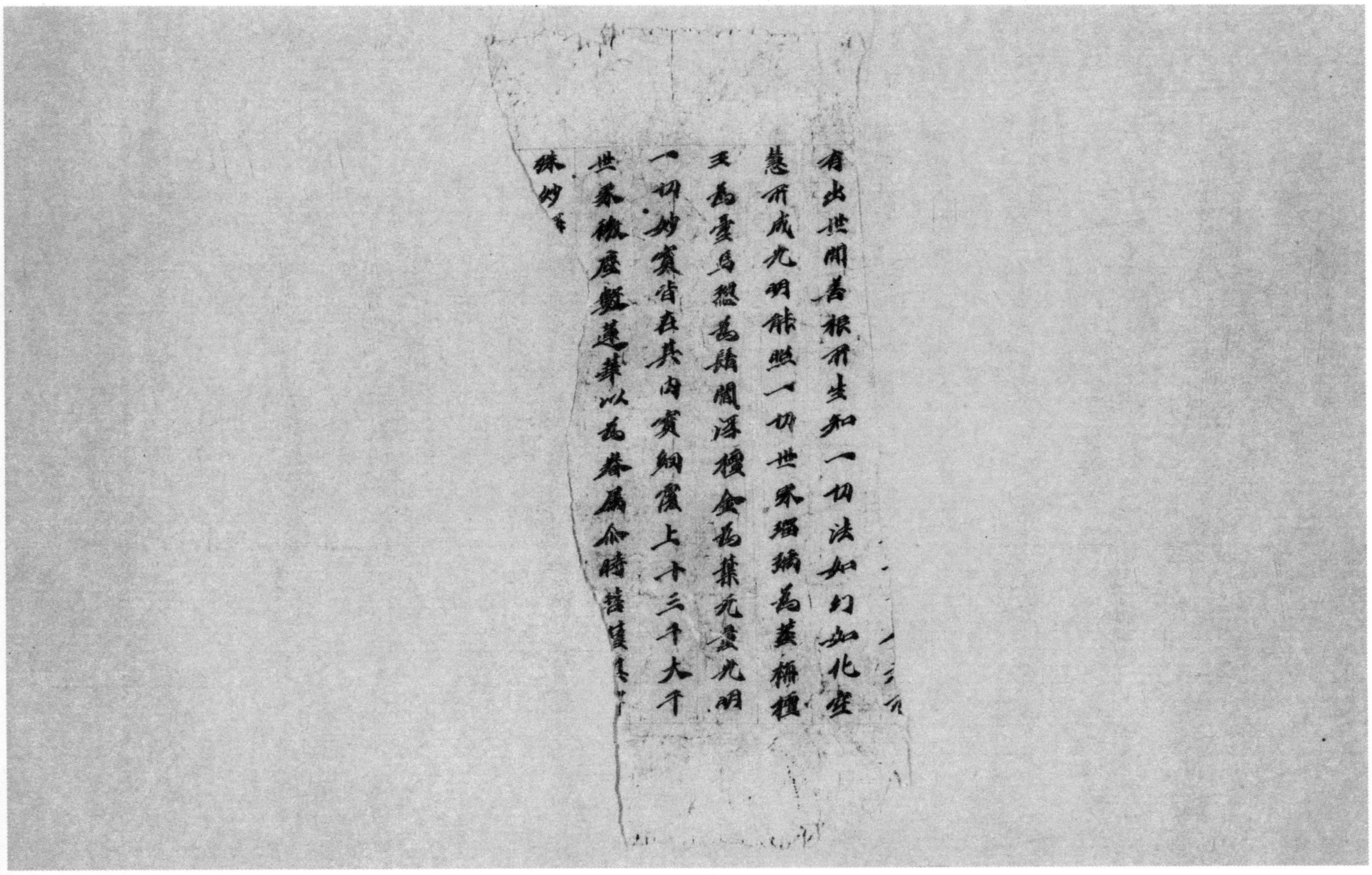

BD15693號　大方廣佛華嚴經（晉譯）卷二七　（1–1）

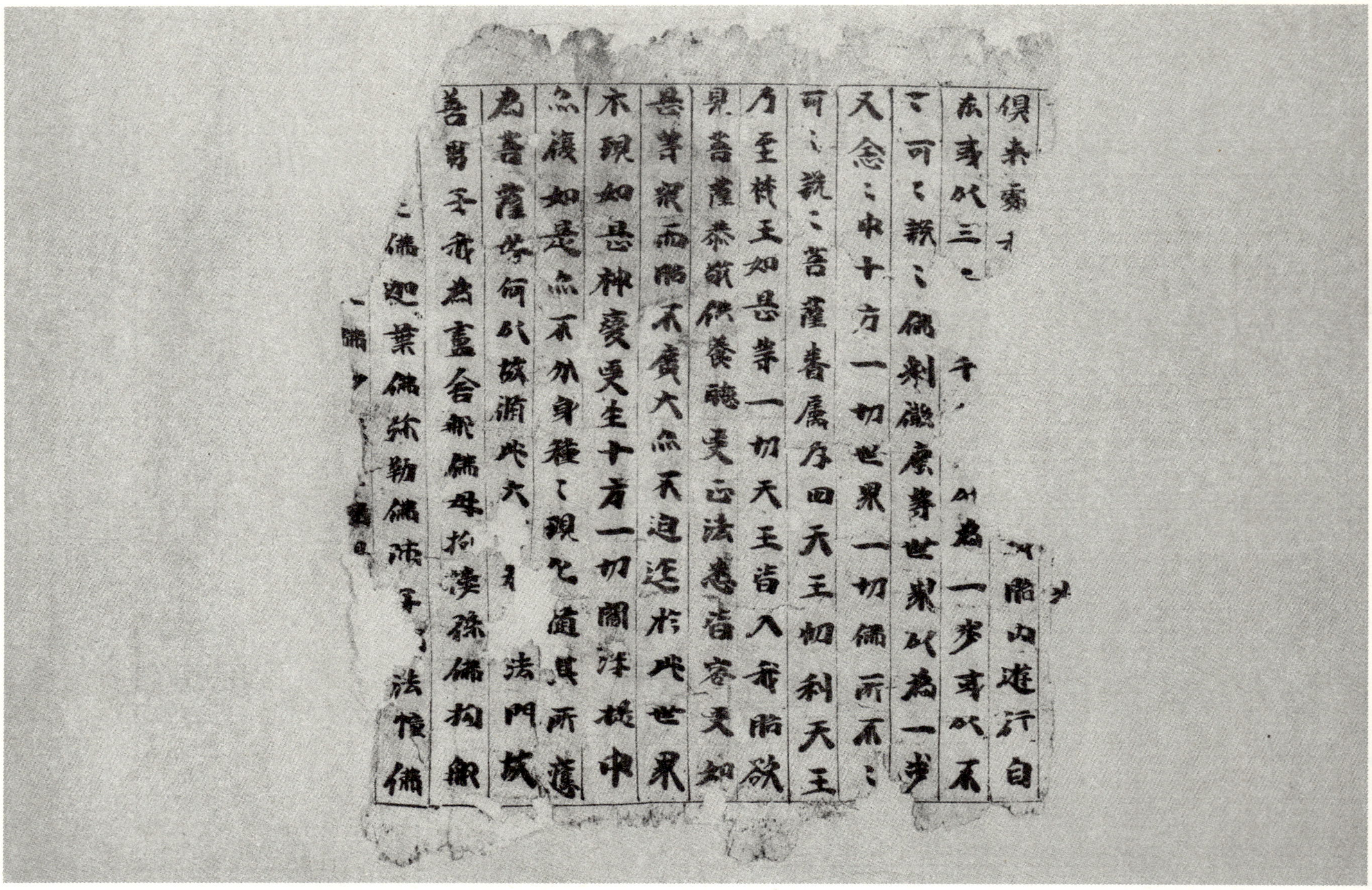

俱來彌[illegible]……胎內遊行自
在或以三ㄔ千ㄔ所為一步或以不
可可說說佛剎微塵等世界以為一步
又念念中十方一切世界一切佛所不可
可說說菩薩眷屬從四天王忉利天王
乃至梵王如是等一切天王皆入我胎欲
見菩薩恭敬供養聽受正法悉皆容受如
是等眾而胎不廣大亦不迫迮於此世界
示現如是神變受生十方一切閻浮提中
亦復如是亦不外身種種現化隨其所應
為菩薩等何以故滿此大[illegible]……法門故
善男子我為盧舍那佛母拘樓孫佛拘那
含佛迦葉佛彌勒佛[illegible]……法幢佛
[illegible]佛[illegible]……

BD15694號　大方廣佛華嚴經（晉譯）卷五七　　（1–1）

BD15695號　尚書·禹貢

（1–1）

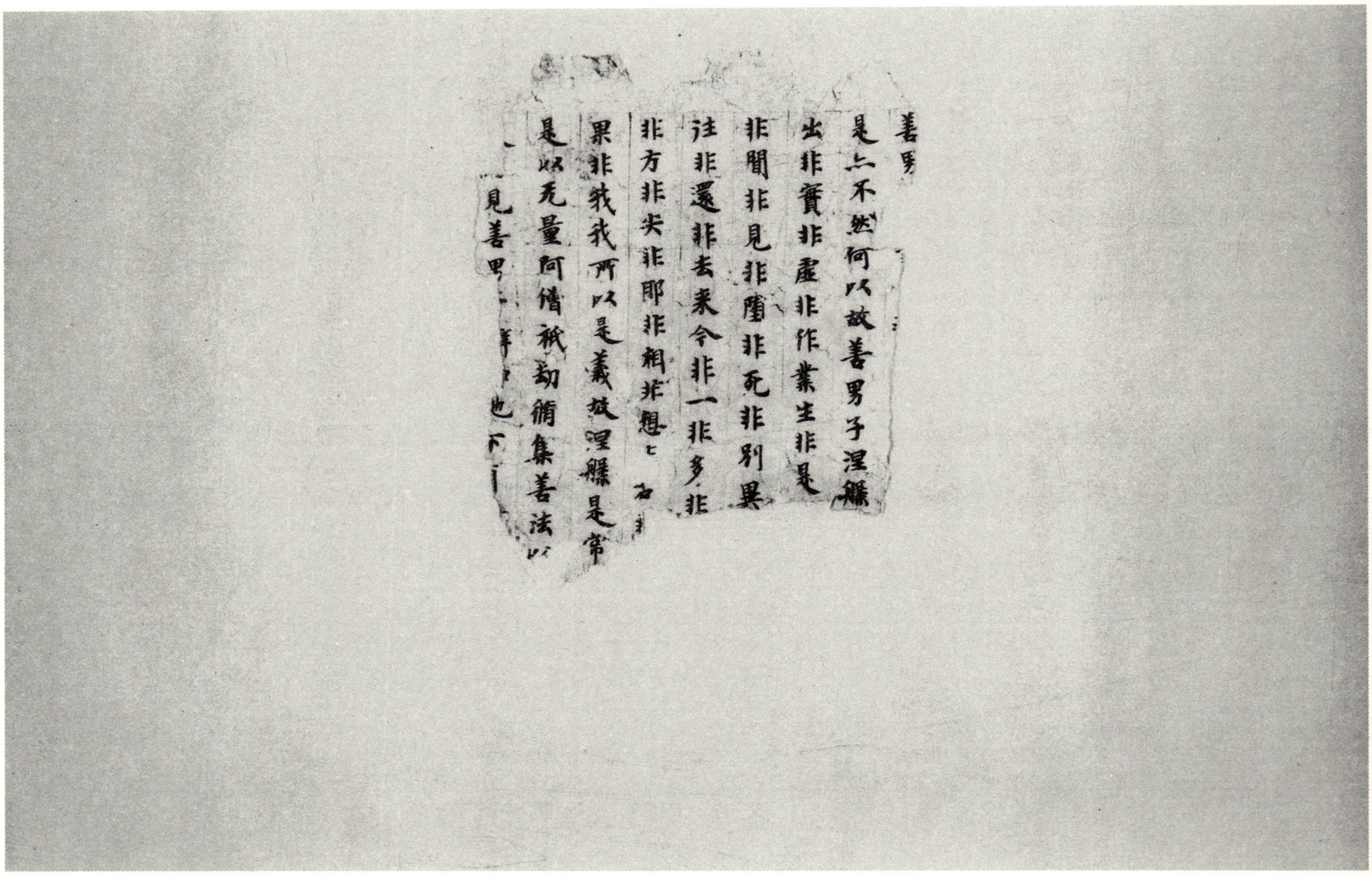

善男
是亦不然何以故善男子涅槃
出非實非虛非作業生非是
非聞非見非墮非死非別異
往非還非去來今非一非多非
非方非尖非耶非相非想〻
果非我我所以是義故涅槃是常
是以無量阿僧祇劫脩集善法以
見善男

BD15696 號　大般涅槃經（北本）卷二一　（1–1）

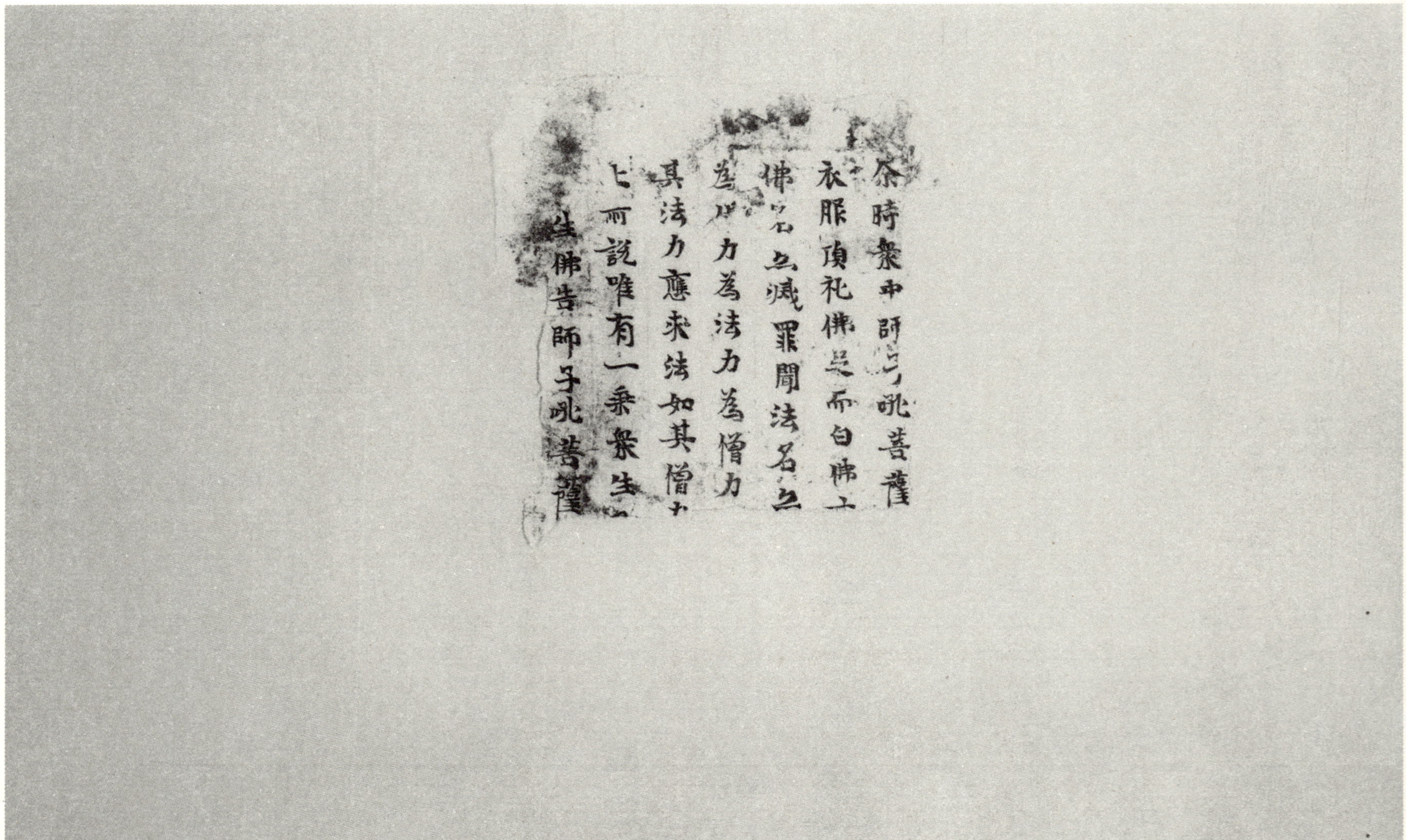

尒時衆中師子吼菩薩
衣服頂礼佛足而白佛言
佛名亦滅罪聞法名亦
為佛力為法力為僧力
其法力應求法如其僧力
亡而說唯有一乘衆生
生佛告師子吼菩薩

BD15697 號　大通方廣懺悔滅罪莊嚴成佛經卷下　（1–1）

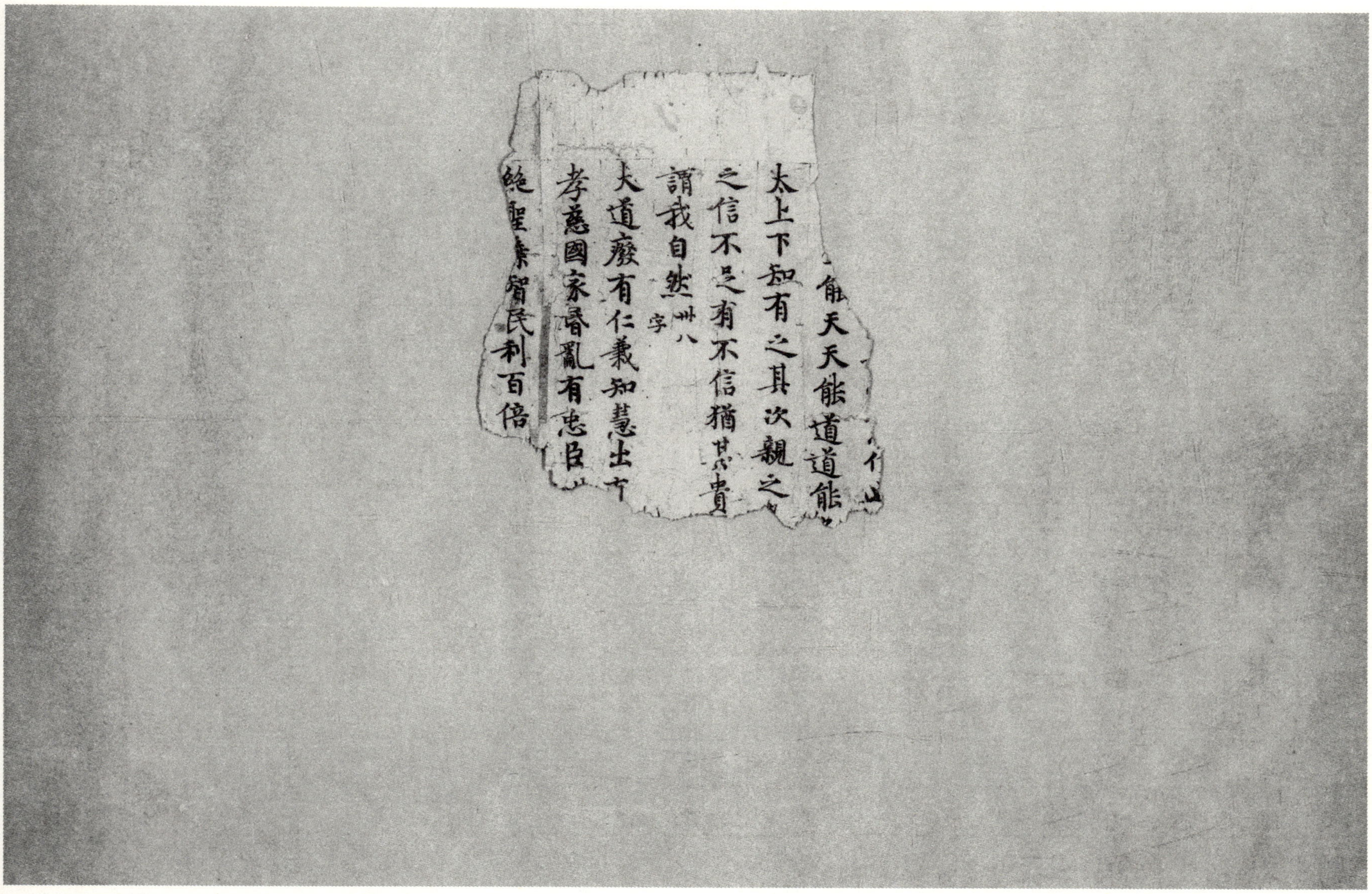
能天天能道道能
太上下知有之其次親之
之信不足有不信猶其貴
謂我自然 卌八字
大道廢有仁義知慧出有
孝慈國家昏亂有忠臣
絕聖棄智民利百倍

BD15698 號　老子道德經五千文卷上　（1–1）

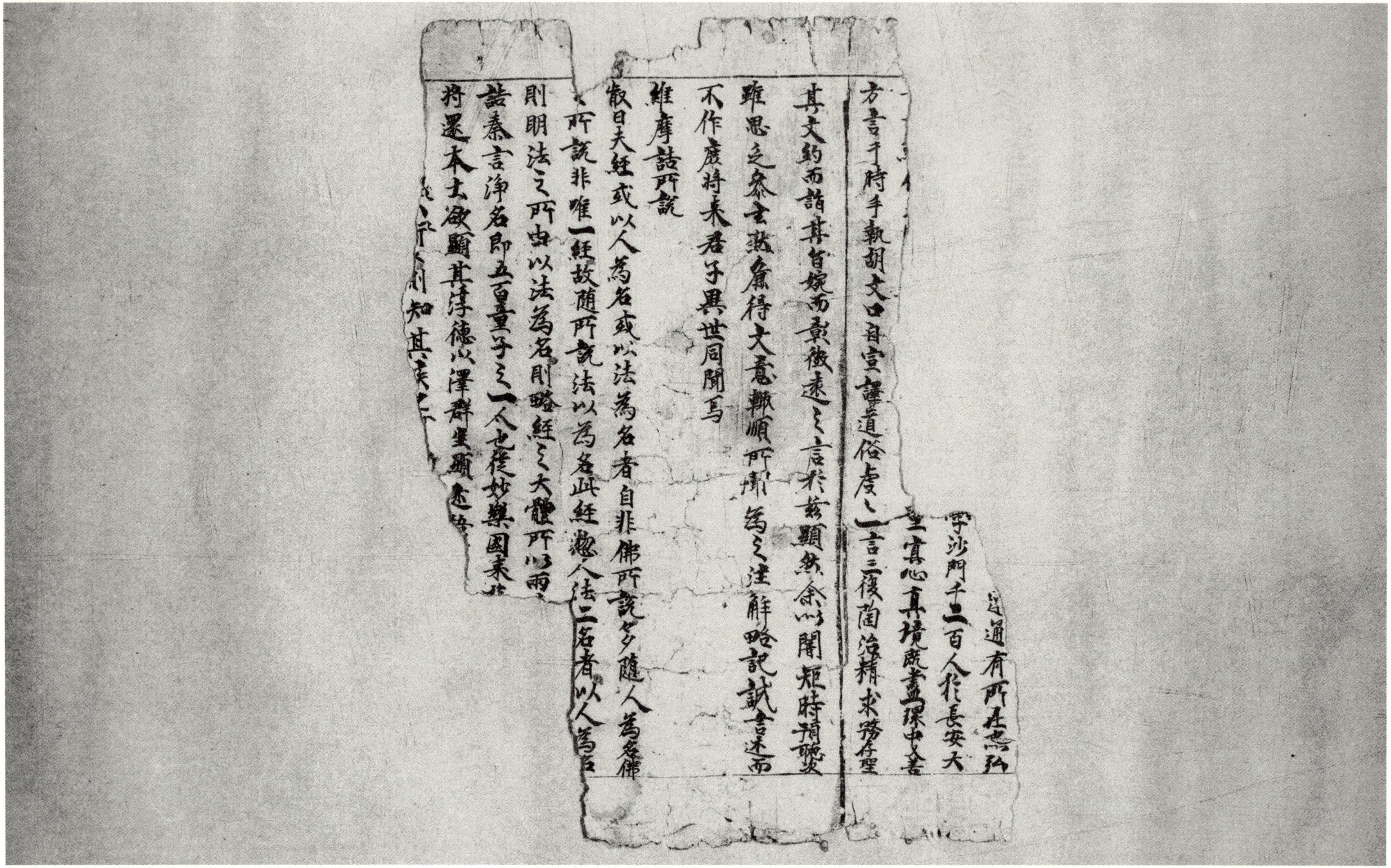
道通有所在忠弘
學沙門千二百人於長安大
冥心真境旣盡環中又善
方言千時手執胡文口自宣譯道俗虔々一言三復蕳治精求務存聖
其文約而詣其旨婉而彰微遠之言於茲顯然余以闇短時預聽次
雖思乏參玄然麤得文意輒順所聞為之注解略記成言述而
不作庶將來君子異世同聞焉
維摩詰所說
叡曰夫經或以人為名或以法為名者自非佛所說多隨人為名佛
所說非唯一經故隨所說法以為名此經兼人法二名者以人為名
則明法之所由以法為名則略經之大體所以兩
詰秦言淨名即五百童子之一人也從妙樂國來游
將還本土欲顯其淳德以澤群生顯迹
……所……則知其……

BD15699 號　淨名經集解關中疏卷上　　（1–1）

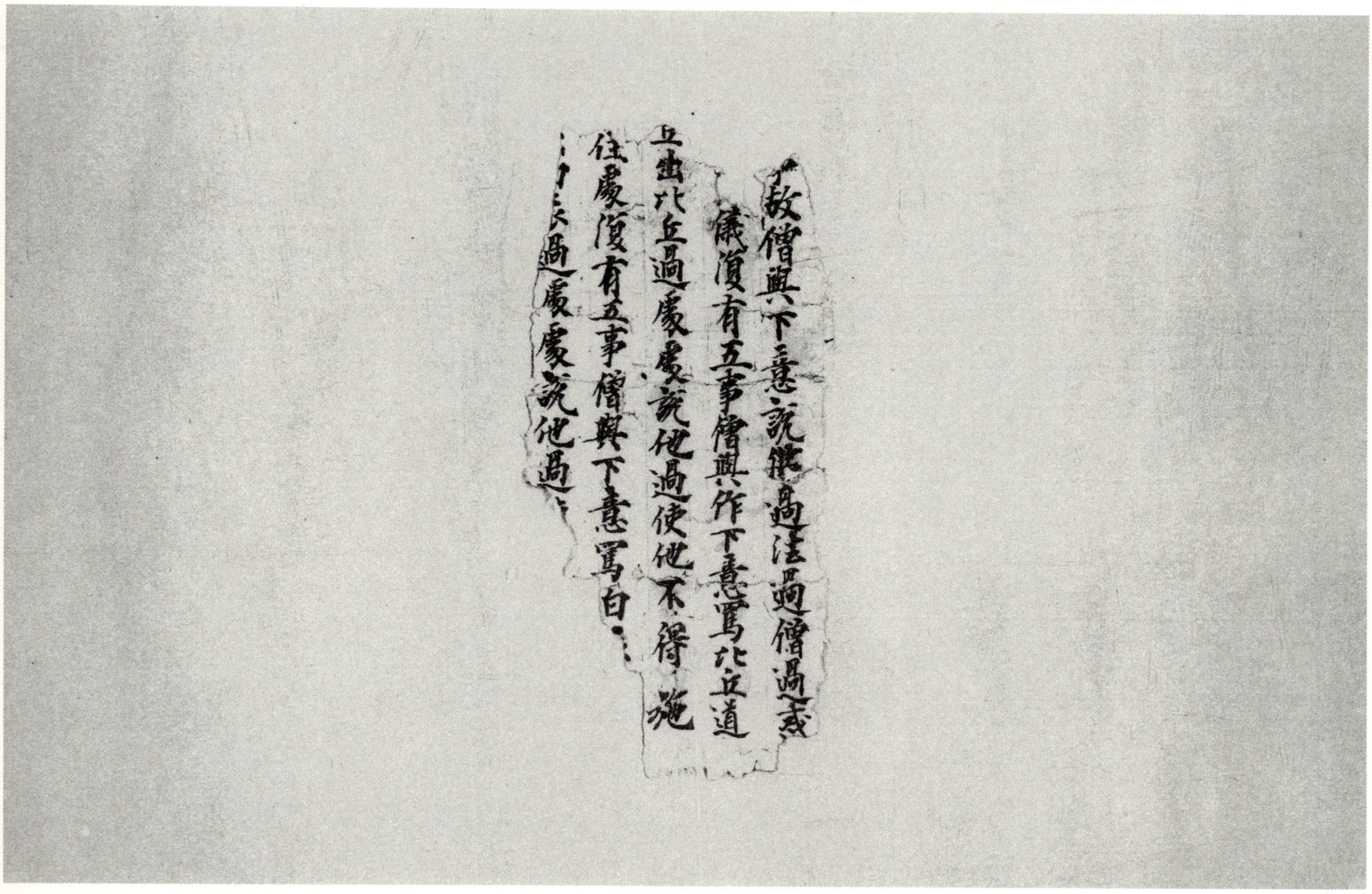

敬僧與下意說佛過法過僧過戒
儀復有五事僧與作下意罵比丘道
丘出比丘過處處說他過使他不得施
住處復有五事僧與下意罵白
過處處說他過

BD15700 號　十誦律卷五一　　（1–1）

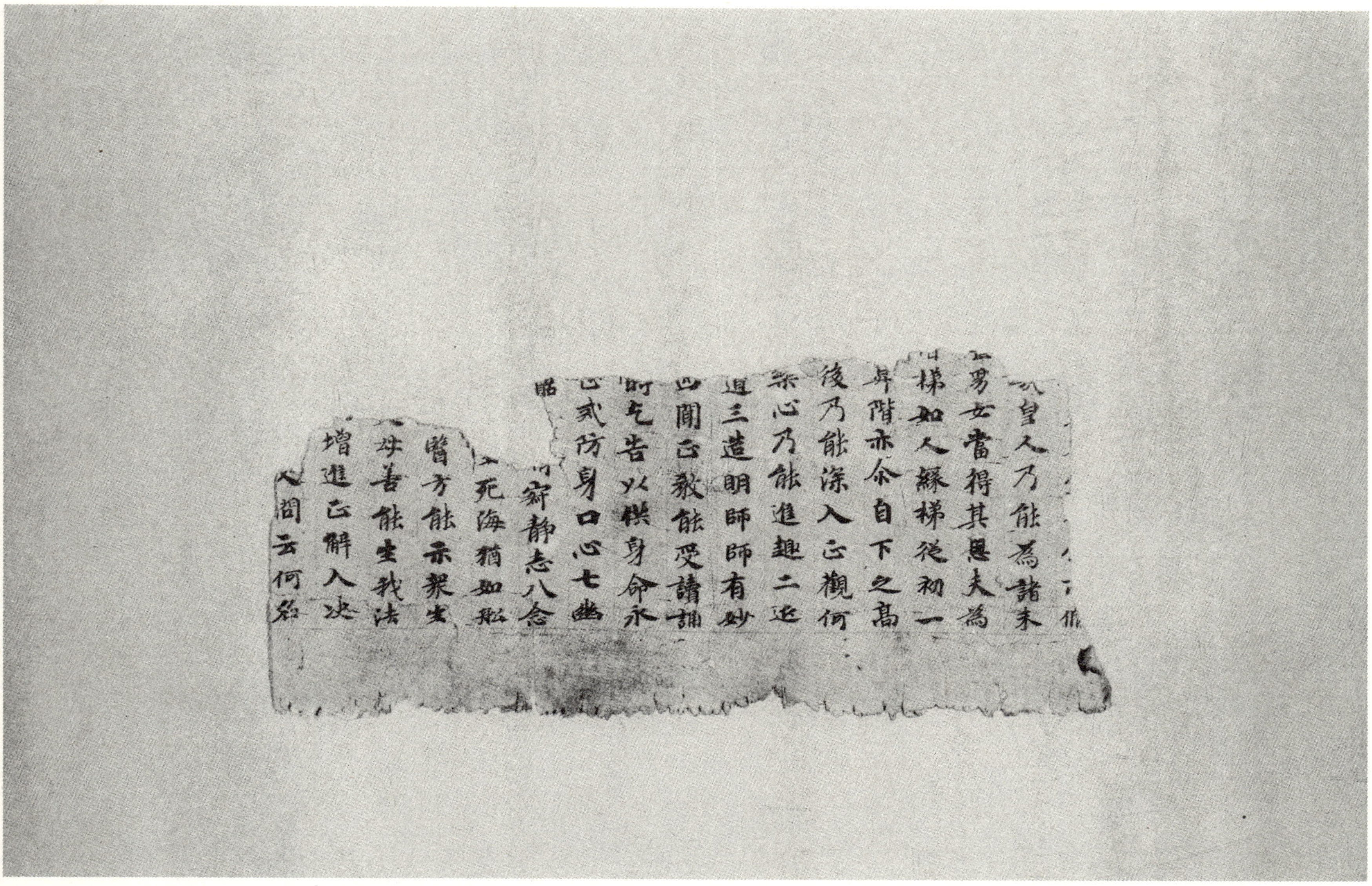

皇人乃能為諸來
男女當得其恩夫為
梯如人緣梯從初一
昇階亦介自下之高
後乃能深入正觀何
禁心乃能進趣二返
道三遣明師師有妙
四聞正教能受讀誦
時乞告以供身命永
正戒防身口心七幽
窮靜志八念
死海猶如船
醫方能示眾生
母善能生我法
增進正解入次
問云何名

BD15701 號　太玄真一本際經卷二　　（1–1）

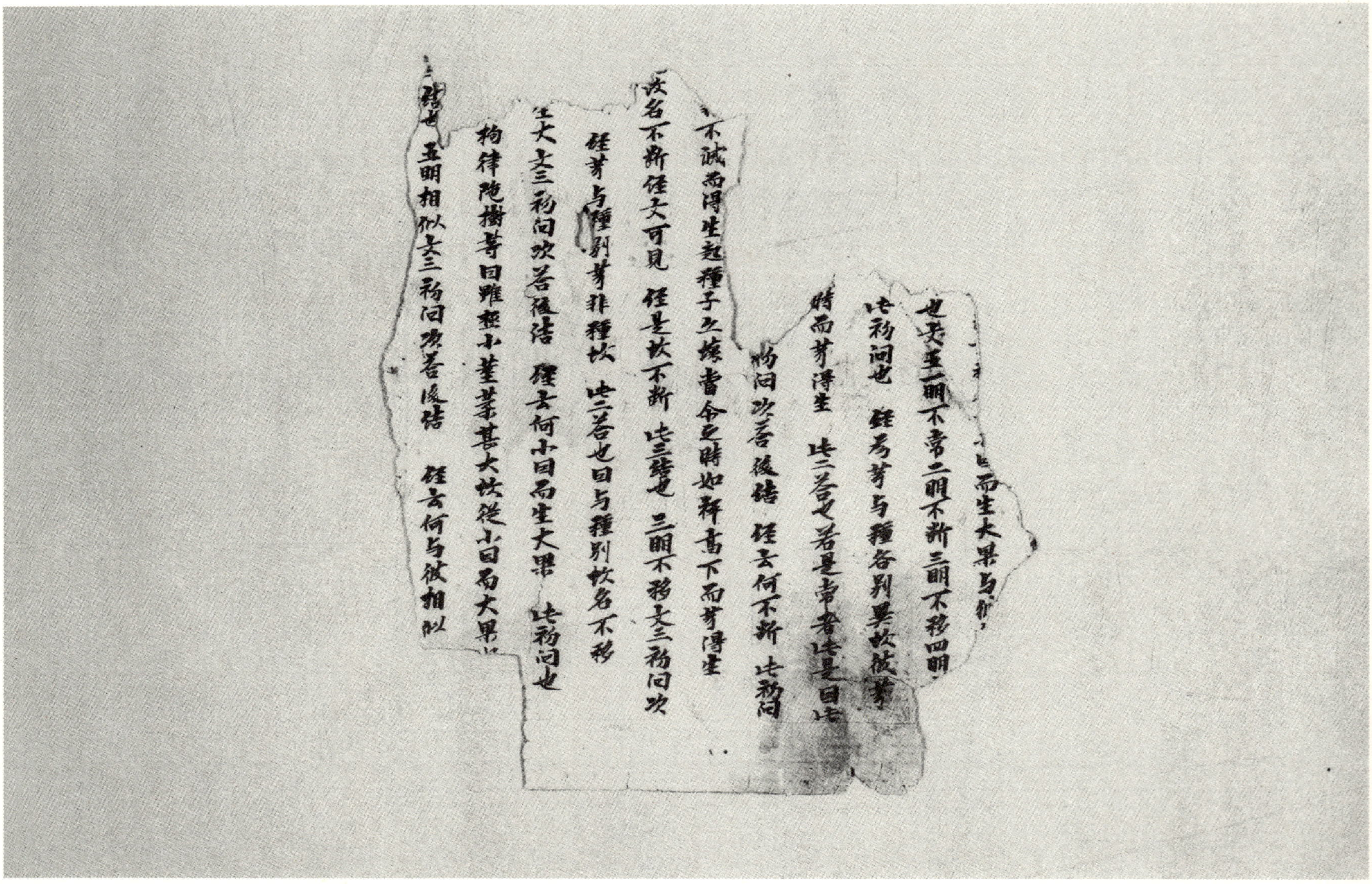

BD15702號　大乘稻芉經隨聽疏　　　　（1–1）

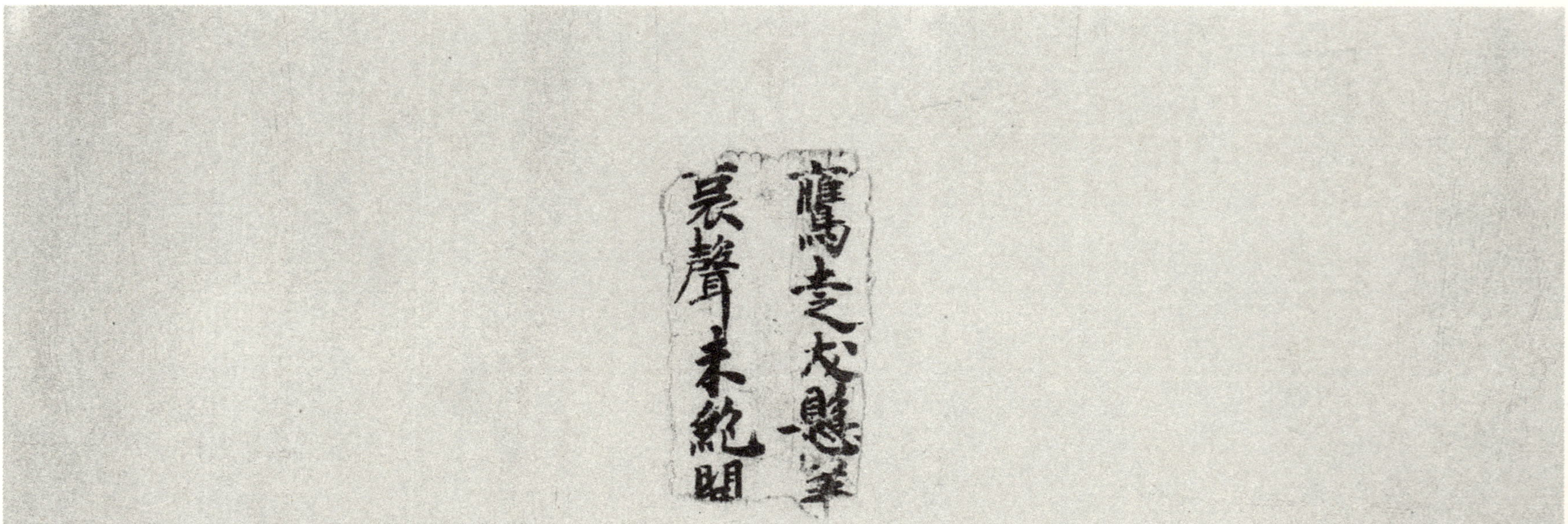

BD15703號　殘片（擬）　　　　（1–1）

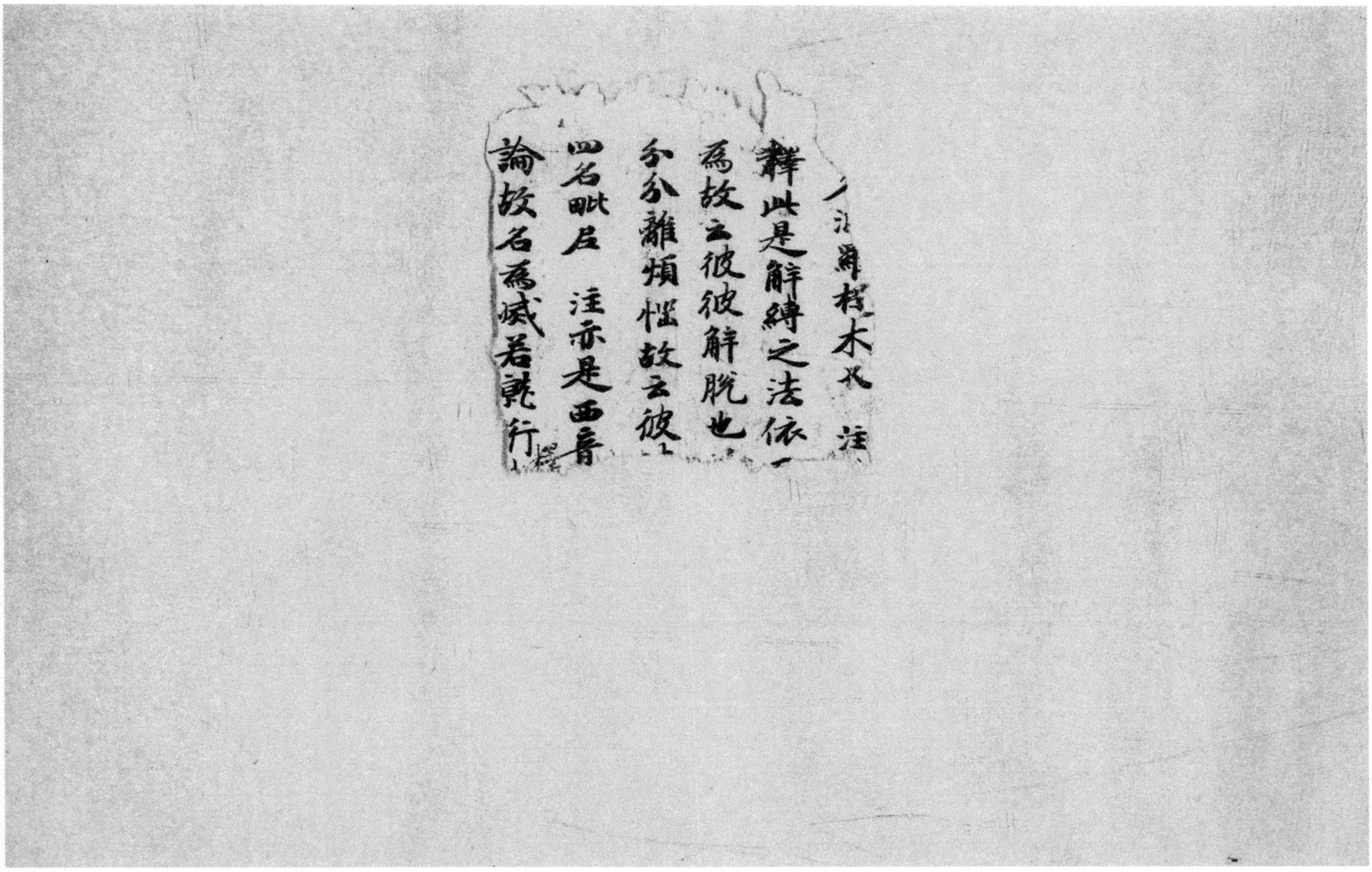

木又　注
縛此是解縛之法依
爲故云彼彼解脱也
分分離煩惱故云彼
四名毗尼　注亦是西音
論故名爲滅若就行

BD15704 號　毗尼心　（1–1）

踰於須彌深信
照而雨甘露於
起斷諸邪見去

BD15705 號　維摩詰所說經卷上　（1–1）

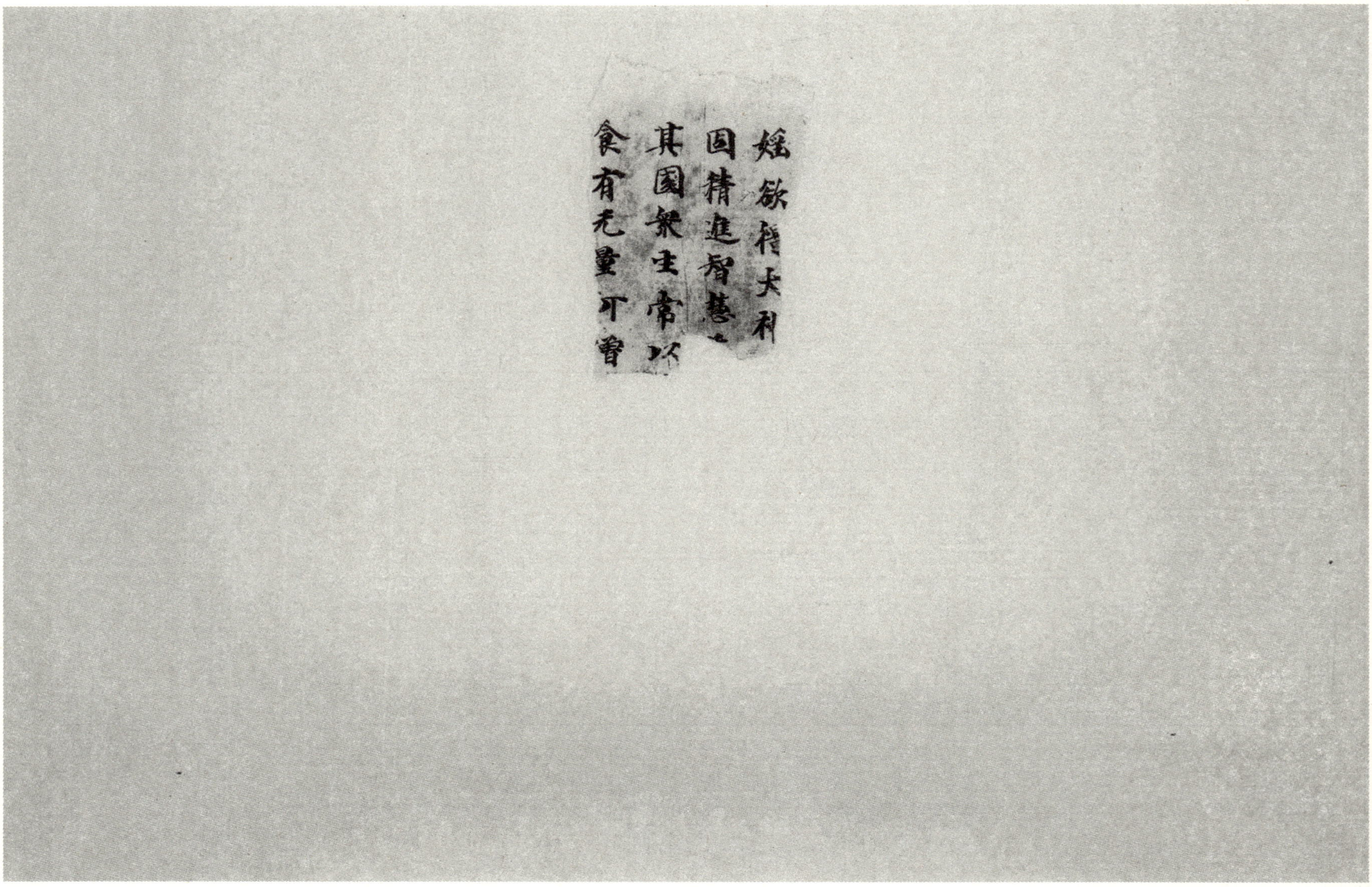

BD15706 號　妙法蓮華經卷四　　（1–1）

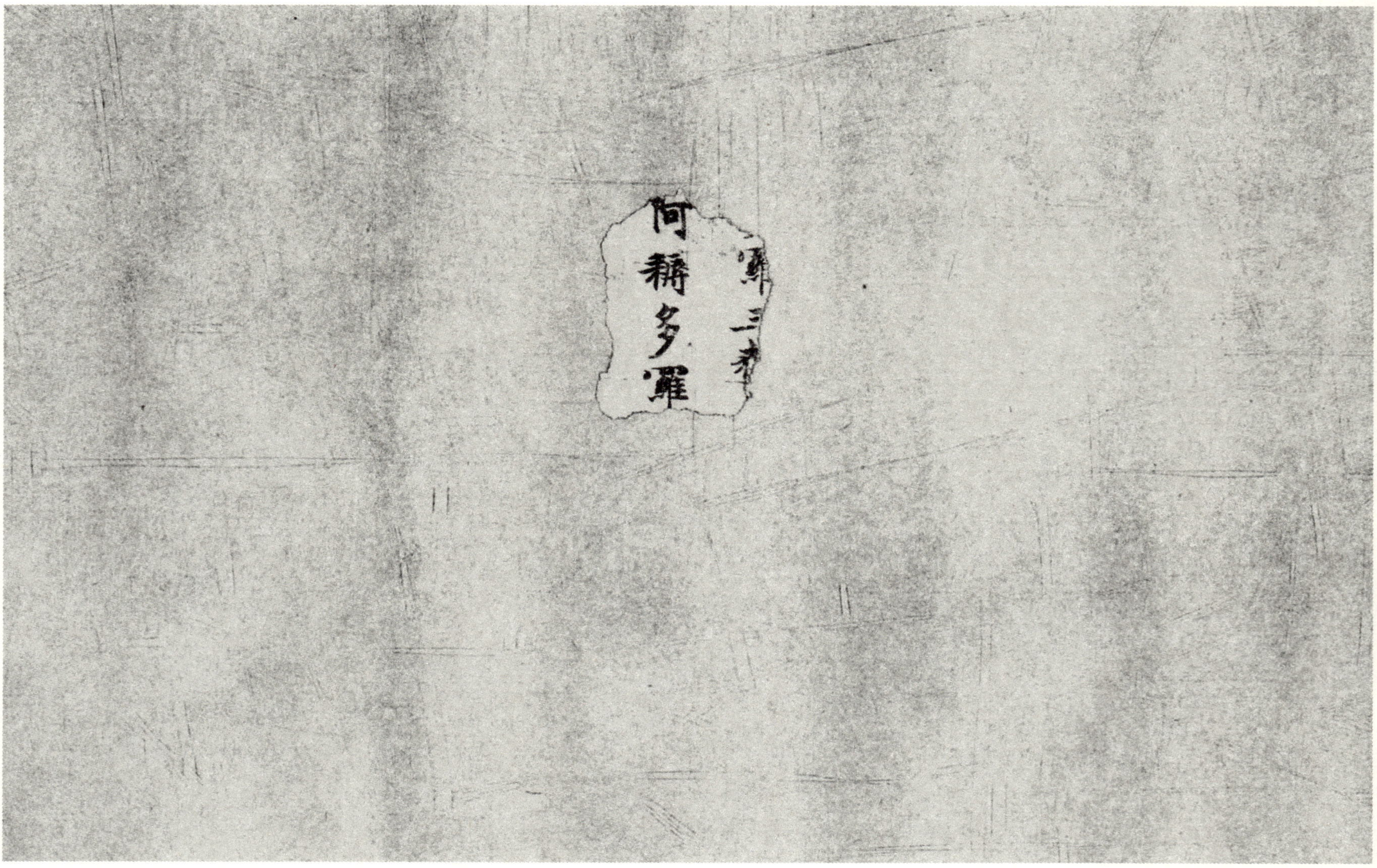

BD15707 號　殘片（擬）　　（1–1）

菩提何況
和合先

BD15708 號　沙彌塞五分戒本　（1–1）

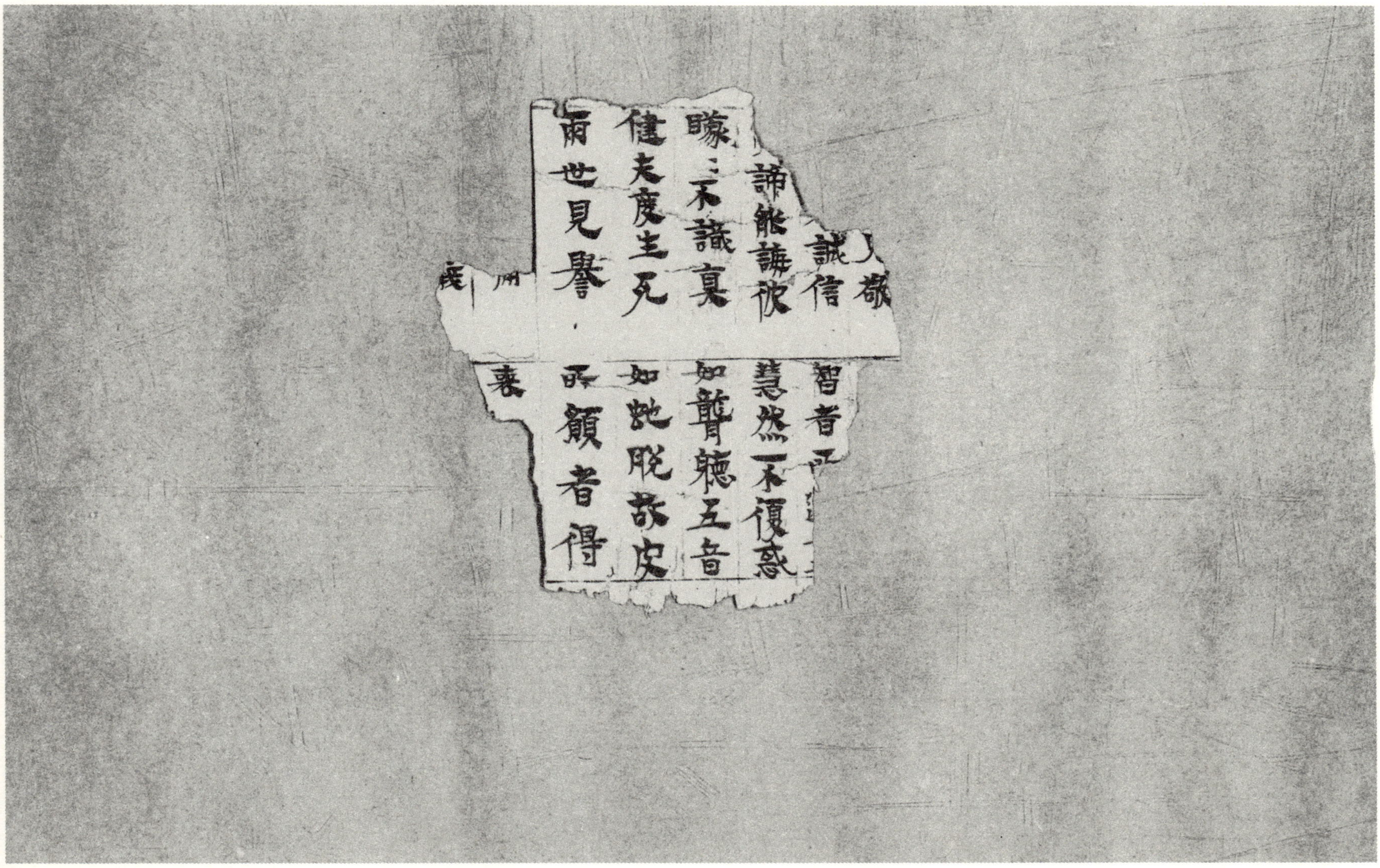
誠信　智者
諦能誦欲　慧然不復惑
矇〻不識真　如聾聽五音
健夫度生死　如蛇脫故皮
所世見譽　所願者得

BD15709 號　法句經卷上　（1–1）

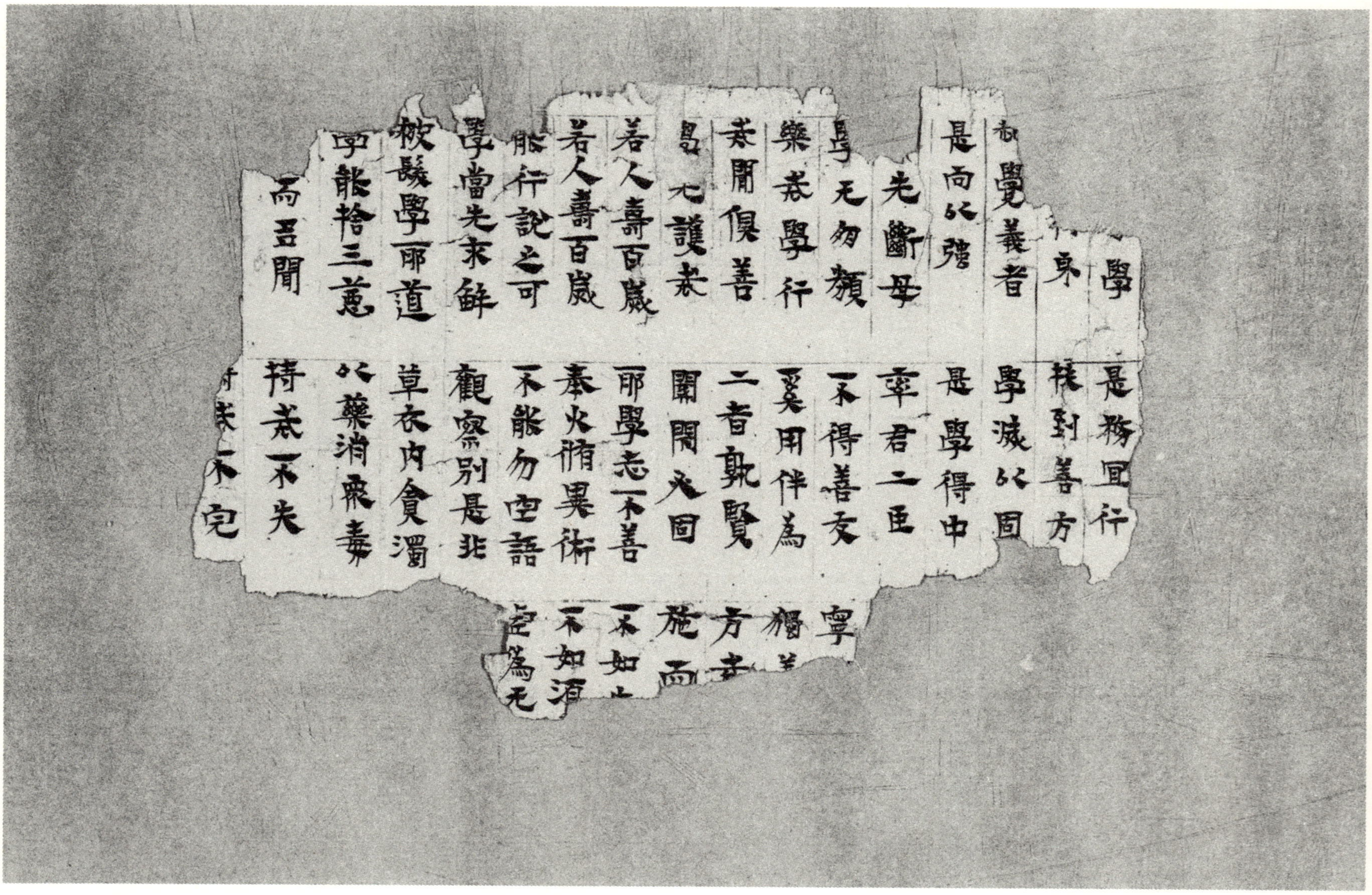

學 是務宜行
身 樣對善方
知覺義者 學滅以固
是而以強 是學得中
先斷母 率君二臣
學无朋類 不得善友 寧
樂戒學行 奚用伴為 獨善
戒聞俱善 二者孰賢 方者
學先護戒 開閉必固 施而
善人壽百歲 邪學志不善 不如
若人壽百歲 奉火脩異術 不如須
能行說之可 不能勿空語 虛為无
學當先求解 觀察別是非
被髮學邪道 草衣內貪濁
學能捨三惡 以藥消眾毒
而吾聞 持戒不失
行戒不完

BD15710號 法句經卷上 （1-1）

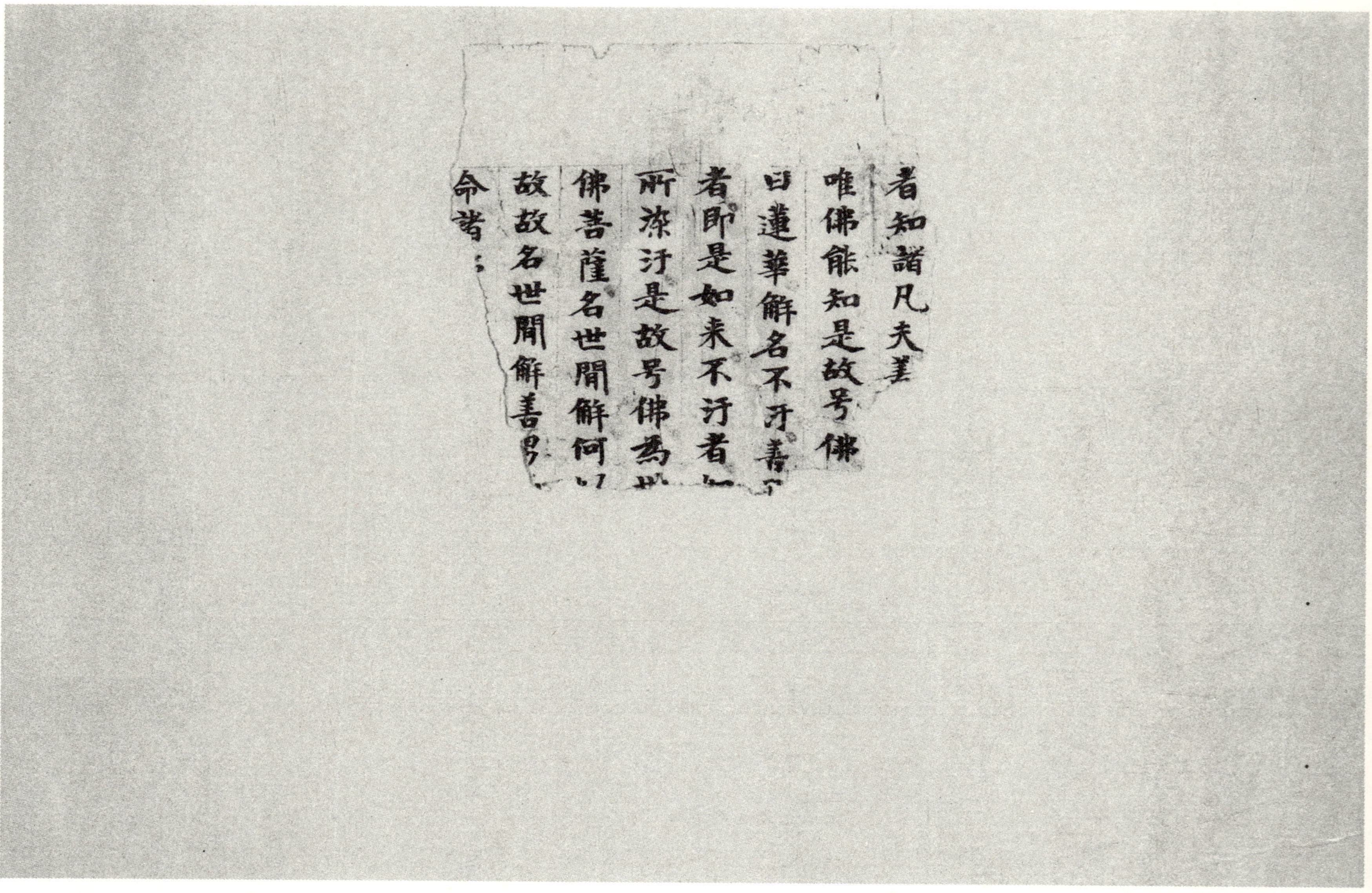

者知諸凡夫善
唯佛能知是故号佛
曰蓮華解名不汙善
者即是如來不汙者如
所染汙是故号佛為世
佛菩薩名世間解何以
故故名世間解善男
命諸

BD15711號 大般涅槃經（北本）卷一八 （1-1）

BD15712 號　無量門破魔陀羅尼經　（1–1）

BD15713 號　正法華經卷九　（1–1）

之德教以去者喻如糟糠棄
勸為道器負寶之用退而[illegible]
光合集除使无大替亡而退[illegible]
非信如來為住乃退去者无異二種
今善聽受誦第二請也如是妙法[illegible]
衆為心軟名法以得教破三[illegible]
本一心无所詣趣東向西則有[illegible]
之理如來之得物无大威而不[illegible]
乃說之也如憂曇華時一[illegible]
有轉王興出誕化方有[illegible]
說者有大威方得說一故以權[illegible]

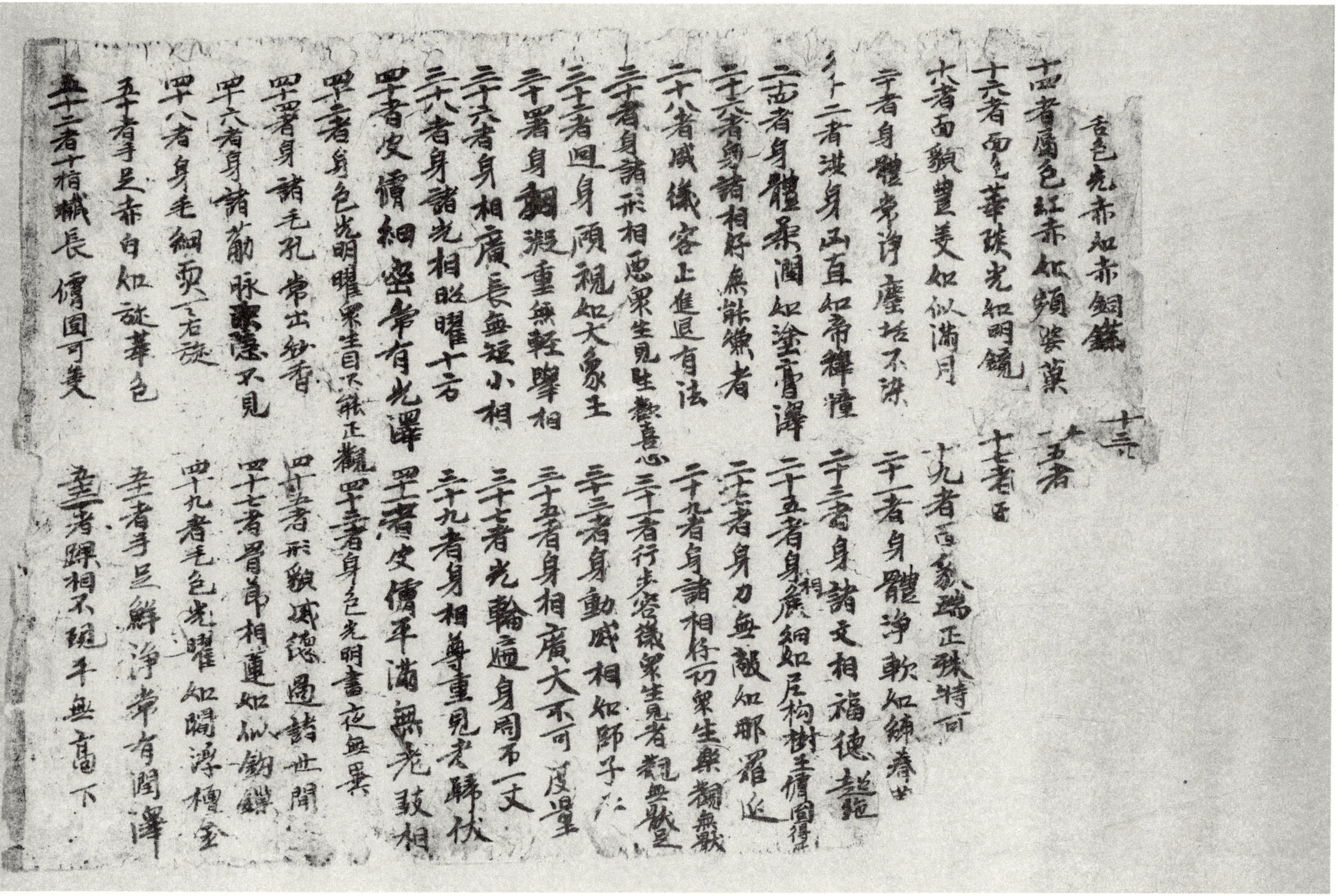
香色光赤如赤銅鏁　十三
十四者脣色紅赤如頻婆菓　十五者
十六者面色華暎光如明鏡　十七者面
十八者面貌豐美如似滿月　十九者面貌端正殊特可
廿者身體常淨塵垢不染　廿一者身體淨軟如綿
廿二者洪身西直如帝釋幢　廿三者身諸文相福德莊嚴
廿四者身體柔潤如塗膏澤　廿五者身相纖細如尼拘樹王傭圓
廿六者身諸相好無能觀者　廿七者身力無敵如那羅延
廿八者威儀容止進退有法　廿九者身諸相行切眾生樂觀無厭
卅者身諸形相惡眾生見生歡喜心　卅一者行步容儀眾生見者觀無厭足
卅二者迴身顧視如大象王　卅三者身動威相如師子王
卅四者身相凝重無輕舉相　卅五者身相廣大不可度量
卅六者身相廣長無短小相　卅七者光輪遍身周帀一丈
卅八者身諸光相照曜十方　卅九者身相尊重見者歸伏
四十者皮膚細密常有光澤　四十一者皮膚平滿無差皺相
四十二者身色光明曜眾生目不能正觀　四十三者身色光明晝夜無異
四十四者身諸毛孔常出妙香　四十五者形貌威德過諸世間
四十六者身諸筋脈隱不見　四十七者骨節相連如似鉤鏁
四十八者身毛細軟右旋　四十九者毛色光曜如閻浮檀金
五十者手足赤白如蓮華色　五十一者手足鮮淨常有潤澤
五十二者十指纖長傭圓可愛　五十三者踝相不現平無高下

BD15715號　如來八十種好（擬）　（1–1）

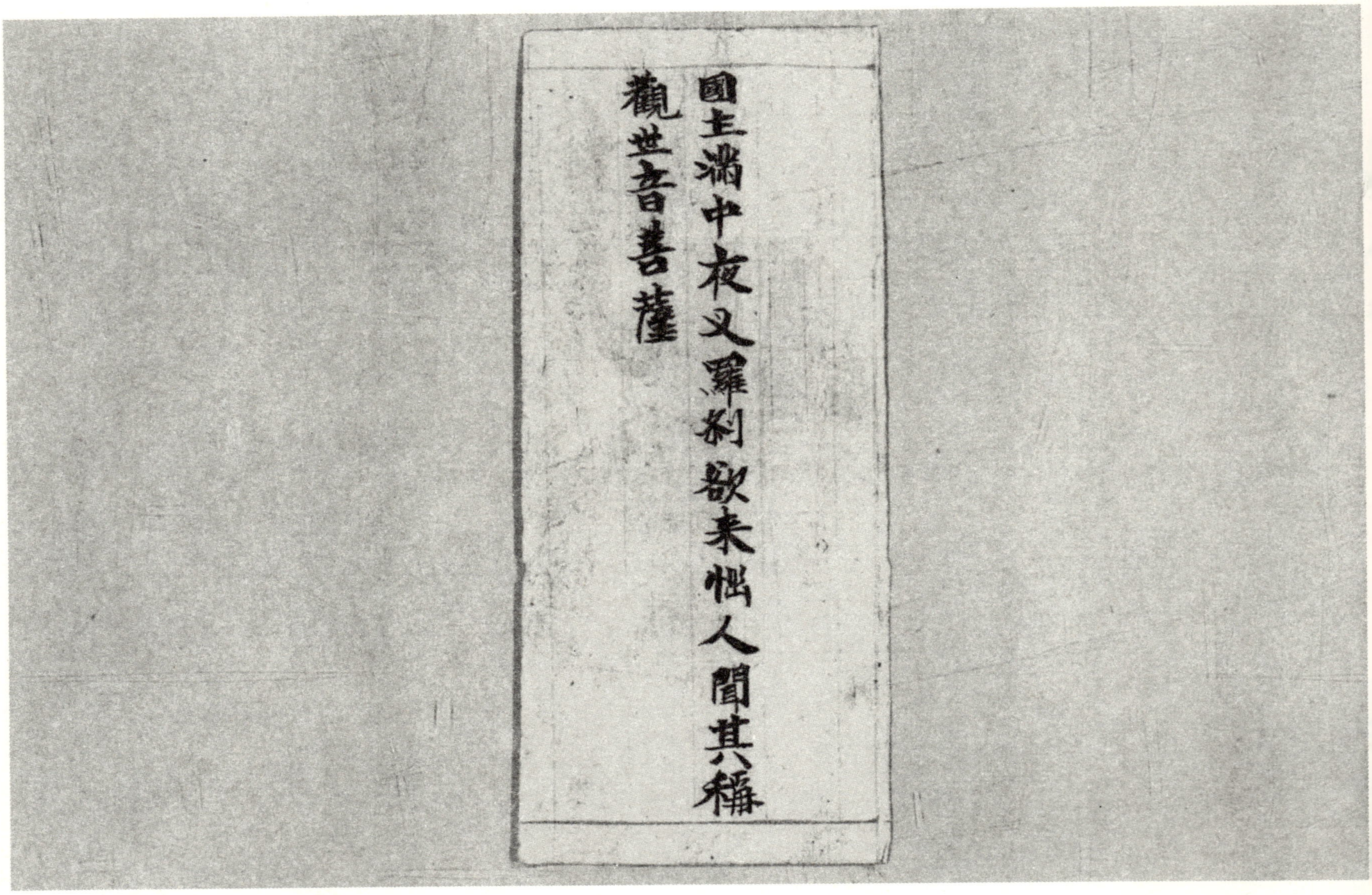
國土滿中夜叉羅刹欲來惱人聞其稱
觀世音菩薩

BD15716 號　妙法蓮華經卷七雜寫（擬）　　（1–1）

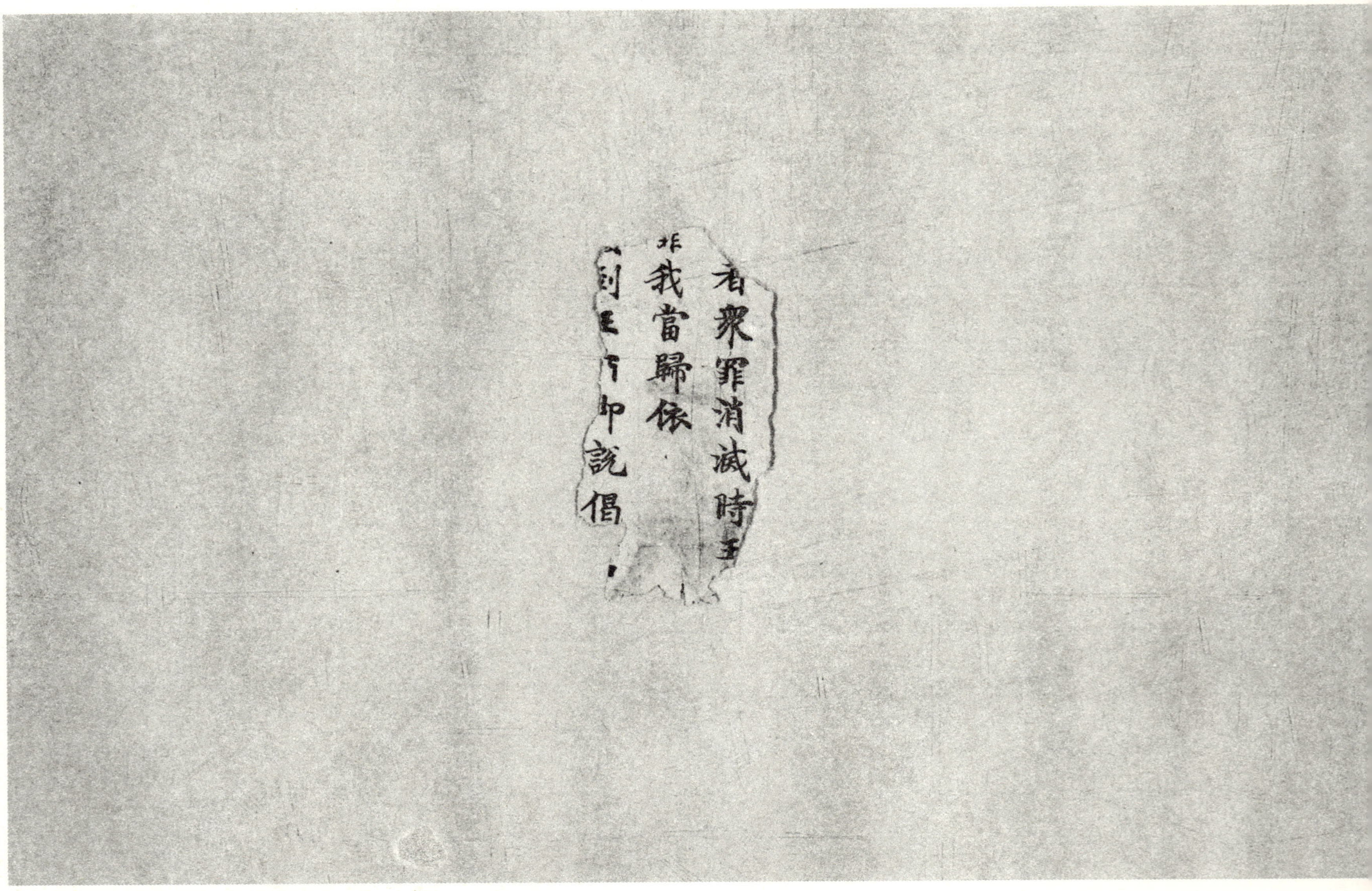
者衆罪消滅時王
非我當歸依
中說偈

BD15717 號　大般涅槃經（北本）卷一九　　（1–1）

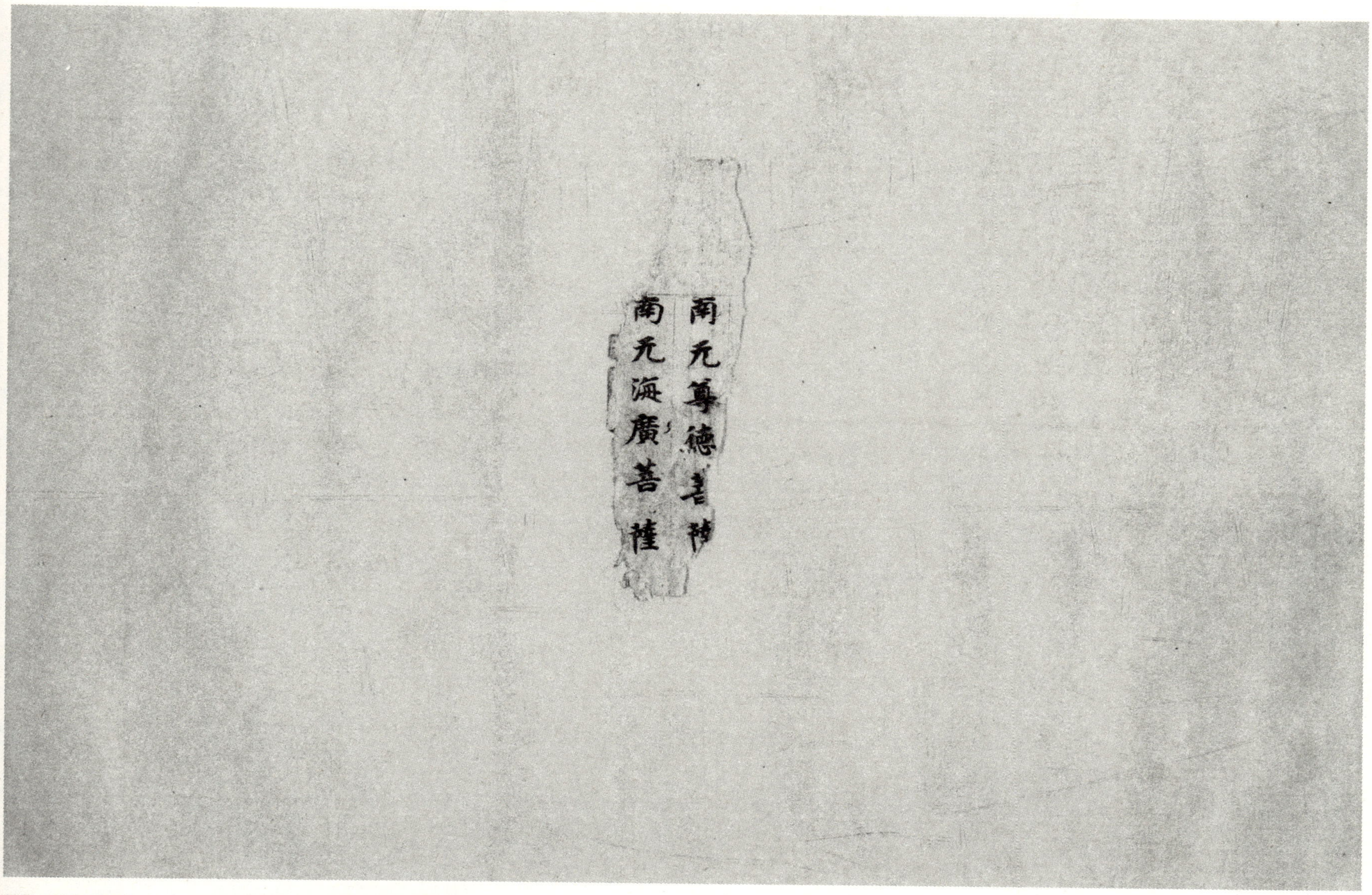
南无尊德菩薩
南无海廣菩薩

BD15718號　大通方廣懺悔滅罪莊嚴成佛經卷一　（1–1）

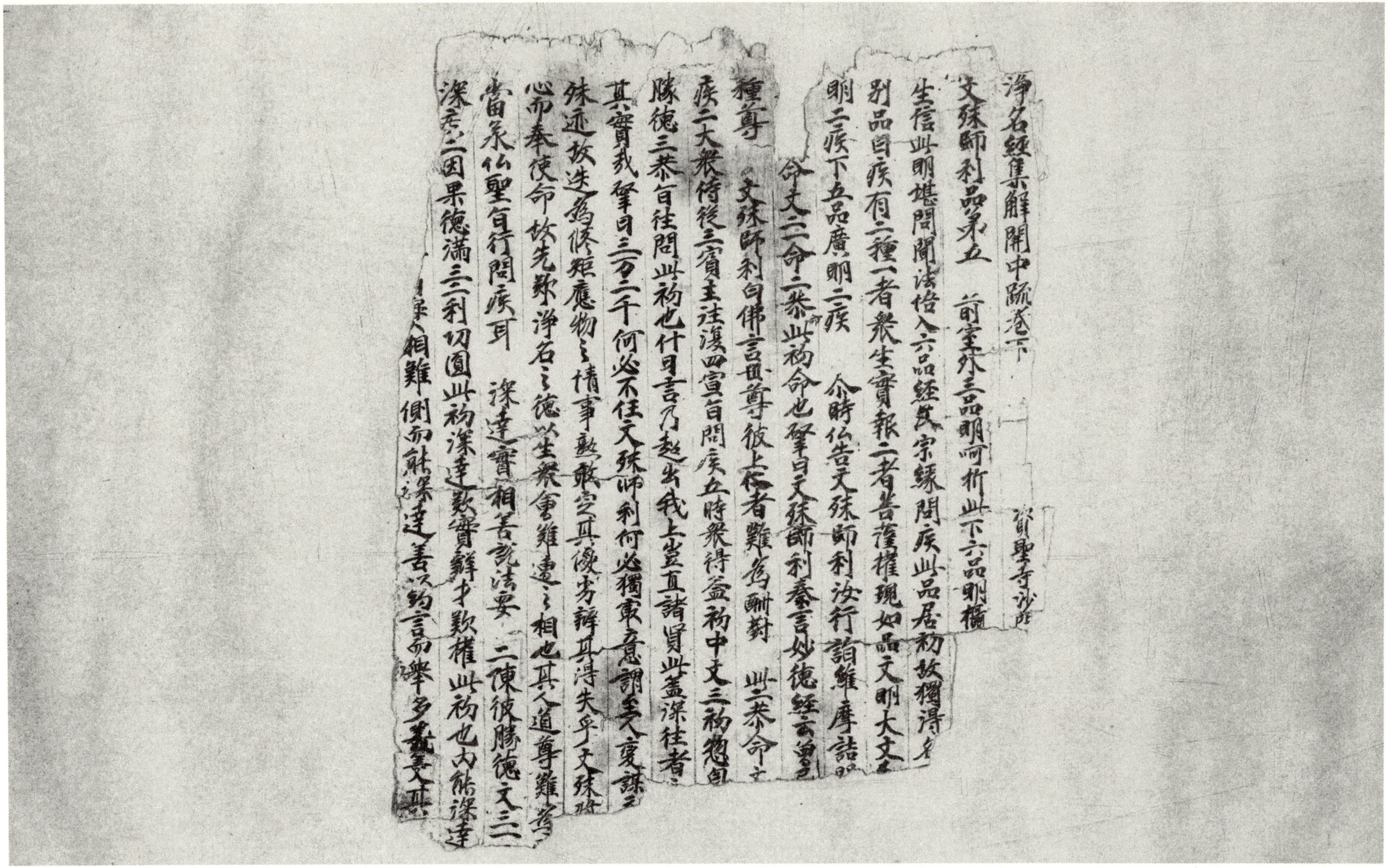

BD15719號　淨名經集解關中疏卷下　（1–1）

BD15719號背　金翅鳥因緣（擬）　（1-1）

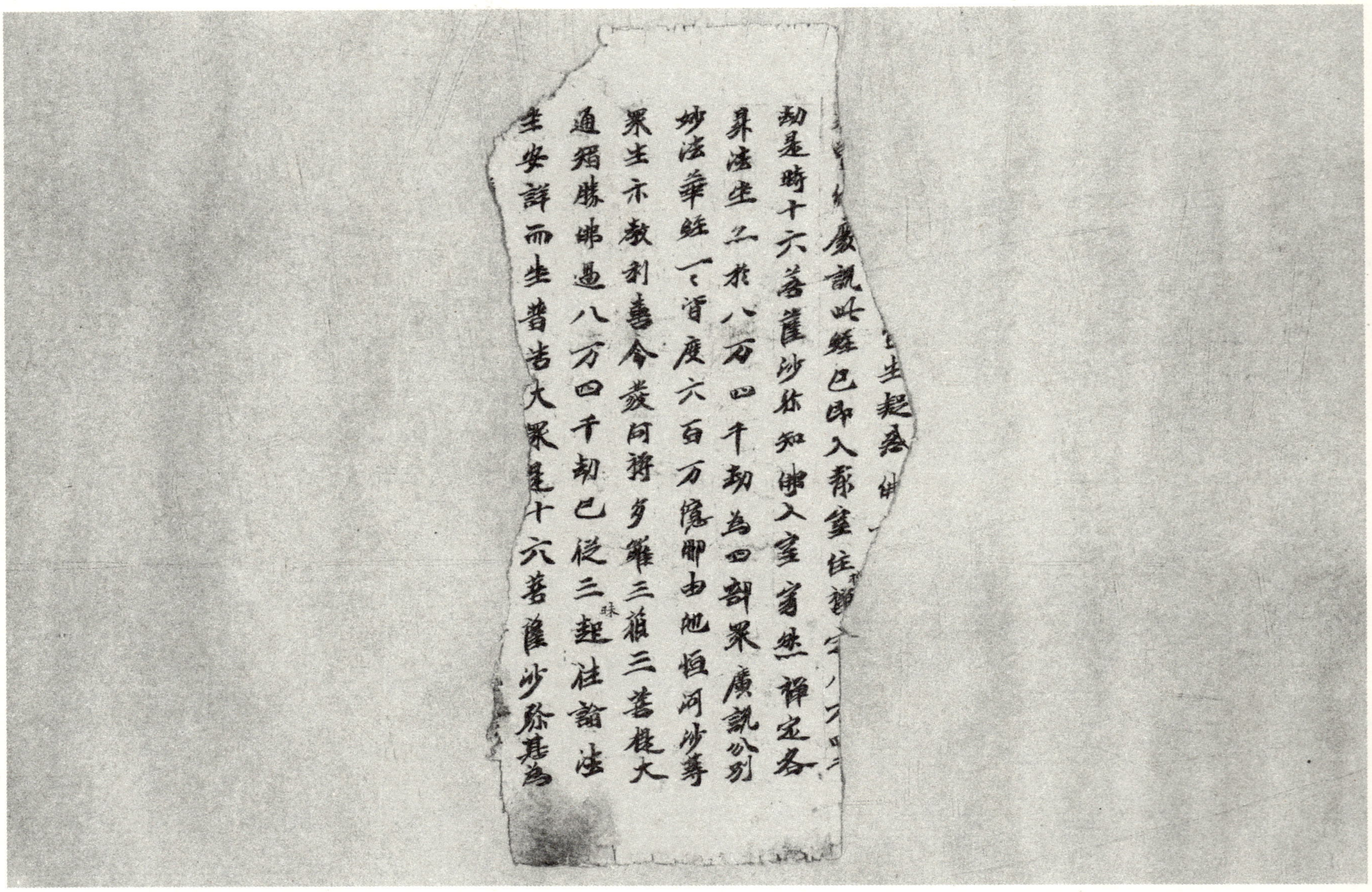
…生疑惑佛…
…廢說此經已即入靜室住禪定八万四千
劫是時十六菩薩沙彌知佛入室寂然禪定各
昇法座亦於八万四千劫為四部衆廣說分別
妙法華經一一皆度六百万億那由他恒河沙等
衆生示教利喜令發阿耨多羅三藐三菩提大
通智勝佛過八万四千劫已從三昧起往詣法
座安詳而坐普告大衆是十六菩薩沙彌甚為

BD15720 號　妙法蓮華經卷三　　（1-1）

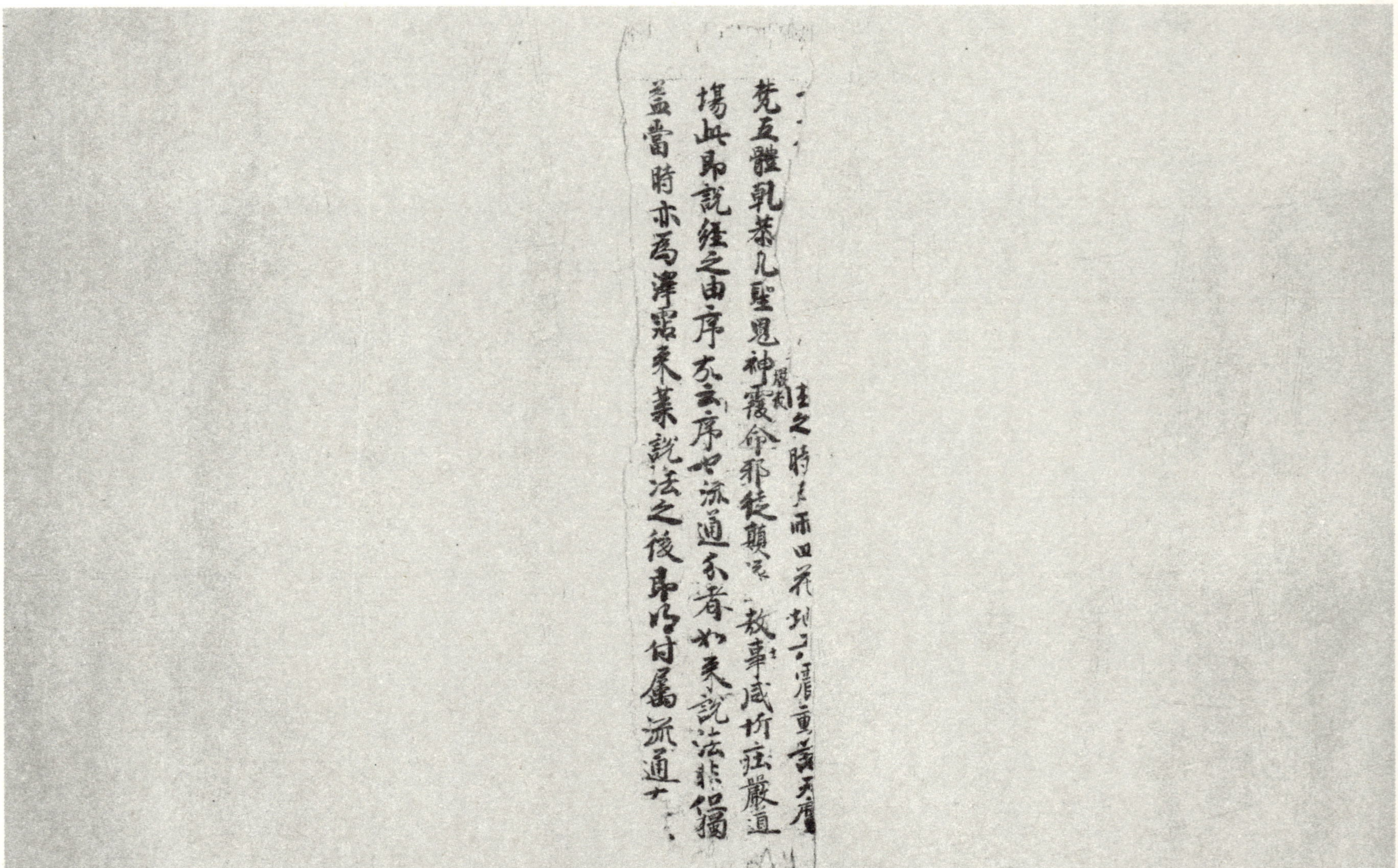
…生之時天雨四花地六震動蓋天…
梵五體投地凡聖鬼神覆命邪徒顛沛教主感折莊嚴道
場此即說經之由序故云序也流通分者如來說法非但獨
益當時亦為津霑來葉說法之後即乃付囑流通十

BD15721 號　某經疏首部三分解（擬）　　（1-1）

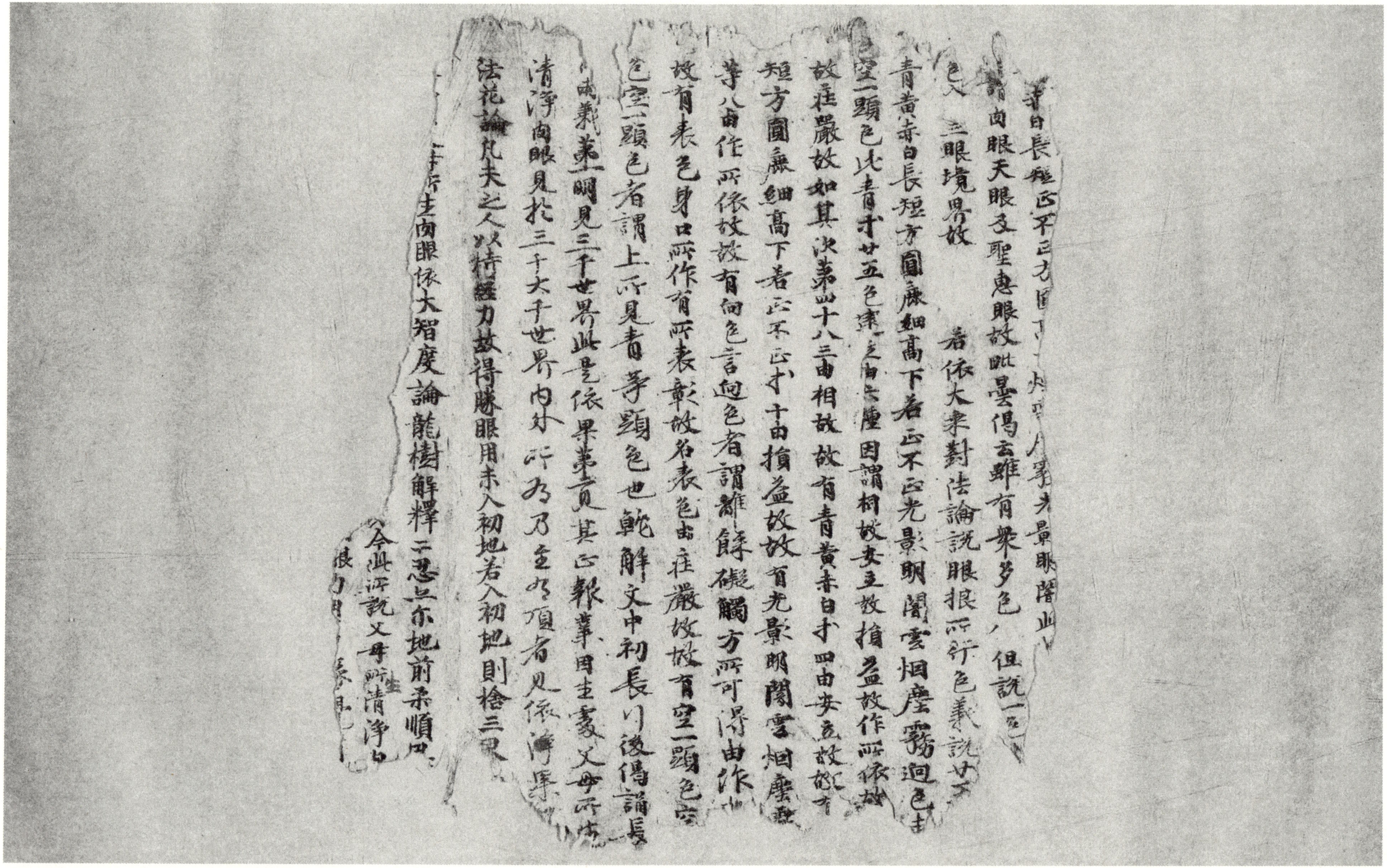

BD15722 號　大乘百法明門論解義疏（擬）　（1–1）

故經中因為二〃〃所以諸佛　菩薩教作方便懺悔除滅此三業者則六根
十惡乃至八万四千諸塵勞門皆悉清淨是故弟子今日運此增上勝心懺悔
三障欲滅此三罪者當用何等心可令此罪滅除先當興七種心以為方便然
後此罪乃至得滅何等為七一者慚愧二者恐怖三者厭離四者發菩提
心五者怨親平等六者念報佛恩七者觀罪性空
第一慚愧者自惟我與釋迦如來同為凡夫而今世尊成道以來已經尒
所塵沙劫數而我等相與耽染六塵流浪生死永無出期天下可慚可愧
可羞可恥　第二恐怖者既是凡夫身口意業常與罪相應以是因緣命
終之後〃墮地獄畜生餓鬼受無量苦如此實為可驚可懼可怖可懼
第三厭離者相與當觀生死之中唯有無常苦空無我不淨虛假如來上
速起速滅往來流轉着輪生老病死八苦交煎無時暫息衆等相與

BD15723 號　大佛略懺　（1–1）

尒不及一百千万億分乃至筭數譬喻所不
能及須菩提於意云何汝等勿謂如來作是
念我當度衆生須菩提莫作是念何以故實
无有衆生如來度者若有衆生如來度者如
來則有我人衆生壽者須菩提如來說有我
者則非有我而凡夫之人以為有我須菩提凡
夫者如來說則非凡夫須菩提於意云何可以
三十二相觀如來不須菩提言如是如是以三
十二相觀如來佛言須菩提若以三十二相觀
如來者轉輪聖王則是如來須菩提白佛言
世尊如我解佛所說義不應以三十二相觀
如來尒時世尊而說偈言
若以色見我　以音聲求我　是人行邪道　不能見如來
須菩提汝若作是念如來不以具足相故得阿
耨多羅三藐三菩提須菩提莫作是念如來
不以具足相故得阿耨多羅三藐三菩提須
菩提汝若作是念發阿耨多羅三藐三菩提
心者說諸法斷滅莫作是念何以故發阿耨
多羅三藐三菩提心者於法不不說斷滅相
須菩提若菩薩以滿恒河沙等世界七寶布

BD15724 號　金剛般若波羅蜜經　（2–1）

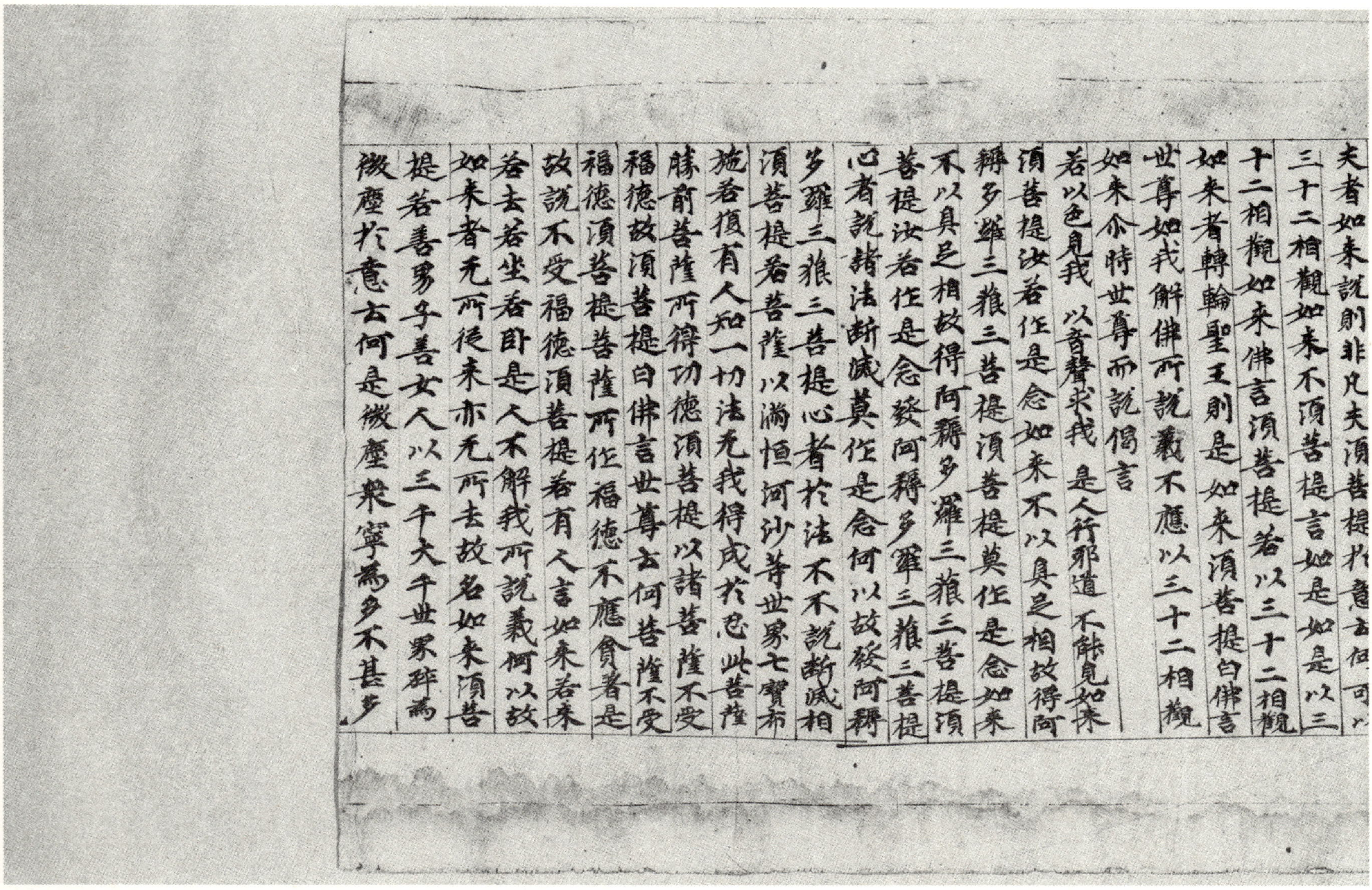

夫者如来說則非凡夫須菩提於意云何可以
三十二相觀如来不須菩提言如是如是以三
十二相觀如来佛言須菩提若以三十二相觀
如来者轉輪聖王則是如来須菩提白佛言
世尊如我解佛所說義不應以三十二相觀
如来尒特世尊而說偈言
若以色見我　以音聲求我　是人行邪道　不能見如来
須菩提汝若作是念如来不以具足相故得阿
耨多羅三藐三菩提須菩提莫作是念如来
不以具足相故得阿耨多羅三藐三菩提須
菩提汝若作是念發阿耨多羅三藐三菩提
心者說諸法断滅莫作是念何以故發阿耨
多羅三藐三菩提心者於法不不說断滅相
須菩提若菩薩以滿恒河沙等世界七寶布
施若復有人知一切法无我得成於忍此菩薩
勝前菩薩所得功德須菩提以諸菩薩不受
福德故須菩提白佛言世尊云何菩薩不受
福德須菩提菩薩所作福德不應貪著是
故說不受福德須菩提若有人言如来若来
若去若坐若卧是人不解我所說義何以故
如来者无所從来亦无所去故名如来須菩
提若善男子善女人以三千大千世界碎為
微塵於意云何是微塵衆寧為多不甚多

BD15724號　金剛般若波羅蜜經　　（2–2）

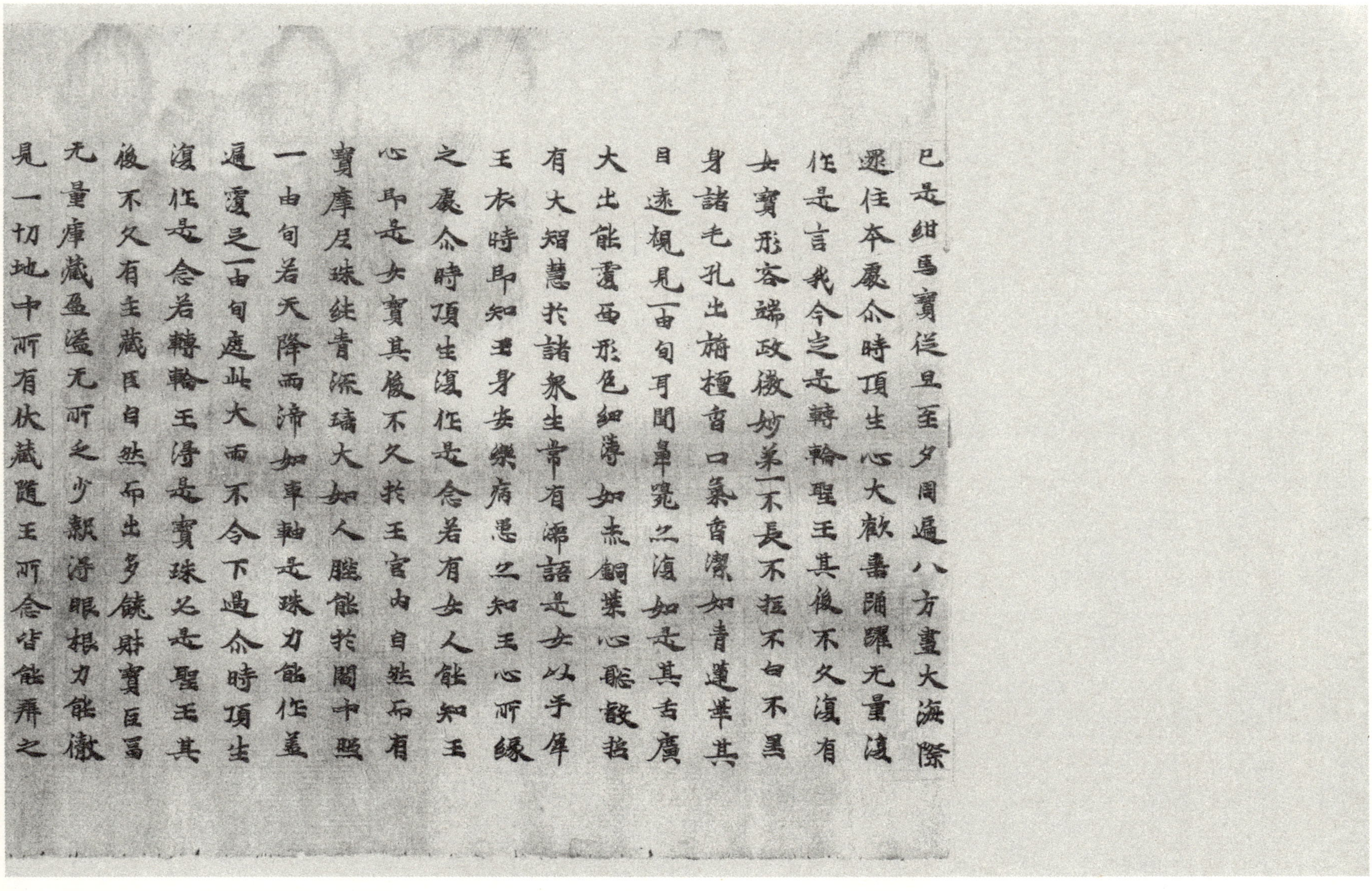

已是紺馬寶從旦至夕周遍八方盡大海際
還住本處尒時頂生心大歡喜踊躍无量復
作是言我今定是轉輪聖王其後不久復有
女寶形容端政微妙第一不長不短不白不黑
身諸毛孔出栴檀香口氣香潔如青蓮華其
目遠視見一由旬耳聞鼻嗅亦復如是其舌廣
大出能覆面形色細薄如赤銅葉心聰叡哲
有大智慧於諸衆生常有濡語是女以手捫
王衣時即知王身安樂病患之知王心所緣
之處尒時頂生復作是念若有女人能知王
心即是女寶其後不久於王宮內自然而有
寶摩尼珠純青瑠璃大如人髀能於闇中照
一由旬若天降雨渧如車軸是珠力能作蓋
遍覆一由旬遮此大雨不令下過尒時頂生
復作是念若轉輪王得是寶珠必定聖王其
後不久有主藏臣自然而出多饒財寶巨富
无量庫藏盈溢无所乏少欵淨眼根力能徹
見一切地中所有伏藏隨王所念皆能辦之

BD15725號　大般涅槃經（北本）卷一二　　（2–1）

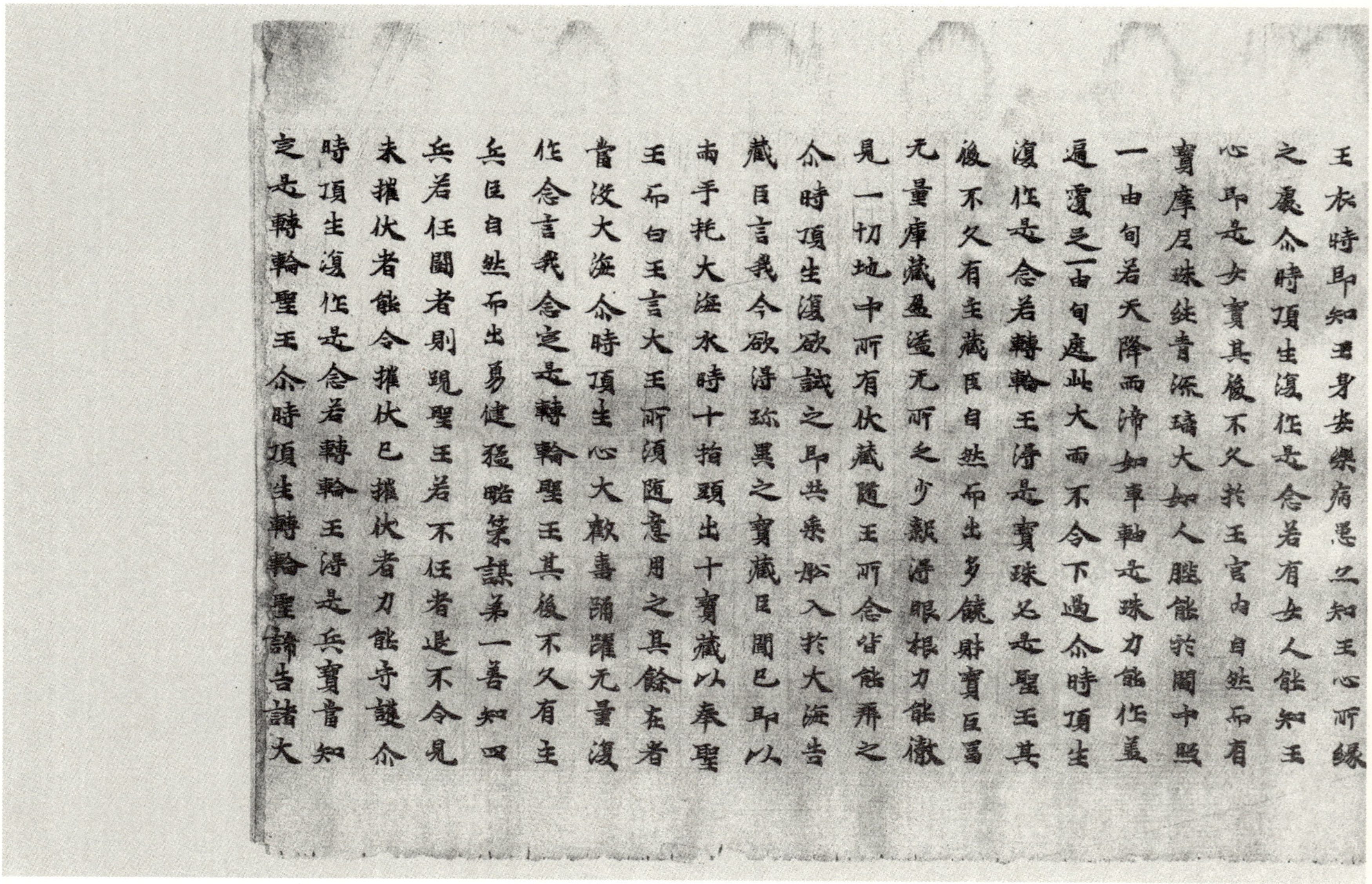

王衣時即知王身安樂病患之知王心所緣
之處尒時頂生復作是念若有女人能知王
心即是女寶其後不久於王宮內自然而有
寶摩尼珠純青琉璃大如人髀能於闇中照
一由旬若天降雨渧如車軸是珠力能作蓋
遍覆是一由旬處此大雨不令下過尒時頂生
復作是念若轉輪王得是寶珠足是聖王其
後不久有主藏臣自然而出多饒財寶巨富
无量庫藏盈溢无所乏少稟得眼根力能徹
見一切地中所有伏藏隨王所念皆能辦之
尒時頂生復欲試之即共乘船入於大海告
藏臣言我今欲得珍異之寶藏臣聞已即以
兩手拄大海水時十指頭出十寶藏以奉聖
王而白王言大王所須隨意用之其餘在者
當投大海尒時頂生心大歡喜踊躍无量復
作念言我念定是轉輪聖王其後不久有主
兵臣自然而出勇健猛略策謀第一善知四
兵若任鬪者則現聖王若不任者退不令見
未摧伏者能令摧伏已摧伏者力能守護尒
時頂生復作是念若轉輪王得是兵寶當知
定是轉輪聖王尒時頂生轉輪聖諦告諸大

BD15725 號　大般涅槃經（北本）卷一二　（2–2）

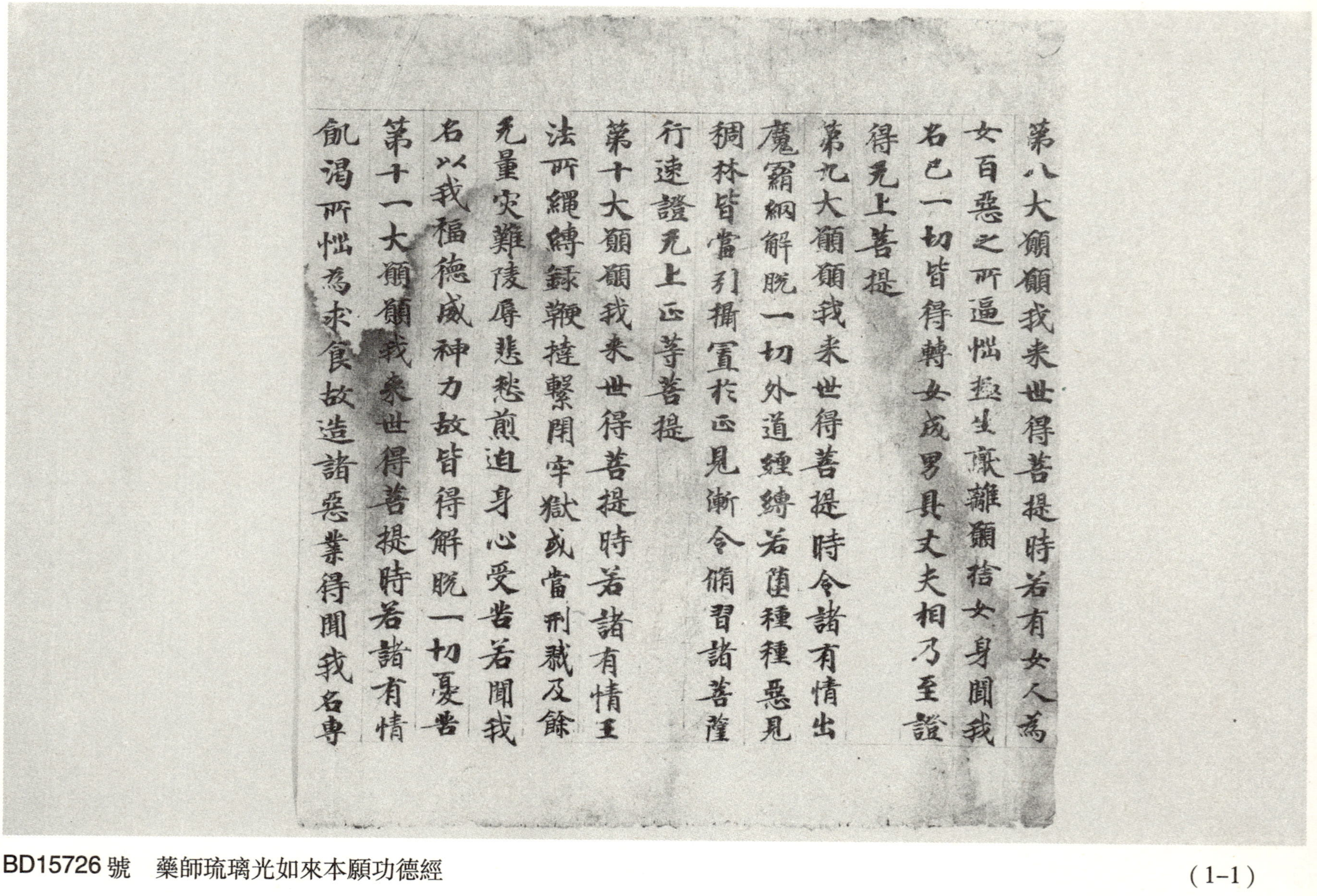

第八大願願我來世得菩提時若有女人為
女百惡之所逼惱極生厭離願捨女身聞我
名已一切皆得轉女成男具丈夫相乃至證
得无上菩提
第九大願願我來世得菩提時令諸有情出
魔羂網解脫一切外道纏縛若墮種種惡見
稠林皆當引攝置於正見漸令脩習諸菩薩
行速證无上正等菩提
第十大願願我來世得菩提時若諸有情王
法所繩縛錄鞭撻繫閉牢獄或當刑戮及餘
无量災難陵辱悲愁煎迫身心受苦若聞我
名以我福德威神力故皆得解脫一切憂苦
第十一大願願我來世得菩提時若諸有情
飢渴所惱為求食故造諸惡業得聞我名專

BD15726 號　藥師琉璃光如來本願功德經　（1–1）

光赤影白形白顯白光白影四形四顯四光
四影舍利子彼佛土中有如是等衆妙綺飾
功德莊嚴甚可愛樂是故名為極樂世界
又舍利子極樂世界淨佛土中自然常有无
量无邊衆妙伎樂音曲和雅甚可愛樂諸有
情類聞斯妙音諸惡煩惱悉皆消滅无量善
法漸次增長速證无上正等菩提舍利子彼
佛土中有如是等衆妙綺飾功德莊嚴甚可
愛樂是故名為極樂世界
又舍利子極樂世界淨佛土中周遍大地真
金合成其觸柔軟香潔光明无量无邊妙寶
間飾舍利子彼佛土中有如是等衆妙綺飾
功德莊嚴甚可愛樂是故名為極樂世界

BD15727號　稱讚淨土佛攝受經　　（1–1）

如法受持分第十三
尒時須菩提白佛言世尊當何名此經我等
云何奉持佛告須菩提是經名為金剛般若
波羅蜜以是名字汝當奉持所以者何須菩
提佛說般若波羅蜜則非般若波羅蜜須菩
提於意云何如來有所說法不須菩提白佛
言世尊如來无所說須菩提於意云何三千
千世界所有微塵是為多不須菩提言甚
多世尊須菩提諸微塵如來說非微塵是名
微塵如來說世界非世界是名世界須菩提
於意云何可以三十二相見如來不不也世
尊不可以三十二相得見如來何以故如來
說三十二相即是非相是名三十二相須菩
提若有善男子善女人以恒河沙等身命布
施若復有人於此經中乃至受持四句偈等
為他人說其福甚多

BD15728號　金剛般若波羅蜜經（三十二分本）　　（1–1）

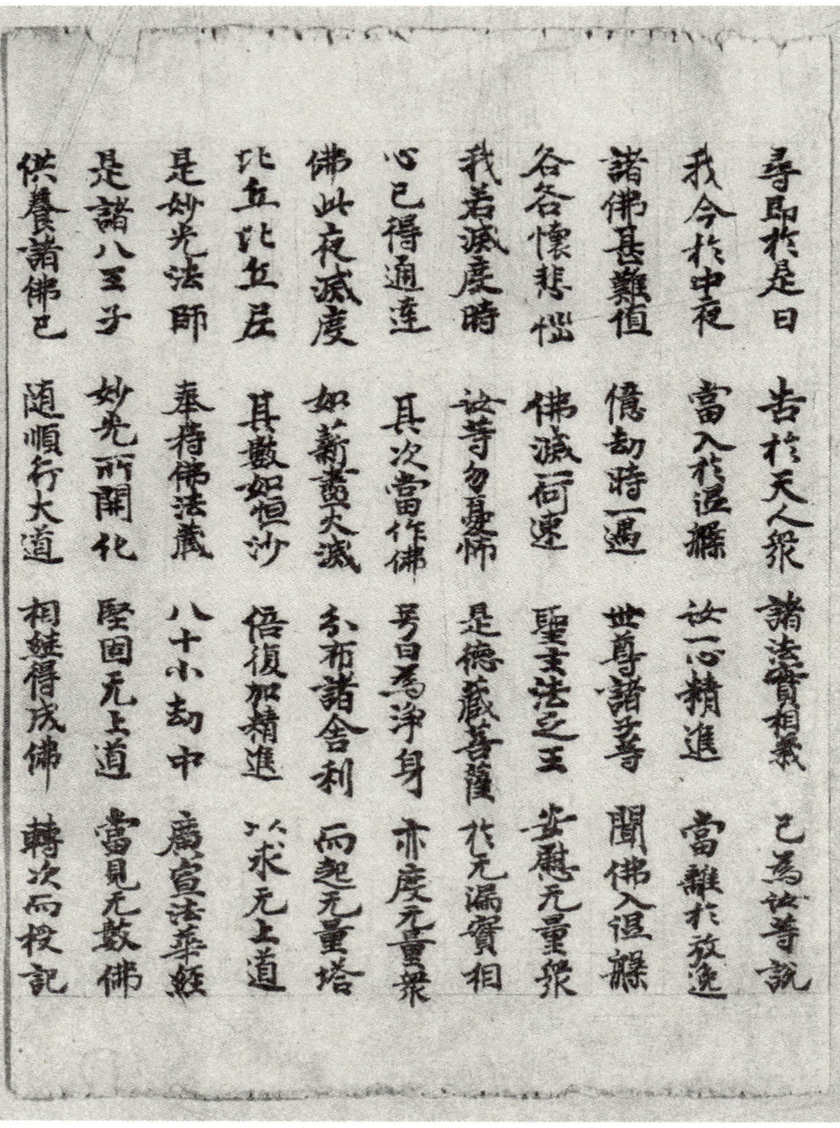

尋即於是日　告於天人衆　諸法實相義　已為汝等說
我今於中夜　當入於涅槃　汝一心精進　當離於放逸
諸佛甚難值　億劫時一遇　世尊諸子等　聞佛入涅槃
各各懷悲惱　佛滅一何速　聖主法之王　安慰无量衆
我若滅度時　汝等勿憂怖　是德藏菩薩　於无漏實相
心已得通達　其次當作佛　號曰為淨身　亦度无量衆
佛此夜滅度　如薪盡火滅　分布諸舍利　而起无量塔
比丘比丘尼　其數如恒沙　倍復加精進　以求无上道
是妙光法師　奉持佛法藏　八十小劫中　廣宣法華經
是諸八王子　妙光所開化　堅固无上道　當見无數佛
供養諸佛已　隨順行大道　相繼得成佛　轉次而授記

BD15729號　妙法蓮華經卷一　（1–1）

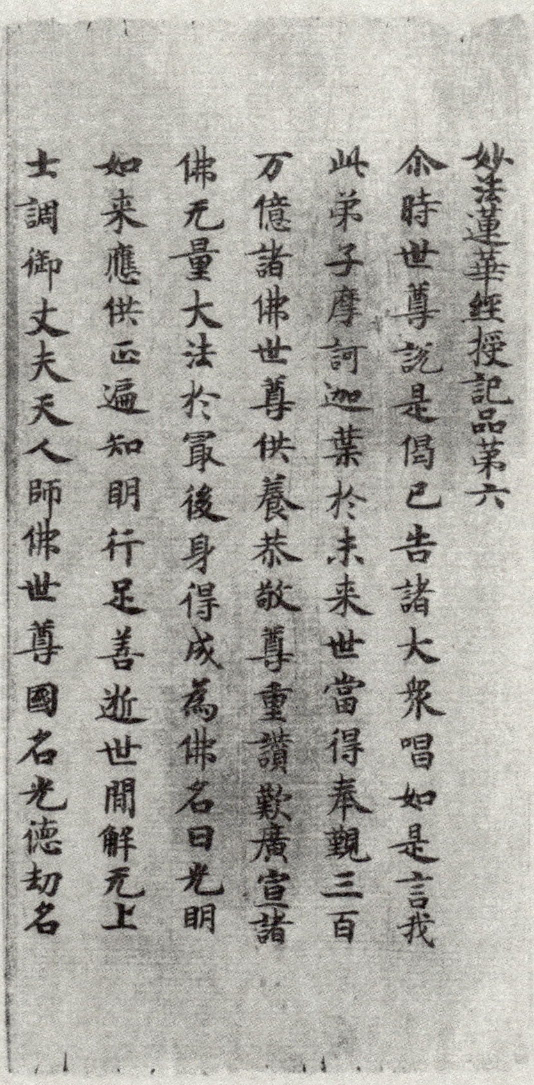

妙法蓮華經授記品第六
尒時世尊說是偈已告諸大衆唱如是言我
此弟子摩訶迦葉於未來世當得奉覲三百
万億諸佛世尊供養恭敬尊重讚歎廣宣諸
佛无量大法於冣後身得成為佛名曰光明
如來應供正遍知明行足善逝世間解无上
士調御丈夫天人師佛世尊國名光德劫名

BD15730號　妙法蓮華經卷三　（1–1）

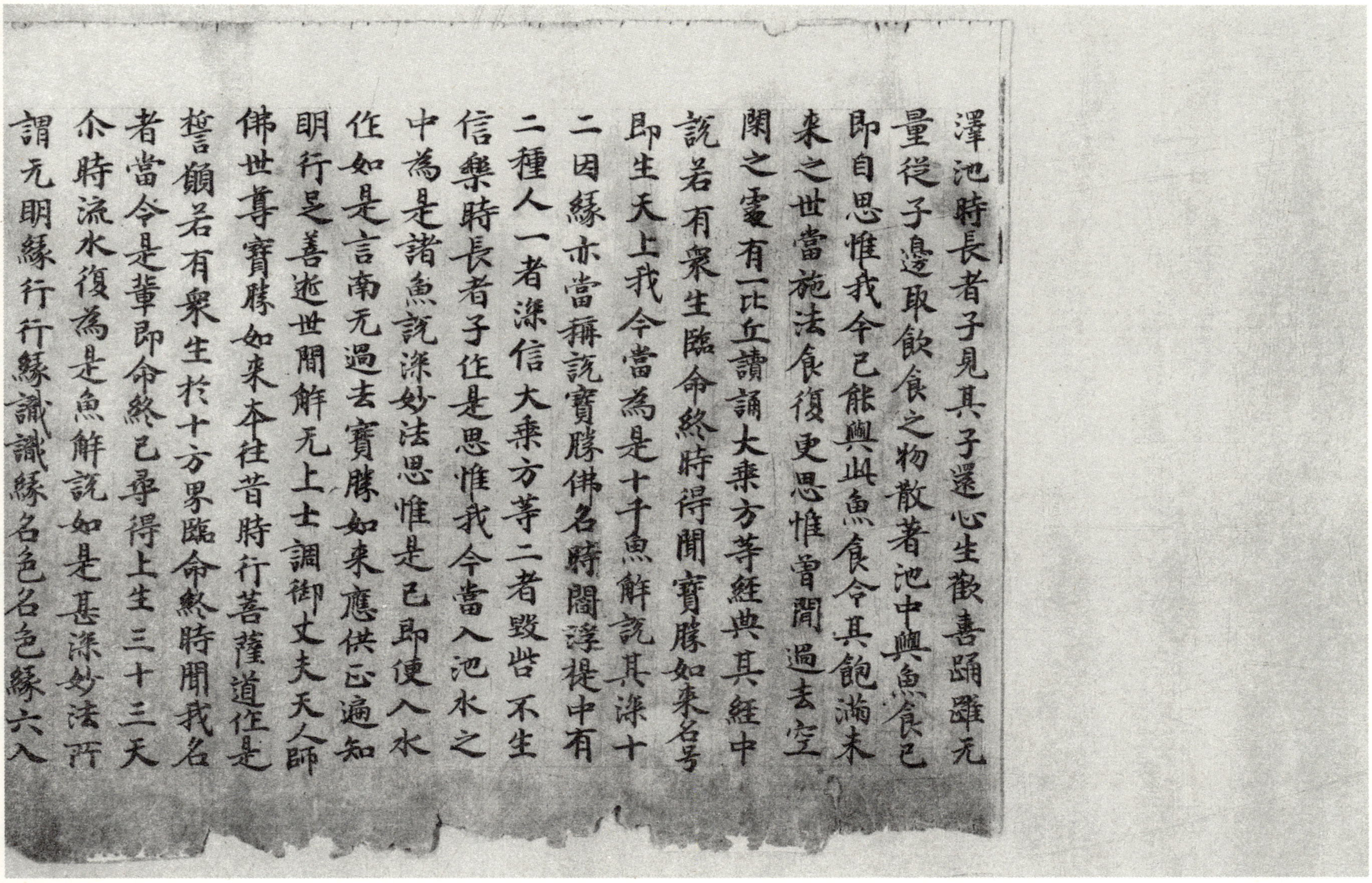
澤池時長者子見其子還心生歡喜踊躍无
量從子邊取飲食之物散著池中與魚食已
即自思惟我今已能與此魚食令其飽滿未
來之世當施法食復更思惟曾聞過去空
閑之處有一比丘讀誦大乘方等經典其經中
說若有衆生臨命終時得聞寶勝如來名号
即生天上我今當為是十千魚解說其深十
二因緣亦當稱說寶勝佛名時閻浮提中有
二種人一者深信大乘方等二者毀呰不生
信樂時長者子作是思惟我今當入池水之
中為是諸魚說深妙法思惟是已即便入水
作如是言南无過去寶勝如來應供正遍知
明行足善逝世間解无上士調御丈夫天人師
佛世尊寶勝如來本往昔時行菩薩道作是
誓願若有衆生於十方界臨命終時聞我名
者當令是輩即命終已尋得上生三十三天
尒時流水復為是魚解說如是甚深妙法所
謂无明緣行行緣識識緣名色名色緣六入

BD15731 號　金光明經卷四　（1–1）

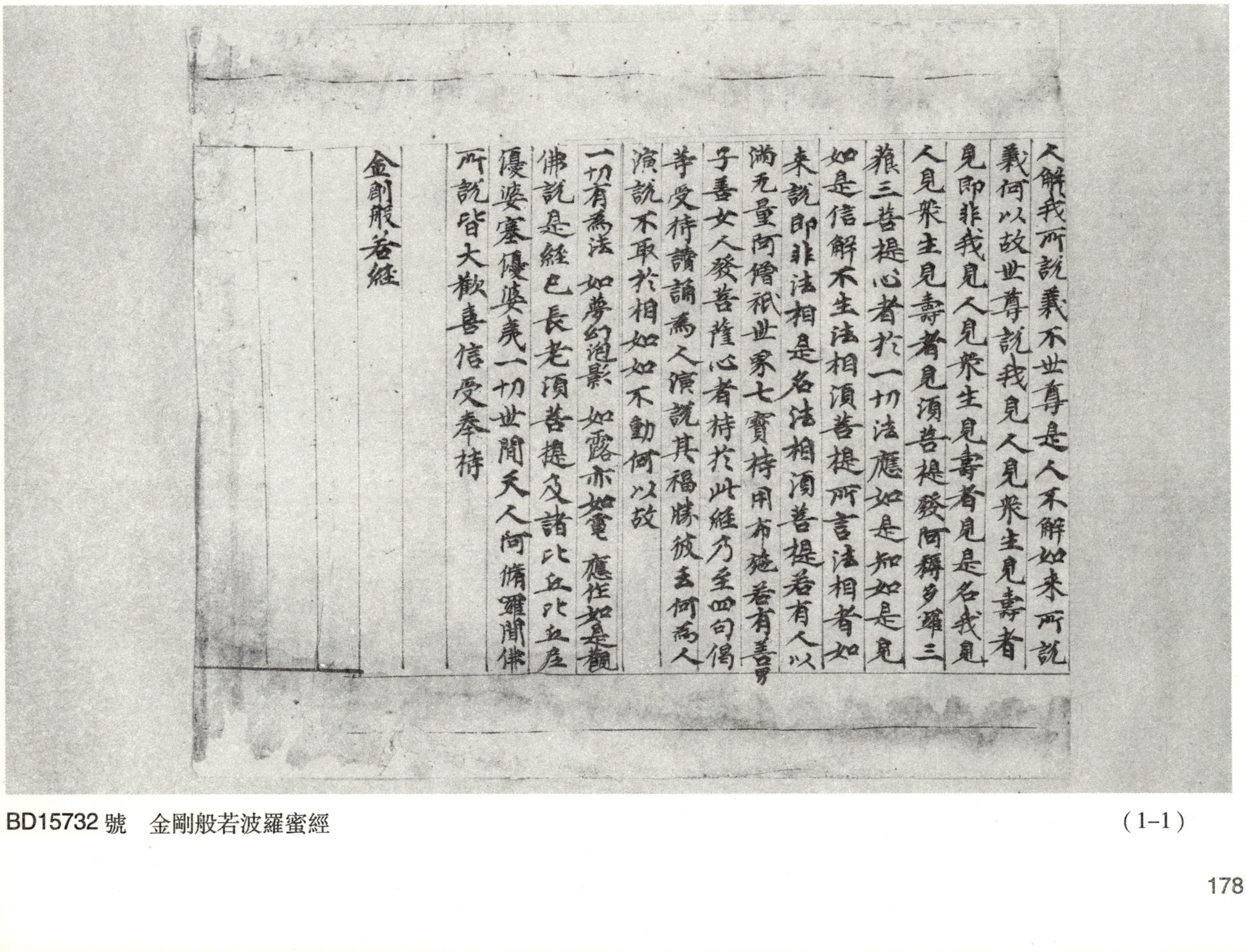
人解我所說義不世尊是人不解如來所說
義何以故世尊說我見人見衆生見壽者
見即非我見人見衆生見壽者見是名我見
人見衆生見壽者見須菩提發阿耨多羅三
藐三菩提心者於一切法應如是知如是見
如是信解不生法相須菩提所言法相者如
來說即非法相是名法相須菩提若有人以
滿无量阿僧祇世界七寶持用布施若有善男
子善女人發菩薩心者持於此經乃至四句偈
等受持讀誦為人演說其福勝彼云何為人
演說不取於相如如不動何以故
一切有為法　如夢幻泡影　如露亦如電　應作如是觀
佛說是經已長老須菩提及諸比丘比丘尼
優婆塞優婆夷一切世間天人阿脩羅聞佛
所說皆大歡喜信受奉持
金剛般若經

BD15732 號　金剛般若波羅蜜經　（1–1）

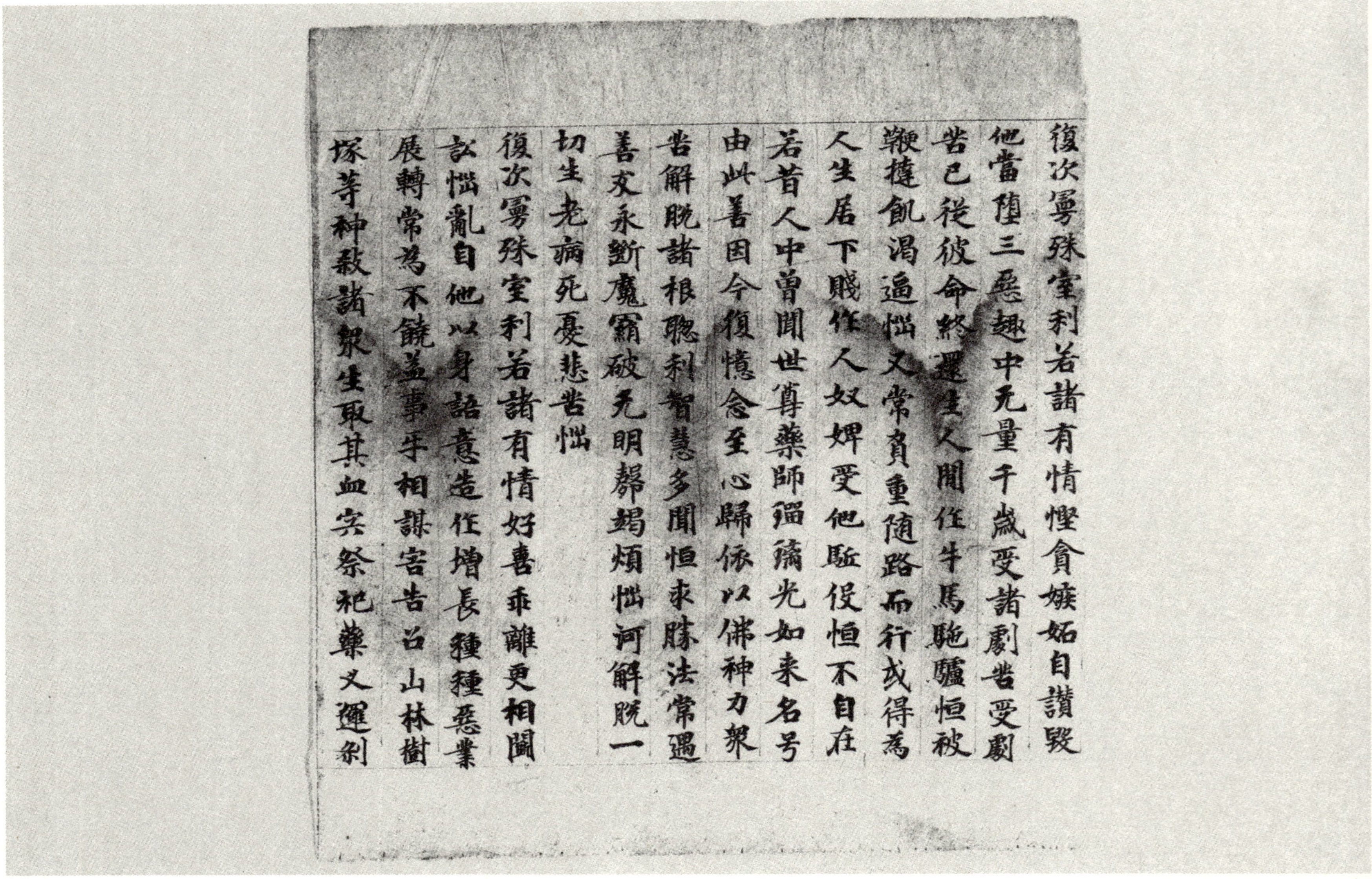
復次曼殊室利若諸有情慳貪嫉妬自讚毀
他當墮三惡趣中无量千歲受諸劇苦受劇
苦已從彼命終還生人間作牛馬駝驢恒被
鞭撻飢渴逼惱又常負重隨路而行或得為
人生居下賤作人奴婢受他駈役恒不自在
若昔人中曾聞世尊藥師琉璃光如来名号
由此善因今復憶念至心歸依以佛神力衆
苦解脫諸根聰利智慧多聞恒求勝法常遇
善友永斷魔羂破无明殻竭煩惱河解脫一
切生老病死憂悲苦惱
復次曼殊室利若諸有情好憙乖離更相鬪
訟惱亂自他以身語意造作增長種種惡業
展轉常為不饒益事互相謀害告召山林樹
塚等神殺諸衆生取其血肉祭祀藥叉羅剎

BD15733 號　藥師琉璃光如來本願功德經　（1–1）

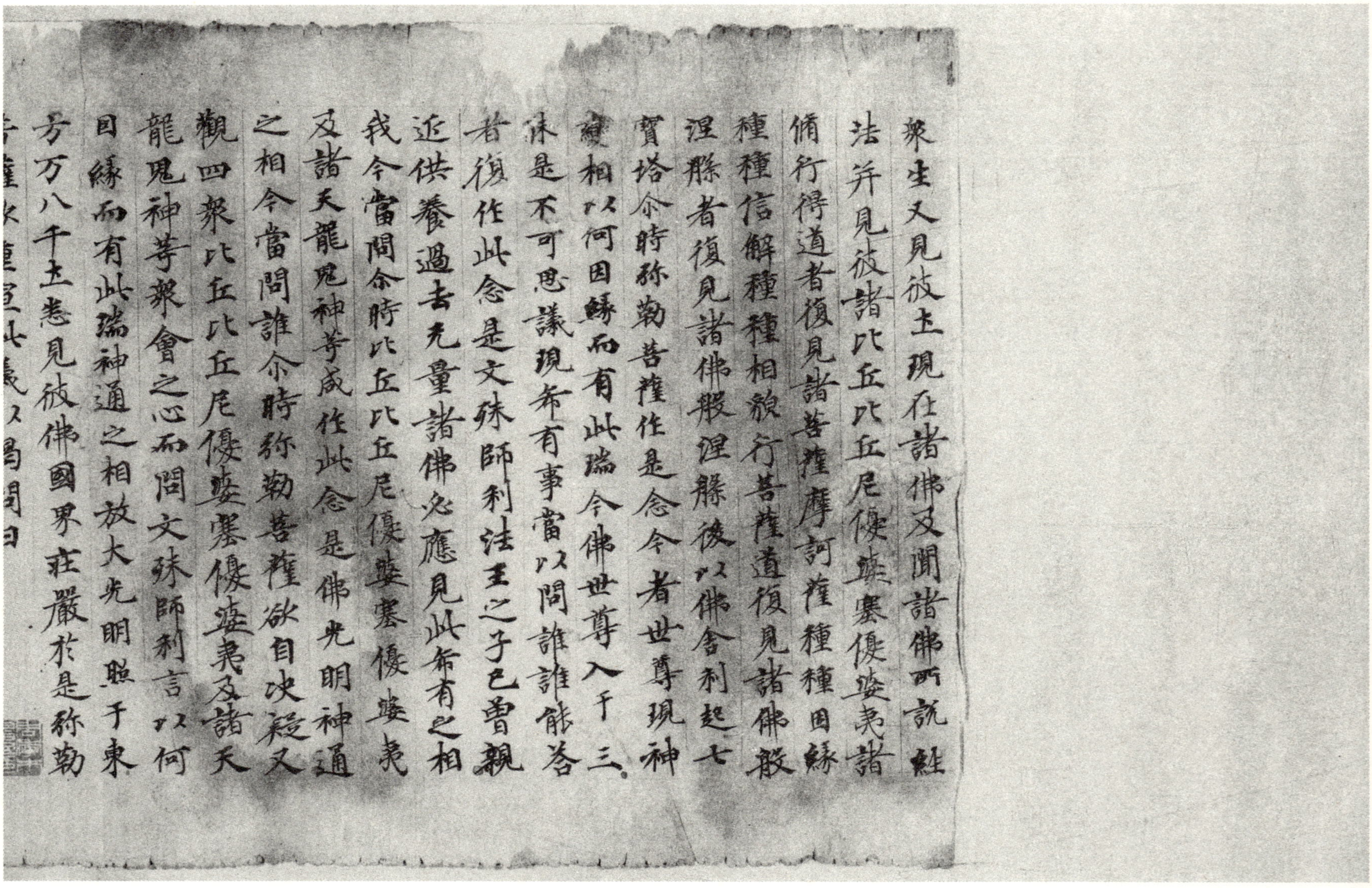
衆生又見彼土現在諸佛及聞諸佛所說經
法并見彼諸比丘比丘尼優婆塞優婆夷諸
脩行得道者復見諸菩薩摩訶薩種種因緣
種種信解種種相貌行菩薩道復見諸佛般
涅槃者復見諸佛般涅槃後以佛舍利起七
寶塔尒時弥勒菩薩作是念今者世尊現神
變相以何因緣而有此瑞今佛世尊入于三
昧是不可思議現希有事當以問誰誰能荅
者復作此念是文殊師利法王之子已曾親
近供養過去无量諸佛必應見此希有之相
我今當問尒時比丘比丘尼優婆塞優婆夷
及諸天龍鬼神等咸作此念是佛光明神通
之相今當問誰尒時弥勒菩薩欲自決疑又
觀四衆比丘比丘尼優婆塞優婆夷及諸天
龍鬼神等衆會之心而問文殊師利言以何
因緣而有此瑞神通之相放大光明照于東
方万八千土悉見彼佛國界莊嚴於是弥勒
菩薩欲重宣此義以偈問曰

BD15734 號　妙法蓮華經卷一　（2–1）

寶塔尒時弥勒菩薩作是念今者世尊現神
變相以何因緣而有此瑞今佛世尊入于三
昧是不可思議現希有事當以問誰誰能荅
者復作此念是文殊師利法王之子已曾親
近供養過去无量諸佛必應見此希有之相
我今當問尒時比丘比丘尼優婆塞優婆夷
及諸天龍鬼神等咸作此念是佛光明神通
之相今當問誰尒時弥勒菩薩欲自決疑又
觀四衆比丘比丘尼優婆塞優婆夷及諸天
龍鬼神等衆會之心而問文殊師利言以何
因緣而有此瑞神通之相放大光明照于東
方万八千土悉見彼佛國界莊嚴於是弥勒
菩薩欲重宣此義以偈問曰
文殊師利 導師何故 眉間白毫 大光普照
雨曼陁羅 曼殊沙華 栴檀香風 悅可衆心
以是因緣 地皆嚴淨 而此世界 六種震動
時四部衆 咸皆歡喜 身意快然 得未曾有
眉間光明 照于東方 万八千土 皆如金色
從阿鼻獄 上至有頂 諸世界中 六道衆生
生死所趣 善惡業緣 受報好醜 於此悉見
又覩諸佛 聖主師子 演說經典 微妙第一
其聲清淨 出柔軟音 教諸菩薩 无數億万
梵音深妙 令人樂聞 各於世界 講說正法

BD15734號　妙法蓮華經卷一　（2–2）

應生无所住心若心有住則為非住是故佛
說菩薩心不應住色布施須菩提菩薩為利
益一切衆生應如是布施如來說一切諸相
即是非相又說一切衆生則非衆生須菩提
如來是真語者實語者如語者不誑語者不
異語者須菩提如來所得法此法无實无虛
須菩提若菩薩心住於法而行布施如人入
闇則无所見若菩薩心不住法而行布施如
人有目日光明照見種種色須菩提當來之
世若有善男子善女人能於此經受持讀誦
則為如來以佛智慧悉知是人悉見是人皆
得成就无量无邊功德
須菩提若有善男子善女人初日分以恒河
沙等身布施中日分復以恒河沙等身布施
後日分亦以恒河沙等身布施如是无量百
千万億劫以身布施若復有人聞此經典信
心不逆其福勝彼何況書寫受持讀誦為人
解說須菩提以要言之是經有不可思議不
可稱量无邊功德如來為發大乘者說為發
最上乘者說若有人能受持讀誦廣為人說

BD15735號　金剛般若波羅蜜經　（2–1）

世若有善男子善女人能於此經受持讀誦
則為如來以佛智慧悉知是人悉見是人皆
得成就无量无邊功德
須菩提若有善男子善女人初日分以恒河
沙等身布施中日分復以恒河沙等身布施
後日分亦以恒河沙等身布施如是无量百
千万億劫以身布施若復有人聞此經典信
心不逆其福勝彼何况書寫受持讀誦為人
解說須菩提以要言之是經有不可思議不
可稱量无邊功德如來為發大乘者說為發
最上乘者說若有人能受持讀誦廣為人說
如來悉知是人悉見是人皆得成就不可量
不可稱无有邊不可思議功德如是人等則
為荷擔如來阿耨多羅三藐三菩提何以故
須菩提若樂小法者著我見人見衆生見壽
者見則於此經不能聽受讀誦為人解說須
菩提在在處處若有此經一切世間天人阿
脩羅所應供養當知此處則為是塔皆應恭
敬作礼圍繞以諸華香而散其處

BD15735 號　金剛般若波羅蜜經　（2–2）

尒時毗沙門天王護世者白佛言世尊我亦
為愍念衆生擁護此法師故說是陀羅尼即
說呪曰
阿梨一那梨二㝹那梨三阿那盧四那履五拘那
履六
世尊以是神呪擁護法師我亦自當擁護持
是經者令百由旬內无諸衰患
尒時持國天王在此會中與千万億那由他
乾闥婆衆恭敬圍繞前詣佛所合掌白佛言
世尊我亦以陀羅尼神呪擁護持法華經者
即說呪曰
阿伽祢一伽祢二瞿利三乾陀利四旃陀利五摩
蹬耆六常求利七浮樓莎柅八頞底九
世尊是陀羅尼神呪四十二億諸佛所說若
有侵毀此法師者則為侵毀是諸佛已
尒時有羅剎女等一名藍婆二名毗藍婆三

BD15736 號　妙法蓮華經卷七　（2–1）

是經者令百由旬內无諸衰患
尒時持國天王在此會中與千万億那由他
乾闥婆衆恭敬圍繞前詣佛所合掌白佛言
世尊我亦以陀羅尼神呪擁護持法華經者
即說呪曰
阿伽祢一 伽祢二 瞿利三 乾陀利四 旃陀利五 摩
蹬耆六 常求利七 浮樓莎柅八 頞底九
世尊是陀羅尼神呪四十二億諸佛所說若
有侵毀此法師者則為侵毀是諸佛已
尒時有羅剎女等一名藍婆二名毗藍婆三
名曲齒四名華齒五名黑齒六名多髮七名
无猒足八名持瓔珞九名睪帝十名奪一切
衆生精氣是十羅剎女與鬼子母并其子及
眷屬俱詣佛所同聲白佛言世尊我等亦欲
擁護讀誦受持法華經者除其衰患若有伺
求法師短者令不得便即於佛前而說呪曰
伊提履一 伊提泯二 伊提履三 阿提履四 伊提履
五 泥履六 泥履七 泥履八 泥履九 泥履十 樓
醯十一 樓醯十二 樓醯十三 樓醯十四 多醯十五 多醯多醯
十六 多醯十七 兜醯十八 㝹醯十九

BD15736 號　妙法蓮華經卷七　（2–2）

供養於佛不如以身供養即服諸香栴檀熏
陸兜樓婆畢力迦沉水膠香又飲瞻蔔諸華
香油滿千二百歲已香油塗身於日月淨明
德佛前以天寶衣而自纏身灌諸香油以神
通力願而自然身光明遍照八十億恒河沙
世界其中諸佛同時讚言善哉善哉善男子
是真精進是名真法供養如來若以華香瓔
珞燒香末香塗香天繒幡蓋及海此岸栴檀
之香如是等種種諸物供養所不能及假使
國城妻子布施亦所不及善男子是名第一
之施於諸施中最尊最上以法供養諸如來
故作是語已而各嘿然其身火然千二百歲
過是已後其身乃盡一切衆生喜見菩薩作
如是法供養已命終之後復生日月淨明德
佛國中於淨德王家結跏趺坐忽然化生即
為其父而說偈言
大王今當知　我經行彼處　即時得一切　現諸身三昧
勤行大精進　捨所愛之身
說是偈已而白父言日月淨明德佛今故現

BD15737 號　妙法蓮華經卷六　（1–1）

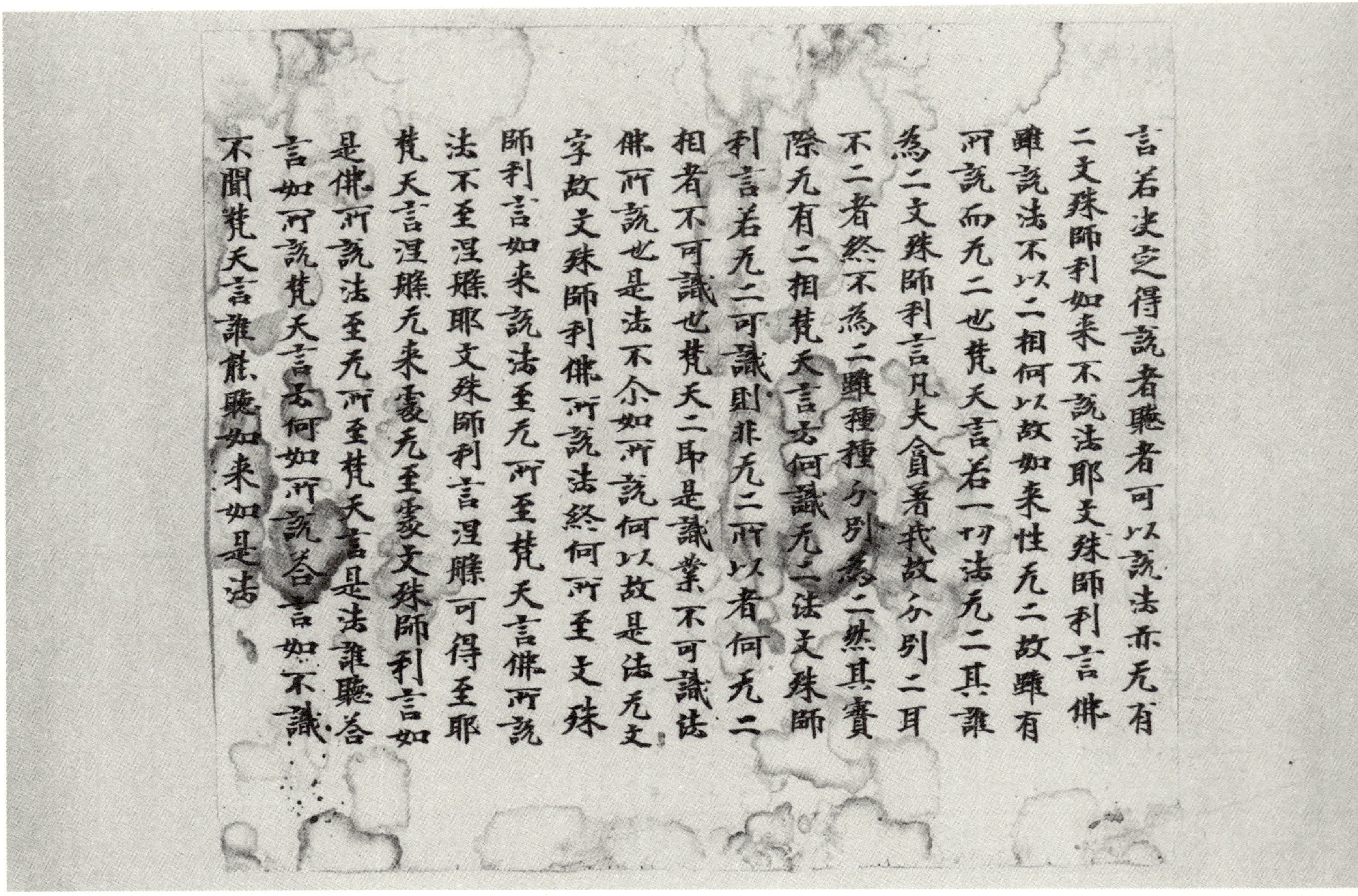

言若决定得說者聽者可以說法亦无有
二文殊師利如来不說法耶文殊師利言佛
雖說法不以二相何以故如来性无二故雖有
所說而无二也梵天言若一切法无二其誰
為二文殊師利言凡夫貪著我故分別二耳
不二者終不為二雖種種分別為二然其實
際无有二相梵天言云何識无二法文殊師
利言若无二可識則非无二所以者何无二
相者不可識也梵天二即是識業不可識法
佛所說也是法不尔如所說何以故是法无文
字故文殊師利佛所說法終何所至文殊
師利言如来說法至无所至梵天言佛所說
法不至涅槃耶文殊師利言涅槃可得至耶
梵天言涅槃无来處无至處文殊師利言如
是佛所說法至无所至梵天言是法誰聽答
言如所說梵天言云何如所說答言如不識
不聞梵天言誰能聽如来如是法

BD15738號　思益梵天所問經卷三　　　　(1-1)

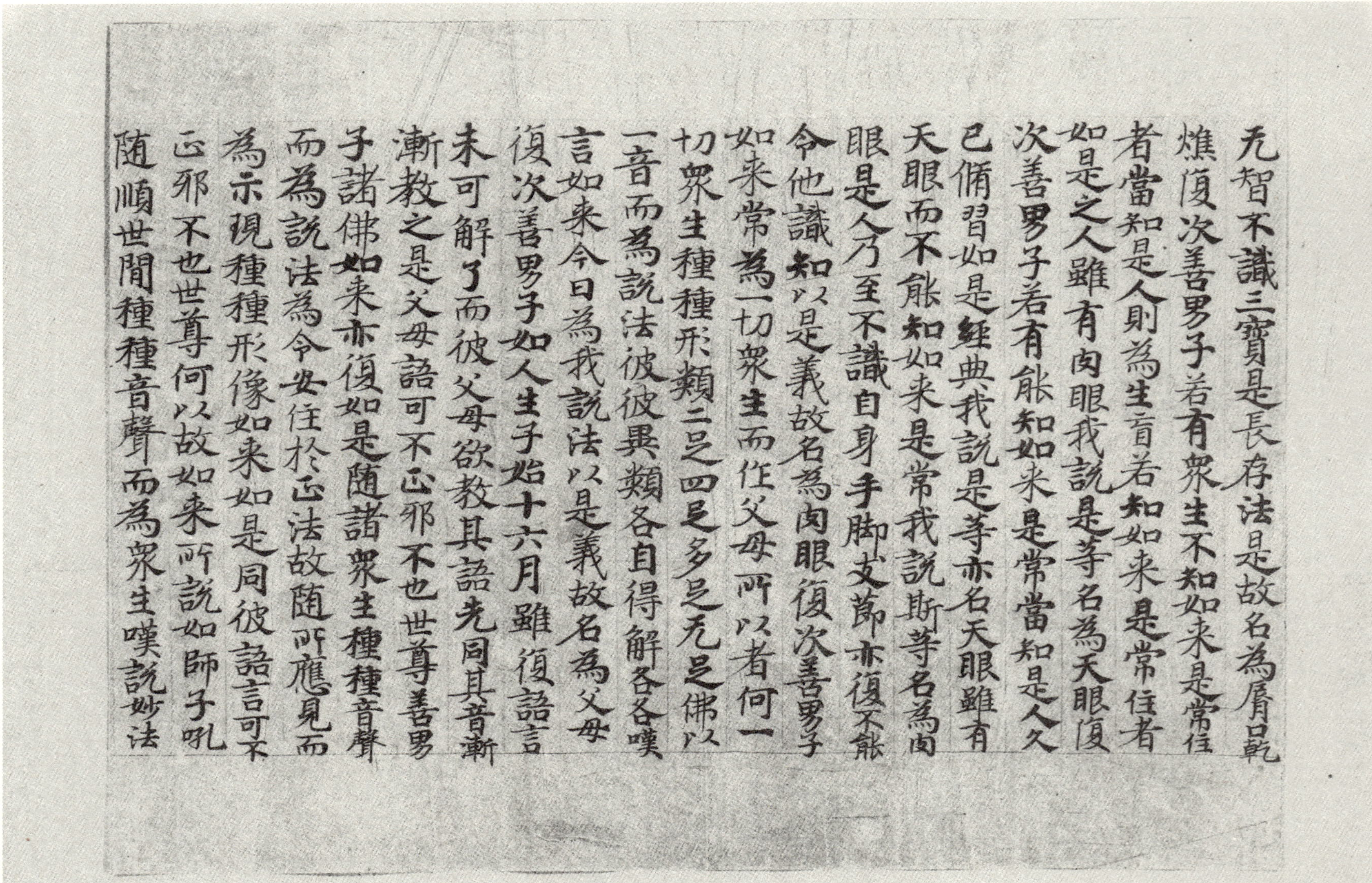

无智不識三寶是長存法是故名為肩呂乾
燋復次善男子若有衆生不知如来是常住
者當知是人則為生盲若知如来是常住者
如是之人雖有肉眼我說是等名為天眼復
次善男子若有能知如来是常當知是人久
已脩習如是經典我說是等亦名天眼雖有
天眼而不能知如来是常我說斯等名為肉
眼是人乃至不識自身手脚支節亦復不能
令他識知以是義故名為肉眼復次善男子
如来常為一切衆生而作父母所以者何一
切衆生種種形類二足四足多足无足佛以
一音而為說法彼彼異類各自得解各各嘆
言如来今日為我說法以是義故名為父母
復次善男子如人生子始十六月雖復語言
未可解了而彼父母欲教其語先同其音漸
漸教之是父母語可不正耶不也世尊善男
子諸佛如来亦復如是隨諸衆生種種音聲
而為說法為令安住於正法故隨所應見而
為示現種種形像如来如是同彼語言可不
正邪不也世尊何以故如来所說如師子吼
隨順世間種種音聲而為衆生嘆說妙法

BD15739號　大般涅槃經（北本）卷一〇　　　　(1-1)

是經已十六沙弥為阿耨多羅三狼三菩提
故皆共受持諷誦通利說是經時十六菩薩
沙弥皆悉信受聲聞衆中亦有信解其餘衆
生千萬億種皆生疑惑佛說是經於八千劫
未曾休癈說此經已即入静室住於禪定八
萬四千劫是時十六菩薩沙弥知佛入室寂
然禪定各昇法座亦於八萬四千劫為四部
衆廣說分別妙法華經一一皆度六百萬億
那由他恒河沙等衆生示教利喜令發阿耨
多羅三藐三菩提心大通智勝佛過八萬四
千劫已從三昧起往詣法座安詳而坐普告
大衆是十六菩薩沙弥甚為希有諸根通利
智慧明了已曾供養無量千萬億數諸佛於
諸佛所常脩梵行受持佛智開示衆生令入
其中汝等皆當數數親近而供養之所以者
何若聲聞辟支佛及諸菩薩能信是十六菩
薩所說經法受持不毁者是人皆當得阿耨
多羅三藐三菩提如來之慧佛告諸比丘是

BD15740 號　妙法蓮華經卷三　（1–1）

梵天言誰能見聖諦荅言无有見聖諦者所
以者何隨所有見皆為虛妄无所見者乃名
見諦梵天言不見何法名為見諦荅言不見
一切諸見名為見諦梵天言是諦當於何求
荅言當於四顛倒中求梵天言何故作是說
荅言求四顛倒不得淨不得常不得樂不得
我若不得淨是即不淨若不得常是即无常
若不得樂是即為苦若不得我是即无我梵
天一切法空无我是為聖諦若能如是求諦
是人不見苦不斷集不證滅不脩道
梵天言云何脩道荅言若不分別是法是非
法離於二相名為脩道以是道求一切法不
得是名為道是道不令人離生死至涅槃所
以者何不離不至乃名聖道尒時有摩訶羅

BD15741 號　思益梵天所問經卷三　（1–1）

甚深行處作是思惟云何但念藥師琉璃光
如來一佛名号便獲尒所功德勝利由此不信
返生誹謗彼於長夜失大利樂墮諸惡趣
流轉无窮佛告阿難是諸有情若聞世尊
藥師琉璃光如來名号至心受持不生疑惑墮
惡趣者无有是處阿難此是諸佛甚深所行
難可信解汝今能受當知皆是如來威力阿
難一切聲聞獨覺及未登地諸菩薩等皆悉不
能如實信解唯除一生所繫菩薩阿難人身難
得於三寶中信敬尊重亦難可得得聞世尊
藥師琉璃光如來名号復難於是阿難彼藥
師琉璃光如來无量菩薩行无量巧方便无量
廣大願我若一劫若一劫餘而廣說者劫
可速盡彼佛行願善巧方便无有盡也

BD15742 號　藥師琉璃光如來本願功德經　（1–1）

者何菩薩斷除客塵煩惱而起大悲愛見悲者則於
生死有疲厭心若能離此无有疲厭在在所生不為愛
見之所覆也所生无縛能為衆生說法解縛如佛所說
若自有縛能解彼縛无有是處若自无縛能解彼縛
斯有是處是故菩薩不應起縛何謂縛何謂解貪著
禪味是菩薩縛以方便生是菩薩解又无方便慧縛有
有方便慧解无慧方便縛有慧方便解何謂无方便
慧縛謂菩薩以愛見心莊嚴佛土成就衆生於空无相
无作法中而自調伏是名无方便慧縛何謂有方便慧
解謂不以愛見心莊嚴佛土成就衆生於空无相无作
法中以自調伏而不疲厭是名有方便慧解何謂无慧
方便縛謂菩薩住貪欲瞋恚邪見等諸煩惱而殖衆
德本是名无慧方便縛何謂有慧方便解謂離諸貪
欲瞋恚邪見等諸煩惱而殖衆德本迴向阿耨多羅三

BD15743 號　維摩詰所說經卷中　（1–1）

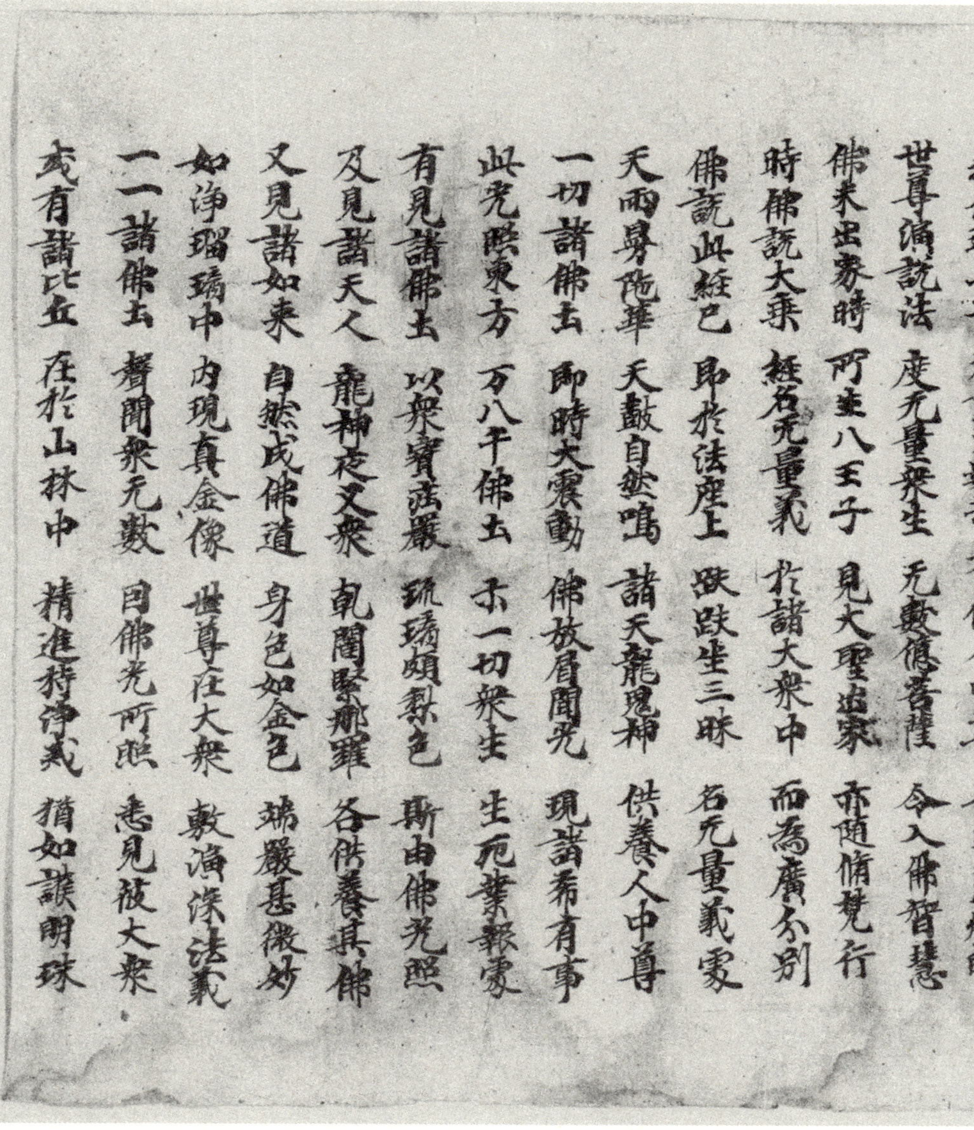
我念過去世 无量无數劫 有佛人中尊 号日月燈明
世尊演說法 度无量衆生 无數億菩薩 令入佛智慧
佛未出家時 所生八王子 見大聖出家 亦隨修梵行
時佛說大乘 經名无量義 於諸大衆中 而為廣分別
佛說此經已 即於法座上 跏趺坐三昧 名无量義處
天雨曼陁華 天鼓自然鳴 諸天龍鬼神 供養人中尊
一切諸佛土 即時大震動 佛放眉間光 現諸希有事
此光照東方 万八千佛土 示一切衆生 生死業報處
有見諸佛土 以衆寶莊嚴 琉璃頗梨色 斯由佛光照
及見諸天人 龍神夜叉衆 乾闥緊那羅 各供養其佛
又見諸如來 自然成佛道 身色如金山 端嚴甚微妙
如淨瑠璃中 内現真金像 世尊在大衆 敷演深法義
一一諸佛土 聲聞衆无數 因佛光所照 悉見彼大衆
或有諸比丘 在於山林中 精進持淨戒 猶如護明珠

BD15744 號　妙法蓮華經卷一　　(1–1)

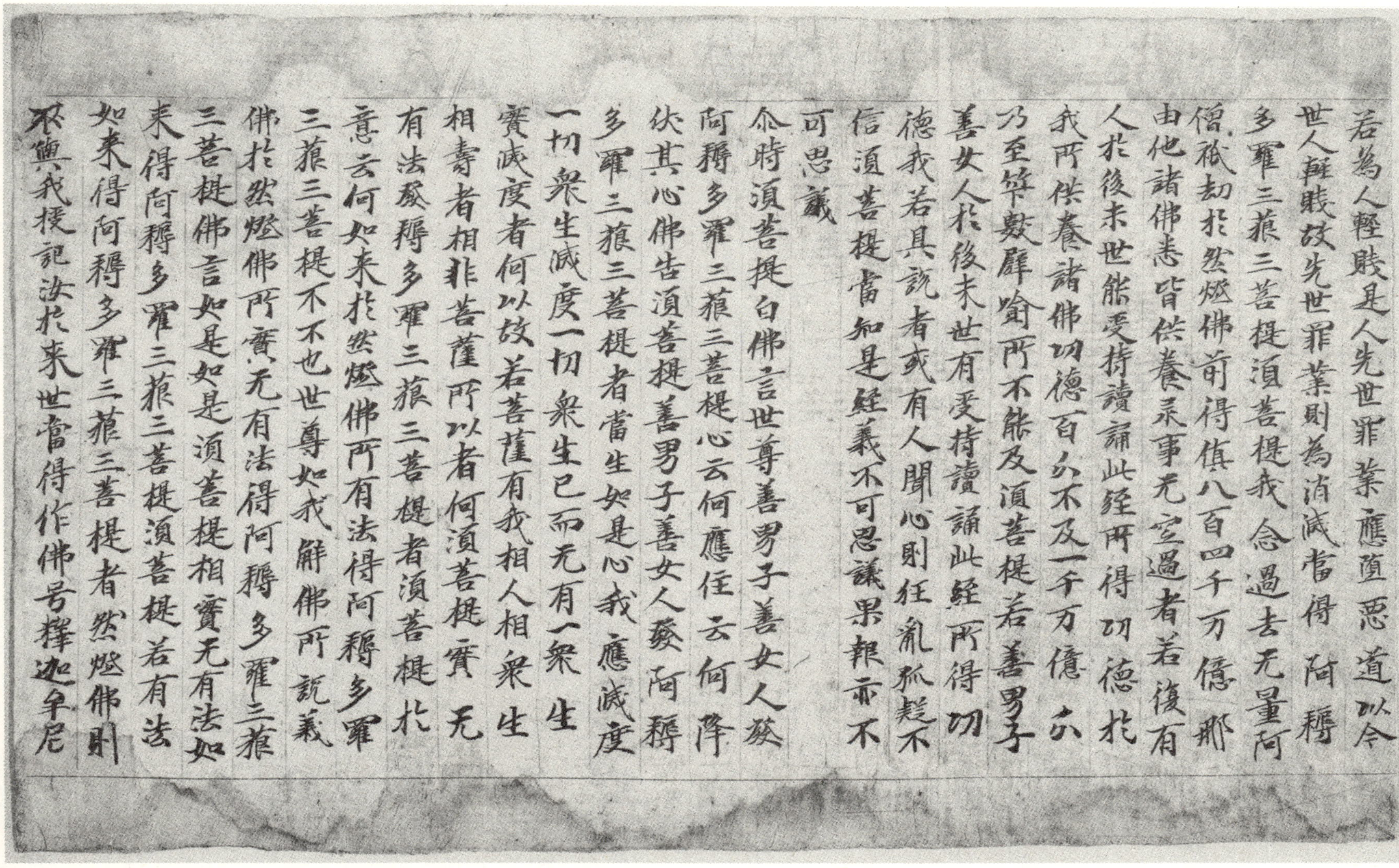
若為人輕賤是人先世罪業應墮惡道以今
世人輕賤故先世罪業則為消滅當得阿耨
多羅三藐三菩提須菩提我念過去无量阿
僧祇劫於然燈佛前得值八百四千万億那
由他諸佛悉皆供養承事无空過者若復有
人於後末世能受持讀誦此經所得功德於
我所供養諸佛功德百分不及一千万億分
乃至筭數譬喻所不能及須菩提若善男子
善女人於後末世有受持讀誦此經所得功
德我若具說者或有人聞心則狂亂狐疑不
信須菩提當知是經義不可思議果報亦不
可思議
尒時須菩提白佛言世尊善男子善女人發
阿耨多羅三藐三菩提心云何應住云何降
伏其心佛告須菩提善男子善女人發阿耨
多羅三藐三菩提者當生如是心我應滅度
一切衆生滅度一切衆生已而无有一衆生
實滅度者何以故若菩薩有我相人相衆生
相壽者相非菩薩所以者何須菩提實无
有法發阿耨多羅三藐三菩提者須菩提於
意云何如來於然燈佛所有法得阿耨多羅
三藐三菩提不不也世尊如我解佛所說義
佛於然燈佛所實无有法得阿耨多羅三藐
三菩提佛言如是如是須菩提實无有法如
來得阿耨多羅三藐三菩提須菩提若有法
如來得阿耨多羅三藐三菩提者然燈佛則
不與我授記汝於來世當得作佛号釋迦牟尼

BD15745 號　金剛般若波羅蜜經　　(1–1)

將非是我　昔日怨讎　倏本業緣　而教汝邪
我子面目　淨如滿月　不圖一旦　遇斯禍對
寧使我身　碎破如塵　不令我子　喪失身命
我所見夢　已為得報　值我无情　能堪是苦
如我所夢　牙齒墮落　二乳一時　汁自流出
必定是我　失所愛子　夢三鴿鶵　鷹𢹂一去
三子之中　必定失一
尒時大王　即告其妃　我今當遣　大臣使者
周遍東西　推求覓子　汝今且可　莫大憂惱
大王如是　慰喻妃已　即便嚴駕　出其宮殿
心生愁惱　憂苦所切　雖在大衆　顏貌憔悴
即出其城　覓所愛子　尒時亦有　无量諸人
哀號動地　尋從王後
是時大王　既出城已　四向顧望　求覓其子
煩冤心亂　靡知所在　最後遙見　有一信來
頭蒙塵土　血汙其衣　灰土塗身　悲號而至
尒時大王　摩訶羅陁　見是使已　倍生懊惱

BD15746 號　金光明經卷四　（2–1）

三子之中　必定失一
尒時大王　即告其妃　我今當遣　大臣使者
周遍東西　推求覓子　汝今且可　莫大憂惱
大王如是　慰喻妃已　即便嚴駕　出其宮殿
心生愁惱　憂苦所切　雖在大衆　顏貌憔悴
即出其城　覓所愛子　尒時亦有　无量諸人
哀號動地　尋從王後
是時大王　既出城已　四向顧望　求覓其子
煩冤心亂　靡知所在　最後遙見　有一信來
頭蒙塵土　血汙其衣　灰土塗身　悲號而至
尒時大王　摩訶羅陁　見是使已　倍生懊惱
擧手號叫　仰天而哭　先所遣臣　尋復來至
既至王所　住如是言　願王莫愁　諸子猶在
不久當至　令王得見　須臾之頃　復有臣來
見王愁苦　顏貌憔悴　身所著衣　垢膩塵土
大王當知　一子已終　二子雖存　哀悴无賴
第三王子　見虎新產　飢窮七日　恐還食子
見是虎已　深生悲心　發大誓願　當度衆生
於未來世　證成菩提　即上高山　投身餓虎
虎飢所逼　便起噉食　一切血肉　已為都盡
唯有骸骨　狼藉在地　是時大王　聞臣語已
轉復悶絕　失念擗地　憂愁盛火　熾然其身

BD15746 號　金光明經卷四　（2–2）

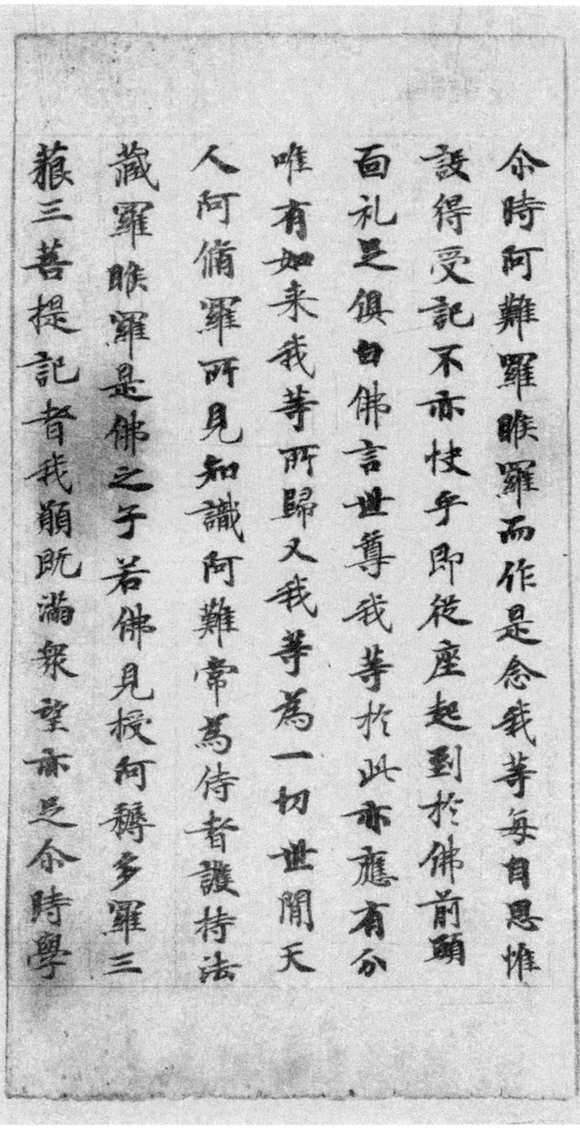
尒時阿難羅睺羅而作是念我等每自思惟
設得受記不亦快乎即從座起到於佛前頭
面礼足俱白佛言世尊我等於此亦應有分
唯有如来我等所歸又我等為一切世間天
人阿脩羅所見知識阿難常為侍者護持法
藏羅睺羅是佛之子若佛見授阿耨多羅三
藐三菩提記者我願既滿衆望亦足尒時學

BD15747號　妙法蓮華經卷四　（1–1）

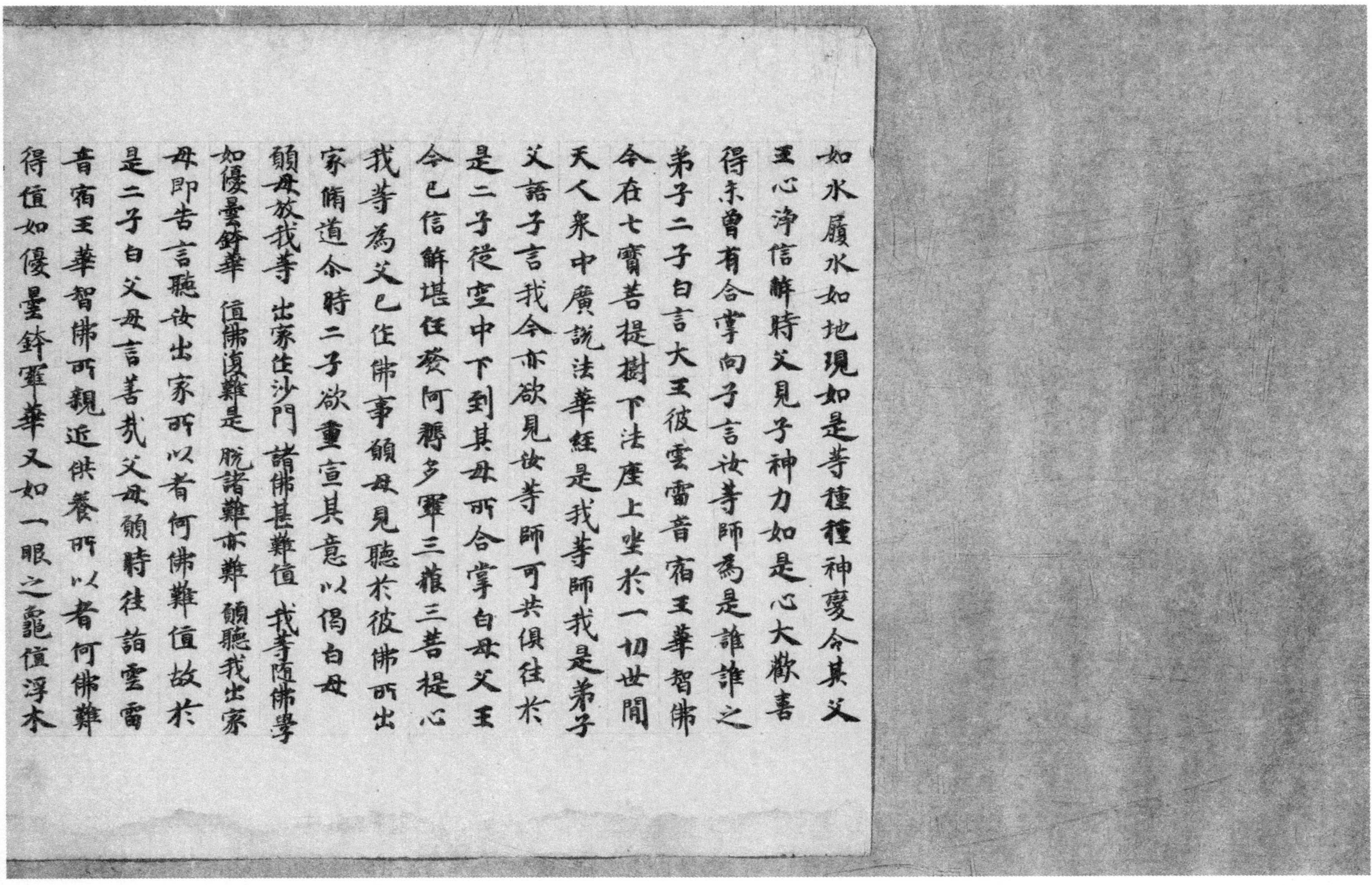
如水履水如地現如是等種種神變令其父
王心淨信解時父見子神力如是心大歡喜
得未曾有合掌向子言汝等師為是誰誰之
弟子二子白言大王彼雲雷音宿王華智佛
今在七寶菩提樹下法座上坐於一切世間
天人衆中廣說法華經是我等師我是弟子
父語子言我今亦欲見汝等師可共俱往於
是二子從空中下到其母所合掌白母父王
今已信解堪任發阿耨多羅三藐三菩提心
我等為父已作佛事願母見聽於彼佛所出
家脩道尒時二子欲重宣其意以偈白母
願母放我等　出家作沙門　諸佛甚難值　我等隨佛學
如優曇鉢華　值佛復難是　脫諸難亦難　願聽我出家
母即告言聽汝出家所以者何佛難值故於
是二子白父母言善哉父母願時往詣雲雷
音宿王華智佛所親近供養所以者何佛難
得值如優曇鉢羅華又如一眼之龜值浮木

BD15748號　妙法蓮華經卷七　（2–1）

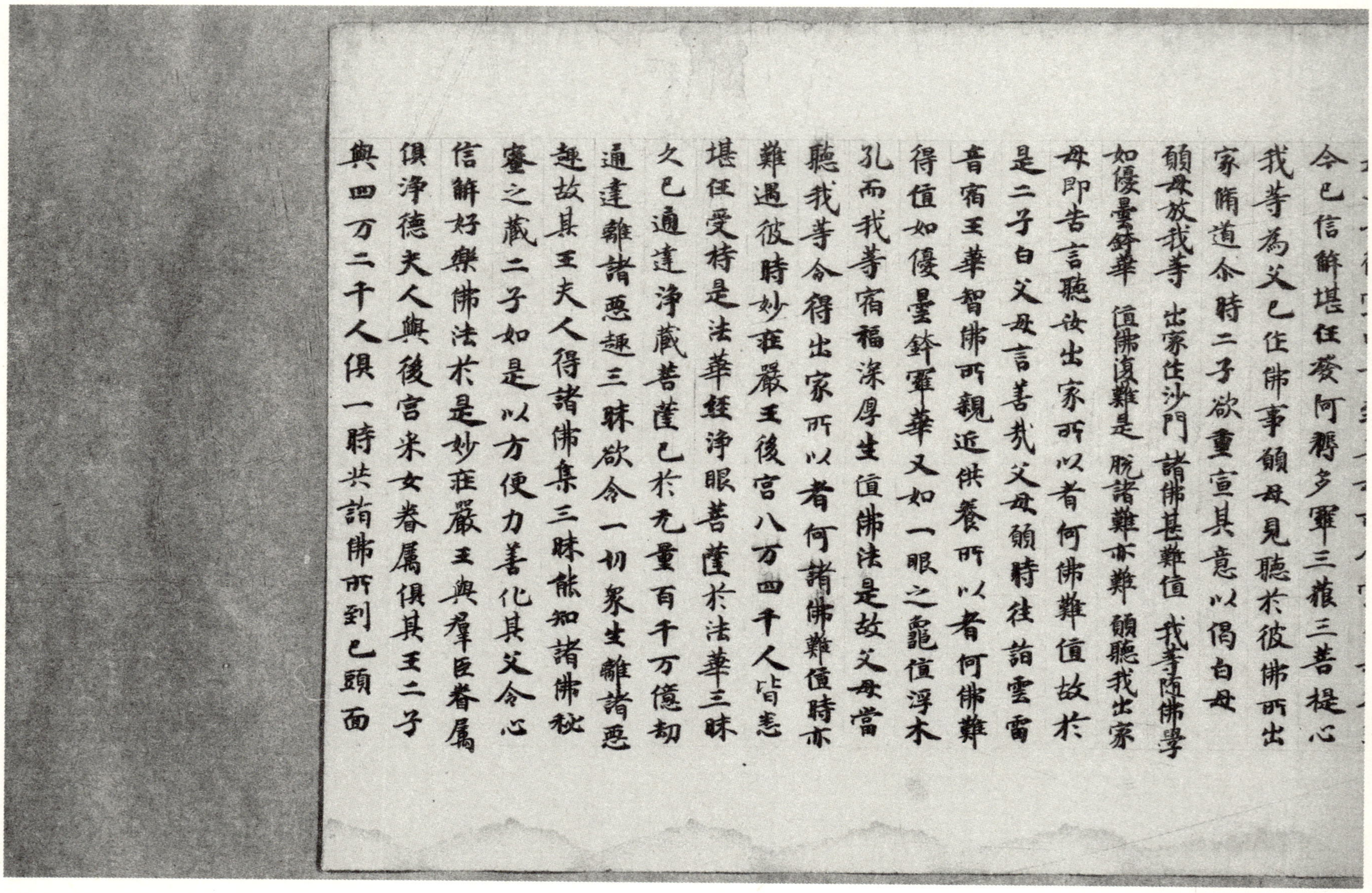

今已信解堪任發阿耨多羅三藐三菩提心
我等為父已作佛事願母見聽於彼佛所出
家脩道尒時二子欲重宣其意以偈白母
願母放我等 出家作沙門 諸佛甚難值 我等隨佛學
如優曇鉢華 值佛復難是 脫諸難亦難 願聽我出家
母即告言聽汝出家所以者何佛難值故於
是二子白父母言善哉父母願時往詣雲雷
音宿王華智佛所親近供養所以者何佛難
得值如優曇鉢羅華又如一眼之龜值浮木
孔而我等宿福深厚生值佛法是故父母當
聽我等令得出家所以者何諸佛難值時亦
難遇彼時妙莊嚴王後宮八万四千人皆悉
堪任受持是法華經淨眼菩薩於法華三昧
久已通達淨藏菩薩已於无量百千万億劫
通達離諸惡趣三昧欲令一切衆生離諸惡
趣故其王夫人得諸佛集三昧能知諸佛秘
密之藏二子如是以方便力善化其父令心
信解好樂佛法於是妙莊嚴王與群臣眷屬
俱淨德夫人與後宮婇女眷屬俱其王二子
與四万二千人俱一時共詣佛所到已頭面

BD15748 號　妙法蓮華經卷七

（2–2）

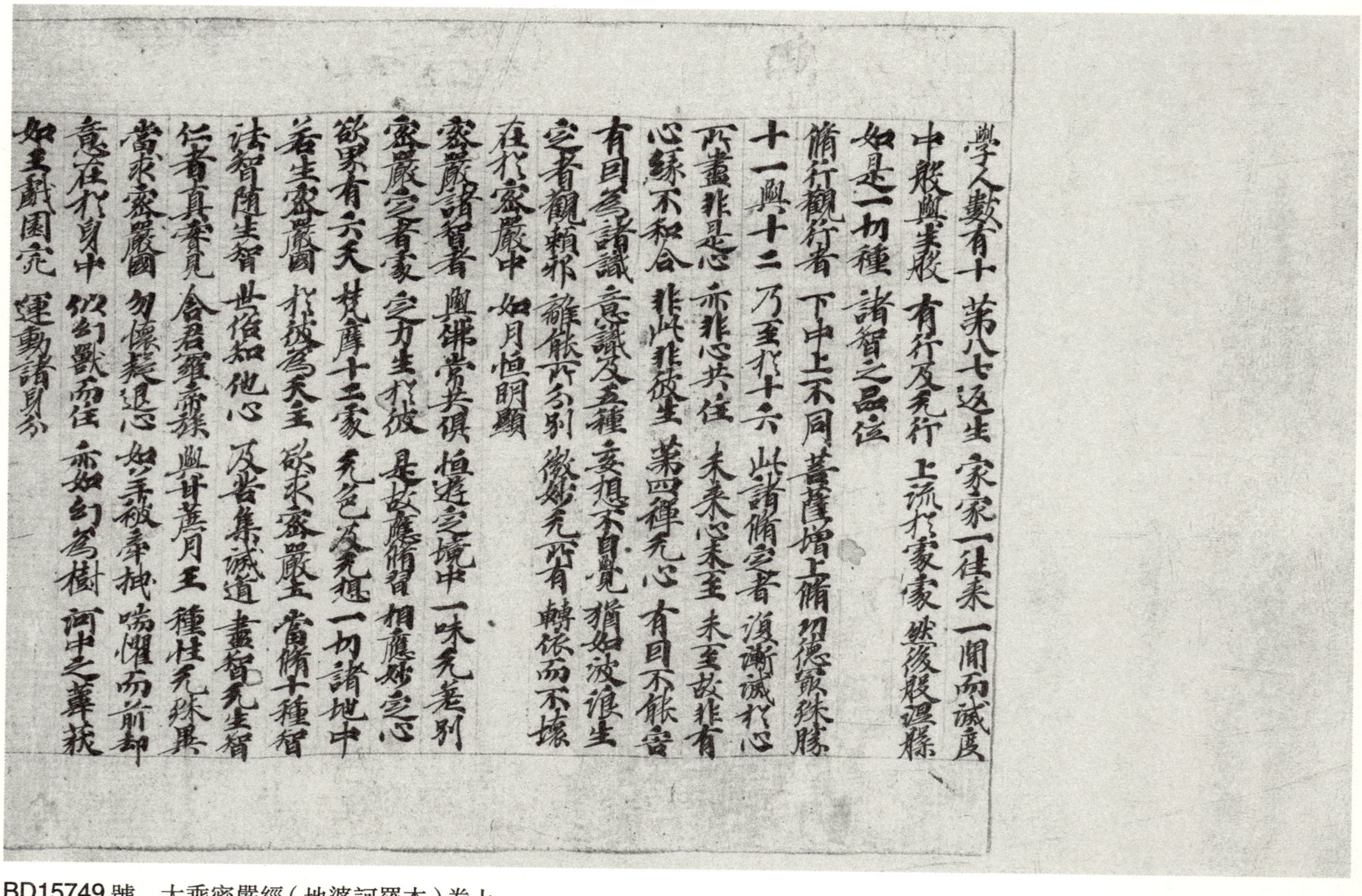

學人數有十 第八七返生 家家一往來 一間而滅度
中般與生般 有行及无行 上流於處處 然後般涅槃
如是一切種 諸智之品位
脩行觀行者 下中上不同 菩薩增上脩 功德最殊勝
十一與十二 乃至於十六 此諸脩定者 漸漸滅於心
所盡非是心 亦非心共住 未來心未至 未至故非有
心緣不和合 非此非彼生 第四禪无心 有因不能害
有因為諸識 意識及五種 妄想不自覺 猶如波浪生
定者觀賴耶 離能所分別 微妙无所有 轉依而不壞
在於密嚴中 如月恒明顯
密嚴諸智者 與佛常共俱 恒遊定境中 一味无差別
密嚴定者處 定力生於彼 是故應脩習 相應妙定心
欲界有六天 梵摩十二處 无色及无想 一切諸地中
若生密嚴國 於彼為天主 欲求密嚴土 當脩十種智
法智隨生智 世俗知他心 及苦集滅道 盡智无生智
仁者真實見 合君羅帝釋 與甘蔗月王 種姓无殊異
當求密嚴國 勿懷疑退心 如羊被牽挽 喘懼而前却
意在於身中 似幻獸而往 亦如幻為樹 河中之葦荻
如王戲園苑 運動諸身分

BD15749 號　大乘密嚴經（地婆訶羅本）卷上

（2–1）

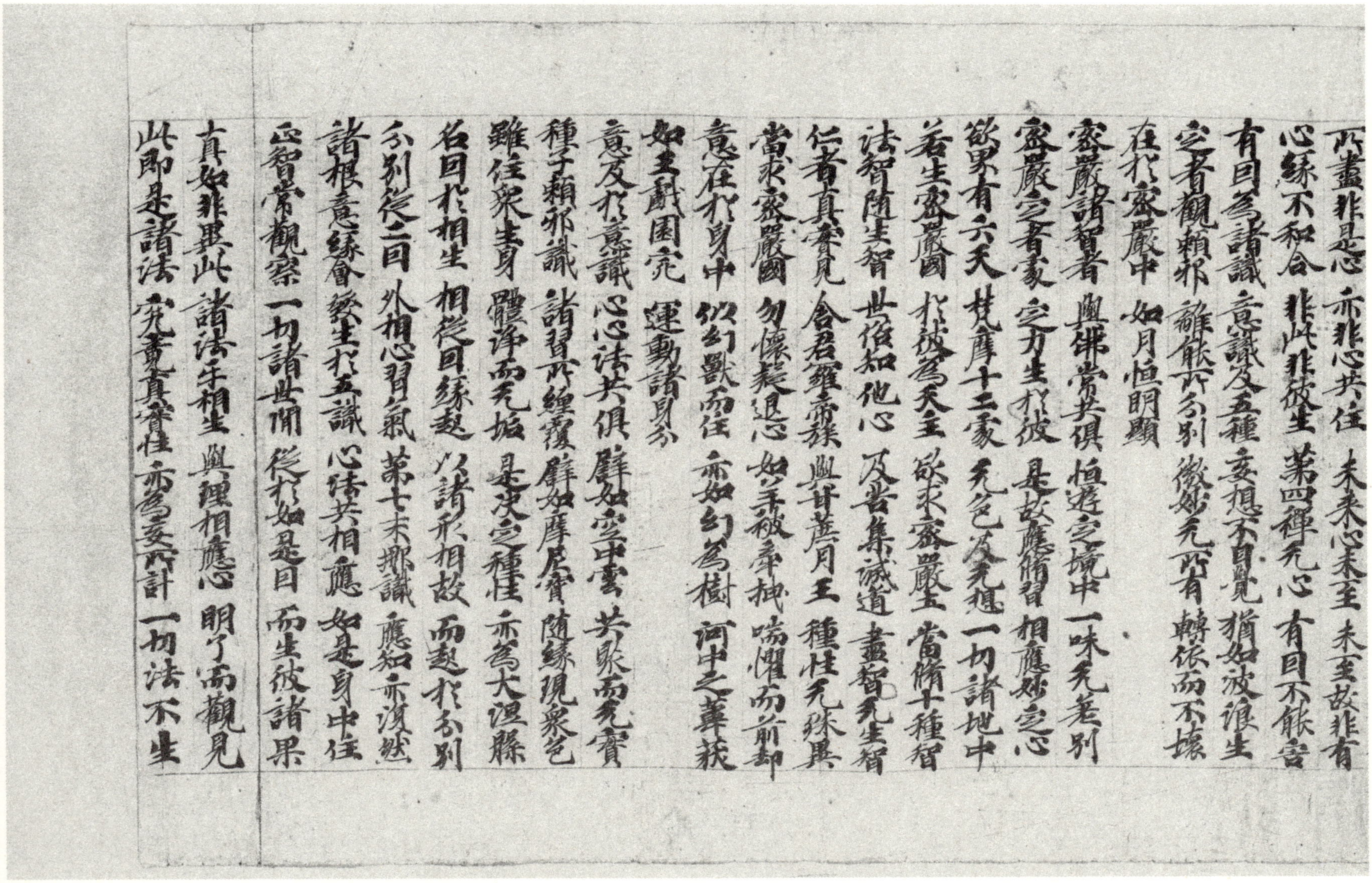

乃盡非是心 亦非心共住 未來心未至 未至故非有
心緣不和合 非此非彼生 第四禪無心 有因不能害
有因為諸識 意識及五種 妄想不自覺 猶如波浪生
定者觀賴耶 離能所分別 微妙無所有 轉依而不壞
在於密嚴中 如月恒明顯
密嚴諸智者 與佛當共俱 恒遊定境中 一味無差別
密嚴定者處 定力生於彼 是故應脩習 相應妙定心
欲界有六天 梵摩十二處 無色及無想 一切諸地中
若生密嚴國 於彼為天主 欲求密嚴土 當脩十種智
法智隨生智 世俗知他心 及苦集滅道 盡智無生智
仁者真實見 金剛藏亦然 與甘蔗月王 種性無殊異
當求密嚴國 勿懷疑退心 如象被牽抑 喘懼而前卻
意在於身中 如幻獸而住 亦如幻為樹 河中之葦荻
如是戲園苑 運動諸身分
意及於意識 心心法共俱 譬如空中雲 共聚而無實
種子賴耶識 諸習所纏覆 譬如摩尼寶 隨緣現衆色
雖住衆生身 體淨而無垢 是決定種性 亦為大涅槃
名因於相生 相從因緣起 以諸形相故 而起於分別
分別從它因 外相心習氣 第七末那識 應知亦復然
諸根意緣會 發生於五識 心法共相應 如是身中住
正智常觀察 一切諸世間 從於如是因 而生彼諸果
真如非異此 諸法與相生 與理相應心 明了而觀見
此即是諸法 究竟真實性 亦為妄所計 一切法不生

BD15749 號　大乘密嚴經（地婆訶羅本）卷上　（2–2）

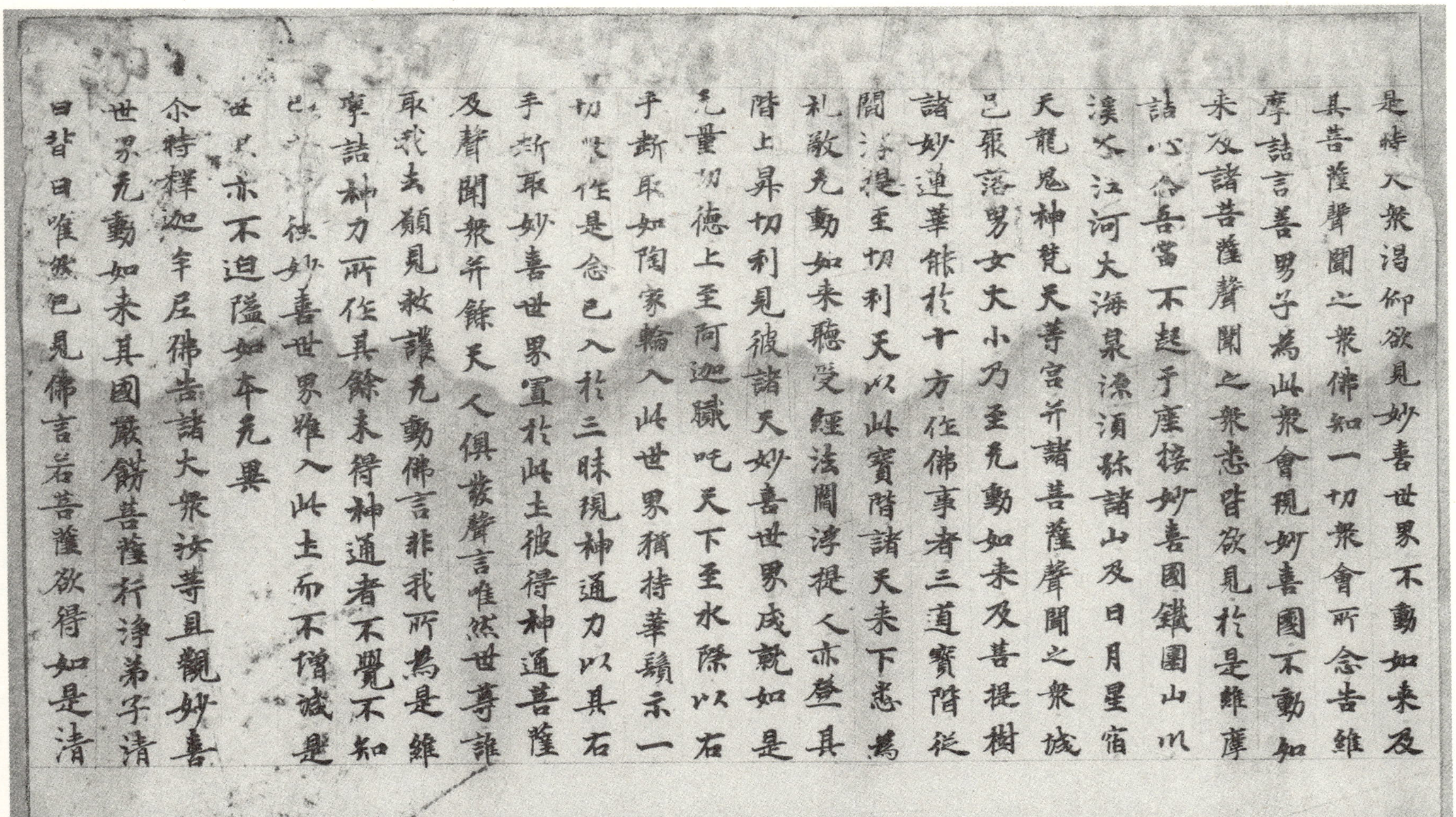

是時大衆渴仰欲見妙喜世界不動如來及
其菩薩聲聞之衆佛知一切衆會所念告維
摩詰言善男子為此衆會現妙喜國不動如
來及諸菩薩聲聞之衆衆皆欲見於是維摩
詰心念吾當不起于座接妙喜國鐵圍山川
溪谷江河大海泉源須彌諸山及日月星宿
天龍鬼神梵天等宮并諸菩薩聲聞之衆城
邑聚落男女大小乃至無動如來及菩提樹
諸妙蓮華能於十方作佛事者三道寶階從
閻浮提至忉利天以此寶階諸天來下悉為
礼敬無動如來聽受經法閻浮提人亦登其
階上昇忉利見彼諸天妙喜世界成就如是
無量功德上至阿迦膩吒天下至水際以右
手斷取如陶家輪入此世界猶持華鬘示一
切衆作是念已入於三昧現神通力以其右
手斷取妙喜世界置於此土彼得神通菩薩
及聲聞衆并餘天人俱發聲言唯然世尊誰
取我去願見救護無動佛言非我所為是維
摩詰神力所作其餘未得神通者不覺不知
己之所往妙喜世界雖入此土而不增減是
世界亦不迫隘如本無異
尒時釋迦牟尼佛告諸大衆汝等且觀妙喜
世界無動如來其國嚴飾菩薩行淨弟子清
白皆曰唯然已見佛言若菩薩欲得如是清

BD15750 號　維摩詰所說經卷下　（1–1）

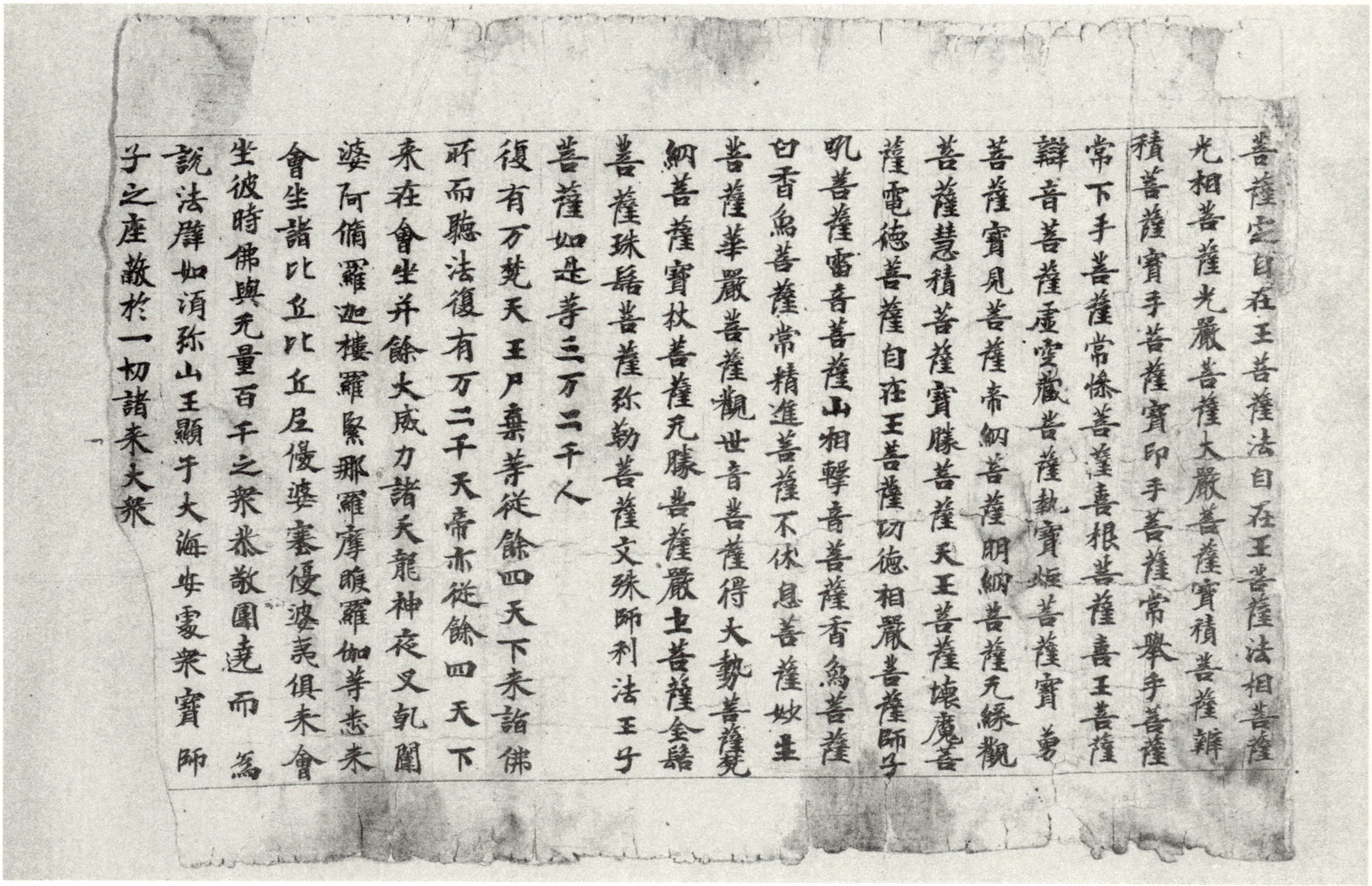

菩薩㝎自在王菩薩法自在王菩薩法相菩薩
光相菩薩光嚴菩薩大嚴菩薩寶積菩薩辯
積菩薩寶手菩薩寶印手菩薩常舉手菩薩
常下手菩薩常慘菩薩喜根菩薩喜王菩薩
辯音菩薩虛空藏菩薩執寶炬菩薩寶勇
菩薩寶見菩薩帝網菩薩明網菩薩无緣觀
菩薩慧積菩薩寶勝菩薩天王菩薩壞魔菩
薩電德菩薩自在王菩薩功德相嚴菩薩師子
吼菩薩雷音菩薩山相擊音菩薩香象菩薩
白香象菩薩常精進菩薩不休息菩薩妙生
菩薩華嚴菩薩觀世音菩薩得大勢菩薩梵
網菩薩寶杖菩薩无勝菩薩嚴土菩薩金髻
菩薩珠髻菩薩弥勒菩薩文殊師利法王子
菩薩如是等三万二千人
復有万梵天王尸棄等從餘四天下來詣佛
所而聽法復有万二千天帝亦從餘四天下
來在會坐并餘大威力諸天龍神夜叉乹闥
婆阿脩羅迦樓羅緊那羅摩睺羅伽等悉來
會坐諸比丘比丘尼優婆塞優婆夷俱來會
坐彼時佛與无量百千之衆恭敬圍遶而為
說法譬如須弥山王顯于大海安處衆寶師
子之座蔽於一切諸來大衆

BD15751 號　維摩詰所說經卷上　（1–1）

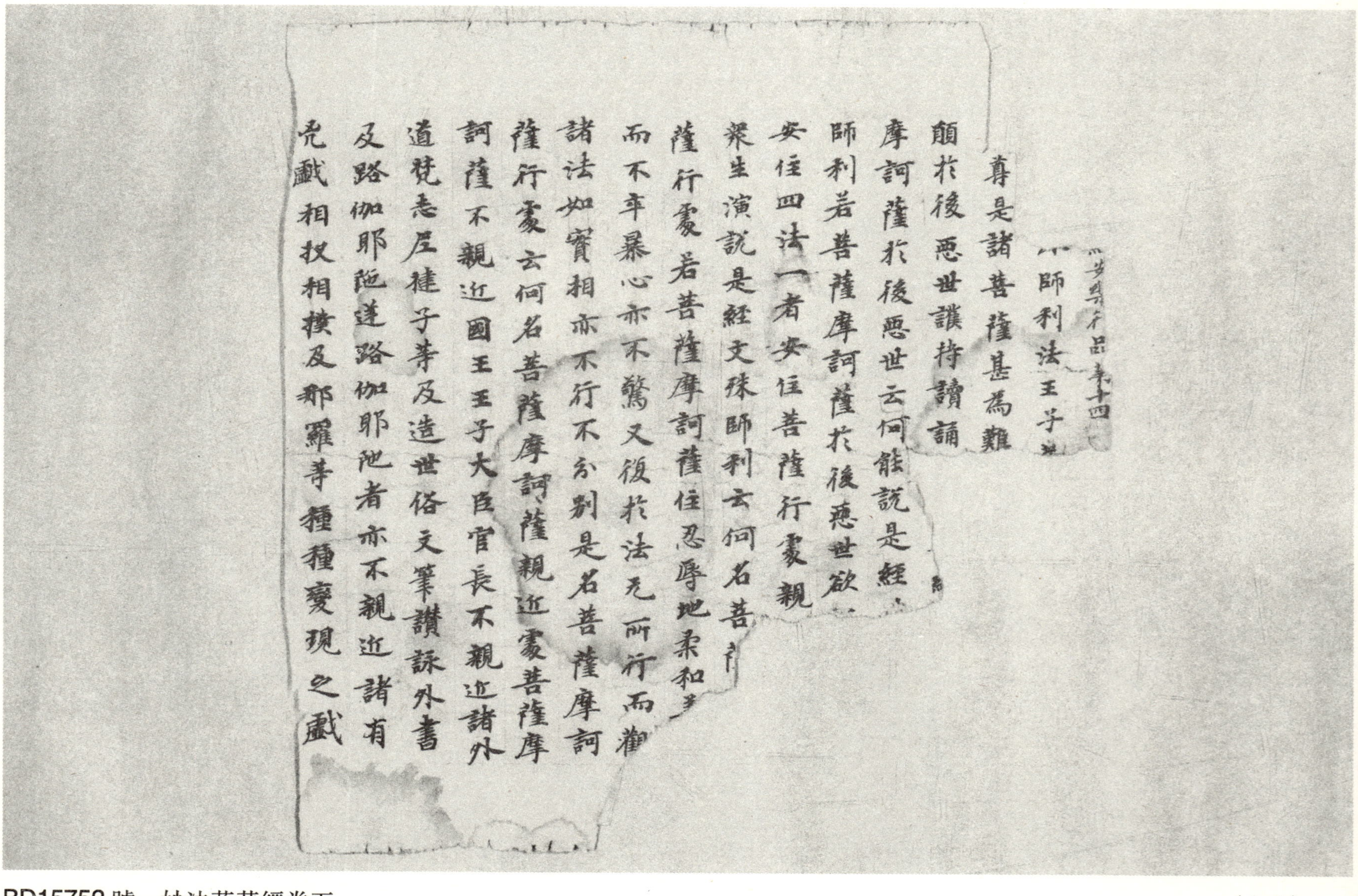

安樂行品第十四
師利法王子
尊是諸菩薩甚為難
順於後惡世護持讀誦
摩訶薩於後惡世云何能說是經
師利若菩薩摩訶薩於後惡世欲
安住四法一者安住菩薩行處親
衆生演說是經文殊師利云何名菩
薩行處若菩薩摩訶薩住忍辱地柔和善
而不卒暴心亦不驚又復於法无所行而觀
諸法如實相亦不行不分別是名菩薩摩訶
薩行處云何名菩薩摩訶薩親近處菩薩摩
訶薩不親近國王王子大臣官長不親近諸外
道梵志尼揵子等及造世俗文筆讚詠外書
及路伽耶陁逆路伽耶陁者亦不親近諸有
兇戲相扠相撲及那羅等種種變現之戲

BD15752 號　妙法蓮華經卷五　（1–1）

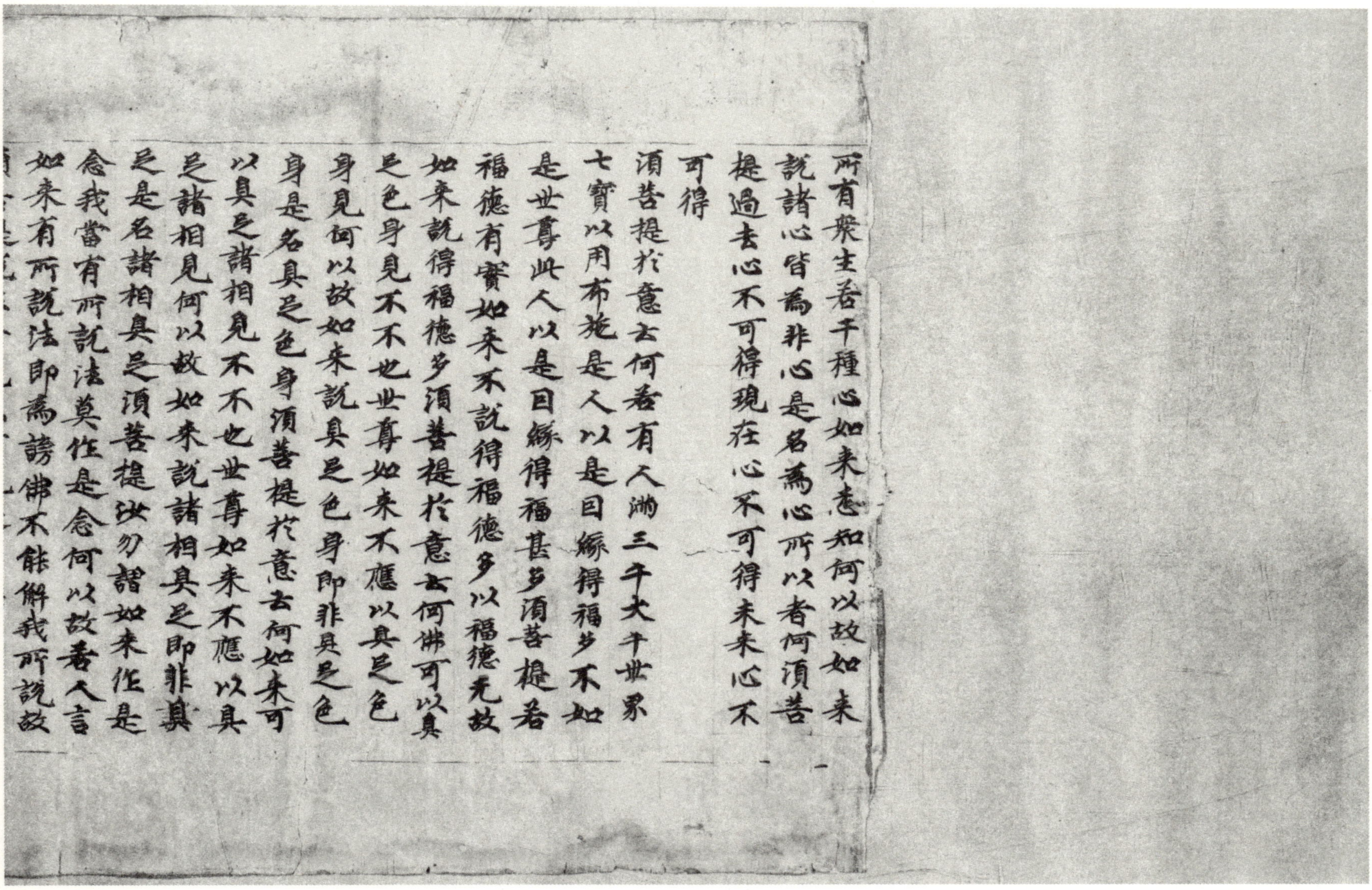
所有衆生若干種心如来悉知何以故如来
說諸心皆爲非心是名爲心所以者何須菩
提過去心不可得現在心不可得未来心不
可得
須菩提於意云何若有人滿三千大千世界
七寶以用布施是人以是因緣得福多不如
是世尊此人以是因緣得福甚多須菩提若
福德有實如来不說得福德多以福德无故
如来說得福德多須菩提於意云何佛可以具
足色身見不不也世尊如来不應以具足色
身見何以故如来說具足色身即非具足色
身是名具足色身須菩提於意云何如来可
以具足諸相見不不也世尊如来不應以具
足諸相見何以故如来說諸相具足即非具
足是名諸相具足須菩提汝勿謂如来作是
念我當有所說法莫作是念何以故若人言
如来有所說法即爲謗佛不能解我所說故

BD15753號　金剛般若波羅蜜經　（2–1）

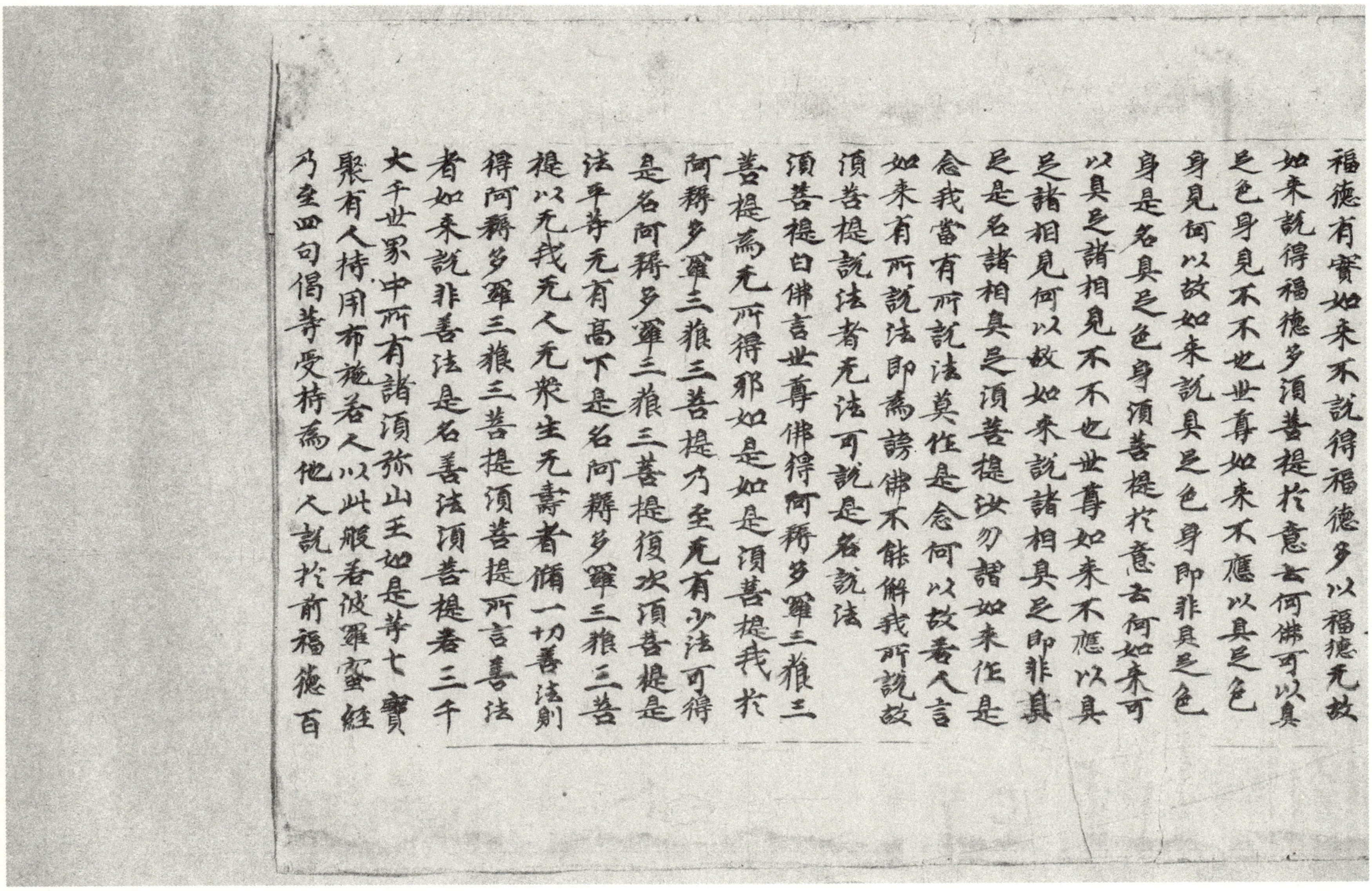
福德有實如来不說得福德多以福德无故
如来說得福德多須菩提於意云何佛可以具
足色身見不不也世尊如来不應以具足色
身見何以故如来說具足色身即非具足色
身是名具足色身須菩提於意云何如来可
以具足諸相見不不也世尊如来不應以具
足諸相見何以故如来說諸相具足即非具
足是名諸相具足須菩提汝勿謂如来作是
念我當有所說法莫作是念何以故若人言
如来有所說法即爲謗佛不能解我所說故
須菩提說法者无法可說是名說法
須菩提白佛言世尊佛得阿耨多羅三藐三
菩提爲无所得耶如是如是須菩提我於
阿耨多羅三藐三菩提乃至无有少法可得
是名阿耨多羅三藐三菩提復次須菩提是
法平等无有高下是名阿耨多羅三藐三菩
提以无我无人无衆生无壽者脩一切善法則
得阿耨多羅三藐三菩提須菩提所言善法
者如来說非善法是名善法須菩提若三千
大千世界中所有諸須弥山王如是等七寶
聚有人持用布施若人以此般若波羅蜜經
乃至四句偈等受持爲他人說於前福德百

BD15753號　金剛般若波羅蜜經　（2–2）

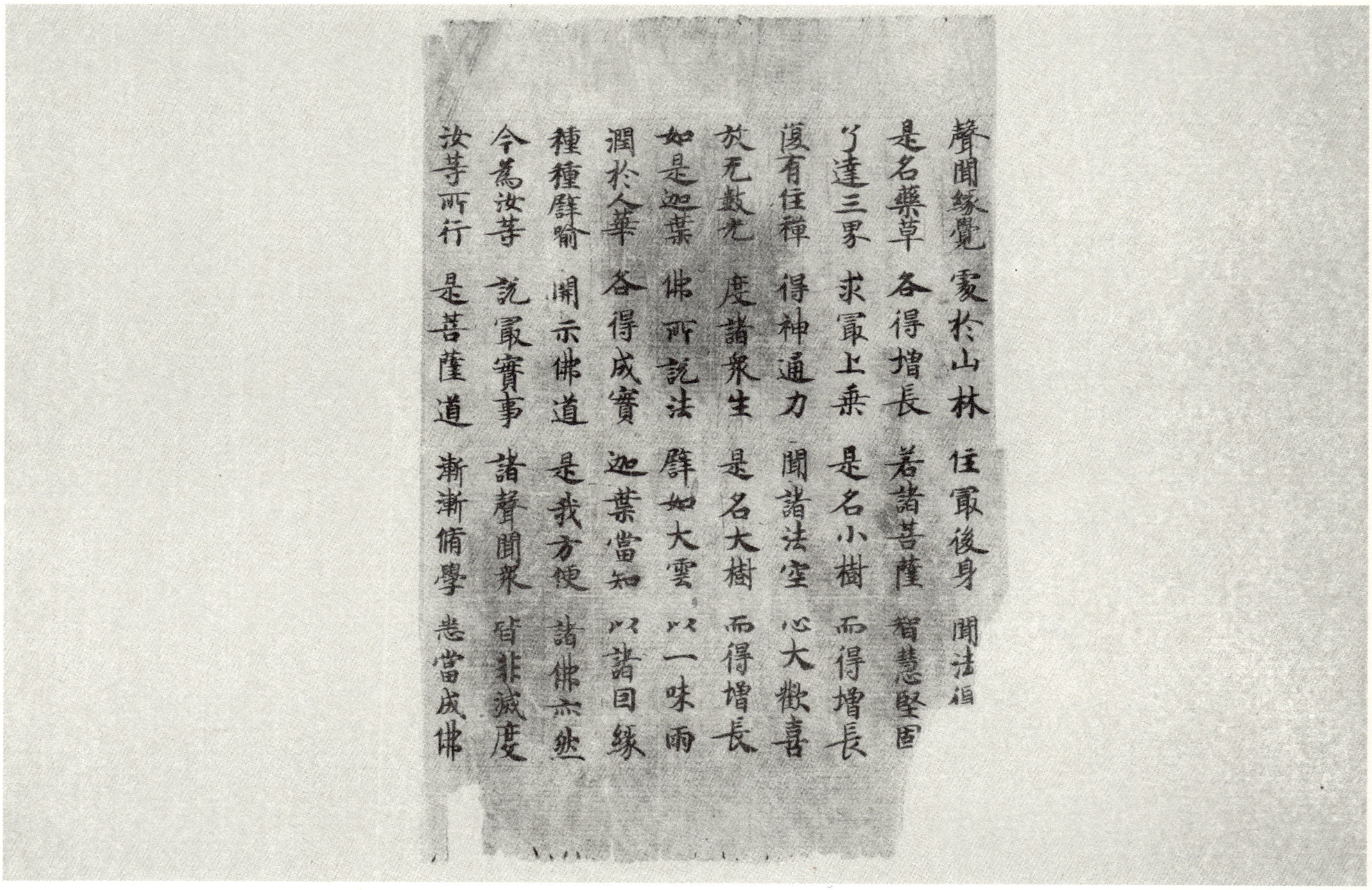

BD15754號　妙法蓮華經卷三　（1-1）

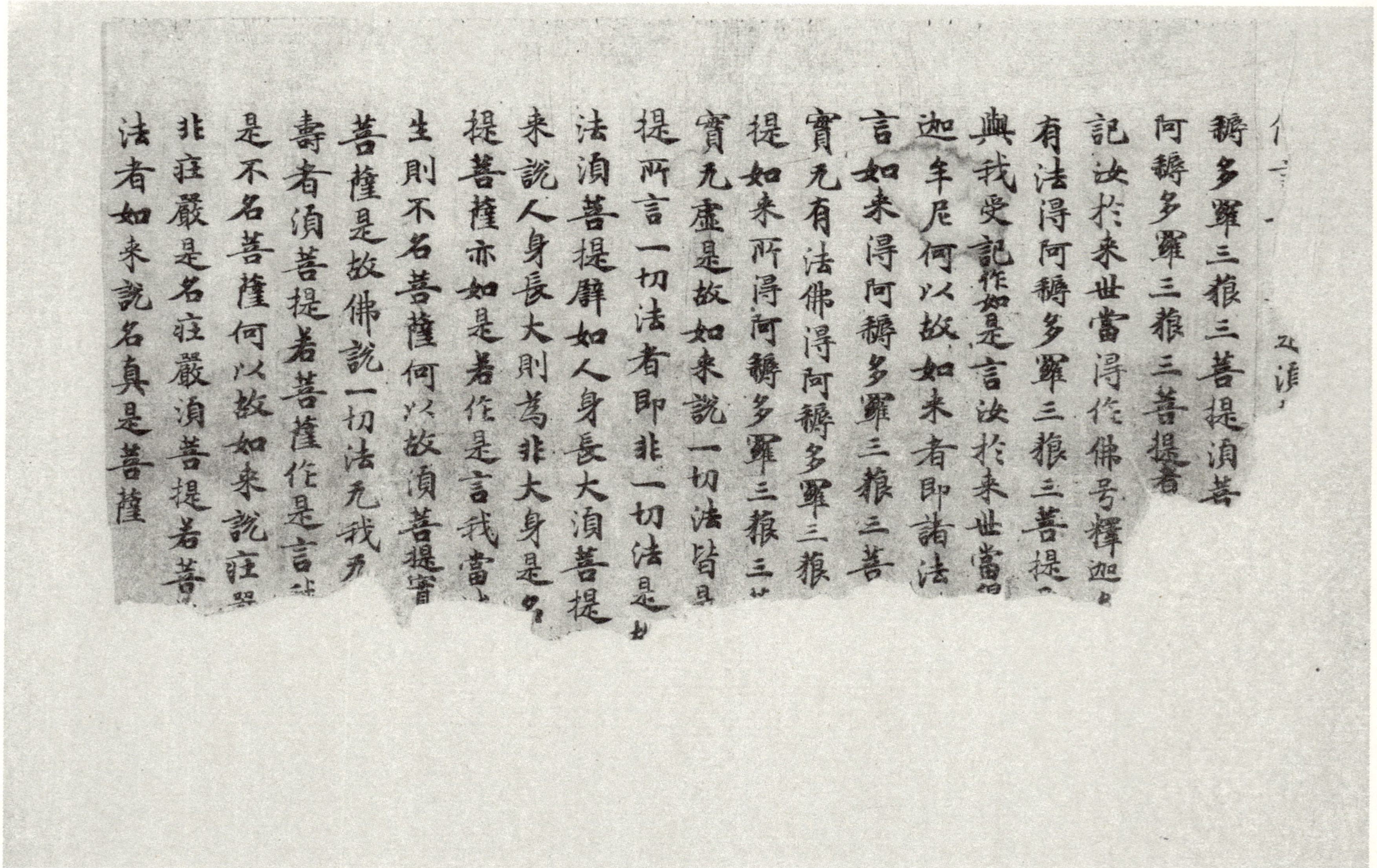

BD15755號　金剛般若波羅蜜經　（1-1）

若人聞法已　漸淨阿賴耶　或作人中主　轉輪四天下
或復爲帝釋　兜率頂夜摩　乃至自在宮　而爲欲天主
或爲色界主　及生无色天　无想衆生中　受諸禪定樂
隨意而不住　譬如師子吼　衆定皆自在　喜樂以相應
一心求密嚴　不染著三界　至扵密嚴已　漸次而開覺
轉依獲安樂　寂靜常安住　无量諸佛子　圍遶以莊嚴
爲法自在王　衆中之最上　非如外道說　壞滅爲涅槃
壞應同有爲　无有復生過　十業上中下　三乘以出生
最上生密嚴　諸地轉增進　得解脫智惠　如來微妙身
云何說涅槃　是滅壞之法　涅槃若滅壞　衆生有終盡
衆生若有終　是亦有初際　應有非生法　而始作衆生
无有非衆生　而生衆生界　衆生界既盡　佛无希施法
是則无能覺　亦无有涅槃　妄計解脫者　而說扵解脫
譬如種已燋　燒滅及薪盡　彼說解脫性　是壞有爲无
扵解脫妙樂　遠離不能證　適處及諸禪　无色无想定
逆順而入出　力通皆自在　扵彼不退還　亦不恒沉沒
密知諸法相　諸地得善巧　如是而莊嚴　而來密嚴國

BD15756號　大乘密嚴經（地婆訶羅本）卷上　（2–1）

爲法自在王　衆中之最上　非如外道說　壞滅爲涅槃
壞應同有爲　无有復生過　十業上中下　三乘以出生
最上生密嚴　諸地轉增進　得解脫智惠　如來微妙身
云何說涅槃　是滅壞之法　涅槃若滅壞　衆生有終盡
衆生若有終　是亦有初際　應有非生法　而始作衆生
无有非衆生　而生衆生界　衆生界既盡　佛无希施法
是則无能覺　亦无有涅槃　妄計解脫者　而說扵解脫
譬如種已燋　燒滅及薪盡　彼說解脫性　是壞有爲无
扵解脫妙樂　遠離不能證　適處及諸禪　无色无想定
逆順而入出　力通皆自在　扵彼不退還　亦不恒沉沒
密知諸法相　諸地得善巧　如是而莊嚴　而來密嚴國
若言解脫性　壞有以爲无　斯人住諸有　畢竟不能出
亦壞三和合　因等四種緣　眼色內外緣　和合所生識
世間內外法　手力以相生　如是等衆義　一切皆違反
若知唯識現　離扵心所得　分別不現前　亦不住其性
是時攀緣離　寂然心正受　捨扵世間中　所取能取見
轉依離麤重　智慧不思議　十種意生身　衆妙爲嚴好
作三界之主　而來密嚴國　色心及心法　不相應无爲
內外衆世間　諦觀无別異　如是諸智者　來扵密嚴國
相名與分別　正智及如如　悟者能明照　體性皆平等
入佛所諸揚　密嚴之淨國

BD15756號　大乘密嚴經（地婆訶羅本）卷上　（2–2）

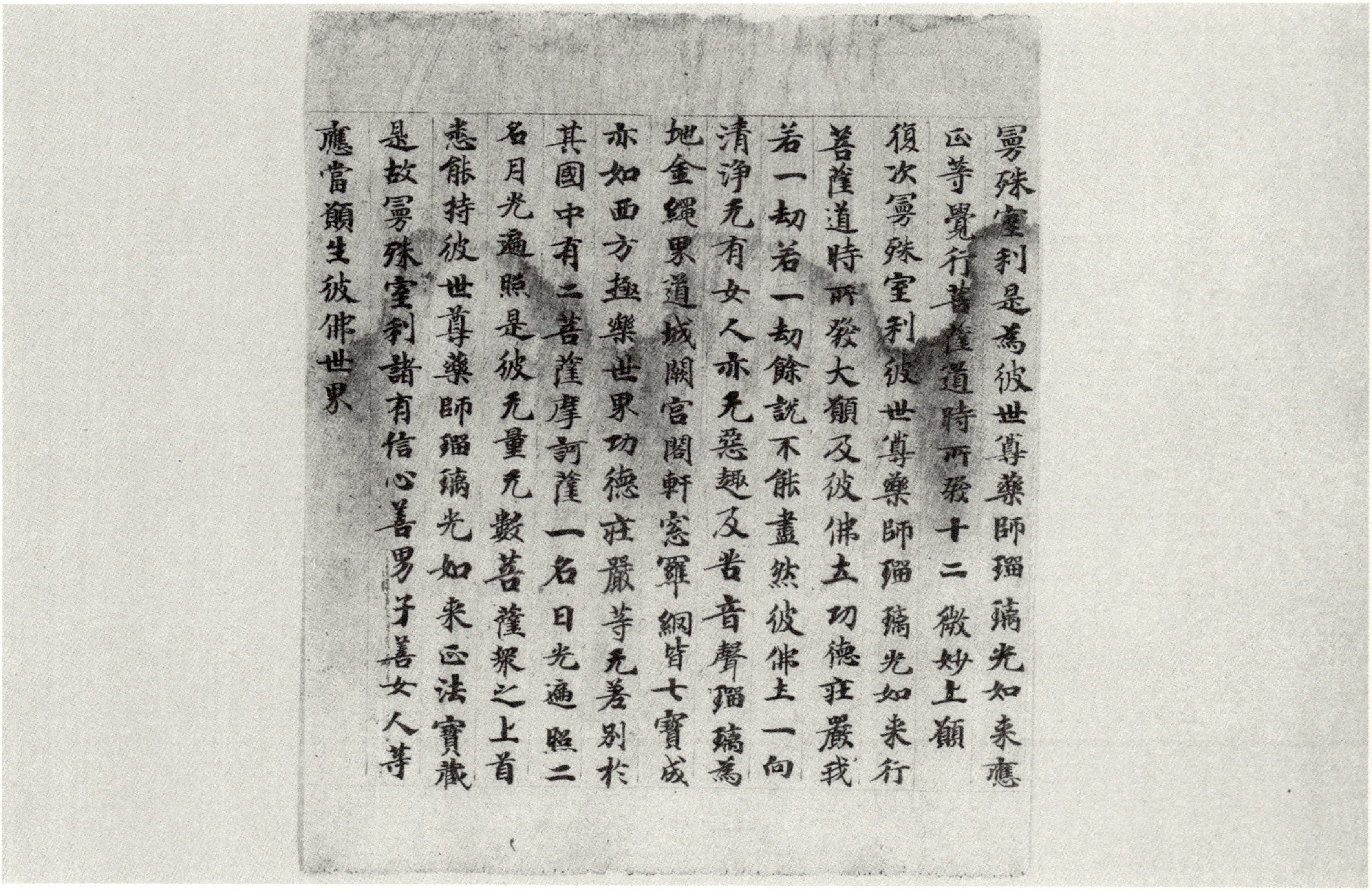
曼殊室利是為彼世尊藥師瑠璃光如来應
正等覺行菩薩道時所發十二微妙上願
復次曼殊室利彼世尊藥師瑠璃光如来行
菩薩道時所發大願及彼佛土功德莊嚴我
若一劫若一劫餘說不能盡然彼佛土一向
清淨无有女人亦无惡趣及苦音聲瑠璃為
地金繩界道城闕宮閣軒窓羅網皆七寶成
亦如西方極樂世界功德莊嚴等无差別於
其國中有二菩薩摩訶薩一名日光遍照二
名月光遍照是彼无量无數菩薩衆之上首
悉能持彼世尊藥師瑠璃光如来正法寶藏
是故曼殊室利諸有信心善男子善女人等
應當願生彼佛世界

BD15757 號　藥師琉璃光如來本願功德經　（1–1）

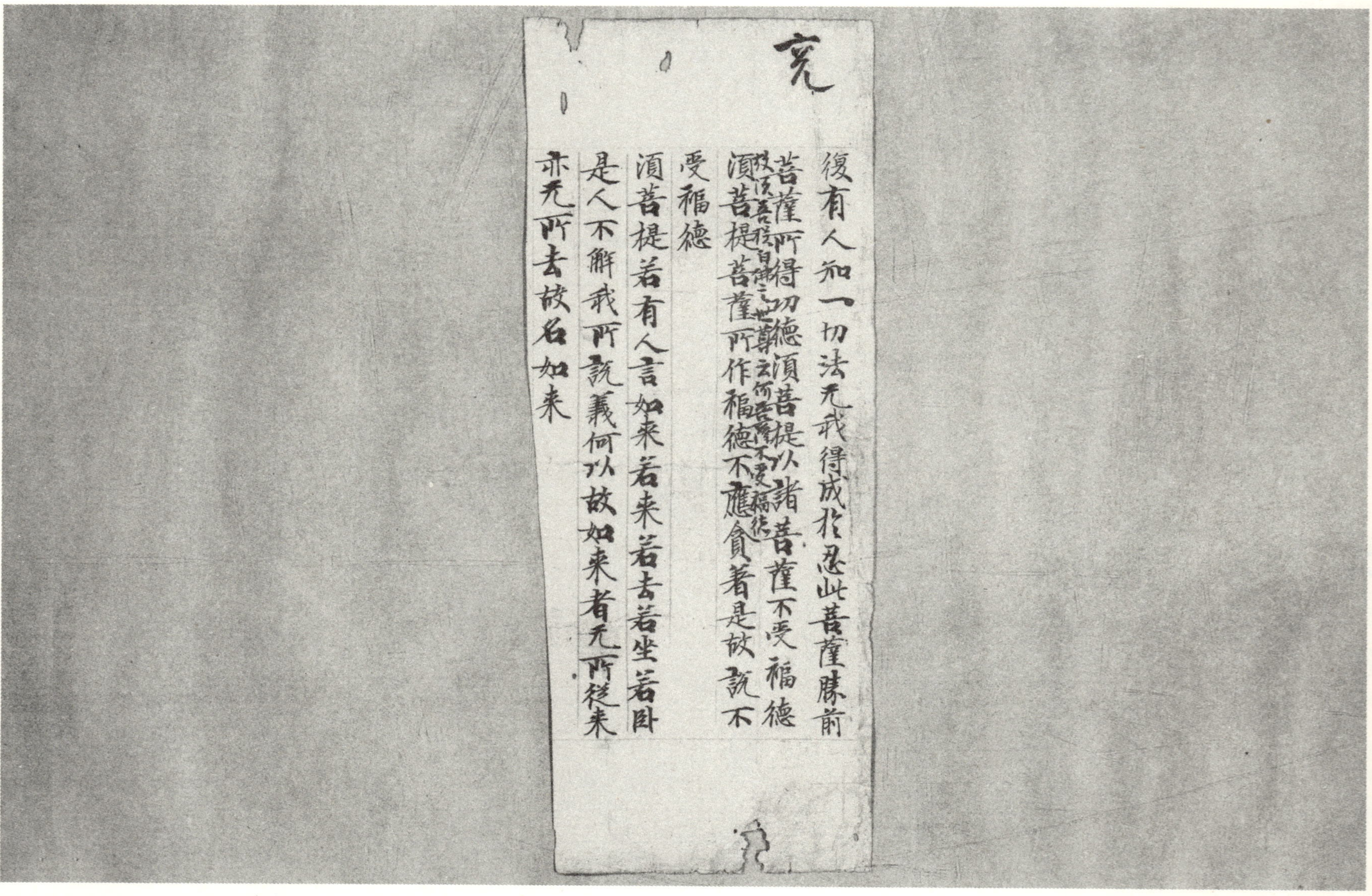
兌
復有人知一切法无我得成於忍此菩薩勝前
菩薩所得功德須菩提以諸菩薩不受福德
故須菩提白佛言世尊云何菩薩不受福德
須菩提菩薩所作福德不應貪著是故說不
受福德
須菩提若有人言如来若来若去若坐若臥
是人不解我所說義何以故如来者无所從来
亦无所去故名如来

BD15758 號　金剛般若波羅蜜經（兌廢稿）　（1–1）

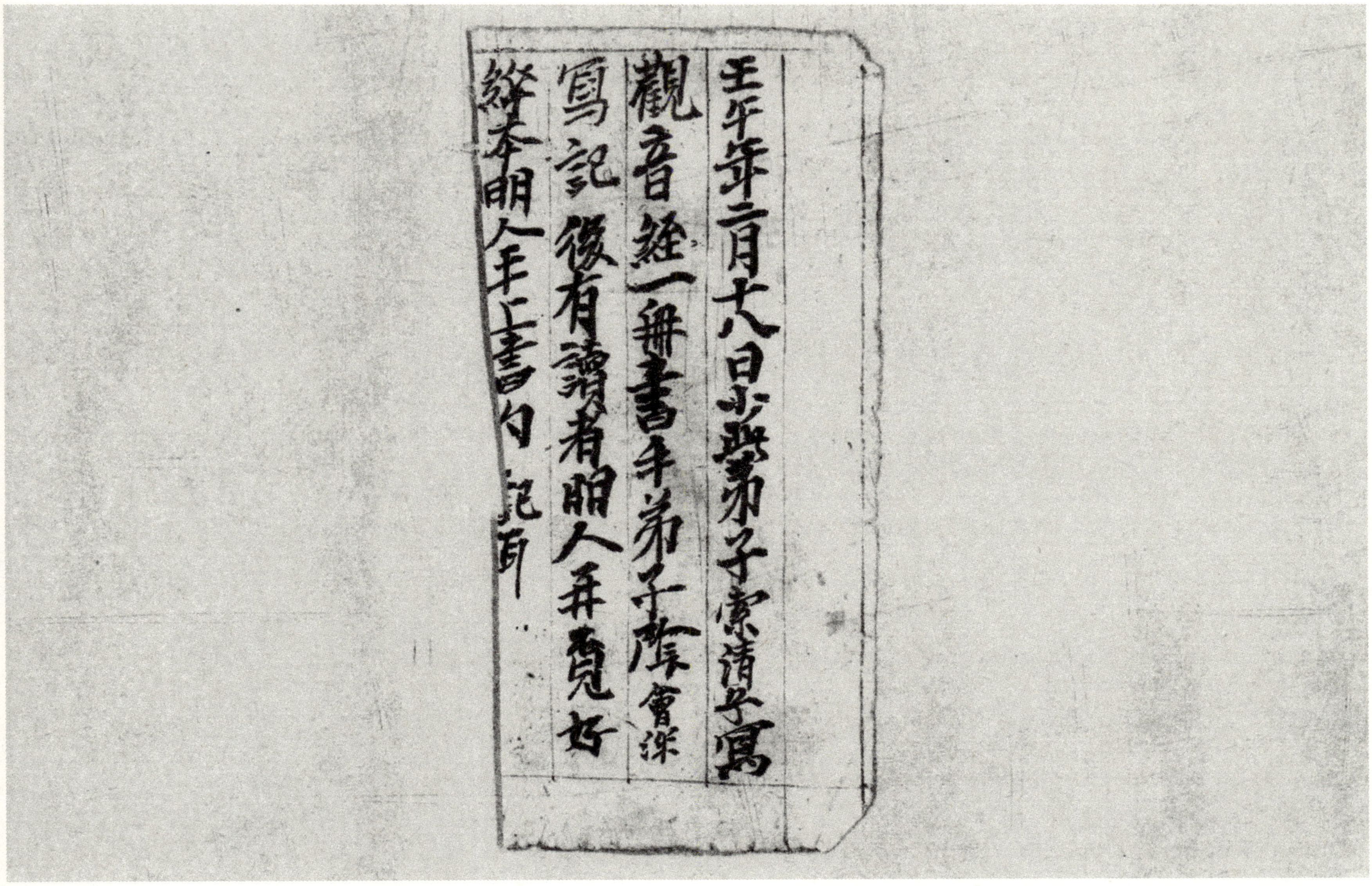

壬午年二月十八日小乘弟子索清子寫
觀音經一册書手弟子薩 會深
寫記 後有讀者明人并覓好
縱本明人手上書白 記耳

BD15759 號　書寫觀世音經題記（擬）　（2–1）

BD15759 號　書寫觀世音經題記（擬）　（2–2）

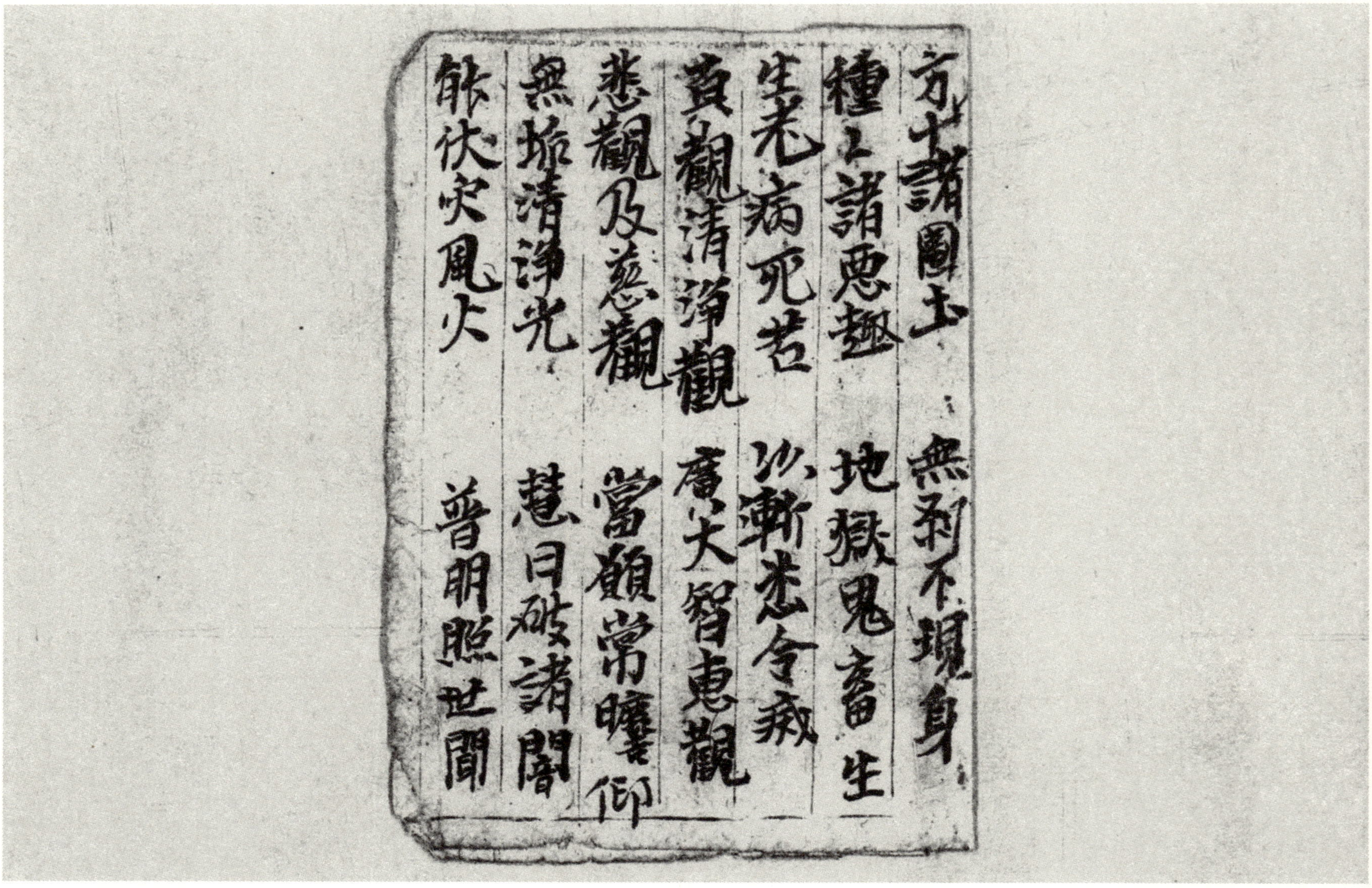
方十諸國土　無剎不現身
種種諸惡趣　地獄鬼畜生
生老病死苦　以漸悉令滅
真觀清淨觀　廣大智慧觀
悲觀及慈觀　常願常瞻仰
無垢清淨光　慧日破諸闇
能伏災風火　普明照世間

BD15760號　觀世音經　（3–1）

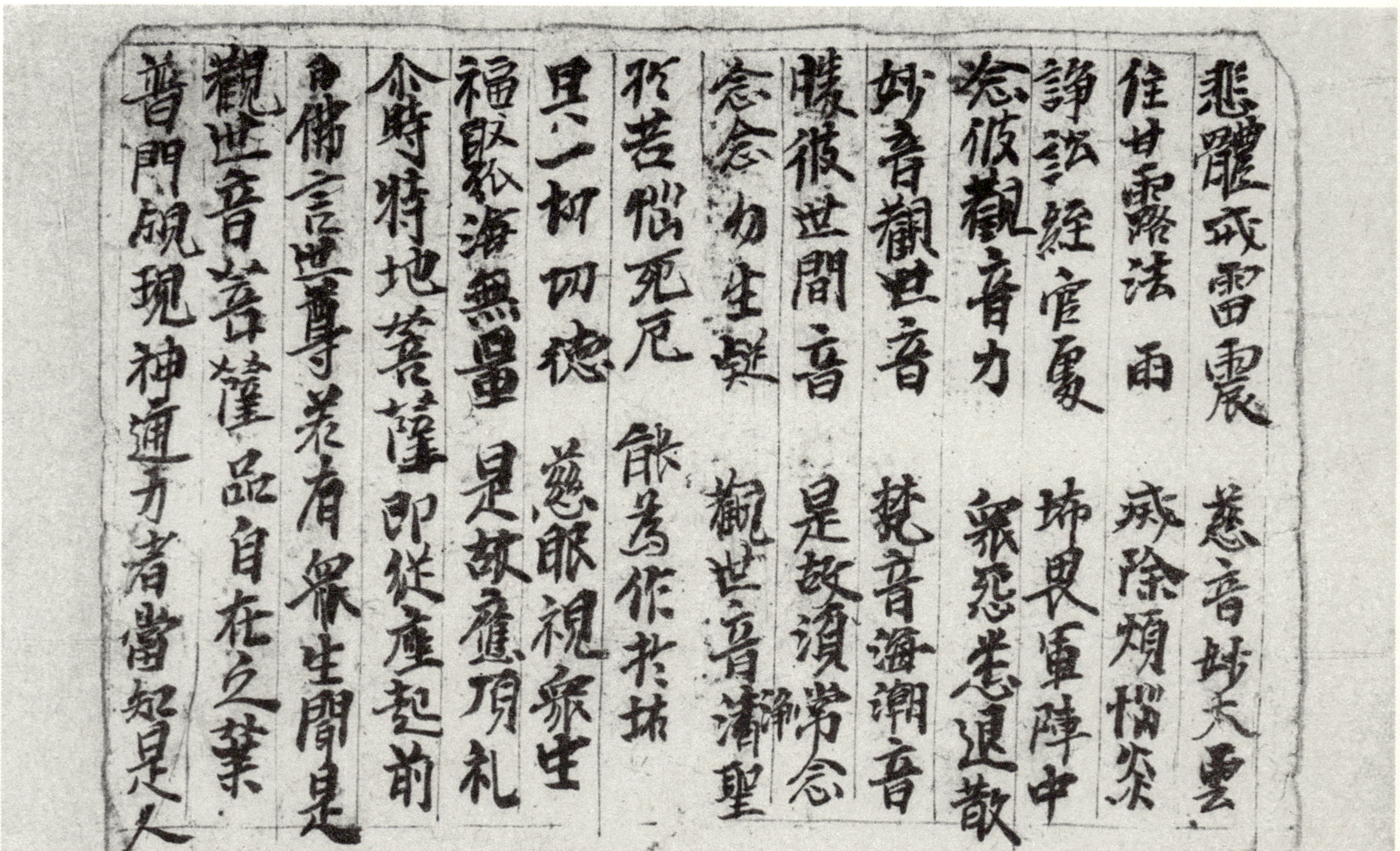
悲體戒雷震　慈音妙大雲
住甘露法雨　滅除煩惱炎
諍訟經官處　怖畏軍陣中
念彼觀音力　眾怨悉退散
妙音觀世音　梵音海潮音
勝彼世間音　是故須常念
念念勿生疑　觀世音淨聖
於苦惱死厄　能為作依怙
具一切功德　慈眼視眾生
福聚海無量　是故應頂禮
爾時持地菩薩　即從座起前
白佛言世尊　若有眾生聞是
觀世音菩薩品自在之業
普門示現神通力者　當知是人

BD15760號　觀世音經　（3–2）

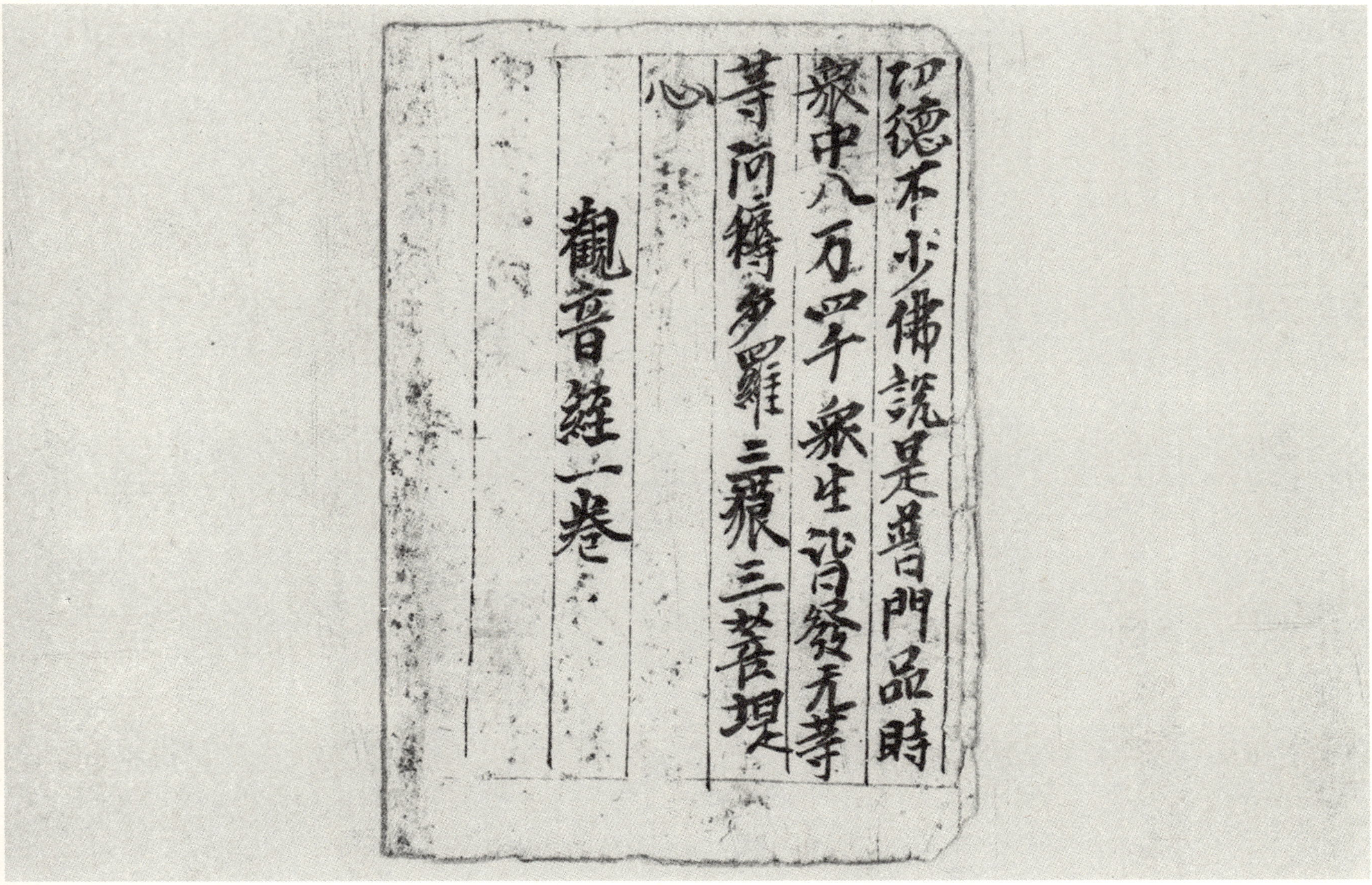

功德不少佛說是普門品時
衆中八万四千衆生皆發无等
等阿耨多羅三藐三菩提
心

觀音經一卷

BD15760號　觀世音經　（3–3）

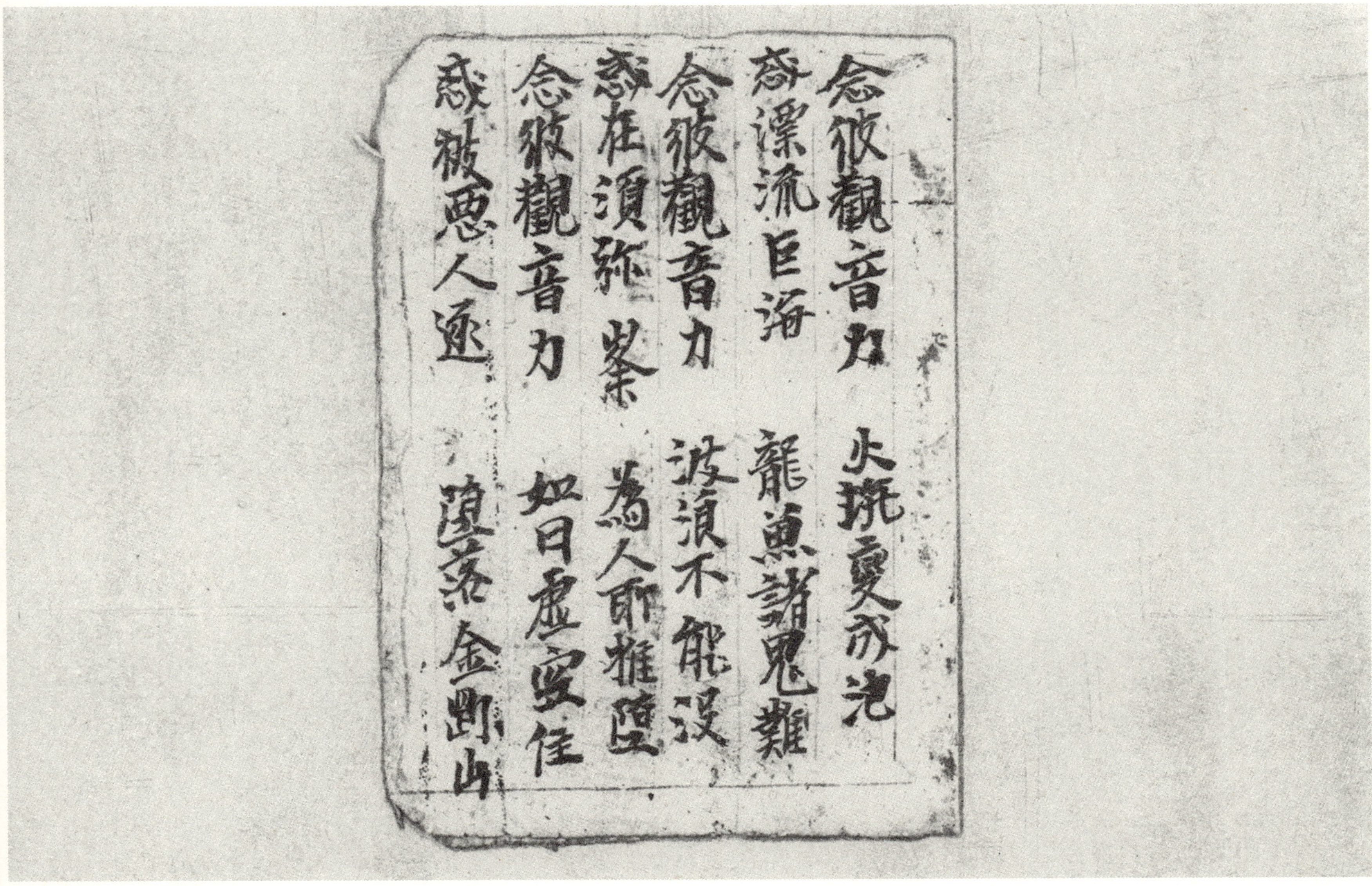

念彼觀音力　火坑變成池
或漂流巨海　龍魚諸鬼難
念彼觀音力　波浪不能沒
或在須弥峯　為人所推墮
念彼觀音力　如日虛空住
或被惡人逐　墮落金剛山

BD15761號　觀世音經　（3–1）

念彼觀音力　不能損一毛
或值怨賊遶　各執刀加害
念彼觀音力　咸即起慈心
或遭王難苦　臨刑欲壽終
念彼觀音力　刀尋段段壞
或囚禁枷鎖　手足被杻械
念彼觀音力　釋然得解脫
呪詛諸毒藥　所欲害身者
念彼觀音力　還著於本人
或遇惡羅刹　毒龍諸鬼等
念彼觀音力　時悉不敢害
若惡獸圍遶　利牙爪可怖
念彼觀音力　疾走無邊方

BD15761 號　觀世音經　（3–2）

蚖蛇及蝮蝎　氣毒煙火燃
念彼觀音力　尋聲自迴去
雲雷鼓掣電　降雹澍大雨
念彼觀音力　應時得消散
衆生被困厄　无量苦逼身
觀音妙智力　能救世間苦
具足神通力　廣修諸方便

BD15761 號　觀世音經　（3–3）

BD15762 號　觀世音經　（3–1）

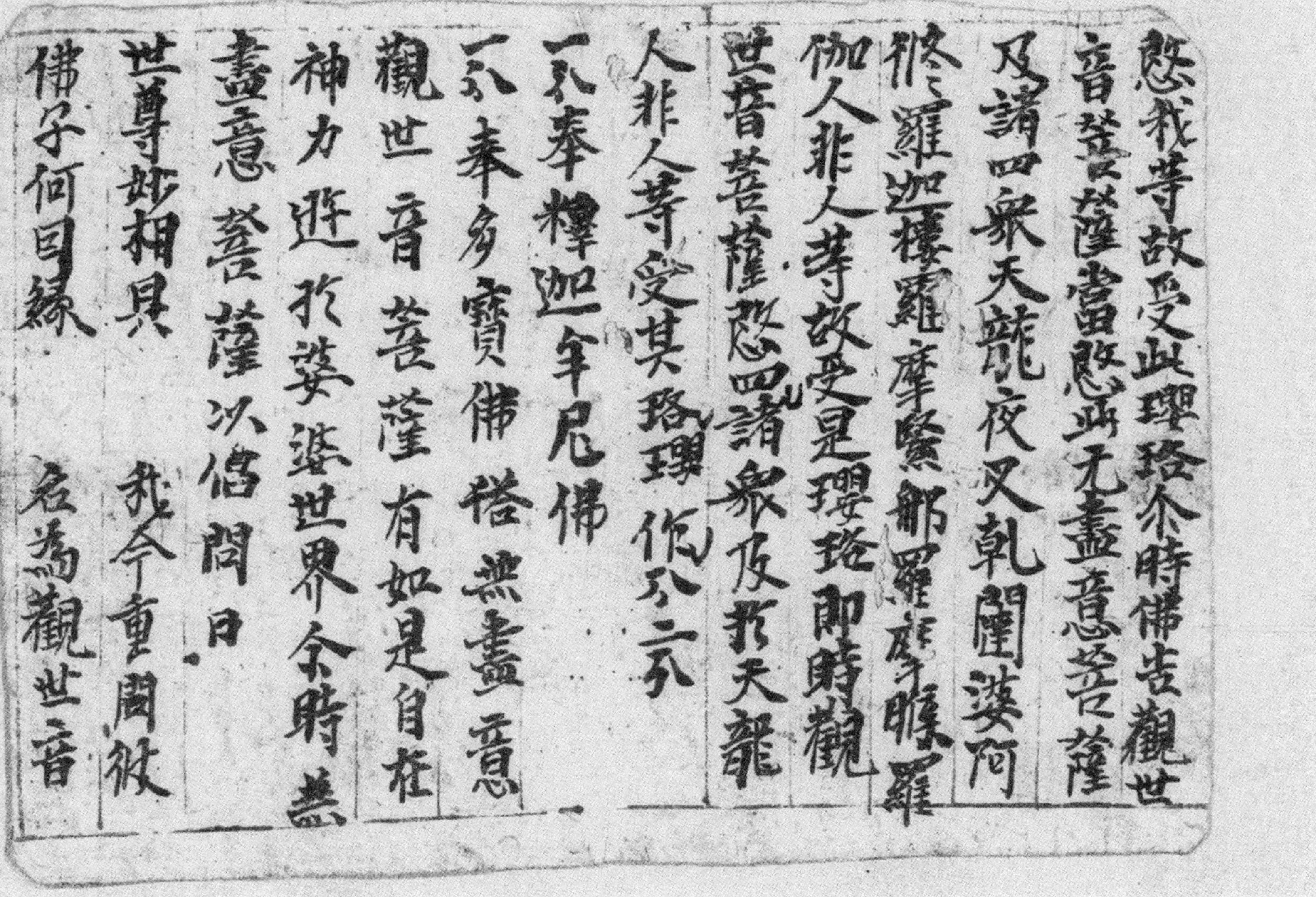

慈我等故受此瓔珞尒時佛告觀世
音菩薩當愍此无盡意菩薩
及諸四衆天龍夜叉乾闥婆阿
脩羅迦樓羅緊那羅摩睺羅
伽人非人等故受是瓔珞即時觀
世音菩薩愍諸四衆及於天龍
人非人等受其瓔珞分作二分
一分奉釋迦牟尼佛
一分奉多寶佛塔無盡意
觀世音菩薩有如是自在
神力遊於娑婆世界尒時無
盡意菩薩以偈問曰
世尊妙相具　我今重問彼
佛子何因緣　名為觀世音

BD15762 號　觀世音經　（3–2）

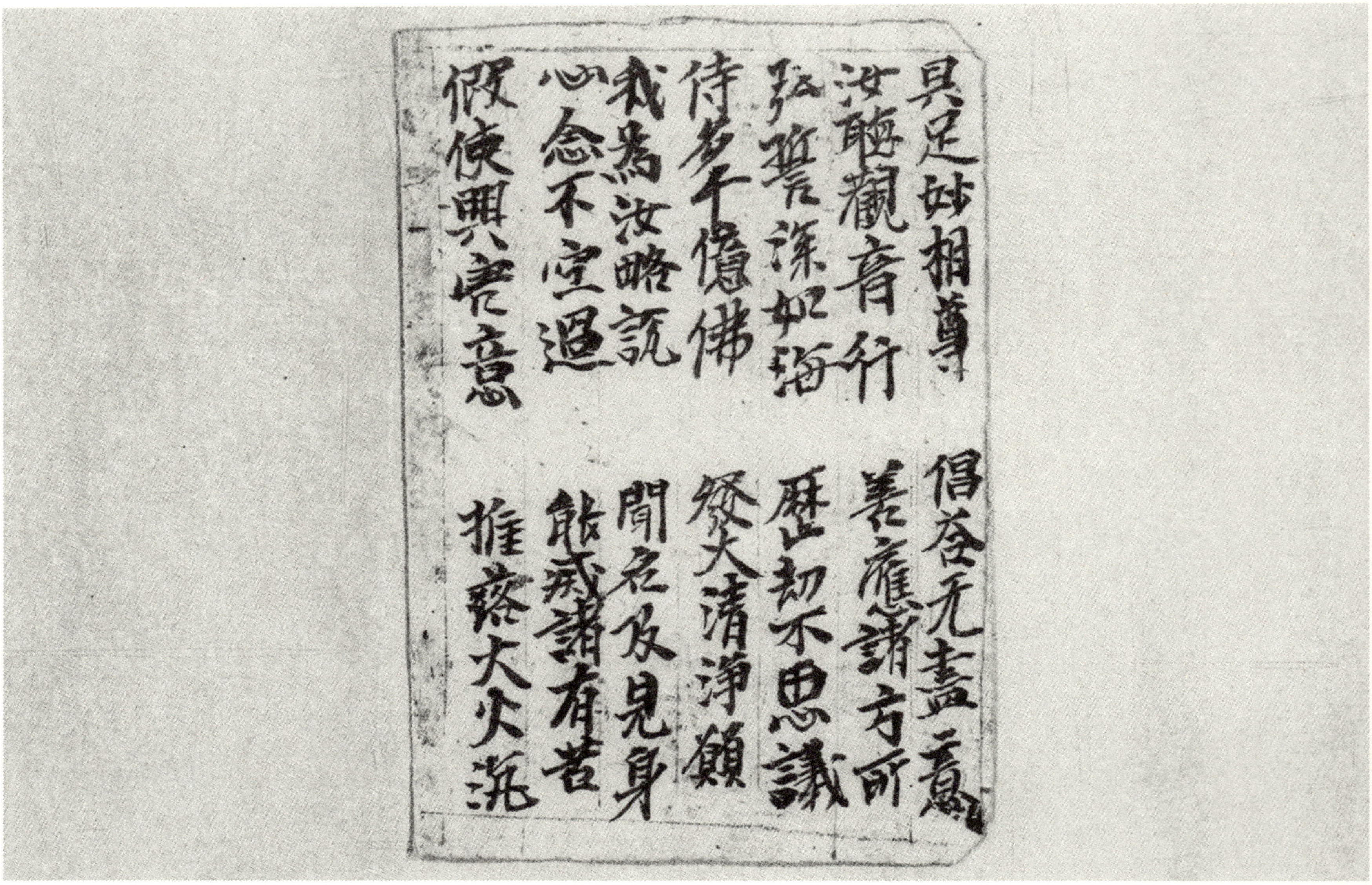

具足妙相尊　偈答无盡意
汝聽觀音行　善應諸方所
弘誓深如海　歷劫不思議
侍多千億佛　發大清淨願
我為汝略說　聞名及見身
心念不空過　能滅諸有苦
假使興害意　推落大火坑

BD15762 號　觀世音經　（3–3）

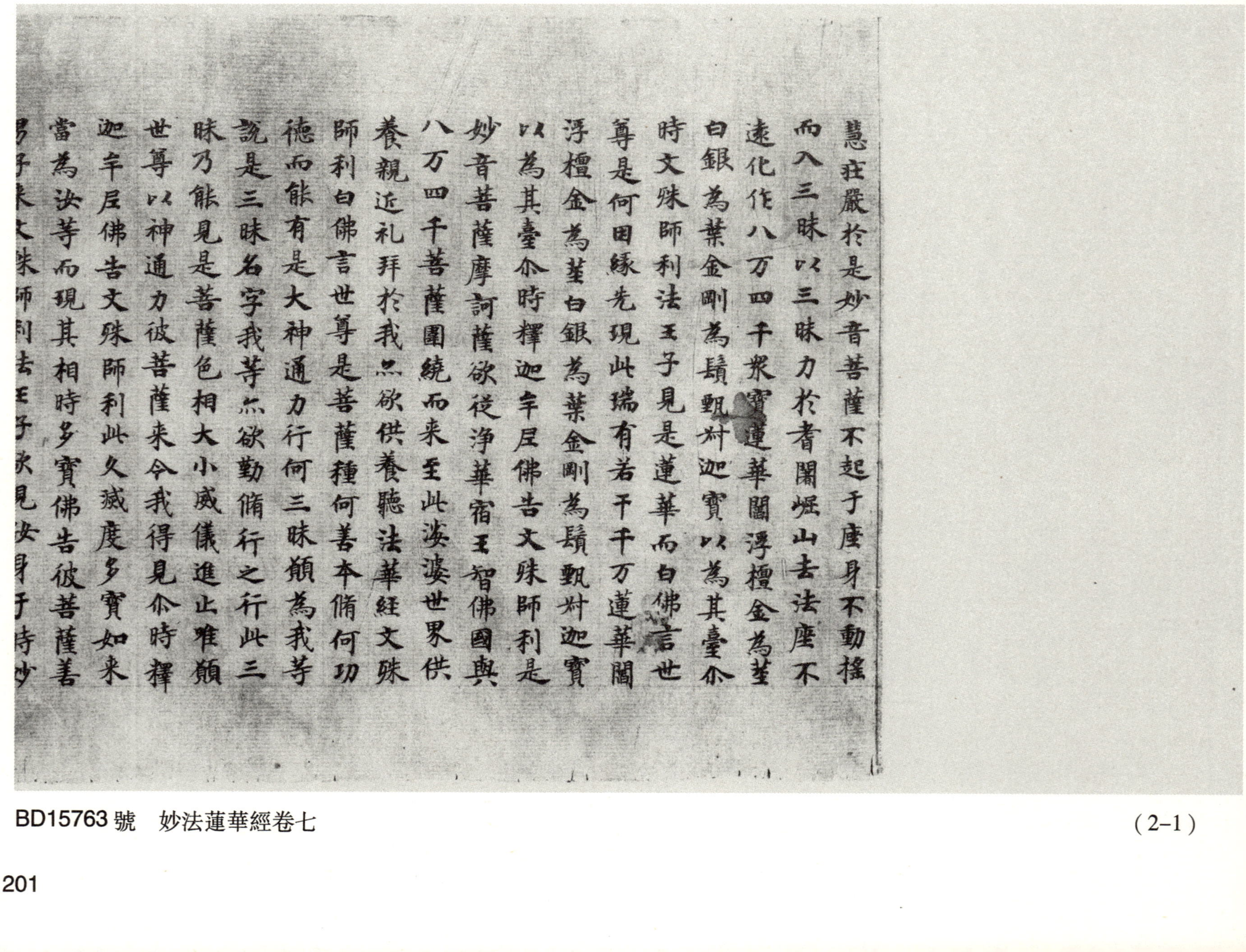

慧莊嚴於是妙音菩薩不起于座身不動搖
而入三昧以三昧力於耆闍崛山去法座不
遠化作八万四千衆寶蓮華閻浮檀金為莖
白銀為葉金剛為鬚甄叔迦寶以為其臺尒
時文殊師利法王子見是蓮華而白佛言世
尊是何因緣先現此瑞有若干千万蓮華閻
浮檀金為莖白銀為葉金剛為鬚甄叔迦寶
以為其臺尒時釋迦牟尼佛告文殊師利是
妙音菩薩摩訶薩欲從淨華宿王智佛國與
八万四千菩薩圍繞而来至此娑婆世界供
養親近礼拜於我亦欲供養聽法華經文殊
師利白佛言世尊是菩薩種何善本脩何功
德而能有是大神通力行何三昧願為我等
說是三昧名字我等亦欲勤脩行之行此三
昧乃能見是菩薩色相大小威儀進止唯願
世尊以神通力彼菩薩来令我得見尒時釋
迦牟尼佛告文殊師利此久滅度多寶如来
當為汝等而現其相時多寶佛告彼菩薩善
男子来文殊師利法王子欲見汝身于時妙

BD15763 號　妙法蓮華經卷七　（2–1）

妙音菩薩摩訶薩欲從淨華宿王智佛國與
八万四千菩薩圍繞而来至此娑婆世界供
養親近礼拜於我亦欲供養聽法華經文殊
師利白佛言世尊是菩薩種何善本脩何功
德而能有是大神通力行何三昧願為我等
說是三昧名字我等亦欲勤脩行之行此三
昧乃能見是菩薩色相大小威儀進止唯願
世尊以神通力彼菩薩来令我得見尒時釋
迦牟尼佛告文殊師利此久滅度多寶如来
當為汝等而現其相時多寶佛告彼菩薩善
男子来文殊師利法王子欲見汝身于時妙
音菩薩於彼國沒與八万四千菩薩俱共發
来所經諸國六種震動皆悉雨於七寶蓮華
百千天樂不鼓自鳴是菩薩目如廣大青蓮
華葉正使和合百千万月其面貌端正復過
於此身真金色无量百千功德莊嚴威德熾
盛光明照曜諸相具足如那羅延堅固之身
入七寶臺上昇虛空去地七多羅樹諸菩薩
衆恭敬圍繞而来詣此娑婆世界耆闍崛山
到已下七寶臺以價直百千瓔珞持至釋迦
牟尼佛所頭面礼足奉上瓔珞而白佛言世
尊淨華宿王智佛問訊世尊少病少惱起
居輕利安樂行不四大調和不世事可忍不衆

BD15763 號　妙法蓮華經卷七　（2–2）

行即往南方无垢世界坐寶蓮華成等正覺
三十二相八十種好普為十方一切衆生演
說妙法尒時娑婆世界菩薩聲聞天龍八部
人與非人皆遙見彼龍女成佛普為時會人
天說法心大歡喜悉遙礼敬无量衆生聞法
解悟得不退轉无量衆生得受道記无垢世
界六反震動娑婆世界三千衆生住不退地
三千衆生發菩提心而得受記智積菩薩及
舍利弗一切衆會嘿然信受

妙法蓮華經勸持品第十三

尒時藥王菩薩摩訶薩及大樂說菩薩摩訶
薩與二万菩薩眷屬俱皆於佛前作是誓言
唯願世尊不以為慮我等於佛滅後當奉持
讀誦說此經典後惡世衆生善根轉少多增
上慢貪利供養增不善根遠離解脫雖難可
教化我等當起大忍力讀誦此經持說書寫
種種供養不惜身命尒時衆中五百阿羅漢

BD15764 號　妙法蓮華經卷四　（2–1）

妙法蓮華經勸持品第十三
尒時藥王菩薩摩訶薩及大樂說菩薩摩訶
薩與二万菩薩眷屬俱皆於佛前作是誓言
唯願世尊不以為慮我等於佛滅後當奉持
讀誦說此經典後惡世衆生善根轉少多增
上慢貪利供養增不善根遠離解脫雖難可
教化我等當起大忍力讀誦此經持說書寫
種種供養不惜身命尒時衆中五百阿羅漢
得受記者白佛言世尊我等亦自誓願於異
國土廣說此經復有學无學八千人得受記
者從座而起合掌向佛作是誓言世尊我等
亦當於他國土廣說此經所以者何是娑婆
國中人多弊惡懷增上慢功德淺薄瞋濁諂
曲心不實故
尒時佛姨母摩訶波闍波提比丘尼與學无
學比丘尼六千人俱從座而起一心合掌瞻
仰尊顏目不暫捨於時世尊告憍曇弥何故
憂色而視如来汝心將无謂我不說汝名得
授阿耨多羅三藐三菩提記耶憍曇弥我先揔

BD15764號　妙法蓮華經卷四　（2–2）

於如来滅後周旋往反十方世界能令衆
生書寫此經受持讀誦解說其義如法脩行
正憶念皆是佛之威力唯願世尊在於他方
遥見守護即時諸菩薩俱同發聲而說偈言
唯願不為慮　於佛滅度後　恐怖惡世中　我等當廣說
有諸无智人　惡口罵詈等　及加刀杖者　我等皆當忍
惡世中比丘　邪智心諂曲　未得謂為得　我慢心充滿
或有阿練若　納衣在空閑　自謂行真道　輕賤人間者
貪著利養故　與白衣說法　為世所恭敬　如六通羅漢
是人懷惡心　常念世俗事　假名阿練若　好出我等過
而作如是言　此諸比丘等　為貪利養故　說外道論議
自作此經典　誑惑世間人　為求名聞故　分別於是經
常在大衆中　欲毀我等故　向國王大臣　婆羅門居士
及餘比丘衆　誹謗說我惡　謂是邪見人　說外道論議
我等敬佛故　悉忍是諸惡　為斯所輕言　汝等皆是佛
如此輕慢言　皆當忍受之
濁劫惡世中　多有諸恐怖　惡鬼入其中　罵詈毀辱我
我等敬信佛　當著忍辱鎧　為說是經故　忍此諸難事

BD15765號　妙法蓮華經卷四　（2–1）

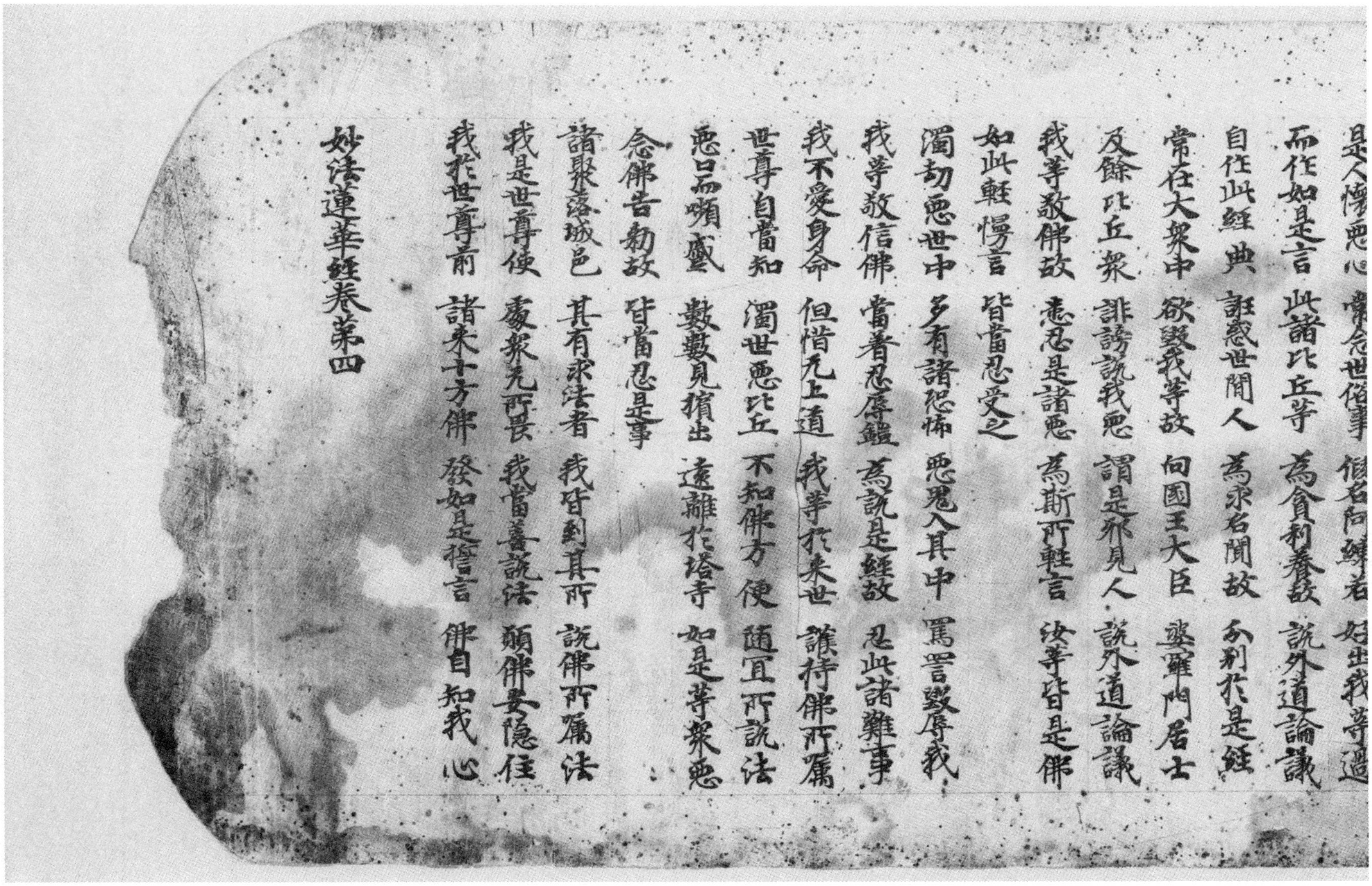

是人懷惡心　常念世俗事　假名阿練若　好出我等過
而作如是言　此諸比丘等　為貪利養故　說外道論議
自作此經典　誑惑世間人　為求名聞故　分別於是經
常在大衆中　欲毀我等故　向國王大臣　婆羅門居士
及餘比丘衆　誹謗說我惡　謂是邪見人　說外道論議
我等敬佛故　悉忍是諸惡　為斯所輕言　汝等皆是佛
如此輕慢言　皆當忍受之
濁劫惡世中　多有諸恐怖　惡鬼入其中　罵詈毀辱我
我等敬信佛　當著忍辱鎧　為說是經故　忍此諸難事
我不愛身命　但惜无上道　我等於來世　護持佛所囑
世尊自當知　濁世惡比丘　不知佛方便　隨宜所說法
惡口而顰蹙　數數見擯出　遠離於塔寺　如是等衆惡
念佛告勅故　皆當忍是事
諸聚落城邑　其有求法者　我皆到其所　說佛所囑法
我是世尊使　處衆无所畏　我當善說法　願佛安隱住
我於世尊前　諸來十方佛　發如是誓言　佛自知我心

妙法蓮華經卷第四

BD15765 號　妙法蓮華經卷四　（2–2）

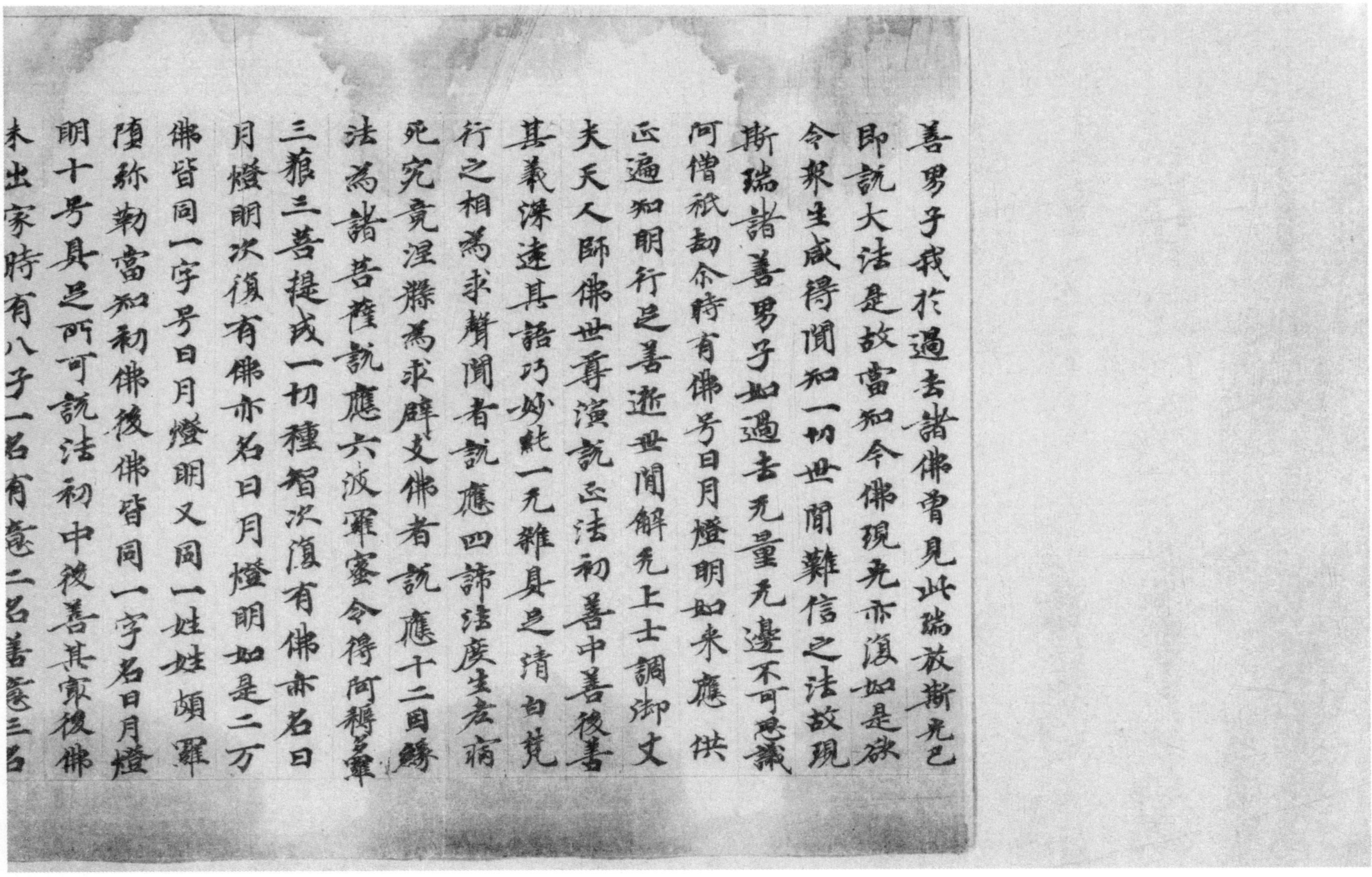

善男子我於過去諸佛曾見此瑞放斯光已
即說大法是故當知今佛現光亦復如是欲
令衆生咸得聞知一切世間難信之法故現
斯瑞諸善男子如過去无量无邊不可思議
阿僧祇劫尒時有佛号日月燈明如來應供
正遍知明行足善逝世間解无上士調御丈
夫天人師佛世尊演說正法初善中善後善
其義深遠其語巧妙純一无雜具足清白梵
行之相為求聲聞者說應四諦法度生老病
死究竟涅槃為求辟支佛者說應十二因緣
法為諸菩薩說應六波羅蜜令得阿耨多羅
三藐三菩提成一切種智次復有佛亦名日
月燈明次復有佛亦名日月燈明如是二万
佛皆同一字号日月燈明又同一姓姓頗羅
墮弥勒當知初佛後佛皆同一字名日月燈
明十号具足所可說法初中後善其最後佛
未出家時有八子一名有意二名善意三名

BD15766 號　妙法蓮華經卷一　（2–1）

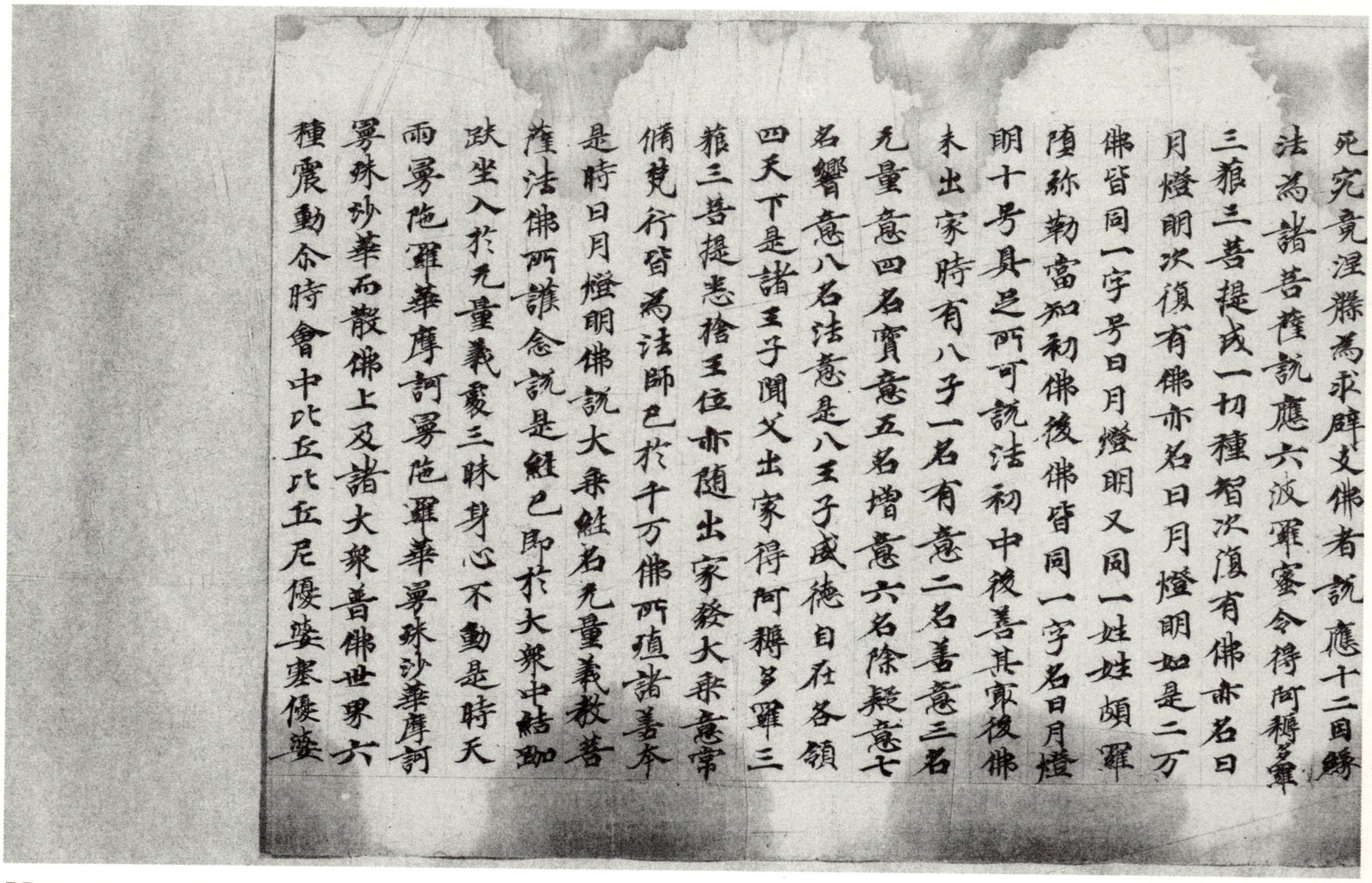
死究竟涅槃為求辟支佛者說應十二因緣
法為諸菩薩說應六波羅蜜令得阿耨多羅
三藐三菩提成一切種智次復有佛亦名日
月燈明次復有佛亦名日月燈明如是二万
佛皆同一字号日月燈明又同一姓姓頗羅
墮弥勒當知初佛後佛皆同一字名日月燈
明十号具足所可說法初中後善其最後佛
未出家時有八子一名有意二名善意三名
无量意四名寶意五名增意六名除疑意七
名響意八名法意是八王子威德自在各領
四天下是諸王子聞父出家得阿耨多羅三
藐三菩提悉捨王位亦隨出家發大乘意常
脩梵行皆為法師已於千万佛所殖諸善本
是時日月燈明佛說大乘經名无量義教菩
薩法佛所護念說是經已即於大衆中結加
趺坐入於无量義處三昧身心不動是時天
雨曼陁羅華摩訶曼陁羅華曼殊沙華摩訶
曼殊沙華而散佛上及諸大衆普佛世界六
種震動尒時會中比丘比丘尼優婆塞優婆

BD15766 號　妙法蓮華經卷一　（2–2）

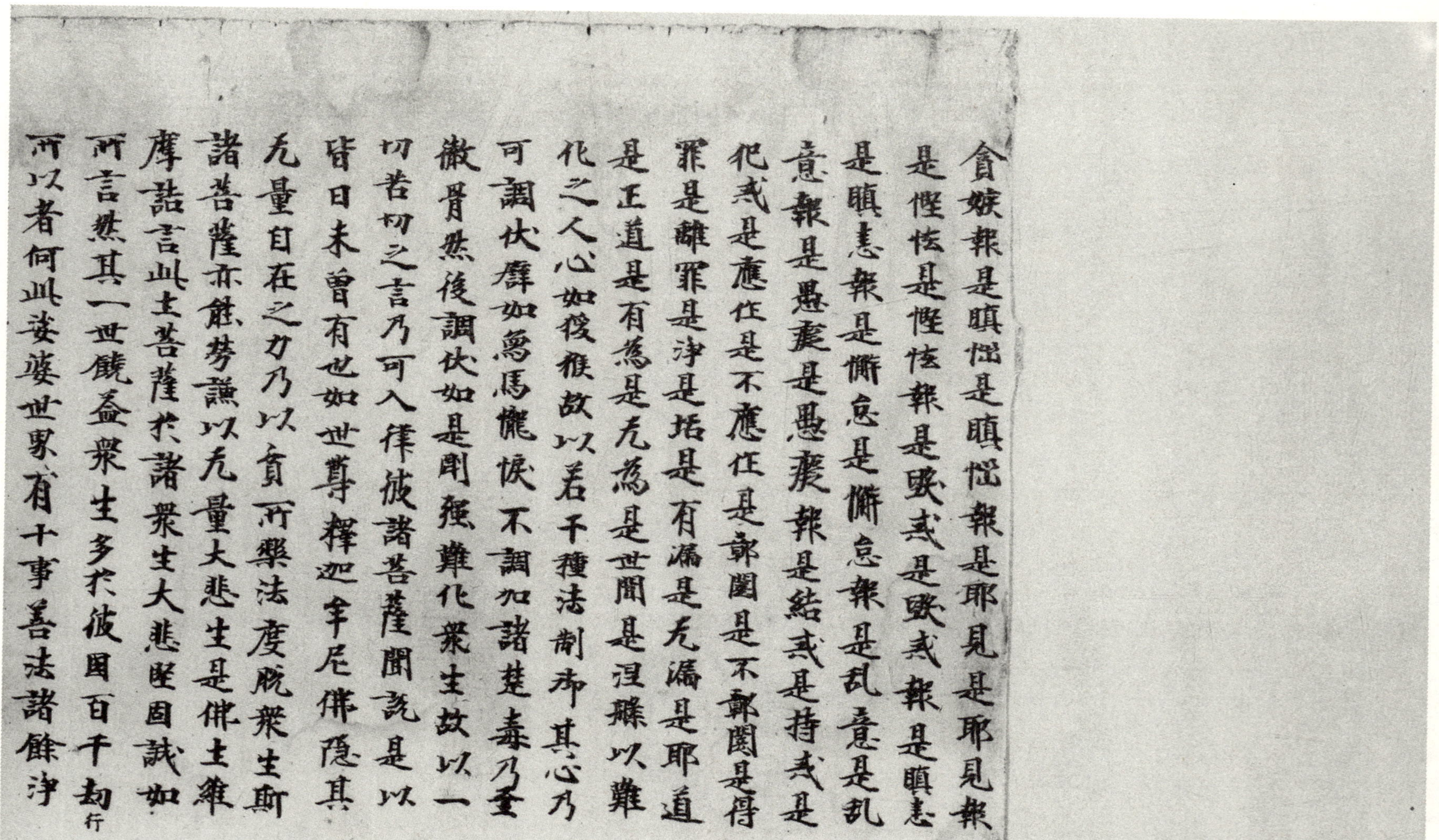
貪嫉報是瞋惱是瞋惱報是邪見是邪見報
是慳悋是慳悋報是毀戒是毀戒報是瞋恚
是瞋恚報是懈怠是懈怠報是乱意是乱
意報是愚癡是愚癡報是結戒是持戒是
犯戒是應作是不應作是鄣閡是不鄣閡是得
罪是離罪是淨是垢是有漏是无漏是邪道
是正道是有為是无為是世間是涅槃以難
化之人心如猨猴故以若干種法制御其心乃
可調伏譬如象馬𢤱悷不調加諸楚毒乃至
徹骨然後調伏如是剛強難化衆生故以一
切苦切之言乃可入律彼諸菩薩聞說是以
皆曰未曾有也如世尊釋迦牟尼佛隱其
无量自在之力乃以貧所樂法度脫衆生斯
諸菩薩亦能勞謙以无量大悲生是佛土維
摩詰言此土菩薩於諸衆生大悲堅固誠如
所言然其一世饒益衆生多於彼国百千劫行
所以者何此娑婆世界有十事善法諸餘淨

BD15767 號　維摩詰所說經卷下　（2–1）

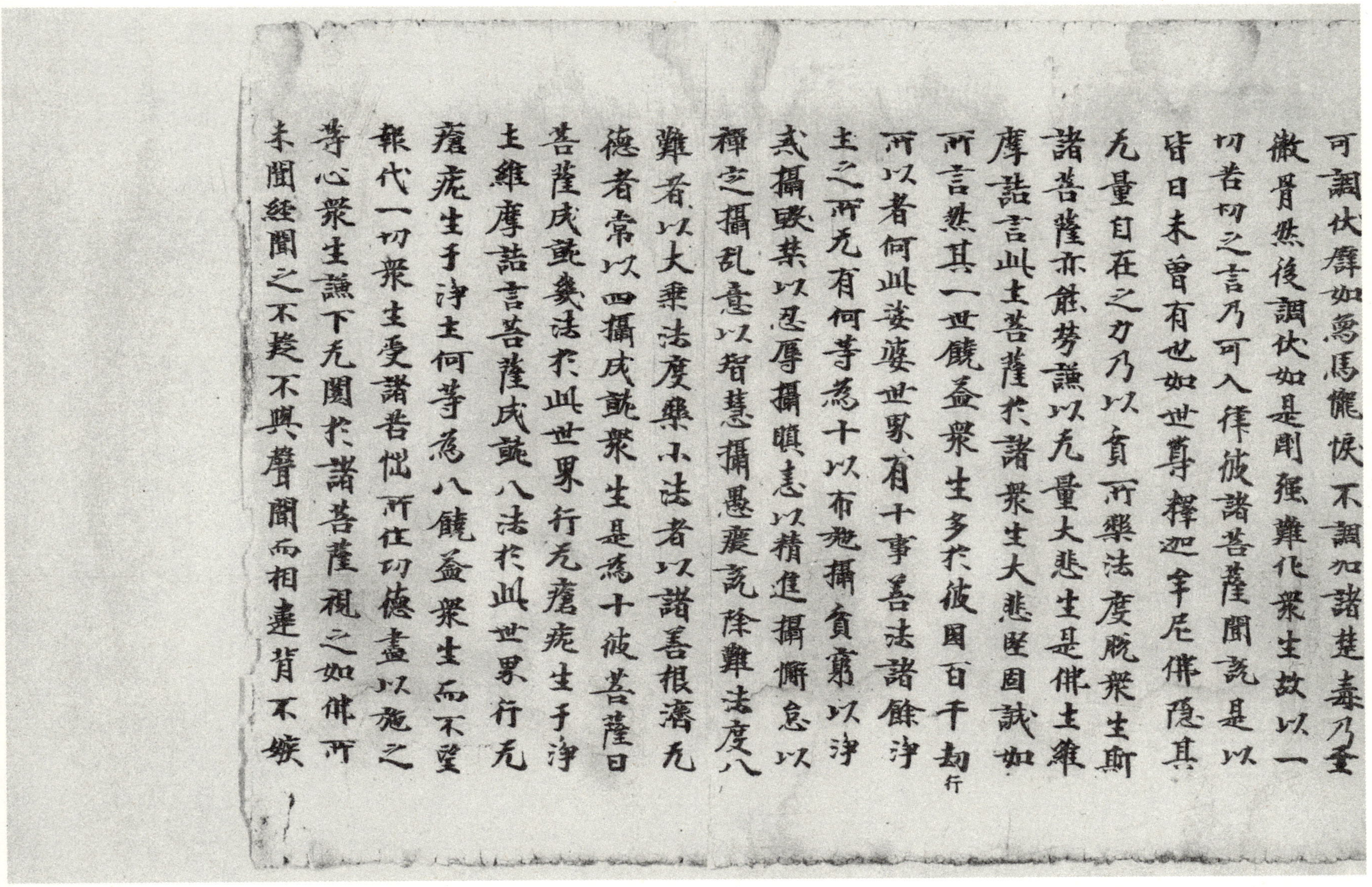
可調伏譬如象馬儱悷不調加諸楚毒乃至
徹骨然後調伏如是剛强難化衆生故以一
切苦切之言乃可入律彼諸菩薩聞說是以
皆曰未曾有也如世尊釋迦牟尼佛隱其
无量自在之力乃以貧所樂法度脫衆生斯
諸菩薩亦能勞謙以无量大悲生是佛土維
摩詰言此土菩薩於諸衆生大悲堅固誠如
所言然其一世饒益衆生多於彼國百千劫行
所以者何此娑婆世界有十事善法諸餘淨
土之所无有何等為十以布施攝貧窮以淨
戒攝毀禁以忍辱攝瞋恚以精進攝懈怠以
禪定攝亂意以智慧攝愚癡說除難法度八
難者以大乘法度樂小法者以諸善根濟无
德者常以四攝成就衆生是為十彼菩薩曰
菩薩成就幾法於此世界行无瘡疣生于淨
土維摩詰言菩薩成就八法於此世界行无
瘡疣生于淨土何等為八饒益衆生而不望
報代一切衆生受諸苦惱所作功德盡以施之
等心衆生謙下无閡於諸菩薩視之如佛所
未聞經聞之不疑不與聲聞而相違背不嫉

BD15767 號　維摩詰所說經卷下　（2–2）

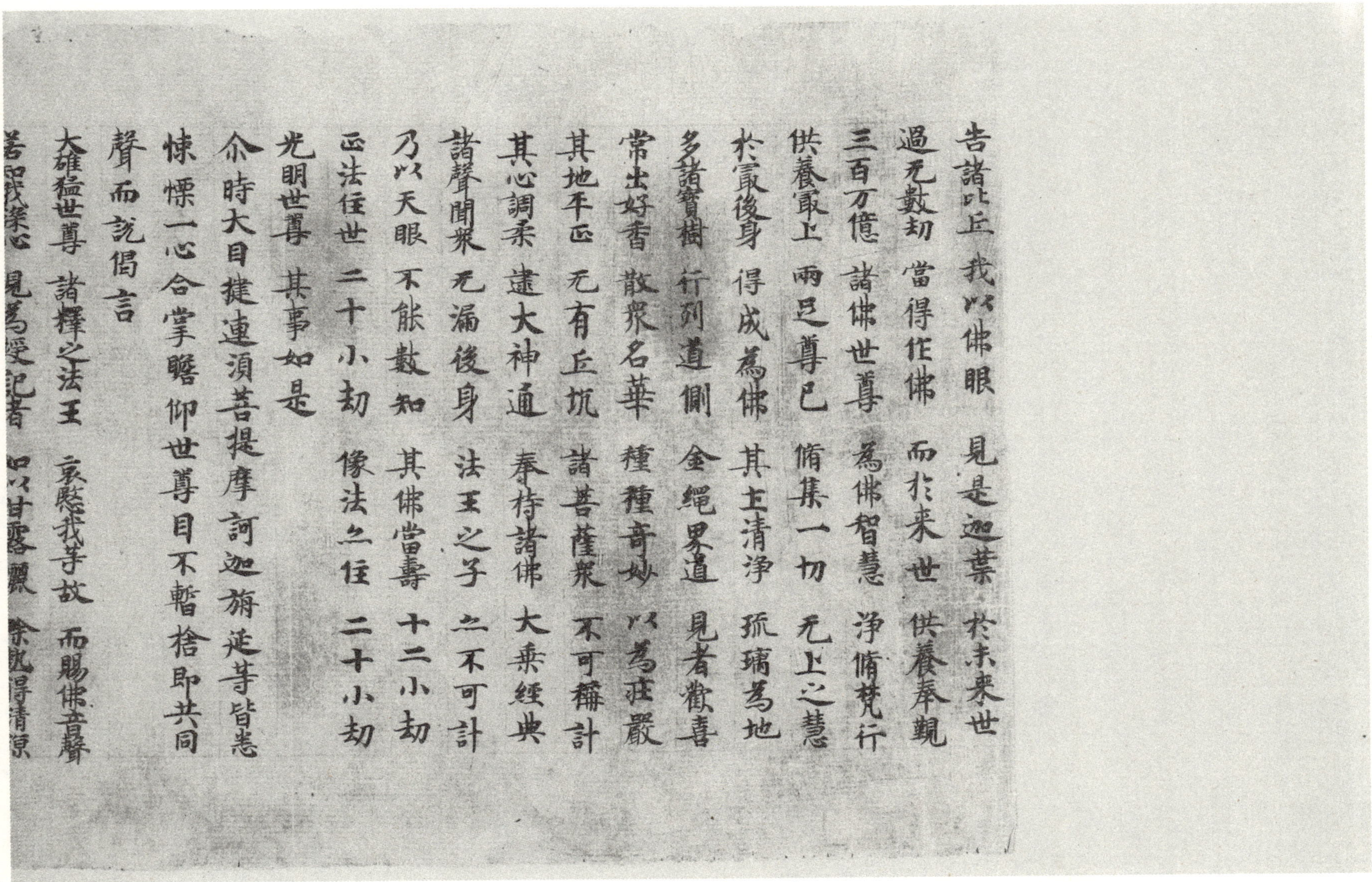
告諸比丘　我以佛眼　見是迦葉　於未來世
過无數劫　當得作佛　而於來世　供養奉覲
三百万億　諸佛世尊　為佛智慧　淨修梵行
供養最上　兩足尊已　脩集一切　无上之慧
於最後身　得成為佛　其土清淨　琉璃為地
多諸寶樹　行列道側　金繩界道　見者歡喜
常出好香　散衆名華　種種奇妙　以為莊嚴
其地平正　无有丘坑　諸菩薩衆　不可稱計
其心調柔　逮大神通　奉持諸佛　大乘經典
諸聲聞衆　无漏後身　法王之子　亦不可計
乃以天眼　不能數知　其佛當壽　十二小劫
正法住世　二十小劫　像法亦住　二十小劫
光明世尊　其事如是
尒時大目揵連須菩提摩訶迦旃延等皆悉
悚慄一心合掌瞻仰世尊目不暫捨即共同
聲而說偈言
大雄猛世尊　諸釋之法王　哀愍我等故　而賜佛音聲
若知我深心　見為授記者　如以甘露灑　除熱得清涼

BD15768 號　妙法蓮華經卷三　（3–1）

光明世尊 其事如是
尒時大目揵連須菩提摩訶迦旃延等皆悉
悚慄一心合掌瞻仰世尊目不暫捨即共同
聲而說偈言
大雄猛世尊 諸釋之法王 哀愍我等故 而賜佛音聲
若知我深心 見為授記者 如以甘露灑 除熱得清涼
如從飢國來 忽遇大王饍 心猶懷疑懼 未敢即便食
若復得教 然後乃敢食 我等亦如是 每惟小乘過
不知當云何 得佛无上慧 雖聞佛音聲 言我等作佛
心尚懷憂懼 如未敢便食 若蒙佛授記 尒乃快安樂
大雄猛世尊 常欲安世間 願賜我等記 如飢須教食
尒時世尊知諸大弟子心之所念告諸比丘
是須菩提於當來世奉覲三百万億那由他
佛供養恭敬尊重讚歎常脩梵行具菩薩道
於冣後身得成為佛号曰名相如來應供正
遍知明行足善逝世間解无上士調御丈夫
天人師佛世尊劫名有寶國名寶生其土平
正頗梨為地寶樹莊嚴无諸丘坑砂礫荊蕀
便利之穢寶華覆地周遍清淨其土人民皆
處寶臺珎妙樓閣聲聞弟子无量无邊筭數
譬喻所不能知諸菩薩衆无數千万億那由
他佛壽十二小劫正法住世廿小劫像法亦
住廿小劫其佛常處虛空為衆說法度脫无
量菩薩及聲聞衆尒時世尊欲重宣此義而

BD15768號 妙法蓮華經卷三 （3–2）

不知當云何 得佛无上慧 雖聞佛音聲 言我等作佛
心尚懷憂懼 如未敢便食 若蒙佛授記 尒乃快安樂
大雄猛世尊 常欲安世間 願賜我等記 如飢須教食
尒時世尊知諸大弟子心之所念告諸比丘
是須菩提於當來世奉覲三百万億那由他
佛供養恭敬尊重讚歎常脩梵行具菩薩道
於冣後身得成為佛号曰名相如來應供正
遍知明行足善逝世間解无上士調御丈夫
天人師佛世尊劫名有寶國名寶生其土平
正頗梨為地寶樹莊嚴无諸丘坑砂礫荊蕀
便利之穢寶華覆地周遍清淨其土人民皆
處寶臺珎妙樓閣聲聞弟子无量无邊筭數
譬喻所不能知諸菩薩衆无數千万億那由
他佛壽十二小劫正法住世廿小劫像法亦
住廿小劫其佛常處虛空為衆說法度脫无
量菩薩及聲聞衆尒時世尊欲重宣此義而
說偈言

BD15768號 妙法蓮華經卷三 （3–3）

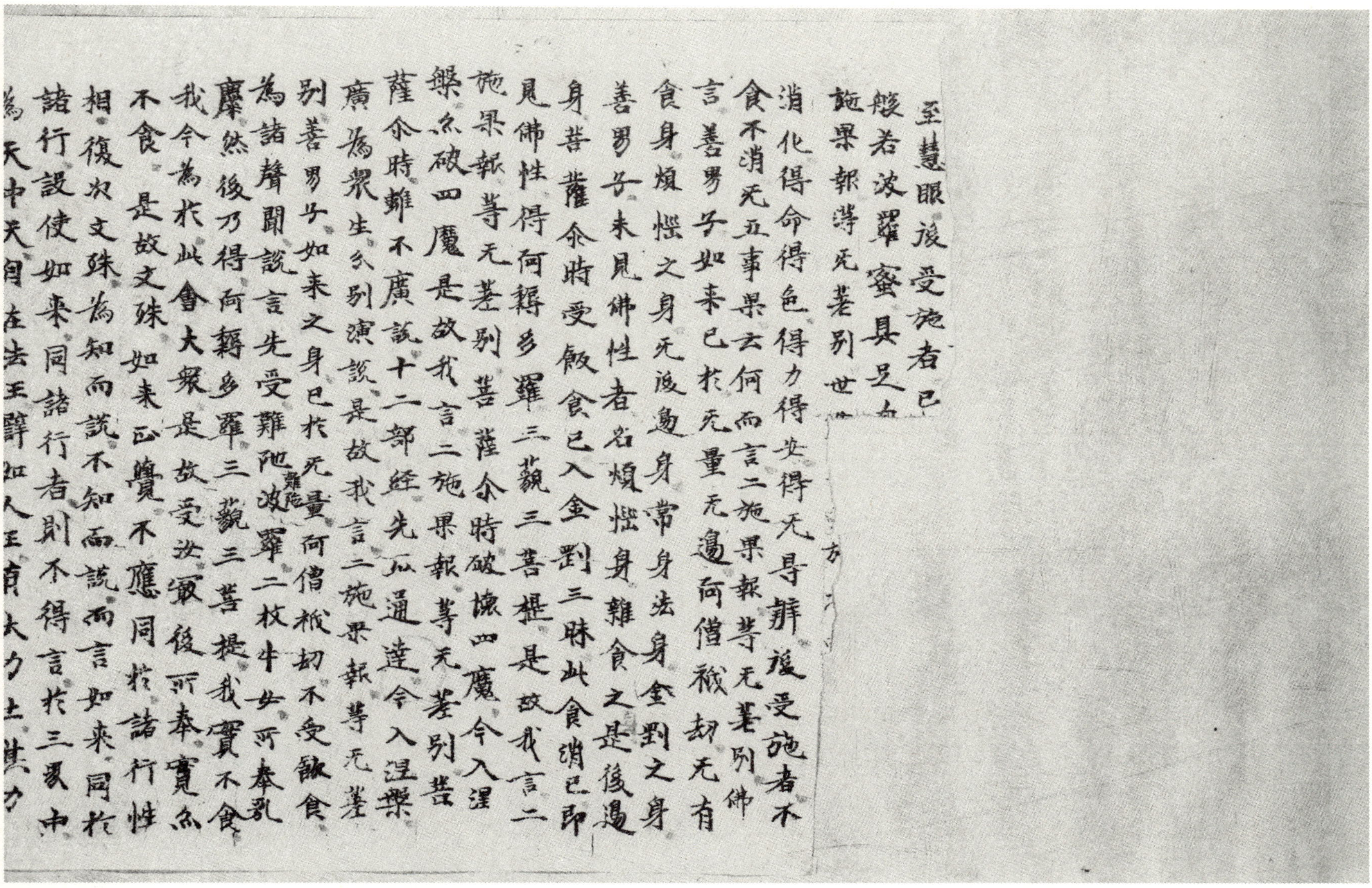
至慧眼後受施者已
般若波羅蜜具足如
施果報等无差別世
消化得命得色得力得安得无㝵辯後受施者不
食不消无五事果云何而言二施果報等无差別佛
言善男子如来已於无量无邊阿僧祇劫无有
食身煩惱之身无後邊身常身法身金剛之身
善男子未見佛性者名煩惱身雜食之身是後邊
身菩薩尒時受飲食已入金剛三昧此食消已即
見佛性得阿耨多羅三藐三菩提是故我言二
施果報等无差別菩薩尒時破壞四魔今入涅
槃亦破四魔是故我言二施果報等无差別菩
薩尒時雖不廣說十二部經先已通達今入涅槃
廣為衆生分別演說是故我言二施果報等无差
別善男子如来之身已於无量阿僧祇劫不受飲食
為諸聲聞說言先受難陁波羅二牧牛女所奉乳
糜然後乃得阿耨多羅三藐三菩提我實不食
我今為於此會大衆是故受汝最後所奉實亦
不食 是故文殊如来正覺不應同於諸行性
相復次文殊為知而說不知而說而言如来同於
諸行設使如来同諸行者則不得言於三界中
為天中天自在法王譬如人王有大力士其力

BD15769號　大般涅槃經（北本）卷二鈔（擬）　（2–1）

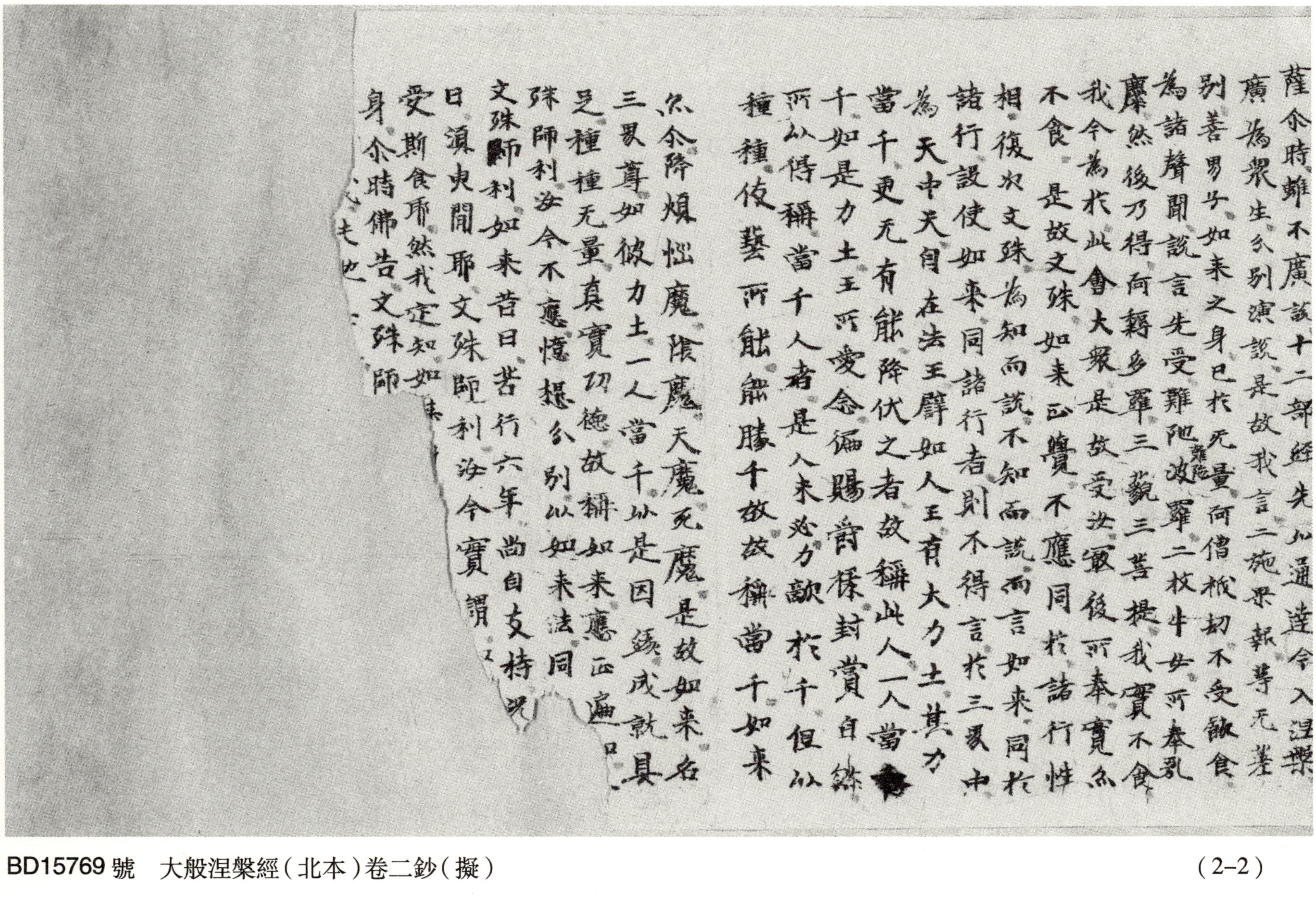
薩尒時雖不廣說十二部經先已通達今入涅槃
廣為衆生分別演說是故我言二施果報等无差
別善男子如来之身已於无量阿僧祇劫不受飲食
為諸聲聞說言先受難陁波羅二牧牛女所奉乳
糜然後乃得阿耨多羅三藐三菩提我實不食
我今為於此會大衆是故受汝最後所奉實亦
不食 是故文殊如来正覺不應同於諸行性
相復次文殊為知而說不知而說而言如来同於
諸行設使如来同諸行者則不得言於三界中
為天中天自在法王譬如人王有大力士其力
當千更无有能降伏之者故稱此人一人當
千如是力士王所愛念偏賜爵祿封賞自然
所以得稱當千人者是人未必力敵於千但以
種種伎藝所能勝千故故稱當千如来
亦尒降煩惱魔陰魔天魔死魔是故如来名
三界尊如彼力士一人當千以是因緣成就具
足種種无量真實功德故稱如来應正遍知
殊師利汝今不應憶想分別以如来法同
文殊師利如来昔日苦行六年尚自支持況
日須臾間耶文殊師利汝今實謂
受斯食耶然我定知如
身尒時佛告文殊師利

BD15769號　大般涅槃經（北本）卷二鈔（擬）　（2–2）

……衆
□十方衆　來朝於此處　彼諸上人等　清淨脩梵行
彼諸如來等　亦各同名号　見佛清淨刹　自在神通力
一切見如來　人中最道場　又復見世尊　處此夜摩宮
一切諸世間　莫能思議佛　隨彼衆生願　一切皆悉見
衆生見如來　无量自在力　離世大仙人　功德藏无盡
遊行十方衆　一切无能等　一身為无量　无量身亦
功德甚深妙　一切莫能測　无著无所依　清淨
尒時慧林菩薩承佛神力普觀十方以偈頌
曰
不可思議劫　天人師難值　離垢諸大人　此會之難遇
皆悉一切智　慧光靡不照　演說深妙法　饒益於衆生
一切諸世間　常為處冥弊　如來世燈明　皆悉能除滅
施戒忍精進　禪定三昧藏　脩習深妙智　普照於一切
如來无與等　何況有勝者　顛倒取諸法　是故不見佛
自在神通力　无量難思議　无來亦无去　諸法度衆生
若有得聞見　清淨天人師　永出諸惡道　遠離一切苦
无量无數劫　脩習求菩提　要成等正覺　廣度諸羣生
不可思議劫　供養无量佛　若能解是義　功德勝於彼
雖施无量刹　滿中諸珎寶　不能解此義　終不成正覺
尒時勝林菩薩承佛神力普觀十方以偈頌曰

BD15770號　大方廣佛華嚴經（晉譯）卷一〇　（2–1）

不可思議劫　天人師難值　離垢諸大人　此會之難遇
皆悉一切智　慧光靡不照　演說深妙法　饒益於衆生
一切諸世間　常為處冥弊　如來世燈明　皆悉能除滅
施戒忍精進　禪定三昧藏　脩習深妙智　普照於一切
如來无與等　何況有勝者　顛倒取諸法　是故不見佛
自在神通力　无量難思議　无來亦无去　諸法度衆生
若有得聞見　清淨天人師　永出諸惡道　遠離一切苦
无量无數劫　脩習求菩提　要成等正覺　廣度諸羣生
不可思議劫　供養无量佛　若能解是義　功德勝於彼
雖施无量刹　滿中諸珎寶　不能解此義　終不成正覺
尒時勝林菩薩承佛神力普觀十方以偈頌曰
猶如春後月　虛空无雲曀　日曜清淨光　一切无不照
光明无限量　世間无能數　有眼尚不知　何況盲冥者
如來亦如是　功德光无量　无量无數劫　莫能分別知
光明无來處　去亦无所至　不生亦不滅　空寂无所有
未來一切法　悉无有來者　无生无現在　是故无過去
一切法无生　亦復无有滅　若能如是解　斯人覩如來
諸法无生故　當知无所有　如是分別知　此人達深義
諸法无自性　一切无能知　若能如是解　是則无所解
所言有生者　當知由所生　解彼真實性　是則无疑惑
一切諸所有　正觀亦如是　菩薩如是觀　具足一切智
尒時无畏林菩薩承佛神力普觀十方以偈
頌曰

BD15770號　大方廣佛華嚴經（晉譯）卷一〇　（2–2）

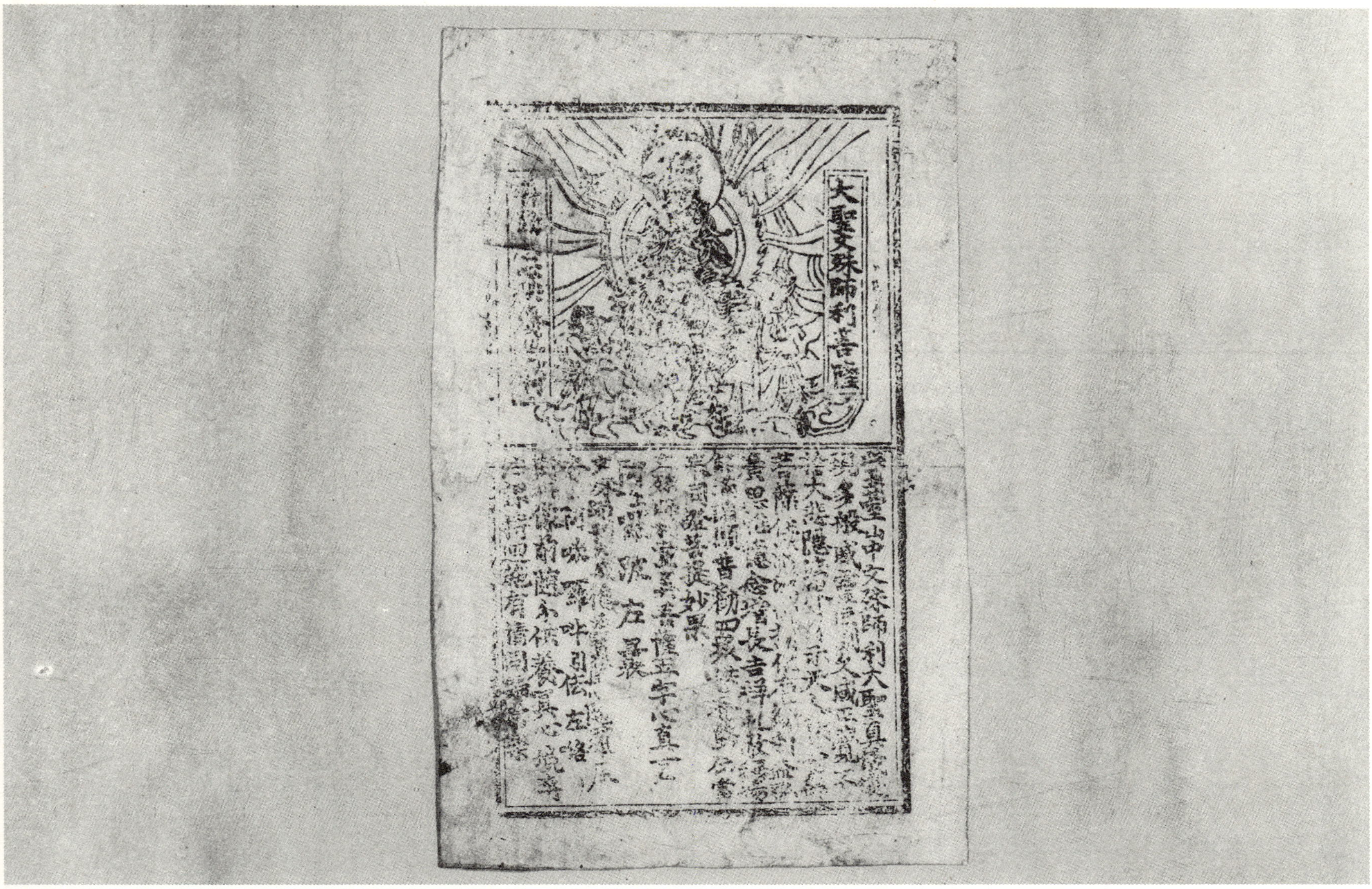

BD15771 號　木刻文殊師利菩薩像（擬）　（1–1）

BD15772 號 A　畫馬殘片五塊（擬）　（2–1）

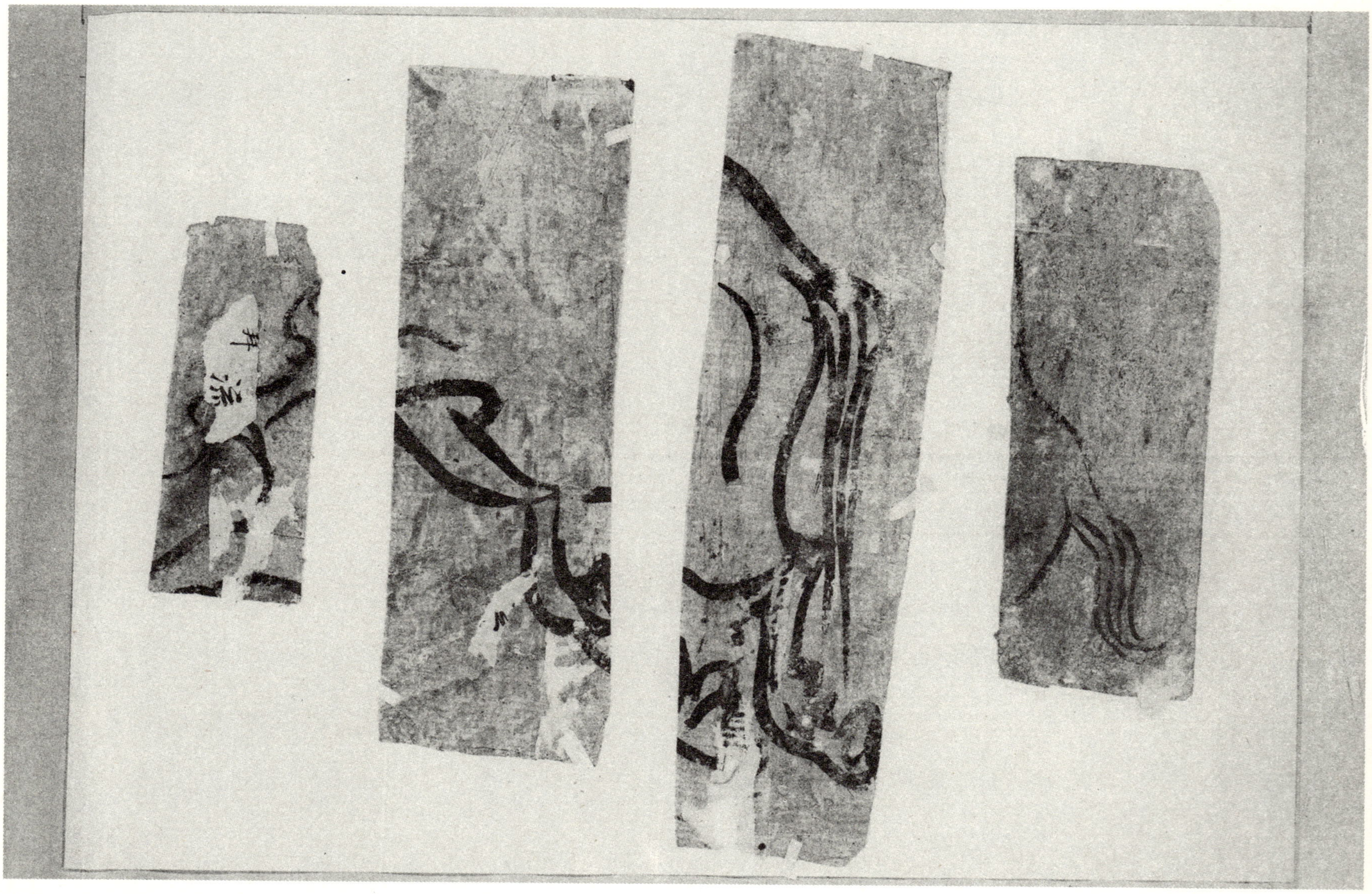

BD15772 號 B　畫馬殘片四塊（擬）　　（2–2）

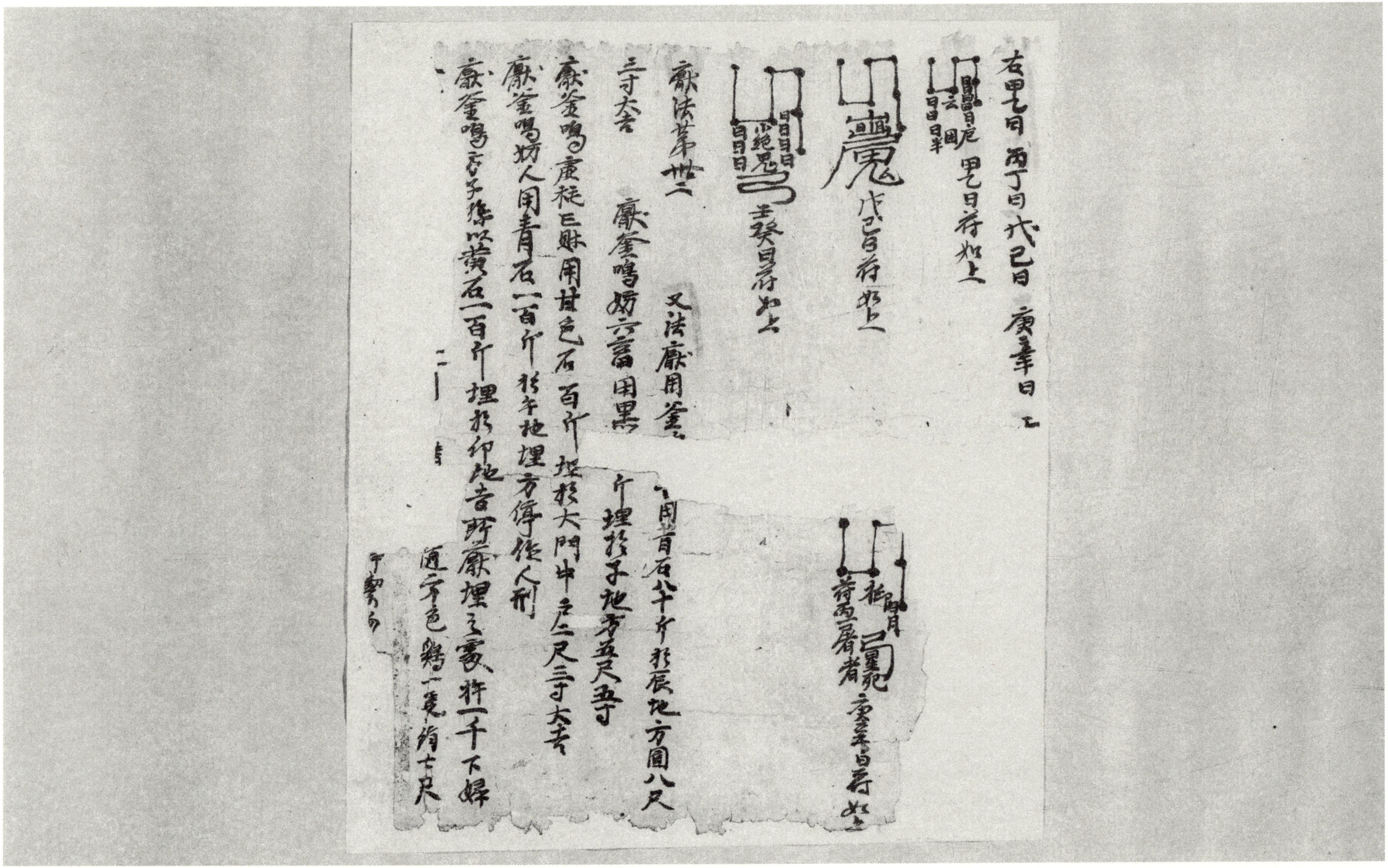
右甲乙日　丙丁日　戊己日　庚辛日　上
甲乙日符如上
戊己日符如上
壬癸日符如上
庚辛日符如上
厭法第卅二
又法厭用釜鳴用青石八十斤於辰地方圓八尺
三寸大吉
厭釜鳴妨六畜用黑[illegible]斤埋於子地方五尺五寸
厭釜鳴虛耗亡財用甘色石百斤埋於大門中丘二尺三寸大吉
厭釜鳴妨人用青石一百斤於午地埋方停作人利
厭釜鳴吉子孫以黃石一百斤埋於卯地音所厭埋之處杵一千下婦
道家色雞一隻絹七尺

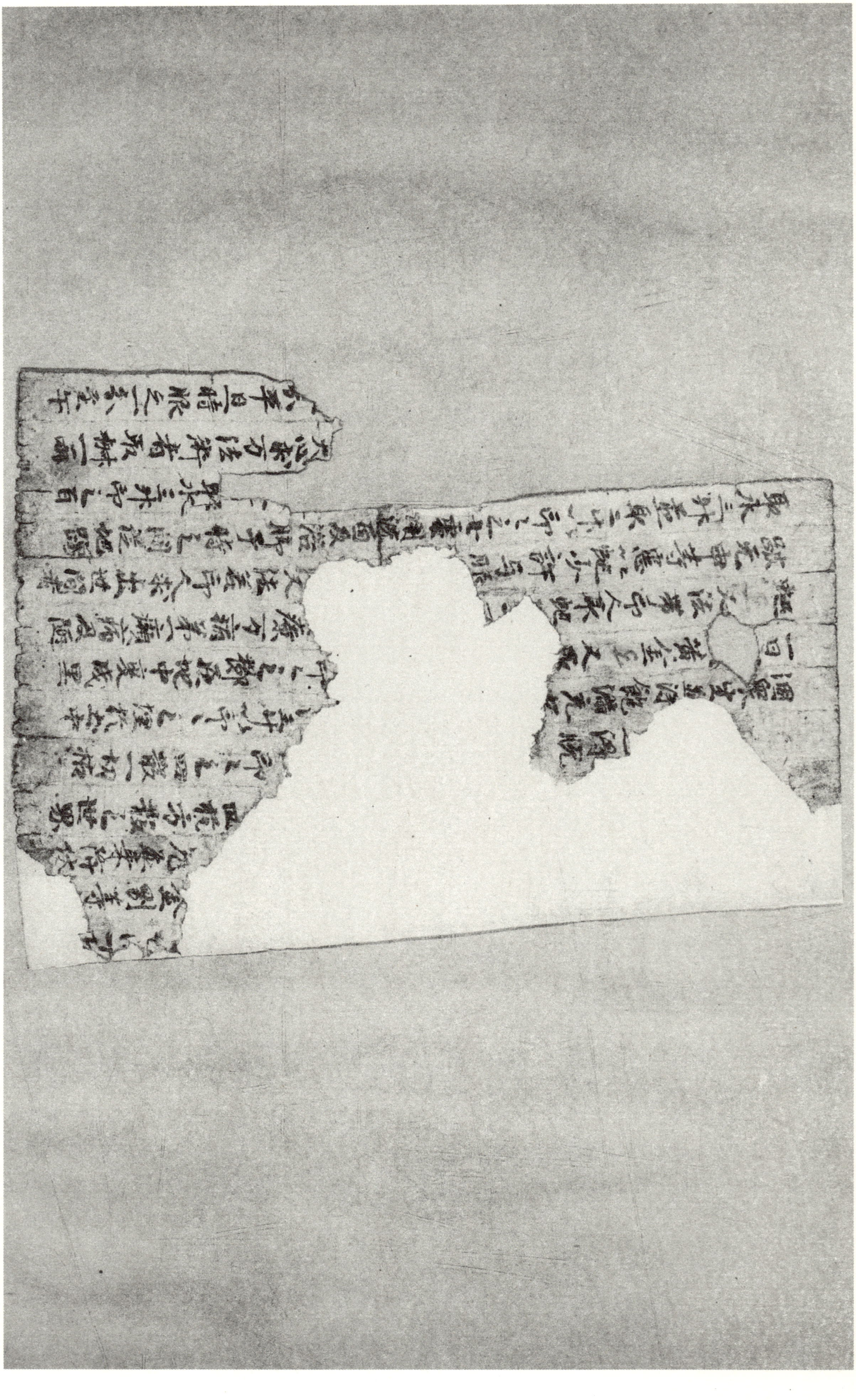

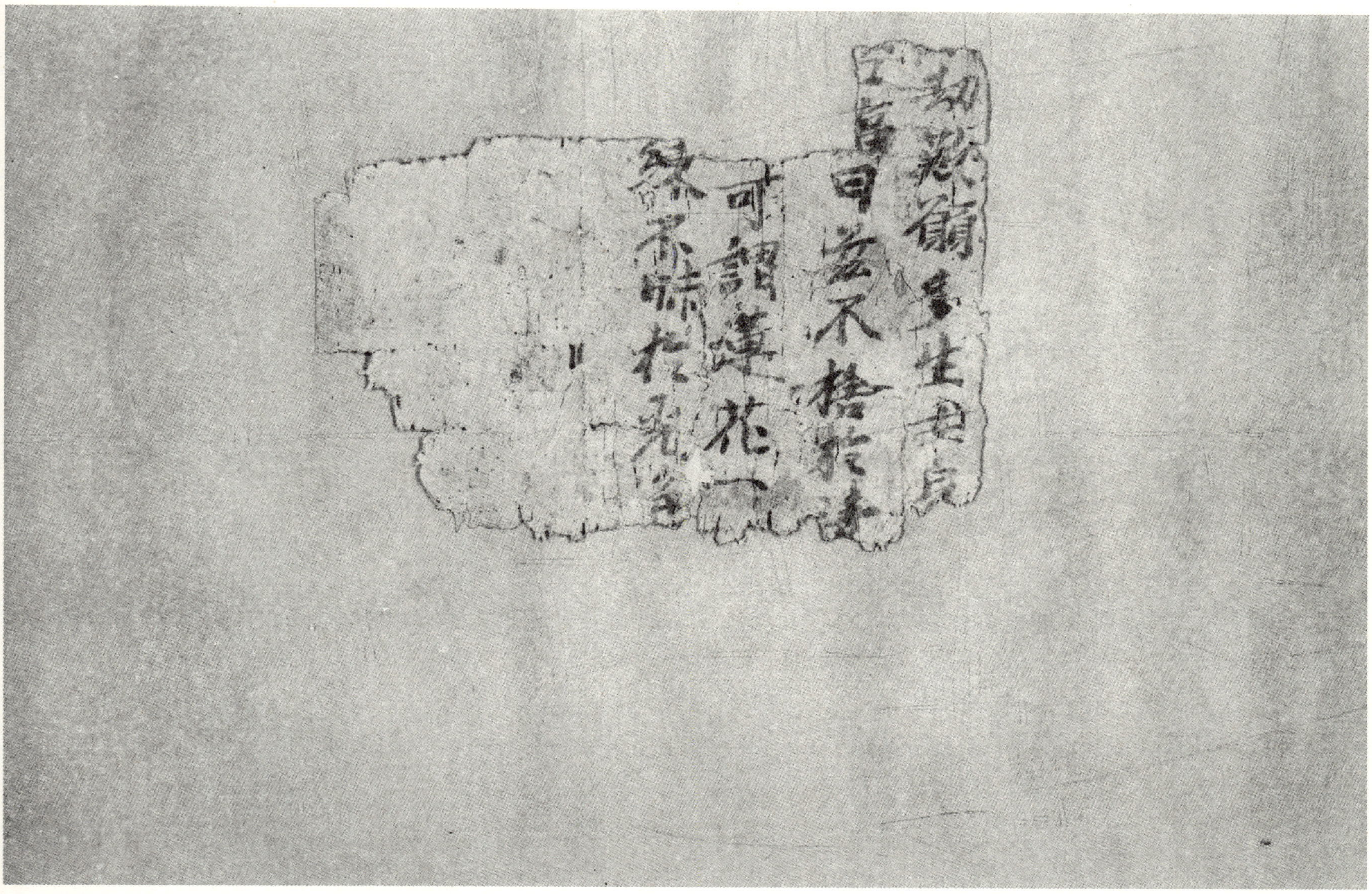

BD15776號A　齋文（擬）　（3–1）

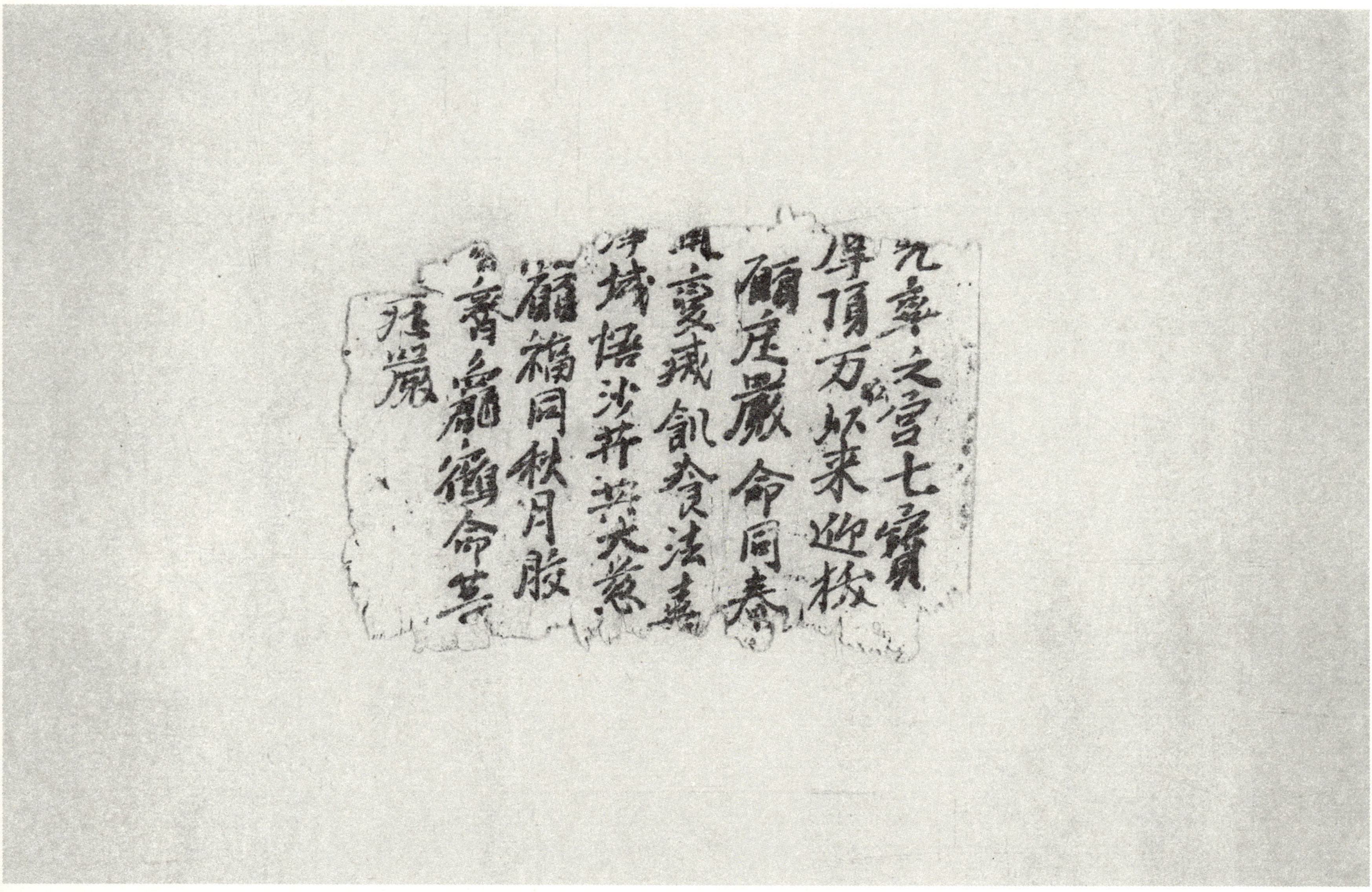

BD15776號B　齋文（擬）　（3–2）

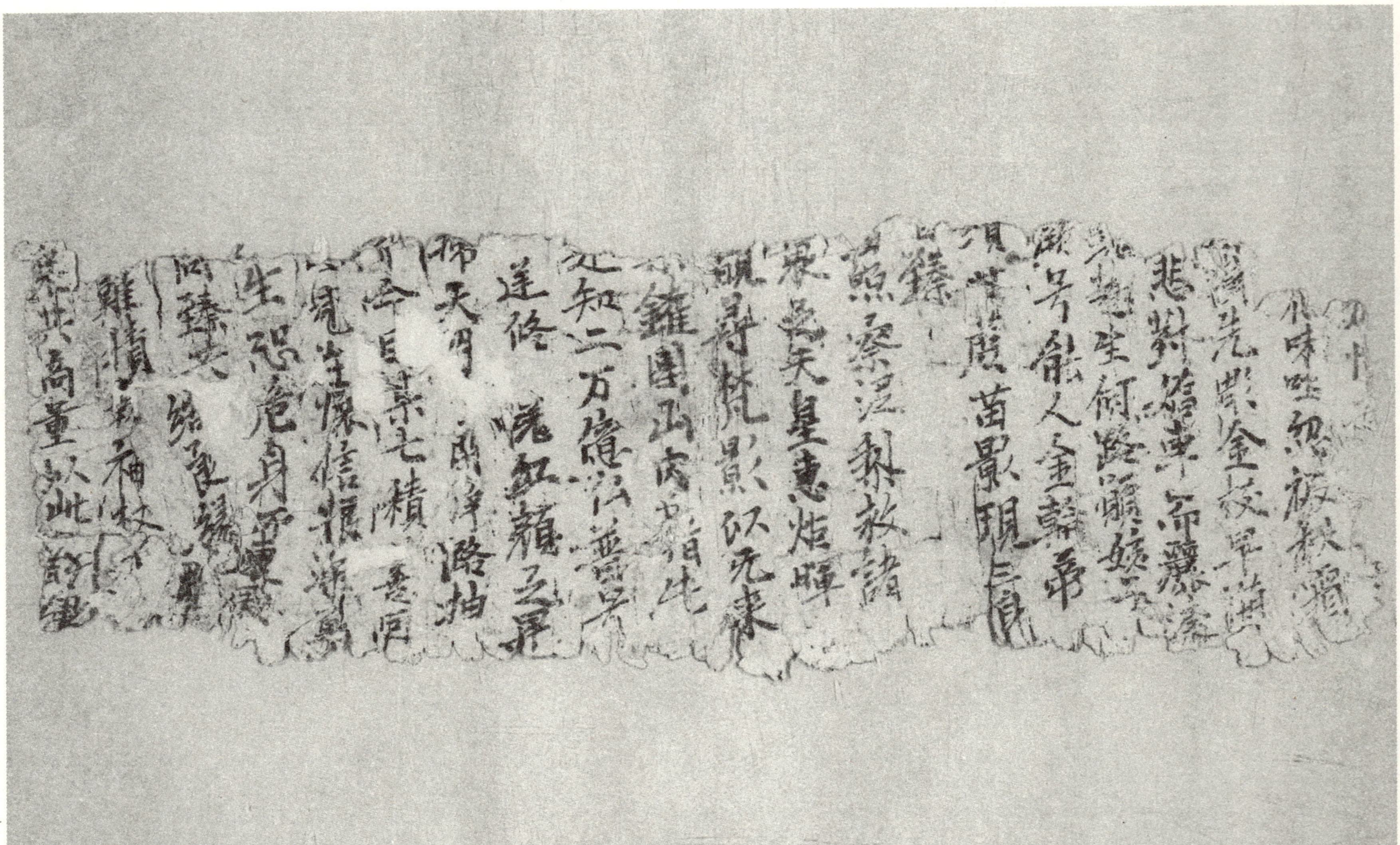

BD15776 號 C　齋文（擬）　（3–3）

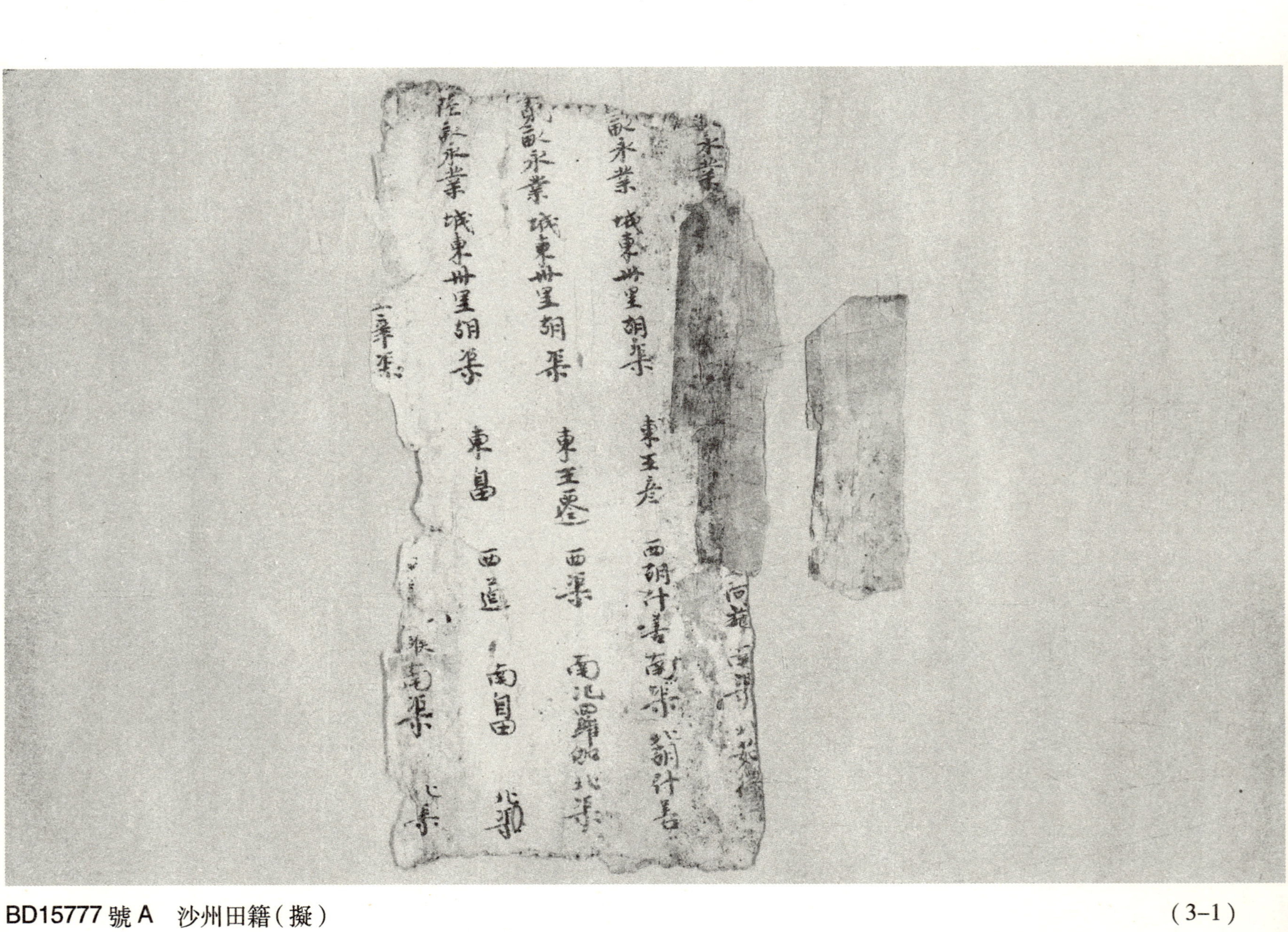

BD15777 號 A　沙州田籍（擬）　（3–1）

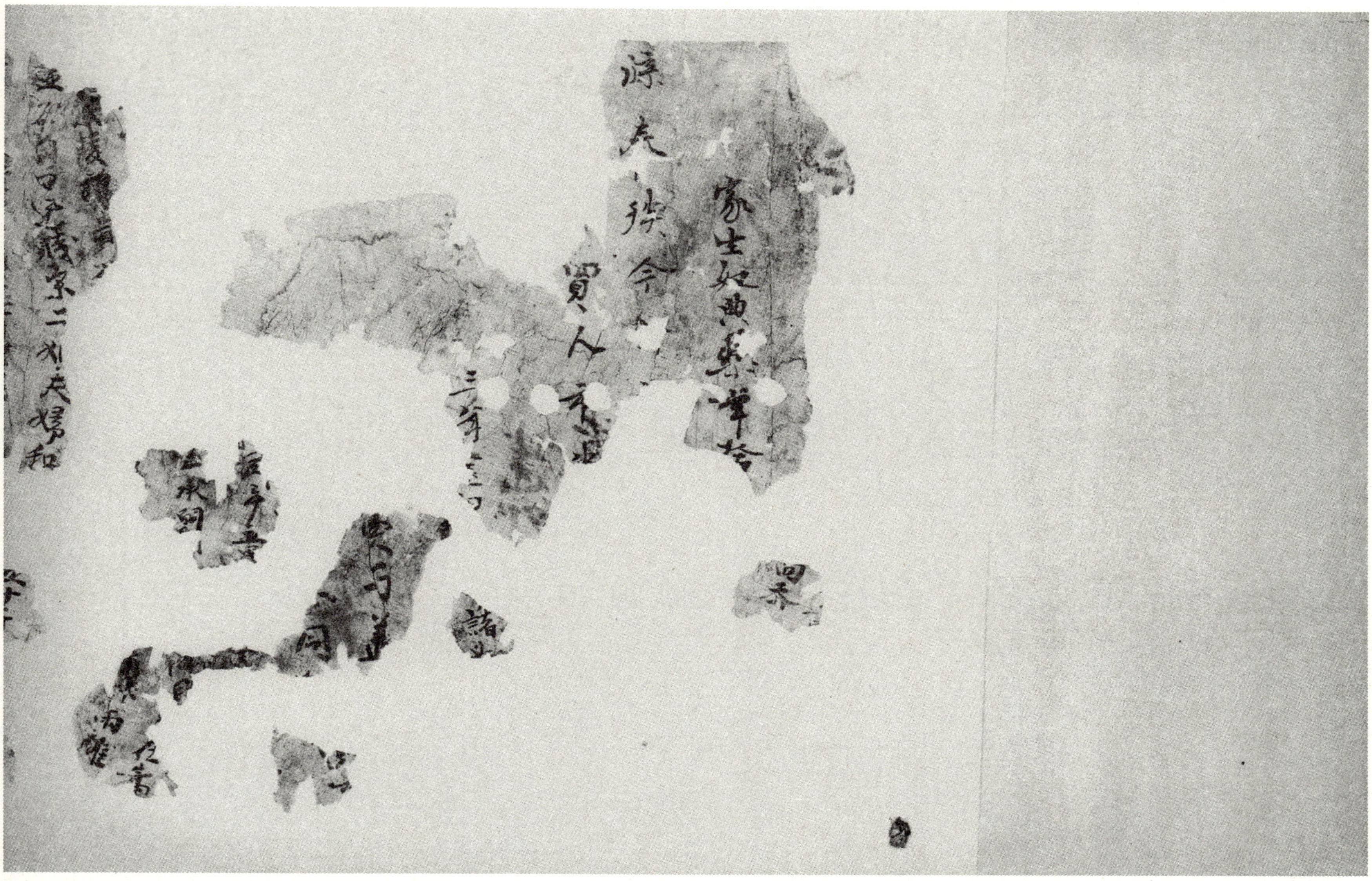

BD15777 號 B　文書殘片（擬）　（3–2）

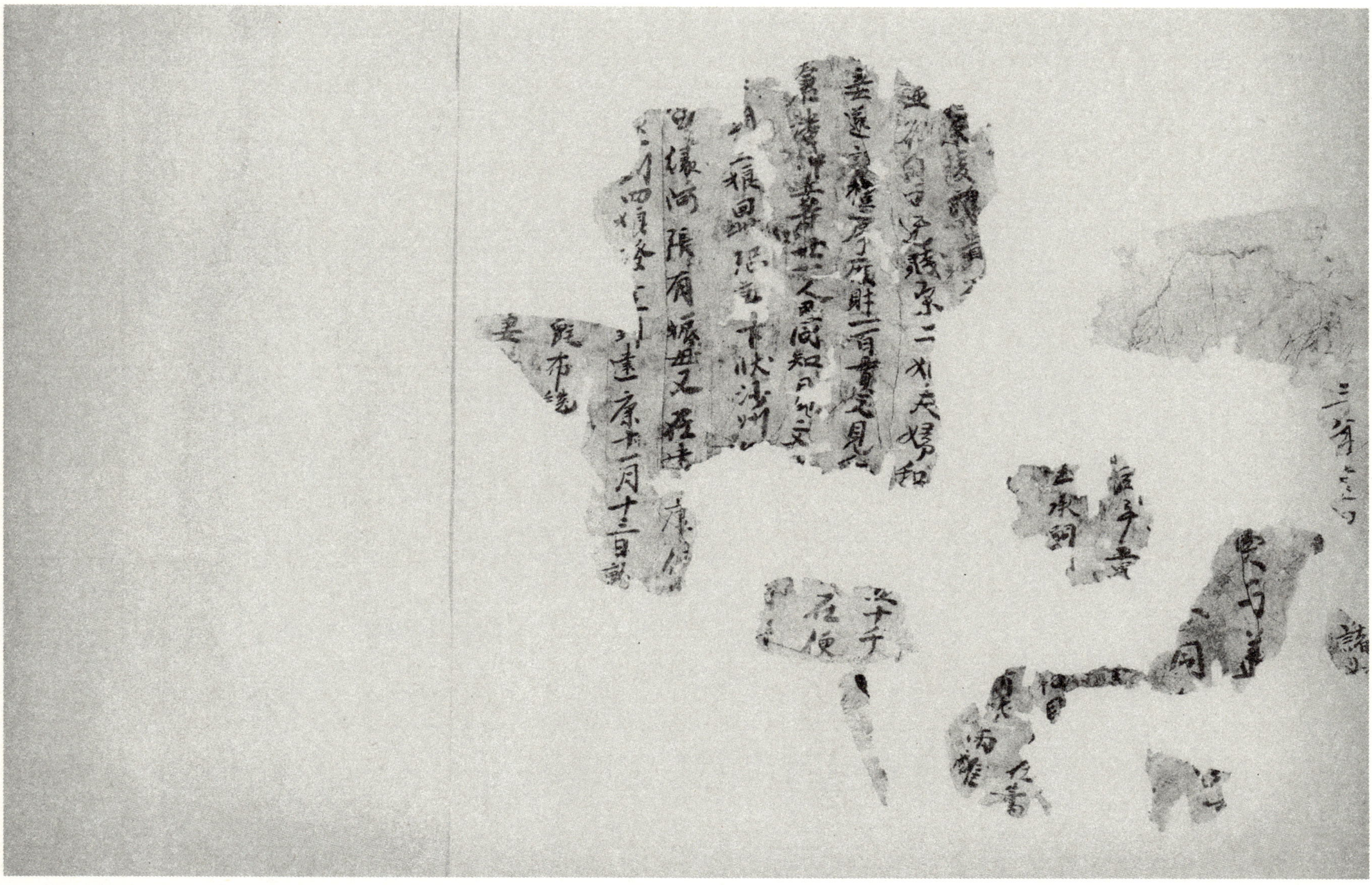

BD15777 號 B　文書殘片（擬）　（3–3）

BD15778 號 A　護首（大般若波羅蜜多經）　（2–1）

BD15778 號 B　護首（大般若波羅蜜多經）　（2–2）

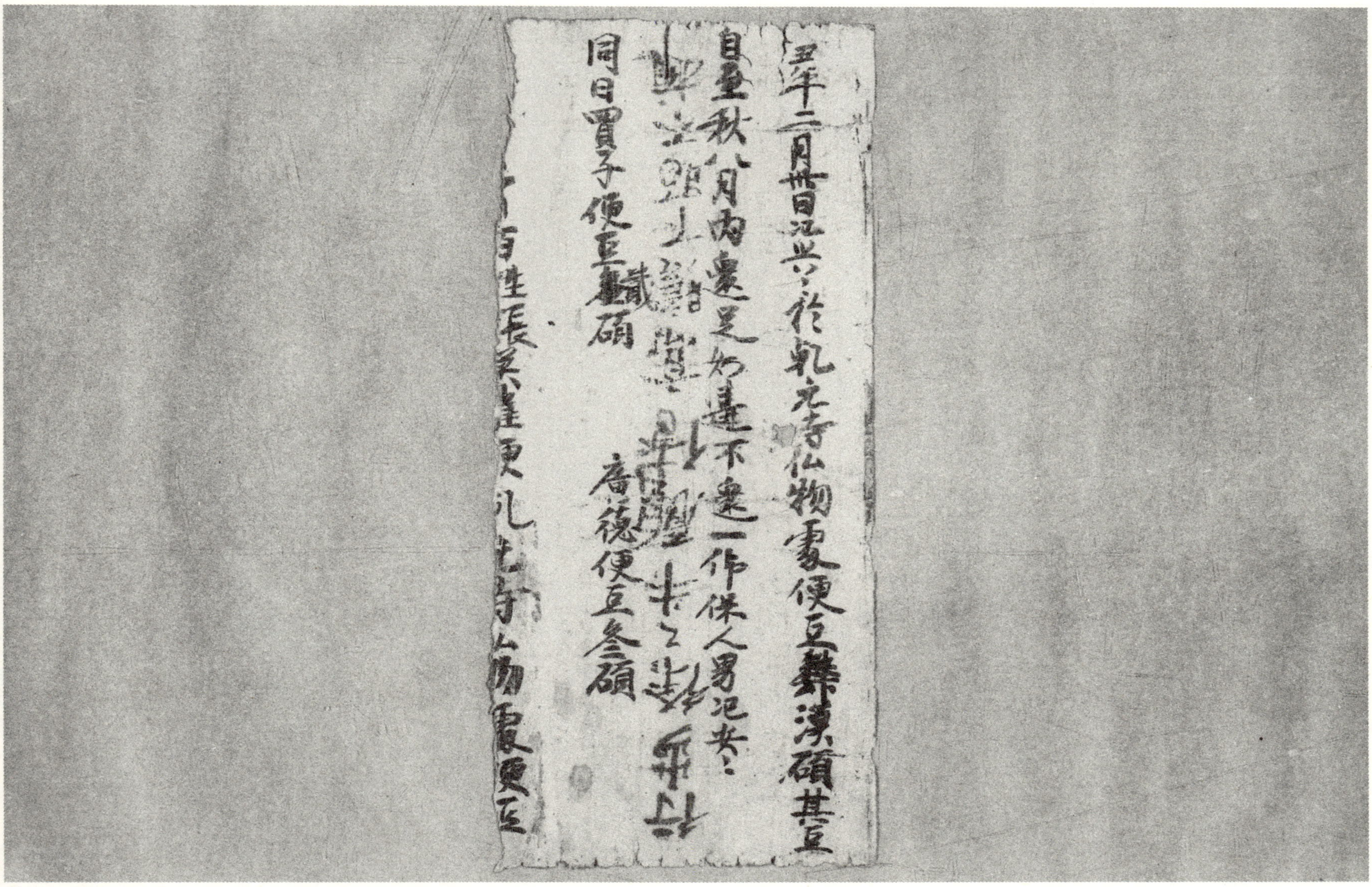

BD15779 號　乾元寺佛物處出便豆歷（擬）　（1–1）

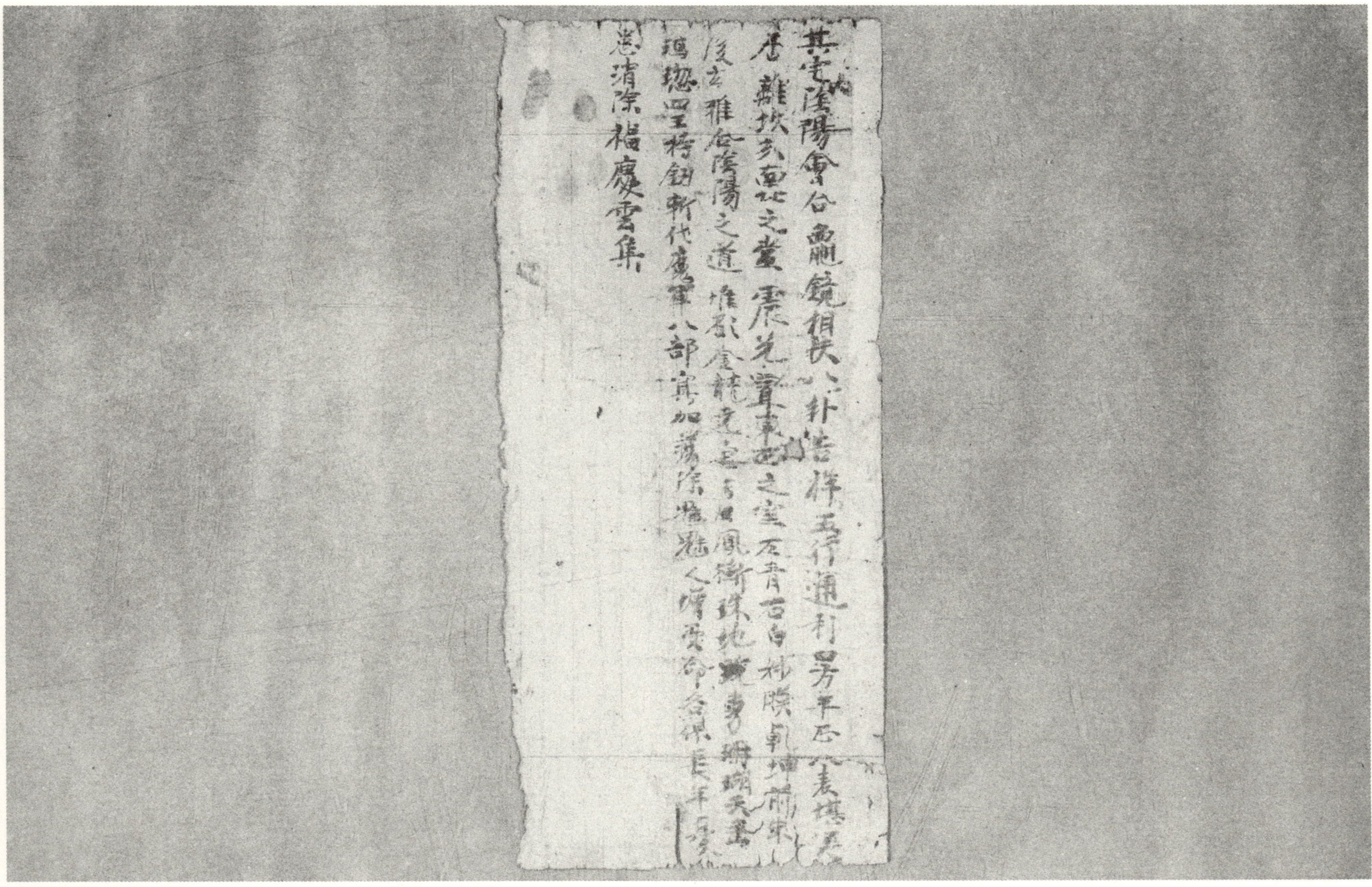

BD15779 號背　安宅文（擬）　（1–1）

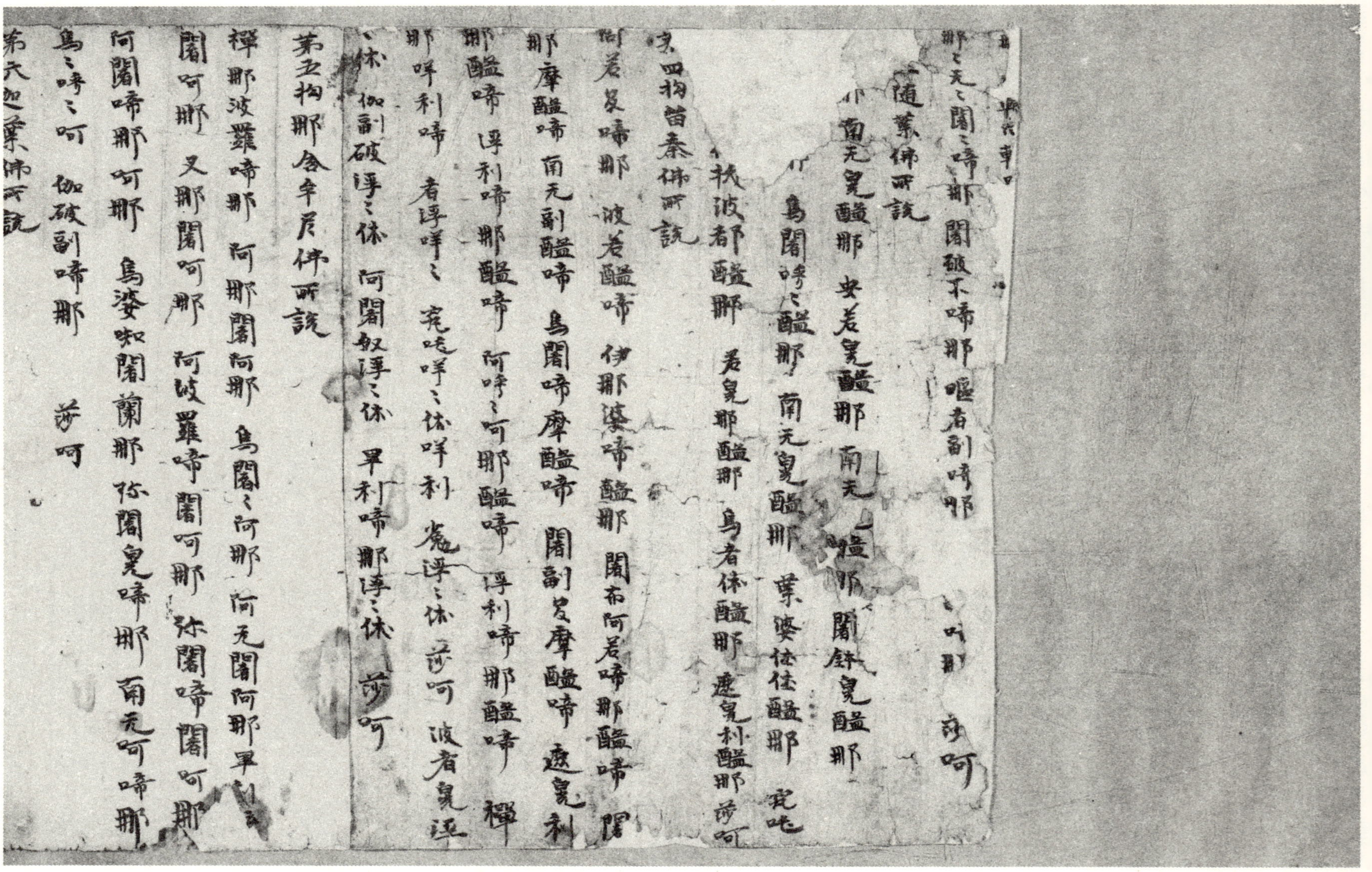

耶ミ无ミ闍ミ啼耶　闍破不啼耶　嘔者副啼耶　……　莎呵
迦葉佛所說
南无晃醯耶　尖若晃醯耶　南无……耶　闍鉢晃醯耶
烏闍啼ミ醯耶　南无晃醯耶　葉婆休休醯耶　究吒
抳波都醯耶　若晃耶醯耶　烏者休醯耶　遮晃利醯耶　莎呵
第四拘留秦佛所說
耶若晃啼耶　波若醯啼　伊耶婆啼醯耶　闍希阿若啼耶醯啼　闍
耶摩醯啼　南无副醯啼　烏闍啼摩醯啼　闍副叉摩醯啼　遮晃利
耶醯啼　浮利啼耶醯啼　阿啼ミ呵耶醯啼　浮利啼耶醯啼　檡
耶呼利啼　者浮咩ミ　究吒咩ミ休咩利　嵬浮ミ休　莎呵　波者晃逕
ミ休　伽副破浮ミ休　阿闍叙浮ミ休　畢利啼耶浮ミ休　莎呵
第五拘那含牟尼佛所說
檡耶波羅啼耶　阿耶闍阿耶　烏闍ミ阿耶　阿无闍阿耶畢利
闍呵耶　叉耶闍呵耶　阿波羅啼闍呵耶　弥闍啼闍呵耶
阿闍啼耶呵耶　烏婆蜘闍蘭耶　弥闍晃啼耶　南无呵啼耶
烏ミ啼ミ呵　伽破副啼耶　莎呵
第六迦葉佛所說

BD15780 號　七佛八菩薩所說大陀羅尼神咒經鈔（擬）　（4–1）

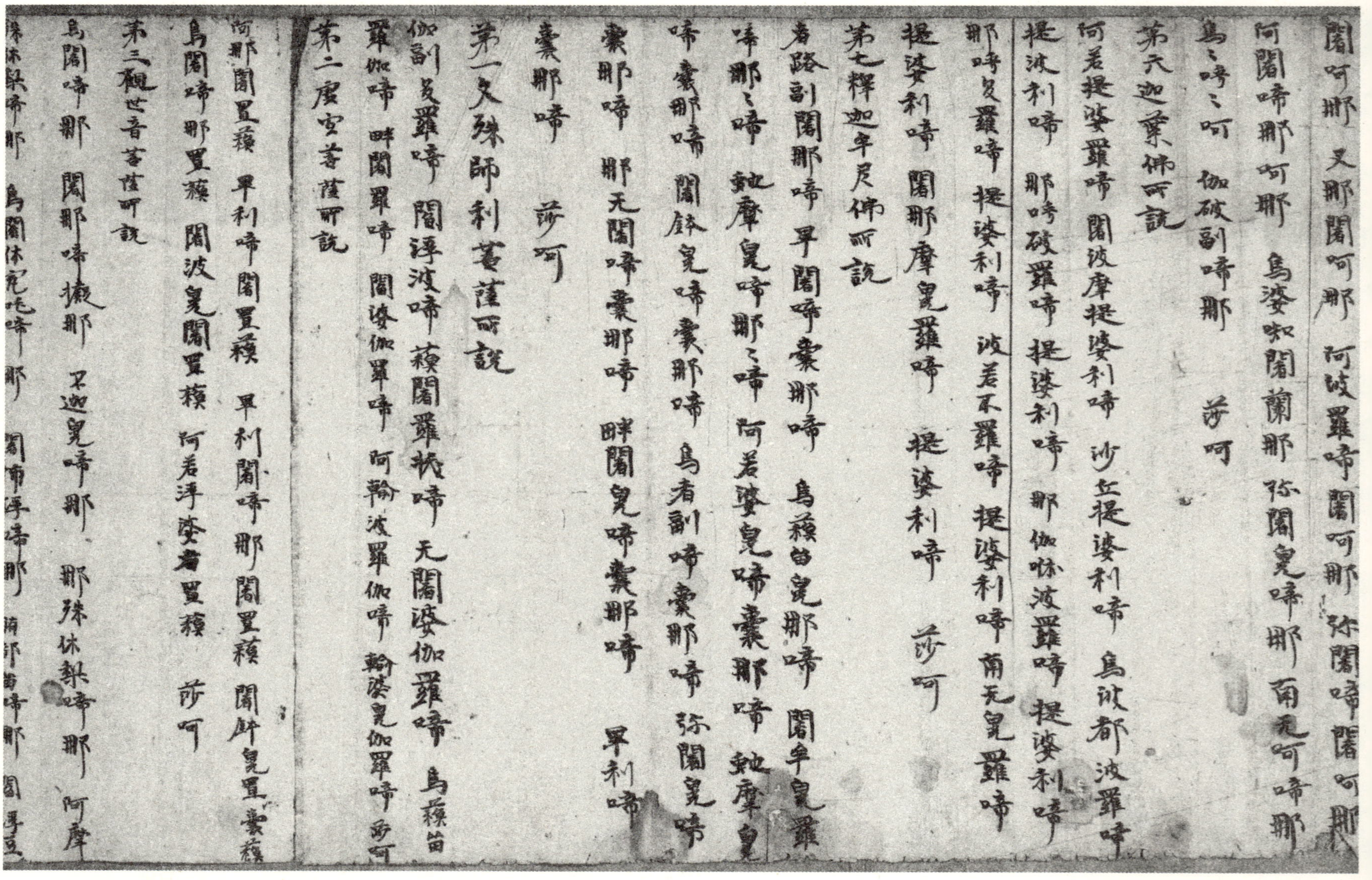

闍呵耶　叉耶闍呵耶　阿波羅啼闍呵耶　弥闍啼闍呵耶
阿闍啼耶呵耶　烏婆蜘闍蘭耶　弥闍晃啼耶　南无呵啼耶
烏ミ啼ミ呵　伽破副啼耶　莎呵
第六迦葉佛所說
阿若提婆羅啼　闍波摩提婆利啼　沙丘提婆利啼　烏波都波羅呼
提波利啼　耶呼破羅啼　提婆利啼　耶伽休波羅啼　提婆利啼
耶呼叉羅啼　提婆利啼　波若不羅啼　提婆利啼　南无晃羅啼
提婆利啼　闍耶摩晃羅啼　提婆利啼　莎呵
第七釋迦牟尼佛所說
者路副闍耶啼　畢闍啼囊耶啼　烏薩留晃耶啼　闍牟晃羅
啼耶ミ啼　鉢摩晃啼耶ミ啼　阿若婆晃啼囊耶啼　鉢摩晃
啼囊耶啼　闍鉢晃啼囊耶啼　烏者副啼囊耶啼　弥闍晃啼
囊耶啼　耶无闍啼囊耶啼　畔闍晃啼囊耶啼　畢利啼
囊耶啼　莎呵
第一文殊師利菩薩所說
伽副叉羅啼　闍浮波啼　薩闍羅抳啼　无闍婆伽羅啼　烏薩留
羅伽啼　畔闍羅啼　闍婆伽羅啼　阿黔波羅伽啼　黔婆晃伽羅啼　莎呵
第二虚空藏菩薩所說
阿耶闍置薩　畢利啼闍置薩　畢利闍啼耶闍置薩　闍鉢晃置薩
烏闍啼耶置薩　闍波晃闍置薩　阿若浮婆者置薩　莎呵
第三觀世音菩薩所說
烏闍啼耶　闍耶啼摝耶　不迦晃啼耶　耶殊休款啼耶　阿摩
浮休叙啼耶　烏闍休究吒啼耶　闍希浮啼耶　……　闍浮……

BD15780 號　七佛八菩薩所說大陀羅尼神咒經鈔（擬）　（4–2）

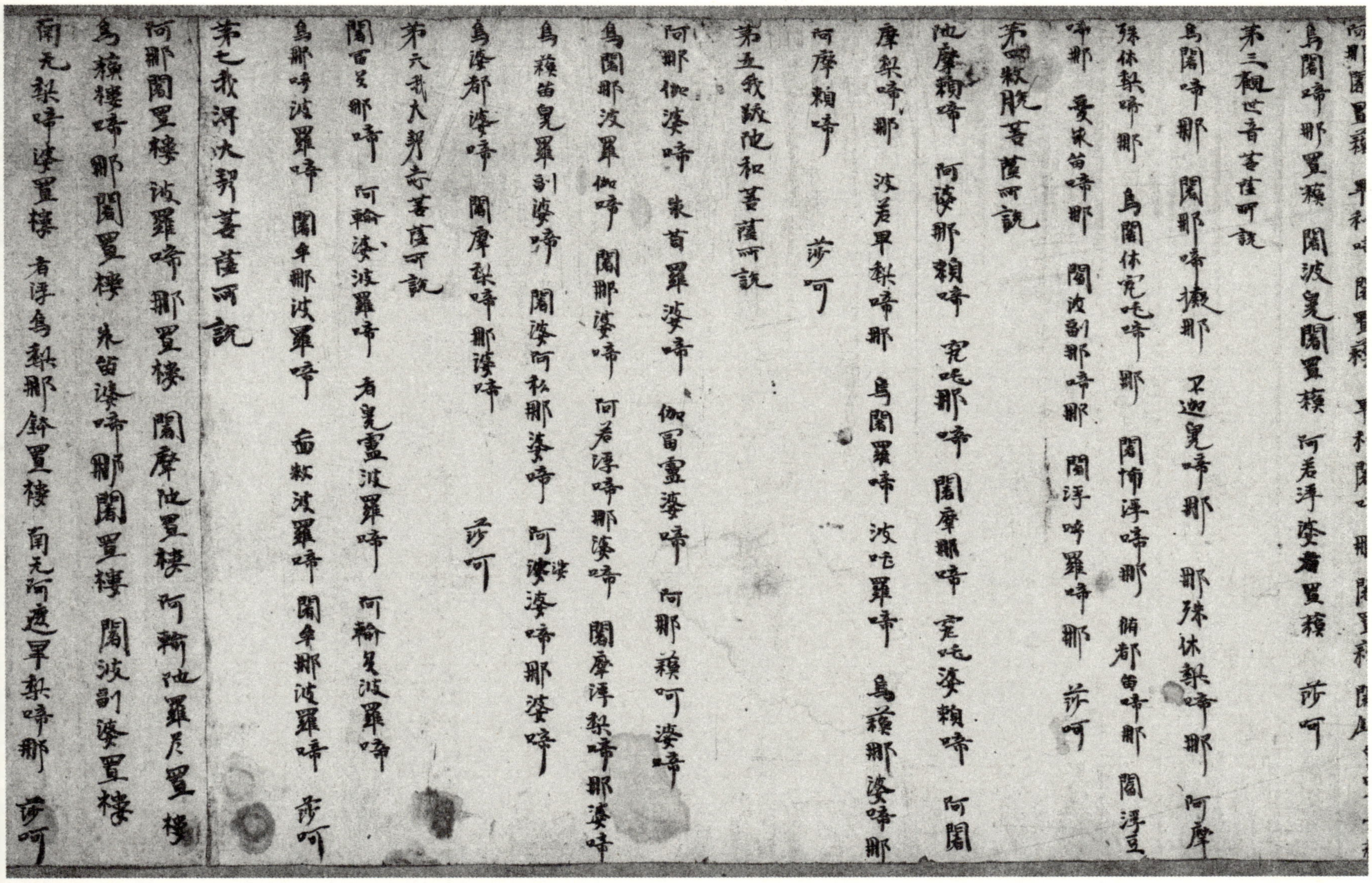
第三觀世音菩薩所說
烏闍啼那置穢 闍波晃闍置穢 阿若浮婆耆置穢 莎呵
烏闍啼那 闍那啼擻那 不迦晃啼那 那殊休梨啼那 阿摩
殊休梨啼那 烏闍休究吒啼那 闍怖浮啼那 脩都笛啼那 闍浮豆
啼那 憂家笛啼那 闍波副那啼那 闍浮啼羅啼那 莎呵
第四救脫菩薩所說
阤摩賴啼 阿婆那賴啼 究吒那啼 闍摩那啼 究吒婆賴啼 阿闍
摩梨啼那 波若畢梨啼那 烏闍羅啼 波吒羅啼 烏蘱那婆啼那
阿摩賴啼 莎呵
第五我跋陁和菩薩所說
阿那伽婆啼 朱首羅婆啼 伽冨靈婆啼 阿那蘱呵婆啼
烏闍那波羅伽啼 闍那婆啼 阿若浮啼那婆啼 闍摩浮梨啼那婆啼
烏蘱笛晃羅副婆啼 闍婆阿私那婆啼 阿婆婆啼那婆啼
烏婆都婆啼 闍摩梨啼那婆啼 莎呵
第六我大契奇菩薩所說
闍首旻那啼 阿輸婆波羅啼 耆晃靈波羅啼 阿輸旻波羅啼
烏那啼波羅啼 闍牟那波羅啼 番叔波羅啼 闍牟那波羅啼 莎呵

BD15780 號 七佛八菩薩所說大陀羅尼神咒經鈔（擬） （4–3）

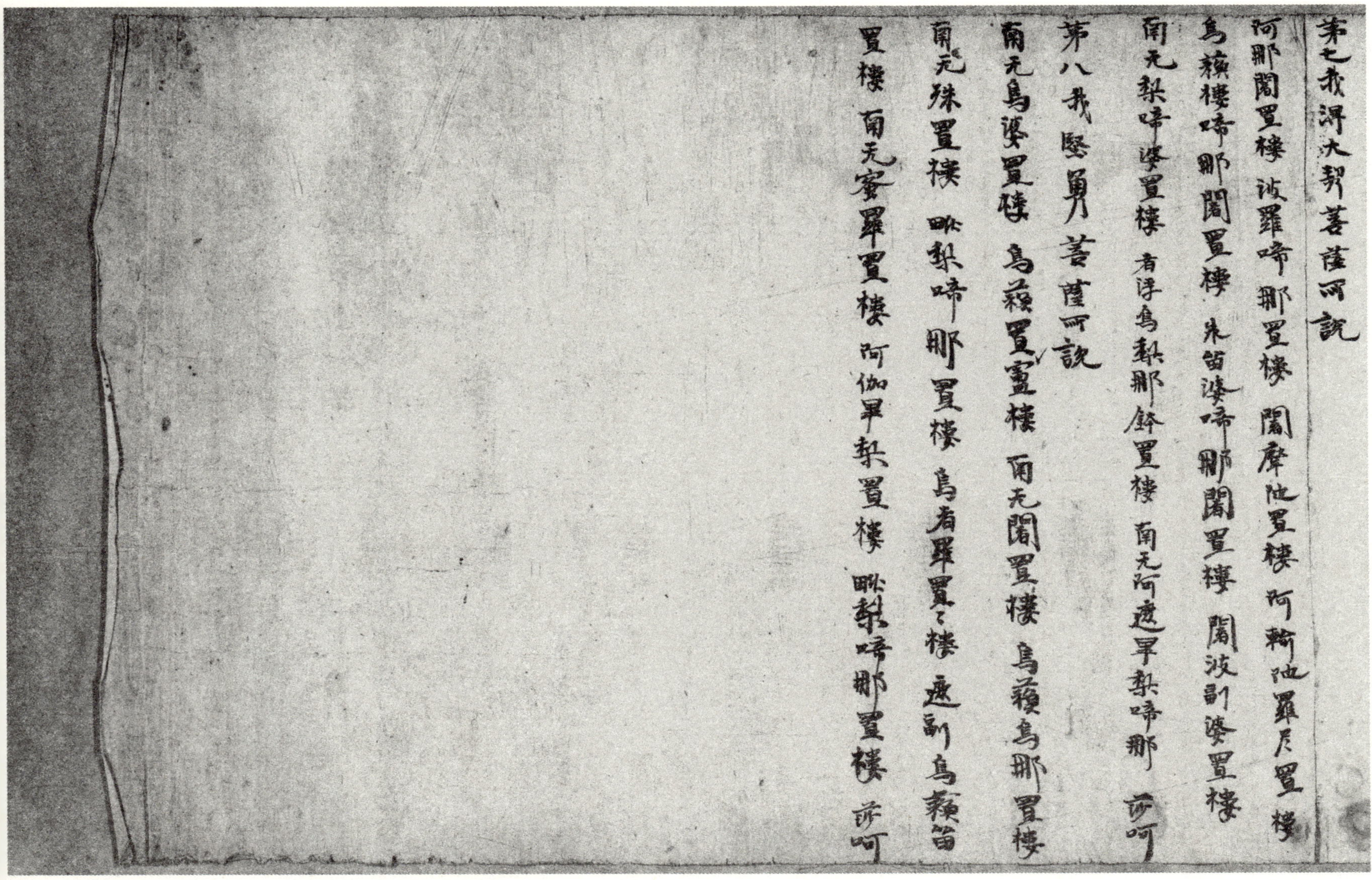
第七我洱大契菩薩所說
阿那闍置樓 波羅啼那置樓 闍摩阤置樓 阿輸阤羅尼置樓
烏蘱樓啼那闍置樓 朱笛婆啼那闍置樓 闍波副婆置樓
南无梨啼婆置樓 耆浮烏梨那餘置樓 南无阿遮畢梨啼那 莎呵
第八我堅勇菩薩所說
南无烏婆置樓 烏蘱置靈樓 南无闍置樓 烏蘱烏那置樓
南无殊置樓 毗梨啼那置樓 烏耆羅置々樓 遮副烏蘱笛
置樓 南无賓羅置樓 阿伽畢梨置樓 毗梨啼那置樓 莎呵

BD15780 號 七佛八菩薩所說大陀羅尼神咒經鈔（擬） （4–4）

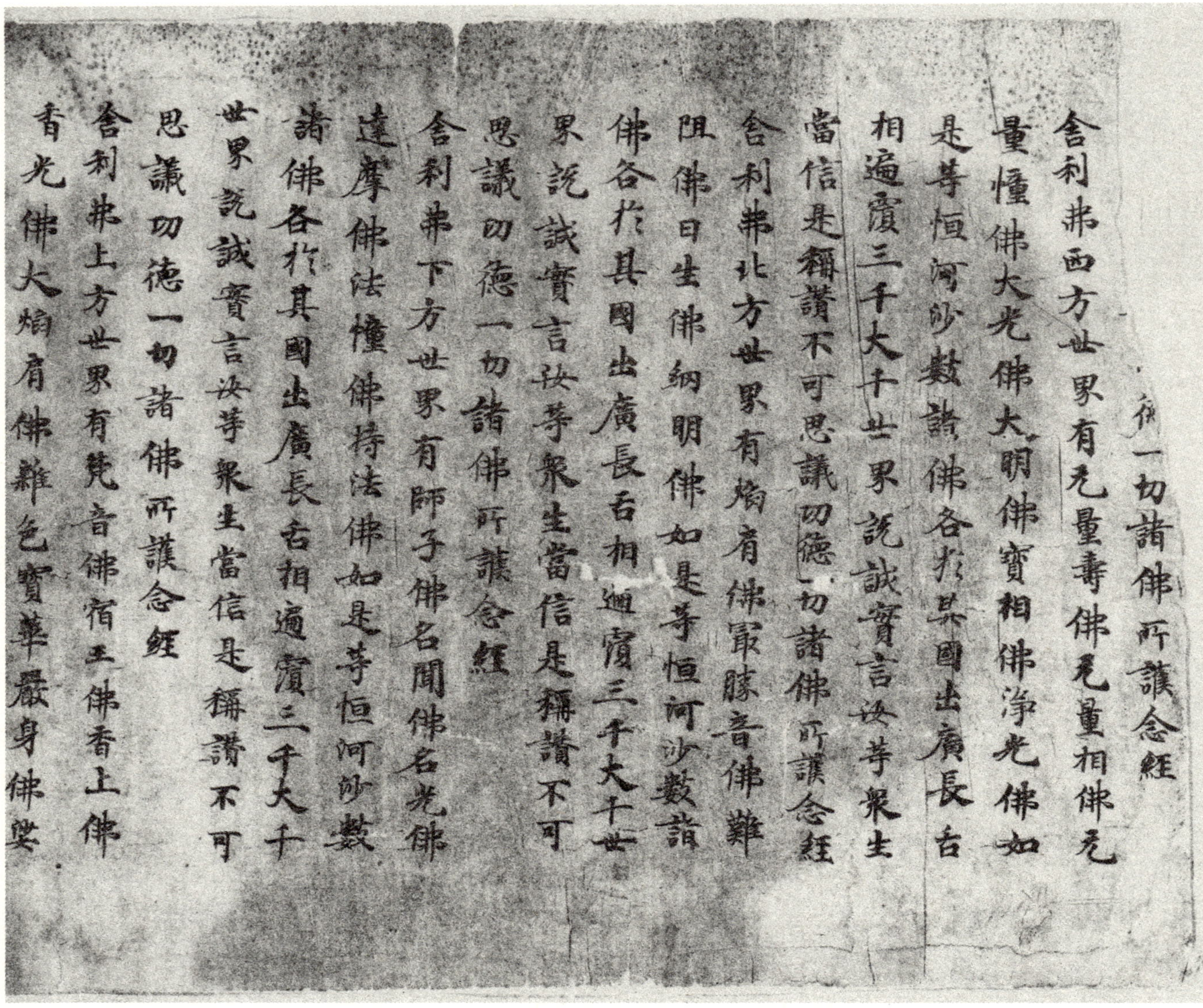

佛一切諸佛所護念經
舍利弗西方世界有无量壽佛无量相佛无
量幢佛大光佛大明佛寶相佛淨光佛如
是等恒河沙數諸佛各於其國出廣長舌
相遍覆三千大千世界說誠實言汝等衆生
當信是稱讚不可思議功德一切諸佛所護念經
舍利弗北方世界有焰肩佛最勝音佛難
沮佛日生佛網明佛如是等恒河沙數諸
佛各於其國出廣長舌相遍覆三千大千世
界說誠實言汝等衆生當信是稱讚不可
思議功德一切諸佛所護念經
舍利弗下方世界有師子佛名聞佛名光佛
達摩佛法幢佛持法佛如是等恒河沙數
諸佛各於其國出廣長舌相遍覆三千大千
世界說誠實言汝等衆生當信是稱讚不可
思議功德一切諸佛所護念經
舍利弗上方世界有梵音佛宿王佛香上佛
香光佛大焰肩佛雜色寶華嚴身佛娑

BD15781 號　阿彌陀經　（3–1）

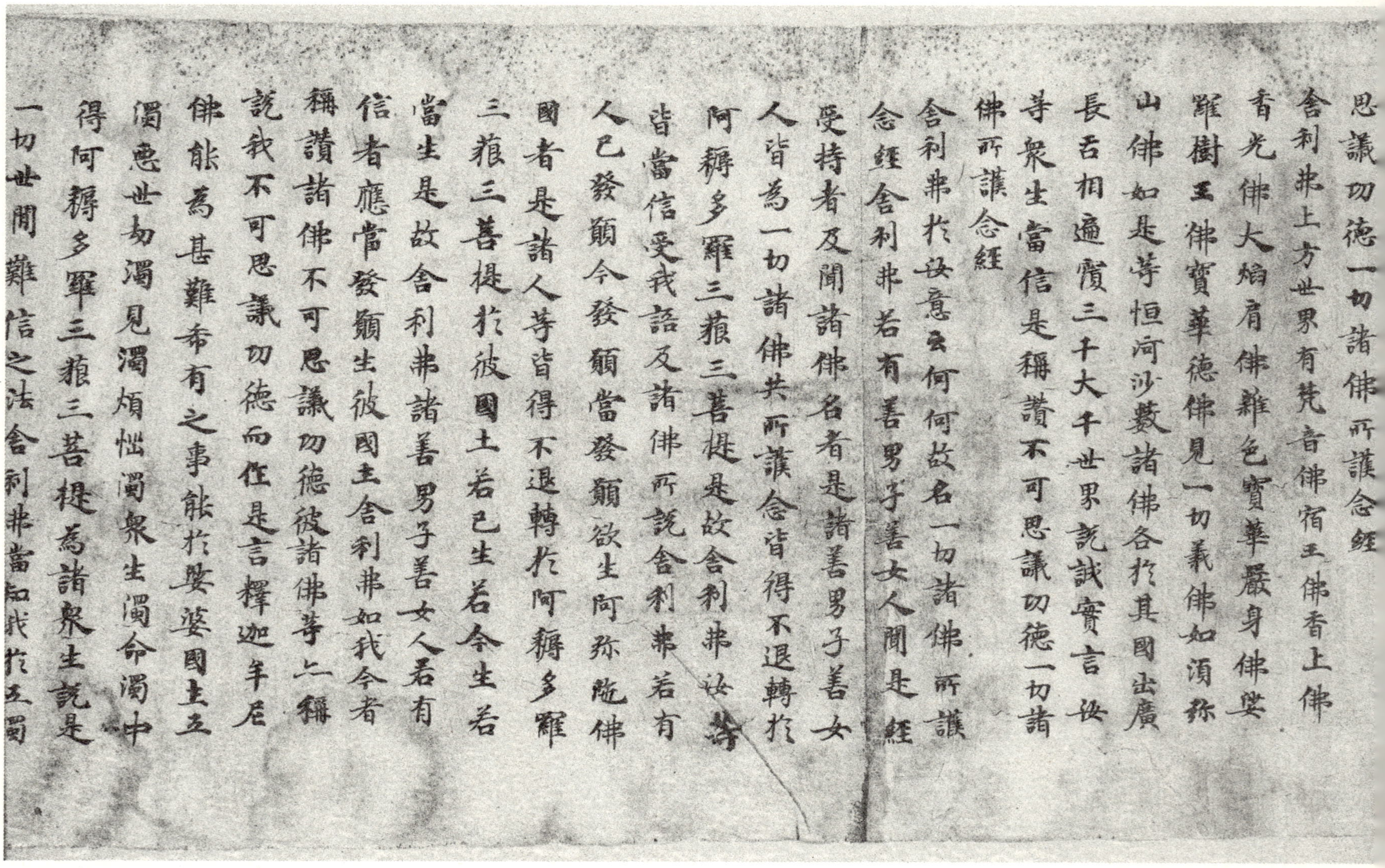

思議功德一切諸佛所護念經
舍利弗上方世界有梵音佛宿王佛香上佛
香光佛大焰肩佛雜色寶華嚴身佛娑
羅樹王佛寶華德佛見一切義佛如須弥
山佛如是等恒河沙數諸佛各於其國出廣
長舌相遍覆三千大千世界說誠實言汝
等衆生當信是稱讚不可思議功德一切諸
佛所護念經
舍利弗於汝意云何何故名一切諸佛所護
念經舍利弗若有善男子善女人聞是經
受持者及聞諸佛名者是諸善男子善女
人皆為一切諸佛共所護念皆得不退轉於
阿耨多羅三藐三菩提是故舍利弗汝等
皆當信受我語及諸佛所說舍利弗若有
人已發願今發願當發願欲生阿弥陁佛
國者是諸人等皆得不退轉於阿耨多羅
三藐三菩提於彼國土若已生若今生若
當生是故舍利弗諸善男子善女人若有
信者應當發願生彼國土舍利弗如我今者
稱讚諸佛不可思議功德彼諸佛等亦稱
說我不可思議功德而作是言釋迦牟尼
佛能為甚難希有之事能於娑婆國土五
濁惡世劫濁見濁煩惱濁衆生濁命濁中
得阿耨多羅三藐三菩提為諸衆生說是
一切世間難信之法舍利弗當知我於五濁

BD15781 號　阿彌陀經　（3–2）

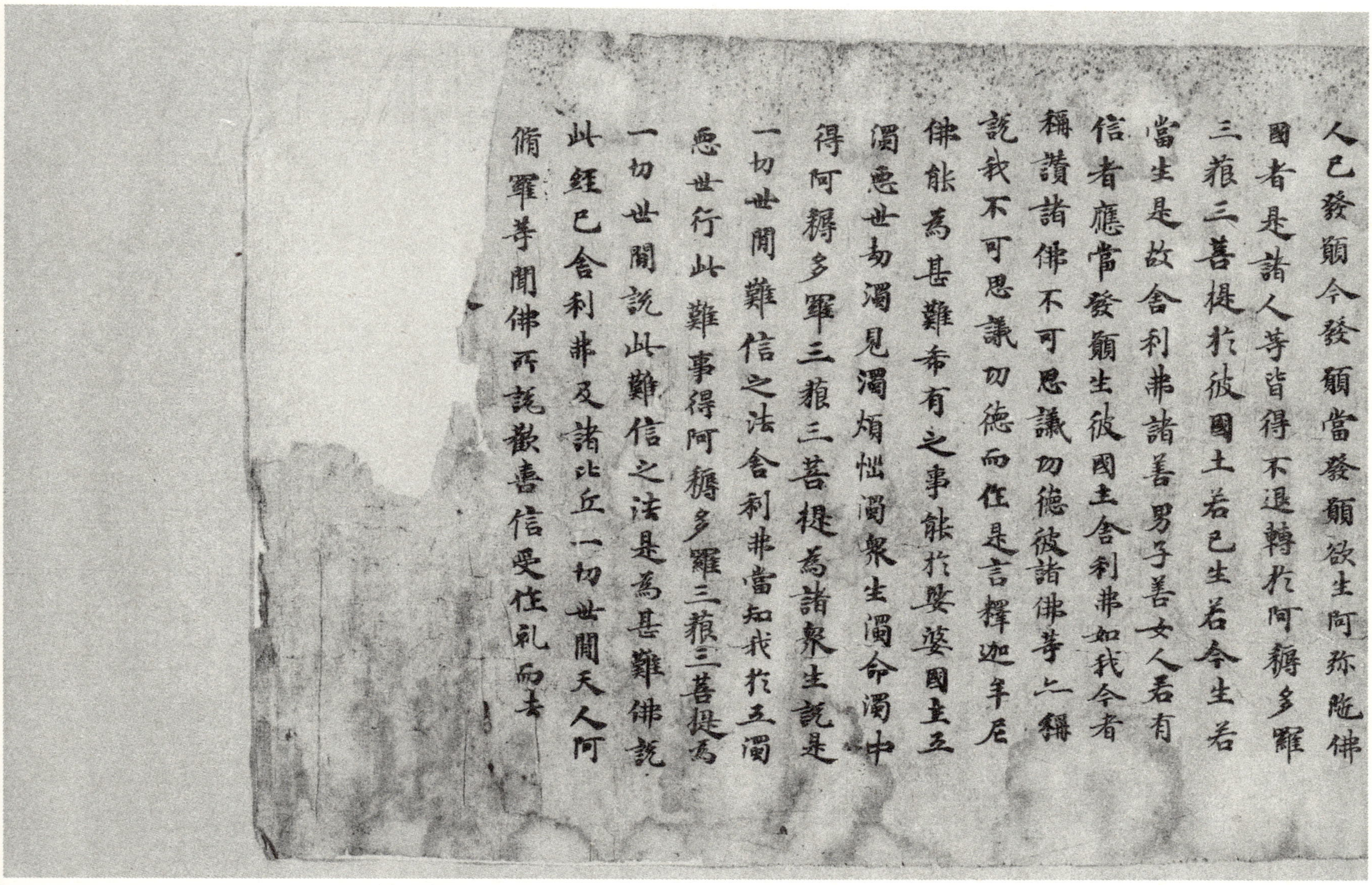

人已發願今發願當發願欲生阿彌陀佛
國者是諸人等皆得不退轉於阿耨多羅
三藐三菩提於彼國土若已生若今生若
當生是故舍利弗諸善男子善女人若有
信者應當發願生彼國土舍利弗如我今者
稱讚諸佛不可思議功德彼諸佛等亦稱
說我不可思議功德而作是言釋迦牟尼
佛能為甚難希有之事能於娑婆國土五
濁惡世劫濁見濁煩惱濁眾生濁命濁中
得阿耨多羅三藐三菩提為諸眾生說是
一切世間難信之法舍利弗當知我於五濁
惡世行此難事得阿耨多羅三藐三菩提為
一切世間說此難信之法是為甚難佛說
此經已舍利弗及諸比丘一切世間天人阿
脩羅等聞佛所說歡喜信受作禮而去

BD15781 號　阿彌陀經　　　　(3–3)

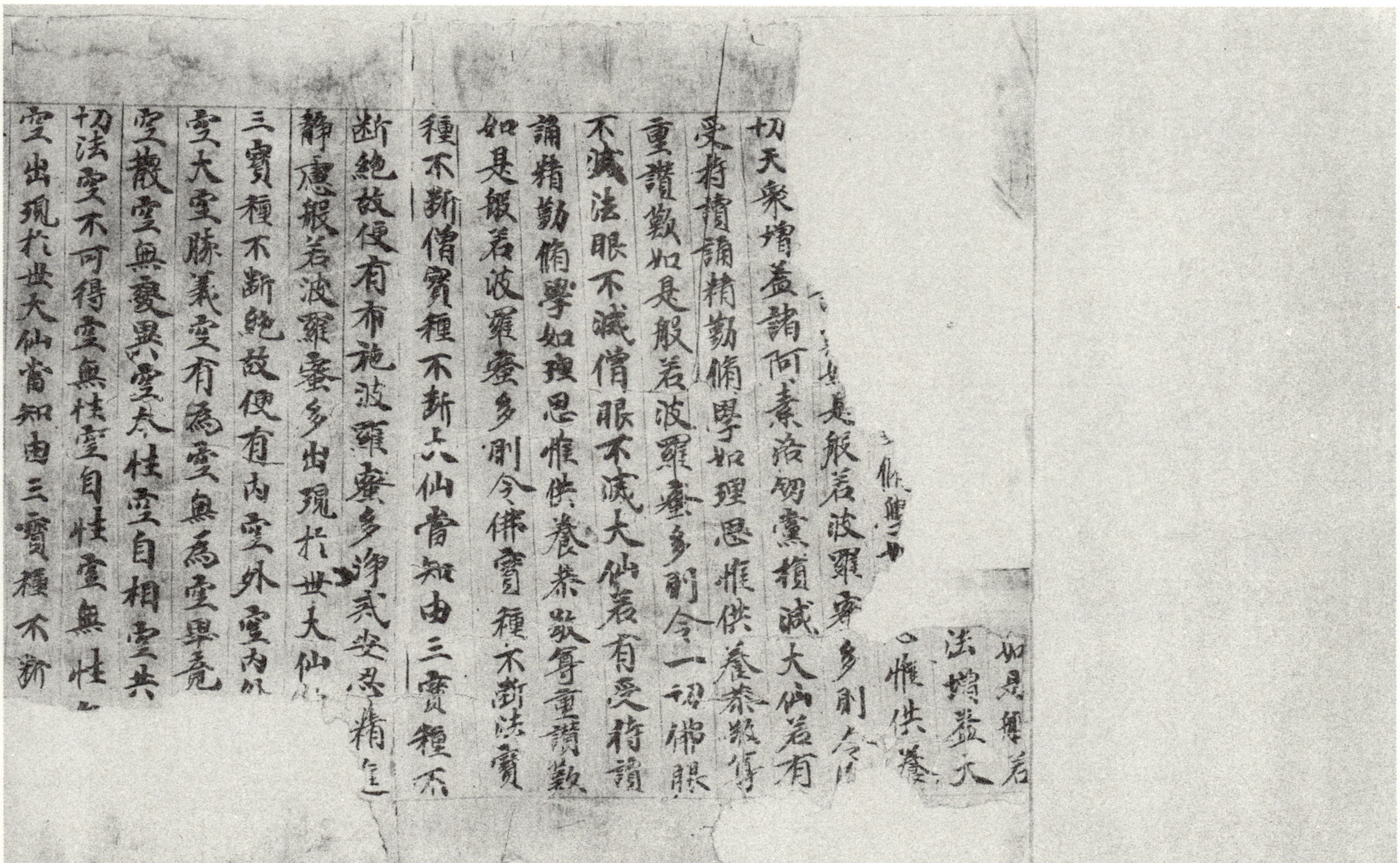

如是般若
法增益天
心惟供養
是般若波羅蜜多則令
切天衆增益諸阿素洛朋黨損減大仙若有
受持讀誦精勤脩學如理思惟供養恭敬尊
重讚歎如是般若波羅蜜多則令一切佛眼
不滅法眼不滅僧眼不滅大仙若有受持讀
誦精勤脩學如理思惟供養恭敬尊重讚歎
如是般若波羅蜜多則令佛寶種不斷法寶
種不斷僧寶種不斷大仙當知由三寶種不
斷絕故便有布施波羅蜜多淨戒安忍精進
靜慮般若波羅蜜多出現於世大仙
三寶種不斷絕故便有內空外空內外
空大空勝義空有為空無為空畢竟
空無際空無變異空本性空自相空共
切法空不可得空無性空自性空無性
空出現於世大仙當知由三寶種不斷

BD15782 號　大般若波羅蜜多經卷一〇五　　　　(4–1)

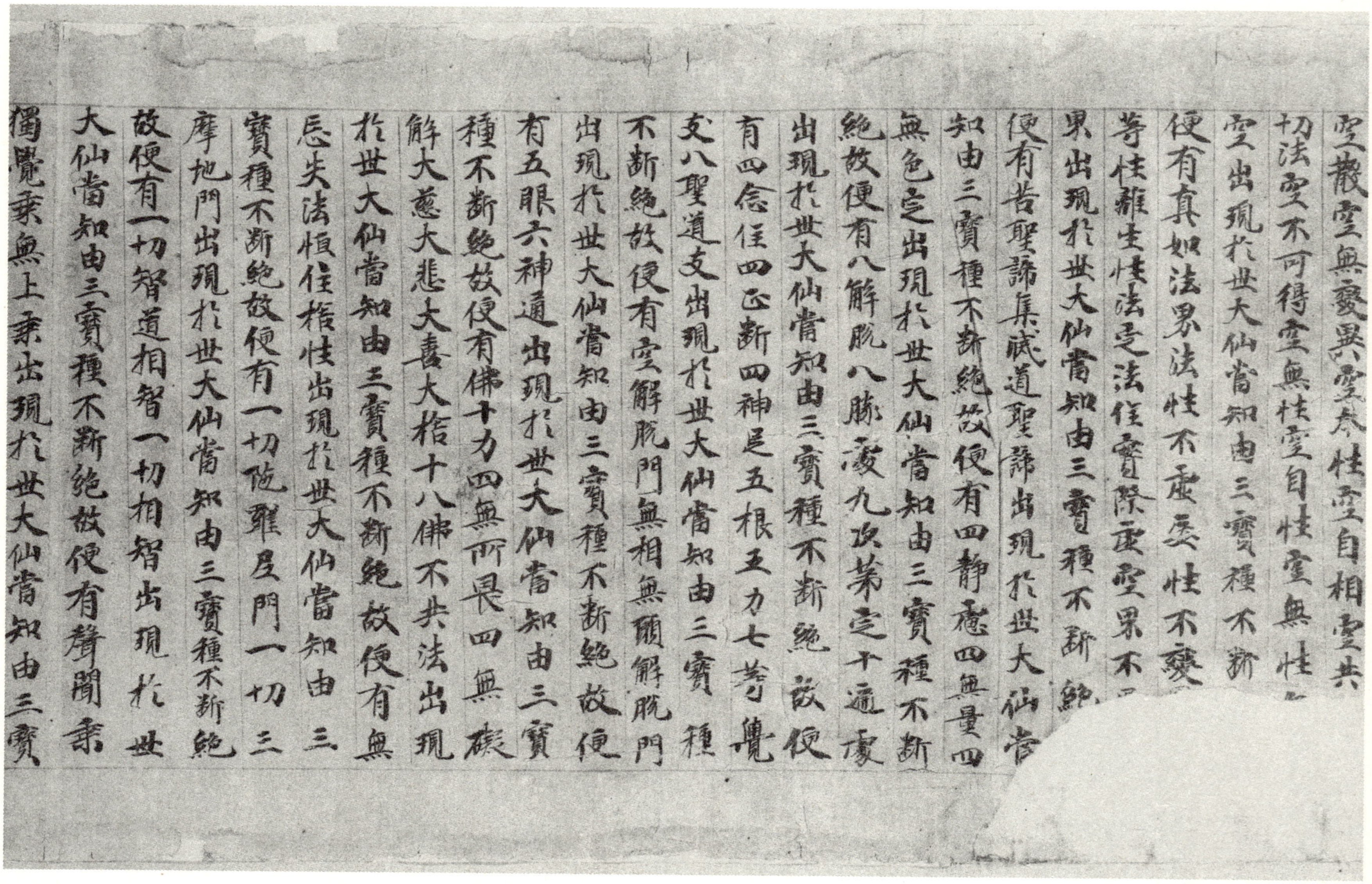
空散空無變異空本性空自相空共
切法空不可得空無性空自性空無性
空出現於世大仙當知由三寶種不斷
便有真如法界法性不虛妄性不變
等性離生性法定法住實際虛空界不
果出現於世大仙當知由三寶種不斷絕
便有苦聖諦集滅道聖諦出現於世大仙當
知由三寶種不斷絕故便有四靜慮四無量四
無色定出現於世大仙當知由三寶種不斷
絕故便有八解脫八勝處九次第定十遍處
出現於世大仙當知由三寶種不斷絕故便
有四念住四正斷四神足五根五力七等覺
支八聖道支出現於世大仙當知由三寶種
不斷絕故便有空解脫門無相無願解脫門
出現於世大仙當知由三寶種不斷絕故便
有五眼六神通出現於世大仙當知由三寶
種不斷絕故便有佛十力四無所畏四無礙
解大慈大悲大喜大捨十八佛不共法出現
於世大仙當知由三寶種不斷絕故便有無
忘失法恒住捨性出現於世大仙當知由三
寶種不斷絕故便有一切陀羅尼門一切三
摩地門出現於世大仙當知由三寶種不斷絕
故便有一切智道相智一切相智出現於世
大仙當知由三寶種不斷絕故便有聲聞乘
獨覺乘無上乘出現於世大仙當知由三寶

BD15782 號　大般若波羅蜜多經卷一〇五　　（4–2）

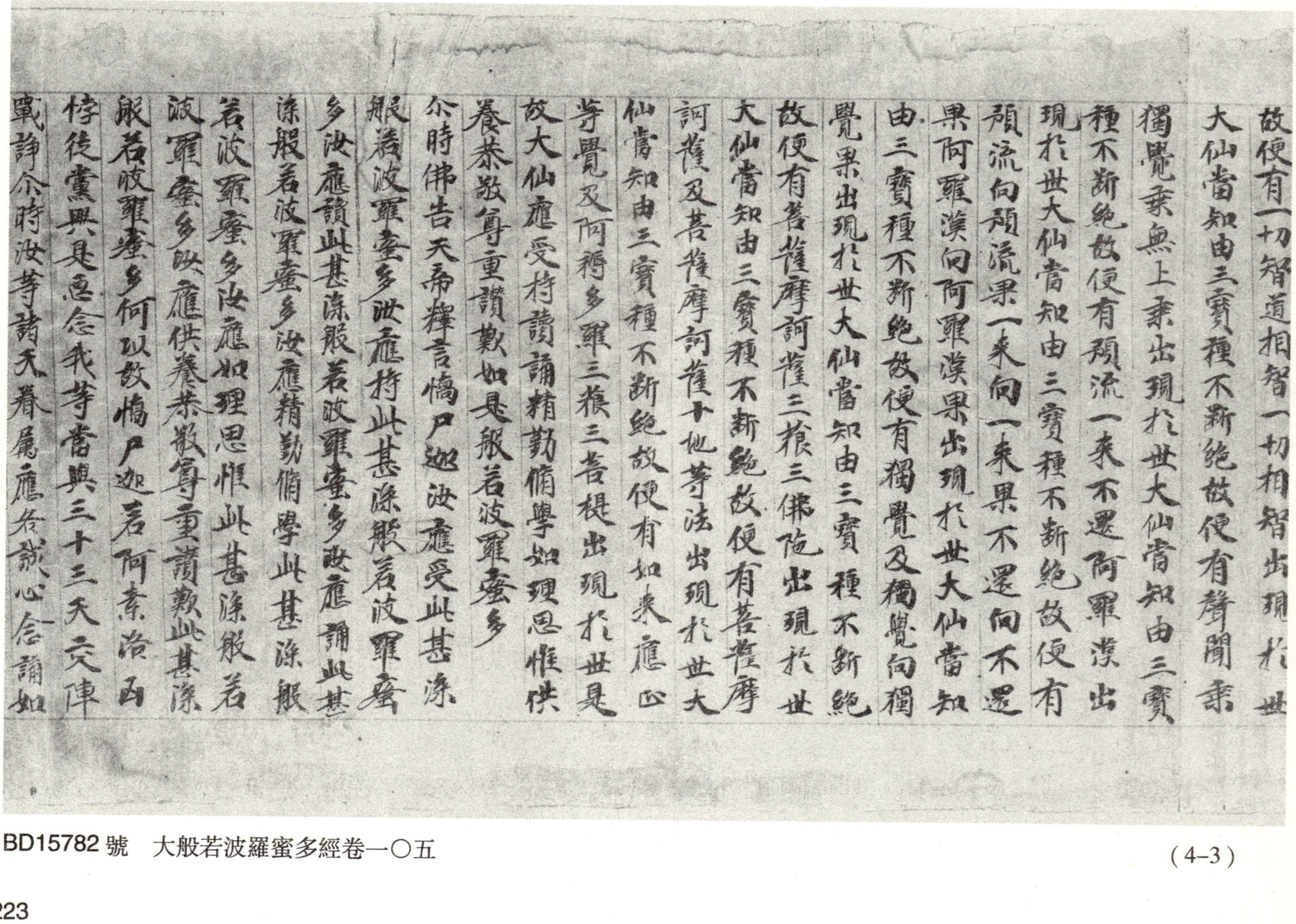
故便有一切智道相智一切相智出現於世
大仙當知由三寶種不斷絕故便有聲聞乘
獨覺乘無上乘出現於世大仙當知由三寶
種不斷絕故便有預流一來不還阿羅漢出
現於世大仙當知由三寶種不斷絕故便有
預流向預流果一來向一來果不還向不還
果阿羅漢向阿羅漢果出現於世大仙當知
由三寶種不斷絕故便有獨覺及獨覺向獨
覺果出現於世大仙當知由三寶種不斷絕
故便有菩薩摩訶薩三藐三佛陀出現於世
大仙當知由三寶種不斷絕故便有菩薩摩
訶薩及菩薩摩訶薩十地等法出現於世大
仙當知由三寶種不斷絕故便有如來應正
等覺及阿耨多羅三藐三菩提出現於世是
故大仙應受持讀誦精勤修學如理思惟供
養恭敬尊重讚歎如是般若波羅蜜多
尒時佛告天帝釋言憍尸迦汝應受此甚深
般若波羅蜜多汝應持此甚深般若波羅蜜
多汝應讀此甚深般若波羅蜜多汝應誦此甚
深般若波羅蜜多汝應精勤修學此甚深般
若波羅蜜多汝應如理思惟此甚深般若
波羅蜜多汝應供養恭敬尊重讚歎此甚深
般若波羅蜜多何以故憍尸迦若阿素洛兇
悖徒黨興是惡念我等當與三十三天交陣
戰諍尒時汝等諸天眷屬應各誠心念誦如

BD15782 號　大般若波羅蜜多經卷一〇五　　（4–3）

多汝應讀此甚深般若波羅蜜多汝應誦此甚
深般若波羅蜜多汝應精勤脩學此甚深般
若波羅蜜多汝應如理思惟此甚深般若
波羅蜜多汝應供養恭敬尊重讚歎此甚深
般若波羅蜜多何以故憍尸迦若阿素洛兩
悖徒黨興是惡念我等當與三十三天交陣
戰諍尒時汝等諸天眷屬應各誠心念誦如
是甚深般若波羅蜜多供養恭敬尊重讚歎
時阿素洛兩悖徒黨惡心即滅不復更生憍
尸迦若諸天子或諸天女五衰相現其心驚
惶恐復惡趣尒時汝等諸天眷屬應住其前
至心念誦如是般若波羅蜜多時諸天子
或諸天女聞是般若波羅蜜多善根力故於
此般若波羅蜜多生淨信故五衰相沒身意
泰然設復命終還生本處受天富樂倍勝於
前何以故憍尸迦聞信般若波羅蜜多功德
威力甚廣大故憍尸迦若善男子善女人等
或諸天子及諸天女由此般若波羅蜜多一
經其耳善根力故決定當證阿耨多羅三藐
三何以故憍尸迦過去諸佛及諸弟子
若波羅蜜多已證無上正

BD15782 號　大般若波羅蜜多經卷一〇五　　（4–4）

无難見而易行……生死之源人之受
炁而有十三生命之應終而歸十三死故天
關為離合之細七元為生死之根脩學高上
求仙念真而不知閉死炁於鬼戶度生炁於
人門得見此道則不死之根求仙念真而不知閉死
昇玄經昇玄經炁於鬼戶度生炁於人門得見此道
道陵曰夫人之所願以生年為貴人之所惡以
死終為賤豈不㒷乎天地平正以生賞善以
死罰惡道陵曰夫人之所願似生年為
真誥死罰惡道陵曰夫人之所願似生年為賞善
青童大君曰欲殖滅渡報當拔生死階沉吟
隨九泉但坐惜形骸青童大君曰欲太虛真
太虛真人曰觀神載形時亦如車從馬車敗
馬奔六叅連一時假衰壯莫識此但是借風
火種罪天因上受毒地獄下火種罪天因上受
西城真人曰神為渡形舟篝岸當別去形非
神常宅神非形常載能廻生死輪但甞心猶

BD15783 號　道教經鈔（擬）　　（2–1）

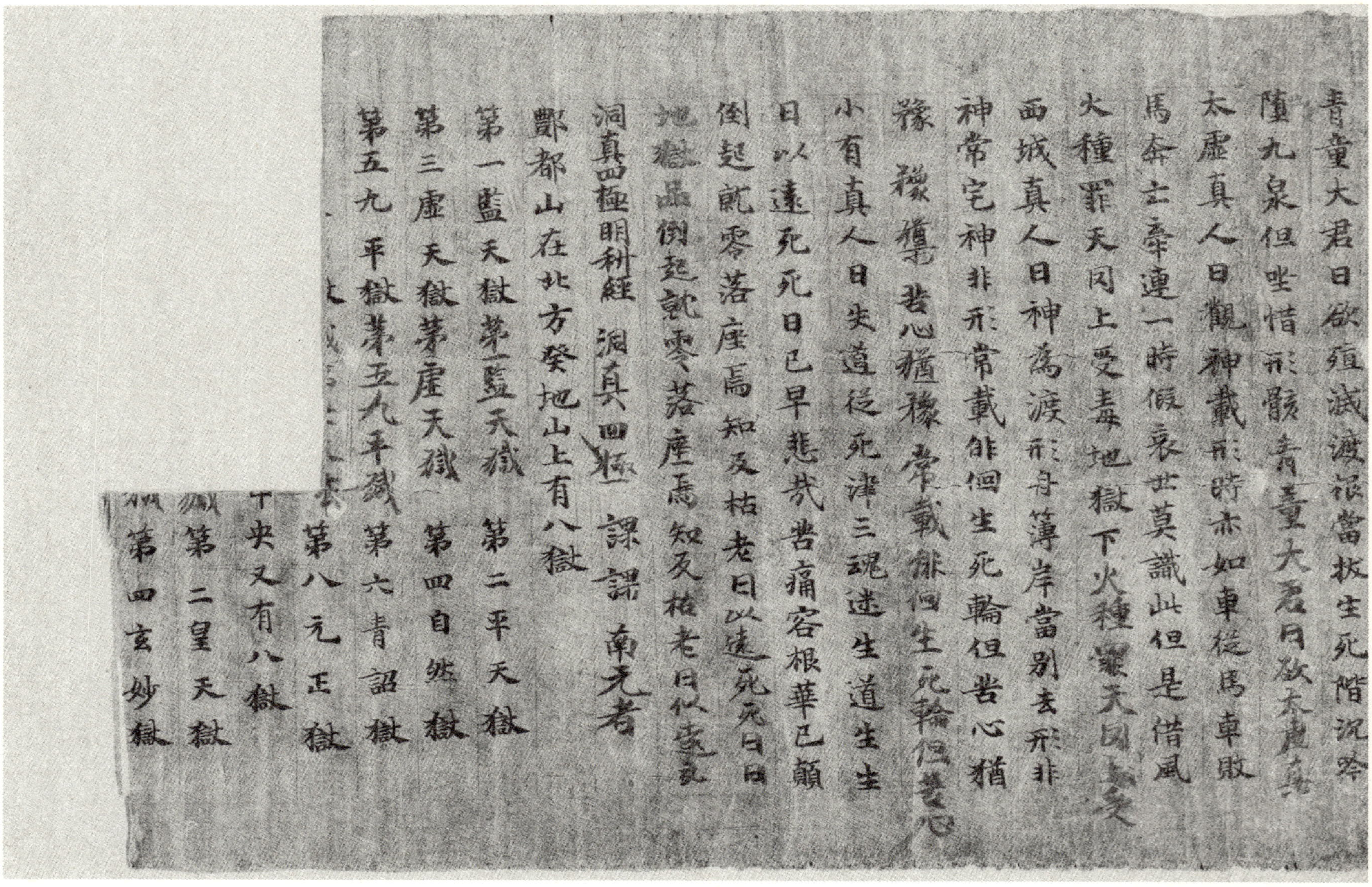
青童大君曰欲殖滅渡祕當拔生死階況參
墮九泉但坐惜形骸青童大君曰欲太虛真
太虛真人曰觀神載形時亦如車從馬車敗
馬奔亡牽連一時假衣世莫識此但是借風
火種罪天冈上受毒地獄下火種罪天冈上受
西城真人曰神為渡形舟簿岸當別去形非
神常宅神非形常載非佪生死輪但苦心猶
豫豫集苦心猶豫常載非佪生死輪但苦心
小有真人曰失道從死津三魂迷生道生生
日以遠死死日已早悲哉苦痛容根華已顛
倒起就零落座焉知反枯老日以遠死死日日
地獄品倒起就零落座焉知反枯老日以遠死
洞真四極明科經　洞真四極　課課　南无者
酆都山在北方癸地山上有八獄
第一藍天獄第一藍天獄　第二平天獄
第三虛天獄第三虛天獄　第四自然獄
第五九平獄第五九平獄　第六青詔獄
第八元正獄
中央又有八獄
獄　第二皇天獄
獄　第四玄妙獄

BD15783 號　道教經鈔（擬）　（2–2）

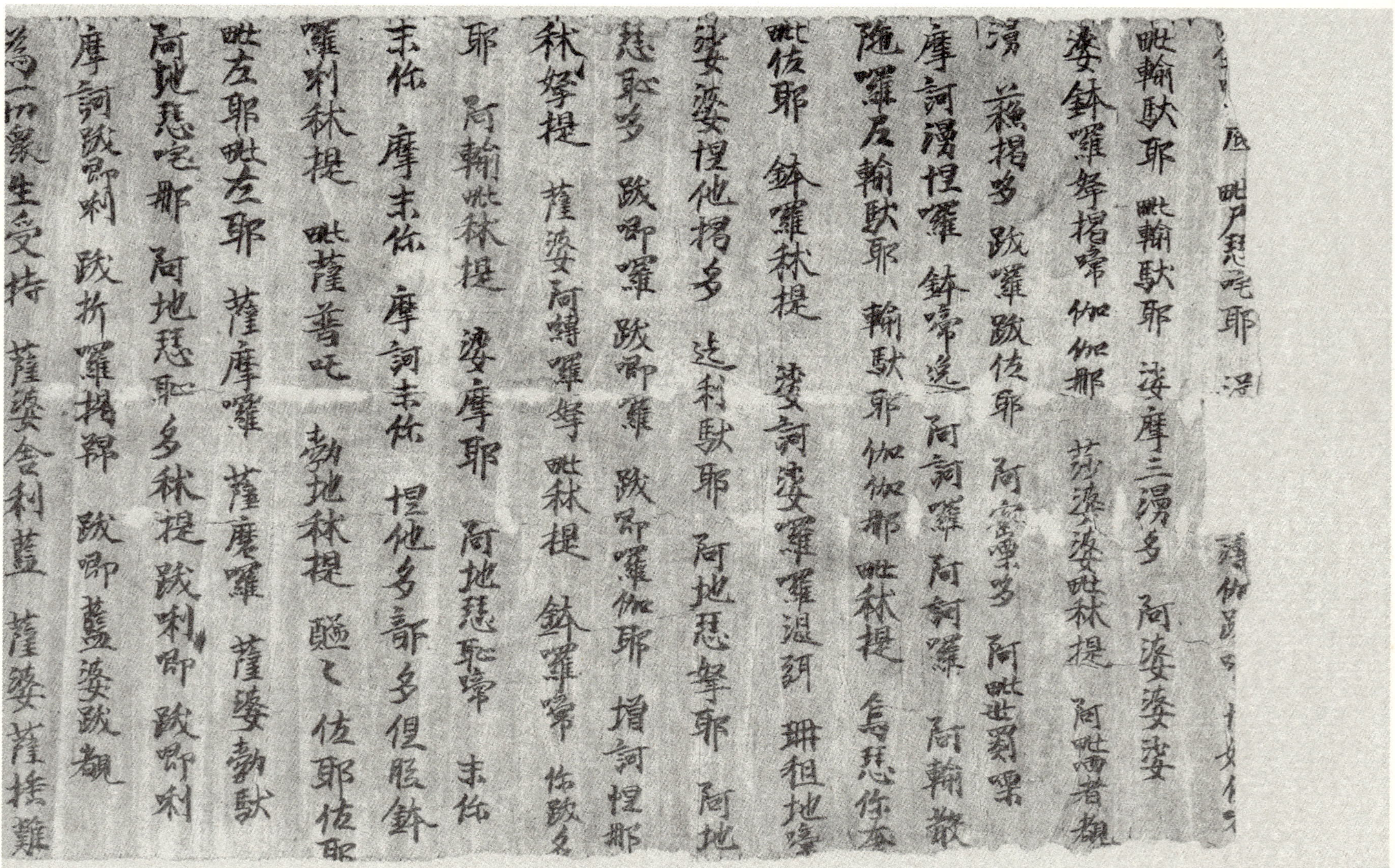
囉　毗尸瑟咤耶　淨　薩伽　如
毗輸馱耶　毗輸馱耶　娑摩三漫多　阿婆婆娑
娑鉢囉拏揭帝伽伽那　莎婆婆毗秫提　阿毗西者都
漫　薩揭多　跋囉跋佐耶　阿蜜㗚多　阿毗世罰罩
摩訶漫怛囉　鉢帝迷　阿訶囉　阿訶囉　阿輸散
陁囉尼輸馱耶　輸馱耶　伽伽那　毗秫提　烏瑟你沙
毗佐耶　鉢囉秫提　娑訶娑囉囉涅頭　珊祖地帝
娑婆婆怛他揭多　迷利馱耶　阿地瑟拏耶　阿地
瑟恥多　跋吶囉　跋吶囉　跋吶囉伽耶　增訶怛那
秫拏提　薩婆阿轉囉拏　毗秫提　鉢囉帝　你跋多
耶　阿輸毗秫提　婆摩耶　阿地瑟恥帝　末你
末你　摩末你　摩訶末你　怛他多部多但胝鉢
囉利秫提　毗薩普吒　勃地秫提　䟦䟦　佐耶佐耶
毗佐耶毗佐耶　薩摩囉　薩摩囉　薩婆勃馱
阿地瑟咤那　阿地瑟恥多秫提　跋剛吶　跋吶剛
摩訶跋吶剛　跋折囉揭鞞　跋吶藍婆跋覩
為一切眾生受持　薩婆舍利藍　薩婆薩怛難

BD15783 號背　頂尊勝陀羅尼咒（擬）　（2–1）

嚩唎秫提　唵薩普吽　孛地秫提

唵左耶唵左耶　薩摩囉　薩摩囉　薩婆勃馱
阿地瑟吒那　阿地瑟耻多秫提　跋唎啝　跋啝唎
摩訶跋啝唎　跋折囉羯羅　跋啝藍婆跋覩
為一切衆生受持　薩婆舍利藍　薩婆薩揺難
佐迦耶　鉢唎秫啼　薩婆都　名婆馱　薩婆
揭啼鉢唎秫提　薩婆怛他薩多　失者濕
三摩税　婆濵覩　某弟某弟　步陁耶　唵步陁
唵步陁耶　三濕多　鉢唎秫提　薩婆怛他薩多
迮唎馱耶　阿地瑟吒那　阿地瑟耻啼　摩訶淡
怛唎婆訶　福圖寫呪

BD15783 號背　頂尊勝陀羅尼咒（擬）　（2–2）

見阿閦佛品第十二
尒時世尊問維摩詰汝欲見如來為以何等
觀如來乎維摩詰言如自觀身實相觀佛亦
然我觀如來前際不來後際不去今則不住
不觀色不觀色如不觀色性不觀受想行識
不觀識如不觀識性非四大起同於虛空六
入无積眼耳鼻舌身心已過不在三界三垢
已離順三脫門三明與无明等不一相不異
相不自相不他相非无相非取相不此岸不
彼岸不中流雖教化衆生而觀寂滅亦不永
滅不此不彼不以此不以彼不可以智知不
可以識識无晦无明无名无相无強无弱非
淨非穢不在方不離方非有為非无為无示
无說不施不慳不戒不犯不忍不喜不進不
怠不定不亂不智不愚不誠不欺不來不去
不出不入一切言語道斷非福田非不福田
非應供養非不應供養非取非捨非有相非

BD15784 號　維摩詰所說經卷下　（3–1）

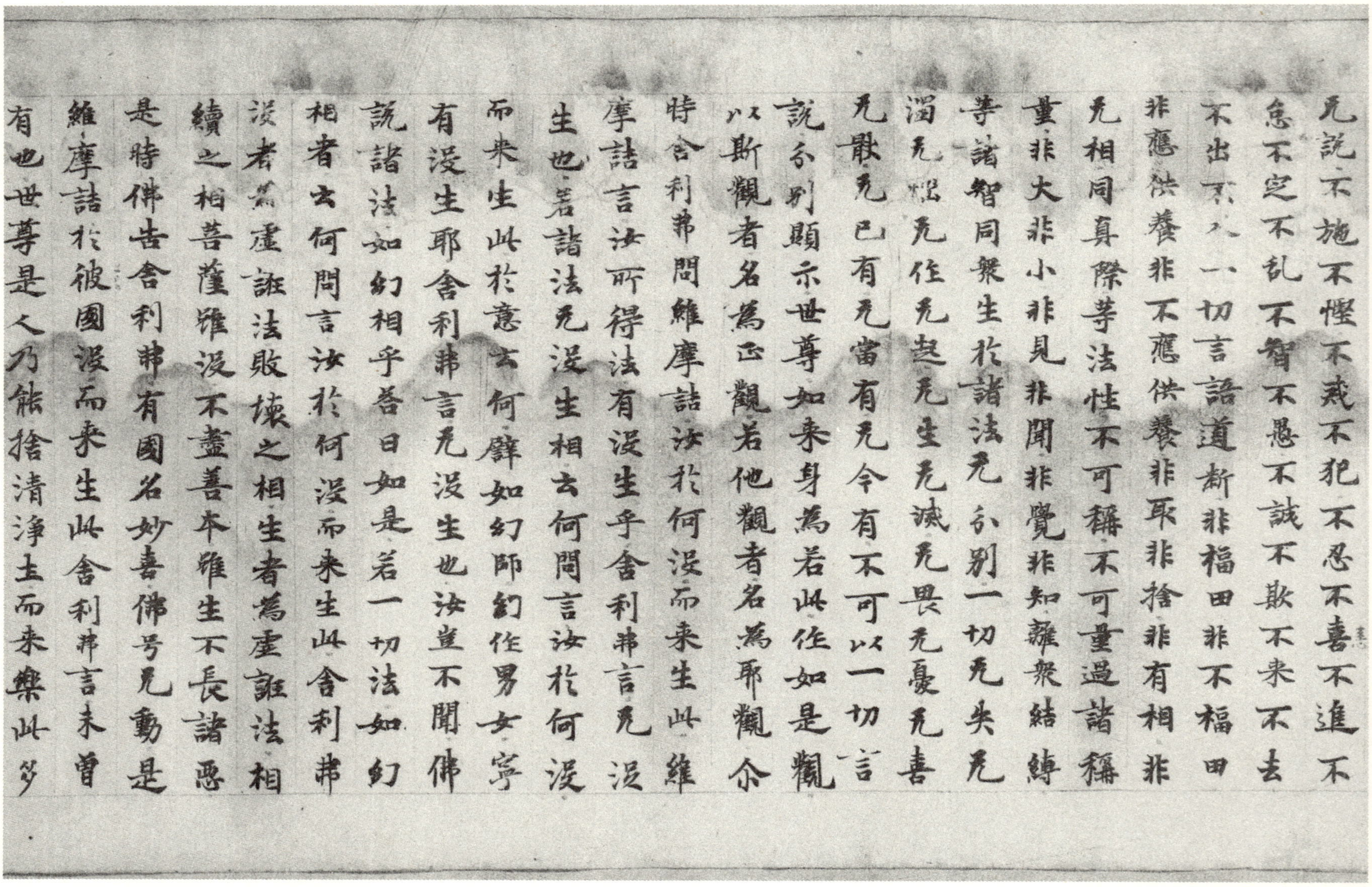

无說不施不慳不戒不犯不忍不恚不進不
怠不定不亂不智不愚不誠不欺不來不去
不出不入一切言語道斷非福田非不福田
非應供養非不應供養非取非捨非有相非
无相同真際等法性不可稱不可量過諸稱
量非大非小非見非聞非覺非知離衆結縛
等諸智同衆生於諸法无分別一切无失无
濁无惱无作无起无生无滅无畏无憂无喜
无猒无已有无當有无今有不可以一切言
說分別顯示世尊如來身爲若此作如是觀
以斯觀者名爲正觀若他觀者名爲耶觀尒
時舍利弗問維摩詰汝於何沒而來生此維
摩詰言汝所得法有沒生乎舍利弗言无沒
生也若諸法无沒生相云何問言汝於何沒
而來生此於意云何譬如幻師幻作男女寧
有沒生耶舍利弗言无沒生也汝豈不聞佛
說諸法如幻相乎答曰如是若一切法如幻
相者云何問言汝於何沒而來生此舍利弗
沒者爲虛誑法敗壞之相生者爲虛誑法相
續之相菩薩雖沒不盡善本雖生不長諸惡
是時佛告舍利弗有國名妙喜佛号无動是
維摩詰於彼國沒而來生此舍利弗言未曾
有也世尊是人乃能捨清淨土而來樂此多

BD15784 號　維摩詰所說經卷下　（3–2）

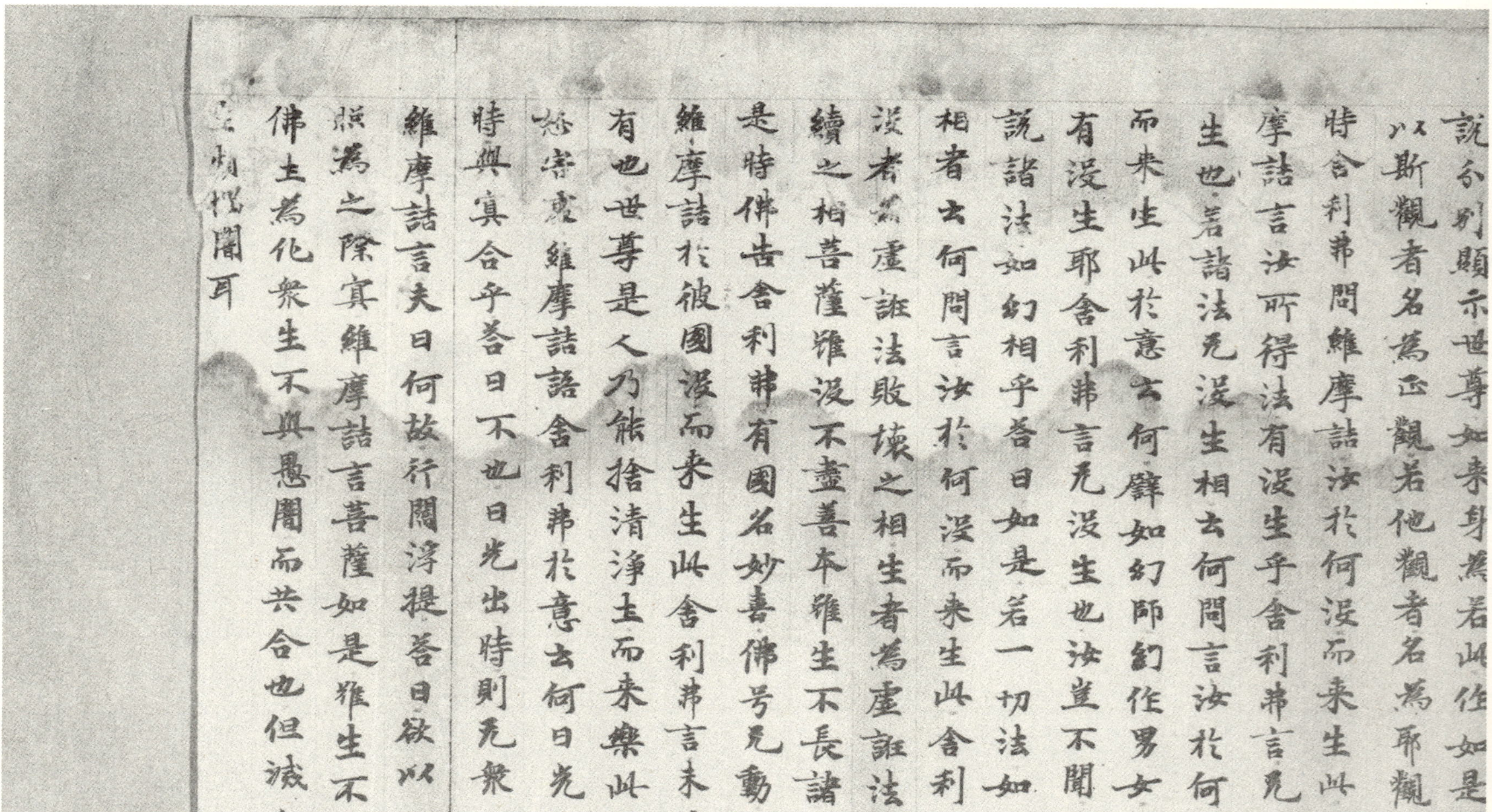

說分別顯示世尊如來身爲若此作如是觀
以斯觀者名爲正觀若他觀者名爲耶觀尒
時舍利弗問維摩詰汝於何沒而來生此維
摩詰言汝所得法有沒生乎舍利弗言无沒
生也若諸法无沒生相云何問言汝於何沒
而來生此於意云何譬如幻師幻作男女寧
有沒生耶舍利弗言无沒生也汝豈不聞佛
說諸法如幻相乎答曰如是若一切法如幻
相者云何問言汝於何沒而來生此舍利弗
沒者爲虛誑法敗壞之相生者爲虛誑法相
續之相菩薩雖沒不盡善本雖生不長諸惡
是時佛告舍利弗有國名妙喜佛号无動是
維摩詰於彼國沒而來生此舍利弗言未曾
有也世尊是人乃能捨清淨土而來樂此多
惱處維摩詰語舍利弗於意云何日光出
時與冥合乎答曰不也日光出時則无衆冥
維摩詰言夫日何故行閻浮提答曰欲以明
照爲之除冥維摩詰言菩薩如是雖生不淨
佛土爲化衆生不與愚闇而共合也但滅衆
生煩惱闇耳

BD15784 號　維摩詰所說經卷下　（3–3）

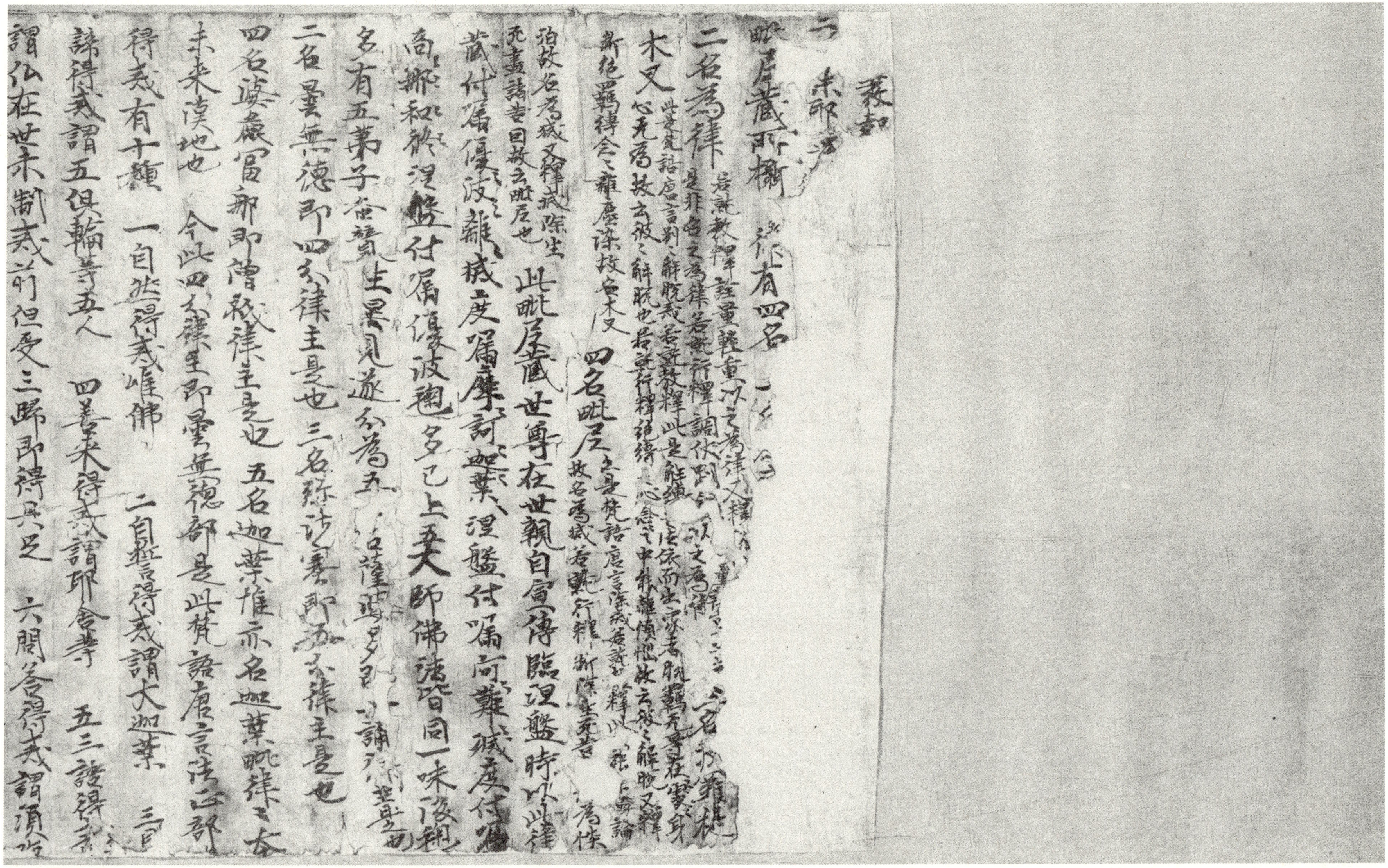

BD15785號　小抄　（2–1）

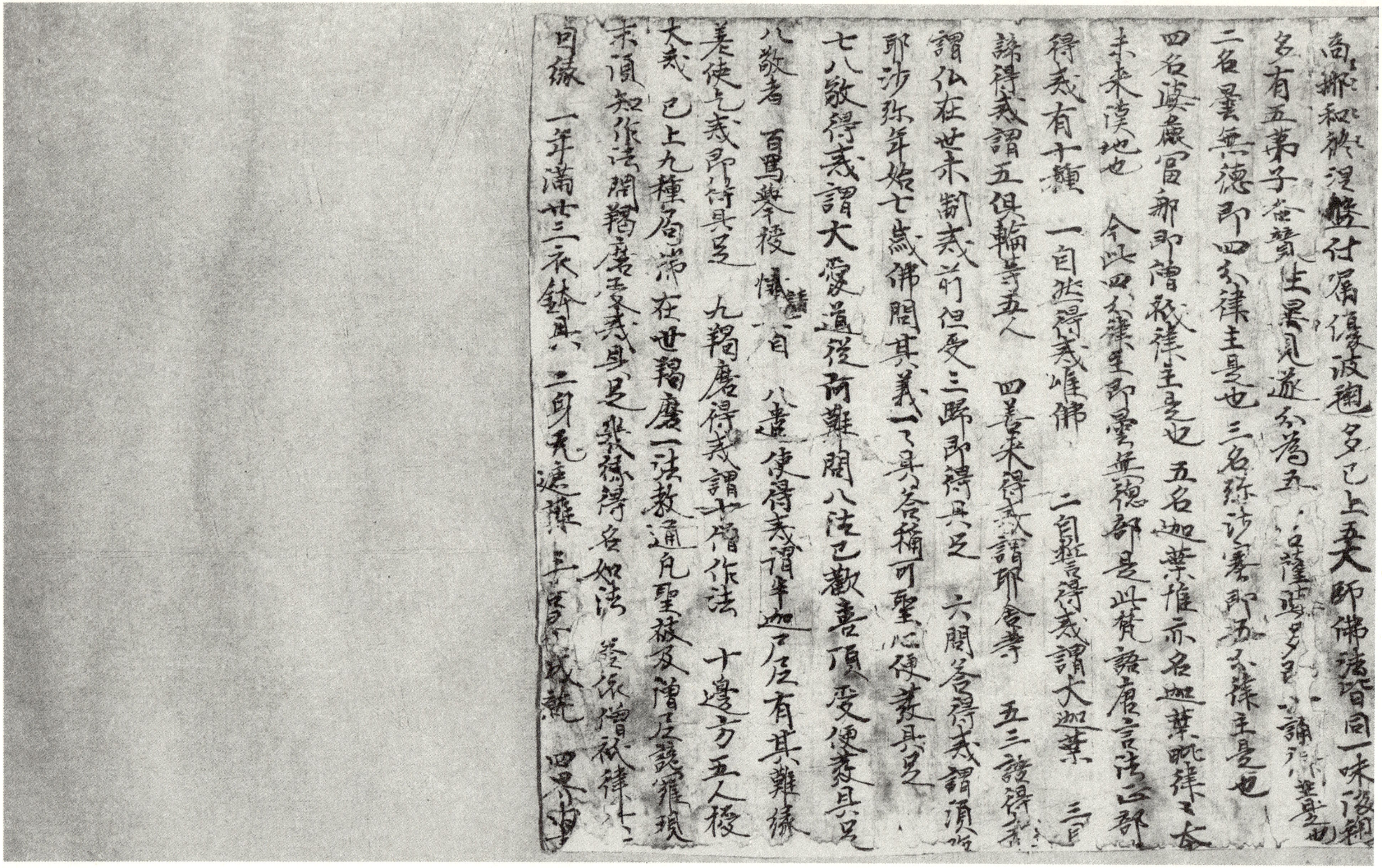
商那和修涅槃付屬優波毱多已上五大師佛法皆同一味後[illegible]
多有五弟子各贊生異見遂分爲五 一名薩婆多部[illegible]誦律主是也
二名曇無德即四分律主是也 三名彌沙塞即五分律主是也
四名婆麁富那即僧祇律主是也 五名迦葉維亦名迦葉毗律了本
未來漢地也 今此四分律主即曇無德部是此梵語唐言法正部
得戒有十種 一自然得戒唯佛 二自誓得戒謂大迦葉 三[illegible]
諦得戒謂五俱輪等五人 四善來得戒謂耶舍等 五三語得戒
謂佛在世未制戒前但受三歸即得具足 六問答得戒謂須陀
耶沙彌年始七歲佛問其義一一具答稱可聖心便發具足
七八敬得戒謂大愛道從阿難聞八法已歡喜頂受便發具足
八敬者 百歲[illegible]授 懺[illegible]一自 八遣使得戒謂半迦尸尼有其難緣
差使乞戒即得具足 九羯磨得戒謂十僧作法 十邊方五人授
大戒 已上九種爲佛在世羯磨一法教通凡聖該及僧尼說羅[illegible]
未須知作法開羯磨受戒具足 然後得名如法 答依僧祇律十三
問緣 一年滿廿 二衣鉢具 三身无遮難 三[illegible]成就 四界[illegible]

BD15785號　小抄　　　（2–2）

知明

天人師佛世尊度脫生老病死苦患此藥師
瑠璃光本所脩行菩薩道時發心自誓行十
二上願令一切衆生所求皆得
第一願者使我來世得作佛時自身光明
普照十方三十二相八十種好而自莊嚴令
一切衆生如我无異
第二願者使我自身猶如瑠璃內外明徹淨
无瑕穢妙色廣大功德巍巍安住十方如日
照世幽冥衆生悉蒙開曉
第三願者使我來世智慧廣大如海无窮
潤澤枯涸无量衆生普使蒙益悉令飽滿
无飢渴想甘食美膳悉持施與
第四願者使我來世佛道成就巍巍堂堂
如星中之月消除生死之雲令无有翳明照
世界行者見道熱得清涼解除垢穢
第五願者使我來世發大精進淨持戒地令

BD15786號　灌頂章句拔除過罪生死得度經　（3–1）

第四願者使我來世佛道成就巍巍堂堂
如星中之月消除生死之雲令无有翳明照
世界行者見道熱得清涼解除垢穢
第五願者使我來世發大精進淨持戒地令
无漏穢慎護所受令无缺犯亦令一切戒行
具足堅持不犯至无為道
第六願者若有衆生諸根毀壞盲者使視
聾者得聽瘂者能語僂者得申跛者能行
如是不完具者悉令具足
第七願者使我來世十方世界若有苦惱
无救護者我為此等設大法藥令諸疾病皆
得除愈无復苦患至得佛道
第八願者使我來世以善業因緣為諸愚冥
无量衆生講宣妙法令得度脫入智慧門普
使明了无諸疑惑
第九願者使我來世摧伏惡魔及諸外道顯
揚清淨无上道法使入正真无諸耶僻迴向
菩提八正覺路
第十願者使我來世若有衆生王法所加臨
當刑戮无量怖畏愁憂苦惱若復鞭撻枷
鏁其體種種恐懼逼切其身如是无量諸苦
惱等悉令解脫无有衆難
第十一願者使我來世若有衆生飢火所惱
令得種種甘美飲食天諸餚膳種種无數

BD15786號　灌頂章句拔除過罪生死得度經　（3–2）

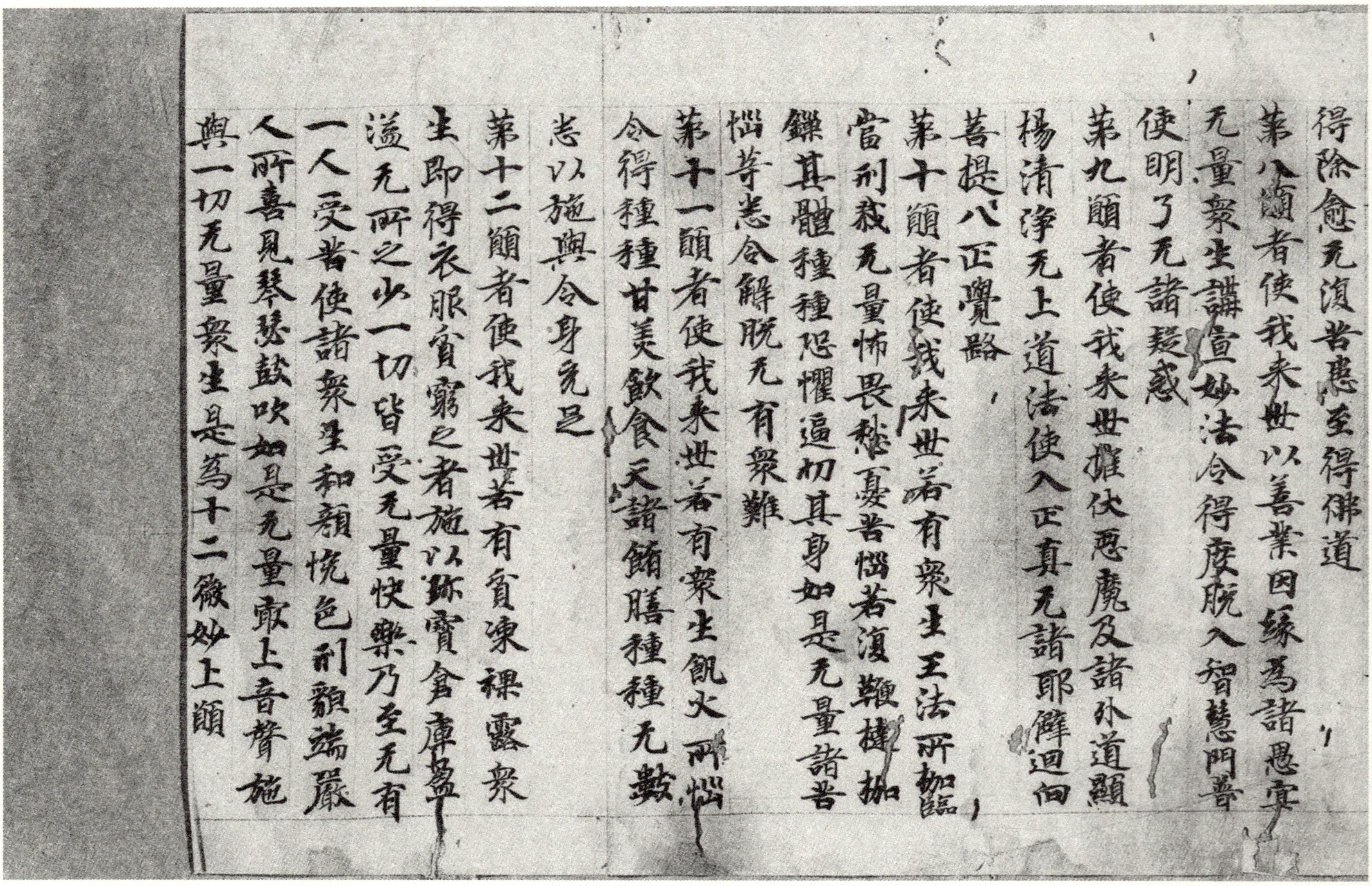
得除愈无復苦患至得佛道
第八願者使我來世以善業因緣為諸愚冥
无量衆生講宣妙法令得度脫入智慧門普
使明了无諸疑惑
第九願者使我來世摧伏惡魔及諸外道顯
揚清淨无上道法使入正真无諸耶僻迴向
菩提八正覺路
第十願者使我來世若有衆生王法所加臨
當刑戮无量怖畏愁憂苦惱若復鞭撻枷
鎖其體種種恐懼逼切其身如是无量諸苦
惱等悉令解脫无有衆難
第十一願者使我來世若有衆生飢火所惱
令得種種甘美飲食天諸餚膳種種无數
悉以施與令身充足
第十二願者使我來世若有貧凍裸露衆
生即得衣服貧窮之者施以珍寶倉庫盈
溢无所乏少一切皆受无量快樂乃至无有
一人受苦使諸衆生和顏悅色形貌端嚴
人所喜見琴瑟皷吹如是无量最上音聲施
與一切无量衆生是為十二微妙上願

BD15786 號　灌頂章句拔除過罪生死得度經　　（3–3）

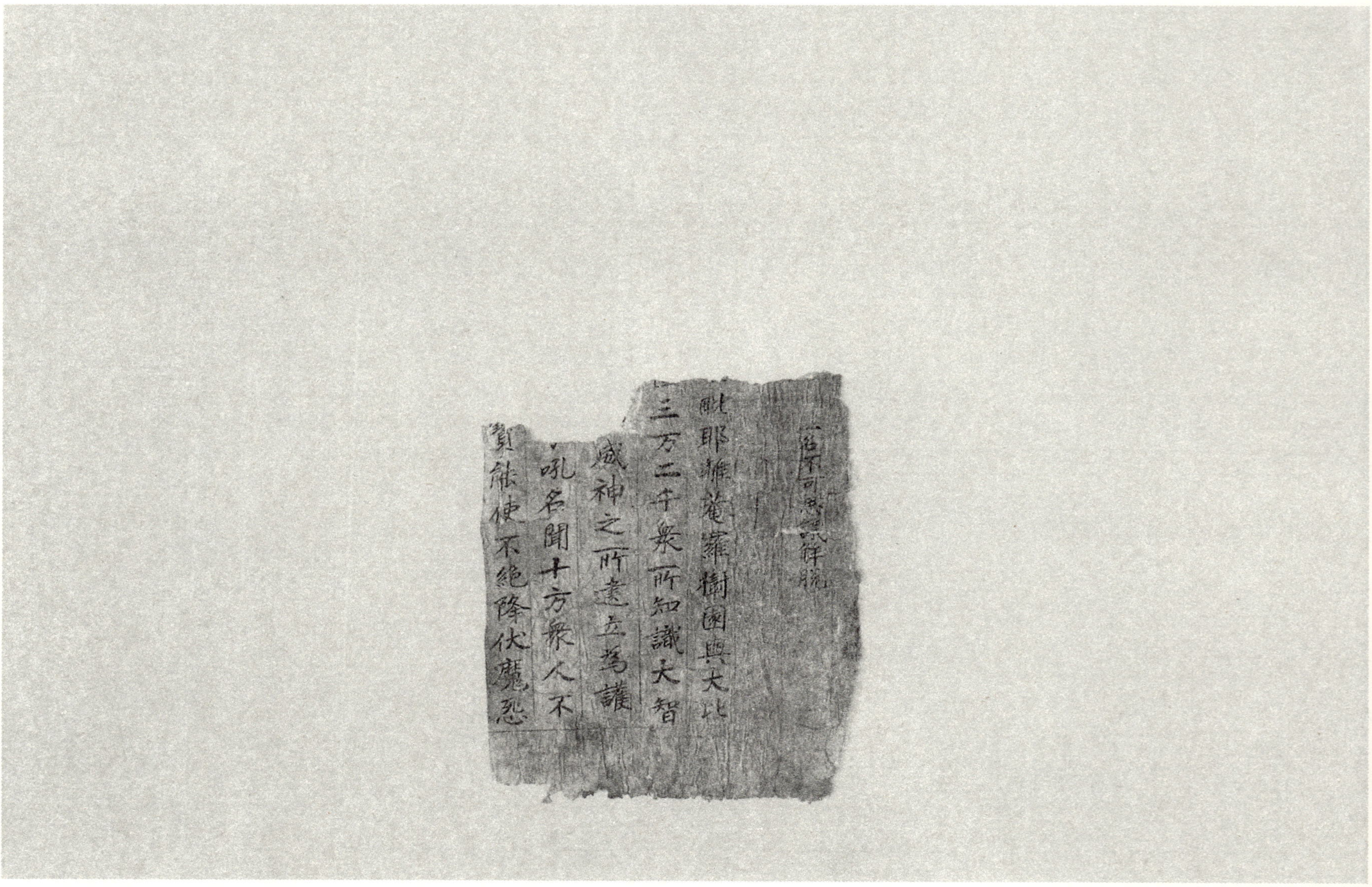
不可思議解脫
毗耶離菴羅樹園與大比
三万二千衆所知識大智
威神之所建立為護
吼名聞十方衆人不
賢能使不絕降伏魔怨

BD15787 號　維摩詰所說經卷上　　（1–1）

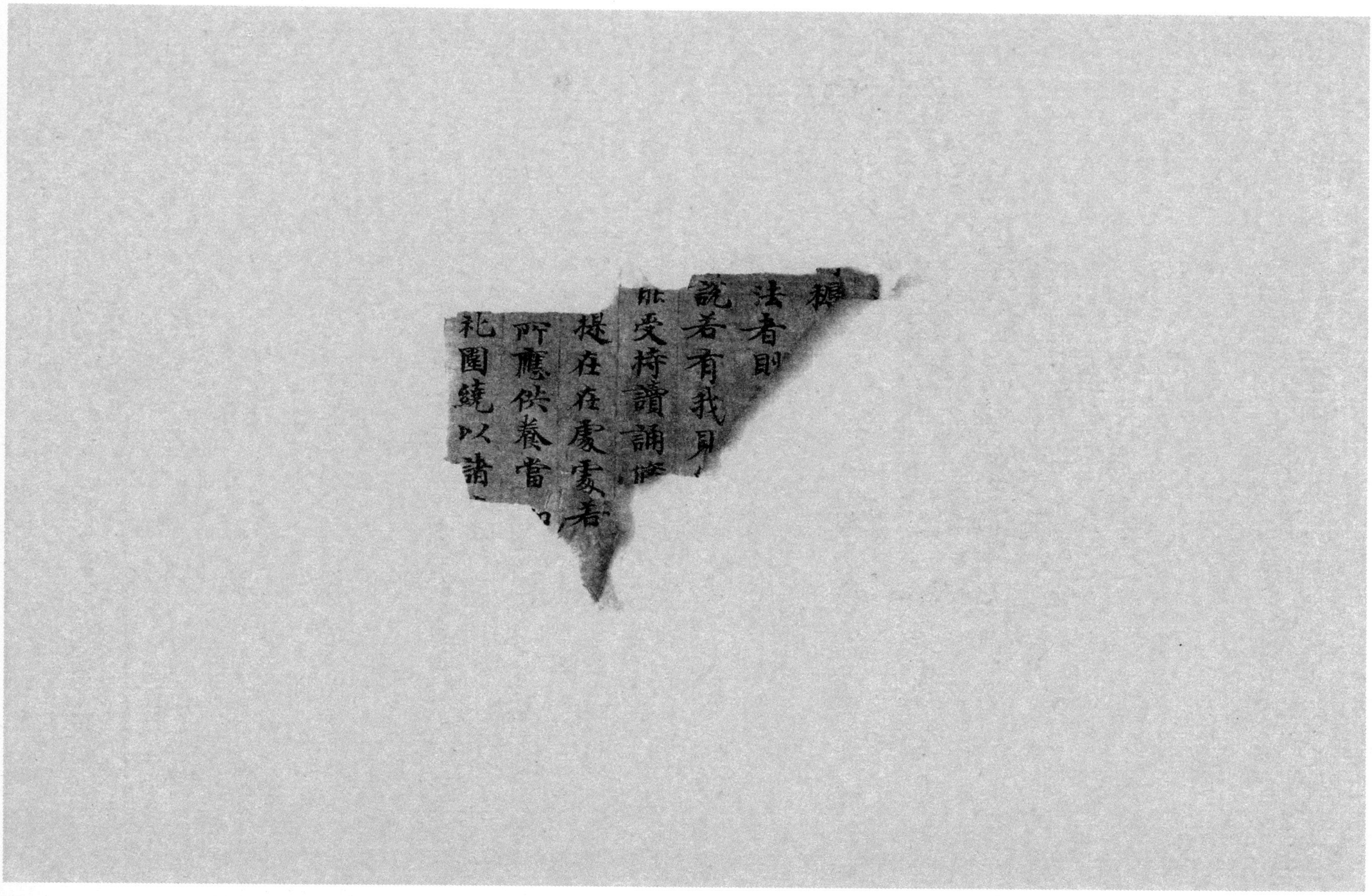

褥
法者則
說若有我見
能受持讀誦
提在在處處若
所應供養當
礼圍繞以諸

BD15789號　金剛般若波羅蜜經（菩提留支本）　　（1–1）

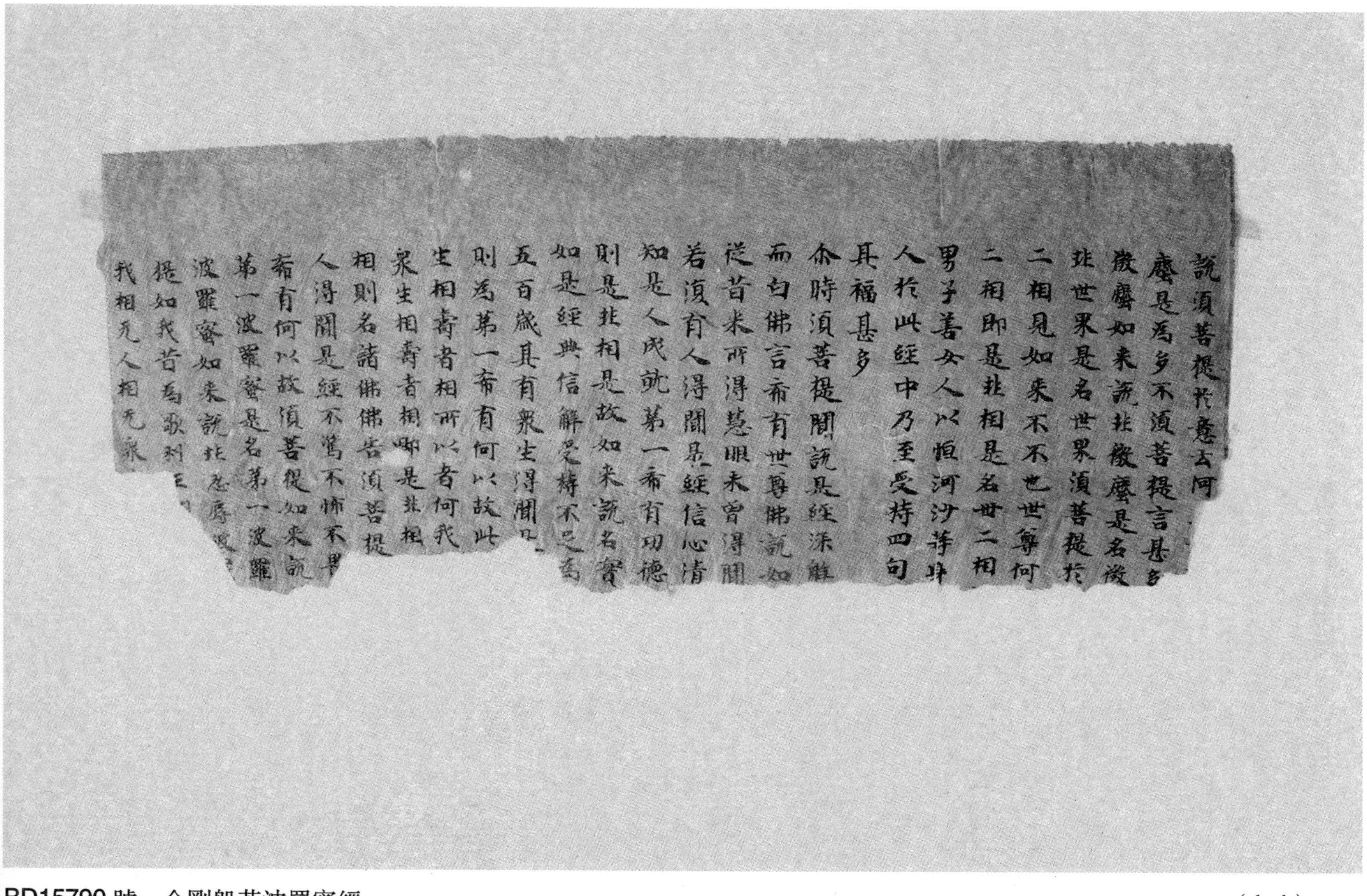

說須菩提於意云何
麼是為多不須菩提言甚多
微塵如來說非微塵是名微
非世界是名世界須菩提於
二相見如來不不也世尊何
二相即是非相是名卅二相
男子善女人以恒河沙等身
人於此經中乃至受持四句
其福甚多
尒時須菩提聞說是經深解
而白佛言希有世尊佛說如
從昔來所得慧眼未曾得聞
若復有人得聞是經信心清
知是人成就第一希有功德
則是非相是故如來說名實
如是經典信解受持不足為
五百歲其有眾生得聞是
則為第一希有何以故此
生相壽者相所以者何我
眾生相壽者相即是非相
相則名諸佛佛告須菩提
人得聞是經不驚不怖不畏
希有何以故須菩提如來說
第一波羅蜜是名第一波羅
波羅蜜如來說非忍辱波
提如我昔為歌利王
我相无人相无眾

BD15790號　金剛般若波羅蜜經　　（1–1）

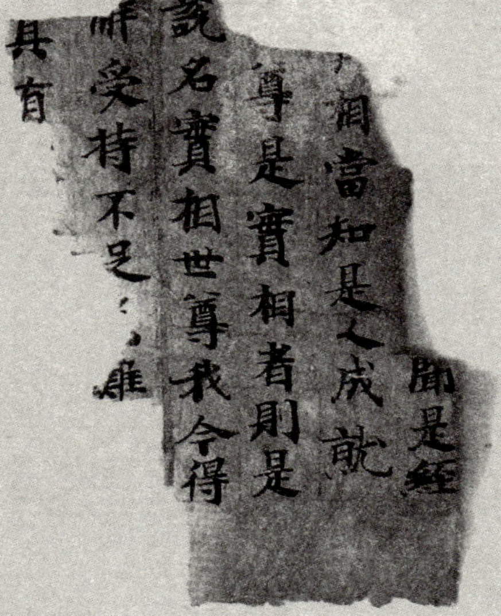

聞是經
聞當知是人成就
尊是實相者則是
說名實相世尊我今得
解受持不足為難
其有

BD15791 號　金剛般若波羅蜜經　　（1-1）

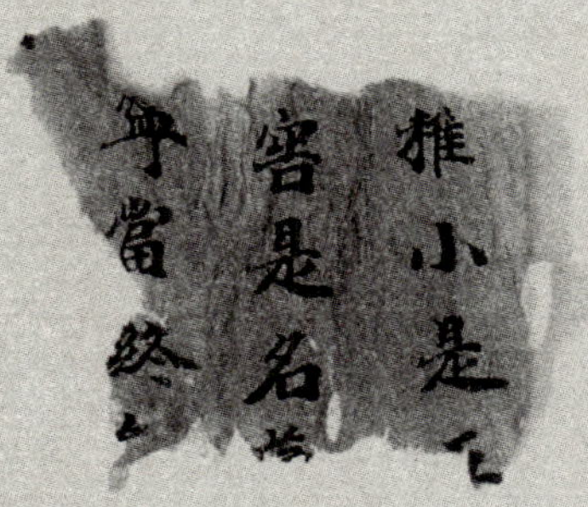

推小是
容是名
爭當終

BD15792 號　大般涅槃經卷二三　　（1-1）

BD15793 號　妙法蓮華經卷七　　（1–1）

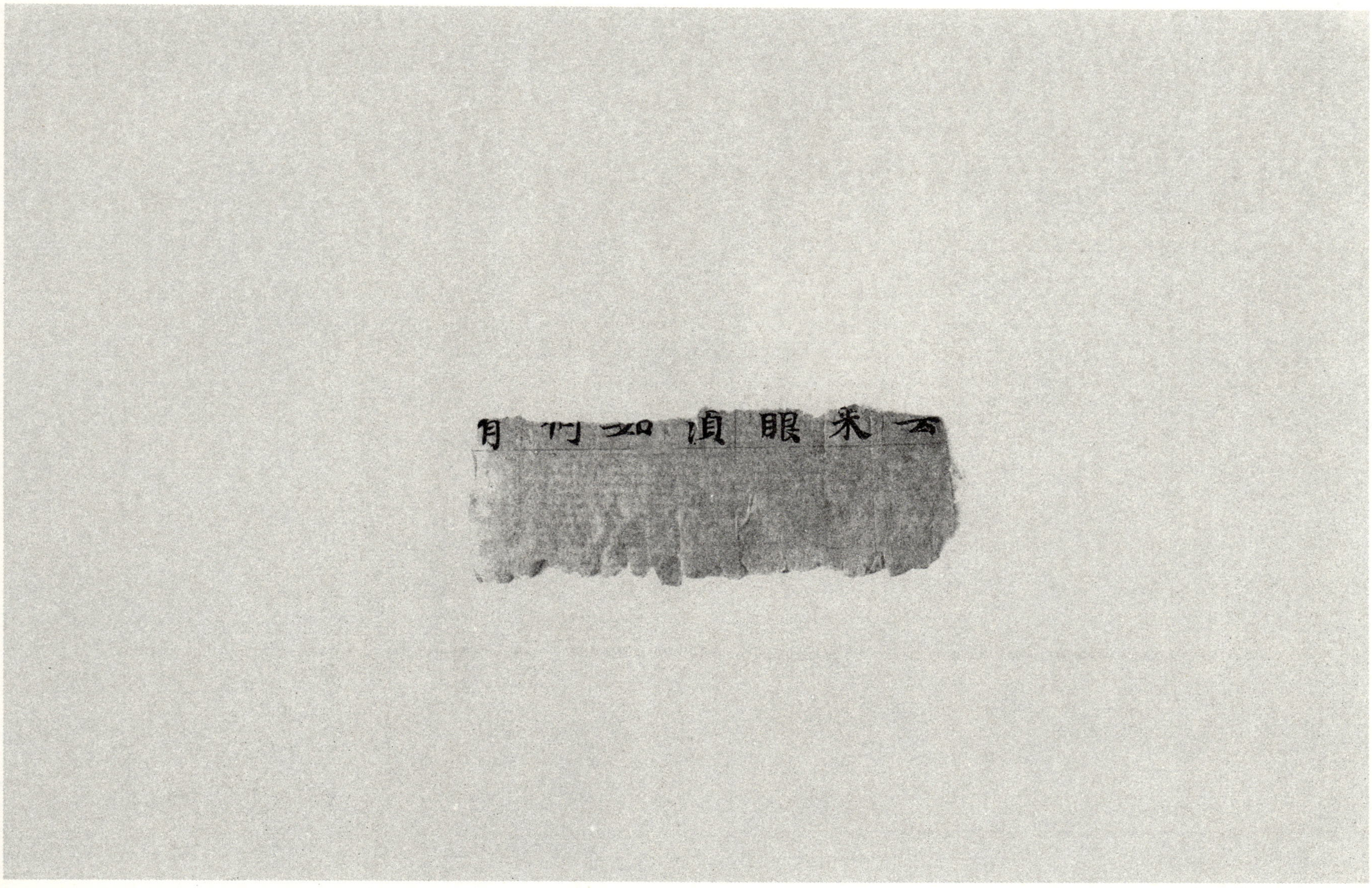

BD15794 號　金剛般若波羅蜜經　　（1–1）

BD15795 號　殘片（擬）　（1–1）

BD15796 號　金剛般若波羅蜜經　（1–1）

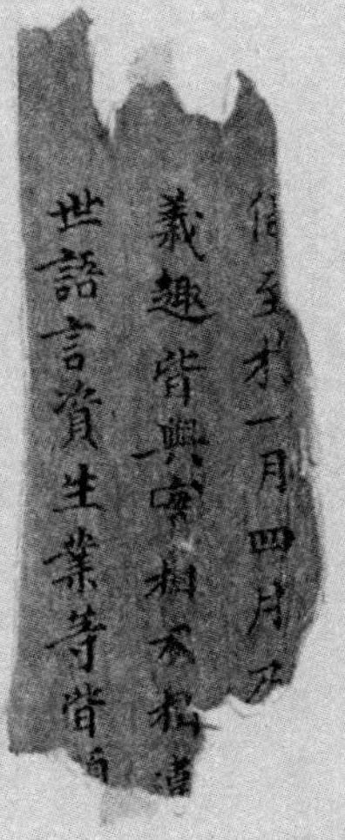

信至於一月四月乃
義趣皆與實相不相違背
世語言資生業等皆順

BD15797 號　妙法蓮華經卷六　（1–1）

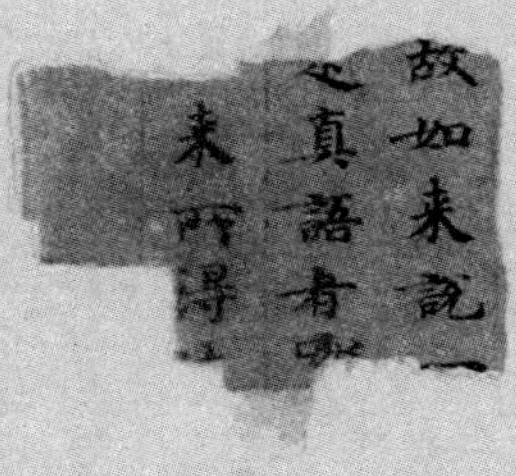

故如來說一
真語者實
來所得

BD15798 號　金剛般若波羅蜜經（菩提留支本）　（1–1）

BD15799 號　殘片（擬）　（1–1）

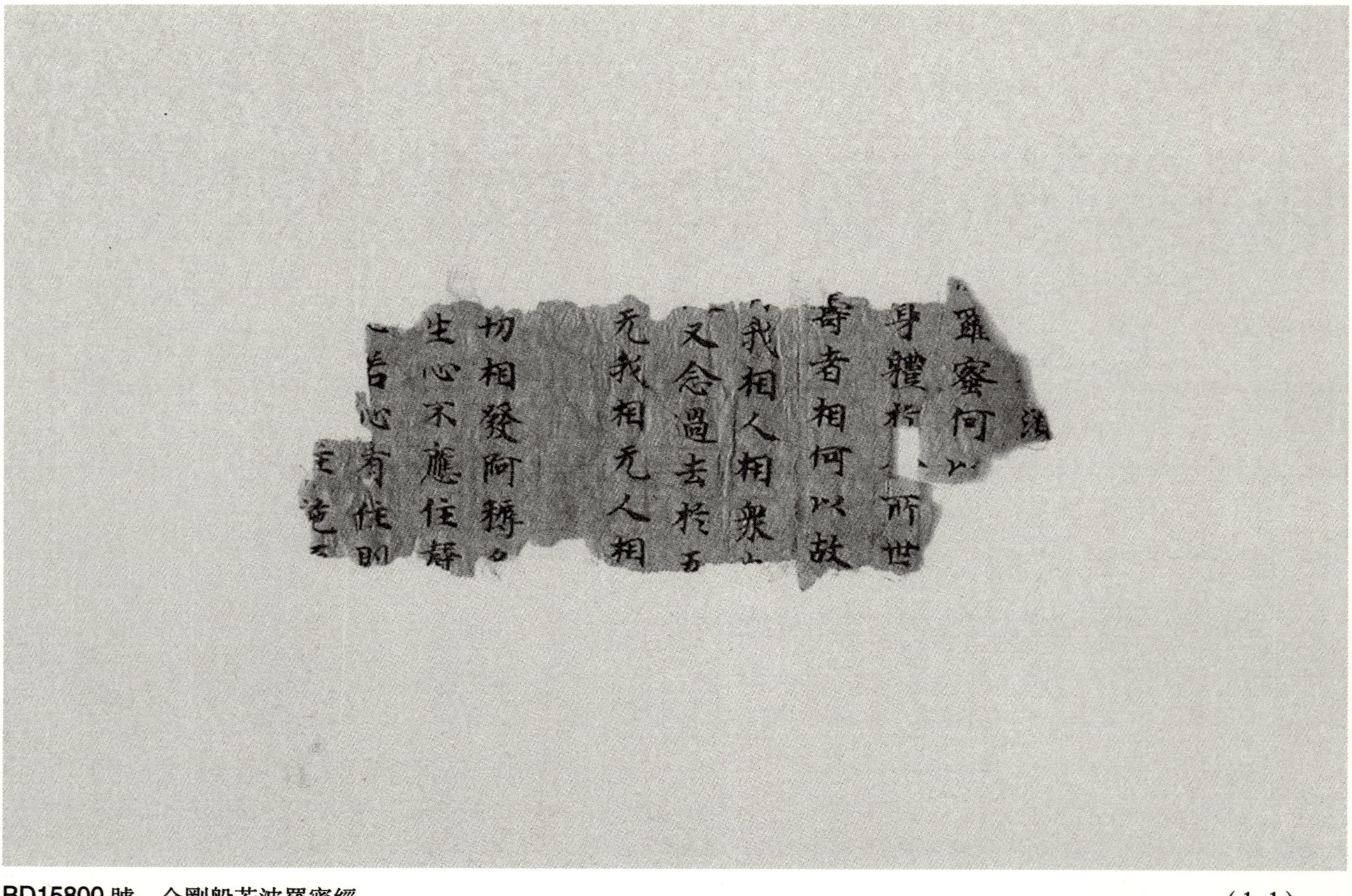

BD15800 號　金剛般若波羅蜜經　（1–1）

世尊是諸菩薩
須於後惡世護
摩訶薩於後惡世
師利若菩薩摩
安住四法一者安
衆生演說是經

BD15801 號　妙法蓮華經卷五　（1–1）

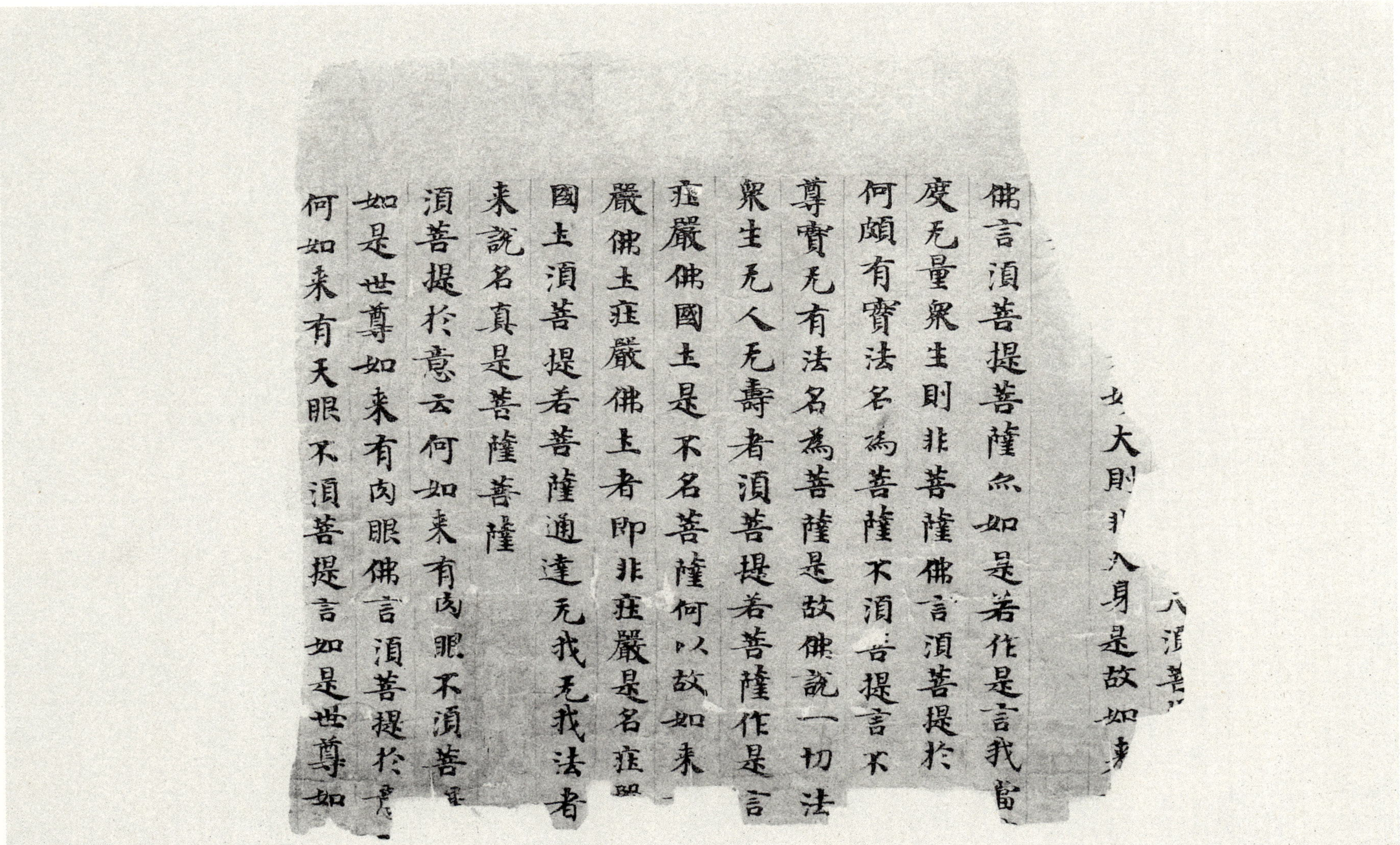
大須菩
如大則非大身是故如來
佛言須菩提菩薩亦如是若作是言我當
度无量衆生則非菩薩佛言須菩提於
何頗有實法名為菩薩不須菩提言不
尊實无有法名為菩薩是故佛說一切法
衆生无人无壽者須菩提若菩薩作是言
莊嚴佛國土是不名菩薩何以故如来
嚴佛土莊嚴佛土者即非莊嚴是名莊嚴
國土須菩提若菩薩通達无我无我法者
来說名真是菩薩菩薩
須菩提於意云何如来有肉眼不須菩提
如是世尊如来有肉眼佛言須菩提於意
何如来有天眼不須菩提言如是世尊如

BD15802 號　金剛般若波羅蜜經（菩提留支本）　（1–1）

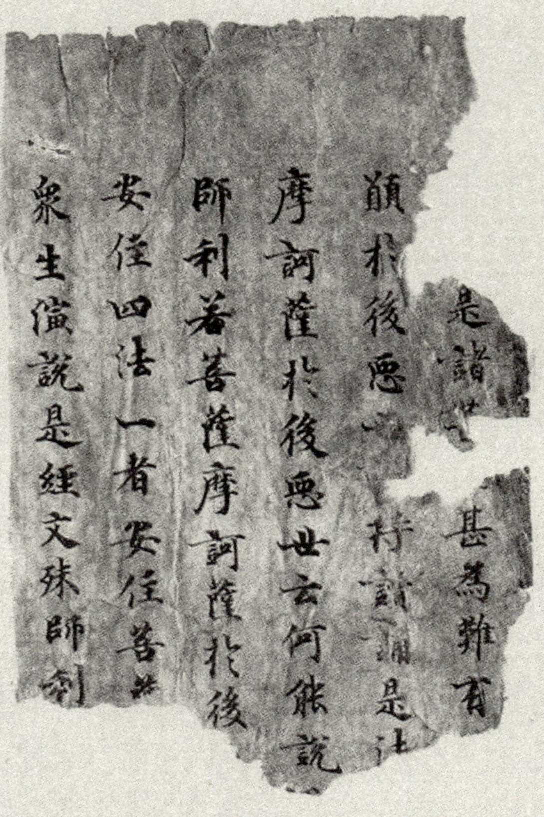

是諸……甚為難有
願於後悪……持讀誦是法
摩訶薩於後悪世云何能說
師利若菩薩摩訶薩於後
安住四法一者安住菩
衆生演說是經文殊師利

BD15803 號　妙法蓮華經卷五　（1–1）

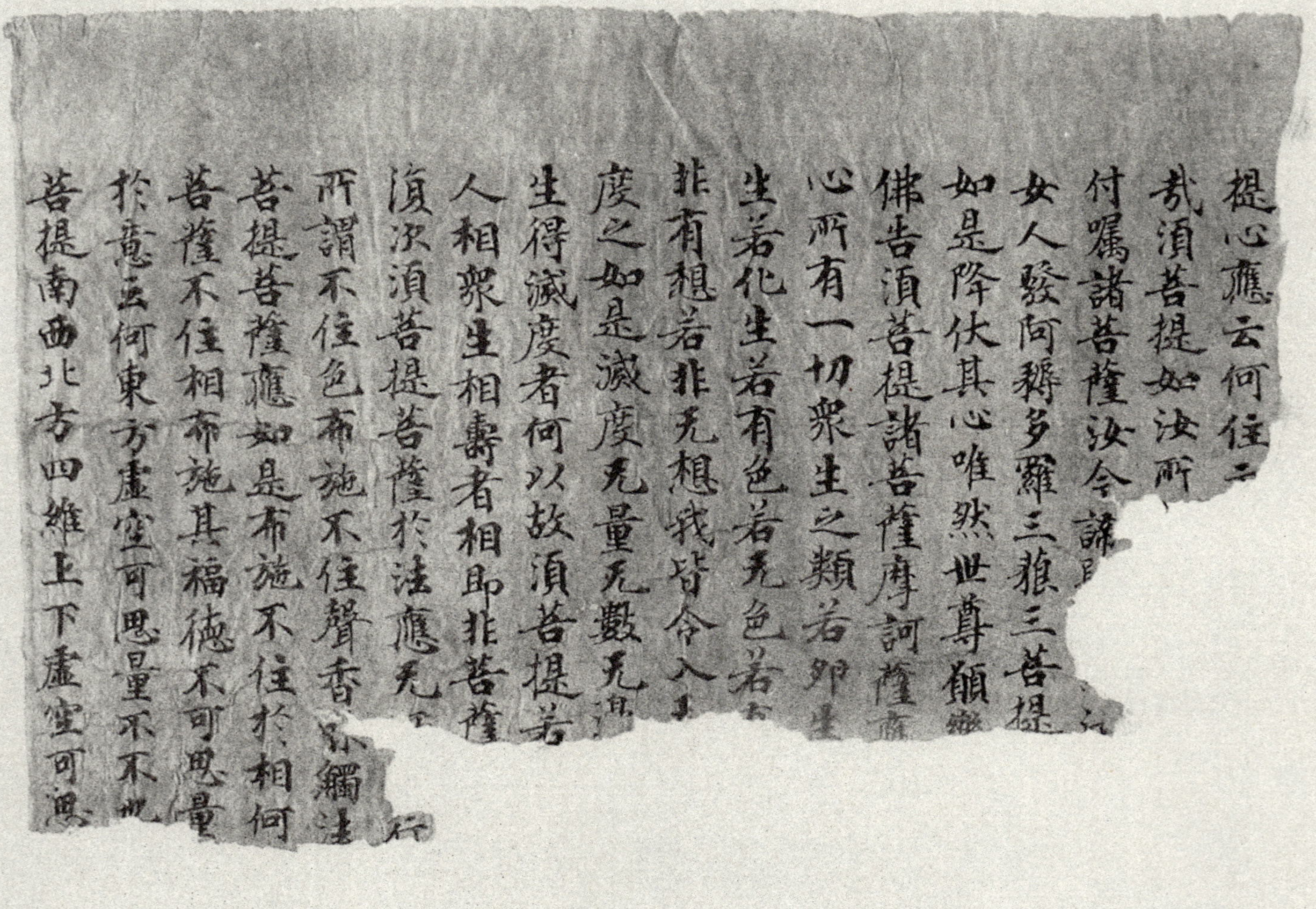

提心應云何住
哉須菩提如汝所
付囑諸菩薩汝今諦
女人發阿耨多羅三藐三菩提
如是降伏其心唯然世尊願
佛告須菩提諸菩薩摩訶薩
心所有一切衆生之類若卵生
生若化生若有色若无色若
非有想若非无想我皆令入
度之如是滅度无量无數无
生得滅度者何以故須菩提若
人相衆生相壽者相即非菩薩
復次須菩提菩薩於法應无……行
所謂不住色布施不住聲香味觸法
菩提菩薩應如是布施不住於相何
菩薩不住相布施其福德不可思量
於意云何東方虛空可思量不不
菩提南西北方四維上下虛空可思

BD15804 號　金剛般若波羅蜜經　（1–1）

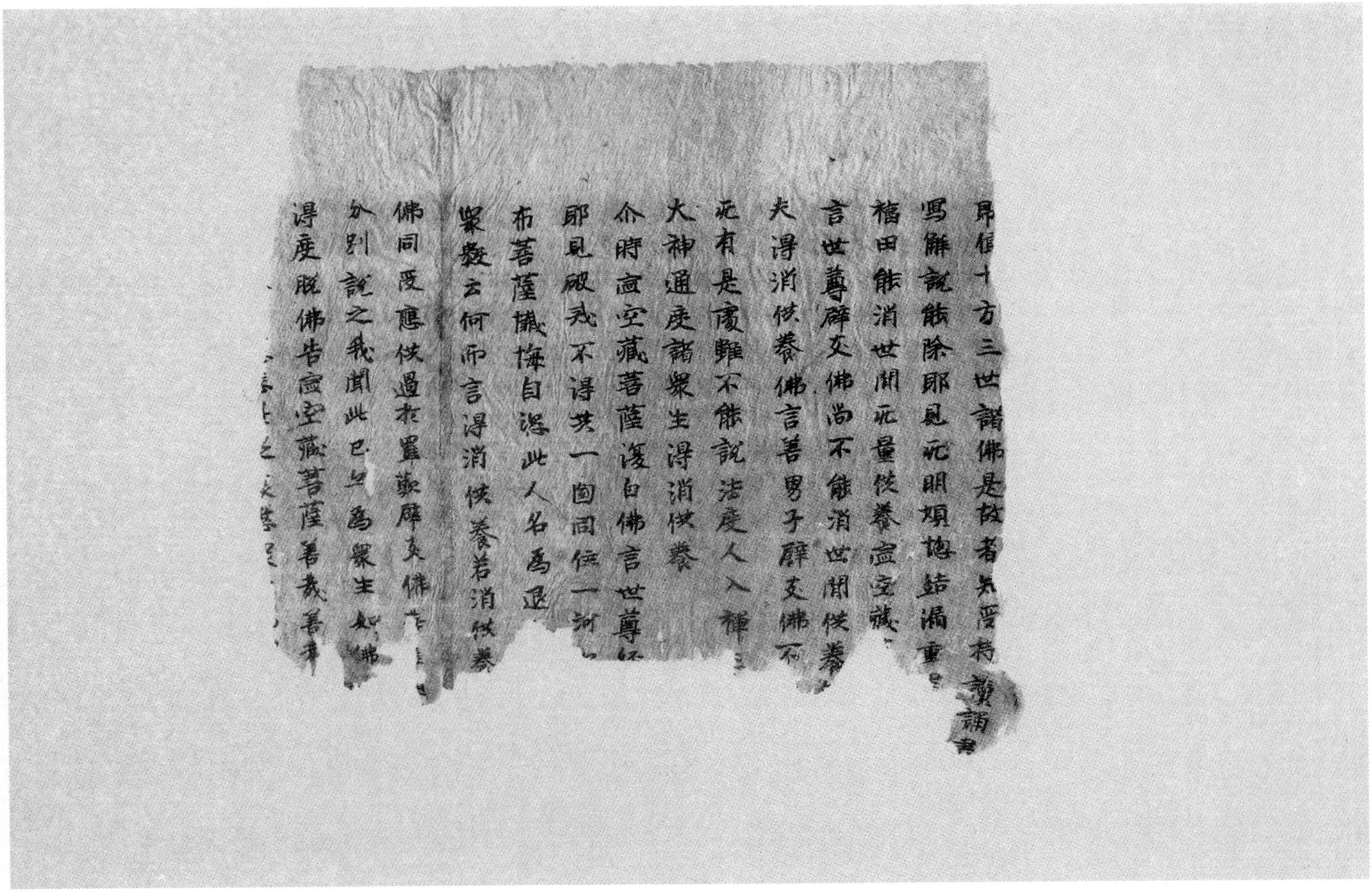

耶但十方三世諸佛是故若有受持讀誦者
寫解說能除耶見无明煩惱結漏重
福田能消世間无量供養虛空藏
言世尊辟支佛尚不能消世間供養
夫淂消供養佛言善男子辟支佛不
无有是處雖不能說法度人入禪
大神通度諸衆生淂消供養
尒時虛空藏菩薩復白佛言世尊
耶見破戒不淂共一國同住一河
布薩懺悔自恣此人名為退
衆數云何而言淂消供養若消供養
佛同受應供過於羅漢辟支佛
分別說之我聞此已為衆生如佛
淂度脫佛告虛空藏菩薩善哉善

BD15805號　大通方廣經卷中　　（1–1）

須菩提於意云何可以身相見如
世尊不可以身相得見如來何以故如來所
說身相即非身相佛告須菩提凡所有相皆
是虛妄若見諸相非相則見如來
須菩提白佛言世尊頗有衆生得聞如是言
章句生實信不佛告須菩提莫作是說如

BD15806號　金剛般若波羅蜜經　　（1–1）

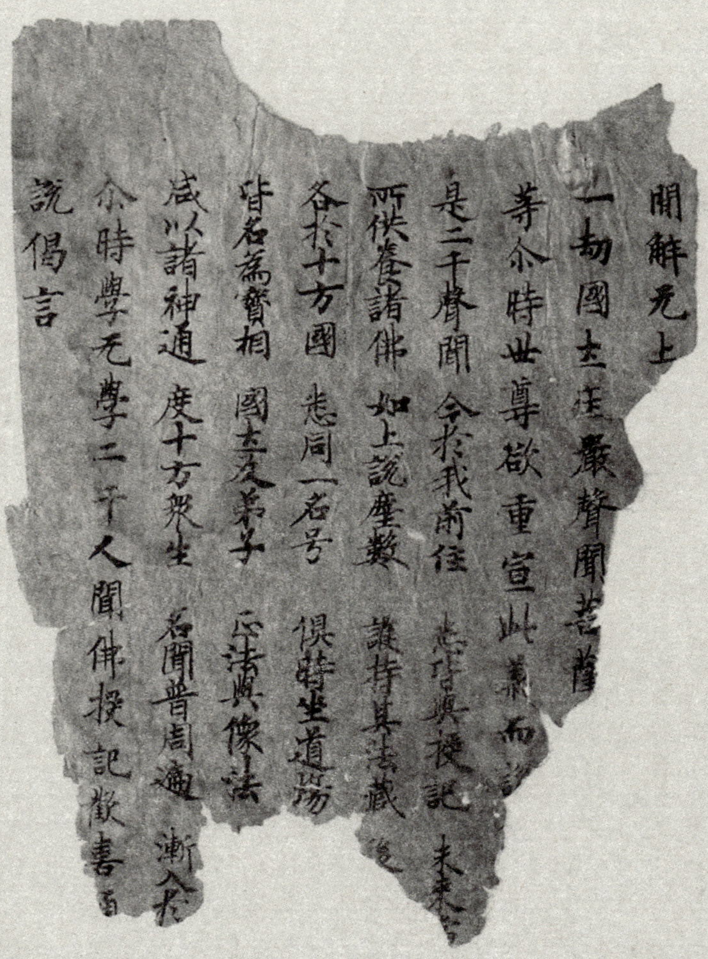

聞解无上
一切國土莊嚴聲聞菩薩
等尒時世尊欲重宣此義而說
是二千聲聞 今於我前住 悉皆與授記 未來
所供養諸佛 如上說塵數 護持其法藏 後
各於十方國 悉同一名号 俱時坐道場
皆名為寶相 國土及弟子 正法與像法
咸以諸神通 度十方衆生 名聞普周遍 漸入於
尒時學无學二千人聞佛授記歡喜
說偈言

BD15807號　妙法蓮華經卷四　　（1–1）

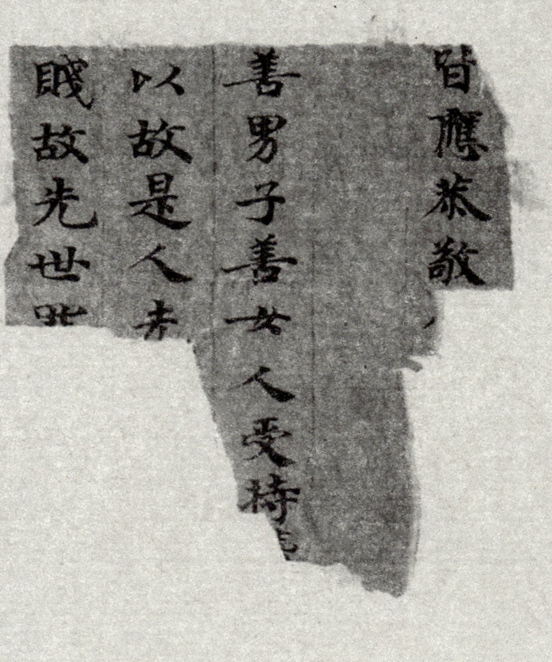

皆應恭敬
善男子善女人受持
以故是人先
賤故先世罪

BD15808號　金剛般若波羅蜜經（菩提留支本）　　（1–1）

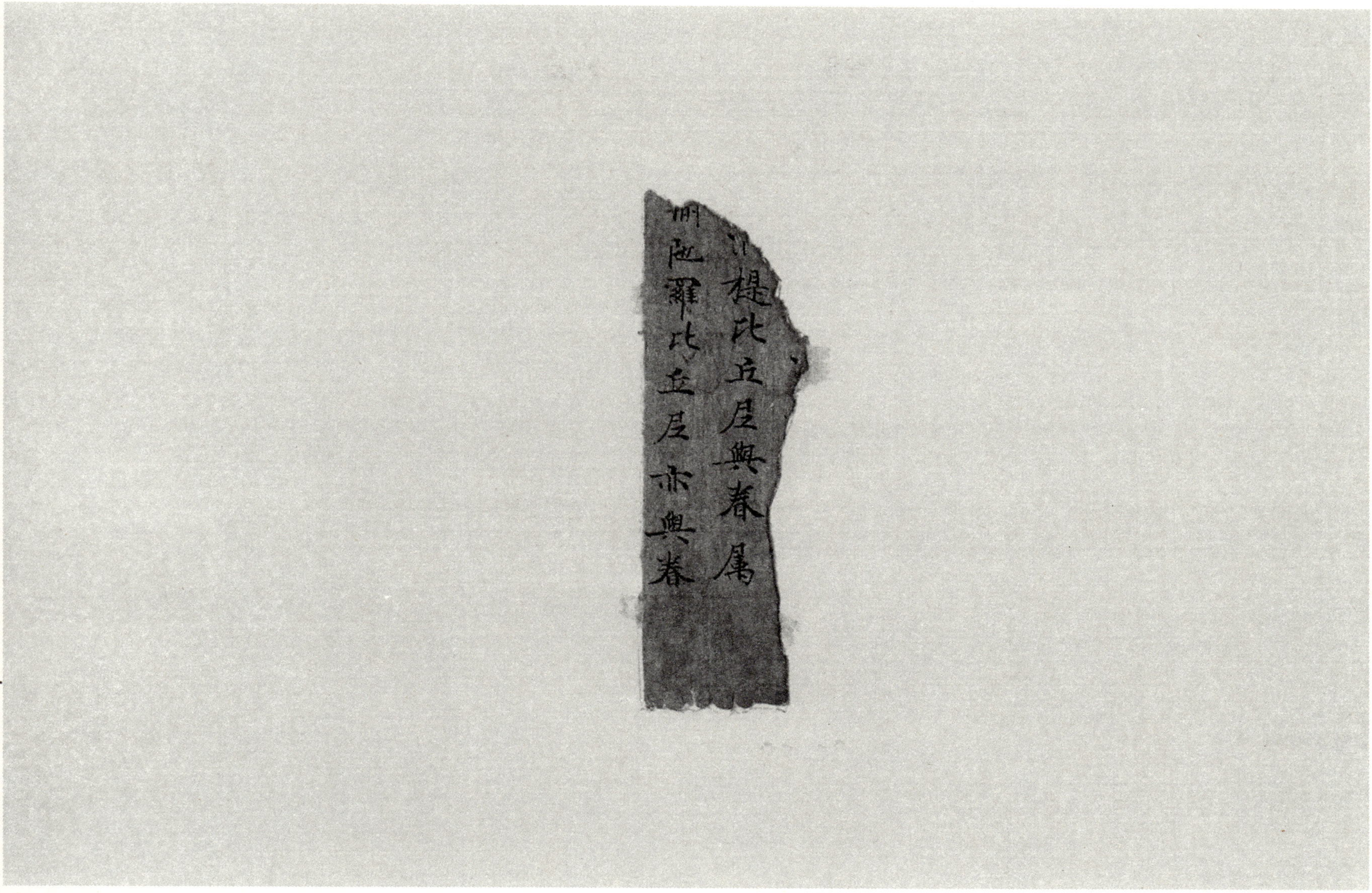
提比丘尼與眷屬
陁羅比丘尼亦與眷

BD15809 號　妙法蓮華經卷一　　（1–1）

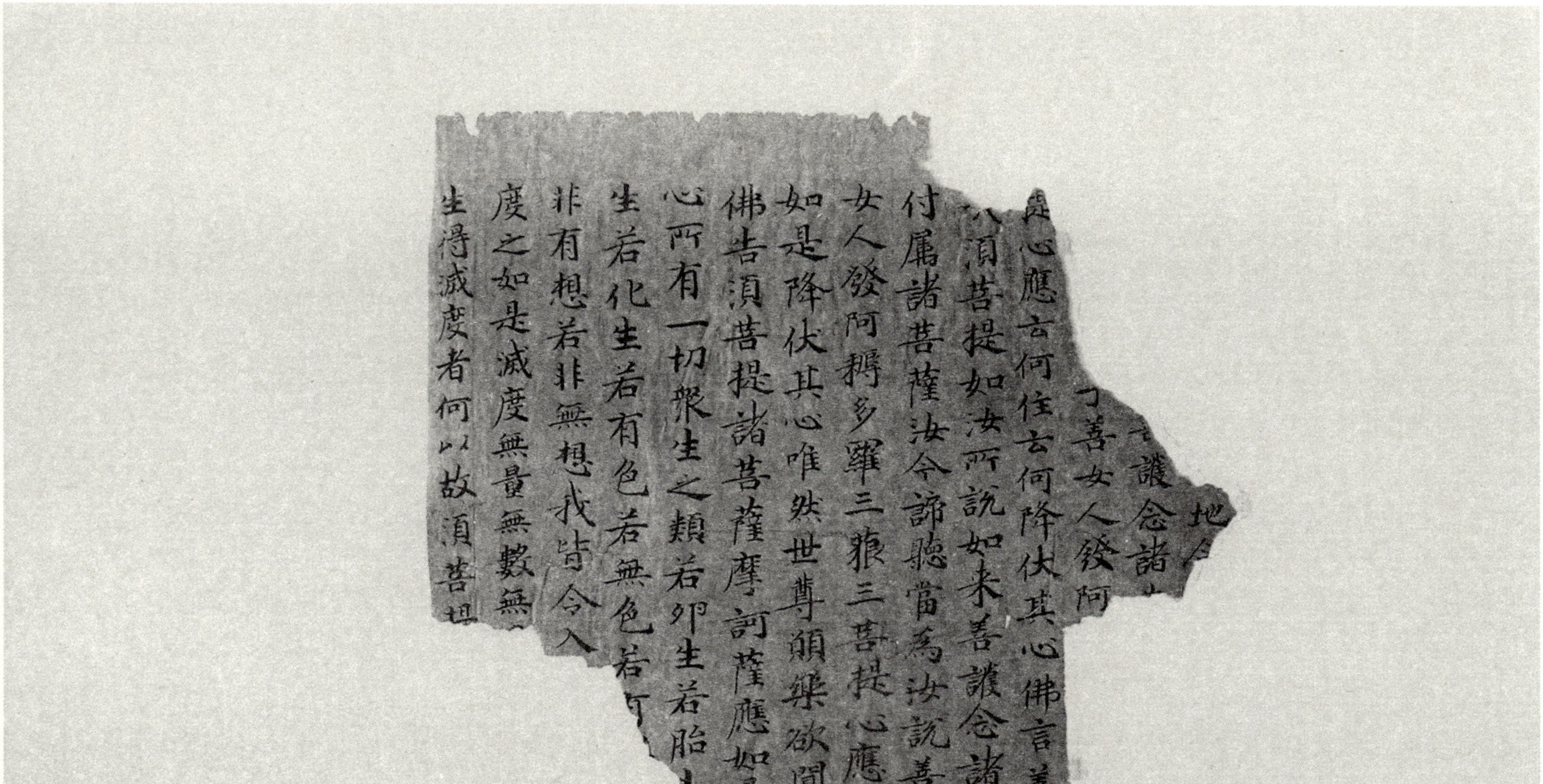
地
護念諸
善女人發阿
是心應云何住云何降伏其心佛言善
須菩提如汝所說如來善護念諸菩
付屬諸菩薩汝今諦聽當為汝說善男
女人發阿耨多羅三藐三菩提心應
如是降伏其心唯然世尊願樂欲聞
佛告須菩提諸菩薩摩訶薩應如是
心所有一切衆生之類若卵生若胎生
生若化生若有色若無色若有
非有想若非無想我皆令入
度之如是滅度無量無數無
生得滅度者何以故須菩提

BD15810 號　金剛般若波羅蜜經　　（1–1）

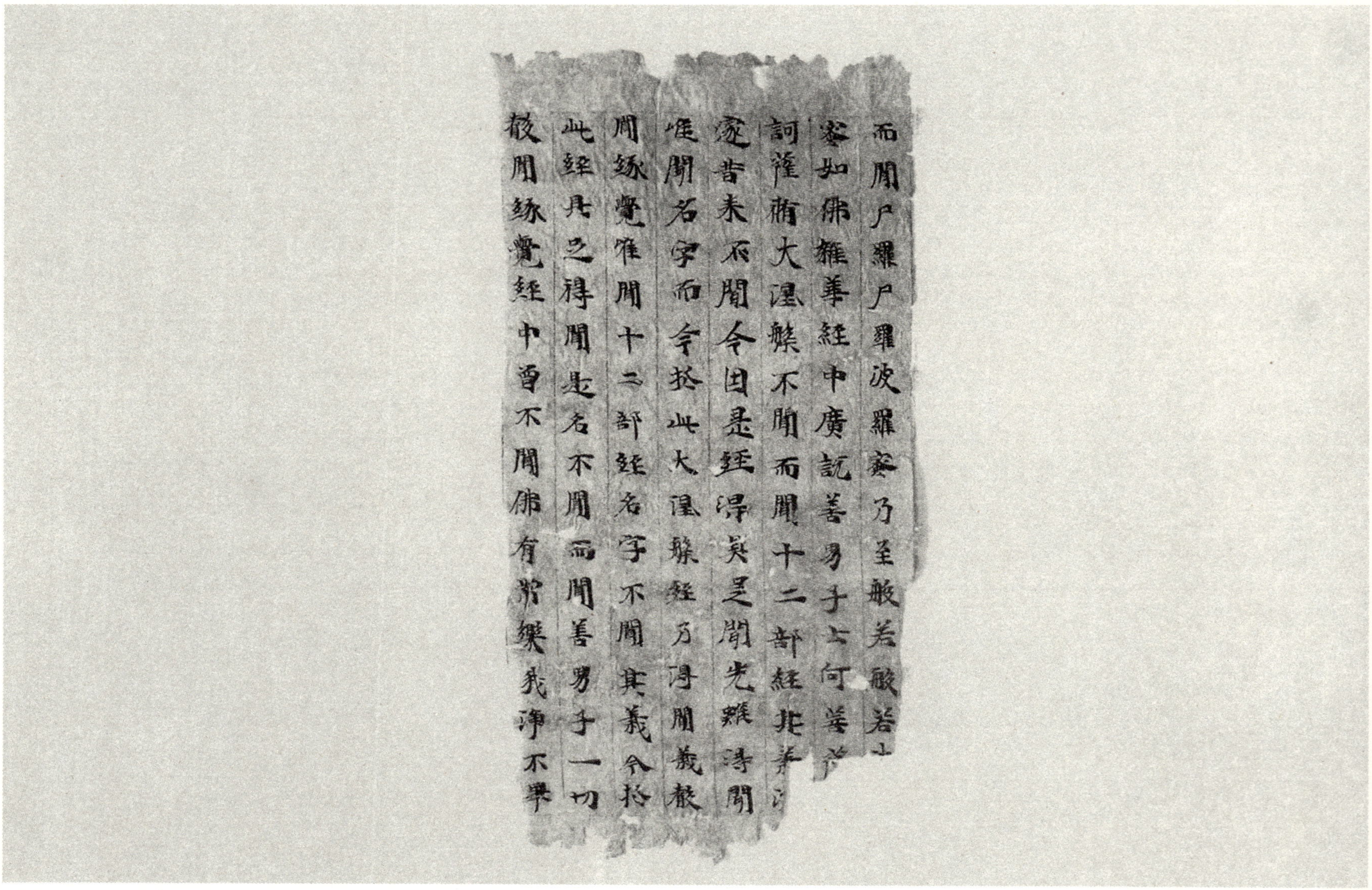
而聞尸羅尸羅波羅蜜乃至般若般若
蜜如佛雜華經中廣說善男子云何菩
訶薩脩大涅槃不聞而聞十二部經其義
邃昔來不聞今因是經得具足聞先雖得聞
唯聞名字而今於此大涅槃經乃得聞義聲
聞緣覺唯聞十二部經名字不聞其義今於
此經具足得聞是名不聞而聞善男子一切
聲聞緣覺經中曾不聞佛有常樂我淨不畢

BD15811 號　大般涅槃經（南本）卷一九　（1-1）

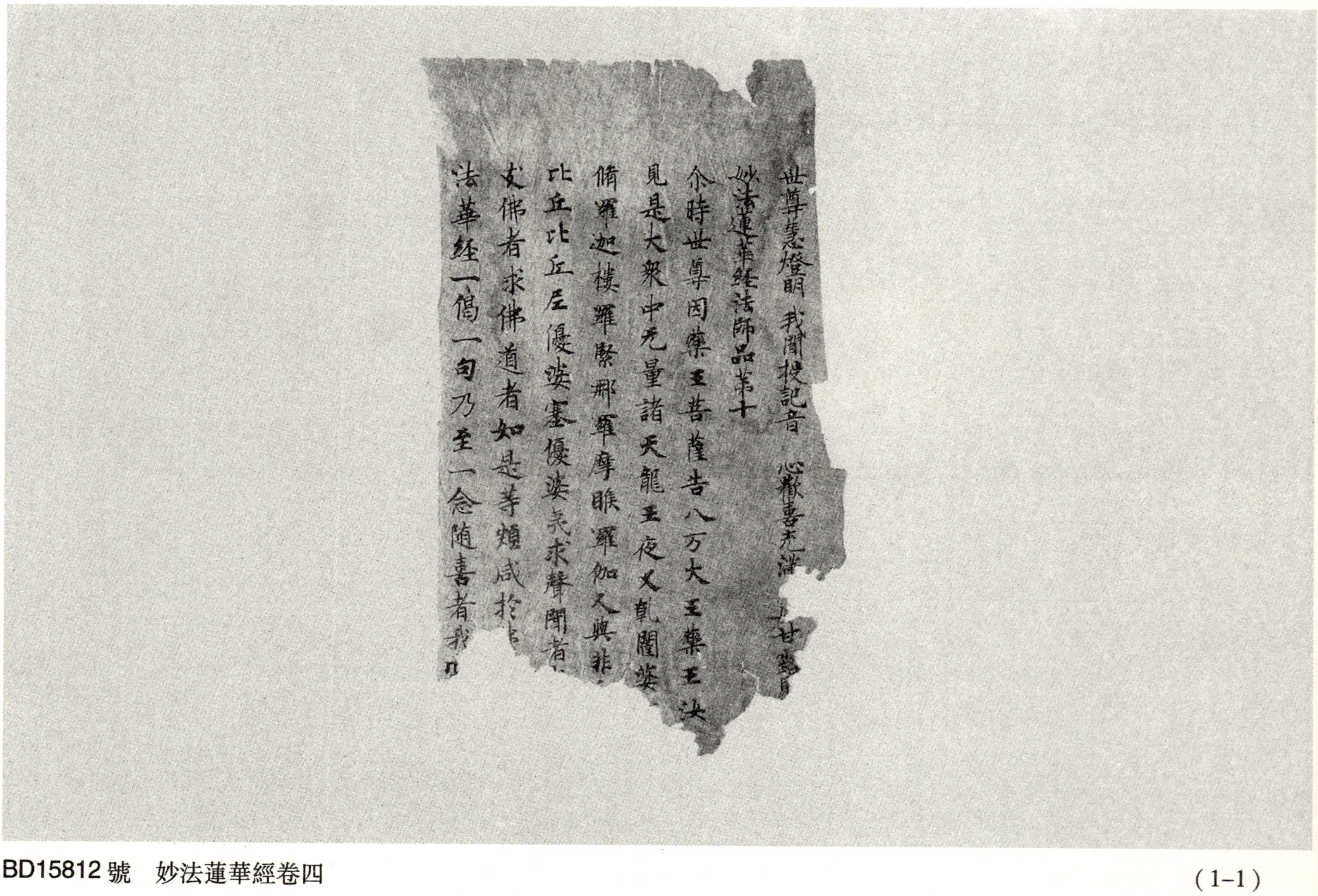
世尊慧燈明　我聞授記音　心歡喜充滿　如甘露見灌
妙法蓮華經法師品第十
尒時世尊因藥王菩薩告八万大士藥王汝
見是大衆中无量諸天龍王夜叉乾闥婆
脩羅迦樓羅緊那羅摩睺羅伽人與非
比丘比丘尼優婆塞優婆夷求聲聞者
支佛者求佛道者如是等類咸於
法華經一偈一句乃至一念隨喜者我

BD15812 號　妙法蓮華經卷四　（1-1）

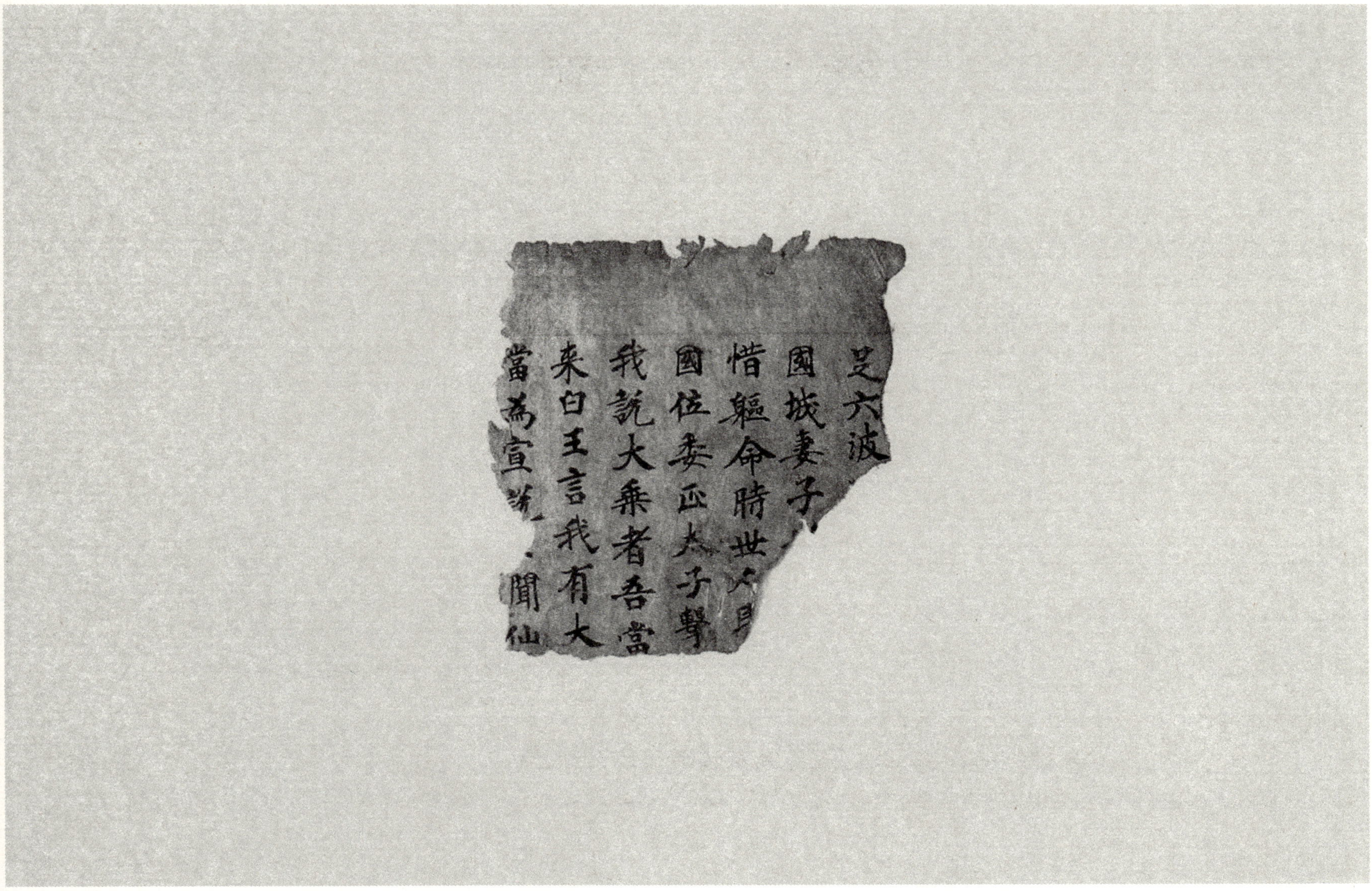
足六波
國城妻子
惜軀命時世
國位委政太子擊
我說大乘者吾當
來白王言我有大
當爲宣説．聞仙

BD15813號　妙法蓮華經卷四　（1–1）

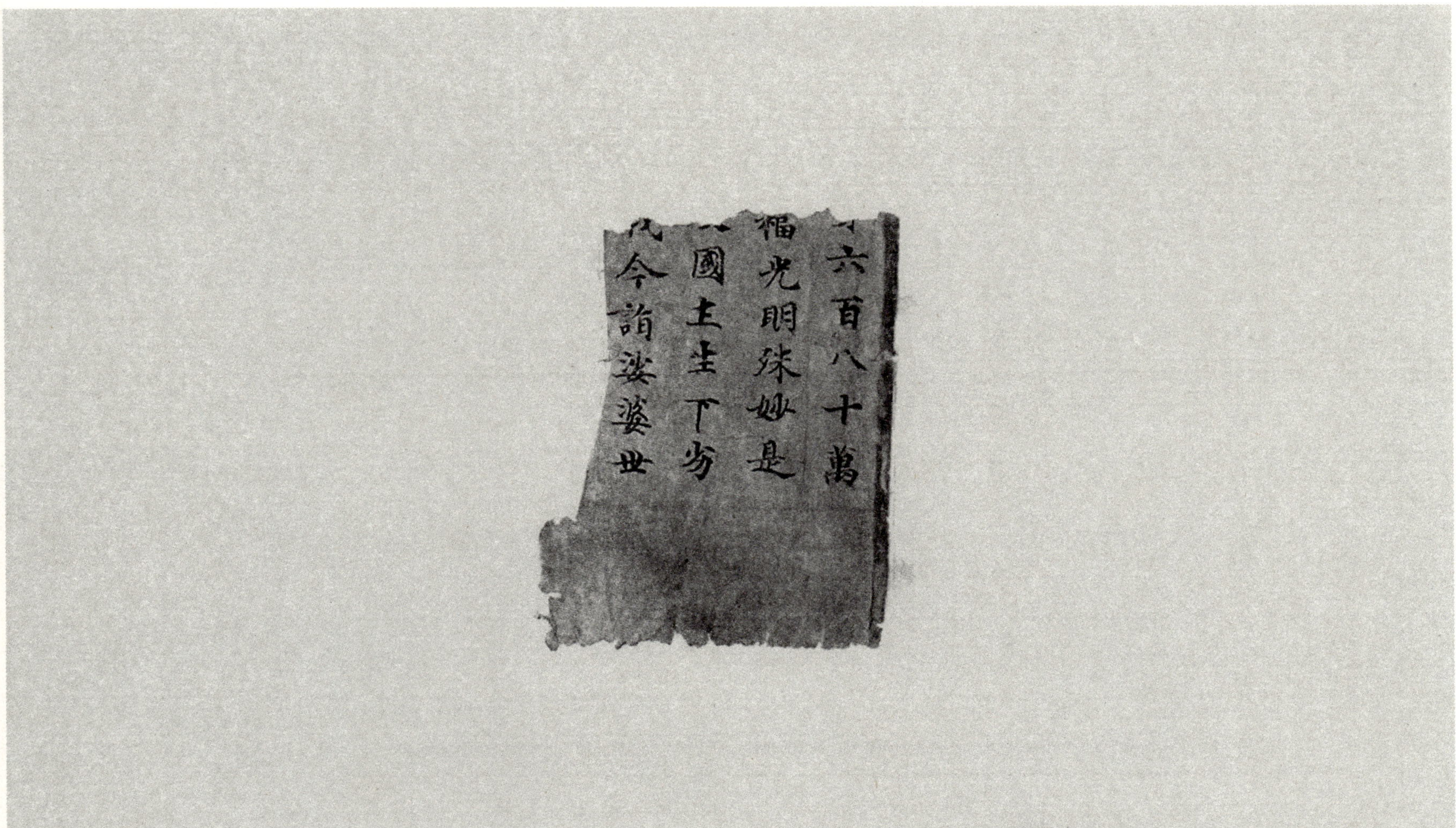
六百八十萬
福光明殊妙是
國土生下劣
今詣娑婆世

BD15814號　妙法蓮華經卷七　（1–1）

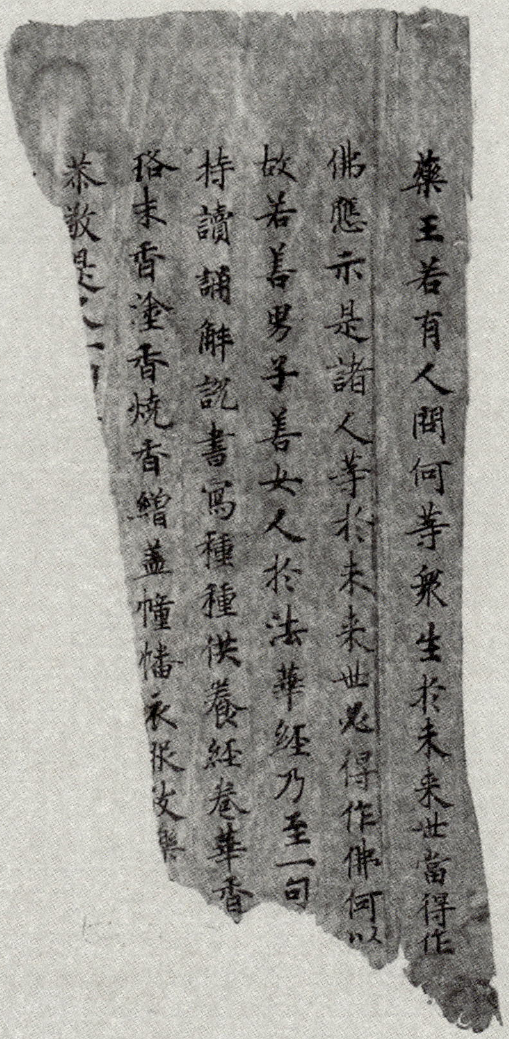

BD15815 號　妙法蓮華經卷四　（1–1）

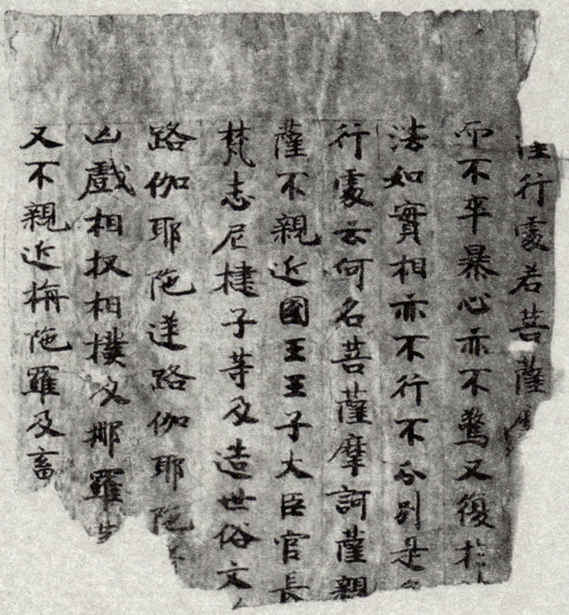

BD15816 號　妙法蓮華經卷五　（1–1）

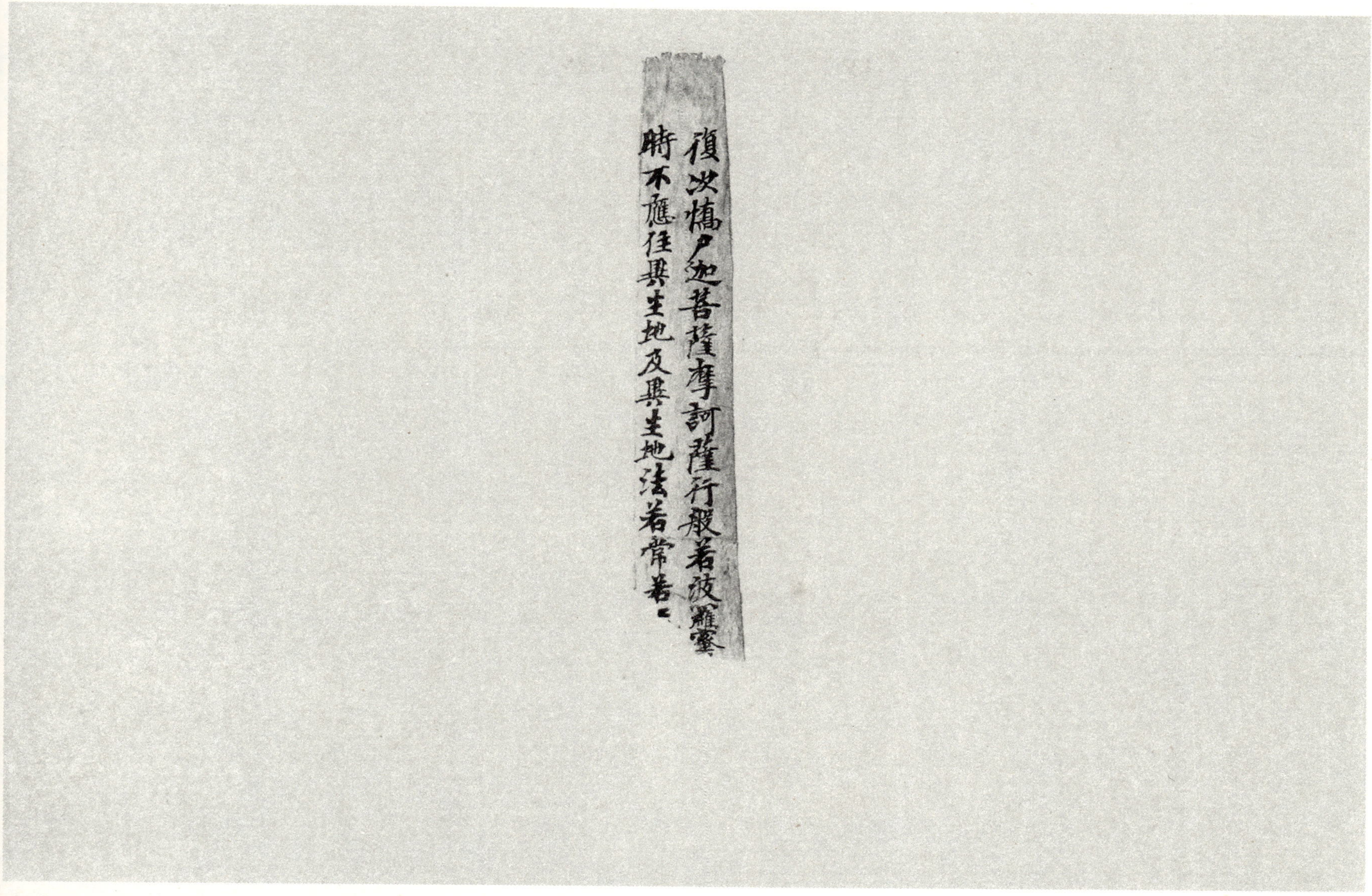

BD15817 號　大般若波羅蜜多經卷八〇　　（1–1）

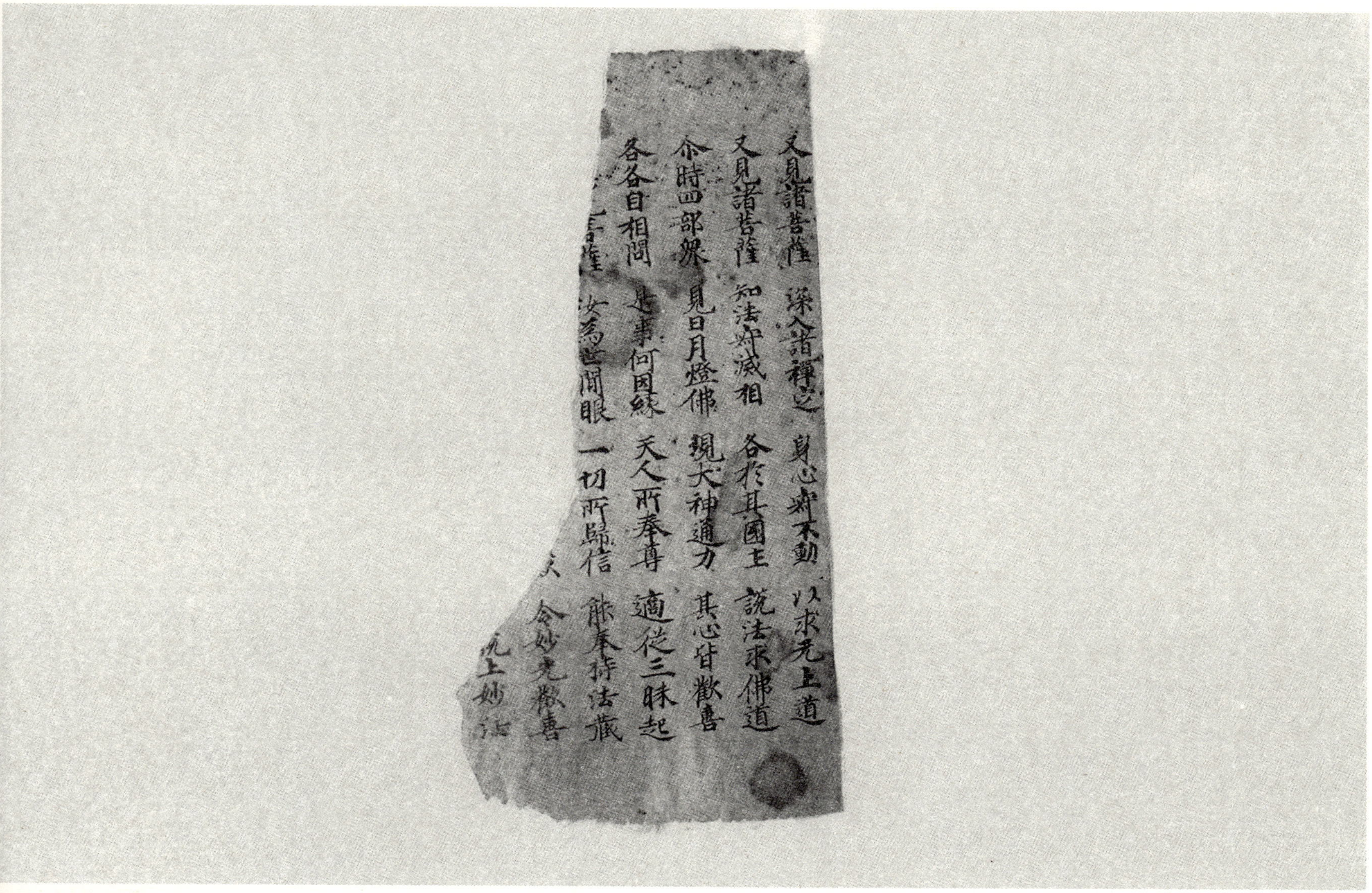

BD15818 號　妙法蓮華經卷一　　（1–1）

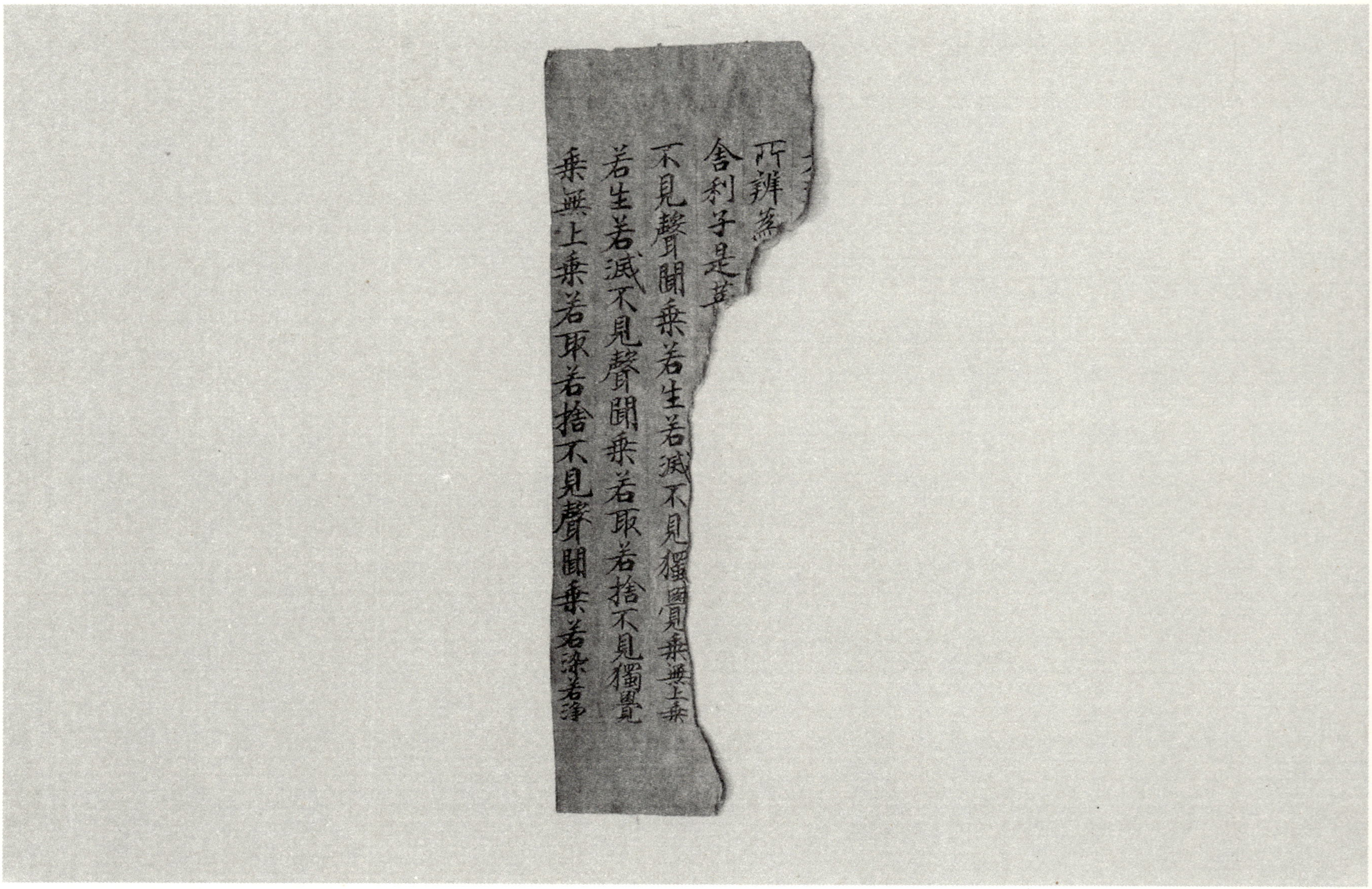

所辨菩
舍利子是菩
不見聲聞乘若生若滅不見獨覺乘無上乘
若生若滅不見聲聞乘若取若捨不見獨覺
乘無上乘若取若捨不見聲聞乘若染若淨

BD15819 號　大般若波羅蜜多經卷八九　（1–1）

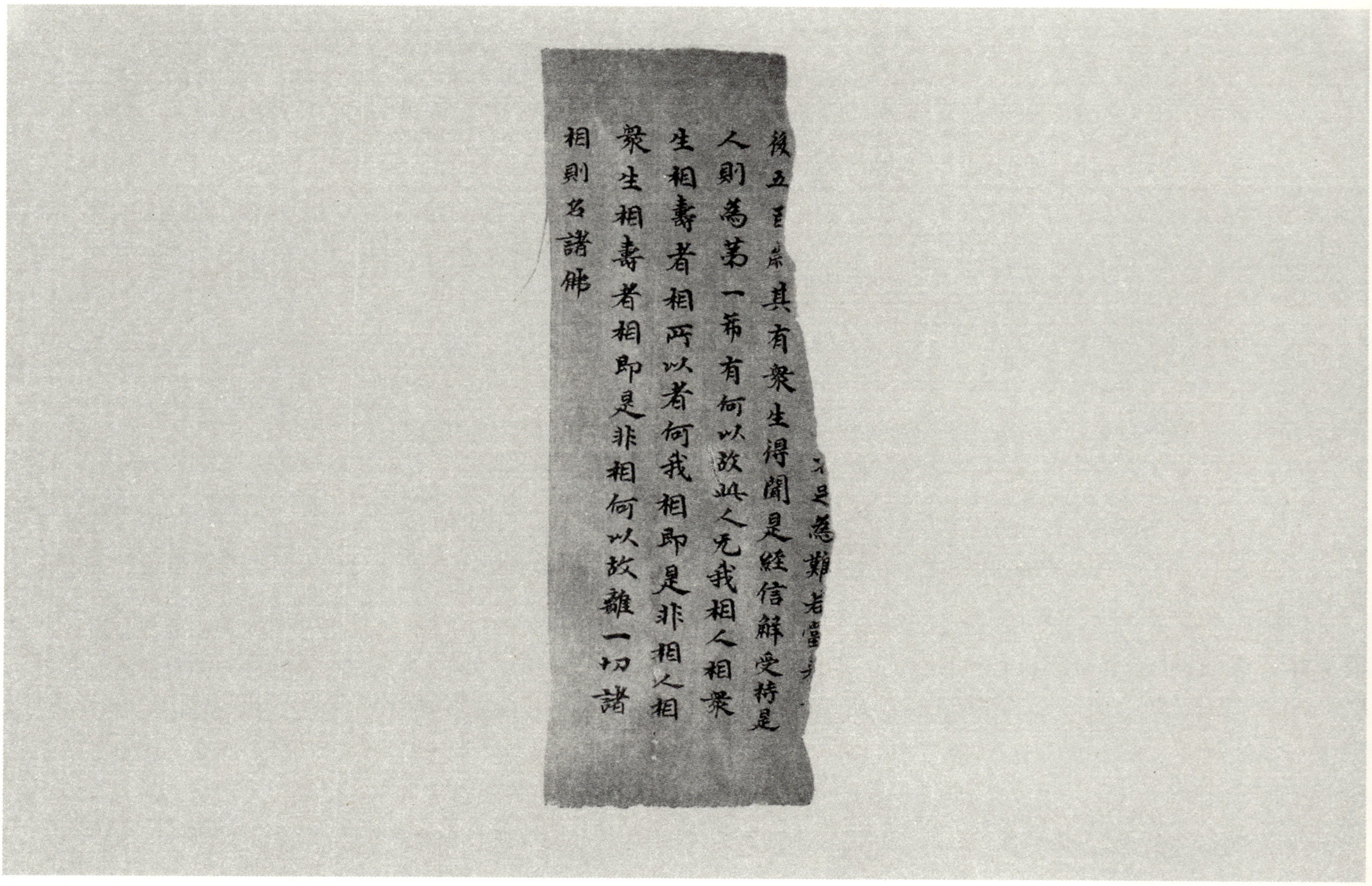

不足為難若當
後五百歲其有衆生得聞是經信解受持是
人則為第一希有何以故此人无我相人相衆
生相壽者相所以者何我相即是非相人相
衆生相壽者相即是非相何以故離一切諸
相則名諸佛

BD15820 號　金剛般若波羅蜜經　（1–1）

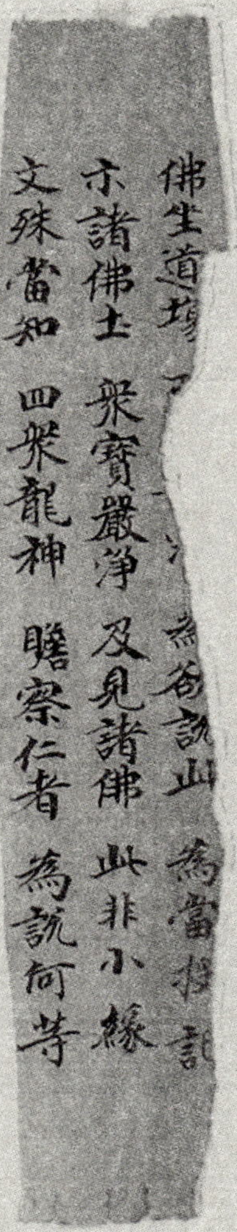
佛生道場 為欲說此 為當授記
示諸佛土 衆寶嚴淨 及見諸佛 此非小緣
文殊當知 四衆龍神 瞻察仁者 為說何等

BD15821 號　妙法蓮華經卷一　　　　（1–1）

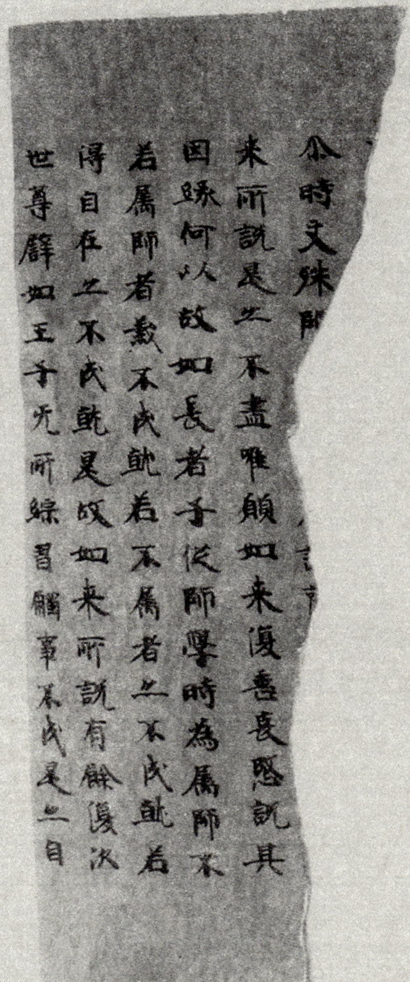
尒時文殊師
来所說是義不盡唯願如来復垂哀愍說其
因緣何以故如長者子從師學時為屬師不
若屬師者義不成就若不屬者亦不成就若
得自在亦不成就是故如来所說有餘復次
世尊譬如王子无所綜習觸事不成是義自

BD15822 號　大般涅槃經（北本）卷一〇　　　　（1–1）

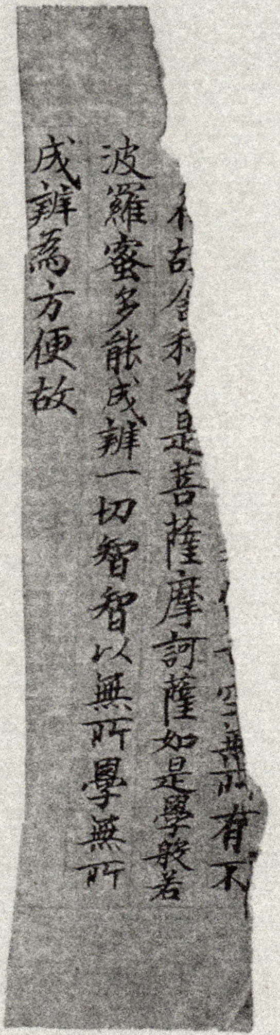

BD15823 號　大般若波羅蜜多經卷八九　（1–1）

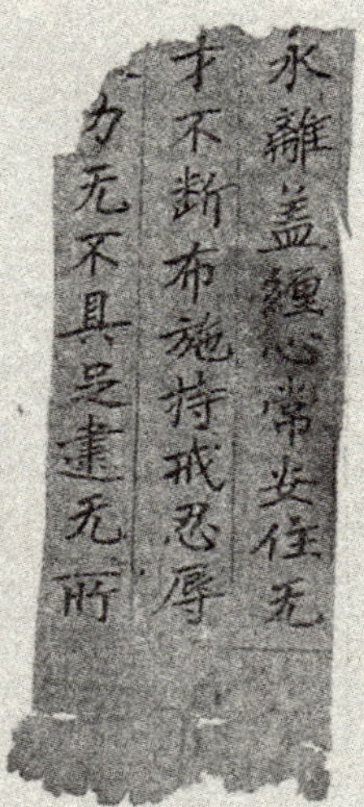

BD15824 號　維摩詰所說經卷上　（1–1）

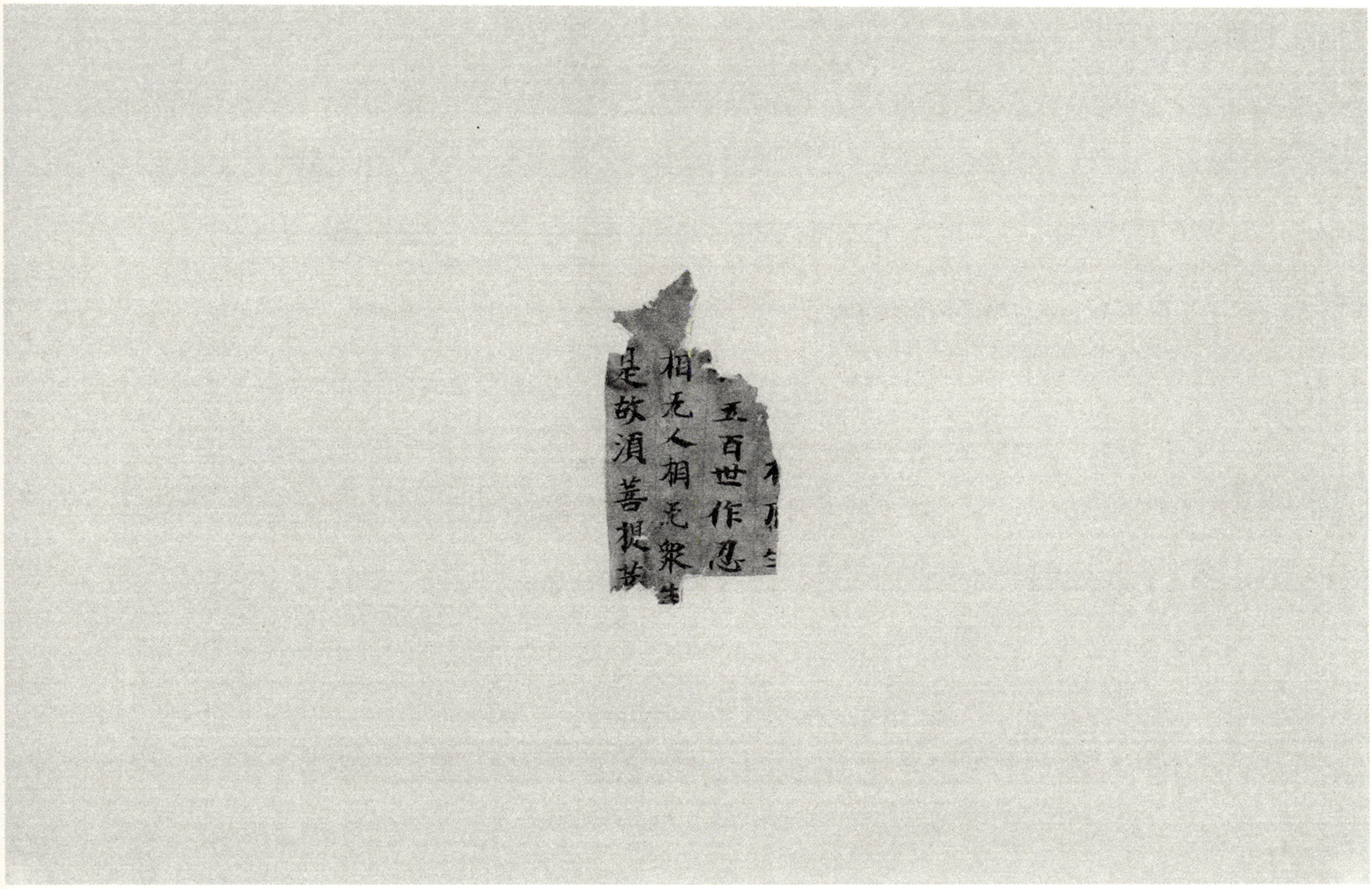

BD15825 號　金剛般若波羅蜜經　（1–1）

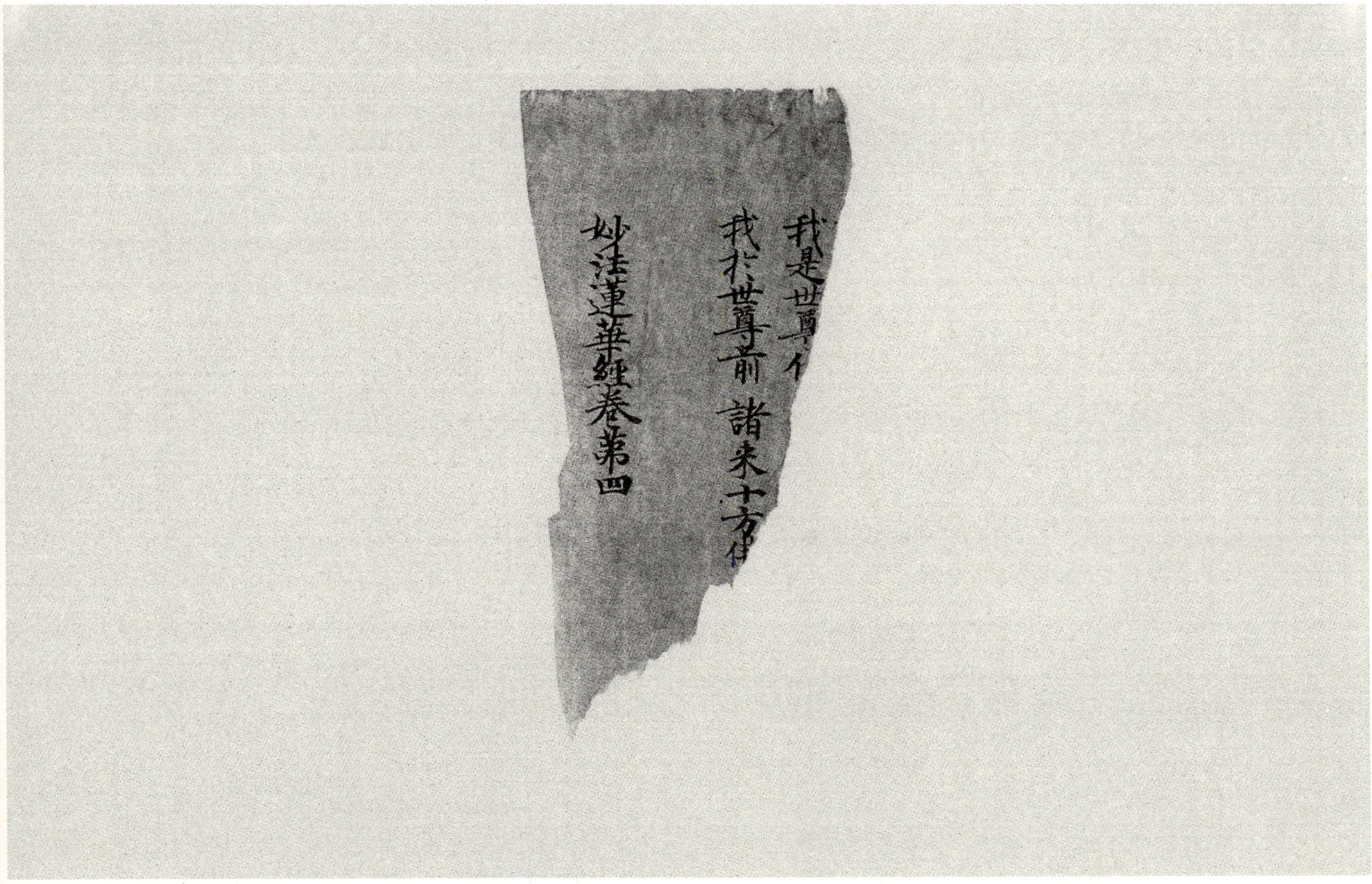

BD15826 號　妙法蓮華經卷四　（1–1）

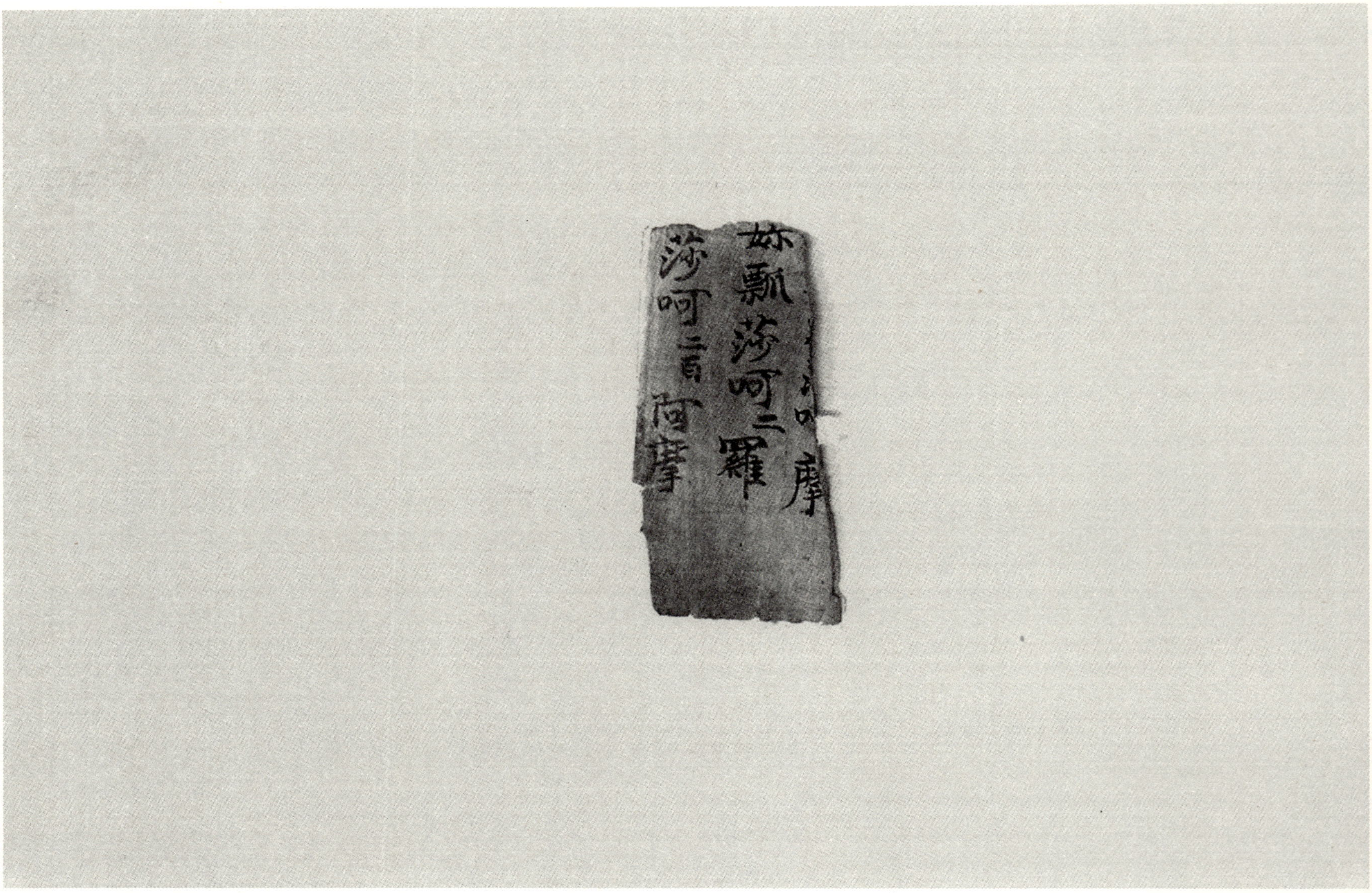

BD15827 號　佛教真言（擬）　　（1-1）

BD15828 號　殘片（擬）　　（1-1）

當知是人不於一佛二
千萬佛所
生淨信者須
如是无量
衆生

BD15829 號　金剛般若波羅蜜經　（1–1）

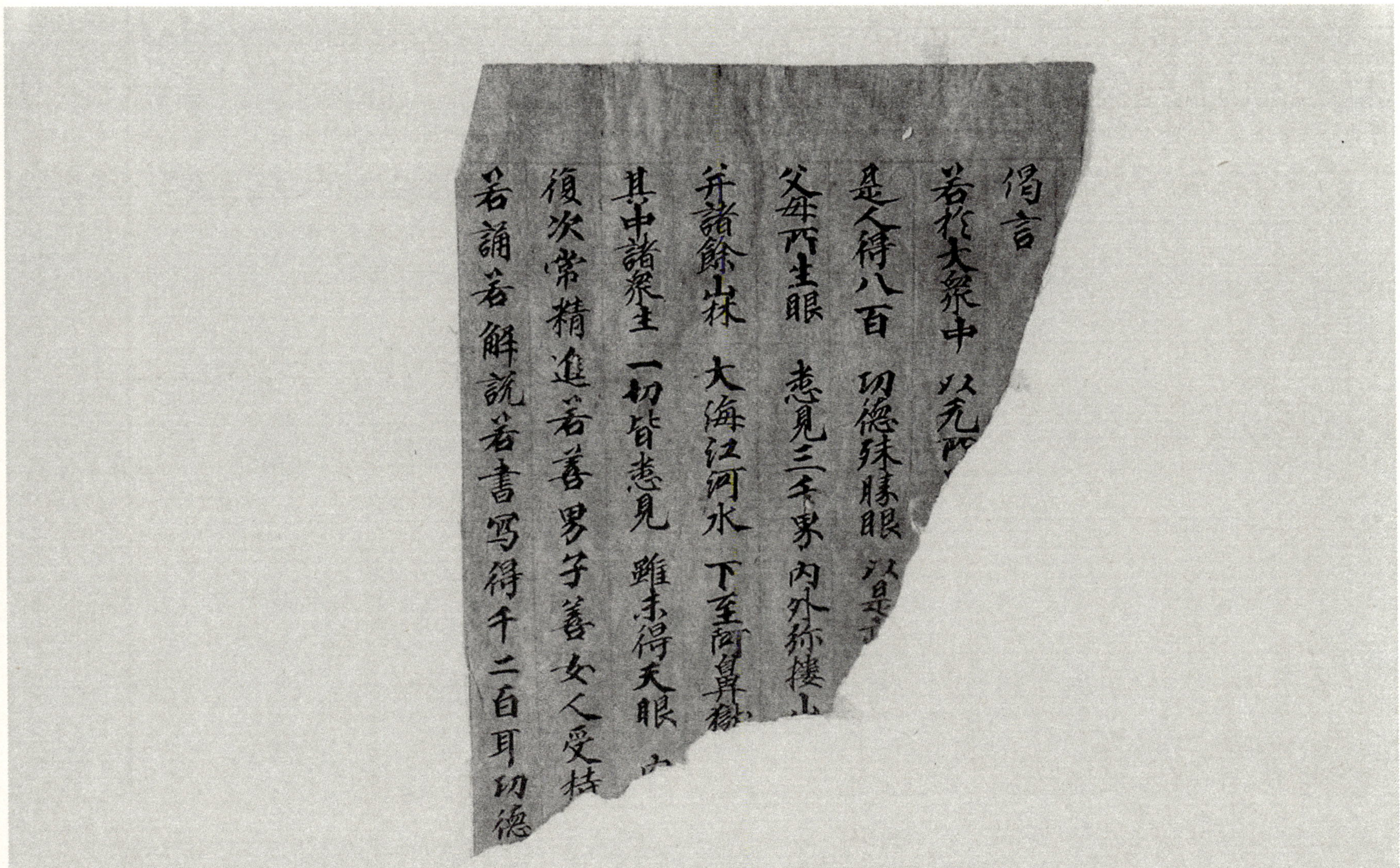

偈言
若於大衆中　以无所
是人得八百　功德殊勝眼　以是
父母所生眼　悉見三千界　内外彌樓山
并諸餘山林　大海江河水　下至阿鼻獄
其中諸衆生　一切皆悉見　雖未得天眼
復次常精進若善男子善女人受持
若誦若解說若書寫得千二百耳功德

BD15830 號　妙法蓮華經卷六　（1–1）

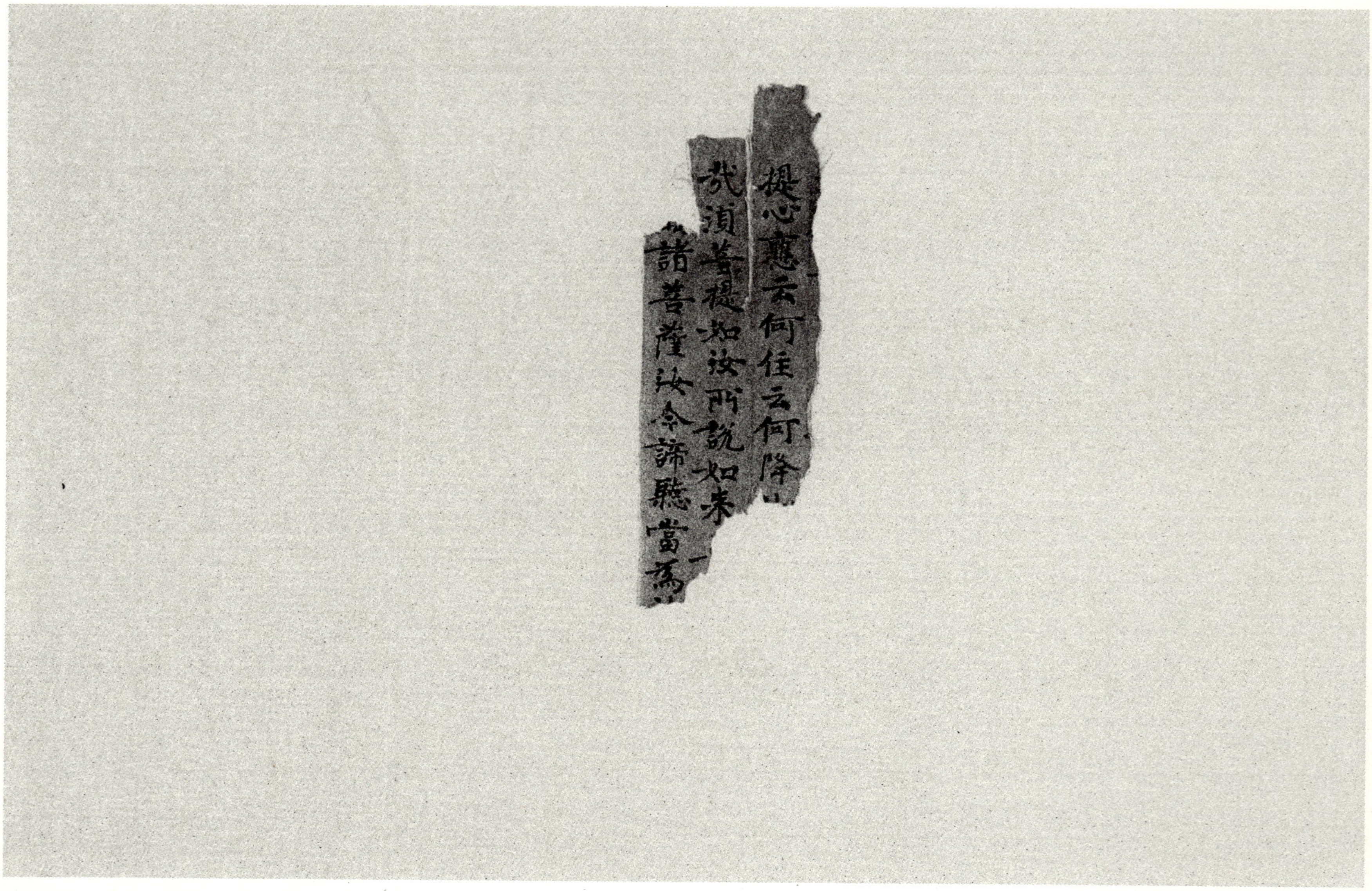

提心應云何住云何降

我須菩提如汝所說如來

諸菩薩汝今諦聽當為

BD15831 號　金剛般若波羅蜜經　（1–1）

BD15832 號　妙法蓮華經卷七　（1–1）

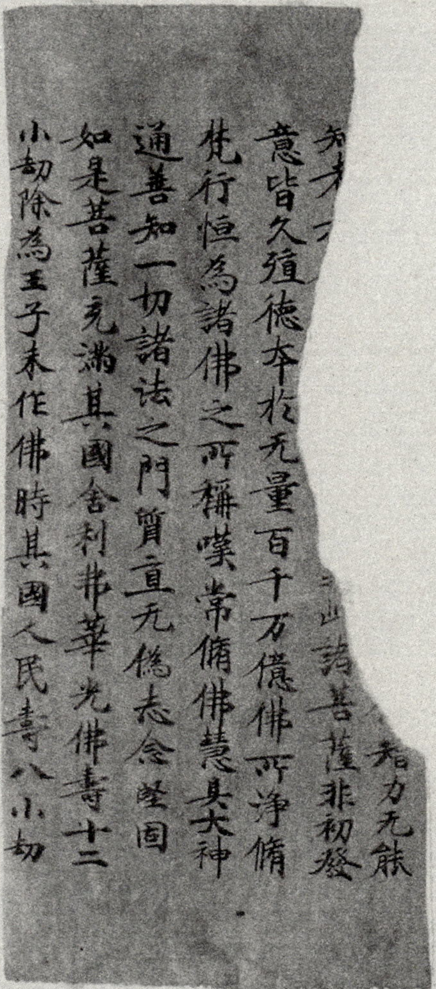
智力无能
知者
此諸菩薩非初發
意皆久殖德本於无量百千万億佛所淨脩
梵行恒為諸佛之所稱嘆常脩佛慧具大神
通善知一切諸法之門質直无偽志念堅固
如是菩薩充滿其國舍利弗華光佛壽十二
小劫除為王子未作佛時其國人民壽八小劫

BD15833 號　妙法蓮華經卷二　　（1–1）

解說於
親近一
近〃善
親近若法
是應親
於衆生

BD15834 號　大般涅槃經（北本）卷三七　　（1–1）

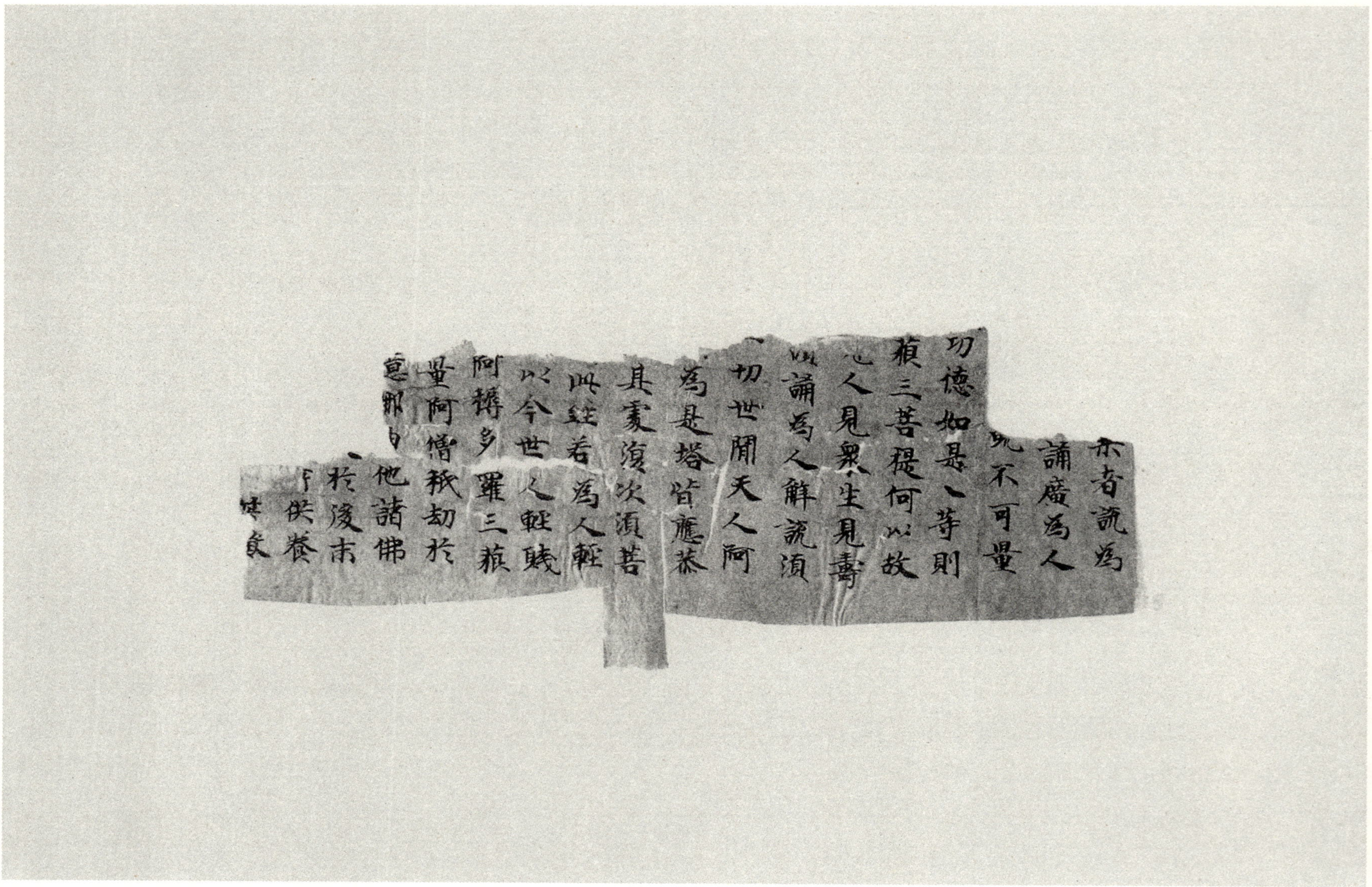
乘者說若
誦廣為人
就不可量
功德如是人等則
藐三菩提何以故
見人見衆生見壽
讀誦為人解說須
一切世間天人阿
為是塔皆應恭
其處復次須菩
此經若為人輕
以今世人輕賤
阿耨多羅三藐
量阿僧祇劫於
意那由他諸佛
於後末
供養
德

BD15835 號　金剛般若波羅蜜經　(1–1)

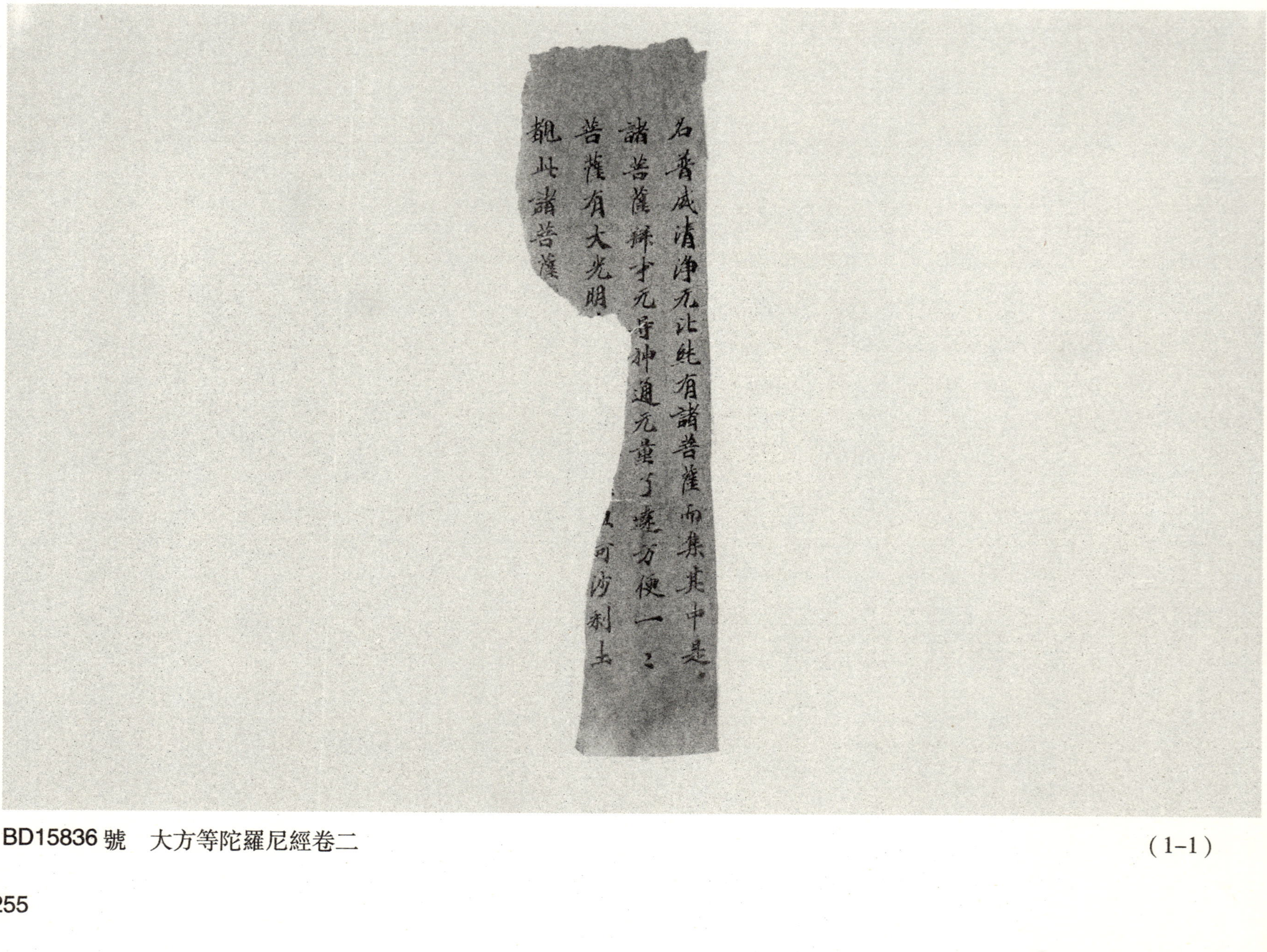
名普成清淨无比然有諸菩薩而集其中是
諸菩薩辯才无量神通无量了達方便一一
菩薩有大光明　河沙刹土
觀此諸菩薩

BD15836 號　大方等陀羅尼經卷二　(1–1)

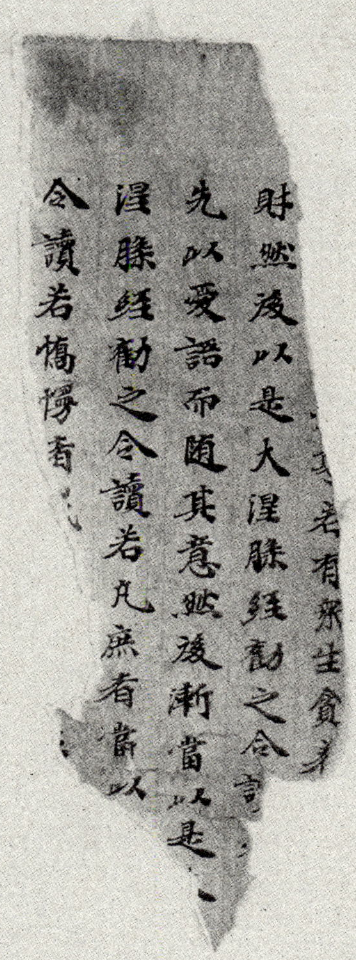

若有衆生貪着
財然後以是大涅槃經勸之令言
先以愛語而隨其意然後漸當以是
涅槃經勸之令讀若凡庶者當以
令讀若憍慢者

BD15837 號　大般涅槃經（北本）卷一四　（1–1）

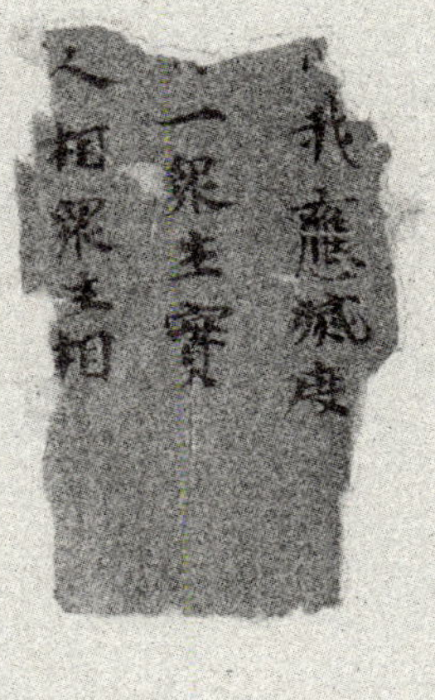

我應滅度
一衆生實
人相衆生相

BD15838 號　金剛般若波羅蜜經　（1–1）

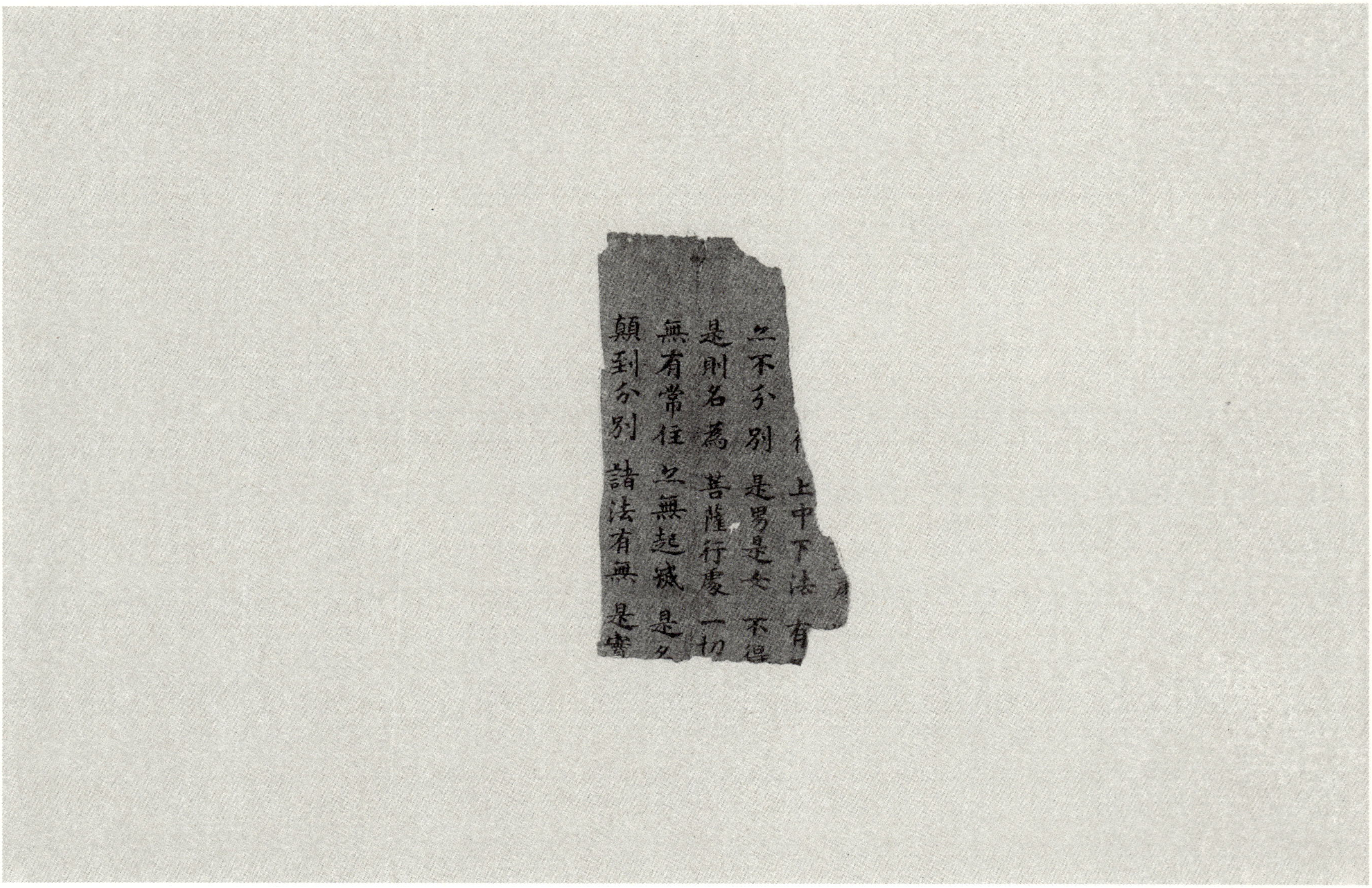
行上中下法有
亦不分別是男是女不得
是則名為菩薩行處一切
無有常住亦無起滅是名
顛到分別諸法有無是實

BD15839 號　妙法蓮華經卷五　　（1–1）

日或三十五日或四十九日彼識還時如從
夢覺皆自憶知善不善業所得果報由自證
見業果報故乃至命難亦不造作諸惡之業
是故淨信善男子善女人等皆應受持藥
師瑠璃光如来名号隨力所能恭敬供養

BD15840 號　藥師琉璃光如來本願功德經　　（1–1）

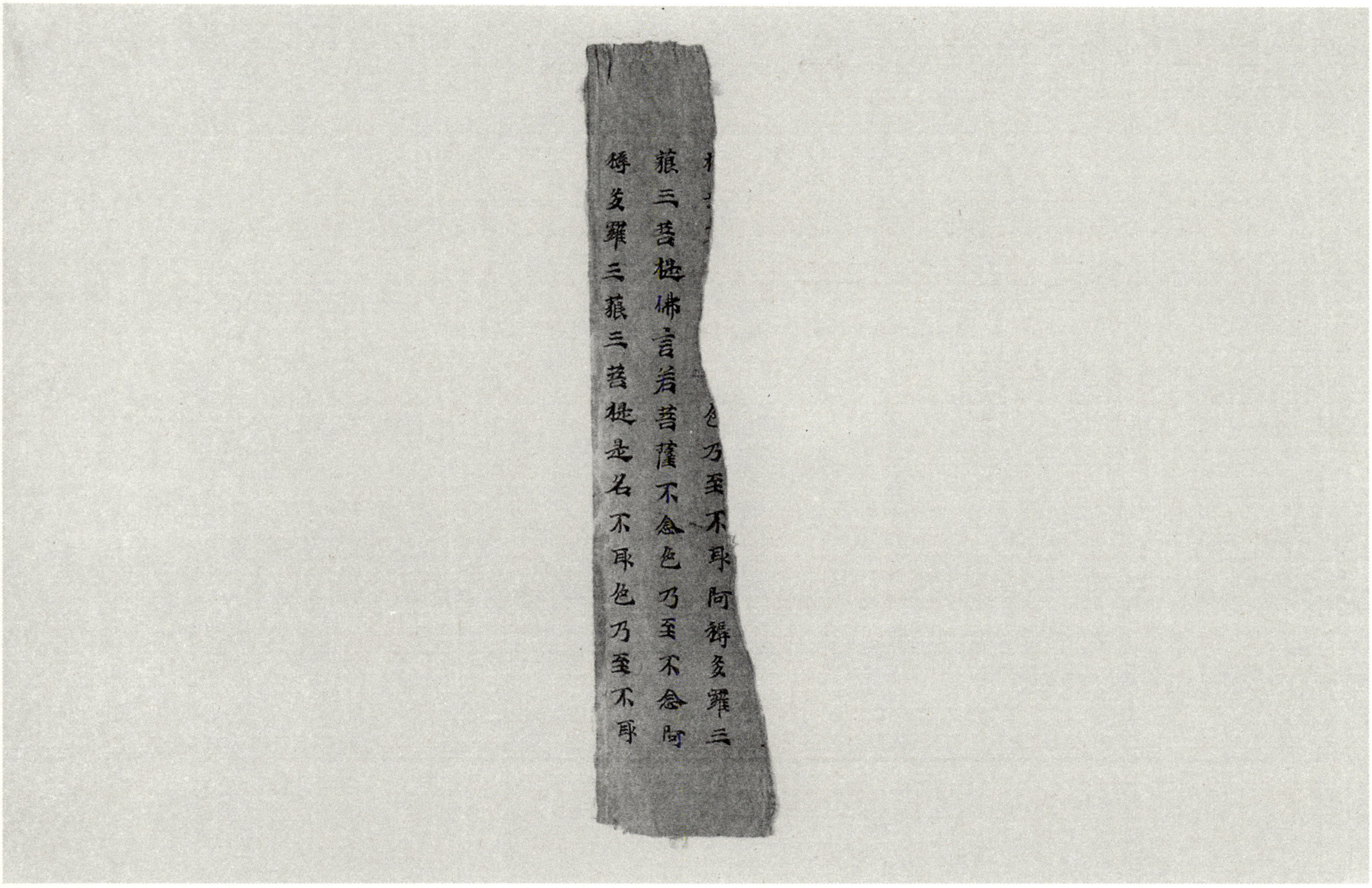

色乃至不耶阿耨多羅三
藐三菩提佛言若菩薩不念色乃至不念阿
耨多羅三藐三菩提是名不耶色乃至不耶

BD15841 號　摩訶般若波羅蜜經卷二一　　（1–1）

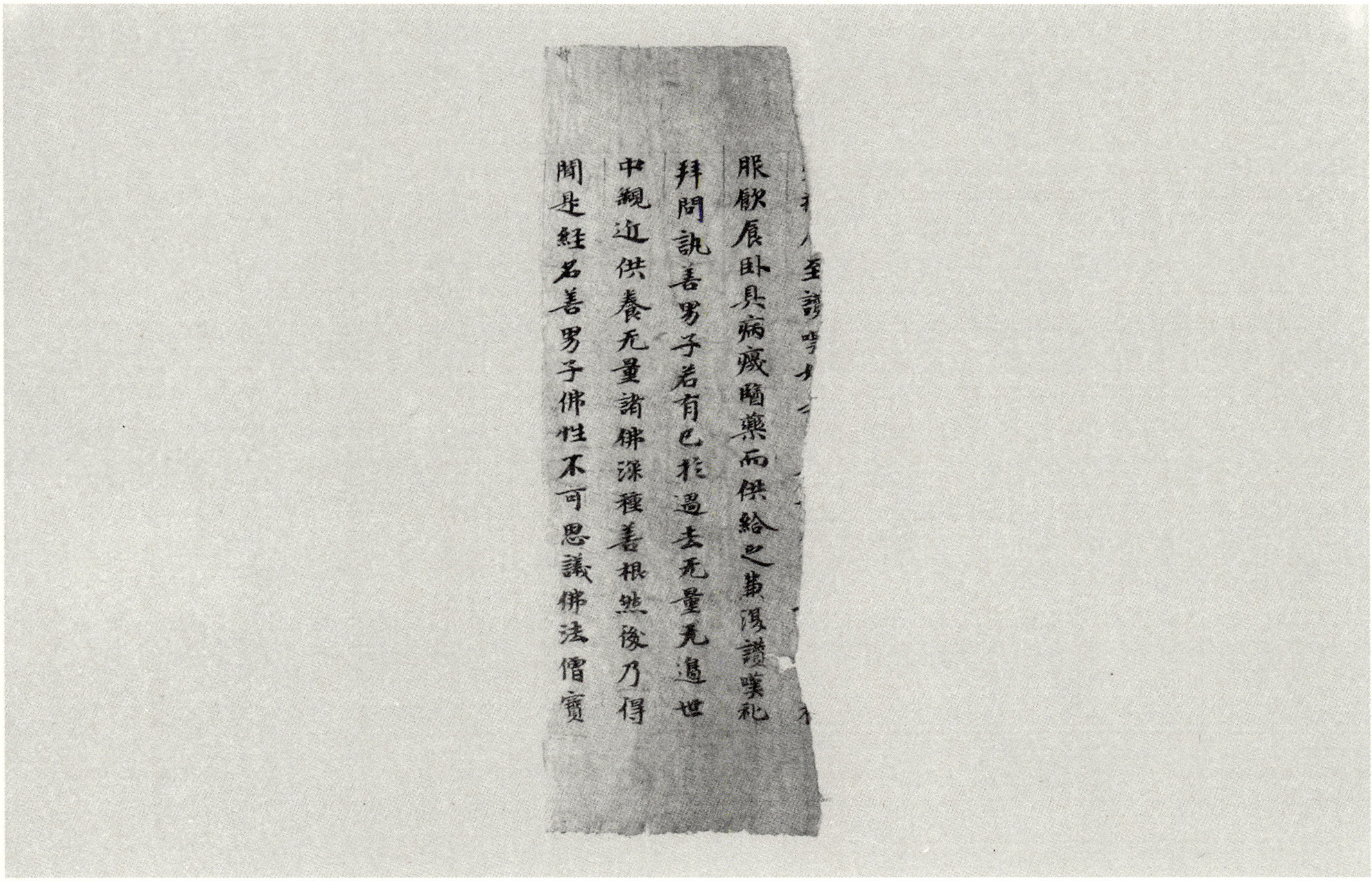

服飲食卧具病瘦醫藥而供給之兼復讚嘆礼
拜問訊善男子若有已於過去无量无邊世
中親近供養无量諸佛深種善根然後乃得
聞是經名善男子佛性不可思議佛法僧寶

BD15842 號　大般涅槃經（北本）卷三二　　（1–1）

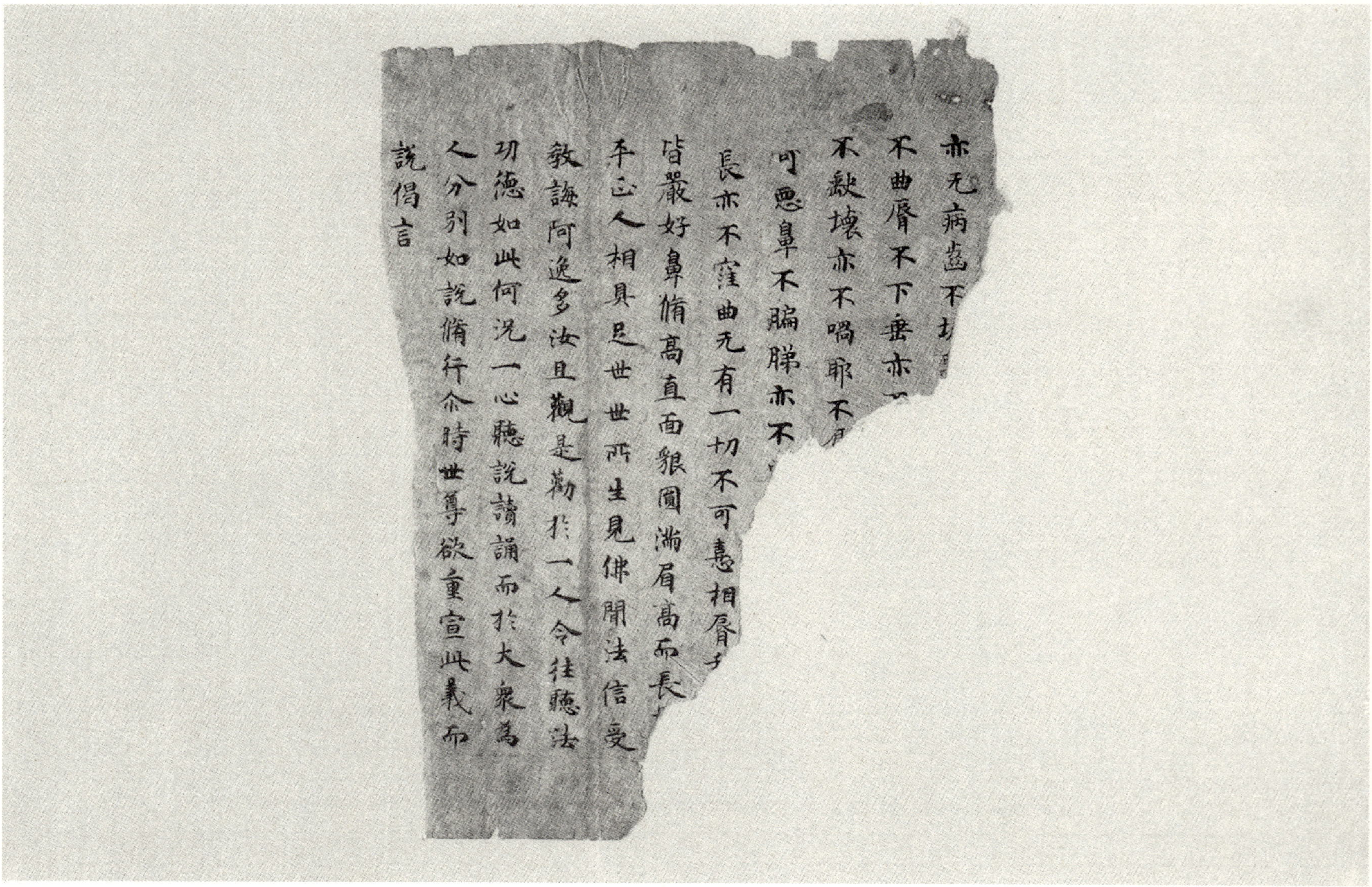

BD15843號　妙法蓮華經卷六　（1–1）

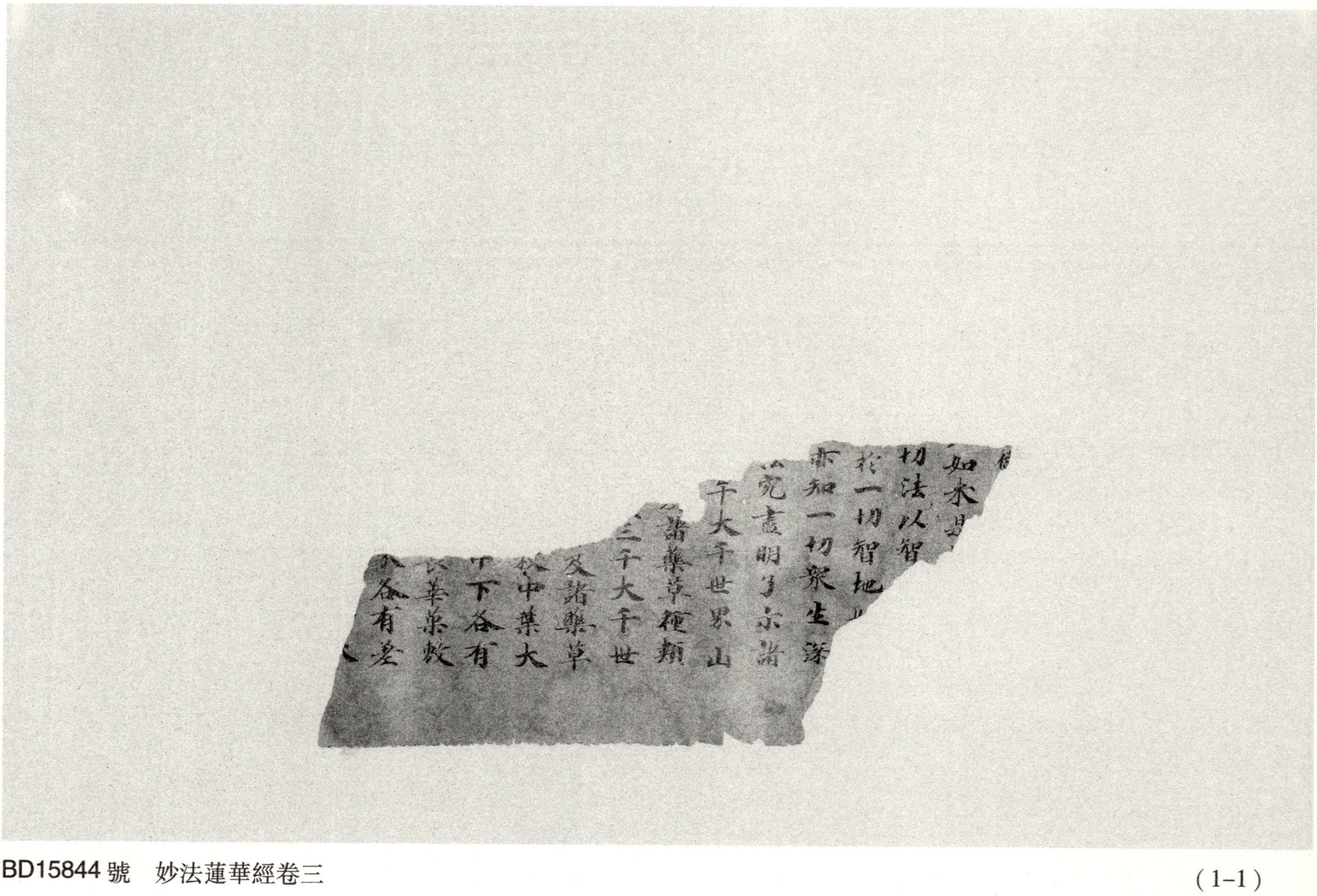

BD15844號　妙法蓮華經卷三　（1–1）

著 錄 凡 例

本目錄採用條目式著錄法。諸條目意義如下：

1.1　著錄編號。用漢語拼音首字“BD”表示，意為“北京圖書館藏敦煌遺書”，簡稱“北敦號”。文獻寫在背面者，標註為“背”。一件遺書上抄有多個文獻者，用數字 1、2、3 等標示小號。一號中包括幾件遺書，且遺書形態各自獨立者，用字母 A、B、C 等區別。

1.2　著錄分類號。本條記目錄暫不分類，該項空缺。

1.3　著錄文獻的名稱、卷本、卷次。

1.4　著錄千字文編號。

1.5　著錄縮微膠卷號。

2.1　著錄遺書的總體數據。包括長度、寬度、紙數、正面抄寫總行數與每行字數、背面抄寫總行數與每行字數。如該遺書首尾有殘破，則對殘破部分單獨度量，用加號加在總長度上。凡屬這種情況，長度用括弧標註。

2.2　著錄每紙數據。包括每紙長度及抄寫行數或界欄數。

2.3　著錄遺書的外觀。包括：(1) 裝幀形式。(2) 首尾存況。(3) 護首、軸、軸頭、天竿、縹帶，經名是書寫還是貼簽，有無經名號，扉頁、扉畫。(4) 卷面殘破情況及其位置。(5) 尾部情況。(6) 有無附加物（蟲繭、油污、線繩及其他）。(7) 有無裱補及其年代。(8) 界欄。(9) 修整。(10) 其他需要交待的問題。

2.4　著錄一件遺書抄寫多個文獻的情況。

3.1　著錄文獻首部文字與對照本核對的結果。

3.2　著錄文獻尾部文字與對照本核對的結果。

3.3　著錄錄文。

3.4　著錄對文獻的說明。

4.1　著錄文獻首題。

4.2　著錄文獻尾題。

5　　著錄本文獻與對照本的不同之處。

6.1　著錄本遺書首部可與另一遺書綴接的編號。

6.2　著錄本遺書尾部可與另一遺書綴接的編號。

7.1　著錄題記、題名、勘記等。

7.2　著錄印章。

7.3　著錄雜寫。

7.4　著錄護首及扉頁的內容。

8　　著錄年代。

9.1　著錄字體。如有武周新字、合體字、避諱字等，予以說明。

9.2　著錄卷面二次加工的情況。包括句讀、點標、科分、間隔號、行間加行、行間加字、硃筆、墨塗、倒乙、刪除、兑廢等。

10　著錄敦煌遺書發現後，近現代人所加內容，裝裱、題記、印章等。

11　備註。著錄揭裱互見、圖版本出處及其他需要說明的問題。

上述諸條，有則著錄，無則空缺。

為避文繁，上述著錄中出現的各種參考、對照文獻，暫且不列版本說明。全目結束時，將統一編制本條記目錄出現的各種參考書目。

本條記目錄為農曆年份標註其公曆紀年時，未進行歲頭年末之換算，請讀者使用時注意自行換算。

條　記　目　錄

BD15463—BD15844

1.1　BD15463 號
1.3　賢愚經卷一三鈔（擬）
2.1　（1.5+14.1+6.4）×27.9 厘米；1 紙；共 18 行，行 25～28 字。
2.3　殘片。首殘尾脫。卷面殘損，有殘洞。已修整。
3.4　説明：
　　本件為《賢愚經》卷一三摘抄。所抄内容如下；
　　首行下殘→大正 202，4/443A19；
　　尾 5 行下殘→4/443B16～22。
5　與《大正藏》本對照，文句有不同。
6.2　尾→BD15464 號。
8　8～9 世紀。吐蕃統治時期寫本。
9.1　行書。
9.2　有塗抹。

1.1　BD15464 號
1.3　賢愚經卷一三鈔（擬）
2.1　42.4×28.1 厘米；1 紙；共 35 行，行 23～24 字。
2.3　卷軸裝。首脫尾脫。下部有殘缺，卷面有殘洞。已修整。
3.4　説明：
　　本件為《賢愚經》卷一三摘抄。所抄内容如下；
　　第 1 至 17 行：大正 202，4/443B22～C24。
　　第 18 至 35 行：大正 202，4/438A17～C15。
　　上邊有兩個標題："堅誓師子"，"身拯千釘"。
5　與《大正藏》本對照，文句有不同。
6.1　首→BD15463 號。
8　8～9 世紀。吐蕃統治時期寫本。
9.1　行書。
9.2　有塗抹。有校改。有行間校加字。

1.1　BD15465 號
1.3　賢愚經卷一鈔（擬）
2.1　42×28 厘米；1 紙；共 40 行，行 26～28 字。
2.3　卷軸裝。首脫尾脫。卷面有水漬，後部有殘碎。已修整。
3.4　説明：
　　本件為《賢愚經》卷一摘抄。所抄内容如下；
　　首殘→大正 0202，04/0350A19。
　　尾殘→大正 0202，04/0351A27。
　　上邊有標題："太子投火坑"。
5　與《大正藏》本對照，文句不同。
6.2　尾→BD15466 號。
8　8～9 世紀。吐蕃統治時期寫本。
9.1　行書。
9.2　有塗抹。

1.1　BD15466 號
1.3　賢愚經卷一鈔（擬）
2.1　41.4×28 厘米；1 紙；共 38 行，行 26～29 字。
2.3　卷軸裝。首脫尾脫。中部殘缺嚴重，下部殘碎，多殘洞。已修整。
3.4　説明：
　　本件為《賢愚經》卷一摘抄。所抄内容如下；
　　首殘→大正 0202，04/0351A28。
　　尾殘→大正 0202，04/0352A15。
　　上邊有兩個標題："剝皮為紙"、"尸毗救鴿"。
5　與《大正藏》本對照，文句有不同。
6.1　首→BD15465 號。
6.2　尾→BD15467 號。
8　8～9 世紀。吐蕃統治時期寫本。
9.1　行書。
9.2　有校改。有塗抹。

1.1　BD15467 號
1.3　賢愚經卷一至卷六鈔（擬）
2.1　44.2×28.3 厘米；1 紙；共 37 行，行 26～28 字。
2.3　卷軸裝。首脫尾脫。卷面有殘洞。已修整。

3.4　說明：
本件為《賢愚經》卷一至卷六摘抄。所抄内容如下；
第01至12行：大正202，4/352A15～B8（卷一）。
第13至27行：大正202，4/360B2～C10（卷二）。
第28至37行：大正202，4/390C22～391A24（卷六）。
上邊有兩個標題："施身夜叉"、"快（抉）目施眼"。
5　與《大正藏》本對照，文句有不同。
6.1　首→BD15466號。
6.2　尾→BD15468號。
8　8～9世紀。吐蕃統治時期寫本。
9.1　行書。
9.2　有校改。

1.1　BD15468號
1.3　賢愚經卷六鈔（擬）
2.1　34.5×28.2厘米；1紙；共30行，行27～28字。
2.3　殘片。首脱尾殘。卷面殘碎，有水漬。已修整。
3.4　說明：
本件為《賢愚經》卷六摘抄。所抄内容如下；
首殘→大正0202，04/0391A24。
尾殘→大正0202，04/0392B08。
5　與《大正藏》本對照，文句有不同。因碎損嚴重，不易拼接辨認，上述對照項僅標註其出處。
6.1　首→BD15467號。
8　8～9世紀。吐蕃統治時期寫本。
9.1　行書。
9.2　有校改。

1.1　BD15469號
1.3　糧油破歷（擬）
2.1　10.1×9.2厘米；1紙；共6行，行8字殘。
2.3　殘片。首殘尾殘。通卷上殘。已修整。
3.3　錄文：
（首殘）
□…□羊人食用/
□…□造蘭門博士/
□…□粟一石八㪷與牧/
□…□糧用油二升，蘇/
□…□用麥二㪷，粟一㪷，賣/
□…□再興月糧用□半/
（錄文完）
8　9～10世紀。歸義軍時期寫本。
9.1　行楷。

1.1　BD15470號
1.3　太玄真一本際經卷四
2.1　14.1×6.2厘米；1紙；共8行，行3字殘。
2.3　殘片。首殘尾殘。通卷下殘，卷面殘缺。有烏絲欄。已修整。
3.1　首殘→《中華道藏》，05/233B19。
3.2　尾殘→《中華道藏》，05/233C05。
6.2　尾→BD15478號。
6.4　本遺書與BD15443號、BD15444號、BD15446號、BD15449號、BD15452號、BD15454號、BD15457號、BD15459號、BD15474號、BD15475號、BD15478號、BD15483號、BD15484號等13號原為同卷。該卷被橫向裁成四條後，又被剪為長短不等的矩形或梯形長條。其中BD15449號為兩個梯形長條合綴為梭形，合編為1號，故共計14號15條。上述14號可以分別綴接為3塊，3塊之間尚有殘缺，不能再予綴接。
8　7～8世紀。唐寫本。
9.1　楷書。

1.1　BD15471號
1.3　醫書（擬）
1.9　簡068139
2.1　4.8×14.4厘米；1紙；共4行，行14字殘。
2.3　殘片。首殘尾殘。通卷下殘。有烏絲欄。已修整。
3.3　錄文：
（首殘）
住。陰首宫，清明宫，微光宫，玉堂□…□/
病，捻之四。左手第二指第三節，第二□…□/
五指第三節，第三微光宫在巳，為□…□/
玉堂宫在酉，為金，治肺病，捻之四。右手□…□/
（後殘）
8　8世紀。唐寫本。
9.1　楷書。

1.1　BD15472號
1.3　雜物歷（擬）
2.1　9.5×9.5厘米；1紙；共4行，行4字殘。
2.3　殘片。首殘尾殘。通卷上殘。已修整。
3.3　錄文：
（首殘）
□…□斗七升半，◇/
□…□升，蘇。/
□…□十尺，布。/
□…□布等/
（尾殘）
3.4　說明：
第二行"蘇"、第三行"布"為硃筆。第四行文字墨色與前不同。
6.4　與BD15489號原為同卷。
8　9～10世紀。歸義軍時期寫本。
9.1　行楷。

1.1　BD15473 號
1.3　子年後六月十三日贊普新加水則道場付諸寺維那官《大般若經》錄（擬）
1.9　簡 068104
2.1　45.2×31 厘米；1 紙；正面 15 行，行 20 字。背面 13 行，行 20 字。
2.3　單葉紙。首全尾全。通卷硃筆。上部殘缺嚴重。卷末有餘空。已修整。
2.4　本遺書包括 2 個文獻：（一）《子年後六月十三日贊普新加水則道場付諸寺維那官〈大般若經〉錄》（擬），15 行，抄寫在正面，今編為 BD15473 號。（二）《子年後六月十七日贊普福田出〈大般若經〉付諸寺維那錄及付經雜錄》（擬），13 行，抄寫在背面，今編為 BD15473 號背。
3.3　錄文：

子（?）年後六月十三日贊普新加水則道場付諸寺維/

那官《大般若經》，具名如後。/

□◇維那談義：┏第卅三袟足，┏第廿八袟足，┏第廿袟/

□…□六袟足，┏第卅五袟足，┏第卅八袟足。譚義/

◇維那信乘：┏第卅六袟足，┏第廿三袟足，┏第卅四袟足，/

┏第卅九袟足，┏第卌五袟足，┏第卅七袟足，┏第十九袟足，/

┏第廿四袟足，┏第卌八袟足，┏第廿五袟足，┏第廿二袟足，/

┏第五十九袟足。已上計壹拾貳袟，信乘。恩。維那義成：/

┏第廿七袟足，┏第五十五袟足，┏五十三袟足，┏第卅四袟足，/

┏十六袟足，┏卅一袟足，┏卌九袟足，┏卌三袟足，┏卌一袟足，/

□…□足，┏卌袟足，┏五十六袟足，┏卅二袟足，┏五十八袟足，/

□…□已上計壹拾伍袟，義成。云，維那真詮：/

□…□四袟足，┏卅袟足，┏五十七袟足，┏五十一袟足，┏五十袟足，┏卌七袟足，/

┏第七袟足，┏廿九袟足，┏五十二袟，┏第五袟足，┏第六袟足，/

┏廿一袟足，┏第二袟足，┏第四袟，┏第三袟足。已上計壹拾伍袟。/

（錄文完）

8　8～9 世紀。吐蕃統治時期寫本。
9.1　行楷。硃書書寫。
9.2　有硃筆勾稽。

1.1　BD15473 號背
1.3　子年後六月十七日贊普福田出《大般若經》付諸寺維那錄及付經雜錄（擬）
1.9　簡 068104
2.4　本遺書由 2 個文獻組成，本文獻為第 2 個，13 行，抄寫在背面。餘參見 BD15473 號。
3.3　錄文：

子年後六月十七日贊普福田出《大般若經》付諸/

寺維那如後。/

┏永康，福勝付：┏卅九袟足，┏第七袟足，┏五十六袟足/

┏卌一袟足，┏十二袟足，┏卌五袟足，┏第二袟足，福勝。/

金，卌三袟，維◇/

┏◇，付信惠：┏十四袟足，┏卅五袟足，┏卅六袟欠一卷，/

□…□卷，┏廿七袟欠一卷。（押）/

□…□付法贊：┏卅三袟欠一卷，┏五十三袟欠一卷，/

十五袟欠一卷/

◇付性◇◇十◇/

□年十五日/

［子］年七月十五日僧靈照請藏本《金光明經》一部拾/

卷◇並袟足，分付照。/

（錄文完）

8　8～9 世紀。吐蕃統治時期寫本。
9.1　行楷。硃書書寫。
9.2　有硃筆勾稽。

1.1　BD15474 號
1.3　太玄真一本際經卷四
2.1　19.8×6.2 厘米；1 紙；共 11 行，行 3 字殘。
2.3　殘片。首殘尾殘。通卷下殘，卷面殘破。有烏絲欄。已修整。
3.1　首殘→《中華道藏》，05/233A17。
3.2　尾殘→《中華道藏》，05/233B06。
6.3　BD15454 號、BD15459 號、BD15474 號、BD15452 號、BD15457 號、BD15446 號、BD15484 號、BD15475 號、BD15483 號、BD15443 號等 10 號依照從右到左、從上到下的次序，可依次綴接，但中間、下部仍有殘缺之處。
6.4　本遺書與 BD15443 號、BD15444 號、BD15446 號、BD15449 號、BD15452 號、BD15454 號、BD15457 號、BD15459 號、BD15470 號、BD15475 號、BD15478 號、BD15483 號、BD15484 號等 13 號原為同卷。該卷被橫向裁成四條後，又被剪為長短不等的矩形或梯形長條。其中 BD15449 號為兩個梯形長條合綴為梭形，合編為 1 號，故共計 14 號 15 條。上述 14 號可以分別綴接為 3 塊，3 塊之間尚有殘缺，不能再予綴接。
8　7～8 世紀。唐寫本。
9.1　楷書。

1.1　BD15475 號

1.3　太玄真一本際經卷四
2.1　110.8×5.9 厘米；2 紙；共 6 行，行 3 字殘。
2.2　01：03.0，02；　　02：07.8，04。
2.3　殘片。首殘尾殘。通卷上殘，卷面有殘損。有烏絲欄。已修整。
3.1　首殘→《中華道藏》，05/233B14。
3.2　尾殘→《中華道藏》，05/233B20。
6.3　BD15454 號、BD15459 號、BD15474 號、BD15452 號、BD15457 號、BD15446 號、BD15484 號、BD15475 號、BD15483 號、BD15443 號等 10 號依照從右到左、從上到下的次序，可依次綴接，但中間、下部仍有殘缺之處。
6.4　本遺書與 BD15443 號、BD15444 號、BD15446 號、BD15449 號、BD15452 號、BD15454 號、BD15457 號、BD15459 號、BD15470 號、BD15474 號、BD15478 號、BD15483 號、BD15484 號等 13 號原為同卷。該卷被橫向裁成四條後，又被剪為長短不等的矩形或梯形長條。其中 BD15449 號為兩個梯形長條合綴為梭形，合編為 1 號，故共計 14 號 15 條。上述 14 號可以分別綴接為 3 塊，3 塊之間尚有殘缺，不能再予綴接。
8　7～8 世紀。唐寫本。
9.1　楷書。

1.1　BD15476 號
1.3　維摩詰經疏（擬）
2.1　（4.5＋10.4＋9.2）×28 厘米；1 紙；共 16 行，行 24～26 字。
2.3　殘片。首殘尾殘。下部殘缺嚴重。有烏絲欄。已修整。
3.3　錄文：

（首殘）

□…□菩薩二空□…□/

□…□聲聞菩提中智觀故，緣覺菩提□…□/

亦可二乘證空，沉空趣寂，未能妄相，是以云淺。諸佛□…□/

空，空亦復空，不取空相，所以稱染。故下經云，此中“無有餘病，唯有/

空病，空病亦空”。此之深淺，約觀以明，談其空理，無無深淺。凡小不知執為/

二相。菩薩悟解深淺從緣，無有體性，無性為空。平等門中，何有深淺？故/

知深淺元來一相。如來所以此說者，欲使順流者返本，迷塗（途）者改轍。/

息妄皈真，究竟常寂。故《法句經》云：或有衆生，從無始已來，不知根/

塵識等三◇，虛之與實，妄起種種煩惱倒或（惑）。是故，我今教如實/

觀，令斷諸或（惑）。此是如來設教意也。第二，翻譯時節者，此經□/

自西方，傳流東夏。其間翻譯，近者多人。□始及終，總有六譯。□/

漢朝有三藏清信士，姓嚴名佛調，翻一卷，名《古維□…□，第□…□/

朝有三藏，姓支名道謙，翻兩卷，名《維摩說不□…□/

晉朝有三藏，姓竹（竺）名法護，翻一卷，名《維摩所□…□/

帝有三藏，姓竹（竺）名叔簡法師，翻三卷，名《毗摩□…□/

朝有三藏，姓竹（竺）名鳩摩□…□/

（下殘）

3.4　說明：
本文獻未為歷代大藏經所收。
8　8 世紀。唐寫本。
9.1　行楷。有合體字菩薩、菩提。
9.2　有重文號。

1.1　BD15477 號
1.3　失名類書（擬）
1.9　簡 039192
2.1　38×11.7 厘米；1 紙；共 26 行，行 12 字殘。
2.3　殘片。首殘尾殘。通卷上殘，下邊有殘缺。已修整。
3.3　錄文：

（首殘）

□…□聞崇禮耳（？）視容愚不分，是以/

□…□聞君子入門，聲必揚上堂言也。何/

□…□善哉，伯玉一門，而有三賢，男可以/

□…□不得其意，願為說之。/

□…□疾而不富者，用之不密/

□…□盜。公曰：種之失時，一盜收斂，失/

□…□盜，蓋藏不蜜（密），六盜井灶不淨/

□…□小盜以◇言之安富也。/

□…□在妻子，禮在推讓，平在分財□…□/

□…□君先看其使，欲知其師，先看□…□/

□…□知其地，先看於◇察之，如此□…□/

□…□剛則傷，曲不受繩即直，則若◇◇/

□…□兄弟不和，錢財散亡，夫婦不□…□/

□…□母思董業嵩人□…□/

□…□不絕，忽然聞眼◇□…□/

□…□不使外人，皆自營造棺槨□…□/

□…□絕，天知至孝，乃於墓◇□…□/

□…□八步作霹靂，塚開棺銘曰◇◇◇/

□…□生命得卅也。嵩為金城大孝□/

□…□嵩臣母更活田臣至孝，若□…□/

□…□牛欲生犢，問東方朔，管公□…□/

□…□管公曰：此犢子白尾捲腰而臥□…□/

□…□犢即白尾。帝曰：朕之左右玄知/

□…□友恒同袍，被先言有富貴者，/

□…□山中隱讀書，常怨光武，悲泣，乃感/
□…□共子陵許，有富者，不相忘。朕（?）/
（後殘）
6.4　與BD15488號原為同卷。
8　8世紀。唐寫本。
9.1　行楷。

1.1　BD15478號
1.3　太玄真一本際經卷四
2.1　7×6.3厘米；1紙；共4行，行4字殘。
2.3　殘片。首殘尾殘。通卷下殘。有烏絲欄。已修整。
3.1　首殘→《中華道藏》，05/233C06。
3.2　尾殘→《中華道藏》，05/233C11。
6.1　首→BD15470號。
6.4　本遺書與BD15443號、BD15444號、BD15446號、BD15449號、BD15452號、BD15454號、BD15457號、BD15459號、BD15470號、BD15474號、BD15475號、BD15483號、BD15484號等13號原為同卷。該卷被横向裁成四條後，又被剪為長短不等的矩形或梯形長條。其中BD15449號為兩個梯形長條合綴為梭形，合編為1號，故共計14號15條。上述14號可以分别綴接為3塊，3塊之間尚有殘缺，不能再予綴接。
8　7~8世紀。唐寫本。
9.1　楷書。

1.1　BD15479號
1.3　殘文書（擬）
2.1　5.7×12.3厘米；1紙；共2行，行8字殘。
2.3　殘片。首殘尾殘。通卷上下殘。已修整。
3.3　錄文：
（首殘）
□…□并是客人，任自平章（?）□…□/
□…□損赤衣（?）更多□…□/
（後殘）
8　7~8世紀。唐寫本。
9.1　楷書。

1.1　BD15480號
1.3　殘片（擬）
2.1　7.3×11.2厘米；2紙；共1行，行1字殘。
2.2　01：05.3，00；　02：02.0，01。
2.3　殘片。首殘尾殘。通卷上下殘，似"丁"字形。已修整。
3.4　説明：
本遺書僅有殘字痕，其中一個應為"會"。
8　9~10世紀。歸義軍時期寫本。
9.1　行楷。

1.1　BD15481號
1.3　壇場懺法（擬）
1.9　簡068107
2.1　2×47.2厘米；1紙；共1行，行26字。
2.3　殘片。首斷尾斷。下有餘空。已修整。
3.3　錄文：
（首殘）
受持咒時，先誦千遍，然後於淨室中，翟摩添地，作小壇場，隨時飲食。/
（錄文完）
3.4　説明：
本遺書。
8　9~10世紀。歸義軍時期寫本。
9.1　行楷。

1.1　BD15482號
1.3　入破歷（擬）
1.9　簡068107
2.1　7.2×3.9厘米；1紙；共4行，行3字殘。
2.3　殘片。首殘尾殘。通卷上下殘。已修整。
3.3　錄文：
（首殘）
□…□㪷□…□/
□…□布一百□…□/
□…□麥三石□…□/
□…□破用油□…□/
（錄文完）
8　9~10世紀。歸義軍時期寫本。
9.1　行楷。
9.2　有硃筆科分。

1.1　BD15483號
1.3　太玄真一本際經卷四
1.9　簡068107
2.1　5.4×5.9厘米；1紙；共3行，行4字殘。
2.3　殘片。首殘尾殘。通卷上殘。有烏絲欄。已修整。
3.1　首殘→《中華道藏》，05/233B21。
3.2　尾殘→《中華道藏》，05/233C02。
6.3　BD15454號、BD15459號、BD15474號、BD15452號、BD15457號、BD15446號、BD15484號、BD15475號、BD15483號、BD15443號等10號依照從右到左、從上到下的次序，可依次綴接，但中間、下部仍有殘缺之處。
6.4　本遺書與BD15443號、BD15444號、BD15446號、BD15449號、BD15452號、BD15454號、BD15457號、BD15459號、BD15470號、BD15474號、BD15475號、BD15478號、BD15484號等13號原為同卷。該卷被横向裁成四條後，又被剪為長短不等的矩形或梯形長條。其中BD15449號為兩個梯形長條合綴為梭形，合編為1號，故共計14號15條。上述14號可以分別綴接為 3 塊，3 塊之間尚有殘缺，不能再予綴接。
8　7 ~ 8 世紀。唐寫本。
9.1　楷書。

1.1　BD15484 號
1.3　太玄真一本際經卷四
1.9　簡 068107
2.1　5 × 6.3 厘米；1 紙；共 2 行，行 3 字殘。
2.3　殘片。首殘尾殘。通卷下殘。有烏絲欄。已修整。
3.1　首殘→《中華道藏》，05/233B12。
3.2　尾殘→《中華道藏》，05/233B13。
6.3　BD15454 號、BD15459 號、BD15474 號、BD15452 號、BD15457 號、BD15446 號、BD15484 號、BD15475 號、BD15483 號、BD15443 號等 10 號依照從右到左、從上到下的次序，可依次綴接，但中間、下部仍有殘缺之處。
6.4　本遺書與 BD15443 號、BD15444 號、BD15446 號、BD15449 號、BD15452 號、BD15454 號、BD15457 號、BD15459 號、BD15470 號、BD15474 號、BD15475 號、BD15478 號、BD15483 號等 13 號原為同卷。該卷被橫向裁成四條後，又被剪為長短不等的矩形或梯形長條。其中 BD15449 號為兩個梯形長條合綴為梭形，合編為 1 號，故共計 14 號 15 條。上述 14 號可以分別綴接為 3 塊，3 塊之間尚有殘缺，不能再予綴接。
8　7 ~ 8 世紀。唐寫本。
9.1　楷書。

1.1　BD15485 號
1.3　厭鬼法（擬）
1.9　簡 068107
2.1　2.2 × 7.5 厘米；1 紙；共 2 行。
2.3　殘片。首殘尾斷。通卷上下殘。已修整。
3.3　錄文：
（首殘）
□…□鬼門然後□…□/
□…□取四時彩色塗鬼喉鬼□…□/
（錄文完）
6.4　與 BD15486 號原為同卷。
8　8 世紀。唐寫本。
9.1　行楷。

1.1　BD15486 號
1.3　厭鬼法（擬）
1.9　簡 068107
2.1　4.9 × 4.4 厘米；1 紙；共 2 行，行 4 字殘。
2.3　殘片。首殘尾殘。通卷上殘。已修整。
3.3　錄文：
（首殘）
□…□之為同體/
□…□除妄/
□…□是誰（?）/
（後殘）
6.4　與 BD15485 號原為同卷。
8　8 世紀。唐寫本。
9.1　行楷。

1.1　BD15487 號
1.3　牒狀（擬）
2.1　5 × 3.6 厘米；1 紙；共 2 行，行 2 字殘。
2.3　殘片。首殘尾殘。已修整。
3.4　說明：
本遺書僅可辨殘字“牒前”、“度（及?）布（?）”。
8　9 ~ 10 世紀。歸義軍時期寫本。
9.1　楷書。

1.1　BD15488 號
1.3　失名類書（擬）
2.1　4.3 × 3.2 厘米；1 紙；共 2 行，行 3 字殘。
2.3　殘片。首殘尾殘。通卷上下殘。卷面殘損。已修整。
3.3　錄文：
（首殘）
□…□在鄉里□…□/
□…□第（弟?）子□…□/
（錄文完）
6.4　與 BD15477 號原為同卷。
8　9 ~ 10 世紀。歸義軍時期寫本。
9.1　楷書。

1.1　BD15489 號
1.3　雜物歷（擬）
2.1　9.8 × 9.3 厘米；1 紙；共 5 行，行 4 字殘。
2.3　殘片。首殘尾殘。通卷上殘。已修整。
3.3　錄文：
（首殘）
□…□家事（?）◇/
□…□六升半八合/
□…□名八㪷/
□…□五㪷七升/
□…□一㪷五升/
（錄文完）
3.4　說明：
第 2 行“合”為硃筆。第 5 行“五升”被硃筆塗抹。
6.4　與 BD15472 號原為同卷。
8　9 ~ 10 世紀。歸義軍時期寫本。
9.1　行楷。
9.2　有硃筆補字及塗抹。

1.1　BD15490 號
1.3　殘片十一塊（擬）
2.1　17.9×（1～15）厘米；11 紙，共 7 行。
2.2　01：02.2，02；　02：02.1，00；　03：02.1，02；
04：03.0，00；　05：01.5，01；　06：02.5，00；
07：01.3，00；　08：00.6，00；　09：01.0，00；
10：01.5，00；　11：01.1，00。
2.3　殘片。共包括大小殘片十一塊。已修整。
3.4　說明：
本遺書為 11 塊殘片，詳情如下：
（1）2.2×2.8 厘米；2 行；有殘字"□…□求者□…□/□…□為□…□"。
（2）2.1×1.5 厘米；僅有殘字痕。
（3）2.1×2 厘米；2 行；有殘字不清。
（4）3×15 厘米；僅有殘字痕。
（5）1.5×3 厘米；1 行；僅有殘字"用"。
（6）2.5×1 厘米；僅有殘字痕。
（7）1.3×2 厘米；僅有殘字痕。
（8）0.6×1.8 厘米；僅有殘字痕。
（9）1×1.3 厘米；僅有殘字痕。
（10）1.5×2.1 厘米；僅有殘字痕。
（11）1.1×1 厘米；僅有殘字痕。

1.1　BD15491 號
1.3　齋文（擬）
1.9　簡 068105
2.1　7.3×20.4 厘米；1 紙；共 6 行，行 17～18 字。
2.3　梵夾裝。首脫尾脫。有烏絲欄。已修整。
3.3　錄文：
（首殘）
光與瑞蓮而合影。空花承步，道樹初成，皎皎孤/
懸，等雲間之朗月。其幡也，斑紅雜彩，意拽羅/
文；清素玄黄，珪璋五色。高幢一掛，狀似鳳之昇/
天；菀轉雲間，似盤龍之乍起。又願齋主即體，/
身如藥樹，百病不侵；體若金山，萬邪莫犯。棄/
不二之法門，悟一乘之妙理。合家大小，總願清宜。/
（後殘）
8　8～9 世紀。吐蕃統治時期寫本。
9.1　楷書。

1.1　BD15492 號
1.3　木捺佛像（擬）
1.9　簡 068137
2.1　26.7×13 厘米；1 紙。
2.3　殘片。首殘尾殘。貼有木捺佛像，已殘。已修整。
3.4　說明：
本遺書為木捺佛像。有殘木捺佛像 2 尊，4×5.1 厘米。
8　9～10 世紀。歸義軍時期寫本。

1.1　BD15493 號
1.3　藏文雜寫（擬）
1.9　簡 057870
2.1　59.4×12.5 厘米；1 紙；正面 5 行，行字母不等。背面 4 行，行字母不等。
2.3　梵夾裝。首殘尾殘。卷面有殘缺、殘洞，有油污。已修整。
2.4　本遺書包括 2 個文獻：（一）《藏文雜寫》（擬），5 行，抄寫在正面，今編為 BD15493 號。（二）《藏文雜寫》（擬），4 行，抄寫在背面，今編為 BD15493 號背。
3.4　說明：
本遺書有 5 行藏文，形態似雜寫。
7.1　有兩處漢字題記："姚力悉公經"。題名："氾悉歹力"。
8　8～9 世紀。吐蕃統治時期寫本。
9.1　正書。

1.1　BD15493 號背
1.3　藏文雜寫（擬）
1.9　簡 057870
2.4　本遺書由 2 個文獻組成，本文獻為第 2 個，4 行，抄寫在背面。餘參見 BD15493 號。
3.4　說明：
本遺書有 4 行藏文。
8　8～9 世紀。吐蕃統治時期寫本。
9.1　正書。

1.1　BD15494 號
1.3　佛頂尊勝陀羅尼經（佛陀波利本）
1.9　簡 057870
2.1　（14.2＋3.5＋2.1）×24.4 厘米；1 紙；共 9 行，行 17 字。
2.3　殘片。首殘尾殘。前部殘缺嚴重，呈三角形。有烏絲欄。已修整。
3.1　首 6 行上殘→大正 0967，19/0351A15～19。
3.2　尾行上殘→大正 0967，19/0351B22～23。
8　7～8 世紀。唐寫本。
9.1　楷書。

1.1　BD15495 號
1.3　金剛般若波羅蜜經
1.9　簡 057870
2.1　35.7×13.1 厘米；1 紙；共 21 行，行 10 字殘。
2.3　殘片。首殘尾脫。經黄打紙。通卷下殘，卷面有油污、水漬。有烏絲欄。已修整。
3.1　首殘→大正 0235，08/0749A27。
3.2　尾殘→大正 0235，08/0749B19。
8　7～8 世紀。唐寫本。

9.1 楷書。

1.1 BD15496 號
1.3 金光明最勝王經卷一〇
1.9 簡 057870
2.1 7.8×24 厘米；1 紙；共 5 行，行 20 字。
2.3 殘片。首殘尾殘。上部殘缺嚴重。有烏絲欄。
3.1 首殘→大正 0665，16/0454B11。
3.2 尾殘→大正 0665，16/0454B20。
8 8～9 世紀。吐蕃統治時期寫本。
9.1 楷書。

1.1 BD15497 號
1.3 金剛般若波羅蜜經
1.9 簡 057870
2.1 (6.9+8)×24.5 厘米；1 紙；共 9 行，行 17 字。
2.3 殘片。首殘尾斷。經黄打紙。砑光上蠟。卷首右下殘缺，卷面污穢。有烏絲欄。已修整。
3.1 首 4 行下殘→大正 0235，08/0750C03～08。
3.2 尾殘→大正 0235，08/0750C12。
7.1 卷尾左上有勘記“九”字。
8 7～8 世紀。唐寫本。
9.1 楷書。

1.1 BD15498 號
1.3 妙法蓮華經卷三
1.9 簡 057870
2.1 (5.5+17+7.5)×23.4 厘米；1 紙；共 8 行，行 17 字。
2.3 殘片。首殘尾殘。通卷上殘，卷面有殘洞。有烏絲欄。已修整。
3.1 首 3 行上下殘→大正 0262，09/0019B26～29。
3.2 尾 4 行上殘→大正 0262，09/0019C02～06。
8 7～8 世紀。唐寫本。
9.1 楷書。

1.1 BD15499 號
1.3 大般若波羅蜜多經卷二九六
1.9 簡 057870
2.1 10×26.1 厘米；1 紙；共 5 行，行 17 字。
2.3 殘片。首脱尾殘。打紙，砑光上蠟。右上、左下殘缺。有烏絲欄。已修整。
3.1 首殘→大正 0220，06/0507C24。
3.2 尾殘→大正 0220，06/0507C28。
8 8～9 世紀。吐蕃統治時期寫本。
9.1 楷書。

1.1 BD15500 號
1.3 太上洞淵神呪經卷五
2.1 11×16.8 厘米；1 紙；共 6 行，行 12 字殘。
2.3 殘片。首殘尾殘。通卷下殘，右上殘缺。有烏絲欄。已修整。
3.1 首殘→《中華道藏》，30/017A03。
3.2 尾殘→《中華道藏》，30/017A09。
3.3 録文：

(首殘)

[道言：吾昔在杜] 陽宮中，為諸王 [女說大驅經，] /

[導化衆生。時中] 國有真人唐平來 [告] /

[曰：比來死] 亡狼藉，不審自今 [以去，何年瘥也?] /

太上曰：即今以去，到戊寅年壬 [午之歲疫鬼] /

煞其惡人，至甲午年乃 [瘥耳。至癸未之歲，疫氣] /

流行，國 [中刀] 兵父子 [君臣自共相害人民多] /

(後殘)

3.4 說明：

以上録文，據《中華道藏》本補闕。除第 2、第 3 行文字似有缺漏，其餘文字與傳統《道藏》本全同。

8 7～8 世紀。唐寫本。
9.1 楷書。

1.1 BD15501 號
1.3 法門名義集（異本）卷一
1.9 簡 057872
2.1 21.2×21.4 厘米；1 紙；共 10 行，行 18 字。
2.3 殘片。首殘尾殘。通卷下殘，卷面有殘損。背有古代裱補。有多行小字註釋。已修整。
3.1 首殘→大正 2124，54/0202A17。
3.2 尾殘→大正 2124，54/0202A28。
3.3 録文：

(首殘)

十法界無量迴向。【◇體通非。】□…□/

自此以前，有卅心是地□…□/

深伏我相，相心不起，行□…□/

未永斷我相，故名内凡□…□/

猶有相間，故在世間之位。/

聖種性有十地菩薩。【自此已後，是出世間聖人□，斷離相心，得無相之□。】/

初歡喜地。【如出凡境，初登聖境。故能明照二種二諦無我，有無二邊，平等雙照。是以德□】/

【三界，慶心内融，悅情外發。故《地論》云：初喜，故名歡喜地。永斷見地粗細□。】/

二離垢地。【從見解明心，創入修道。將欲進沙玄□，故能妙修中道，芸除法垢，令三聚妙】/

【故，《地論》云：離能起悟心。尤戒煩惱垢。】/

(後殘)

3.4 說明：

本遺書正文及部分註釋與《法門名義集》卷一大致相同，但行文亦頗有差別。下面為《法門名義集》卷一（CBETA，2011）的文字，可做對照。

“十法界無礙迴向。既達一切諸法，皆是真如實相。故其縛通，非可限極。故目法界無礙迴向。自此已前，三十心是地前三賢之位。用三品伏忍，除伏我相。相心不起，行善調順，得名為賢。既未永斷我相，故名內凡夫。若作無相觀行，猶有相關，故在世間之位。

聖種性有十地菩薩。自此已後是出間聖人之位。初歡喜地。始出凡境，初登聖境。慶心內融，悅情外發。故《地持論》云：初證聖處，多生歡喜，故名歡喜地。用聞思修慧為加行智，斷凡夫我性無明。證遍滿功德檀波羅蜜增上。二離垢地。妙修中道，芸除法垢，故名離垢地。以加行智斷於諸衆生起邪行無明盡，證最勝功德。戒波羅蜜為增上。”

8　9～10 世紀。歸義軍時期寫本。

9.1　楷書。

1.1　BD15502 號

1.3　妙法蓮華經卷一

1.9　簡 057872

2.1　14.7×13 厘米；1 紙；共 9 行，行 9 字殘。

2.3　殘片。首殘尾殘。通卷下殘，卷面有鳥糞。有烏絲欄。已修整。

3.1　首殘→大正 0262，09/0002B24。

3.2　尾殘→大正 0262，09/0002C03。

8　7～8 世紀。唐寫本。

9.1　楷書。

1.1　BD15503 號

1.3　大般涅槃經（北本）卷三

1.9　簡 057872

2.1　18.9×11 厘米；2 紙；共 10 行，行 6 字殘。

2.3　殘片。首殘尾殘。通卷上殘，卷首右下殘缺。有烏絲欄。已修整。

3.1　首殘→大正 0374，12/0379A28。

3.2　尾殘→大正 0374，12/0379B09。

8　7～8 世紀。唐寫本。

9.1　楷書。

1.1　BD15504 號

1.3　金光明最勝王經卷二

1.9　簡 057872

2.1　5.1×5.8 厘米；1 紙；共 2 行，行 4 字殘。

2.3　殘片。首殘尾殘。通卷上下殘。有烏絲欄。已修整。

3.1　首殘→大正 0665，16/0411A15。

3.2　尾殘→大正 0665，16/0411A16。

6.4　與 BD15505 號原為同卷。

8　8～9 世紀。吐蕃統治時期寫本。

9.1　楷書。

1.1　BD15505 號

1.3　金光明最勝王經卷二

1.9　簡 057872

2.1　8×7.1 厘米；1 紙；共 4 行，行 6 字殘。

2.3　殘片。首殘尾殘。通卷上下殘。有烏絲欄。已修整。

3.1　首殘→大正 0665，16/0411A18。

3.2　尾殘→大正 0665，16/0411A22。

6.3　與 BD15504 號原為同卷。

8　8～9 世紀。吐蕃統治時期寫本。

9.1　楷書。

1.1　BD15506 號

1.3　妙法蓮華經卷三

1.9　簡 057872

2.1　6.1×10 厘米；1 紙；共 3 行，行 7 字殘。

2.3　殘片。首殘尾殘。通卷上下殘。有烏絲欄。已修整。

3.1　首殘→大正 0262，09/0020A05。

3.2　尾殘→大正 0262，09/0020A08。

8　8 世紀。唐寫本。

9.1　楷書。

1.1　BD15507 號

1.3　觀普賢菩薩行法經

1.9　簡 057872

2.1　20.4×25.6 厘米；2 紙；共 12 行，行 20 字（偈頌）。

2.2　01：03.9，02；　　02：16.5，10。

2.3　殘片。首殘尾殘。上部殘缺嚴重。有烏絲欄。已修整。

3.1　首 2 行上下殘→大正 0277，09/0393A27～29。

3.2　尾 6 行中上殘→大正 0277，09/0393B10～18。

5　與《大正藏》本對照，個別字不同，可供校勘。

8　8 世紀。唐寫本。

9.1　楷書。

1.1　BD15508 號

1.3　大般涅槃經（北本）卷一九

1.9　簡 057872

2.1　3.4×6 厘米；1 紙；共 2 行，行 5 字殘。

2.3　殘片。首殘尾殘。通卷上下殘。有烏絲欄。已修整。

3.1　首殘→大正 0374，12/0475A08。

3.2　尾殘→大正 0374，12/0475A09。

8　7～8 世紀。唐寫本。

9.1　楷書。

1.1　BD15509 號

1.3　成實論卷一二
1.9　簡 057872
2.1　11.3×9.1 厘米；1 紙；共 7 行，行 7 字殘。
2.3　殘片。首殘尾殘。通卷上殘，卷面殘碎。有烏絲欄。已修整。
3.1　首殘→大正 1646，32/0341A08。
3.2　尾殘→大正 1646，32/0341A15。
5　與《大正藏》本對照，文字略有參差。
8　5～6 世紀。南北朝寫本。
9.1　隸楷。

1.1　BD15510 號
1.3　妙法蓮華經卷三
1.9　簡 057872
2.1　9×7.1 厘米；1 紙；共 4 行，行 3 字殘。
2.3　殘片。首殘尾殘。通卷上殘。有烏絲欄。已修整。
3.1　首殘→大正 0262，09/0020A03。
3.2　尾殘→大正 0262，09/0020A07。
8　7～8 世紀。唐寫本。
9.1　楷書。有武周新字“人”。

1.1　BD15511 號
1.3　四分律刪繁補闕行事鈔卷上
1.9　簡 057872
2.1　5.8×16.8 厘米；1 紙；共 3 行，行 16 字殘。
2.3　殘片。首殘尾脫。通卷上下殘，下部殘碎。有烏絲欄。已修整。
3.1　首殘→大正 1804，40/0041C28。
3.2　尾殘→大正 1804，40/0042A03。
8　8 世紀。唐寫本。
9.1　隸楷。

1.1　BD15512 號
1.3　失名佛教論著（擬）
1.9　簡 057872
2.1　12.6×23.2 厘米；1 紙；共 7 行，行 25 字殘。
2.3　殘片。首殘尾殘。通卷下殘。有烏絲欄。已修整。
3.3　錄文：

（首殘）

又如二人俱涉險路，一者有目，一者無目，有□…□/

者不見，墮落深坑而死。一切衆生，亦復如是。俱皆生盲，無有□…□/

眼，共在生死岸上，造其惡業。有智惠者，正信惠眼，涉無明路。□…□/

惡業深坑。愚癡之者，若無正信惠眼，於無明險路，不能得過。□…□/

坑，流轉生死。又如二人，俱時上陣，抗敵怨賊。一則甲伏具足，一無□…□/

甲仗者，能破怨敵，得具榮職。無甲仗者，不免身死。一切衆生，亦復□…□/

煩惱惡賊，著耶（邪）見甲，持貪欲刀，執嗔恚仗，來相鬥戰，劫功□…□/

（後殘）

3.4　說明：

本文獻為中國人所撰佛教著作。其中有目無目喻出於《大般涅槃經》卷三一。

8　7～8 世紀。唐寫本。
9.1　行楷。

1.1　BD15513 號
1.3　失名佛教戒律（擬）
1.9　簡 057872
2.1　14×7.8 厘米；1 紙；共 8 行，行 11 字殘。
2.3　殘片。首殘尾殘。通卷上下殘，卷面殘損，有殘洞。有烏絲欄。已修整。
3.3　錄文：

（首殘）

□…□法禮時宜著不應脫□…□/

□…□終身藥奉殘◇□…□/

□…□七日終身藥至初□…□/

□…□不答不作還取意□□與食□…□/

□…□嘆僧勸與僧食◇受不□…□/

□…□無犯異部□…□/

□…□若有□人不得□…□/

□…□亦應淨，若不□…□/

（後殘）

8　5～6 世紀。南北朝寫本。
9.1　行楷。

1.1　BD15514 號
1.3　比丘志雄抄陀羅尼（擬）
1.9　簡 057872
2.1　11.4×20.5 厘米；1 紙；共 14 行，行 37 字殘。
2.3　殘片。首殘尾殘。通卷下殘。有烏絲欄。小字抄寫。已修整。
3.4　說明：

本遺書為陀羅尼，從現存文字看，該陀羅尼至少有近 200 個詞彙。其中有念誦者自稱語謂：“比丘志雄自稱名。”則該陀羅尼應為名為“志雄”的比丘所抄，以備本人修持所用。具體名稱待考。

8　7～8 世紀。唐寫本。
9.1　楷書。

1.1　BD15515 號

1.3　妙法蓮華經卷四
1.9　簡 057872
2.1　12.5×12 厘米；1 紙；共 7 行，行 7 字殘。
2.3　殘片。首殘尾殘。通卷上殘，下邊有殘缺。有烏絲欄。已修整。
3.1　首殘→大正 0262，09/0027C07。
3.2　尾殘→大正 0262，09/0027C13。
8　7～8 世紀。唐寫本。
9.1　楷書。

1.1　BD15516 號
1.3　太玄真一本際經卷八
1.9　簡 057872
2.1　15.8×19.7 厘米；1 紙；共 9 行，行 13 字殘。
2.3　殘片。首殘尾殘。通卷下殘，卷面有水漬。有烏絲欄。已修整。
3.1　首殘→《中華道藏》，05/253C11。
3.2　尾殘→《中華道藏》，05/253C22。
8　7～8 世紀。唐寫本。
9.1　楷書。

1.1　BD15517 號
1.3　大般涅槃經（北本）卷三二
1.9　簡 057872
2.1　9.2×13.2 厘米；1 紙；共 5 行，行 8 字殘。
2.3　殘片。首斷尾斷。通卷上殘，卷面有殘洞。有烏絲欄。已修整。
3.1　首殘→大正 0374，12/0554B02。
3.2　尾殘→大正 0374，12/0554B07。
8　7～8 世紀。唐寫本。
9.1　楷書。

1.1　BD15518 號
1.3　妙法蓮華經卷七
1.9　簡 057872
2.1　18.8×13 厘米；1 紙；共 11 行，行 10 字殘。
2.3　殘片。首殘尾殘。通卷上殘，下部殘缺。有烏絲欄。已修整。
3.1　首殘→大正 0262，09/0057C12。
3.2　尾殘→大正 0262，09/0058A03。
8　7～8 世紀。唐寫本。
9.1　楷書。

1.1　BD15519 號
1.3　殘片（擬）
1.9　簡 057872
2.1　5.5×6 厘米；1 紙；共 3 行，行 5 字殘。
2.3　殘片。首殘尾殘。通卷上下殘。已修整。
3.3　錄文：
（首殘）
□…□龍宮密［藏］□…□/
□…□況乃化城微□…□/
□…□四衢而廣運□…□/
（後殘）
6.4　與 BD15520 號原為同卷。
8　7～8 世紀。唐寫本。
9.1　楷書。

1.1　BD15520 號
1.3　殘片（擬）
1.9　簡 057872
2.1　3.5×4 厘米；1 紙；共 2 行，行 3 字殘。
2.3　殘片。首殘尾殘。通卷上下殘。已修整。
3.3　錄文：
（首殘）
□…□岸伏惟□…□/
□…□州大都□…□/
（後殘）
6.4　與 BD15519 號原為同卷。
8　7～8 世紀。唐寫本。
9.1　楷書。

1.1　BD15521 號
1.3　五分戒本
1.9　簡 057872
2.1　3.9×2.6 厘米；1 紙；共 2 行，行 2 字殘。
2.3　殘片。首殘尾殘。通卷上下殘。已修整。
3.1　首殘→大正 1422b，22/0200B18。
3.2　尾殘→大正 1422b，22/0200B19。
8　7～8 世紀。唐寫本。
9.1　楷書。

1.1　BD15522 號
1.3　諸星母陀羅尼經
1.9　簡 057872
2.1　22×16.3 厘米；1 紙；共 16 行，行 12 字殘。
2.3　殘片。首殘尾殘。通卷下殘，卷面多水漬。有烏絲欄。已修整。
3.1　首殘→大正 1302，21/0420A13。
3.2　尾殘→大正 1302，21/0420A28。
8　9～10 世紀。歸義軍時期寫本。
9.1　楷書。

1.1　BD15523 號

1.3　金剛般若波羅蜜經
1.9　簡 057872
2.1　5×5.5 厘米；1 紙；共 3 行，行 4 字殘。
2.3　殘片。首殘尾殘。通卷上下殘。有烏絲欄。已修整。
3.1　首殘→大正 0235，08/0749C10。
3.2　尾殘→235，8/749C12。
8　7～8 世紀。唐寫本。
9.1　楷書。

1.1　BD15524 號
1.3　金光明最勝王經卷四
1.9　簡 057872
2.1　12.2×6.7 厘米；1 紙；共 7 行，行 4 字殘。
2.3　殘片。首殘尾殘。通卷下殘。有烏絲欄。已修整。
3.1　首殘→大正 0665，16/0421A13
3.2　尾殘→大正 0665，16/0421B04。
5　與《大正藏》本對照，只有咒語，無經文。
8　8～9 世紀。吐蕃統治時期寫本。
9.1　楷書。

1.1　BD15525 號
1.3　木捺佛像（擬）
1.9　簡 057872
2.1　14.7×28.7 厘米；1 紙。
2.3　殘片。首殘尾殘。中部殘缺，成亞腰形；卷面殘破。已修整。
3.4　說明：
本遺書為木捺佛像，所捺為龕中小佛，結跏趺坐作禪定狀，有項光背光。龕頂為覆鉢形，上有相輪。每行 5 尊，現中間 2 行佛像基本完整，兩邊佛像有殘缺。總計共存 18 尊。
8　9～10 世紀。歸義軍時期寫本。

1.1　BD15526 號
1.3　佛教疏釋（擬）
2.1　24.5×27.2 厘米；1 紙；共 15 行，行 27 字。
2.3　殘片。首殘尾殘。上邊殘破，下部殘缺嚴重。已修整。
3.3　錄文：
（首殘）
云“高山”，亦名“光山”。“須彌山”者，此云“安明山”，亦名“好高山”。《佛地論》中□…□/
“迷廬山”，此云“妙高山”。後半行偈誦見正報，末後半行總□…□/
顯（?）。解耳根中，若依小乘毗曇論說，耳所聞聲，凡□…□/
種：一因受四大聲，謂咽喉唇舌因緣發聲；二因不受四大聲，謂□…□/
鈴樹等因緣發聲；三因俱聲，謂擊鼓吹貝因緣發聲，彼聲□…□/
種：謂可意不可意。於可意中，不可意中，各有因受等。三合六種聲。若依大乘□…□/
論說，耳根所取聲，義說十一種：若可意，若不可意，若俱相違□…□/
大種，若因不受大種，若因俱大種，若世所共成，若成所引，若遍計所執□…□/
聖言所攝，若非聖言所攝。如是十一種聲，由五種因所建立。謂相故，損/
益故，因差別故，說差別故，言差別故。由相故，故有耳根所取義；由［損］/
益故，故有可意等三；由因差別故，故有因受大種等三；由說差別故，故［有］/
世所共成等三；由言差別故，故有聖言所攝、非聖言所攝。文中□…□/
初長行，後偈誦。長行三義：第一，總明所得聞三千世界內外音聲。第二，□…□/
鳥聲已下，別明所聞。望前十一種聲，唯無遍計所執、外道所說聲□…□/
十種聲，於中悉有。第三，從“要□”已下，總結□…□/
（錄文完）
8　7～8 世紀。唐寫本。
9.1　行楷。
9.2　有硃筆塗抹。硃筆校改。有硃筆行間校加字。有倒乙。

1.1　BD15527 號
1.3　讚歎佛功德偈
2.1　16.8×30 厘米；1 紙；共 8 行，行 21 字。
2.3　單葉紙。首全尾全。紙張卷尾有殘缺。已修整。
3.3　錄文：
佛面猶如淨滿月，亦如千日放光明；
目淨脩廣若青蓮，齒白齊密猶珂雪。
佛德無邊如大海，無限妙寶積其中；
智慧德水鎮恒盈，百千勝定咸充滿。
足下輪相皆嚴飾，轂輞千輻悉齊平；
手足鞔網遍莊嚴，猶如鵝王相具足。
佛身光曜等金山，清淨殊特無倫匹；
亦如妙高功德滿，故我稽首佛山王。
相好如空不可測，逾於千月放光明；
皆如焰幻不思議，故我稽首心無著。
3.4　說明：
該偈頌出於《金光明最勝王經》卷六“四天王護國品”，參見大正 0665，16/0432A11～20。其後以“讚歎佛功德偈”的名稱單獨流通。故在此作為獨立文獻著錄。
4.1　讚歎佛功德偈（首）。
8　9～10 世紀。歸義軍時期寫本。
9.1　楷書。

1.1 BD15528 號
1.3 經律異相卷四一鈔（擬）
2.1 （3.1+6.4+3.8）×28.3 厘米；2 紙；共 8 行，行 28 字。
2.2 01：11.5，07； 02：01.8，01。
2.3 殘片。首殘尾殘。有烏絲欄。已修整。
3.4 說明：
本文獻抄錄《經律異相》卷四一兩段文字：
第一段第 1～6 行，內容為《婆羅門從佛意解》十一，存文參見：大正 2121，53/218A12～21；
第二段為第 7 行，內容為《婆羅門夫婦吞金錢為糧身壞人取為福即得道迹》十三，存文參見：大正 2121，53/218B13～14。第 8 行殘甚，僅剩字痕，不計對照項。
8 7～8 世紀。唐寫本。
9.1 草書。

1.1 BD15529 號
1.3 妙法蓮華經卷六
2.1 16.2×27.4 厘米；1 紙；共 9 行，行 17 字。
2.3 殘片。首殘尾殘。上下殘缺嚴重，卷面污穢。有烏絲欄。已修整。
3.1 首殘→大正 0262，09/0046C20。
3.2 尾殘→大正 0262，09/0046C29。
8 7～8 世紀。唐寫本。
9.1 楷書。

1.1 BD15530 號
1.3 原空

1.1 BD15531 號
1.3 原空

1.1 BD15532 號
1.3 原空

1.1 BD15533 號
1.3 妙法蓮華經卷一
1.9 簡 071841
2.1 （20.3+20.5）×25.7 厘米；1 紙；共 22 行，行 17 字。
2.3 殘片。首殘尾脫。上邊有殘缺，中有殘洞，卷面多鳥糞。有烏絲欄。已修整。
3.1 首 4 行中下殘→大正 0262，09/0003A02～07。
3.2 尾殘→大正 0262，09/0003B02。
8 8～9 世紀。吐蕃統治時期寫本。
9.1 楷書。

1.1 BD15534 號
1.3 妙法蓮華經卷二
1.9 簡 071841
2.1 （7.5+18.2）×26 厘米；1 紙；共 15 行，行 17 字。
2.3 殘片。首殘尾斷。中間有殘洞，上下有殘破，卷面有油污。已修整。
3.1 首 5 行上下殘→大正 0262，09/0010C05～09。
3.2 尾殘→大正 0262，09/0010C25。
7.1 背面有勘記“第二”。
8 9～10 世紀。歸義軍時期寫本。
9.1 楷書。

1.1 BD15535 號
1.3 大般若波羅蜜多經卷三二五
1.9 簡 071841
2.1 （6.7+12）×25.2 厘米；1 紙；共 11 行，行 17 字。
2.3 殘片。首殘尾脫。有烏絲欄。已修整。
3.1 首 4 行上殘→大正 0220，06/0659C20～22。
3.2 尾殘→大正 0220，06/0660A01。
7.1 背面有勘記“卅三袟（袟次），五（袟內卷次）”。
8 8～9 世紀。吐蕃統治時期寫本。
9.1 楷書。

1.1 BD15536 號
1.3 大般若波羅蜜多經卷三二
1.9 簡 071841
2.1 12.2×27.8 厘米；1 紙；共 7 行，行 17 字。
2.3 殘片。首脫尾斷。上下邊有殘缺。有烏絲欄。已修整。
3.1 首殘→大正 0220，05/0178C22。
3.2 尾殘→大正 0220，05/0178C28。
8 8 世紀。唐寫本。
9.1 楷書。

1.1 BD15537 號
1.3 妙法蓮華經卷七
1.9 簡 071841
2.1 12×25.9 厘米；2 紙；共 7 行，行 17 字。
2.2 01：07.0，04； 02：05.0，03。
2.3 殘片。首殘尾斷。經黃打紙。有烏絲欄。已修整。
3.1 首殘→大正 0262，09/0061C19。
3.2 尾殘→大正 0262，09/0062A02。
8 7～8 世紀。唐寫本。
9.1 楷書。

1.1 BD15538 號
1.3 妙法蓮華經卷五
1.9 簡 071841
2.1 （18.6+14.3）×25 厘米；2 紙；共 21 行，行 16 字（偈誦）。

2.2　01：01.3，01；　　02：31.6，20。
2.3　殘片。首殘尾斷。經黄打紙。右下殘缺大塊。背有鳥糞。有烏絲欄。已修整。
3.1　首11行中下殘→大正0262，09/0037B06～20。
3.2　尾殘→大正0262，09/0037C03。
8　7～8世紀。唐寫本。
9.1　楷書。

1.1　BD15539號
1.3　妙法蓮華經卷七
1.9　簡071841
2.1　(4.5+18.1)×26厘米；1紙；共13行，行17字。
2.3　殘片。首殘尾斷。打紙。上下殘破，多水漬。有烏絲欄。已修整。
3.1　首2行中殘→大正0262，09/0055B15～17。
3.2　尾殘→大正0262，09/0055B29。
7.1　背有勘記"第七，欠兩張"。
8　7～8世紀。唐寫本。
9.1　楷書。

1.1　BD15540號
1.3　妙法蓮華經卷五
1.9　簡071841
2.1　(4.3+13.2)×24.4厘米；1紙；共10行，行17字。
2.3　殘片。首殘尾斷。經黄打紙。有烏絲欄。已修整。
3.1　首2行中上殘→大正0262，09/0037A25～26。
3.2　尾殘→大正0262，09/0037B06。
8　7～8世紀。唐寫本。
9.1　楷書。

1.1　BD15541號
1.3　藥師琉璃光如來本願功德經
1.9　簡071841
2.1　(2+10)×24.8厘米；1紙；共6行，行17字。
2.3　殘片。首殘尾脱。經黄打紙。卷面多水漬。有烏絲欄。已修整。
3.1　首行上殘→大正0450，14/0407B16。
3.2　尾殘→大正0450，14/0407B22。
8　7～8世紀。唐寫本。
9.1　楷書。

1.1　BD15542號
1.3　妙法蓮華經卷一
1.9　簡071841
2.1　(4.6+11)×25.4厘米；1紙；共9行，行17字。
2.3　殘片。首殘尾斷。經黄打紙。有烏絲欄。已修整。
3.1　首2行下殘→大正0262，09/0002B28～C01。
3.2　尾殘→大正0262，09/0002C08。
8　7～8世紀。唐寫本。
9.1　楷書。

1.1　BD15543號
1.3　梵網經盧舍那佛說菩薩心地戒品第十卷下
1.9　簡071841
2.1　30.5×25.6厘米；1紙；共14行，行15～16字。
2.3　殘片。首脱尾殘。上下邊磨損，卷面有裂痕。有烏絲欄。已修整。
3.1　首殘→大正1484，24/1004B06。
3.2　尾殘→大正1484，24/1004B19。
8　9～10世紀。歸義軍時期寫本。
9.1　楷書。

1.1　BD15544號
1.3　天地八陽神咒經
1.9　簡071841
2.1　14.8×25.7厘米；1紙；共8行，行17字。
2.3　殘片。首殘尾斷。卷面有殘缺。已修整。
3.1　首行中殘→大正2897，85/1423B22。
3.2　尾殘→大正2897，85/1423C04。
5　與《大正藏》對照，漏抄85/1423B25～27。
8　7～8世紀。唐寫本。
9.1　楷書。

1.1　BD15545號
1.3　大寶積經卷一一四
1.9　簡071841
2.1　(1+23.6+2)×25厘米；1紙；共15行，行17字。
2.3　殘片。首殘尾殘。上下部有殘缺，卷面有鳥糞。有烏絲欄。已修整。
3.1　首殘→大正0310，11/0644B18。
3.2　尾行上殘→大正0310，11/0644C03。
8　8世紀。唐寫本。
9.1　楷書。

1.1　BD15546號
1.3　金剛般若波羅蜜經
1.9　簡071841
2.1　33×23.6厘米；1紙；共18行，行17字。
2.3　殘片。首脱尾殘。下部殘缺嚴重，卷面有油污。有烏絲欄。已修整。
3.1　首3行下殘→大正0235，08/0751B29～C03。
3.2　尾12行下殘→大正0235，08/0751C07～23。
5　與《大正藏》本對照，本號經文無冥司偈，參見《大正藏》，8/751C16～19。

8　7～8 世紀。唐寫本。
9.1　楷書。

1.1　BD15547 號
1.3　妙法蓮華經卷七
1.9　簡 071841
2.1　(1.8＋22.6)×24.6 厘米；1 紙；共 15 行，行 17 字。
2.3　殘片。首殘尾斷。經黄打紙。上下邊有殘缺。有烏絲欄。已修整。
3.1　首行下殘→大正 0262，09/0055B07～08。
3.2　尾殘→大正 0262，09/0055B23。
8　7～8 世紀。唐寫本。
9.1　楷書。

1.1　BD15548 號
1.3　金剛般若波羅蜜經
1.9　簡 071841
2.1　11.2×26 厘米；1 紙；共 7 行，行 17 字。
2.3　殘片。首斷尾殘。背有古代裱補。有烏絲欄。已修整。
3.1　首殘→大正 0235，08/0752B18。
3.2　尾行上殘→大正 0235，08/0752B24～26。
8　8 世紀。唐寫本。
9.1　楷書。

1.1　BD15549 號
1.3　妙法蓮華經卷五
1.9　簡 071841
2.1　(8.5＋12)×26.6 厘米；1 紙；共 13 行，行 17 字。
2.3　殘片。首殘尾斷。卷面多水漬，上邊殘缺。有烏絲欄。已修整。
3.1　首 3 行中下殘→大正 0262，09/0037C22～25。
3.2　尾殘→大正 0262，09/0038A08。
8　7～8 世紀。唐寫本。
9.1　楷書。

1.1　BD15550 號
1.3　天地八陽神咒經
1.9　簡 071841
2.1　14×26.5 厘米；1 紙；共 8 行，行 17 字。
2.3　殘片。首脱尾斷。背有古代裱補。有烏絲欄。已修整。
3.1　首殘→大正 2897，85/1425A17。
3.2　尾殘→大正 2897，85/1425A27。
8　7～8 世紀。唐寫本。
9.1　楷書。

1.1　BD15551 號
1.3　妙法蓮華經卷四
1.9　簡 071841
2.1　(2.6＋11.4)×24 厘米；1 紙；共 8 行，行 17 字。
2.3　殘片。首殘尾斷。下邊有殘缺。有烏絲欄。已修整。
3.1　首行中下殘→大正 0262，09/0027B27～28。
3.2　尾殘→大正 0262，09/0027C06。
8　7～8 世紀。唐寫本。
9.1　楷書。

1.1　BD15552 號
1.3　摩訶般若波羅蜜經卷二四
1.9　簡 071841
2.1　13.5×26 厘米；1 紙；共 7 行，行 17 字。
2.3　殘片。首殘尾斷。上下邊殘缺，有水漬。有烏絲欄。已修整。
3.1　首殘→大正 0223，08/0397B26。
3.2　尾殘→大正 0223，08/0397C04。
8　7～8 世紀。唐寫本。
9.1　楷書。

1.1　BD15553 號
1.3　金剛般若波羅蜜經
1.9　簡 071841
2.1　(12.7＋19.1)×25.5 厘米；1 紙；共 18 行，行 17 字。
2.3　殘片。首脱尾斷。右下殘缺，卷面污穢變色。有烏絲欄。已修整。
3.1　首 7 行中下殘→大正 0235，08/0751A23～B01。
3.2　尾殘→大正 0235，08/0751B12。
8　7～8 世紀。唐寫本。
9.1　楷書。

1.1　BD15554 號
1.3　妙法蓮華經卷一
1.9　簡 071841
2.1　(10.2＋20.4)×25 厘米；2 紙；共 18 行，行 20 字（偈頌）。
2.2　01：20.2，12；　02：10.4，06。
2.3　殘片。首殘尾斷。紙張變色，上邊有殘洞。有烏絲欄。已修整。
3.1　首 6 行上下殘→大正 0262，09/0005A17～28。
3.2　尾殘→大正 0262，09/0005B23。
8　7～8 世紀。唐寫本。
9.1　楷書。

1.1　BD15555 號
1.3　金光明最勝王經卷九
1.9　簡 071841
2.1　(11.6＋5)×25.5 厘米；2 紙；共 10 行，行 17 字。

2.2　01：05.2，03；　　02：11.4，07。
2.3　殘片。首斷尾殘。尾部殘缺嚴重。有烏絲欄。已修整。
3.1　首殘→大正 0665，16/0449A16。
3.2　尾 3 行中殘→大正 0665，16/0449A24 ~ 27。
8　8 ~ 9 世紀。吐蕃統治時期寫本。
9.1　楷書。

1.1　BD15556 號
1.3　金光明最勝王經卷六
1.9　簡 071841
2.1　(30.2 + 13.9) × 26.8 厘米；2 紙；共 28 行，行 17 字。
2.2　01：26.8，17；　　02：17.3，11。
2.3　殘片。首殘尾斷。右下殘缺大塊，中有殘洞。有烏絲欄。已修整。
3.1　首 19 行下殘→大正 0665，16/0427B25 ~ C18。
3.2　尾殘→大正 0665，16/0427C27。
8　8 ~ 9 世紀。吐蕃統治時期寫本。
9.1　楷書。

1.1　BD15557 號
1.3　維摩詰所說經卷上
1.9　簡 071841
2.1　(12.8 + 5.8) × 24 厘米；2 紙；共 11 行，行 17 字。
2.2　01：13.4，08；　　02：05.2，03。
2.3　殘片。首斷尾殘。左上殘缺。首紙為歸義軍時期後補。有烏絲欄。已修整。
3.1　首殘→大正 0475，14/0537B17。
3.2　尾 3 行上殘→大正 0475，14/0537B25 ~ 28。
8　7 ~ 8 世紀。唐寫本。
9.1　楷書。

1.1　BD15558 號
1.3　大般若波羅蜜多經卷一三一
1.9　簡 071841
2.1　(10 + 5) × 25.6 厘米；1 紙；共 9 行，行 17 字。
2.3　殘片。首斷尾殘。左下殘缺。有烏絲欄。已修整。
3.1　首殘→大正 0220，05/0715A27。
3.2　尾 3 行下殘→大正 0220，05/0715B04 ~ 06。
8　8 ~ 9 世紀。吐蕃統治時期寫本。
9.1　楷書。

1.1　BD15559 號
1.3　天地八陽神咒經
1.9　簡 071841
2.1　(34.9 + 3.2) × 24.5 厘米；2 紙；共 22 行，行 18 字。
2.2　01：34.9，20；　　02：03.2，02。
2.3　殘片。首殘尾斷。下邊大部殘缺。背有古代裱補。有烏絲欄。已修整。
3.1　首 20 行下殘→大正 2897，85/1422C27 ~ 1423A19。
3.2　尾殘→大正 2897，85/1423A21。
5　與《大正藏》本對照，文字略有不同。
8　9 ~ 10 世紀。歸義軍時期寫本。
9.1　楷書。

1.1　BD15560 號
1.3　金光明最勝王經卷七
1.9　簡 071841
2.1　(16 + 8.9) × 25.5 厘米；1 紙；共 15 行，行 17 字。
2.3　殘片。首斷尾殘。左下殘缺。有烏絲欄。已修整。
3.1　首殘→大正 0665，16/0432C21。
3.2　尾 5 行下殘→大正 0665，16/0433A03 ~ 08。
8　8 ~ 9 世紀。吐蕃統治時期寫本。
9.1　楷書。

1.1　BD15561 號
1.3　妙法蓮華經卷七
1.9　簡 071841
2.1　(4.5 + 17.6) × 26.4 厘米；1 紙；共 12 行，行 16 ~ 18 字。
2.3　殘片。首殘尾斷。經黃打紙。右上殘缺，中間有殘洞。有烏絲欄。已修整。
3.1　首 2 行上殘→大正 0262，09/0056B25 ~ 26。
3.2　尾殘→大正 0262，09/0056C09。
8　7 ~ 8 世紀。唐寫本。
9.1　楷書。

1.1　BD15562 號
1.3　妙法蓮華經卷二
1.9　簡 071841
2.1　(10.1 + 5.8) × 27.4 厘米；1 紙；共 10 行，行 16 ~ 18 字。
2.3　殘片。首斷尾殘。卷尾左上殘缺。有烏絲欄。已修整。
3.1　首殘→大正 0262，09/0012A12。
3.2　尾 3 行上殘→大正 0262，09/0012A18 ~ 23。
8　8 世紀。唐寫本。
9.1　楷書。

1.1　BD15563 號
1.3　大般若波羅蜜多經卷三四七
1.9　簡 071841
2.1　11.7 × 25.4 厘米；1 紙；共 7 行，行 16 ~ 18 字。
2.3　殘片。首脫尾斷。有烏絲欄。已修整。
3.1　首殘→大正 0220，06/0785C04。
3.2　尾殘→大正 0220，06/0785C11。
8　8 ~ 9 世紀。吐蕃統治時期寫本。
9.1　楷書。

1.1 BD15564號
1.3 金剛般若波羅蜜經
1.9 簡071841
2.1 9.8×11厘米；1紙；共6行，行7字殘。
2.3 殘片。首斷尾脱。經黄打紙。通卷上殘。有烏絲欄。已修整。
3.1 首殘→大正0235，08/0752B21。
3.2 尾殘→大正0235，08/0752B26。
8 7~8世紀。唐寫本。
9.1 楷書。

1.1 BD15565號
1.3 花聚陀羅尼咒經（兑廢稿）
1.9 簡071841
2.1 13.6×26.4厘米；1紙；共8行，行17字。
2.3 殘片。首脱尾斷。有烏絲欄。已修整。
3.1 首殘→大正1358，21/0876B17。
3.2 尾殘→大正1358，21/0876B25。
7.1 上有勘記“兑一張”。
8 8~9世紀。吐蕃統治時期寫本。
9.1 楷書。

1.1 BD15566號
1.3 法句經（僞經）
1.9 簡071841
2.1 12×27.7厘米；1紙；共7行，行17~18字。
2.3 殘片。首斷尾斷。有烏絲欄。已修整。
3.1 首殘→大正2901，85/1435B06。
3.2 尾殘→大正2901，85/1435B13。
5 與《大正藏》本對照，文字略有參差，無品名。
8 8世紀。唐寫本。
9.1 楷書。

1.1 BD15567號
1.3 佛名經（十二卷本）卷七
1.9 簡071841
2.1 20.7×26厘米；1紙；共12行，行字不等。
2.3 殘片。首殘尾殘。經黄打紙。卷面有鳥糞。有烏絲欄。已修整。
3.1 首殘→大正0440，14/0153C02。
3.2 尾殘→大正0440，14/0153C13。
8 7~8世紀。唐寫本。
9.1 楷書。

1.1 BD15568號
1.3 妙法蓮華經卷五
1.9 簡071841
2.1 （0.5+9.5+1.5）×26.3厘米；2紙；共6行，行17字。
2.2 01：00.5，00；　02：11.0，06。
2.3 殘片。首脱尾殘。經黄打紙。有烏絲欄。已修整。
3.1 首殘→大正0262，09/0042C28。
3.2 尾殘→大正0262，09/0043A05。
8 7~8世紀。唐寫本。
9.1 楷書。

1.1 BD15569號
1.3 金剛般若波羅蜜經
1.9 簡071841
2.1 17.4×25.2厘米；1紙；共10行，行17字。
2.3 殘片。首脱尾斷。有烏絲欄。已修整。
3.1 首殘→大正0235，08/0751A24。
3.2 尾殘→大正0235，08/0751B05。
8 8~9世紀。吐蕃統治時期寫本。
9.1 楷書。
10 背面寫有“唐經”。

1.1 BD15570號
1.3 妙法蓮華經卷五
1.9 簡071841
2.1 10.7×25.7厘米；1紙；共6行，行17字。
2.3 殘片。首斷尾脱。經黄打紙。有烏絲欄。已修整。
3.1 首殘→大正0262，09/0037B02。
3.2 尾殘→大正0262，09/0037B08。
8 7~8世紀。唐寫本。
9.1 楷書。

1.1 BD15571號
1.3 妙法蓮華經卷三
1.9 簡071841
2.1 23.2×26厘米；1紙；共6行，行20字。
2.3 殘片。首斷尾全。下部有水漬。有烏絲欄。已修整。
3.1 首殘→大正0262，09/0027A28。
3.2 尾全→大正0262，09/0027B09。
4.2、妙法蓮華經卷第三（尾）。
8 8世紀。唐寫本。
9.1 楷書。

1.1 BD15572號
1.3 妙法蓮華經卷一
1.9 簡071841
2.1 10.6×25.5厘米；1紙；共6行，行17字。
2.3 殘片。首斷尾斷。經黄打紙。卷面有水漬。有烏絲欄。已修整。
3.1 首殘→大正0262，09/0002A02。

3.2 尾殘→大正 0262，09/0002A08。
8 7~8 世紀。唐寫本。
9.1 楷書。

1.1 BD15573 號
1.3 妙法蓮華經卷六
1.9 簡 071841
2.1 （10.3+4.1）×25.3 厘米；2 紙；共 7 行，行 18 字。
2.2 01：02.5，01； 02：11.9，06。
2.3 殘片。首斷尾殘。卷面有油污。有烏絲欄。已修整。
3.1 首殘→大正 0262，09/0048A05。
3.2 尾 2 行下殘→大正 0262，09/0048A13。
8 8 世紀。唐寫本。
9.1 楷書。

1.1 BD15574 號
1.3 大般若波羅蜜多經（兌廢稿）卷二〇二
1.9 簡 071841
2.1 16.3×27.5 厘米；1 紙；共 7 行，行 17 字。
2.3 殘片。首斷尾脱。尾有餘空。有烏絲欄。已修整。
3.1 首殘→大正 0220，06/0008A01。
3.2 尾斷→大正 0220，06/0008A08。
8 8~9 世紀。吐蕃統治時期寫本。
9.1 楷書。有武周新字“地”，使用不周遍。

1.1 BD15575 號
1.3 大莊嚴法門經卷上
1.9 簡 071841
2.1 18.1×27.8 厘米；1 紙；共 15 行，行 27~28 字。
2.3 殘片。首斷尾全。卷面多油污。有烏絲欄。已修整。
3.1 首殘→大正 0818，17/0828C05。
3.2 尾全→大正 0818，17/0828C28。
4.2、大莊嚴法門經卷上（尾）。
8 8~9 世紀。吐蕃統治時期寫本。
9.1 楷書。

1.1 BD15576 號
1.3 妙法蓮華經卷五
1.9 簡 071841
2.1 14.2×25 厘米；2 紙；共 8 行，行 16 字。
2.2 01：12.5，07； 02：01.7，01。
2.3 殘片。首斷尾斷。經黄打紙。卷面多水漬。背有古代裱補。有烏絲欄。已修整。
3.1 首殘→大正 0262，09/0038A21。
3.2 尾殘→大正 0262，09/0038B01。
8 7~8 世紀。唐寫本。
9.1 楷書。

1.1 BD15577 號
1.3 妙法蓮華經卷二
1.9 簡 071841
2.1 22.9×25 厘米；1 紙；共 6 行，行 16 字（偈頌）。
2.3 殘片。首斷尾全。經黄打紙。卷面多水漬。有燕尾。有烏絲欄。已修整。
3.1 首殘→大正 0262，09/0019A05。
3.2 尾全→大正 0262，09/0019A12。
4.2、妙法蓮華經卷第二（尾）。
8 7~8 世紀。唐寫本。
9.1 楷書。

1.1 BD15578 號
1.3 妙法蓮華經卷四
1.9 簡 071841
2.1 15.7×26.3 厘米；1 紙；共 11 行，行 17 字。
2.3 殘片。首斷尾脱。卷面有水漬。有烏絲欄。已修整。
3.1 首殘→大正 0262，09/0027C03。
3.2 尾殘→大正 0262，09/0027C15。
8 7~8 世紀。唐寫本。
9.1 楷書。

1.1 BD15579 號
1.3 藥師琉璃光如來本願功德經
1.9 簡 071841
2.1 （12.3+19.4）×24.7 厘米；1 紙；共 19 行，行 17 字。
2.3 殘片。首殘尾脱。經黄打紙。卷面左上部油污變色，左下殘缺。有烏絲欄。已修整。
3.1 首 7 行中下殘→大正 0450，14/0404C17~23。
3.2 尾殘→大正 0450，14/0405A06。
8 7~8 世紀。唐寫本。
9.1 楷書。

1.1 BD15580 號
1.3 金光明最勝王經卷二
1.9 簡 071841
2.1 （3+14+8.1）×26.8 厘米；1 紙；共 16 行，行 16~18 字。
2.3 殘片。首殘尾殘。上邊殘缺嚴重。有烏絲欄。已修整。
3.1 首 2 行上殘→大正 0665，16/0410C19~21。
3.2 尾 3 行上下殘→大正 0665，16/0411A05~07。
8 8~9 世紀。吐蕃統治時期寫本。
9.1 楷書。

1.1 BD15581 號
1.3 妙法蓮華經卷三
1.9 簡 071841

2.1　(4.2+13.5)×25.4厘米；1紙；共10行，行17字。
2.3　殘片。首殘尾斷。經黄打紙。有水漬。有烏絲欄。已修整。
3.1　首3行中殘→大正0262，09/0019A23~24。
3.2　尾殘→大正0262，09/0019B03。
8　7~8世紀。唐寫本。
9.1　楷書。

1.1　BD15582號
1.3　金光明經卷一
1.9　簡071841
2.1　(5.3+13.3)×26.4厘米；1紙；共11行，行17字。
2.3　殘片。首殘尾斷。打紙，砑光上蠟。上邊殘破，卷面有殘洞。有烏絲欄。已修整。
3.1　首3行下殘→大正0663，16/0336B11~14。
3.2　尾殘→大正0663，16/0336B22。
8　7~8世紀。唐寫本。
9.1　楷書。

1.1　BD15583號
1.3　妙法蓮華經卷七
1.9　簡071841
2.1　23.5×27厘米；1紙；共14行，行17字。
2.3　殘片。首脱尾斷。打紙。卷面油污。有烏絲欄。已修整。
3.1　首殘→大正0262，09/0058B14。
3.2　尾殘→大正0262，09/0058B26。
8　7~8世紀。唐寫本。
9.1　楷書。

1.1　BD15584號
1.3　阿彌陀經
1.9　簡071841
2.1　(11.7+13.1+7.2)×25厘米；1紙；共19行，行17~19字。
2.3　殘片。首殘尾斷。經黄打紙。右上及左下殘缺。有烏絲欄。已修整。
3.1　首6行中上殘→大正0366，12/0346C08~13。
3.2　尾4行下殘→大正0366，12/0347A09~12。
8　7~8世紀。唐寫本。
9.1　楷書。

1.1　BD15585號
1.3　毗尼心卷一
1.9　簡071841
2.1　14×28.5厘米；1紙；共8行，行21字。
2.3　殘片。首殘尾斷。有烏絲欄。已修整。
3.1　首殘→大正2792，85/0659A15。
3.2　尾殘→大正2792，85/0659A25。
8　9~10世紀。歸義軍時期寫本。
9.1　楷書。

1.1　BD15586號
1.3　金光明經卷一
1.9　簡071841
2.1　(5+12+6.5)×24.8厘米；1紙；共14行，行16字。
2.3　殘片。首斷尾斷。經黄打紙。首尾上部有殘缺，卷面污穢。有烏絲欄。已修整。
3.1　首3行上殘→大正0663，16/0337C09~11。
3.2　尾4行上殘→大正0663，16/0337C21~26。
8　7~8世紀。唐寫本。
9.1　楷書。

1.1　BD15587號
1.3　妙法蓮華經卷七
1.9　簡071841
2.1　(1.8+19.8)×24.1厘米；1紙；共12行，行17字。
2.3　殘片。首殘尾斷。經黄打紙。背有古代裱補。有烏絲欄。已修整。
3.1　首行下殘→大正0262，09/0056C04~05。
3.2　尾殘→大正0262，09/0056C15。
8　7~8世紀。唐寫本。
9.1　楷書。

1.1　BD15588號
1.3　大般若波羅蜜多經卷二三三
1.9　簡071841
2.1　25.4×25.5厘米；1紙；共14行，行17字。
2.3　殘片。首全尾斷。卷面有水漬。有烏絲欄。已修整。
3.1　首全→大正0220，06/0171C08。
3.2　尾殘→大正0220，06/0171C25。
4.1　大般若波羅蜜多經卷第二百卅三，/初分難信解品第卅之五十一，三藏法師玄奘奉詔譯（首）。/
5　與《大正藏》本對照，品次不同。《大正藏》本卷首作“初分難信解品第三十四之五十二”，卷中作“初分難信解品第三十之五十一”。但經文内容一致。
7.1　卷背有勘記：“三（袟内卷次），廿四（袟次）。”
8　8~9世紀。吐蕃統治時期寫本。
9.1　楷書。

1.1　BD15589號
1.3　灌頂章句拔除過罪生死得度經
1.9　簡071841
2.1　(9.8+13.8)×25.6厘米；1紙；共14行，行17字。
2.3　殘片。首殘尾斷。經黄紙。右下殘缺。有烏絲欄。已修整。
3.1　首3行下殘→大正1331，21/0533A28~B03。

3.2　尾殘→大正 1331，21/0533B13。
8　7～8 世紀。唐寫本。
9.1　楷書。

1.1　BD15590 號
1.3　金剛般若波羅蜜經
1.9　簡 071841
2.1　22.8×18.8 厘米；1 紙；共 15 行，行 17 字。
2.3　殘片。首全尾斷。卷下部殘破，卷面多污痕。有烏絲欄。已修整。
3.1　首全→大正 0235，08/0748C17。
3.2　尾殘→大正 0235，08/0749A04。
4.1　金剛般若波羅蜜經（首）。
8　9～10 世紀。歸義軍時期寫本。
9.1　楷書。

1.1　BD15591 號
1.3　妙法蓮華經卷四
1.9　簡 071841
2.1　24×25.2 厘米；1 紙；共 14 行，行 17 字。
2.3　殘片。首殘尾斷。上下邊有殘缺，中間有殘洞。有烏絲欄。已修整。
3.1　首殘→大正 0262，09/0035A08。
3.2　尾殘→大正 0262，09/0035A22。
5　本文獻之“啓多寶佛”、“論說妙義”，《大正藏》本作“白多寶佛”、“論說妙法”。
8　7～8 世紀。唐寫本。
9.1　楷書。

1.1　BD15592 號
1.3　摩訶般若波羅蜜經卷一
1.9　簡 071841
2.1　12.5×25.8 厘米；1 紙；共 7 行，行 17 字。
2.3　殘片。首斷尾脱。經黄打紙。卷面多水漬。有烏絲欄。已修整。
3.1　首殘→大正 0223，08/0217B28。
3.2　尾殘→大正 0223，08/0217C06。
8　7～8 世紀。唐寫本。
9.1　楷書。

1.1　BD15593 號
1.3　金剛般若波羅蜜經
1.9　簡 071841
2.1　10.5×15.2 厘米；1 紙；共 6 行，行 11 字殘。
2.3　殘片。首斷尾脱。經黄打紙。通卷下殘。有烏絲欄。已修整。
3.1　首殘→大正 0235，08/0752B20。
3.2　尾殘→大正 0235，08/0752B26。
8　7～8 世紀。唐寫本。
9.1　楷書。

1.1　BD15594 號
1.3　妙法蓮華經卷一
1.9　簡 071841
2.1　（3.6＋22）×25.4 厘米；1 紙；共 16 行，行 17 字。
2.3　殘片。首殘尾斷。經黄打紙。中有殘洞、殘欄。有烏絲欄。已修整。
3.1　首 2 行上殘→大正 0262，09/0002A20。
3.2　尾殘→大正 0262，09/0002B06。
8　7～8 世紀。唐寫本。
9.1　楷書。

1.1　BD15595 號
1.3　妙法蓮華經卷五
1.9　簡 071841
2.1　（21.1＋3.4）×25.5 厘米；2 紙；共 16 行，行 17 字。
2.2　01：20.0，13；　　02：04.5，03。
2.3　殘片。首斷尾殘。打紙，砑光上蠟。上邊有殘缺，中間有殘洞。有烏絲欄。已修整。
3.1　首殘→大正 0262，09/0045C03。
3.2　尾 2 行下殘→大正 0262，09/0045C18～19。
8　7～8 世紀。唐寫本。
9.1　楷書。

1.1　BD15596 號
1.3　金剛般若波羅蜜經
1.9　簡 071841
2.1　（3.7＋12.8）×24.6 厘米；1 紙；共 10 行，行 17 字。
2.3　殘片。首殘尾斷。經黄打紙。有烏絲欄。已修整。
3.1　首 3 行上殘→大正 0235，08/0749A02～03。
3.2　尾殘→大正 0235，08/0749A11。
5　與《大正藏》本對照，有筆誤及衍字。
8　7～8 世紀。唐寫本。
9.1　楷書。

1.1　BD15597 號
1.3　妙法蓮華經卷一
1.9　簡 071841
2.1　13.3×24 厘米；1 紙；共 7 行，行 17 字。
2.3　殘片。首斷尾殘。經黄打紙。卷面有黴斑，上邊殘缺嚴重。有烏絲欄。已修整。
3.1　首殘→大正 0262，09/0002A23。
3.2　尾殘→大正 0262，09/0002B01。
8　7～8 世紀。唐寫本。

9.1 楷書。

1.1 BD15598 號
1.3 大般若波羅蜜多經卷八〇
1.9 簡 071841
2.1 (13.6 + 8.3 + 6.8) × 25.3 厘米；1 紙；共 17 行，行 17 字。
2.3 殘片。首殘尾殘。經黃打紙。右上及左下有殘缺。有烏絲欄。已修整。
3.1 首 4 行上殘→大正 0220，05/0448C28 ~ 0449A02。
3.2 尾 4 行下殘→大正 0220，05/0449A12 ~ 15。
8 7 ~ 8 世紀。唐寫本。
9.1 楷書。

1.1 BD15599 號
1.3 妙法蓮華經卷四
1.9 簡 071841
2.1 (14.5 + 18.6) × 25.3 厘米；1 紙；共 20 行，行 17 字。
2.3 殘片。首殘尾斷。經黃打紙。右上殘缺，中間有殘洞，卷面多水漬。有烏絲欄。已修整。
3.1 首 9 行上殘→大正 0262，09/0034B26 ~ C06。
3.2 尾殘→大正 0262，09/0034C24。
8 7 ~ 8 世紀。唐寫本。
9.1 楷書。

1.1 BD15600 號
1.3 金剛般若波羅蜜經
1.9 簡 071841
2.1 (7.3 + 8.5) × 26 厘米；1 紙；共 9 行，行 17 字。
2.3 殘片。首殘尾斷。經黃打紙。右下殘缺，有水漬。有烏絲欄。已修整。
3.1 首 4 行下殘→大正 0235，08/0749C06 ~ 10。
3.2 尾殘→大正 0235，08/0749C15。
8 7 ~ 8 世紀。唐寫本。
9.1 楷書。

1.1 BD15601 號
1.3 金剛般若波羅蜜經
1.9 簡 071841
2.1 (4.5 + 12 + 4) × 26 厘米；1 紙；共 10 行，行 17 字。
2.3 殘片。首殘尾殘。下邊殘缺，卷面有殘損、污穢、水漬。有烏絲欄。已修整。
3.1 首 2 行中下殘→大正 0235，08/0750B25 ~ 28。
3.2 尾行中上殘→大正 0235，08/0750C07 ~ 08。
8 8 世紀。唐寫本。
9.1 楷書。

10 卷上粘貼紙簽，上有紅鉛筆寫“120/殘經”。

1.1 BD15602 號
1.3 妙法蓮華經卷一
1.9 簡 071841
2.1 (6.3 + 14) × 26 厘米；1 紙；共 11 行，行 17 字。
2.3 殘片。首殘尾斷。經黃打紙。右下殘缺，下邊殘缺，卷面多水漬，變色。有烏絲欄。已修整。
3.1 首 3 行中下殘→大正 0262，09/0001C29 ~ 0002A03。
3.2 尾殘→大正 0262，09/0002A13。
8 7 ~ 8 世紀。唐寫本。
9.1 楷書。

1.1 BD15603 號
1.3 妙法蓮華經卷四
1.9 簡 071841
2.1 (5.3 + 10) × 26 厘米；1 紙；共 9 行，行 17 字。
2.3 殘片。首殘尾斷。經黃打紙。下邊殘缺，中間有殘洞。有烏絲欄。已修整。
3.1 首 3 行中上殘→大正 0262，09/0027B24 ~ 25。
3.2 尾殘→大正 0262，09/0027C03。
8 7 ~ 8 世紀。唐寫本。
9.1 楷書。

1.1 BD15604 號
1.3 金剛般若波羅蜜經
1.9 簡 071841
2.1 12 × 25 厘米；1 紙；共 6 行，行 17 字。
2.3 殘片。首脫尾全。背有多層古代裱補。有燕尾，剪殘尾題。有烏絲欄。已修整。
3.1 首殘→大正 0235，08/0752B27。
3.2 尾全→大正 0235，09/0752C03。
4.2、[金剛] 般若經一卷（尾）。
8 7 ~ 8 世紀。唐寫本。
9.1 楷書。

1.1 BD15605 號
1.3 妙法蓮華經卷七
1.9 簡 071841
2.1 (5.2 + 13) × 26.5 厘米；1 紙；共 11 行，行 17 字。
2.3 殘片。首斷尾斷。下部殘缺，卷面有殘洞，多水漬。有烏絲欄。已修整。
3.1 首 2 行下殘→大正 0262，09/0058B08 ~ 10。
3.2 尾殘→大正 0262，09/0058B18。
8 9 ~ 10 世紀。歸義軍時期寫本。
9.1 楷書。

1.1 BD15606 號
1.3 妙法蓮華經卷二
1.9 簡 071841
2.1 (21+8.4)×25.3 厘米；1 紙；共 16 行，行 20 字（偈）。
2.3 殘片。首斷尾斷。經黄打紙。卷面多水漬。有烏絲欄。已修整。
3.1 首殘→大正 0262，09/0011A07。
3.2 尾 4 行中上殘→大正 0262，09/0011B04～09。
8 7～8 世紀。唐寫本。
9.1 楷書。

1.1 BD15607 號
1.3 妙法蓮華經卷二
1.9 簡 071841
2.1 12.7×27.5 厘米；1 紙；共 7 行，行 17 字。
2.3 殘片。首殘尾斷。上部有油污。有烏絲欄。已修整。
3.1 首殘→大正 0262，09/0010C08。
3.2 尾殘→大正 0262，09/0010C15。
8 8～9 世紀。吐蕃統治時期寫本。
9.1 楷書。

1.1 BD15608 號
1.3 金光明最勝王經卷二
1.9 簡 071841
2.1 15×24.8 厘米；1 紙；共 9 行，行 20 字（偈）。
2.3 殘片。首斷尾斷。卷面水漬斑駁。背有古代裱補。有烏絲欄。已修整。
2.4 本遺書包括 2 個文獻：（一）《金光明最勝王經》卷二，9 行，抄寫在正面，今編為 BD15608 號。（二）《上令公信函封套》（擬），2 行，抄寫在背面裱補紙上，今編為 BD15608 號背。
3.1 首殘→大正 0665，16/0411C27。
3.2 尾殘→大正 0665，16/0412A15。
8 8～9 世紀。吐蕃統治時期寫本。
9.1 楷書。

1.1 BD15608 號背
1.3 上令公信函封套（擬）
1.9 簡 071841
2.4 本遺書由 2 個文獻組成，本文獻為第 2 個，2 行，抄寫在背面裱補紙上。餘參見 BD15608 號。
3.3 錄文：
（首殘）
閣下/
令公/
（錄文完）
3.4 說明：
歸義軍時代，衹有歸義軍節度使方可稱為“令公”，故知本文獻原為寄給歸義軍節度使的信函封套。
8 9～10 世紀。歸義軍時期寫本。
9.1 楷書。

1.1 BD15609 號
1.3 大般若波羅蜜多經卷一六八
1.9 簡 071841
2.1 (1.3+15.7)×25.6 厘米；1 紙；共 10 行，行 17 字。
2.3 殘片。首殘尾斷。下邊殘缺。有烏絲欄。已修整。
3.1 首殘→大正 0220，05/0902B01。
3.2 尾殘→大正 0220，05/0902B10。
7.1 背有勘記“一百六十八（卷次），十七（袟次）”。
8 8～9 世紀。吐蕃統治時期寫本。
9.1 楷書。

1.1 BD15610 號
1.3 金剛般若波羅蜜經
1.9 簡 071841
2.1 33.5×25.5 厘米；1 紙；共 20 行，行 17 字。
2.3 殘片。首殘尾脱。經黄打紙。右下殘缺。有烏絲欄。已修整。
3.1 首 12 行下殘→大正 0235，08/0750A29～B12。
3.2 尾殘→大正 0235，08/0750B20。
8 7～8 世紀。唐寫本。
9.1 楷書。

1.1 BD15611 號
1.3 合部金光明經卷二
1.9 簡 071841
2.1 (2+21.7+6.4)×26.7 厘米；2 紙；共 17 行，行 16 字（偈）。
2.2 01：26.2，15； 02：03.9，02。
2.3 殘片。首殘尾殘。下邊有殘缺，中間有大殘洞。有烏絲欄。已修整。
3.1 首行下殘→大正 0664，16/0365C29～0366A01。
3.2 尾 3 行中上殘→大正 0664，16/0366A19～22。
8 8 世紀。唐寫本。
9.1 楷書。

1.1 BD15612 號
1.3 阿彌陀經
1.9 簡 071841
2.1 45.2×14.8 厘米；1 紙；共 25 行，行 10 字殘。
2.3 殘片。首殘尾斷。經黄打紙。通卷下殘。有烏絲欄。已修整。
3.1 首殘→大正 0366，12/0346B24。
3.2 尾殘→大正 0366，12/0347A08。

8　7～8 世紀。唐寫本。
9.1　楷書。

1.1　BD15613 號
1.3　大般若波羅蜜多經卷一八二
1.9　簡 071841
2.1　24.4×21.4 厘米；1 紙；共 14 行，行 16 字殘。
2.3　殘片。首脱尾斷。通卷下殘。有烏絲欄。已修整。
3.1　首殘→大正 0220，05/0979C12。
3.2　尾殘→大正 0220，05/0979C26。
8　8～9 世紀。吐蕃統治時期寫本。
9.1　楷書。

1.1　BD15614 號
1.3　梵網經盧舍那佛説菩薩心地戒品第十卷下
1.9　簡 071841
2.1　21.8×25.5 厘米；1 紙；共 11 行，行 16 字。
2.3　殘片。首殘尾斷。右下大部殘缺，卷面有紅色污痕。有烏絲欄。已修整。
3.1　首殘→大正 1484，24/1004A24。
3.2　尾殘→大正 1484，24/1004B06。
8　9～10 世紀。歸義軍時期寫本。
9.1　楷書。

1.1　BD15615 號
1.3　天地八陽神咒經
1.9　簡 071841
2.1　（11+9.6）×24.7 厘米；1 紙；共 12 行，行 16 字。
2.3　殘片。首斷尾斷。右下殘缺，卷面水漬、變色。背有古代裱補。有烏絲欄。
3.1　首 7 行下殘→大正 2897，85/1423A22～B01。
3.2　尾殘→大正 2897，85/1423B06。
5　與《大正藏》本對照，文字有不同。
8　8 世紀。唐寫本。
9.1　楷書。

1.1　BD15616 號
1.3　妙法蓮華經卷七
1.9　簡 071841
2.1　（4+26.5）×25 厘米；1 紙；共 18 行，行 20 字（偈）。
2.3　殘片。首殘尾斷。上下邊有殘缺，卷面有殘損。有烏絲欄。已修整。
3.1　首 2 行上殘→大正 0262，09/0057C11～13。
3.2　尾殘→大正 0262，09/0058A19。
8　7～8 世紀。唐寫本。
9.1　楷書。

1.1　BD15617 號
1.3　妙法蓮華經卷一
1.9　簡 071841
2.1　27×24.3 厘米；2 紙；共 15 行，行 16 字（偈）。
2.2　01：25.0，14；　　02：02.0，01。
2.3　殘片。首殘尾殘。上邊殘缺嚴重，右下殘缺，卷面多殘洞及鳥糞。有烏絲欄。已修整。
3.1　首殘→大正 0262，09/0003B17。
3.2　尾殘→大正 0262，09/0003C07。
8　7～8 世紀。唐寫本。
9.1　楷書。

1.1　BD15618 號
1.3　金剛般若波羅蜜經
1.9　簡 071841
2.1　（4.9+15）×25 厘米；1 紙；共 12 行，行 17 字。
2.3　殘片。首殘尾斷。經黄打紙。前部殘缺。有烏絲欄。已修整。
3.1　首 3 行中下殘→大正 0235，08/0750B02～05。
3.2　尾殘→大正 0235，08/0750B13。
8　7～8 世紀。唐寫本。
9.1　楷書。

1.1　BD15619 號
1.3　金剛般若波羅蜜經
1.9　簡 071841
2.1　（2+10+5.3）×25 厘米；2 紙；共 10 行，行 17 字。
2.2　01：02.0，01；　　02：15.3，09。
2.3　殘片。首殘尾殘。經黄打紙。中間有殘洞，左上殘缺。有烏絲欄。已修整。
3.1　首行下殘→大正 0235，08/0750C13～14。
3.2　尾 3 行中上殘→大正 0235，08/0750C20～24。
8　7～8 世紀。唐寫本。
9.1　楷書。

1.1　BD15620 號
1.3　護首（大般涅槃經・大寶積經）
1.9　簡 057871
2.1　43.1×26.22 厘米；2 紙；共 2 行。
2.2　01：21.6，01；　　02：21.5，01。
2.3　殘片。首全尾脱。有竹質天竿及紫色殘縹帶。已修整。
3.4　説明：
本遺書為兩護首粘接而成。
第 1 紙有經名“大般涅槃經卷第十”，經名上有經名號。
第 2 紙有題簽，已被撕掉，下有“耳（袟號），十八（卷次）、淨（敦煌淨土寺簡稱）”，故知原為敦煌淨土寺所藏《大寶積經》卷十八的護首。

8　8～9 世紀。吐蕃統治時期寫本。
9.1　楷書。

1.1　BD15621 號
1.3　素紙一塊（擬）
1.9　簡 057871
2.1　28.7×25.2 厘米；1 紙。
2.3　殘片。首斷尾斷。半邊有烏絲上下邊欄。素紙。
8　8～9 世紀。吐蕃統治時期。

1.1　BD15622 號
1.3　素紙一塊（擬）
1.9　簡 057871
2.1　14.5×25 厘米；1 紙。
2.3　殘片。首殘尾脫。素紙。已修整。
8　8～9 世紀。吐蕃統治時期。

1.1　BD15623 號
1.3　護首（妙法蓮華經卷六）
1.9　簡 057871
2.1　30×25.1 厘米；2 紙；共 2 行。
2.2　01：20.0，02；　　02：10.0，00。
2.3　殘片。首殘尾脫。中間有殘洞。已修整。
3.4　說明：
本遺書為護首，有經名"法華經卷第六，六（卷次），妙（經名簡稱）"，上有經名號。
7.1　左下有題記："沙門道真◇念。"
8　9～10 世紀。歸義軍時期寫本。
9.1　行楷。

1.1　BD15624 號
1.3　護首（大寶積經）
1.9　簡 057871
2.1　22×26 厘米；1 紙；共 1 行。
2.3　殘片。首全尾脫。有竹質天竿，有題簽已撕掉。已修整。
3.4　說明：
本遺書為護首，經名簽已被撕去，下有"香（袟號），淨（敦煌淨土寺簡稱）"。故知為淨土寺所藏《大寶積經》護首。
8　9～10 世紀。歸義軍時期寫本。
9.1　楷書。

1.1　BD15625 號
1.3　素紙一塊（擬）
1.9　簡 057871
2.1　13.1×27.5 厘米；1 紙。
2.3　殘片。首脫尾斷。素紙。有烏絲欄。已修整。
8　8～9 世紀。吐蕃統治時期。

1.1　BD15626 號
1.3　名相釋（擬）
2.1　6.5×28.6 厘米；1 紙；共 2 行，行約 13 字。
2.3　殘片。首斷尾斷。卷面有油污。有雙行夾註。已修整。
3.3　錄文：
（首殘）
言此行相粗者【此行是忿等，前之十個小乘論中，名為小十，小十是獨頭煩惱，故云粗也】/
言彼審網者【即是身邊等五見網也。】疑者【於境不決。此疑見而小十受不俱起。】/
（錄文完）
"【】"中文字為雙行小字。
8　9～10 世紀。歸義軍時期寫本。
9.1　楷書。
9.2　有重文號。有倒乙。

1.1　BD15627 號
1.3　大方廣佛華嚴經（晉譯）卷六〇
2.1　（14.5+4.4）×26.5 厘米；1 紙；共 11 行，行 17 字。
2.3　殘片。首脫尾殘。有烏絲欄。已修整。
3.1　首殘→大正 0278，09/0782B08。
3.2　尾 2 行中下殘→大正 0278，09/0782B18～19。
8　5～6 世紀。南北朝寫本。
9.1　隸書。

1.1　BD15628 號
1.3　王清奴出便斛斗歷（擬）
2.1　（6.6+28.8）×23.8 厘米；1 紙；共 14 行，行字。
2.3　殘片。首殘尾全。上下均殘。已修整。
3.3　錄文：
（首殘）
□…□又 ┏麥兩碩，至秋叁□…□/
□…□㪷，至子年秋伍碩肆□…□/
□…□便麥兩碩，至秋三碩。又，粟兩碩，至秋叁◇□…□/
□…□定便粟壹碩，至秋壹碩伍㪷。/
□…□年二月十九日王清奴少有解㪷出便□…□/
□…□如後。/
□…□住兒便粟兩碩陸㪷，至秋叁碩玖㪷。□…□/
□…□至秋叁碩。┏張◇奴便粟叁碩，至秋□…□/
□…□ ┏又麥叁碩，至秋肆碩伍㪷。┏王郎便□…□/
□…□至秋◇碩伍斗。┏又粟叁碩，至秋肆□…□/
□…□ ┏樊安定便粟壹碩伍㪷，至秋兩□…□/
□…□㪷伍升。┏樊流子便麥陸碩，至秋玖碩。/
□…□辰年九月十一日吳押衙便麻□…□/
秋三升/
（錄文完）

3.4　說明：

本文獻首殘。文中有“子年秋”、“年二月十九日”、“辰年九月十一日”等，並有“王清奴少有解㪷出便”云云，通卷筆跡相同，為同一個人所書，故應為王清奴歷年出便歷。

8　8～9世紀。吐蕃統治時期寫本。

9.1　行書。

9.2　有勾稽號。有勾畫符號。

1.1　BD15629號

1.3　捨身求法故事（擬）

2.1　10.6×28.5厘米；1紙；共6行，行25字。

2.3　殘片。首殘尾脫。薄皮紙。已修整。

3.3　錄文：

（首殘）

□…□

證明。王言：諸佛菩薩、龍天八部皆悉證明。羅刹許之。王言：弟子發願/

普為望◇遍告近遠，使得同功，寬私（?）七日，可得以不?［羅］刹許之。七日現/

滿，一切士女皆悉雲集。王請羅刹上登高座說法。羅刹言：一切皆無/

常，生者必有＜◇＞死，五陰空無主，無有我我所。◇◇此偈。王◇此偈，/

歡喜◇，脫去衣裳，香湯沐浴，令［羅］刹食之。當爾之時，王妃、綵女、太/

子、大臣，一切百姓皆悉號泣，自撲在地，白：大王！我等諸人空依王/

（後殘）

3.4　說明：

此文獻歷代大藏無載，乃從《大般涅槃經》卷十四“雪山大士半偈捨身”故事中化出。

8　7～8世紀。唐寫本。

9.1　章草。有合體字“菩薩”。

1.1　BD15630號

1.3　首楞嚴三昧經卷上

2.1　19.7×15.3厘米；1紙；共11行，行10字殘。

2.3　殘片。首殘尾殘。通卷上殘，卷面有水漬，有殘損。有烏絲欄。已修整。

3.1　首殘→大正0642，15/0630A13。

3.2　尾殘→大正0642，15/0630A22。

8　5～6世紀。南北朝寫本。

9.1　隸書。

1.1　BD15631號

1.3　諸經法苑（擬）

2.1　12.5×28.2厘米；1紙；共7行，行21～23字。

2.3　殘片。首殘尾殘。薄皮紙。兩面抄寫。已修整。

2.4　本遺書包括2個文獻：（一）《諸經法苑》（擬），7行，抄寫在正面，今編為BD15631號。（二）《大乘百法明門論開宗義記》，6行，抄寫在背面，今編為BD15631號背。

3.3　錄文：

（首殘）

之事，可識［以不?”母答王言：“兒左脇下有小瘡瘢，猶小豆許。]”/

王遣脫衣，高舉臂看。見兩瘡瘢大小相似。王見大笑，怪未曾/

有，深自尅責。一切衆生愚闇所［覆］，不別真僞。如此之事，唯佛能了。/

即以二人置於像（象）上，共至佛所，請佛決疑。釋至佛所，即滅化/

身，還復釋刑（形）。而白佛言：“此人慳貪，不自衣食。五錢酒麵，/

著鹽私飲。酒醉歌舞，輕駡諸天。故我惱之。”佛語帝釋：“一切/

衆生，皆有過罪。宜應放捨。”佛語盧至：“汝還歸家，看汝財/

3.4　說明：

本文獻所述故事原出《盧志長者經》，《法苑珠林》卷七七摘錄收入。本文獻文字與《法苑珠林》卷七七大致相同，略有參差。今錄文，以為研究寫本異本之參考。

《法苑珠林》卷七七之相關文字可參見大正2122，53/863A7～25。

6.2　尾→BD15651號。

8　7～8世紀。唐寫本。

9.1　行草。

1.1　BD15631號背

1.3　大乘百法明門論開宗義記

2.4　本遺書由2個文獻組成，本文獻為第2個，6行，抄寫在背面。餘參見BD15631號。

3.1　首殘→大正2810，85/1058B09。

3.2　尾殘→大正2810，85/1058B18。

6.1　首→BD15651號。

8　7～8世紀。唐寫本。

9.1　行楷。

9.2　有硃筆斷句。

10　卷尾有陽文硃印，0.9×1.5厘米，印文為“傳克勤印”。後部另有一殘印章，內容相同。

1.1　BD15632號

1.3　大方廣佛華嚴經（晉譯）卷一〇

2.1　30.5×26.7厘米；2紙；共19行，行17字。

2.2　01：19.5，12；　02：11.0，07。

2.3　殘片。首脫尾斷。上邊有殘缺。有烏絲欄。已修整。
3.1　首殘→大正 0278，09/0464B22。
3.2　尾殘→大正 0278，09/0464C28。
6.1　首→BD15770 號。
8　　5～6 世紀。南北朝寫本。
9.1　隸書。

1.1　BD15633 號
1.3　唯識論疏（擬）
2.1　11.1×24.4 厘米；1 紙；共 7 行，行 25 字殘。
2.3　殘片。首殘尾殘。薄皮紙。通卷上殘。有烏絲欄。已修整。
3.3　錄文：

（首殘）

□…□界登亦無色界生也。不捨上分因者，由掉憍無明，不捨色/

□…□色界生也。問曰：將其四果如何前地？答曰：初地菩薩名預流果，從/

□…□二地至七地滿，名斯陀含，八地名阿那含，十地菩薩名阿羅漢也。/

□…□餘如前章也。/

□…□二熏習義，八界前。【一釋名得名，二生體性，三立三何四，四體三□…□五體界地，六◇無海，七體位地，八熏習□…□】/

□…□名言二種：一者表義名言，得◇聲（？）/

□…□是不相一死（？）不體成色心等/

（後殘）

“【】”中文字為雙行小字。

3.4　說明：

本文獻未為歷代大藏經所收。察其內容，為唯識論之疏釋。且從唯識理論，將大乘十地與小乘四果相配，值得注意。

8　　7～8 世紀。唐寫本。
9.1　章草。有合體字“菩薩”。
9.2　有行間校加字。
10　 卷中有陽文硃印，2.4×2.4 厘米，印文為；“廧嘉館印”。

1.1　BD15634 號
1.3　大乘法苑義林章卷一
2.1　19.7×28.7 厘米；1 紙；共 11 行，行約 19 字。
2.3　殘片。首殘尾脫。薄皮紙。已修整。
3.1　首殘→大正 1861，45/0250A06。
3.2　尾殘→大正 1861，45/0250A18。
6.1　首→BD15648 號。
8　　7～8 世紀。唐寫本。
9.1　章草。
9.2　有硃筆斷句。有行間校加字。

1.1　BD15635 號
1.3　唯識論疏釋（擬）
2.1　38.4×12.9 厘米；1 紙；共 26 行，行字。
2.3　殘片。首殘尾殘。通卷上殘。有烏絲欄。已修整。
2.4　本遺書包括 2 個文獻：（一）《唯識論疏釋》（擬），26 行，抄寫在正面，今編為 BD15635 號。（二）《大乘百法明門論開宗義記》，26 行，抄寫在背面，今編為 BD15635 號背。
3.3　錄文：

（首殘）

□…□生者釋/

□…□為業道也。/

□…□體（離？）十善攝一切善者，/

□…□責前救（？）明汝以相續/

□…□重墮故取以其過甚/

□…□奪釋登（？）意即是奪破/

□…□欠其槃子並無相續也。今/

□…□人初明業體，次舉（多？）相續。論主/

□…□救前義也。文有二，此初/

□…□一明我取立業如相而/

□…□衆聖取說，故云賢/

□…□過也。此是正量部/

□…□百年中從犢子部出，立有不/

□…□也。文中初標二章門，次釋三/

【□…□觀◇，但有名立（？），◇地生滅。觀法無我，大乘四念種（？）生】/

□…□不（？）生章（？）門，明業體生滅取以/

□…□物者此標業章（？）門票（粟？）業/

□…□如與他財，復還得者，功由於/

□…□正以有此不生法，故云不生/

□…□兩偈半，釋不生法章（？）/

□…□性。二體繫不繫，三約斷/

□…□言不生而今之（？）性不/

□…□釋而◇無貴賤/

□…□三性。今明不生法/

□…□宗（？）有二種法，一名◇得二不/

□…□性無記外法則無也。至得則/

□…□不生法救定有業□得報/

（錄文完）

“【】”中文字為雙行小字。

8　　7～8 世紀。唐寫本。
9.1　草書。
9.2　有行間加行。
13　正面行間有 1 行注文，乃背面文獻補註文字。用“【】”表示。

1.1　BD15635 號背
1.3　大乘百法明門論開宗義記
2.4　本遺書由 2 個文獻組成，本文獻為第 2 個，26 行，抄寫在背面。餘參見 BD15635 號。
3.1 首殘→大正 2810，85/1048B03。
3.2 尾殘→大正 2810，85/1048C19。
8 8～9 世紀。吐蕃統治時期寫本。
9.1 行楷。
9.2 有硃筆斷句。

1.1 BD15636 號
1.3 洞玄靈寶自然齋戒威儀經（擬）
2.1 （13.1+6.1）×25.2 厘米；1 紙；共 11 行，行 16～17 字。
2.3 殘片。首脫尾殘。左下殘缺，卷面有水漬、污痕。有烏絲欄。已修整。
3.3 錄文：
（首殘）
朱雀凰皇，悲鳴左右。仙童玉女、天仙地仙飛/
仙、日月星宿、五帝兵馬、九億萬騎、監齋直（值）/
事、三界官屬羅列左右。又思赤炁從師心中/
出，如雲之昇。凰皇朱雀在赤炁中，天仙地仙/
飛仙、五方（帝?）兵馬、三界官屬並往迎，覆弟子/
家宅及大小之身。
至日入行道，當思白雲之炁，迎滿一室。白虎/
麒麟，備守四方。仙童玉女、天仙地仙飛仙、日/
月星宿、五帝兵馬、九億萬騎、監［齋］直（值）事、三/
界官屬羅列左右。又思白雲之炁［從師□中］/
出，如［如雲之昇］，白虎麒麟在白□…□/
（後殘）
3.4 説明：
本遺書首殘，尾 3 行中下殘。《中華道藏》據敦煌遺書錄文收入第 43 冊。但錄文時對本號文字做了改造。參見《中華道藏》，43/714B23～C04。且錄文有錯漏。故重新錄文，以供參考。
6.1 首→斯 06841 號。
6.2 尾→伯 2455 號。
6.4 本遺書與伯 3282 號、斯 06841 號、伯 2455 號原為同卷。現斯 06841 號、本遺書及伯 2455 號可先後綴接，伯 3282 號位於斯 06841 號之前，尚有空缺，不能直接綴接。
8 8 世紀。唐寫本。
9.1 楷書。
9.2 有行間校加字。有倒乙。

1.1 BD15637 號
1.3 大乘無生方便門
2.1 29.5×28 厘米；2 紙；正面 25 行，行 38 字。背面 12 行，行 25 字。
2.2 01：10.7，06； 02：18.8，19。
2.3 殘片。首殘尾殘。下邊殘缺，上部有殘缺，後部有殘洞。已修整。
2.4 本遺書包括 2 個文獻：（一）《大乘無生方便門》，25 行，抄寫在正面，今編為 BD15637 號。（二）《大般涅槃經變壁畫榜題》（擬），12 行，抄寫在背面，今編為 BD15637 號背。
3.1 首殘→大正 2834，85/1273B11。
3.2 尾殘→大正 2834，85/1274A12。
5 與《大正藏》本對照，文字略有參差，可供校勘。本文獻有缺文，參見大正 2834，85/1273C10～14。
6.2 尾→BD15655 號。
8 9～10 世紀。歸義軍時期寫本。
9.1 楷書。
9.2 有校改。有重文號。

1.1 BD15637 號背
1.3 大般涅槃經變壁畫榜題（擬）
2.4 本遺書由 2 個文獻組成，本文獻為第 2 個，12 行，抄寫在背面。餘參見 BD15637 號之第 2 項。
3.3 錄文：
（首殘）
王及釋種如來涅槃三七日外，然知如來涅槃，齊往拘尸城，既見舍利起/
［塔供］養，悲號哽咽，啼淚交流，右繞七匝，收淚而言：我今各欲請佛舍/
［利一］分，將還供養。大衆答言：雖知汝是釋衆眷屬，［佛］先有言，分布/
［舍利］，未見及汝。王等不過所請，悲恨而還。/
［爾時］，帝釋持七寶至荼毗所，火即自滅。便開如來金棺，欲請佛牙，/
［樓逗］不與。帝釋［曰］：我若不合得佛牙者，火不合自滅。說是語已，帝/
［釋開］棺，於佛口中右畔頷上取一牙舍利，上天起塔供養。爾時，捷疾/
［隱身］，釋衆不見，盜將一雙佛牙舍利。城中大衆見此，一時即欲/
［來諍］舍利。捷疾夜叉既獲舍利，飛空去。/
［爾］時大衆悲哀盈目，各持七寶香燭，火如車輪，光明遍照世界，/
［大］哭荼毗香樓，聲振十方。是時，寶燭至香樓所，皆悉殄滅，大衆/
［長］時號哭，不知何緣，投火［不］燃？大悲世尊待迦葉衆未（來）至乃燃。/
（錄文完）
3.4 説明：
本文獻為《大般涅槃經變壁畫榜題》（擬），依據《大般涅槃經後分》編纂而成，共 12 行，分為 3 段文字。3 段文字雖然均從右向左書寫，但依據《大般涅槃經後分》經文，實際次序應為第三段→第二段→第一段。詳情如下：
第一段：第 10 行～第 12 行，參見大正 377，12/908B01

~11。

第二段：第5行~第9行，參見大正377，12/910A17~25。

第三段：第1行~第4行，參見12/911B4~14。

故此，本文獻很可能依據壁畫抄寫而成。

8　9~10世紀。歸義軍時期寫本。

9.1　行楷。有合體字"涅槃"。

9.2　有行間校加字、刪除號及倒乙。

1.1　BD15638號

1.3　成實論疏（擬）

2.1　（19.5+16.9）×26厘米；1紙；正面23行，行32字。背面24行，行32字

2.3　殘片。首脫尾殘。左上大塊殘缺，卷面有污痕。有烏絲欄。已修整。

2.4　本遺書包括2個文獻：（一）《成實論疏》（擬），23行，抄寫在正面，今編為BD15638號。（二）《待考佛教論著》（擬），24行，抄寫在背面，今編為BD15638號背。

3.3　錄文：

（首殘）

者，是人以聞思惠修四現也，此下人也，種種相修為種種相。為一相者，是人以聞/

思惠修四比忍及無相行中一相也，此是利人也。更一師解六三昧：一相修為一相/

者，于惠定以為一相。為一相者，聞惠理中定也。一相修為種種相者，于惠以為一相，/

為聞惠觀解，為種種也。一相修為一相種種相者，于惠為一相。為一相者，聞惠定/

為一相；為聞惠勝解，為種種相。修為種［種］相者，聞惠為種種相。為種種相者，為四/

現惠解也。種種相修為一相者，聞惠為種種。為一相者，四現定也。種種相修為種種/

為一相者，聞惠為種種相，為四現理解，為種種；為見帝（諦）理，定為一相也。凡解修/

義，要當增明，若現修，比此劣為訪也。復一師解相，修一相修為一相者，若/

人定還定者，此是鈍人也。一相修為種種相，若人定生聞惠為種種相也，/

此是中人。一相修為一相種種者，若因定還及生聞惠為種種。此是利人。種種/

相修為種種者，若人因聞惠生思惠者，此是不論利鈍，種種相修為一相。若/

人因聞惠修煗定。問曰：有論師已下，非外人義。外人無學，無憂無喜，/

為一相禪，絕四受，不苦不樂為相，五支五通為種種也。答：若羅漢為一相，亦/

□…□十智，云何為一？若第四禪，亦衆支來求。第二、第三，亦應/

□…□空亦不動，不苦不樂，皆應為一。若五支為/

□…□若五通為種種，十智三昧十一那含，皆應/

□…□中六種定也。有二，初明六種第/

□…□鈍，鈍人亦作/

□…□盡唯/

□…□前明人/

□…□第/

□…□二/

□…□有/

（後殘）

3.4　說明：

本文獻首殘，尾9行中上殘。乃對《成實論》的疏釋，存文疏釋《成實論·六三昧品》，所疏釋正文可參見大正1646，32/0338A。未為歷代大藏經所收。

8　6世紀。南北朝寫本。

9.1　行楷。

9.2　有重文號。

1.1　BD15638號背

1.3　難漸頓兩教論等（擬）

2.4　本遺書由2個文獻組成，本文獻為第2個，24行，抄寫在背面。餘參見BD15638號之第2項。

3.3　錄文：

（首殘）

□…□則（?）有/

□…□名（?）有/

□…□名或容（客?）/

□…□之體，亦/

□…□如成者，類（?）/

□…□他亦三佑（?）成/

□…□事成涅槃類成成/

□…□往曰：此是法俞（喻）相當，不得為況，謂乇（?）釋不/

□…□曰真身者，真常法身。應身者，隨緣啓悟，攝衆/

□…□道者，必衆生機感，致垂跡赴感若然。感者，為真身/

□…□真現應不感應也。往曰：感真現應非感應者，他亦衆生見真/

不見應也。復曰：衆生見應不見真也。往曰：若見應不見真者，他亦但感應不感真也。/

復曰：真是應本，由本現應。故但感真，不感應也。往曰：若真是應本，故所感真不/

感應者，他亦真為應本，但見其真，不見應也。若使其真為應本，見真之義求無，他/

亦真無應本，感之真應，長絕領看。復曰：真應兩義，真體是細，應體是粗。粗體是/

現，所以可見。真細妙，但得論感，不得言見領看，往曰：

感機之善，尚得感細，何故不/

感其粗？粗尚不論其感，何能感細？復曰：粗細之感，感之難易，實如所言。但真本先/

有，感真垂應，故道感真，不論感應。應跡相粗，與五識相對，故言見應不見真也。/

善感通故，感真不論應也。難漸頓兩教論第四。漸頓者。頓者，初成道時，對諸菩/

薩，頓說大乘，不從小成，故說其頓。漸者，如來初成道時，說五戒十善，終至/

雙林。或論五階，或說四階，名為漸也。雙林已前，名無常教也；雙林已後，名為常/

教。往曰：若雙林已前，名無常者，雙林後方名常住。若然，雙林已前，不解名（名解）脫；雙林/

已後，方名解脫。復曰：雙林已後，名滿解脫；雙林已前，名不滿解脫。往曰：名雙/

林已後，名滿解脫；雙林已前，名不滿解脫。□…□亦雙林已後，名滿常；雙林已□□/

（後殘）

3.4　說明：

本文獻首11行中上殘，尾殘。為中國人所撰佛教論著，用“往曰”、“復曰”的方式自設問答。存文前部分論述佛之真身、應身，子目已殘，或為“難真應兩身論第三”。後部分子目為“難漸頓兩教論第四”。未為歷代大藏經所收。

8　6世紀。南北朝寫本。

9.1　隸書。

9.2　有重文號。有倒乙。有校改。

1.1　BD15639號

1.3　大般涅槃經疏（擬）

2.1　（0.8+14.2+5.2）×28厘米；1紙；共12行，行27字。

2.3　殘片。首殘尾殘。左下殘缺。有烏絲欄。已修整。

3.3　錄文：

（首殘）

於二乘菩薩慈悲□□真實，□□□問，問雖有多，為成二句。一問慈若/

實益，何故衆生不等得樂？二問若是虛觀，何故如來自云修慈得勝果/

報？“如來”下，還答此二問，明慈悲實益，非是虛妄也。說偈云：於衆生不/

瞋，與樂，此之慈善，超于施福。是以便能獲勝果報，即酬其後問。從“善男/

子！夫修慈悉者，實非妄想”已下，訖盡“大乘涅槃”，“亦不可思議”。此之一段，廣引/

衆義，證慈真實，非是虛假，即答初問。就答初問中，文可有六：第一從初/

已下，明神通變化，令物得益，證慈真實。第二從“云何名為真實思惟，謂/

能斷除諸煩惱”已下，明慈悲之行，能除煩惱，以證慈實。第三從“四無量/

心，諸善根本”已下，明慈能廣生一切衆善，故非虛也。第四從“善男子能為/

善者，名實思惟”已下，明其慈□…□/

第五從“菩薩住是大乘/

人愛有如是□…□/

（錄文完）

3.4　說明：

本文所疏釋為《大般涅槃經・梵行品》，所疏文字乃從《大正藏》本《大般涅槃經》卷一五“迦葉菩薩白佛言：世尊！除無利益與利樂者實無所為，如是思惟即是虛觀無有實利。”（大正374，12/0454A18～20）到《大般涅槃經》卷一六“是大乘典大涅槃經亦不可思議。”（大正374，12/458C21～22）這一大段文字的科分。

6.4　本遺書與BD15652號、上圖064號原為同卷，但有殘缺，不能直接綴接。

8　6世紀。南北朝寫本。

9.1　隸書。

9.2　有硃筆斷句、重文號及塗抹。

1.1　BD15640號

1.3　阿難陀目佉尼呵離陀隣尼經

2.1　（1.4+8.5+4.9）×25.8厘米；1紙；共9行，行約19字。

2.3　殘片。首殘尾殘。左下殘缺，卷面殘損。有烏絲欄。已修整。

3.1　首行下殘→大正1015，19/0692C16～17。

3.2　尾3行中下殘→大正1015，19/0692C24～25。

6.2　尾→BD15678號。

8　5～6世紀。南北朝寫本。

9.1　隸書。

1.1　BD15641號

1.3　諸經法苑（擬）

2.1　10×28.4厘米；1紙；正面6行，行26字。背面5行，行30字。

2.3　殘片。首斷尾斷。薄皮紙。已修整。

2.4　本遺書包括2個文獻：（一）《諸經法苑》（擬），6行，抄寫在正面，今編為BD15641號。（二）《大乘百法明門論開宗義記》，5行，抄寫在背面，今編為BD15641號背。

3.3　錄文：

（首殘）

比丘宿殖何福，生於豪族，身體金色。又值世尊，出家得道。”佛/

告比丘：“乃往過去九十一劫，毗婆尸佛入涅槃後，時有王名槃頭未帝，/

收其舍利，造四寶塔，高一由旬，而供養之。時有一人，因行見塔少有/

破落，和泥補治，並買金薄（箔），而以薄（箔）之，發願而去。緣是功德，從是/

以來九十一劫，不墮惡道。天上人中，身常金色，受福快樂。乃至今者，/

遭值於我，出家得道。”又《優填王作佛像經》云：/

（錄文完）

第2、3行上邊有“施金”，第5行上邊有“治塔”，第7行上邊有“上”。因為內容提示。

3.4 說明：

此段故事見《撰集百緣經》卷七，收入《法苑珠林》卷三六、《諸經要集》卷四。本文獻與上述三種經本對照，行文頗有刪略。今錄文，以為研究寫本異本之參考。《法苑珠林》卷三六經文可參見大正2122，53/0568C14～23。

6.1 首→BD15651號。

8 9～10世紀。歸義軍時期寫本。

9.1 行楷。

1.1 BD15641號背

1.3 大乘百法明門論開宗義記

2.4 本遺書由2個文獻組成，本文獻為第2個，5行，抄寫在背面。餘參見BD156641號之第2項。

3.1 首殘→大正2810，85/1057C20。

3.2 尾殘→大正2810，85/1057C29。

6.2 尾→BD15651號背。

8 7～8世紀。唐寫本。

9.1 行楷。

9.2 有硃筆校改及斷句。

1.1 BD15642號

1.3 素紙一塊（擬）

2.1 1.8×4.5厘米；1紙。

2.3 殘片。首殘尾殘。素紙。已修整。

8 8～9世紀。吐蕃統治時期。

1.1 BD15643號

1.3 摩訶般若波羅蜜經卷三

2.1 48.5×26厘米；2紙；共28行，行17字。

2.2 01：34.5，20；　02：14.0，08。

2.3 卷軸裝。首斷尾斷。卷面保存較好。有烏絲欄。已修整。

3.1 首殘→大正0223，08/0238B13。

3.2 尾殘→大正0223，08/0238C13。

8 7～8世紀。唐寫本。

9.1 楷書。

1.1 BD15644號

1.3 木捺佛像（擬）

1.9 簡068137

2.1 6.2×6.2厘米；1紙。

2.3 殘片。首殘尾殘。已修整。

3.4 說明：

本遺書為木捺佛像。佛頭戴毗盧冠，通肩袈裟，結跏趺坐在蓮花座上。雙手結禪定印，手中似有一圓球狀物，不清。有背光、項光。兩側有蓮花。僅殘存1尊半。

8 9～10世紀。歸義軍時期寫本。

1.1 BD15645號

1.3 瓜沙州大王印（擬）

1.9 簡068087

2.1 6.3×10.7厘米；1紙。

2.3 殘片。首殘尾殘。已修整。

3.4 說明：

本遺書為撕下經卷之一角。

7.2、正面有陽文硃印3.3×4.35厘米，印文為：“瓜沙州大王印”。背面騎縫處亦有半枚此印。

8 9～10世紀。歸義軍時期寫本。

1.1 BD15646號

1.3 佛教經疏（擬）

1.9 簡068087

2.1 8.9×12.5厘米；1紙；共6行，行9字殘。

2.3 殘片。首殘尾殘。通卷下殘。有烏絲欄。已修整。

3.3 錄文：

（首殘）

□釋四。初數分二名分□…□/

釋四者初釋經體。二釋□…□/

正等。初釋經體。問曰經□…□/

句字衆能詮前理，以為□…□/

義云何。答曰：名以定□…□/

□…□為常□…□/

（錄文完）

8 5～6世紀。南北朝寫本。

9.1 隸書。

9.2 有倒乙。

1.1 BD15647號

1.3 沙州敦煌縣某鄉手實殘片（擬）

2.1 2.6×7.9厘米；1紙；共1行，行4字殘。

2.3 殘片。首殘尾殘。已修整。

3.3 錄文：

（首殘）

南渠，北渠/

（錄文完）

3.4　說明：
參見斯 00514 號背《沙州敦煌縣懸泉鄉宜禾里大曆四年（769）手實》。
8　9～10 世紀。歸義軍時期寫本。
9.1　楷書。

1.1　BD15648 號
1.3　大乘法苑義林章卷一
2.1　19.8×28.7 厘米；1 紙；共 11 行，行 20 字。
2.3　殘片。首脫尾殘。薄皮紙。已修整。
3.1　首殘→大正 1861，45/0249C21。
3.2　尾殘→大正 1861，45/0250A06。
5　與《大正藏》本對照，文字略有參差。有缺文：參見大正 1861，45/250A2～A3，"若"到"漏"。
6.2　尾→BD15634 號。
7.3　卷背有雜寫"五識"。
8　7～8 世紀。唐寫本。
9.1　行草。
9.2　有硃筆斷句。有校改。有行間校加字。

1.1　BD15649 號
1.3　癸亥年十月四日色物歷（擬）
2.1　9×11.1 厘米；1 紙；共 5 行，行 7 字殘。
2.3　殘片。首全尾殘。通卷下殘，卷面有殘洞。已修整。
3.3　錄文：
（首殘）
癸亥年十月四日□…□/
拾碩粟，柒碩又□…□/
粟肆碩又招（?）絹貳□…□/
肆拾壹尺又壹□…□/
（錄文完）
7.3　首有雜寫："乙丑年四月廿八日□…□。"
8　9～10 世紀。歸義軍時期寫本。
9.1　行楷。

1.1　BD15650 號
1.3　色物歷（擬）
2.1　7.2×10 厘米；1 紙；共 4 行，行 7 字殘。
2.3　殘片。首全尾殘。上殘下斷。已修整。
3.3　錄文：
（首殘）
□…□其（?）地賈升合不欠還足【朝/領物/見人王】/
□…□◇延朝舍賈□…□/
□…□◇（押）招康平□…□/
□…□碩，又生絹兩疋壹□…□
（錄文完）
8　9～10 世紀。歸義軍時期寫本。
9.1　行楷。

1.1　BD15651 號
1.3　諸經法苑（擬）
2.1　42.4×28.4 厘米；1 紙；正面 23 行，行 22 字。背面 23 行，行 30 字。
2.3　殘片。首斷尾斷。薄皮紙。已修整。
2.4　本遺書包括 2 個文獻：（一）《諸經法苑》（擬），23 行，抄寫在正面，今編為 BD15651 號。（二）《大乘百法明門論開宗義記》，23 行，抄寫在背面，今編為 BD15651 號背。
3.3　錄文：
（首殘）
物。"盧至白佛："何有財物?"帝釋語言："我不損汝一豪（毫）財物。"盧/
至語言："不信釋語，唯信佛語。"以信佛故，即便擭得須陀洹果。/
又《譬喻經》云：昔佛涅槃後，阿育王國有迦羅越。其人福/
德，世間希有。意有所須，應念即至。其家舍宅，七寶所/
成。閤內婦女，端政（正）少雙。晝夜娛樂，快樂無極。其人信心，恒/
有供養二萬餘僧。阿育王聞，便召見之，而語之言："聞卿大/
富，家有何物?"即答王言："家無所有。"王不信之。便遣人看。使/
至唯見門閤七重，舍宅堂宇，七寶莊嚴，巍巍無量。便入堂/
中，不見餘物，唯見婦女端正少雙。使見即還，具以白王。王/
意漸解。時迦羅越知王解已。便於前以手東指。即時空中七/
寶雨下，不可限量。指餘三方，亦復如是。王見乃知是大福德。/
王即詣寺，請問此事。寺有上座，得阿羅漢，三明六通。王問/
上座："此迦羅越宿殖何福，所須自然，應念即至?"上座答王：/
"乃往過去九十一劫毘婆尸佛涅槃後。迦羅［越］爾時與其四人同/
共造塔，用心偏殷（慇）。造塔成已，復以七寶及取好花上塔頭/
上，四［面］散下而以供養。發願言；'使我世世食福自然，恒不斷絕。'/
緣是功德。從是以來九十一劫不墮惡道。天上人中，食福自/
然，快樂無極。爾時但願食福無盡，不願度脫。故至今日，/

唯受勝福，未得道迹。”又《百緣經》云：/

昔佛在世時，迦毘羅衛城中有一長者，其家巨富，財寶無量，不可/

稱計。生一男兒，身體金色，端政（正）殊妙，世所希有。身色光明，遍昭（照）城/

內，皆作金色。母見已歡喜無量，因為立字，名曰“金色”。年漸長大，/

求佛出家，得阿羅漢。三明六通，具八解脫。比丘見已，而白佛言：“金色/

（錄文完）

3.4 說明：

本文獻抄寫三段佛教故事。

第一段為第1、第2行，前與BD15631號綴接，有關情況，請參見BD15631號第3.4項說明。

第二段為第3行到第19行，所述故事可見《法苑珠林》卷三七，《經律異相》卷六、卷三十六，但文字互有參差。今錄文，以為研究寫本異本之參考。《法苑珠林》卷三七之文字，可參見大正2122，53/0581C06～27。

第三段為第20行到第23行，後與BD15641號綴接，有關情況，請參見BD15641號第3.4項說明。

6.1 首→BD15631號。

6.2 尾→BD15641號。

8 7～8世紀。唐寫本。

9.1 行草。

1.1 BD15651號背

1.3 大乘百法明門論開宗義記

2.4 本遺書由2個文獻組成，本文獻為第2個，23行，抄寫在背面。餘參見BD15651號之第2項。

3.1 首殘→大正2810，85/1057C29。

3.2 尾殘→大正2810，85/1058B09。

6.1 首→BD15641號背。

6.2 尾→BD15631號背。

8 7～8世紀。唐寫本。

9.1 行楷。

9.2 有硃筆斷句。有間隔號。有科分。

1.1 BD15652號

1.3 大般涅槃經疏（擬）

2.1 （3.6+17+4.2）×28厘米；2紙；共14行，行27字。

2.2 01：10.6，06； 02：14.2，08。

2.3 殘片。首殘尾殘。卷面有水漬。有烏絲欄。已修整。

3.3 錄文：

（首殘）

□…□得此勝報，下即說偈。但歎慈之功德□…□/

□…□慈者，實非虛相”已下，答第一問。明二乘局志，行絕兼濟，無有實/

益，可名虛妄耳。菩薩之人，內悟真常，外兼群品，慈救真實，非是虛/

妄。從“能為一切諸善根本”，盡下“亦得成就如是無量功德”以來，此之一段/

先答第三問也。答意修慈功德，豈但唯得所說人天果報而已。明修慈/

功德乃令行人備生萬善，終得常果，豈非真實。然此常果，始可謂是◇/

大慈之極，云何而言慈非真實也？“譬如有人身被毒箭”者，此譬始行之/

人，分別前田（由）悕惜不施，販其檀行也。慳害慧命，譬之毒箭。言“眷屬”者，/

譬諸佛菩薩。“即命良醫”，㮣喻受者財物、時節和合，施因緣具時也。“而為/

拔箭“者，因緣既具，勸行布施，除慳心也。自此以前，名內慳心，以為毒箭。從/

“我今當觀，如是毒箭，從何方來”已下，名前田（由）乞者之緣，以為毒箭，以其/

能生內心慳毒，故名毒也。“何方來者”，觀被前田（由）何方土來。“誰之所射”者，/

□…□者，義同刹利、婆羅門之所射也。若外/

□…□之所射也。“竹耶、柳耶”者，觀其前人□/

（下殘）

3.4 說明：

所疏釋為《大般涅槃經・梵行品》，從“善男子！夫修慈者，實非妄想，諦是真實”（大正0374，12/0454B18）開始，到“是何木耶竹耶柳耶”（大正0374，12/0454C23）。從經文看，位於BD15639號之後。

6.4 本遺書與BD15639號、上圖064號原為同卷，但有殘缺，不能直接綴接。

8 5～6世紀。南北朝寫本。

9.1 隸書。

9.2 有硃筆塗抹。斷句。

10 背有墨筆：“義熙六年十月/比丘明所寫。/日本有代（帶）款的與此是一部經。”

1.1 BD15653號

1.3 妙法蓮華經卷七

2.1 16.9×25厘米；1紙；共9行，行17字。

2.3 殘片。首殘尾殘。經黃打紙。卷面多鳥糞。有烏絲欄。已修整。

3.1 首殘→大正0262，09/0055A24。

3.2 尾殘→大正0262，09/0055B04。

8 7～8世紀。唐寫本。

9.1 楷書。

1.1 BD15654號

1.3　妙法蓮華經卷二
2.1　20.6×26 厘米；2 紙；正面 13 行，行 16 字（偈頌）。背面 1 行，行 26 字母。
2.2　01：12.2，08；　　02：08.4，05。
2.3　殘片。首斷尾斷。卷面多水漬。有烏絲欄。已修整。
2.4　本遺書包括 2 個文獻：（一）《妙法蓮華經》卷二，13 行，抄寫在正面，今編為 BD15654 號。（二）《藏文雜寫（世尊所講八種感受經）》（擬），1 行，抄寫在背面，今編為 BD15654 號背。
3.1　首殘→大正 0262，09/0017C11。
3.2　尾殘→大正 0262，09/0017C27。
8　8 世紀。唐寫本。
9.1　楷書。

1.1　BD15654 號背
1.3　藏文雜寫（世尊所講八種感受經）（擬）
2.4　本遺書由 2 個文獻組成，本文獻為第 2 個，1 行，抄寫在背面。餘參見 BD15654 號。
3.3　錄文：
　　sang – rgyas – kyis – snang – brgyad – kri – chos – bshab – pav * i – yigevo.
　　vd * i – skad – thos – pav * i.
　　（世尊所講八種感受經之文字，如是所聞。）
　　（錄文完）
8　8 ~ 9 世紀。吐蕃統治時期寫本。
9.1　正書。

1.1　BD15655 號
1.3　大乘無生方便門
2.1　（16 + 3.3）×28 厘米；1 紙；共 18 行，行 38 字。
2.3　殘片。首殘尾殘。已修整。
3.1　首殘→大正 2834，85/1274A12。
3.2　尾殘→大正 2834，85/1274B23。
5　與《大正藏》本對照，文字略有參差，可供校勘。本文獻有缺文，參見大正 2834，85/1274B01 ~ B04，從"是法"到"身佛"。
6.1　首→BD15637 號。
8　8 世紀。唐寫本。
9.1　楷書。

1.1　BD15656 號
1.3　某禪宗語錄（擬）
2.1　14.7×19.5 厘米；1 紙 2 葉 4 個半葉；半葉 5 行，共 10 行，行 15 字。
2.3　縫繢裝。首脱尾脱。僅兩個半葉抄寫文字。中縫有 10 個針孔。有硃絲欄。已修整。
3.3　錄文：
　　（首殘）
　　（第一個半葉）
　　合受人天供養。又云：有去處，無來處。一/
　　無去處有來處，那個在前？那個在後？/
　　又云：世尊上堂，文殊白搥。我見法王法，/
　　法王法如是。直道法王法，如是還稱得/
　　世尊也無？雖然如是，也是金剛與泥/
　　（第二個半葉）
　　人。揹背兩個，總合在三門外。三門裹著什/
　　麼人驀面唾，還甘也無？爭得不甘，有何/
　　所據？據個什麼？又云：千鄉萬里聞一句語，/
　　更不到來，是不著便了。又云：體性上作/
　　會解，是涅槃堂裹漢。據理而言，是黑牛/
　　（後殘）
3.4　說明：
　　世尊、文殊公案，參見《雲峨禪師住羅山縣國祥山龍池禪寺語錄》。
8　9 ~ 10 世紀。歸義軍時期寫本。
9.1　楷書。

1.1　BD15657 號
1.3　維摩詰所說經卷下
2.1　27.4×25 厘米；1 紙；共 12 行，行 13 ~ 15 字。
2.3　殘片。首斷尾斷。通卷下殘。已修整。
3.1　首殘→大正 0475，14/0552A19。
3.2　尾殘→大正 0475，14/0552A29。
8　9 ~ 10 世紀。歸義軍時期寫本。
9.1　行楷。

1.1　BD15658 號
1.3　大薩遮尼乾子所說經卷五鈔（擬）
2.1　29.4×30.2 厘米；1 紙；共 5 行，行 23 字。
2.3　殘片。首斷尾殘。尾有餘空。已修整。
3.1　首殘→大正 0272，09/0340B03。
3.2　尾殘→大正 0272，09/0340B11。
8　9 ~ 10 世紀。歸義軍時期寫本。
9.1　楷書。

1.1　BD15659 號
1.3　妙法蓮華經卷六
2.1　（10.5 + 17.4）×26.3 厘米；1 紙；共 16 行，行 17 字。
2.3　殘片。首殘尾脱。經黄打紙。右上殘缺。有烏絲欄。已修整。
3.1　首 6 行中上殘→大正 0262，09/0048B25 ~ C01。
3.2　尾殘→大正 0262，09/0048C12。
8　7 ~ 8 世紀。唐寫本。
9.1　楷書。

1.1　BD15660 號
1.3　增壹阿含經卷三二
2.1　(2.5+11)×25.7 厘米；1 紙；共 7 行，行 17 字。
2.3　殘片。首殘尾斷。下邊殘缺。有烏絲欄。已修整。
3.1　首殘→大正 0125，02/0724C01。
3.2　尾殘→大正 0125，02/0724C08。
8　6 世紀。南北朝寫本。
9.1　隸楷。

1.1　BD15661 號
1.3　佛名經（十六卷本）卷一三
1.9　簡 057862
2.1　(9.5+16.2+2.2)×25.4 厘米；2 紙；共 16 行，行約 16 字。
2.2　01：09.5，05；　02：18.4，11。
2.3　殘片。首殘尾殘。經黄打紙。下邊殘缺，卷面多水漬，有鳥糞。有烏絲欄。已修整。
3.1　首 5 行上下殘→《七寺古逸經典研究叢書》，03/639A21～26。
3.2　尾行上殘→《七寺古逸經典研究叢書》，03/640A36～38。
5　與《七寺古逸經典研究叢書》本對照，佛名略有不同。
8　7～8 世紀。唐寫本。
9.1　楷書。

1.1　BD15662 號
1.3　佛名經（二十卷本）卷二〇
1.9　簡 057862
2.1　24×25.1 厘米；1 紙；共 14 行，行約 15 字。
2.3　殘片。首斷尾斷。下邊殘缺，有等距離水漬。有烏絲欄。已修整。
3.1　首殘→《藏外佛教文獻》，15/299A06。
3.2　尾殘→《藏外佛教文獻》，15/300A01。
8　5～6 世紀。南北朝寫本。
9.1　隸書。
9.2　有重文號。

1.1　BD15663 號
1.3　摩訶般若波羅蜜經卷二四
1.9　簡 057862
2.1　(29.3+10.2)×25 厘米；1 紙；共 26 行，行 17 字。
2.3　殘片。首殘尾斷。右下大塊殘缺。已修整。
3.1　首 19 行下殘→大正 0223，08/0398C24～0399A15。
3.2　尾殘→大正 0223，08/0399A22。
8　6 世紀。南北朝寫本。
9.1　隸楷。

1.1　BD15664 號
1.3　大智度論卷一九
1.9　簡 057862
2.1　(4.5+33.5)×26.7 厘米；1 紙；共 18 行，行 17 字。
2.3　殘片。首殘尾脱。右邊下有殘損，卷面有小殘洞。有烏絲欄。已修整。
3.1　首 2 行下殘→大正 1509，25/0203B28～C01。
3.2　尾殘→大正 1509，25/0203C18。
5　與《大正藏》本對照，個別字不同且漏一字。
8　6 世紀。南北朝寫本。
9.1　隸書。

1.1　BD15665 號
1.3　大方廣佛華嚴經（晉譯）卷四七
1.9　簡 057862
2.1　(8.8+5.5+3.2)×26.8 厘米；2 紙；共 9 行，行 17 字。
2.2　01：08.8，05；　02：08.7，04。
2.3　殘片。首斷尾殘。有烏絲欄。已修整。
3.1　首殘→大正 0278，09/0696A13。
3.2　尾殘→大正 0278，09/0696A22。
8　6 世紀。南北朝寫本。
9.1　隸書。

1.1　BD15666 號
1.3　妙法蓮華經卷三
1.9　簡 057862
2.1　(6+4.4)×25.4 厘米；1 紙；共 6 行，行 14 字（偈）。
2.3　殘片。首殘尾殘。右邊上下有殘缺，中間有殘洞。有烏絲欄。已修整。
3.1　首 3 行上下殘→大正 0262，09/0020B04～08。
3.2　尾殘→大正 0262，09/0020B12。
8　7～8 世紀。唐寫本。
9.1　楷書。

1.1　BD15667 號
1.3　大方廣佛華嚴經（晉譯）卷八
1.9　簡 057862
2.1　13.5×22.3 厘米；1 紙；共 8 行，行 14 字（偈）。
2.3　殘片。首斷尾斷。上邊被剪掉。有硃絲欄。
3.1　首殘→大正 0278，09/0447B11。
3.2　尾殘→大正 0278，09/0447B18。
8　5 世紀。南北朝寫本。
9.1　隸書。
13　與北魏敦煌鎮官經生寫經為同一批文獻。

1.1　BD15668 號
1.3　大方廣佛華嚴經（晉譯）卷五三
1.9　簡 057862

2.1　7.8×25 厘米；1 紙；共 5 行，行 17 字。
2.3　殘片。首斷尾斷。有烏絲欄。已修整。
3.1　首殘→大正 0278，09/0736B15。
3.2　尾殘→大正 0278，09/0736B20。
8　6 世紀。南北朝寫本。
9.1　隸書。

1.1　BD15669 號
1.3　大般涅槃經（北本　宮本）卷二六
1.9　簡 057862
2.1　（8+22.2）×24.5 厘米；1 紙；共 17 行，行 17 字。
2.3　殘片。首殘尾斷。右下殘缺，中間有殘洞。有烏絲欄。已修整。
3.1　首 4 行下殘→大正 0374，12/0517B19~23。
3.2　尾殘→大正 0374，12/0517C15。
5　與《大正藏》本對照，分卷不同，相當卷二五尾及卷二六首，與宋、元、明、宮本分卷相同，屬於卷二六。
8　6 世紀。南北朝寫本。
9.1　隸楷。

1.1　BD15670 號
1.3　大般涅槃經（北本）卷二三
1.9　簡 057862
2.1　（3.6+11.3）×25.2 厘米；1 紙；共 8 行，行 17 字。
2.3　殘片。首殘尾斷。上下邊殘缺，卷面殘損。有烏絲欄。已修整。
3.1　首 2 行中上殘→大正 0374，12/0500A19~20。
3.2　尾殘→大正 0374，12/0500A26。
8　6 世紀。南北朝寫本。
9.1　隸楷。
9.2　有硃筆點標，點在文字上。

1.1　BD15671 號
1.3　佛名經（十六卷本）卷一四
1.9　簡 057862
2.1　（5.5+17.6）×26 厘米；1 紙；共 9 行，行 14~15 字。
2.3　殘片。首殘尾全。右下殘缺，上邊有殘缺。有燕尾。尾有蟲繭。背有古代裱補。有烏絲欄。
3.3　錄文：
（首殘）
母返戾時，君若為□…□/
□令長里禁暫□…□/
無有道里使民□…□/
復有衆生，兩目盲瞎，覩無所見，或觸樹/
木，或墮溝坑，於時死已，更復受身，亦復/
如是，何罪所致。佛言：以前世時，坐不信/
罪福，障佛光明，縫鷹眼合，籠繫衆生，/
皮囊盛頭，不得所見，故獲斯罪。/
佛名經卷第十四/
（錄文完）
4.2、佛名經卷第十四（尾）。
8　9~10 世紀。歸義軍時期寫本。
9.1　楷書。
13　此段經文可見《罪業報應教化地獄經》，參見大正 724，17/451A12~20 或大正 441，14/302A24~B2（卷 30）。《七寺古逸經典研究叢書》中十六卷本《佛名經》卷十四無此內容。此為敦煌寫本與日本古寫經十六卷本《佛名經》之區別之一。

1.1　BD15672 號
1.3　佛名經（十二卷本）卷九
1.9　簡 057862
2.1　（2.5+3.5+12.1）×28 厘米；2 紙；共 9 行，行 17 字。
2.2　01：09.7，05；　　02：08.2，04。
2.3　殘片。首殘尾殘。右上、左下殘缺。有烏絲欄。已修整。
3.1　首行上殘→大正 0440，14/0166aC07。
3.2　尾 3 行下殘→大正 0440，14n/0166C13~15。
5　與《大正藏》本相比，個別文字有參差，可供校勘。
8　5~6 世紀。南北朝寫本。
9.1　隸書。

1.1　BD15673 號
1.3　大方廣佛華嚴經（晉譯六十卷本）卷二〇
1.9　簡 057862
2.1　（3.5+11.1+2.7）×26.5 厘米；1 紙；共 8 行，行 17 字。
2.3　殘片。首殘尾殘。卷面有殘損。有烏絲欄。已修整。
3.1　首行下殘→大正 0278，09/0528C19~20。
3.2　尾行上殘→大正 0278，09/0528C26~27。
8　5~6 世紀。南北朝寫本。
9.1　隸書。

1.1　BD15674 號
1.3　佛名經（十二卷本）卷九
1.9　簡 057862
2.1　（11+3.3）×27.9 厘米；2 紙；共 8 行，行字不等。
2.2　01：02.2，01；　　02：12.1，07。
2.3　殘片。首斷尾殘。卷面有水漬。有烏絲欄。已修整。
3.1　首殘→大正 0440，14/0164A22。
3.2　尾 2 行下殘→大正 0440，14/0164A29。
5　與《大正藏》本相比，個別文字有參差，可供校勘。
8　5~6 世紀。南北朝寫本。
9.1　隸書。

1.1　BD15675 號
1.3　大方廣佛華嚴經（晉譯）卷三四

1.9　簡 057862
2.1　(4.5+13)×26 厘米；1 紙；共 8 行，行 17 字。
2.3　殘片。首殘尾斷。卷面有多處殘洞。有烏絲欄。已修整。
3.1　首殘→大正 0278，09/0616A28。
3.2　尾殘→大正 0278，09/0616B08。
8　5~6 世紀。南北朝寫本。
9.1　隸書。

1.1　BD15676 號
1.3　妙法蓮華經卷三
1.9　簡 057862
2.1　12×25.5 厘米；1 紙；共 7 行，行 18 字。
2.3　殘片。首斷尾斷。有烏絲欄。已修整。
3.1　首殘→大正 0262，09/0019A14。
3.2　尾殘→大正 0262，09/0019A25。
8　5~6 世紀。南北朝寫本。
9.1　隸書。
9.2　品題及段首有點標。

1.1　BD15677 號
1.3　罪業應報教化地獄經
1.9　簡 057862
2.1　21.5×26 厘米；1 紙；共 12 行，行 17 字。
2.3　殘片。首斷尾斷。下邊殘缺。有烏絲欄。已修整。
3.1　首殘→大正 0724，17/0451B20。
3.2　尾殘→大正 0724，17/0451C02。
5　與《大正藏》本對照，文字略有參差，《大正藏》有序號。
8　5~6 世紀。南北朝寫本。
9.1　隸楷。

1.1　BD15678 號
1.3　阿難陀目佉尼呵離陀鄰尼經
1.9　簡 057862
2.1　(5+11+3.5)×25.8 厘米；1 紙；共 12 行，行 17 字。
2.3　殘片。首殘尾殘。上邊殘缺，卷面殘損。有烏絲欄。已修整。
3.1　首 3 行中上殘→大正 1015，19/0692C24~25。
3.2　尾 2 行中上殘→大正 1015，19/0693A05~07。
6.1　首→BD15640 號。
8　5~6 世紀。南北朝寫本。
9.1　隸書。

1.1　BD15679 號
1.3　摩訶般若波羅蜜經卷一九
1.9　簡 057862
2.1　12.2×26.1 厘米；1 紙；共 7 行，行 17 字。
2.3　殘片。首斷尾斷。有烏絲欄。已修整。
3.1　首殘→大正 0223，08/0357C11。
3.2　尾殘→大正 0223，08/0357C18。
8　6 世紀。南北朝寫本。
9.1　隸楷。

1.1　BD15680 號
1.3　摩訶般若波羅蜜經卷一九
1.9　簡 057862
2.1　(5+1.8+3.2)×25.7 厘米；1 紙；共 6 行，行 17 字。
2.3　殘片。首殘尾殘。殘缺較甚。有烏絲欄。已修整。
3.1　首 3 行中上殘→大正 0223，08/0360B03~05。
3.2　尾行中下殘→大正 0223，08/0360B08。
8　6 世紀。南北朝寫本。
9.1　隸楷。

1.1　BD15681 號
1.3　大方等大集經卷三
1.9　簡 057862
2.1　5.7×24.7 厘米；1 紙；共 3 行，行 17 字。
2.3　殘片。首斷尾殘。僅存一長條。已修整。
3.1　首殘→大正 0397，13/0020C29。
3.2　尾殘→大正 0397，13/0021A03。
6.2　尾→BD15682 號。
8　5~6 世紀。南北朝寫本。
9.1　隸書。

1.1　BD15682 號
1.3　大方等大集經卷三
1.9　簡 057862
2.1　14×24.7 厘米；2 紙；共 9 行，行 17 字。
2.2　01：04.2，03；　　02：09.8，06。
2.3　殘片。首殘尾殘。已修整。
3.1　首殘→大正 0397，13/0021A03。
3.2　尾殘→大正 0397，13/0021A11。
6.1　首→BD15681 號。
8　5~6 世紀。南北朝寫本。
9.1　隸書。

1.1　BD15683 號
1.3　賢愚經卷一一
1.9　簡 057862
2.1　(2.5+15+1.6)×26.2 厘米；1 紙；共 12 行，行 17 字。
2.3　殘片。首殘尾殘。有烏絲欄。已修整。
3.1　首行下殘→大正 0202，04/0426B03~04。
3.2　尾行上殘→大正 0202，04/0426B15~16。
8　5~6 世紀。南北朝寫本。
9.1　隸書。

1.1　BD15684 號
1.3　梵網經疏（擬）
1.9　簡 057862
2.1　（7.8 +4.2）×28.2 厘米；1 紙；共 7 行，行 22 字。
2.3　殘片。首殘尾殘。薄皮紙。有烏絲欄。已修整。
3.3　錄文：
（前殘）
者，不名有情識者，畜生無異，不名為人，常離三寶海。十/
三，示勝福故。如《本業經》說：又復法師能於一切國土中教/
化一人，令得出家，受菩薩戒者。是法師其福，勝造八萬四千/
塔。況復二、三人乃至百千，福果不可稱量。第二破戒衰/
損者，與上相違，當知衰損。又此衰損，略有十二，如《大智論》/
十五云：破戒之人，人所不敬。□…□/
□…□/
（後殘）
第一行“常”，《大正藏》本誤作“當”。
3.4　說明：
本文獻首尾均殘。未為歷代大藏經所收。前 3 行半的文字與《梵網經菩薩戒本疏》（大正 1813）卷一可相應，文字頗有參差，可參見大正 0724，40/0602C19 ~25。第 4 行“第二破戒”以下，與《大正藏》本《梵網經菩薩戒本疏》文字不合。
8　5 ~6 世紀。南北朝寫本。
9.1　行楷。有合體字“菩薩”。
9.2　有重文號。

1.1　BD15685 號
1.3　藥師琉璃光如來本願功德經
1.9　簡 057862
2.1　5.5 ×14.7 厘米；1 紙；共 3 行。
2.3　殘片。首殘尾殘。通卷下殘，卷面殘損。有烏絲欄。已修整。
3.1　首殘→大正 0450，14/0405A14。
3.2　尾殘→大正 0450，14/0405A16。
8　7 ~8 世紀。唐寫本。
9.1　楷書。

1.1　BD15686 號
1.3　某經第二袟抄經用紙歷（擬）
1.9　簡 057862
2.1　5.2 ×29.5 厘米；1 紙；共 3 行，行約 28 字。
2.3　單葉紙。首全尾全。卷面有油污。有烏絲欄。已修整。
3.3　錄文：
第二袟：第一，十九紙，第二，十六紙，第三，二十一紙，第四，十七紙，第五，十七紙，/
第六，十九紙，第七，十七紙，第八，十七紙，第九，十五紙，第十，十六紙。/
（錄文完）
8　9 ~10 世紀。歸義軍時期寫本。
9.1　行楷。

1.1　BD15687 號
1.3　金剛般若波羅蜜經疏（擬）
1.9　簡 057862
2.1　8.2 ×29 厘米；1 紙；共 4 行，行字不等。
2.3　殘片。首殘尾殘。薄皮紙。有烏絲欄。已修整。
3.3　錄文：
（首殘）
壽命已斷，於異道中更受別報，是過去餘殘故。故說末陰初生時/
名為受者。四種通稱相者，謂通、別兩相，一切法皆具此相。如一色塵，以色/
為性，即為通相。有青、黃等異，即是別相。差別異執，是名為相。/
經曰：“須菩提”至“亦非無相”者，此明悟法空也。四種所除法，四種能除，解能除即法。/
（尾殘）
3.4　說明：
本文獻未為歷代大藏經所收。
8　8 世紀。唐寫本。
9.1　行楷。
9.2　有塗抹及硃筆行間校加字。
13　引註經文，不引全文，衹引首尾，以“至”連接。

1.1　BD15688 號
1.3　妙法蓮華經卷二
1.9　簡 057862
2.1　7.9 ×25.5 厘米；1 紙；共 4 行，行 20 字（偈）。
2.3　殘片。首脫尾斷。經黃打紙。有烏絲欄。已修整。
3.1　首殘→大正 0262，09/0011A07。
3.2　尾殘→大正 0262，09/0011A14。
8　7 ~8 世紀。唐寫本。
9.1　楷書。

1.1　BD15689 號
1.3　夾註金剛經（擬）
1.9　簡 057862
2.1　（19 +5）×29 厘米；1 紙；共 11 行，行字不等。
2.3　殘片。首脫尾殘。薄皮紙，下邊殘損。已修整。
3.3　錄文：
（首殘）

身相即非身相。【非身為身，非相為相，豈是相心見如來乎。十方諸佛不見於心，名之為佛。無所見故，名為見佛也。】/

佛告須菩提：【行人自悟聖心，無凡夫心，得實相心。】凡所有相，皆是虛妄。【若偏心起煩惱，】/

【煩惱還自縛。故言"皆是虛妄"。】若見諸相非相，即見如來。【轉念即悟。只此妄相，即是非相，即見如來之】/

【言會。】須菩提白佛言：世尊！頗有衆生得聞如是言說章句，/

生實信不？【"章"之言色，"句"之言心。色必本末寂滅也。"生實信不"者，以信能入生死大海，接引衆生到涅槃也。】佛告/

須菩提：莫作是說，如來滅後，後五百歲，【行人偏念五陰，一陰一百，合為五百，】/

【名佛滅度。】有持戒修福者，於此章句能生信心，以此為/

實。【持心不起，即是如來常住於世。心戒清淨，生無量智，智惠具足，念與實相相應，以此為實者，此乃自證不由他，寂滅無戲論無分別，是為實相。】/

當智是人不於一佛、二佛、三、四、五佛而種善根。【二一不一，而名為一佛。三二不二，而二】/

【名為二佛。四三不三，而三名為三佛。五四［不四，而四］名為四佛。六五不五，而五名為五佛也。而種善根□法性□…□也。】/

已於無量千□…□/

（錄文完）

"【】"中文字為雙行小字。

3.4　說明：

本文獻未為歷代大藏經所收。

8　9～10世紀。歸義軍時期寫本。

9.1　隸楷。

1.1　BD15690號

1.3　維摩詰所說經疏（擬）

1.9　簡057862

2.1　11.7×27.5厘米；1紙；共6行，行19～20字。

2.3　殘片。首殘尾殘。有烏絲欄。已修整。

3.3　錄文：

（首殘）

□至聖前。國王大臣等凡衆問竟。今就聖中，先告聲/

聞，後命菩薩，化宜之則，次第然矣。第三釋品名/

者，弟子對師之名，能教者為"師"，受教者名"弟子"。"第"/

者，次第也。承佛之後，名之"第"。有紹繼之能，稱之曰"子"。/

此就傳教次第，說為"弟子"也。義類相從，名之為"品"。故/

（後殘）

3.4　說明：

本文獻為《維摩詰所說經》的註疏，未為歷代大藏經所收。存文為對"弟子品"品名的疏釋。

8　8世紀。唐寫本。

9.1　行楷。

9.2　有硃筆科分。

1.1　BD15691號

1.3　法華經疏（擬）

1.9　簡057862

2.1　38.5×27.4厘米；1紙；共24行，行28字。

2.3　殘片。首殘尾脫。薄皮紙。已修整。

3.3　錄文：

（首殘）

□…□真諦三藏法師引隨實論云。聲聞［報得天］/

眼，見小千世界色；修得天眼，見中千世界色。獨角（覺）報得天眼，見中［天世界］/

色；修得天眼，見大千世界色。佛報得天眼，見大千世界色；修得天眼［見］/

無邊世界色。此與小乘毗曇論同。故彼論云：聲聞不方便見小千世界，/

方便見二千世界。緣覺不方便見二千世界，方便見三千世界。佛不方便/

見三千世界，方便見無量無邊億百千三千世界。今持經力故。能見三千/

［大千］世界。"內外所有山林河海"者，前雖見三千大千世界，其間或有［見大］/

不見小。如遠見大山，不見細物。或見遠不見近。如遠見日輪，不見眼［睫。今明］/

大小遠近，一切悉見。如一四天下有八大山，有八大海。如是三千大千世界［有百］/

億八大山，百億八大海，有千中鐵圍，有一大鐵圍。中間小山、小海、諸□…□/

一切悉見。"亦見其中一切衆生，及業因緣果報生處，悉見悉知"者，明見□/

報業因生處。小乘解云：天眼有二，一眷屬天眼，見障外色。二內□…□/

能知衆生死此生彼因果等事。《法花論》釋：六根清淨者，於一一□…□/

六用，是故眼根如業因緣，果報生處。問曰：眼根云何具足？□…□/

云：以持經力故，悟眼皆是因緣故，有推其本性自體寂滅，即是□…□/

相云：七實相體，即是法身。法身無礙，是故六根得乎用也。問曰：□…□/

六根同見聞，三千亦可眼根與耳根同得千二百。解云：如燈雖有□…□/

□□用，日照一室。眼耳雖□…□用同□三千□…□/

故但見三千，更不多見。解云：《大智度論》釋，三千界外有風輪，與眼相□…□/

能見。問曰：既能見三千，何故不名天眼？解云：非禪修起，又不□…□/

故不名天眼。問曰：二乘天眼，亦見三千，與今何異？解云：二乘見三千，□/

三千國土解。今持經力故。雖見三千，了知三千世界本性寂滅，便悟實/

相，故能見諸佛，及踴出菩薩。故與二乘為異。五行偈文，開為三義：初/

偈勑聽，次三行半正誦，長行於中。初三誦見依果彌樓山者，此/

（後殘）

3.4 說明：

本文獻前12行與《大正藏》第85卷所收敦煌遺書《法華經疏》文句有相似之處，可參見大正2749，85/0186C10～17、85/0186C28～187A11、85/187C04～06。但行文有參差，第11～18行及第24～27行與斯00520號完全不同。故本文獻或為《大正藏》本《法華經疏》的異本，或為另一《法華經疏》，詳情待考。

8　7～8世紀。唐寫本。

9.1 行楷。

9.2 有硃筆行間校加字及校改。

1.1 BD15692號

1.3 大乘起信論（真諦本）

1.9 簡057862

2.1 （0.8+12.5+5）×28.8厘米；2紙；共12行，行22字。

2.2 01：00.8，01；　　02：13.0，11。

2.3 殘片。首殘尾殘。卷尾上下殘，下邊殘缺，卷面有水漬。已修整。

3.1 首行上殘→大正1666，32/0576A24。

3.2 尾3行行下殘→大正1666，32/0576B08～11。

8　9～10世紀。歸義軍時期寫本。

9.1 楷書。

1.1 BD15693號

1.3 大方廣佛華嚴經（晉譯）卷二七

1.9 簡057862

2.1 （9+3.8）×26厘米；1紙；共6行，行17字。

2.3 殘片。首殘尾殘。有烏絲欄。已修整。

3.1 首殘→大正0278，09/0571C19。

3.2 尾2行下殘→大正0278，09/0571C24。

8　5～6世紀。南北朝寫本。

9.1 隸書。

1.1 BD15694號

1.3 大方廣佛華嚴經（晉譯）卷五七

1.9 簡057862

2.1 （4.4+16+3）×26厘米；1紙；共13行，行16字。

2.3 殘片。首殘尾殘。下邊殘缺，中間有殘洞，卷面有油污。有烏絲欄。

3.1 首2行中殘→大正0278，09/0764A08～10。

3.2 尾行上殘→大正0278，09/0764A20～21。

8　5世紀。東晉南北朝寫本。

9.1 隸書。

9.2 有重文號。

1.1 BD15695號

1.3 尚書・禹貢

1.9 簡057862

2.1 17×16厘米；2紙；共6行，行9字殘。

2.2 01：06.0，02；　　02：11.0，04。

2.3 殘片。首殘尾殘。通卷下殘。經黄打紙。有烏絲欄。已修整。

3.1 首殘→《十三經註疏》，01/0150B28。

3.2 尾殘→《十三經註疏》，01/0150C23。

3.4 說明：

本遺書兩紙前後顛倒，後紙4行應在前，前紙2行應在後，兩紙可綴接。今按照原狀態保存，未作擾動。前紙4行文字可參見《十三經註疏》，01/0150B28～C16。後紙2行文字可參見《十三經註疏》，01/0150C18～23。

8　7～8世紀。唐寫本。

9.1 楷書。

1.1 BD15696號

1.3 大般涅槃經（北本）卷二一

1.9 簡057862

2.1 14.4×17厘米；1紙；共9行，行13字殘。

2.3 殘片。首殘尾殘。通卷下殘，卷面殘損。有烏絲欄。已修整。

3.1 首殘→大正0374，12/0492A28。

3.2 尾殘→大正0374，12/0492B07。

5　與《大正藏》本對照，卷中缺“有”“無”二字。

8　5～6世紀。南北朝寫本。

9.1 隸楷。

1.1 BD15697號

1.3 大通方廣懺悔滅罪莊嚴成佛經卷下

1.9 簡057862

2.1 13.3×13.5厘米；1紙；共7行，行9字殘。

2.3 殘片。首殘尾殘。通卷下殘，卷面污穢。有烏絲欄。已修整。

3.1 首殘→大正2871，85/1349B22。

3.2　尾殘→大正2871，85/1349B28。
8　6世紀。南北朝寫本。
9.1　隸書。

1.1　BD15698號
1.3　老子道德經五千文卷上
1.9　簡057862
2.1　13.7×15.4厘米；2紙；共7行，行10字殘。
2.2　01：11.6，06；　　02：02.1，01。
2.3　殘片。首殘尾殘。通卷下殘。有烏絲欄。已修整。
3.1　首殘→《中華道藏》，09/029B11。
3.2　尾殘→《中華道藏》，09/029B20。
5　與《中華道藏》本相比，每章末有雙行小字注明字數。
6.3　本遺書前部可與斯00798號綴接，下部可與伯4781號綴接。
8　7~8世紀。唐寫本。
9.1　楷書。

1.1　BD15699號
1.3　淨名經集解關中疏卷上
1.9　簡057862
2.1　(4+10.1+6)×27.2厘米；2紙；共14行，行26字。
2.2　01：05.8，04；　　02：14.3，10。
2.3　殘片。首殘尾殘。上邊及左下有殘缺，卷面有殘損。已修整。
3.1　首3行中上殘→《藏外佛教文獻》，02/178A04~07。
3.2　尾4行下殘→《藏外佛教文獻》，02/178A16~0179A03。
8　8~9世紀。吐蕃統治時期寫本。
9.1　行楷。
9.2　有硃筆斷句。

1.1　BD15700號
1.3　十誦律卷五一
1.9　簡057862
2.1　9.2×19厘米；1紙；共5行，行13字殘。
2.3　殘片。首殘尾殘。通卷上殘，卷面有殘洞，有水漬。有烏絲欄。已修整。
3.1　首殘→大正1435，23/0370C24。
3.2　尾殘→大正1435，23/0370C28。
8　9~10世紀。歸義軍時期寫本。
9.1　楷書。

1.1　BD15701號
1.3　太玄真一本際經卷二
2.1　28.3×12.3厘米；1紙；共16行。
2.3　殘片。首殘尾殘。通卷上殘。有烏絲欄。已修整。
3.1　首殘→《中華道藏》，05/222C13。
3.2　尾殘→《中華道藏》，05/223A09。
8　7~8世紀。唐寫本。
9.1　楷書。

1.1　BD15702號
1.3　大乘稻芉經隨聽疏
2.1　18.8×20.7厘米；1紙；共11行，行25字殘。
2.3　殘片。首尾均殘。有烏絲欄。已修整。
3.1　首殘→大正2782，85/0551B10。
3.2　尾殘→大正2782，85/0551C12。
8　8~9世紀。吐蕃統治時期寫本。
9.1　行楷。

1.1　BD15703號
1.3　殘片（擬）
2.1　4.8×8.5厘米；1紙；共2行，行4字殘。
2.3　殘片。首尾均殘。通卷下殘。已修整。
3.3　錄文：
（首殘）
鷹走犬懸□…□/
哀聲未絕□…□/
（錄文完）
8　9~10世紀。歸義軍時期寫本。
9.1　楷書。

1.1　BD15704號
1.3　毗尼心
2.1　9.5×9.8厘米；1紙；共6行，行8字殘。
2.3　殘片。首尾均殘。通卷下殘。有烏絲欄。已修整。
3.1　首殘→大正2792，85/0659C10。
3.2　尾殘→大正2792，85/0659C13。
8　9~10世紀。歸義軍時期寫本。
9.1　行楷。

1.1　BD15705號
1.3　維摩詰所説經卷上
2.1　7.7×9厘米；1紙；共3行，行6字殘。
2.3　殘片。首尾均殘。通卷下殘。有烏絲欄。已修整。
3.1　首殘→大正0475，14/0537A18。
3.2　尾殘→大正0475，14/0537A20。
8　8~9世紀。吐蕃統治時期寫本。
9.1　行楷。

1.1　BD15706號
1.3　妙法蓮華經卷四
2.1　6.4×9.5厘米；1紙；共4行，行6字殘。
2.3　殘片。首尾均殘。通卷下殘。有烏絲欄。已修整。

3.1 首殘→大正 0262，09/0027C26；
3.2 尾殘→大正 0262，09/0028A01。
8 8～9 世紀。吐蕃統治時期寫本。
9.1 楷書。

1.1 BD15707 號
1.3 殘片（擬）
2.1 3.7×4.8 厘米；1 紙；共 1 行，行 4 字殘。
2.3 殘片。首尾均殘。上下均殘。有烏絲欄。已修整。
3.4 說明：

本遺書僅存“阿耨多羅”4 完整字，左旁可見殘字痕，應為“羅三藐”。或為《金剛般若波羅蜜經》殘片。

8 7～8 世紀。唐寫本。
9.1 楷書。

1.1 BD15708 號
1.3 沙彌塞五分戒本
2.1 3.9×4.5 厘米；1 紙；共 2 行，行 4 字殘。
2.3 殘片。首尾均殘。上下均殘。有烏絲欄。已修整。
3.1 首殘→大正 1422a，22/0194C09。
3.2 尾殘→大正 1422a，22/0194C10。
8 7～8 世紀。唐寫本。
9.1 楷書。

1.1 BD15709 號
1.3 法句經卷上
2.1 11.3×12.7 厘米；2 紙；共 8 行，行 10 字殘。
2.2 01：08.8，06； 02：02.5，01。
2.3 殘片。首尾均殘。上下均殘。有烏絲欄。已修整。
3.1 首殘→大正 0210，04/0559C13。
3.2 尾殘→大正 0210，04/0559C25。
6.3 本號接在 BD15710 號左下。本號第 1 行到第 7 行，上接 BD15710 號第 11 行到第 17 行。
8 5 世紀。東晉寫本。
9.1 楷書。

1.1 BD15710 號
1.3 法句經卷上
2.1 24.8×16.1 厘米；2 紙；共 17 行，行 13 字殘。
2.2 01：23.3，16； 02：01.5，01。
2.3 殘片。首尾均殘。通卷下殘。有烏絲欄。已修整。
3.1 首殘→大正 0210，04/0559B27。
3.2 尾殘→大正 0210，04/0559C23。
6.3 本號接在 BD15709 號右上。本號第 11 行到第 17 行，下接 BD15709 號第 1 行到第 7 行。
8 5 世紀。東晉寫本。
9.1 楷書。

1.1 BD15711 號
1.3 大般涅槃經（北本）卷一八
2.1 14.3×13 厘米；1 紙；共 8 行，行 8 字殘。
2.3 殘片。首尾均殘。通卷下殘。有烏絲欄。已修整。
3.1 首殘→大正 0374，12/0469A04。
3.2 尾殘→大正 0374，12/0469A11。
7.1 行間有硃筆“不用”兩字。
8 7～8 世紀。唐寫本。
9.1 楷書。
9.2 卷中有硃筆斷句。

1.1 BD15712 號
1.3 無量門破魔陀羅尼經
2.1 10.6×12.7 厘米；1 紙；共 5 行，行 8 字殘。
2.3 殘片。首尾均殘。通卷下殘。有硃絲欄。已修整。
3.1 首殘→大正 1014，9 /0688B25。
3.2 尾殘→大正 1014，9 /0688B29。
8 7～8 世紀。唐寫本。
9.1 楷書。

1.1 BD15713 號
1.3 正法華經卷九
2.1 5.5×8.5 厘米；1 紙；共 3 行，行 6 字殘。
2.3 殘片。首尾均殘。上下均殘。有烏絲欄。已修整。
3.1 首殘→大正 0263，09/0127B05。
3.2 尾殘→大正 0263，09/0127B07。
8 5 世紀。南北朝寫本。
9.1 楷書。

1.1 BD15714 號
1.3 佛教經疏（擬）
2.1 18.2×14.5 厘米；1 紙；共 11 行，行 14 字殘。
2.3 殘片。首尾均殘。通卷下殘。有烏絲欄。已修整。
3.3 錄文：

（首殘）
之德欲明去者，喻如糟糠枝葉□…□/
勘為道器真實之用退，亦□…□/
光召集欲使天下聲（齊?）已明得□…□/
非於如來為佳，乃退去者，無其二損□…□/
今善聽已下訓（?）第二請也。如是妙法□…□/
夜為心軌名法明持（?）欲破三□…□/
舉（?）一心無明詣趣東向西則有□…□/
之理，如來久得物無大感，而不□…□/
乃說之也。如憂曇羊時一□…□/
有輪王興世記（?）化方有此□…□/
說要（?）有大感，方得說一故，以擬（?）□…□/
（錄文完）

8　5~6世紀。南北朝寫本。
9.1　隸書。

1.1　BD15715號
1.3　如來八十種好（擬）
2.1　（9.4+27.2）×27.2厘米；1紙；共21行，行約31字。
2.3　殘片。首殘尾脫。薄皮紙。右下殘缺。已修整。
3.4　說明：
本遺書首5行下殘，尾殘。抄寫如來八十種好，故擬此名。對此八十種好，諸佛典多有記敘。此段文字可參見《大薩遮尼乾子所說經》卷六（大正0272，09/0344A24~C05），與《大正藏》本對照，每種好無"沙門瞿曇"四字。
8　9~10世紀。歸義軍時期寫本。
9.1　楷書。

1.1　BD15716號
1.3　妙法蓮華經卷七雜寫（擬）
2.1　6.4×14.5厘米；1紙；共2行，行15字。
2.3　殘片。首尾均斷。首尾有餘空。有烏絲欄。
3.4　說明：
本遺書僅抄寫《妙法蓮華經》卷七中一句經文，參見大正0262，09/0056C18~19。為雜寫。
8　9~10世紀。歸義軍時期寫本。
9.1　楷書。

1.1　BD15717號
1.3　大般涅槃經（北本）卷一九
2.1　4.5×9.5厘米；1紙；共3行，行7字殘。
2.3　殘片。首尾均殘。上下均殘。有烏絲欄。已修整。
3.1　首殘→大正0374，2/0475A02。
3.2　尾殘→大正0374，2/0475A05。
8　7~8世紀。唐寫本。
9.1　楷書。

1.1　BD15718號
1.3　大通方廣懺悔滅罪莊嚴成佛經卷一
2.1　4.5×13.9厘米；1紙；共2行，行6字殘。
2.3　殘片。首尾均殘。通卷下殘。有烏絲欄。已修整。
3.1　首殘→大正2871，85/1344C27。
3.2　尾殘→大正2871，85/1344C28。
8　6世紀。南北朝寫本。
9.1　楷書。

1.1　BD15719號
1.3　淨名經集解關中疏卷下
2.1　21.3×26.7厘米；1紙；正面15行，行約29字。背面10行，行約18字。
2.3　殘片。首全尾殘。右下殘缺。有烏絲欄。已修整。
2.4　本遺書包括2個文獻：（一）《淨名經集解關中疏》卷下，15行，抄寫在正面，今編為BD15719號。（二）《金翅鳥因緣》（擬），10行，抄寫在背面，今編為BD15719號背。
3.1　首全→《藏外佛教文獻》，03/071A02。
3.2　尾殘→《藏外佛教文獻》，03/072A07~08。
4.1　淨名經集解關中疏卷下，資聖寺沙□…□（首）。
8　8~9世紀。吐蕃統治時期寫本。
9.1　楷書。
9.2　有硃筆句讀、點標。

1.1　BD15719號背
1.3　金翅鳥因緣（擬）
2.4　本遺書由2個文獻組成，本文獻為第2個，10行，抄寫在背面。餘參見BD15719號之第2項。
3.3　錄文：
（首殘）
□…□又解一（?）釋金翅共（異?）□…□/
食噉也。各（?）其金翅鳥於妙高頂上有一大樹，於此樹上□□/
神龍動山遙卵塵（?）地被龍翼卻恨此事故事（?）金□…□/
常相觸漸惱增免（?）故，書云：與力伏人◇人與□…□/
攝人與怨報怨變身不斷與動報怨怨馳（?）（?）/
二俱投佛。佛勑自後遣龍於伽藍中有（?）/
□各取（?）一◇◇著身上，若鳥來特（?）遍海□/
不敢食也。所以天云，龍◇◇金翅不吞（?）其由如是遣金翅鳥取常（?）經米七粒◇□/
自此已後盡（?）其神□又不動也（?）◇常住者/
沒（設?）我今受持，我今終治得與後（?）□…□/
（錄文完）
3.4　說明：
本文獻敘述金翅鳥因緣故事，故擬此名。
8　8~9世紀。吐蕃統治時期寫本。
9.1　行書。
9.2　有行間加行、行間校加字、倒乙及塗抹。

1.1　BD15720號
1.3　妙法蓮華經卷三
2.1　（3+9+1.5）×26厘米；2紙；共8行，行18字。
2.2　01：03.0，02；　　02：10.5，06。
2.3　殘片。首尾均殘。有烏絲欄。已修整。
3.1　首2行上下殘→大正0262，09/0025B03~05。
3.2　尾殘→大正0262，09/0025B12。
8　5~6世紀。南北朝寫本。
9.1　楷書。
9.2　有倒乙。有行間校加字。

1.1　BD15721 號
1.3　某經疏首部三分解（擬）
2.1　6.2×27.3 厘米；1 紙；共 4 行，行 22～23 字。
2.3　殘片。首尾均殘。薄皮紙。有烏絲欄。已修整。
3.3　錄文：
□…□法之時，天雨四花，地六震動。諸天魔/
梵五體乾恭凡聖鬼神嚴義覆命邪徒願□□故事（士?）咸玠（?）莊嚴道/
場，此即說經之由序故云序也。流通分者如來說法非但獨/
益當時亦為澤霑來萊說法之後，即明付屬流通□□/
（錄文完）
8　8 世紀。唐寫本。
9.1　行楷。

1.1　BD15722 號
1.3　大乘百法明門論解義疏（擬）
2.1　23.8×27.5 厘米；2 紙；共 15 行，行 26 字殘。
2.2　01：20.0，13；　02：03.8，02。
2.3　殘片。首尾均殘。薄皮紙。通卷下殘。已修整。
3.3　錄文：
（首殘）
□赤白（曰?）長短正不正方圓□…□明闇此□…□/
□諸（請?）肉眼天眼及聖惠眼。故毗曇偈云：雖有衆多色，但說一色□…□/
色人。三眼境界故。若依大乘對法論說眼根所行色義說廿（?）□…□/
青黄赤白長短方圓粗細高下。若正不正光影明闇雲煙塵霧迴色□…□/
色空一顯色，此青等廿五色建立由六種因謂相，故安立，故損益，故作所依故□…□/
故莊嚴，故如其次第四十八三由相故，故有青黄赤白等四由安立故，故有（?）□…□/
短方圓粗細高下。若正不正等十由損益故，故有光影明闇雲煙塵霧□…□/
等八由作所依故，故有向色言迴色者，謂離餘礙觸方所可得由作□…□/
故有表色身口所作有所表彰，故名表色，由莊嚴故，故有空一顯色空□…□/
色空一顯色者，謂上所見青等顯色也。乾解文中初長行後偈誦長□…□/
□□義第一明見三千世界，此是依果。第二見其正報業因生處父母所生（?）□…□/
清淨肉眼見於三千大千世界內外所看乃至有頂者，見依果□…□/
法花論：凡夫之人以持經力故，得勝眼用未入初地，若入初地則捨三界□…□/
□…□生肉眼依大智度論龍樹解釋二忍亦爾地前柔順□…□/
今此所說父母所生清淨□…□/
（錄文完）
3.4　說明：
察其內容，廣引諸論，闡述色等名相，且文中有“就解文中”云云。故擬此名。
8　8 世紀。唐寫本。
9.1　行楷。
9.2　有硃筆行間校加字及塗抹。

1.1　BD15723 號
1.3　大佛略懺
2.1　17.5×28.2 厘米；1 紙；共 11 行，行 28～30 字。
2.3　殘片。首尾均殘。有烏絲欄。已修整。
3.1　首殘→大正 2841，85/1294A05。
3.2　尾殘→大正 2841，85/1294A23。
8　8 世紀。唐寫本。
9.1　楷書。

1.1　BD15724 號
1.3　金剛般若波羅蜜經
1.9　簡 071484
2.1　43.3×27.3 厘米；1 紙；共 29 行，行 17 字。
2.3　殘片。首尾均脱。有烏絲欄。與其他卷相比，多一上下邊欄。已修整。
3.1　首殘→大正 0235，08/0752A03。
3.2　尾殘→大正 0235，08/0752B08。
8　7～8 世紀。唐寫本。
9.1　楷書。

1.1　BD15725 號
1.3　大般涅槃經（北本）卷一二
1.9　簡 071484
2.1　47.6×25.5 厘米；1 紙；共 29 行，行 17 字。
2.3　殘片。首尾均脱。有烏絲欄。已修整。
3.1　首殘→大正 0374，12/0438B06。
3.2　尾殘→大正 0374，12/0438C06。
8　6 世紀。南北朝寫本。
9.1　楷書。

1.1　BD15726 號
1.3　藥師琉璃光如來本願功德經
1.9　簡 071484
2.1　24.4×25.8 厘米；1 紙；共 14 行，行 17 字。
2.3　殘片。首尾均斷。有烏絲欄。已修整。
3.1　首殘→大正 0450，14/0405B05。
3.2　尾殘→大正 0450，14/0405B20。

8　8 世紀。唐寫本。
9.1　楷書。

1.1　BD15727 號
1.3　稱讚淨土佛攝受經
1.9　簡 071484
2.1　22×26.4 厘米；1 紙；共 13 行，行 17 字。
2.3　殘片。首斷尾脫。經黄打紙。有烏絲欄。已修整。
3.1　首殘→大正 0367，12/0349A07。
3.2　尾殘→大正 0367，12/0349A20。
8　7~8 世紀。唐寫本。
9.1　楷書。

1.1　BD15728 號
1.3　金剛般若波羅蜜經（三十二分本）
1.9　簡 071484
2.1　27.5×25.3 厘米；1 紙；共 16 行，行 17 字。
2.3　殘片。首尾均斷。上邊有燒灼殘缺。有烏絲欄。已修整。
3.1　首殘→大正 0235，08/0750A11。
3.2　尾殘→大正 0235，08/0750A26。
5　與《大正藏》本對照，本文獻為三十二分本。
8　9~10 世紀。歸義軍時期寫本。
9.1　楷書。

1.1　BD15729 號
1.3　妙法蓮華經卷一
1.9　簡 071484
2.1　19.2×25 厘米；1 紙；共 11 行，行 20 字（偈頌）。
2.3　殘片。首脫尾斷。經黄打紙。有烏絲欄。已修整。
3.1　首殘→大正 0262，09/0005A09。
3.2　尾殘→大正 0262，09/0005B01。
8　7~8 世紀。唐寫本。
9.1　楷書。

1.1　BD15730 號
1.3　妙法蓮華經卷三
1.9　簡 071484
2.1　13×25.7 厘米；1 紙；共 7 行，行 17 字。
2.3　殘片。首斷尾脫。有烏絲欄。已修整。
3.1　首殘→大正 0262，09/0020B25。
3.2　尾殘→大正 0262，09/0020C03。
8　7~8 世紀。唐寫本。
9.1　楷書。

1.1　BD15731 號
1.3　金光明經卷四
1.9　簡 071484
2.1　46.5×24.4 厘米；1 紙；共 28 行，行 17 字。
2.3　殘片。首尾均脫。經黄打紙。卷面有油污，下邊有殘缺。有烏絲欄。已修整。
3.1　首殘→大正 0663，16/0353A15。
3.2　尾殘→大正 0663，16/0352B15。
8　7~8 世紀。唐寫本。
9.1　楷書。

1.1　BD15732 號
1.3　金剛般若波羅蜜經
1.9　簡 071484
2.1　31.5×27 厘米；1 紙；共 16 行，行 17 字。
2.3　殘片。首斷尾全。有烏絲欄。與其他卷相比，多一上下邊欄。已修整。
3.1　首殘→大正 0235，08/0752B16。
3.2　尾殘→大正 0235，08/0752C03。
4.2、金剛般若經（尾）。
8　7~8 世紀。唐寫本。
9.1　楷書。

1.1　BD15733 號
1.3　藥師琉璃光如來本願功德經
1.9　簡 071484
2.1　24.3×26 厘米；1 紙；共 14 行，行 17 字。
2.3　殘片。首斷尾脫。有烏絲欄。已修整。
3.1　首殘→大正 0450，14/0406A13。
3.2　尾殘→大正 0450，14/0406A28。
8　8 世紀。唐寫本。
9.1　楷書。

1.1　BD15734 號
1.3　妙法蓮華經卷一
1.9　簡 071484
2.1　47×25.5 厘米；1 紙；共 28 行，行 17 字。
2.3　殘片。首尾均脫。經黄打紙。有烏絲欄。已修整。
3.1　首殘→大正 0262，09/0002B19。
3.2　尾殘→大正 0262，09/0002C22。
8　7~8 世紀。唐寫本。
9.1　楷書。
10　卷下邊欄處有陰文硃印，1.6×1.6 厘米，印文為："周季木審定印"。

1.1　BD15735 號
1.3　金剛般若波羅蜜經
1.9　簡 071484
2.1　45.6×25.1 厘米；1 紙；共 28 行，行 17 字。
2.3　殘片。首尾均脫。經黄打紙。有烏絲欄。已修整。

3.1　首殘→大正 0235，08/0750B23。
3.2　尾殘→大正 0235，08/0750C23。
8　7～8 世紀。唐寫本。
9.1　楷書。

1.1　BD15736 號
1.3　妙法蓮華經卷七
1.9　簡 071484
2.1　44.8×26.8 厘米；2 紙；共 26 行，行 17 字。
2.2　01：37.5，22；　02：07.3，04。
2.3　殘片。首尾均斷。有烏絲欄。已修整。
3.1　首殘→大正 0262，09/0059A07。
3.2　尾殘→大正 0262，09/0059B04。
8　8～9 世紀。吐蕃統治時期寫本。
9.1　楷書。

1.1　BD15737 號
1.3　妙法蓮華經卷六
1.9　簡 071484
2.1　31×26.5 厘米；1 紙；共 19 行，行 17 字。
2.3　殘片。首斷尾脱。有烏絲欄。已修整。
3.1　首殘→大正 0262，09/0053B05。
3.2　尾殘→大正 0262，09/0053B27。
5　與《大正藏》本校記對照，本件與元本、明本、東京帝室博物館本相同。
8　7～8 世紀。唐寫本。
9.1　楷書。

1.1　BD15738 號
1.3　思益梵天所問經卷三
1.9　簡 071484
2.1　30.5×26.2 厘米；1 紙；共 17 行，行 17 字。
2.3　殘片。首尾均殘。卷面多水漬、鳥糞。有烏絲欄。已修整。
3.1　首殘→大正 0586，15/0047B10。
3.2　尾殘→大正 0586，15/0047B28。
8　8 世紀。唐寫本。
9.1　楷書。

1.1　BD15739 號
1.3　大般涅槃經（北本）卷一○
1.9　簡 071484
2.1　35.5×25.4 厘米；1 紙；共 21 行，行 17 字。
2.3　殘片。首尾均斷。有烏絲欄。已修整。
3.1　首殘→大正 0374，12/0423C01。
3.2　尾殘→大正 0374，12/0423C23。
8　7～8 世紀。唐寫本。
9.1　楷書。

1.1　BD15740 號
1.3　妙法蓮華經卷三
1.9　簡 071484
2.1　30.3×26 厘米；1 紙；共 18 行，行 17 字。
2.3　殘片。首脱尾斷。經黄打紙。有烏絲欄。已修整。
3.1　首殘→大正 0262，09/0025A29。
3.2　尾殘→大正 0262，09/0025B19。
8　7～8 世紀。唐寫本。
9.1　楷書。

1.1　BD15741 號
1.3　思益梵天所問經卷三
1.9　簡 071484
2.1　25×26.2 厘米；1 紙；共 14 行，行 17 字。
2.3　殘片。首尾均斷。有烏絲欄。已修整。
3.1　首殘→大正 0586，15/0048A10。
3.2　尾殘→大正 586，15/48A25；
8　8 世紀。唐寫本。
9.1　楷書。

1.1　BD15742 號
1.3　藥師琉璃光如來本願功德經
1.9　簡 071484
2.1　24.5×26.2 厘米；1 紙；共 14 行，行 17 字。
2.3　殘片。首脱尾斷。經黄打紙。有烏絲欄。已修整。
3.1　首殘→大正 0450，14/0407A24。
3.2　尾殘→大正 0450，14/0407B09。
8　7～8 世紀。唐寫本。
9.1　楷書。

1.1　BD15743 號
1.3　維摩詰所説經卷中
1.9　簡 071484
2.1　23×28.5 厘米；1 紙；共 14 行，行 20 字。
2.3　殘片。首斷尾脱。卷面多水漬。有烏絲欄。已修整。
3.1　首殘→大正 0475，14/0545A28。
3.2　尾殘→大正 0475，14/0545B17。
8　7～8 世紀。唐寫本。
9.1　楷書。

1.1　BD15744 號
1.3　妙法蓮華經卷一
1.9　簡 071484
2.1　23.8×25.2 厘米；1 紙；共 14 行，行 20 字（偈頌）。
2.3　殘片。首尾均斷。卷面多水漬。已修整。
3.1　首殘→大正 0262，09/0004B21。
3.2　尾殘→大正 0262，09/0004C19。

8　8世紀。唐寫本。
9.1　楷書。

1.1　BD15745號
1.3　金剛般若波羅蜜經
1.9　簡071484
2.1　42.6×25.2厘米；1紙；共27行，行17字。
2.3　殘片。首斷尾脱。有烏絲欄。已修整。
3.1　首殘→大正0235，08/0750C25。
3.2　尾殘→大正0235，08/0751A24。
8　8世紀。唐寫本。
9.1　楷書。

1.1　BD15746號
1.3　金光明經卷四
1.9　簡071484
2.1　46.3×24.6厘米；1紙；共28行，行16字（偈頌）。
2.3　殘片。首尾均脱。經黄打紙。上邊有等距離水漬。有烏絲欄。已修整。
3.1　首殘→大正0663，16/0356A04。
3.2　尾殘→大正0663，16/0356B10。
8　7～8世紀。唐寫本。
9.1　楷書。

1.1　BD15747號
1.3　妙法蓮華經卷四
1.9　簡071484
2.1　13.2×25.5厘米；1紙；共7行，行17字。
2.3　殘片。首斷尾脱。經黄打紙。有烏絲欄。已修整。
3.1　首殘→大正0262，09/0029B23。
3.2　尾殘→大正0262，09/0029C01。
8　7～8世紀。唐寫本。
9.1　楷書。

1.1　BD15748號
1.3　妙法蓮華經卷七
1.9　簡071484
2.1　47×27.5厘米；1紙；共28行，行17字。
2.3　殘片。首尾均脱。麻紙，未入潢。下邊有水漬。有烏絲欄。已修整。
3.1　首殘→大正0262，09/0060A09。
3.2　尾殘→大正0262，09/0060B12。
8　7～8世紀。唐寫本。
9.1　楷書。

1.1　BD15749號
1.3　大乘密嚴經（地婆訶羅本）卷上
1.9　簡071484
2.1　46.2×25.5厘米；2紙；共28行，行20字（偈頌）。
2.2　01：42.3，26；　02：03.9，02。
2.3　殘片。首尾均斷。有烏絲欄。已修整。
3.1　首殘→大正0681，16/0728B13。
3.2　尾殘→大正0681，16/0729A07。
8　8世紀。唐寫本。
9.1　楷書。

1.1　BD15750號
1.3　維摩詰所説經卷下
1.9　簡071484
2.1　43×24.8厘米；1紙；共24行，行17字。
2.3　殘片。首斷尾脱。經黄打紙。上部多黴爛，下部多水漬。有烏絲欄。已修整。
3.1　首殘→大正0475，14/0555B14。
3.2　尾殘→大正0475，14/0555C11。
8　7～8世紀。唐寫本。
9.1　楷書。

1.1　BD15751號
1.3　維摩詰所説經卷上
1.9　簡071484
2.1　36.8×25.7厘米；1紙；共22行，行17字。
2.3　殘片。首尾均殘。背有古代裱補。有烏絲欄。已修整。
3.1　首殘→大正0475，14/0537B02。
3.2　尾殘→大正0475，14/0537B24。
8　8世紀。唐寫本。
9.1　楷書。

1.1　BD15752號
1.3　妙法蓮華經卷五
1.9　簡071484
2.1　（15.5+10）×25.3厘米；1紙；共16行，行17字。
2.3　殘片。首尾均殘。經黄打紙。右下殘缺，卷面有水漬。有烏絲欄。已修整。
3.1　首9行上下殘→大正0262，09/0037A09～18。
3.2　尾殘→大正0262，09/0037A25。
8　7～8世紀。唐寫本。
9.1　楷書。

1.1　BD15753號
1.3　金剛般若波羅蜜經
1.9　簡071484
2.1　47.5×27.2厘米；1紙；共29行，行17字。
2.3　殘片。首尾均脱。打紙。上下邊有水漬。有烏絲欄。已修整。

3.1　首殘→大正 0235，08/0751B25。
3.2　尾殘→大正 0235，08/0752A03。
5　與《大正藏》本對照，本號經文無冥司偈，參見《大正藏》，8/751C16～19。
8　7～8 世紀。唐寫本。
9.1　楷書。

1.1　BD15754 號
1.3　妙法蓮華經卷三
1.9　簡 071484
2.1　18.2×25.8 厘米；1 紙；共 10 行，行 16 字（偈頌）。
2.3　殘片。首尾均斷。下邊有殘缺。有烏絲欄。已修整。
3.1　首殘→大正 0262，09/0020B11。
3.2　尾殘→大正 0262，09/0020B24。
8　7～8 世紀。唐寫本。
9.1　楷書。

1.1　BD15755 號
1.3　金剛般若波羅蜜經
1.9　簡 071484
2.1　35.6×18.3 厘米；2 紙；共 20 行，行 13 字殘。
2.2　01：01.3，00；　　02：34.3，20。
2.3　殘片。首殘尾斷。打紙。通卷下殘。有烏絲欄。已修整。
3.1　首殘→大正 0235，08/0751A21。
3.2　尾殘→大正 0235，08/0751B12。
8　7～8 世紀。唐寫本。
9.1　楷書。

1.1　BD15756 號
1.3　大乘密嚴經（地婆訶羅本）卷上
1.9　簡 071484
2.1　46.5×25.5 厘米；2 紙；共 28 行，行 20 字（偈頌）。
2.2　01：16.5，10；　　02：30.0，18。
2.3　殘片。首尾均斷。卷面有油污。有烏絲欄。已修整。
3.1　首殘→大正 0681，16/0727B25。
3.2　尾殘→大正 0681，16/0728A19。
8　8 世紀。唐寫本。
9.1　楷書。

1.1　BD15757 號
1.3　藥師琉璃光如來本願功德經
1.9　簡 071484
2.1　22.4×26 厘米；1 紙；共 13 行，行 17 字。
2.3　殘片。首尾均斷。卷面有水漬。有烏絲欄。已修整。
3.1　首殘→大正 0450，14/0405B27。
3.2　尾殘→大正 0450，14/0405C10。
8　8 世紀。唐寫本。
9.1　楷書。

1.1　BD15758 號
1.3　金剛般若波羅蜜經（兌廢稿）
1.9　簡 071484
2.1　12.3×29.4 厘米；1 紙；共 7 行，行 17 字。
2.3　殘片。首脫尾斷。上下邊殘缺。有烏絲欄。已修整。
3.1　首殘→大正 0235，08/0752A26。
3.2　尾殘→大正 0235，08/0752B05。
7.1　天頭有一“兌”字。
8　8～9 世紀。吐蕃統治時期寫本。
9.1　楷書。
9.2　有行間加行。

1.1　BD15759 號
1.3　書寫觀世音經題記（擬）
1.9　簡 071484
2.1　7.7×15.3 厘米；1 紙 1 葉 2 個半葉；共 4 行，行約 16 字。
2.3　粘葉裝。首斷尾全。有烏絲欄。已修整。
3.3　錄文：
（首殘）
壬午年二月十八日少此（?）弟子索清子寫/
《觀音經》一冊，書手弟子陰會深/
寫記。後有讀者明人再覓好/
紙本。明人手上書□記耳。/
（錄文完）
6.1　首→BD15760 號。
6.4　與 BD15760 號、BD15761 號、BD15762 號為同文獻。
8　9～10 世紀。歸義軍時期寫本。
9.1　楷書。

1.1　BD15760 號
1.3　觀世音經
1.9　簡 071484
2.1　21.4×15.3 厘米；1 紙 2 葉 4 個半葉，半葉 7 行，共 26 行，行 11 字。
2.3　粘葉裝。首尾均脫。有烏絲欄。已修整。
3.1　首殘→大正 0262，09/0058A15。
3.2　尾殘→大正 0262，09/0058B07。
4.2、觀音經一卷（尾）。
6.1　首→BD15761 號。
6.2　尾→BD15759 號。
6.4　與 BD15759 號、BD15761 號、BD15762 號為同冊。
8　9～10 世紀。歸義軍時期寫本。
9.1　楷書。

1.1　BD15761 號

1.3　觀世音經
1.9　简 071484
2.1　21.4×15.3 厘米；1 紙 2 葉 4 個半葉，半葉 6～8 行，共 27 行，行 10 字。
2.3　粘葉裝。首尾均脱。有烏絲欄。已修整。
3.1　首殘→大正 0262，09/0057C18。
3.2　尾殘→大正 0262，09/0058A14。
6.1　首→BD15762 號。
6.2　尾→BD15760 號。
6.4　與 BD15759 號、BD15760 號、BD15761 號為同冊。
8　9～10 世紀。歸義軍時期寫本。
9.1　楷書。

1.1　BD15762 號
1.3　觀世音經
1.9　简 071484
2.1　21.4×15.3 厘米；1 紙 2 葉 4 個半葉，半葉 7 行，共 21 行，行 10 字。
2.3　粘葉裝。首尾均脱。第 1 頁中間有殘洞。有烏絲欄。已修整。
3.1　首殘→大正 0262，09/0057B28。
3.2　尾殘→大正 0262，09/0057C17。
6.2　尾→BD15761 號。
6.4　與 BD15759 號、BD15760 號、BD15761 號為同冊。
8　9～10 世紀。歸義軍時期寫本。
9.1　楷書。

1.1　BD15763 號
1.3　妙法蓮華經卷七
1.9　简 071484
2.1　49.1×26 厘米；1 紙；共 31 行，行 17 字。
2.3　殘片。首尾均脱。有烏絲欄。已修整。
3.1　首殘→大正 0262，09/0055B16。
3.2　尾殘→大正 0262，09/0055C20。
8　7～8 世紀。唐寫本。
9.1　楷書。

1.1　BD15764 號
1.3　妙法蓮華經卷四
1.9　简 071484
2.1　51.1×25.2 厘米；1 紙；共 28 行，行 17 字。
2.3　殘片。首尾均脱。麻紙，未入潢。有烏絲欄。已修整。
3.1　首殘→大正 0262，09/0035C17。
3.2　尾殘→大正 0262，09/0036A17。
8　7～8 世紀。唐寫本。
9.1　楷書。

1.1　BD15765 號
1.3　妙法蓮華經卷四
1.9　简 071484
2.1　（53.3+1.5）×25.2 厘米；2 紙；共 26 行，行 17 字。
2.2　01：03.9，02；　02：50.9，24。
2.3　殘片。首斷尾全。經黄打紙。卷面有水漬及斑點。有烏絲欄。已修整。
3.1　首殘→大正 0262，09/0036B16。
3.2　尾全→大正 0262，09/0037A02。
4.2、妙法蓮華經卷第四（尾）。
8　7～8 世紀。唐寫本。
9.1　楷書。

1.1　BD15766 號
1.3　妙法蓮華經卷一
1.9　简 071484
2.1　50.1×25.6 厘米；1 紙；共 28 行，行 17 字。
2.3　殘片。首尾均脱。經黄打紙。上下邊有等距離水漬。有烏絲欄。已修整。
3.1　首殘→大正 0262，09/0003C14。
3.2　尾殘→大正 0262，09/0004A14。
8　7～8 世紀。唐寫本。
9.1　楷書。

1.1　BD15767 號
1.3　維摩詰所説經卷下
1.9　简 071484
2.1　49.4×26 厘米；1 紙；共 28 行，行 17 字。
2.3　殘片。首尾均脱。已修整。
3.1　首殘→大正 0475，14/0553A05。
3.2　尾殘→大正 0475，14/0553B05。
8　8 世紀。唐寫本。
9.1　楷書。

1.1　BD15768 號
1.3　妙法蓮華經卷三
1.9　简 071484
2.1　65.4×25.8 厘米；2 紙；共 37 行，行 17 字。
2.2　01：37.1，21；　02：28.3，16。
2.3　卷軸裝。首尾均斷。有烏絲欄。已修整。
3.1　首殘→大正 0262，09/0020C11。
3.2　尾殘→大正 0262，09/0021A29。
8　7～8 世紀。唐寫本。
9.1　楷書。

1.1　BD15769 號
1.3　大般涅槃經（北本）卷二鈔（擬）

1.9　簡 071841
2.1　(4.4+40.2+11.5)×29 厘米；3 紙；共 34 行，行 17～20 字。
2.2　01：04.4，03；　02：36.5，23；　03：15.2，08。
2.3　殘片。首尾均殘。首尾下有殘缺。已修整。
3.4　說明：
本遺書為所抄大般涅槃經（北本）卷二鈔，詳情如下：
第 1 至 19 行：大正 374，12/372A20～B12；
第 19 至 20 行：大正 374，12/373C21；
第 20 至 30：大正 374，12/373C22～374A4；
第 31 至 34 行：大正 374，12/374C6～10。
5　與《大正藏》本對照，第 19 至 20 行對照項文句不同。
8　8 世紀。唐寫本。
9.1　楷書。
9.2　有硃筆斷句。

1.1　BD15770 號
1.3　大方廣佛華嚴經（晉譯）卷一〇
1.9　簡 000054
2.1　(1.4+49.6)×26.7 厘米；3 紙；共 33 行，行 20 字。
2.2　01：01.4，01；　02：38.0，25；　03：11.6，07。
2.3　殘片。首殘尾脫。上下邊有殘缺。有烏絲欄。已修整。
3.1　首行上殘→大正 0278，09/0463C20。
3.2　尾殘→大正 0278，09/0464B21。
6.2　尾→BD15632 號。
8　5～6 世紀。南北朝寫本。
9.1　楷書。

1.1　BD15771 號
1.3　木刻文殊師利菩薩像（擬）
1.9　簡 057894
2.1　20.8×32.2 厘米；1 紙；共 13 行，行 14 字。
2.3　殘片。首尾均全。有框欄。已修整。
3.4　說明：
本遺書為文殊師利木版印製菩薩像，右題“大聖文殊師利菩薩”，下框內為供養文字及真言。2.1 項僅計算下框內的行數與行字數。
8　10 世紀，歸義軍時期刻本。
9.1　楷書。

1.1　BD15772 號 A
1.3　畫馬殘片五塊（擬）
1.9　簡 068095
2.1　48.6×(12～17) 厘米；5 紙。
2.2　01：16.2，00；　02：07.5，00；　03：09.5，00；
04：07.7，00；　05：07.7，00。
2.3　殘片。首尾均殘。已修整。
3.4　說明：
本遺書為畫馬殘片 5 塊，詳情如下：
(1) 16.2×5.5 厘米（似馬尾）。
(2) 7.5×14 厘米（畫痕）。
(3) 9.5×12 厘米（馬鬃）。
(4) 7.7×17 厘米（畫痕，似馬腿）。
(5) 7.7×16.7 厘米（馬頭）。
8　9～10 世紀。歸義軍時期寫本。

1.1　BD15772 號 B
1.3　畫馬殘片四塊（擬）
1.9　簡 068095
2.1　30.6×(14～26.7) 厘米；4 紙。
2.2　01：07.8，00；　02：08.8，00；　03：08.5，00；
04：05.5，00。
2.3　殘片。首尾均殘。已修整。
3.4　說明：
本遺書為畫馬殘片 4 塊，詳情如下：
(1) 7.8×19.5 厘米（馬尾）。
(2) 8.8×26.7 厘米（馬尾）。
(3) 8.5×25.7 厘米（馬腿）。
(4) 5.5×14 厘米（馬腿）。
8　9～10 世紀。歸義軍時期寫本。

1.1　BD15773 號
1.3　空號（已綴接）
1.9　簡 068092
3.4　說明：
本號已綴接於 BD15774 號之下。

1.1　BD15774 號
1.3　厭符法（擬）
1.9　簡 068093
2.1　(16.1+4.6+3.1)×27 厘米；1 紙；共 10 行，行約 27 字。
2.3　殘片。首尾均殘。右側中間有殘缺。已修整。
3.3　錄文：
右甲乙日，丙丁日，戊己日，庚辛（?）年日□…□/
日日日日日日厄
云團 甲乙日府如上/
日日日半
月 陽月
出鬼 ◇ 戊己日苻如上。◇弓星死 庚辛日苻如上/
日 符丙一屠者
日日日日
小絕鬼弓 壬癸日苻如上□…□/
日日日

厭法第卅二。又法厭用釜☐…☐◇昔（?）石八十斤於辰地方圓八尺/

三寸大吉。厭釜鳴妨六畜用黑☐斤埋於子地，方五尺五寸/

厭釜鳴虛耗亡（?）財用甘色石百斤，埋於大門中戶二尺三寸大吉/

厭釜鳴妨人用青石一百斤，於午地埋方停作人刑/

厭釜鳴◇◇◇以黃石一百斤，埋於卯地吉（?）所厭埋之處杵一千下婦（?）/

☐…☐隨（?）方色雞一隻絹七尺/

（錄文完）

3.4　說明：

前殘天干日符五道。其後有品題“厭法第卅二”，為厭釜鳴法。

與伯4793號所抄為同一文獻。伯4793號保存天干日符兩道、“厭釜鳴法第卅二”、“十二辰符第卅三”之十二辰符三道。通卷下殘，與本遺書保留文字可互補。

《法藏敦煌西域文獻》將伯4793號定為名“神符經”。王卡將伯4793號定名為“道教厭劾鬼怪符法”。今暫擬此名，待考。

8　8~9世紀。吐蕃統治時期寫本。

9.1　行書。

9.2　有硃筆標誌。

13　本件已與BD15773號綴接。

1.1　BD15775號

1.3　神印法（擬）

1.9　簡068091

2.1　（12.4+1.4+4.5）×27.1厘米；1紙；共12行，行約27字。

2.3　殘片。首尾均殘。右上及左上殘缺。已修整。

3.3　錄文：

☐…☐金剛等☐/

☐…☐◇并來降伏☐…☐/

☐…☐四於方散（?）之世界/

☐…☐得脫☐…☐印印之四散一切枯/

涸衆生☐得飽滿，充☐…☐三斗（?）以印印之，埋於土中。/

一日☐☐黃金。又取☐…☐印印之，擲在地中，變成黑/

蛇。又法帶印，人取蛇☐…☐療萬病。第一癩病及陋/

跛無申等，患以蛇少許與眼（?）☐…☐又法若印人求出世間者，/

取水三升，煎取二升，以印印之七處，用洗面及浴腳。于時之間，從地踴/

☐…☐取水三升印之百/

☐…☐大心求萬法術者，取樹一兩/

☐…☐平旦時眼之一分至午/

（錄文完）

3.4　說明：

本文獻為佛教文獻，謂行者以某一“印”作法，可得諸種神通效驗。暫擬此名，詳情待考。

8　8~9世紀。吐蕃統治時期寫本。

9.1　行楷。

9.2　有硃筆符號。

1.1　BD15776號A

1.3　齋文（擬）

2.1　18×13.5厘米；1紙；共4行，行7字殘。

2.3　殘片。首尾均殘。上下均殘。已修整。

3.3　錄文：

（首殘）

☐…☐劫歎愿多生安身☐…☐/

☐…☐福（?）日（?）茲不捨於☐…☐/

☐…☐可謂蓮花一☐…☐/

☐…☐◇不昧於光色☐…☐/

（錄文完）

8　9~10世紀。歸義軍時期寫本。

9.1　行楷。

1.1　BD15776號B

1.3　齋文（擬）

2.1　16.2×11.5厘米；1紙；共8行，行8字殘。

2.3　殘片。首尾均殘。上下均殘。已修整。

3.3　錄文：

☐…☐兜率之宮七寶/

☐…☐摩頂萬佛以來迎拔/

☐…☐愿莊嚴命同春/

☐…☐變滅鑊湌法喜/

☐…☐淨域悟沙菩薩共大慈/

☐…☐愿福同秋月胶（皎）/

☐…☐齋龜鶴命菩/

☐…☐莊嚴/

（錄文完）

8　9~10世紀。歸義軍時期寫本。

9.1　楷書。

1.1　BD15776號C

1.3　齋文（擬）

2.1　34.5×10.7厘米；1紙；共20行，行8字殘。

2.3　殘片。首尾均殘。上下均殘，卷面多殘洞。已修整。

3.3　錄文：

☐…☐◇味吐忽被秋霜/

☐…☐◇先凋，金枝早開（滿?）/

☐…☐悲對嬌（?）車而灑淚/

☐…☐趣生何路，顧孩（嬌?）子/

☐…☐厥號能人，金輪帝/

□…□須（?）甘蔗苗影現三身/
□…□日臻。/
□…□照察泥梨，救諸/
□…□褭足，天星惠炬，暉/
□…□靚尋梵影以無來/
□…□鐵圍山内籍此/
□…□是知二萬億佛普號/
□…□逆修。嗟紅顔之早/
□…□天◇◇淨路抽/
□…□今月某七，積善因/
□…□見在懷信◇深厚/
□…□生怨危身而（所?）連◇/
□…□臻共結良緣□/
□…□難積□袖杖□/
□…□◇共商量，以此‖歡娛/
（錄文完）
3.4　說明：
末行“歡娛”兩字乃從本號脱落，未找到原脱落處，顛倒綴接在末尾。
8　9～10世紀。歸義軍時期寫本。
9.1　楷書。

1.1　BD15777號A
1.3　沙州田籍（擬）
1.9　簡068076
2.1　12.5×29.5厘米；1紙；共5行，行21字殘。
2.3　殘片。首尾均殘。同卷上殘。卷首有古代裱補。已修整。
3.3　錄文：
（首殘）
□…□永業，□…□向施，南渠，北茹衛（?）。/
□…□畝永業，城東卅里胡渠，東王彦，西胡什善，南渠，北胡什善。/
□…□貳畝永業，城東卅里胡渠，東王遷，西渠，南氾羅伽，北渠。/
□…□陸畝永業，城東卅里胡渠，東自田，西道，南自田，北渠。/
□…□辛渠，□…□南渠，北渠。/
（錄文完）
8　7～8世紀。唐寫本。
9.1　楷書。
9.2　有硃筆標記。
13　另附1片3.2×10.3厘米的殘片，與本號卷首古代裱補紙紙質相同，或為從該古代裱補紙上脱落。

1.1　BD15777號B
1.3　文書殘片（擬）
1.9　簡068706
2.1　77.7×（1～18）厘米；11紙；正面23行，行14字殘。背面12行，行14字殘。
2.2　01：18.0，09；　02：21.5，04；　03：05.5，02；
04：05.5，02；　05：07.5，02；　06：02.5，01；
07：03.0，01；　08：04.5，00；　09：00.7，00；
10：06.0，02；　11：03.0，00。
2.3　殘片。首殘尾殘。大小不等，屬於不同的文書。已修整。
3.4　說明：
本遺書為殘片11片，詳情如下：
（01）18×18厘米，正面9行，背面7行。
（02）21.5×17厘米，正面4行，背面3行。
（03）5.5×4.5厘米，2行。
（04）5.5×2.7厘米，2行。
（05）7.5×5.5厘米，2行。
（06）2.5×2.5厘米，1行。
（07）3×2.5厘米，1行。
（08）4.5×1厘米，殘字痕。
（09）0.7×1厘米，殘字痕。
（10）6×6厘米，正面2行，背面2行。
（11）3×2.5厘米，殘字痕。
上述11塊殘片並非同一文獻，其中3個殘片背面有字。詳情代考。
8　9～10世紀。歸義軍時期寫本。
9.1　楷書。

1.1　BD15777號C
1.3　素紙一一塊（擬）
1.9　簡068076
2.1　85×（1～17）厘米；11紙。
2.2　01：05.3，00；　02：21.0，00；　03：18.0，00；
04：02.0，00；　05：03.5，00；　06：02.7，00；
07：03.5，00；　08：02.3，00；　09：21.0，00；
10：01.7，00；　11：04.0，00。
2.3　殘片。首尾均殘。上下均殘，大小不等，共11片。已修整。
3.4　說明：
本號包括大小不等無字殘片11片，詳情如下：
（1）5.3×7.5厘米。
（2）21×8.5厘米。
（2）18×7.5厘米。
（4）2×3厘米。
（5）3.5×3厘米。
（6）2.7×1.7厘米。
（7）3.5×1厘米。
（8）2.3×3.2厘米。
（9）21×12厘米。
（10）1.7×4厘米。

（11）4×2 厘米。

1.1　BD15778 號 A
1.3　護首（大般若波羅蜜多經）
1.9　簡 068081
2.1　19×25.2 厘米；1 紙；共 1 行，行 16 字。
2.3　卷軸裝。首全尾殘。本遺書為護首，有竹質天竿、經名。正背面均有古代裱補。已修整。
3.4　説明：
本遺書為護首，有經名“大般若波羅蜜多經卷第三百卌，騰（千字文袟號），卅四（本遺書所屬袟次）”。上有經名號。
7.2、經名下有陽文硃印，3.3×4.35 厘米，印文為：“瓜沙州大王印”。背面兩紙接縫處亦有此殘印，印文僅餘“瓜沙州”。
8　9～10 世紀。歸義軍時期寫本。
9.1　楷書。

1.1　BD15778 號 B
1.3　護首（大般若波羅蜜多經）
1.9　簡 068081
2.1　30×25.7 厘米；1 紙；共 1 行，行 17 字。
2.3　卷軸裝。首全尾殘。有芨芨草天竿、經名。已修整。
3.4　説明：
本遺書為護首，有經名“大般若波羅蜜多經卷第四百三十九，水（千字文袟號），卌四（本遺書所屬袟次）”。
7.2、經名下有陽文硃印，3.3×4.35 厘米，印文為：“瓜沙州大王印”。
8　9～10 世紀。歸義軍時期寫本。
9.1　楷書。

1.1　BD15779 號
1.3　乾元寺佛物處出便豆歷（擬）
1.9　簡 068080
2.1　12.5×27.2 厘米；1 紙；正面 6 行，行約 23 字。背面 5 行，行約 26 字。
2.3　殘片。首全尾殘。卷面有殘洞，有油污。背面有烏絲欄，但未按烏絲欄抄寫。已修整。
2.4　本遺書包括 2 個文獻：（一）《乾元寺佛物處出便豆歷》（擬），6 行，抄寫在正面，今編為 BD15779 號。（二）《安宅文》（擬），5 行，抄寫在背面，今編為 BD15779 號背。
3.3　録文：
丑年二月卅日氾興興於乾元寺佛物處便豆肆漢碩，其豆/
自至秋八月內還足。如違不還，一仰保人男氾安安/
（空一行）
同日買子便豆貳碩。廣德便豆叁碩。/
□…□百姓張英□便（？）乾元寺佛物處便豆/
（後殘）
3.4　説明：
本號前兩行為乾元寺佛物處丑年二月卅日便豆給氾興興。後一行為便豆給買子、廣德的記錄。其後為某日便豆給張英□的記錄。由此可知本遺書因為乾元寺佛物處便豆歷，並可知當時三寶物的處置方式。
7.3　第 2 至 3 行之間有雜寫一行：“行步徐徐牛顧侍（視），高瞻下眄不隨。”倒寫。
8　8～9 世紀。吐蕃統治時期寫本。
9.1　行楷。
9.2　有墨筆塗改。有行間校加字。

1.1　BD15779 號背
1.3　安宅文（擬）
1.9　簡 068080
2.4　本遺書由 2 個文獻組成，本文獻為第 2 個，5 行，抄寫在背面。餘參見 BD15779 號之第 2 項。
3.3　録文：
（首全）
其宅內陰陽會合，龜鏡相扶。八卦吉祥，五行通利。四方平正，八表堪/
居。離坎分西北之堂，震兑置東南之室。左青右白，妙膜乾坤；前朱/
後玄，雅合陰陽之道。惟願金龍遶宅，吉鳳銜（？）珠。地勇（湧）珊瑚，天垂/
瑪瑙。四王持劍斬（代）伐魔軍，八部冥加蕩除魑魅。人增受（壽）命，各保長年。憂/
患消除，福慶雲集。/
（録文完）
8　8～9 世紀。吐蕃統治時期寫本。
9.1　楷書。
9.2　有墨筆塗改。

1.1　BD15780 號
1.3　七佛八菩薩所説大陀羅尼神咒經鈔（擬）
2.1　143.9×28 厘米；4 紙；共 57 行，行約 25 字。
2.2　01：23.0，11；　02：40.2，20；　03：40.3，19；
04：40.4，07。
2.3　卷軸裝。首殘尾全。上部有殘缺，卷面有水漬、鳥糞。尾有餘空。有折疊欄。已修整。
3.4　説明：
本遺書所抄為《七佛八菩薩所説大陀羅尼神咒經》卷一中過去七佛及諸菩薩所説陀羅尼，詳情如下：
第 1 行：大正 1332，21/536C9～11；
第 2 行：第三隨業佛所説
第 3 至 5 行：大正 1332，21/536C21～537A2；
第 6 行：第四拘留秦佛所説
第 7 行至 11 行：大正 1332，21/537A24～B3；
第 12 行：第五拘那含牟尼佛所説

第13至16行：大正1332，21/537B13～19；
第17行：第六迦葉佛所說
第18至21行：大正1332，21/537C8～14；
第22行：第七釋牟尼佛所說
第23至27行：大正1332，21/538A8～13；
第28行：文殊師利菩薩所說
第29至30行：大正1332，21/538B14～17；
第31行：虛空菩薩所說
第32至33行：大正1332，21/538C5～8；
第34行：第三觀世音菩薩所說
第35至37行：大正1332，21/539A2～7；
第38行：第四救脫菩薩所說
第39至41行：大正1332，21/539B19～22；
第42行：第五我跋陀和菩薩所說
第43至46行：大正1332，21/539C15～20；
第47行：第六我大勢志菩薩所說
第48至49行：大正1332，21/540A21～24；
第50行：第七我得大勢菩薩所說
第51至53行：大正1332，21/540B22～26；
第54行：第八我堅勇菩薩所說
第55至57行：大正1332，21/540C17～21。

5　與《大正藏》本對照，部分神咒譯音有所不同。
8　5～6世紀。南北朝寫本。
9.1　行楷。
9.2　有倒乙。有重文號。有刪除號。

1.1　BD15781號
1.3　阿彌陀經
2.1　(1.8+74.8+7.4)×25厘米；2紙；共44行，行17字。
2.2　01：42.1，25；　　02：41.9，19。
2.3　卷軸裝。首尾均殘。前部有油污，後部又水漬。殘缺尾題。已修整。
3.1　首行上殘→大正0366，12/0347B28。
3.2　尾全→大正0366，12/0348A28。
8　8世紀。唐寫本。
9.1　楷書。

1.1　BD15782號
1.3　大般若波羅蜜多經卷一〇五
2.1　(6.3+118.3+3.1)×25.1厘米；4紙；共76行，行17字。
2.2　01：18.8，11；　　02：47.0，28；　　03：47.3，28；
04：14.6，09。
2.3　卷軸裝。首尾均殘。卷首殘缺嚴重，第2紙下邊殘缺。有烏絲欄。已修整。
3.1　首4行上下殘→大正0220，05/0579B29～C03。
3.2　尾2行上殘→大正0220，05/0580B16～18。
8　8～9世紀。吐蕃統治時期寫本。
9.1　楷書。

1.1　BD15783號
1.3　道教經鈔（擬）
2.1　(2.3+45.2+6.8)×24.4厘米；2紙；正面31行，行17字。背面23行，行16～18字。
2.2　01：16.3，09；　　02：38.0，22。
2.3　卷軸裝。首尾均殘。卷首殘缺，卷面略有殘洞，卷尾左上剪掉一塊。有烏絲欄。已修整。
2.4　本遺書包括2個文獻：(一)《道教經鈔》(擬)，31行，抄寫在正面，今編為BD15783號。(二)《頂尊勝陀羅尼咒》(擬)，23行，抄寫在背面，今編為BD15783號背。
3.3　錄文：

（首殘）
元，難見而易行。離合二象，生死之源。人之受/
炁，而有十三生；命之應終，而歸十三死。故天/
關為離合之紐，七元為生死之根。修行高上，/
求仙念真，而不知閉死炁鬼戶，度生炁於/
人門。見此道則不死之根。/
昇玄經/
道陵曰：夫人之所願，以生年為貴；人之所惡，以/
死終為賤。豈不然乎。天地平正，以生賞善，以/
死罰惡。/
真誥
童大君曰：欲殖滅度根，當拔生死階（栽）。沉吟/
墮九泉，但坐惜形骸。/
太虛真人曰：觀神載形時，亦如車從馬。車敗/
馬奔亡，牽連一時假。哀世莫識此，但是借風/
火。種罪天網上，受毒地獄下。/
西城真人曰：神為渡形舟，簿（泊）岸當別去。形非/
神常宅，神非形常載。徘徊生死輪，但苦心猶/
豫。/
小有真人曰：失道從死津，三魂迷生道。生生/
日已遠，死死日已早。悲哉苦痛容，根華已顛/
倒。起就零落座，焉知返枯老。/
地獄品/
洞真四極明科經/
酆都山在北方癸地，山上有八獄：/
第一監天獄，第二平天獄，/
第三虛天獄，第四自然獄，/
第五九平獄，第六青詔獄，/
[第七天玄獄]，第八元正獄。
□…□中央又有八獄：/
[第一玄沙北獄]，第二皇天獄，/
[第三禁罰獄]，第四玄妙獄，/
（後殘）

3.4　說明：

本文獻摘抄、撮略三洞諸種道教經典而成，存文有四段。

第一段5行，可參見《洞真上清開天三圖七星移度經》，見《中華道藏》第一册第406頁中欄。

第二段4行，可參見《太上靈寶昇玄内教經》卷七，見《中華道藏》第五册第97頁下欄。

第三段12行，可參見《太上洞玄靈寶真文要解上經》，見《中華道藏》第四册第96頁上欄到中欄。

第四段10行，可參見《三洞珠囊》卷七，見《中華道藏》第二八册第447頁下欄。第四段子目“地獄品”用硃筆重描。

5　與《中華道藏》本相比，文字略有參差，可供校勘。

7.3　卷面空白處多有雜寫，雜寫内容均為本卷經文雜抄，故不錄文。

8　7~8世紀。唐寫本。

9.1　楷書。

1.1　BD15783號背

1.3　頂尊勝陀羅尼咒（擬）

2.4　本遺書由2個文獻組成，本文獻為第2個，23行，抄寫在背面。餘參見BD15783號之第2項。

3.4　說明：

本文獻首行中殘，尾4行下殘。所抄為《頂尊勝陀羅尼咒》。可參見大正0967、大正0970、大正0971等諸多經典中的《頂尊勝陀羅尼咒》。該咒流傳廣泛，譯本較多，文字互有參差。

8　9~10世紀。歸義軍時期寫本。

9.1　楷書。

9.2　有倒乙。有重文號。有塗抹。

1.1　BD15784號

1.3　維摩詰所說經卷下

2.1　74.2×24.7厘米；3紙；共42行，行17字。

2.2　01：18.2，10；　02：49.3，28；　03：06.7，04。

2.3　卷軸裝。首尾均斷。經黄打紙。上邊有黴爛，卷面多水漬。背有古代裱補。有烏絲欄。已修整。

3.1　首殘→大正0475，14/0554C27。

3.2　尾殘→大正0475，14/0555B14。

8　7~8世紀。唐寫本。

9.1　楷書。

9.2　有硃筆斷句。有行間加字。

1.1　BD15785號

1.3　小抄

2.1　（7+36.2）×28.5厘米；1紙；共22行，行約24字。

2.3　殘片。首殘尾斷。卷面殘損。有折疊欄。已修整。

3.4　說明：

本文獻首3行下殘，尾殘。未為歷代大藏經所收。

8　9~10世紀。歸義軍時期寫本。

9.1　楷書。

9.2　有硃筆科分、間隔號。有重文號。

1.1　BD15786號

1.3　灌頂章句拔除過罪生死得度經

2.1　（3.3+72.2）×24.5厘米；3紙；共44行，行17字。

2.2　01：16.3，09；　02：47.1，28；　03：12.1，07。

2.3　卷軸裝。首殘尾斷。通卷有蟲蛀殘洞，卷面多水漬。卷首有近代裱補。有烏絲欄。已修整。

3.1　首行上下殘→大正1331，21/0532B28~29。

3.2　尾殘→大正1331，21/0533A13。

8　8世紀。日本奈良時期寫本。

9.1　楷書。

10　卷首裱補紙有正方形陰文硃印，1.4×1.4厘米，印文為“博宜州”。

1.1　BD15787號

1.3　維摩詰所說經卷上

1.9　簡057894

2.1　12.1×14厘米；1紙；共6行，行10字殘。

2.3　殘片。首全尾殘。通卷上殘。有烏絲欄。已修整。

3.1　首全→大正0475，14/0537A03。

3.2　尾殘→大正0475，14/0537A12。

4.1　□…□一名不可思議解脱（首）。

8　8~9世紀。吐蕃統治時期寫本。

9.1　楷書。

1.1　BD15788號

1.3　空號（已綴接）

1.9　簡057894

3.4　說明：

已與BD15802號綴接。

1.1　BD15789號

1.3　金剛般若波羅蜜經（菩提留支本）

1.9　簡057894

2.1　12.8×10厘米；1紙；共7行，行6字殘。

2.3　殘片。首尾均殘。上下均殘。有烏絲欄。已修整。

3.1　首殘→大正0236a，08/0755A07。

3.2　尾殘→大正0236，08/0755A14。

5　與《大正藏》本對照，文字略有參差。

8　6世紀。南北朝寫本。

9.1　隸楷。

1.1　BD15790號

1.3　金剛般若波羅蜜經

1.9　簡057894

2.1　42.1×16.5 厘米；1 紙；共 27 行，行 11 字殘。
2.3　殘片。首尾均脱。通卷下殘。有烏絲欄。已修整。
3.1　首殘→大正 0235，08/0750A16。
3.2　尾殘→大正 0235，08/0750B16。
5　與《大正藏》本對照，卷中漏抄“不可以三十二相得見如來”一句。
8　6 世紀。南北朝寫本。
9.1　隸楷。

1.1　BD15791 號
1.3　金剛般若波羅蜜經
2.1　10×14.2 厘米；1 紙；共 6 行，行 9 字殘。
2.3　殘片。首尾均殘。通卷上殘。有烏絲欄。已修整。
3.1　首殘→大正 0235，08/0750B01。
3.2　尾殘→大正 0235，08/0750B05。
8　6 世紀。南北朝寫本。
9.1　隸楷。

1.1　BD15792 號
1.3　大般涅槃經卷二三
2.1　6×5.5 厘米；1 紙；共 3 行，行 3 字殘。
2.3　殘片。首尾均殘。上下均殘。有烏絲欄。已修整。
3.1　首殘→大正 0374，12/0500A16。
3.2　尾殘→大正 0374，12/0500A18。
5　與《大正藏》本對照，文字略有參差。
8　6 世紀。南北朝寫本。
9.1　隸楷。

1.1　BD15793 號
1.3　妙法蓮華經卷七
2.1　6.7×9.1 厘米；1 紙；共 4 行，行 7 字殘。
2.3　殘片。首尾均殘。上下均殘。有烏絲欄。已修整。
3.1　首殘→大正 0262，09/0058C09。
3.2　尾殘→大正 0262，09/0058C12。
8　7～8 世紀。唐寫本。
9.1　楷書。

1.1　BD15794 號
1.3　金剛般若波羅蜜經
2.1　11.6×4.2 厘米；1 紙；共 7 行，行 1 字殘。
2.3　殘片。首尾均殘。通卷上殘，只一“眼”字完整，其餘為殘字。有烏絲欄。已修整。
3.1　首殘→大正 0235，08/0751B13。
3.2　尾殘→大正 0235，08/0751B18。
8　6 世紀。南北朝寫本。
9.1　隸楷。

1.1　BD15795 號
1.3　殘片（擬）
2.1　3.7×3.8 厘米；1 紙；共 2 行，行 3 字殘。
2.3　殘片。首尾均殘。通卷上殘。已修整。
3.3　錄文：
（首殘）
□…□勅者可/
□…□比丘/
（錄文完）
3.4　説明：
《四分律》卷一（大正 1428，22/0572C04～05）、《五分戒本》（大正 1422，22/0203A22～23）在相關文字的上下行中均有“勅者”及“比丘”4 字，但不符合“勅者可”之條件。詳情待考。
8　7～8 世紀。唐寫本。
9.1　楷書。

1.1　BD15796 號
1.3　金剛般若波羅蜜經
2.1　3.9×3 厘米；1 紙；共 2 行，行 2 字殘。
2.3　殘片。首殘尾斷。上下均殘。有烏絲欄。已修整。
3.1　首殘→大正 0235，08/0751A20。
3.2　尾殘→大正 0235，08/0751A21。
8　7～8 世紀。唐寫本。
9.1　楷書。

1.1　BD15797 號
1.3　妙法蓮華經卷六
2.1　5.5×13.1 厘米；1 紙；共 3 行，行 9 字殘。
2.3　殘片。首尾均殘。通卷下殘。有烏絲欄。已修整。
3.1　首殘→大正 0262，09/0050A22。
3.2　尾殘→大正 0262，09/0050A24。
8　7～8 世紀。唐寫本。
9.1　楷書。

1.1　BD15798 號
1.3　金剛般若波羅蜜經（菩提留支本）
2.1　7.4×5 厘米；1 紙；共 3 行，行 4 字殘。
2.3　殘片。首尾均殘。上下均殘。有烏絲欄。已修整。
3.1　首殘→大正 0236a，08/0754C14。
3.2　尾殘→大正 0236，08/0754C16。
8　6 世紀。南北朝寫本。
9.1　隸楷。

1.1　BD15799 號
1.3　殘片（擬）
2.1　3.2×1.5 厘米；1 紙；共 1 行，行 1 字殘。

2.3　殘片。首尾均殘。有烏絲欄。已修整。
3.4　説明：
　　僅存一“意”字。
8　7~8世紀。唐寫本。
9.1　楷書。

1.1　BD15800號
1.3　金剛般若波羅蜜經
2.1　18.4×7.1厘米；1紙；共11行，行6字殘。
2.3　殘片。首尾均殘。上下均殘。有烏絲欄。已修整。
3.1　首殘→大正0235，08/0750B13。
3.2　尾殘→大正0235，08/0750B24。
8　7~8世紀。唐寫本。
9.1　楷書。

1.1　BD15801號
1.3　妙法蓮華經卷五
1.9　簡071483
2.1　12.2×12.1厘米；1紙；共7行，行6字殘。
2.3　殘片。首殘尾殘。通卷下殘。有烏絲欄。已修整。
3.1　首殘→大正0262，09/0037A11。
3.2　尾殘→大正0262，09/0037A17。
8　7~8世紀。唐寫本。
9.1　楷書。

1.1　BD15802號
1.3　金剛般若波羅蜜經（菩提留支本）
1.9　簡071483
2.1　24.4×21.3厘米；1紙；共14行，行16字殘。
2.3　殘片。首殘尾殘。通卷下殘。有烏絲欄。已修整。
3.1　首殘→大正0236a，08/0755B26。
3.2　尾殘→大正0236a，08/0755C12。
5　與《大正藏》本相比，此卷行文與明本相同。
8　6世紀。南北朝寫本。
9.1　楷書。
13　本號已與BD15788號綴接為一塊。

1.1　BD15803號
1.3　妙法蓮華經卷五
1.9　簡071483
2.1　11.1×16厘米；1紙；共6行，行11字殘。
2.3　殘片。首殘尾殘。通卷下殘。有烏絲欄。已修整。
3.1　首殘→大正0262，09/0037A11。
3.2　尾殘→大正0262，09/0037A17。
8　7~8世紀。唐寫本。
9.1　楷書。

1.1　BD15804號
1.3　金剛般若波羅蜜經
1.9　簡071483
2.1　30.5×19.6厘米；1紙；共18行，行14字殘。
2.3　殘片。首殘尾脱。通卷下殘。有烏絲欄。已修整。
3.1　首殘→大正0235，08/0748C28。
3.2　尾殘→大正0235，08/0749A18。
8　8世紀。唐寫本。
9.1　楷書。

1.1　BD15805號
1.3　大通方廣經卷中
1.9　簡071483
2.1　24.8×21.7厘米；2紙；共14行，行15字殘。
2.2　01：19.0，11；　　02：05.8，03。
2.3　殘片。首殘尾殘。通卷下殘。已修整。
3.1　首殘→大正2871，85/1346B15。
3.2　尾殘→大正2871，85/1346B28。
8　5~6世紀。南北朝寫本。
9.1　隸楷。

1.1　BD15806號
1.3　金剛般若波羅蜜經
1.9　簡071483
2.1　11×24.6厘米；1紙；共6行，行17字。
2.3　殘片。首殘尾殘。卷面有小殘洞，上邊有水漬。有烏絲欄。已修整。
3.1　首殘→大正0235，08/0749A21。
3.2　尾殘→大正0235，08/0749A28。
8　7~8世紀。唐寫本。
9.1　楷書。

1.1　BD15807號
1.3　妙法蓮華經卷四
1.9　簡071483
2.1　16.5×21.8厘米；1紙；共10行，行14字殘。
2.3　殘片。首殘尾殘。上邊殘缺，通卷下殘。有烏絲欄。已修整。
3.1　首殘→大正0262，09/0030B10。
3.2　尾殘→大正0262，09/0030B25。
8　7~8世紀。唐寫本。
9.1　楷書。

1.1　BD15808號
1.3　金剛般若波羅蜜經（菩提留支本）
1.9　簡071483
2.1　9.3×10.1厘米；1紙；共4行，行8字殘。

2.3 殘片。首殘尾殘。上下均殘。有烏絲欄。已修整。
3.1 首殘→大正 0236a，08/0755A13。
3.2 尾殘→大正 0236a，08/0755A17。
8 6 世紀。南北朝寫本。
9.1 隸楷。

1.1 BD15809 號
1.3 妙法蓮華經卷一
1.9 簡 071483
2.1 4.1×12.6 厘米；1 紙；共 2 行，行 8 字殘。
2.3 殘片。首殘尾殘。通卷上殘。有烏絲欄。已修整。
3.1 首殘→大正 0262，09/0001C29。
3.2 尾殘→大正 0262，09/0002A02。
8 7～8 世紀。唐寫本。
9.1 楷書。

1.1 BD15810 號
1.3 金剛般若波羅蜜經
1.9 簡 071483
2.1 22.4×20.9 厘米；1 紙；共 14 行，行 15 字殘。
2.3 殘片。首殘尾殘。通卷下殘。有烏絲欄。已修整。
3.1 首殘→大正 0235，08/0748C25。
3.2 尾殘→大正 0235，08/0749A10。
8 8 世紀。唐寫本。
9.1 楷書。

1.1 BD15811 號
1.3 大般涅槃經（南本）卷一九
1.9 簡 071483
2.1 13.3×26.2 厘米；1 紙；共 8 行，行 17 字。
2.3 殘片。首殘尾殘。右下有殘缺，卷面有殘洞。有烏絲欄。已修整。
3.1 首殘→大正 0375，12/0736C02。
3.2 尾殘→大正 0375，12/0736C10。
8 5 世紀。南北朝寫本。
9.1 隸書。

1.1 BD15812 號
1.3 妙法蓮華經卷四
1.9 簡 071483
2.1 14.4×24 厘米；1 紙；共 8 行，行 17 字。
2.3 殘片。首殘尾殘。通卷下殘，卷面有水漬。有烏絲欄。已修整。
3.1 首殘→大正 0262，09/0030B26。
3.2 尾殘→大正 0262，09/0030C06。
8 7～8 世紀。唐寫本。
9.1 楷書。

1.1 BD15813 號
1.3 妙法蓮華經卷四
1.9 簡 071483
2.1 11.8×11.5 厘米；1 紙；共 7 行，行 7 字殘。
2.3 殘片。首殘尾殘。經黄打紙。通卷下殘。有烏絲欄。已修整。
3.1 首殘→大正 0262，09/0034B27。
3.2 尾殘→大正 0262，09/0034C05。
8 7～8 世紀。唐寫本。
9.1 楷書。

1.1 BD15814 號
1.3 妙法蓮華經卷七
1.9 簡 071483
2.1 8.5×10.4 厘米；1 紙；共 4 行，行 5 字殘。
2.3 殘片。首脱尾殘。通卷上殘。有烏絲欄。已修整。
3.1 首殘→大正 0262，09/0055B12。
3.2 尾殘→大正 0262，09/0055B15。
8 7～8 世紀。唐寫本。
9.1 楷書。

1.1 BD15815 號
1.3 妙法蓮華經卷四
1.9 簡 071483
2.1 11.9×25.5 厘米；2 紙；共 6 行，行 17 字。
2.2 01：02.4，01；　　02：09.5，05。
2.3 殘片。首殘尾殘。左下殘缺。有烏絲欄。已修整。
3.1 首殘→大正 0262，09/0030C15。
3.2 尾殘→大正 0262，09/0030C20。
8 8 世紀。唐寫本。
9.1 楷書。

1.1 BD15816 號
1.3 妙法蓮華經卷五
1.9 簡 071483
2.1 15.8×17 厘米；1 紙；共 9 行，行 11 字殘。
2.3 殘片。首殘尾殘。通卷下殘。有烏絲欄。已修整。
3.1 首殘→大正 0262，09/0037A17。
3.2 尾殘→大正 0262，09/0037A26。
8 7～8 世紀。唐寫本。
9.1 楷書。

1.1 BD15817 號
1.3 大般若波羅蜜多經卷八〇
1.9 簡 071483
2.1 4.2×22.2 厘米；1 紙；共 2 行，行 16 字殘。
2.3 殘片。首殘尾殘。通卷下殘。有烏絲欄。已修整。

3.1　首殘→大正 0220，05/0449A24。
3.2　尾殘→大正 0220，05/0449A25。
8　7～8 世紀。唐寫本。
9.1　楷書。

1.1　BD15818 號
1.3　妙法蓮華經卷一
1.9　簡 071483
2.1　（7.1＋5.8）×25.4 厘米；1 紙；共 7 行，行 20 字（偈頌）。
2.3　殘片。首殘尾殘。左上殘缺，卷面有污漬。有烏絲欄。已修整。
3.1　首殘→大正 0262，09/0004C22。
3.2　尾 3 行上殘→大正 0262，09/0005A01～06。
8　7～8 世紀。唐寫本。
9.1　楷書。

1.1　BD15819 號
1.3　大般若波羅蜜多經卷八九
1.9　簡 071483
2.1　（4＋5.4）×25.8 厘米；1 紙；共 5 行，行 17 字。
2.3　殘片。首殘尾殘。右下殘缺。有烏絲欄。已修整。
3.1　首 2 行下殘→大正 0220，05/0497B12～14。
3.2　尾殘→大正 0220，05/0497B17。
6.4　與 BD15823 號原為同卷，但不能直接綴接。
8　8 世紀。唐寫本。
9.1　楷書。

1.1　BD15820 號
1.3　金剛般若波羅蜜經
1.9　簡 071483
2.1　（3＋6.8）×25.4 厘米；1 紙；共 6 行，行 17 字。
2.3　殘片。首殘尾斷。有烏絲欄。已修整。
3.1　首行上下殘→大正 0235，08/0750B05。
3.2　尾殘→大正 0235，08/0750B09。
8　8 世紀。唐寫本。
9.1　楷書。

1.1　BD15821 號
1.3　妙法蓮華經卷一
1.9　簡 071483
2.1　（1.6＋3.4）×25.4 厘米；1 紙；共 3 行，行 16 字（偈頌）。
2.3　殘片。首殘尾殘。有烏絲欄。已修整。
3.1　首行中下殘→大正 0262，09/0003C06～07。
3.2　尾殘→大正 0262，09/0003C10。
8　7～8 世紀。唐寫本。
9.1　楷書。

1.1　BD15822 號
1.3　大般涅槃經（北本）卷一〇
1.9　簡 071483
2.1　（3.2＋7.7）×26.5 厘米；1 紙；共 6 行，行 17 字。
2.3　殘片。首殘尾殘。有上下邊欄。已修整。
3.1　首行下殘→大正 0374，12/0427B07。
3.2　尾殘→大正 0374，12/0427B12。
8　5～6 世紀。南北朝寫本。
9.1　隸書。

1.1　BD15823 號
1.3　大般若波羅蜜多經卷八九
1.9　簡 071483
2.1　（3.4＋3）×25.7 厘米；1 紙；共 4 行，行 17 字。
2.3　殘片。首殘尾殘。右上殘缺。有烏絲欄。已修整。
3.1　首 2 行上殘→大正 0220，05/0495A25～26。
3.2　尾殘→大正 0220，05/0495A28。
6.4　與 BD15819 號原為同卷，但不能直接綴接。
8　8～9 世紀。吐蕃統治時期寫本。
9.1　楷書。

1.1　BD15824 號
1.3　維摩詰所說經卷上
1.9　簡 071483
2.1　5.6×11.2 厘米；1 紙；共 3 行，行 9 字殘。
2.3　殘片。首殘尾殘。通卷上殘。有烏絲欄。已修整。
3.1　首殘→大正 0475，14/0537A12。
3.2　尾殘→大正 0475，14/0537A15。
8　8～9 世紀。吐蕃統治時期寫本。
9.1　楷書。

1.1　BD15825 號
1.3　金剛般若波羅蜜經
1.9　簡 071483
2.1　6×11 厘米；1 紙；共 3 行，行 6 字殘。
2.3　殘片。首殘尾殘。上邊殘缺，通卷下殘。有烏絲欄。已修整。
3.1　首殘→大正 0235，08/0750B19。
3.2　尾殘→大正 0235，08/0750B20。
8　8 世紀。唐寫本。
9.1　楷書。

1.1　BD15826 號
1.3　妙法蓮華經卷四
1.9　簡 071483

2.1 8.3×16.1 厘米；1 紙；共 3 行，行 10 字殘。
2.3 殘片。首殘尾殘。通卷下殘。有烏絲欄。已修整。
3.1 首殘→大正 0262，09/0036C27。
3.2 尾全→大正 0262，09/0037A02。
4.2、妙法蓮華經卷第四（尾）。
8 7~8 世紀。唐寫本。
9.1 楷書。

1.1 BD15827 號
1.3 佛教真言（擬）
1.9 簡 071483
2.1 4.5×9 厘米；1 紙；共 3 行，行 6 字殘。
2.3 殘片。首殘尾殘。通卷上殘，卷面污穢。有烏絲欄。已修整。
3.3 錄文
（首殘）
□…□摩/
□…□瓢莎呵二羅/
□…□莎呵二百阿摩/
（錄文完）
8 7~8 世紀。唐寫本。
9.1 楷書。

1.1 BD15828 號
1.3 殘片（擬）
1.9 簡 071483
2.1 3.2×4.8 厘米；1 紙；共 2 行，行 1 字殘。
2.3 殘片。首殘尾殘。通卷下殘。有烏絲欄。已修整。
3.4 說明：
本遺書僅餘“四”、“佛”2 字。
8 7~8 世紀。唐寫本。
9.1 楷書。

1.1 BD15829 號
1.3 金剛般若波羅蜜經
1.9 簡 071483
2.1 8.8×11.5 厘米；1 紙；共 5 行，行 8 字殘。
2.3 殘片。首殘尾殘。通卷上殘。有烏絲欄。已修整。
3.1 首殘→大正 0235，08/0749B01。
3.2 尾殘→大正 0235，08/0749B05。
8 7~8 世紀。唐寫本。
9.1 楷書。

1.1 BD15830 號
1.3 妙法蓮華經卷六
1.9 簡 071483
2.1 3.3×13.5 厘米；1 紙；共 8 行，行 15 字殘。
2.3 殘片。首殘尾殘。通卷下殘。有烏絲欄。已修整。
3.1 首殘→大正 0262，09/0047C12。
3.2 尾殘→大正 0262，09/0047C24。。
8 7~8 世紀。唐寫本。
9.1 楷書。

1.1 BD15831 號
1.3 金剛般若波羅蜜經
1.9 簡 071483
2.1 3.5×1.4 厘米；1 紙；共 3 行，行 10 字殘。
2.3 殘片。首殘尾殘。上邊殘缺，通卷下殘。有烏絲欄。已修整。
3.1 首殘→大正 0235，08/0748C28。
3.2 尾殘→大正 0235，08/0749A02。
8 8 世紀。唐寫本。
9.1 楷書。

1.1 BD15832 號
1.3 妙法蓮華經卷七
1.9 簡 071483
2.1 5.1×7.6 厘米；1 紙；共 3 行，行 6 字殘。
2.3 殘片。首殘尾殘。通卷上殘。有烏絲欄。
3.1 首殘→大正 0262，09/0059A12。
3.2 尾殘→大正 0262，09/0059A14。
8 7~8 世紀。唐寫本。
9.1 楷書。

1.1 BD15833 號
1.3 妙法蓮華經卷二
1.9 簡 071483
2.1 （3.6+7.8）×25.8 厘米；1 紙；共 7 行，行 17 字。
2.3 殘片。首殘尾殘。右上殘缺。有烏絲欄。已修整。
3.1 首 2 行上殘→大正 0262，09/0011B28~29。
3.2 尾殘→大正 0262，09/0011C06。
8 7~8 世紀。唐寫本。
9.1 楷書。

1.1 BD15834 號
1.3 大般涅槃經（北本）卷三七
1.9 簡 071483
2.1 5.3×7.5 厘米；1 紙；共 6 行，行 3 字殘。
2.3 殘片。首殘尾殘。上下均斷。有烏絲欄。已修整。
3.1 首殘→大正 0374，12/0584C07。
3.2 尾殘→大正 0374，12/0584C12。
8 5~6 世紀。南北朝寫本。
9.1 隸楷。

1.1 BD15835號
1.3 金剛般若波羅蜜經
1.9 簡071483
2.1 27.1×10厘米；1紙；共18行，行6字殘。
2.3 殘片。首殘尾殘。通卷上殘，下邊被剪去兩塊。有烏絲欄。已修整。
3.1 首殘→大正0235，08/0750C14。
3.2 尾殘→大正0235，08/0751A03。
8 7~8世紀。唐寫本。
9.1 楷書。

1.1 BD15836號
1.3 大方等陀羅尼經卷二
1.9 簡071483
2.1 （1.6+5.2）×25.7厘米；1紙；共4行，行17字。
2.3 殘片。首斷尾殘。有烏絲欄。
3.1 首殘→大正1339，21/0648B03。
3.2 尾3行中殘→大正1339，21/0648B05~07。
5 與《大正藏》本對照有缺文。
8 5~6世紀。南北朝寫本。
9.1 隸楷。
9.2 有重文號。

1.1 BD15837號
1.3 大般涅槃經（北本）卷一四
1.9 簡071483
2.1 6.7×21厘米；1紙；共5行，行14字殘。
2.3 殘片。首殘尾殘。通卷下殘。有烏絲欄。已修整。
3.1 首殘→大正0374，12/0449A22。
3.2 尾殘→大正0374，12/0449A26。
8 5~6世紀。南北朝寫本。
9.1 隸書。

1.1 BD15838號
1.3 金剛般若波羅蜜經
1.9 簡071483
2.1 5.2×8.2厘米；1紙；共3行，行5字殘。
2.3 殘片。首殘尾殘。通卷上殘。有烏絲欄。已修整。
3.1 首殘→大正0235，08/0751A11。
3.2 尾殘→大正0235，08/0751A14。
8 6世紀。南北朝寫本。
9.1 隸楷。

1.1 BD15839號
1.3 妙法蓮華經卷五
1.9 簡071483
2.1 9×15.2厘米；1紙；共5行，行10字殘。
2.3 殘片。首殘尾殘。通卷下殘。有烏絲欄。
3.1 首殘→大正0262，09/0037C10。
3.2 尾殘→大正0262，09/0037C16。
8 7~8世紀。唐寫本。
9.1 楷書。

1.1 BD15840號
1.3 藥師琉璃光如來本願功德經
1.9 簡071483
2.1 8.5×25.5厘米；1紙；共5行，行17字。
2.3 殘片。首殘尾殘。左下殘缺。有烏絲欄。已修整。
3.1 首殘→大正0450，14/0407B24。
3.2 尾殘→大正0450，14/0407B29。
8 7~8世紀。唐寫本。
9.1 楷書。

1.1 BD15841號
1.3 摩訶般若波羅蜜經卷二一
1.9 簡071483
2.1 （2.1+3.4）×25.6厘米；1紙；共3行，行17字。
2.3 殘片。首殘尾殘。有上下邊欄。
3.1 首行上殘→大正0223，08/0370A02。
3.2 尾殘→大正0223，08/0370A05。
8 5~6世紀。南北朝寫本。
9.1 隸書。

1.1 BD15842號
1.3 大般涅槃經（北本）卷三二
1.9 簡071483
2.1 9×25.7厘米；1紙；共5行，行17字。
2.3 殘片。首殘尾殘。有烏絲欄。已修整。
3.1 首殘→大正0374，12/0557A28。
3.2 尾殘→大正0374，12/0557B03。
8 7~8世紀。唐寫本。
9.1 楷書。

1.1 BD15843號
1.3 妙法蓮華經卷六
1.9 簡071483
2.1 （10.6+6.6+1.7）×24.4厘米；2紙；共11行，行17字。
2.2 01：12.4，07； 02：06.5，04。
2.3 殘片。首殘尾殘。右下殘缺。有烏絲欄。已修整。
3.1 首6行下殘→大正0262，09/0047A12~19。
3.2 尾行下殘→大正0262，09/0047A23。
8 7~8世紀。唐寫本。
9.1 楷書。

1.1　BD15844 號

1.3　妙法蓮華經卷三

1.9　簡 071483

2.1　26.5×11.5 厘米；1 紙；共 13 行，行 6 字殘。

2.3　殘片。首殘尾殘。右下殘缺，通卷上殘。有烏絲欄。已修整。

3.1　首殘→大正 0262，09/0019A22。

3.2　尾殘→大正 0262，09/0019B06。

8　7～8 世紀。唐寫本。

9.1　楷書。

新舊編號對照表

簡編號與北敦號對照表

簡編號	北敦號
簡 39192	BD15477 號
簡 57862	BD15661 號
簡 57862	BD15662 號
簡 57862	BD15663 號
簡 57862	BD15664 號
簡 57862	BD15665 號
簡 57862	BD15666 號
簡 57862	BD15667 號
簡 57862	BD15668 號
簡 57862	BD15669 號
簡 57862	BD15670 號
簡 57862	BD15671 號
簡 57862	BD15672 號
簡 57862	BD15673 號
簡 57862	BD15674 號
簡 57862	BD15675 號
簡 57862	BD15676 號
簡 57862	BD15677 號
簡 57862	BD15678 號
簡 57862	BD15679 號
簡 57862	BD15680 號
簡 57862	BD15681 號
簡 57862	BD15682 號
簡 57862	BD15683 號
簡 57862	BD15684 號
簡 57862	BD15685 號
簡 57862	BD15686 號
簡 57862	BD15687 號
簡 57862	BD15688 號
簡 57862	BD15689 號
簡 57862	BD15690 號
簡 57862	BD15691 號
簡 57862	BD15692 號
簡 57862	BD15693 號
簡 57862	BD15694 號
簡 57862	BD15695 號
簡 57862	BD15696 號
簡 57862	BD15697 號
簡 57862	BD15698 號
簡 57862	BD15699 號
簡 57862	BD15700 號
簡 57870	BD15493 號
簡 57870	BD15493 號背
簡 57870	BD15494 號
簡 57870	BD15495 號
簡 57870	BD15496 號
簡 57870	BD15497 號
簡 57870	BD15498 號
簡 57870	BD15499 號
簡 57871	BD15620 號
簡 57871	BD15621 號
簡 57871	BD15622 號
簡 57871	BD15623 號
簡 57871	BD15624 號
簡 57871	BD15625 號
簡 57872	BD15501 號
簡 57872	BD15502 號
簡 57872	BD15503 號
簡 57872	BD15504 號
簡 57872	BD15505 號
簡 57872	BD15506 號
簡 57872	BD15507 號
簡 57872	BD15508 號
簡 57872	BD15509 號
簡 57872	BD15510 號
簡 57872	BD15511 號
簡 57872	BD15512 號
簡 57872	BD15513 號
簡 57872	BD15514 號
簡 57872	BD15515 號
簡 57872	BD15516 號
簡 57872	BD15517 號
簡 57872	BD15518 號
簡 57872	BD15519 號
簡 57872	BD15520 號
簡 57872	BD15521 號
簡 57872	BD15522 號
簡 57872	BD15523 號
簡 57872	BD15524 號
簡 57872	BD15525 號
簡 57894	BD15720 號
簡 57894	BD15721 號
簡 57894	BD15722 號
簡 57894	BD15723 號
簡 57894	BD15771 號
簡 68076	BD15777 號 A
簡 68076	BD15777 號 C
簡 68080	BD15779 號
簡 68080	BD15779 號背
簡 68081	BD15778 號 A
簡 68081	BD15778 號 B
簡 68087	BD15645 號
簡 68087	BD15646 號

簡 68091	BD15775 號
簡 68092	BD15773 號
簡 68093	BD15774 號
簡 68095	BD15772 號 A
簡 68095	BD15772 號 B
簡 68104	BD15473 號
簡 68104	BD15473 號背
簡 68105	BD15491 號
簡 68107	BD15481 號
簡 68107	BD15482 號
簡 68107	BD15483 號
簡 68107	BD15484 號
簡 68107	BD15485 號
簡 68107	BD15486 號
簡 68137	BD15492 號
簡 68137	BD15644 號
簡 68139	BD15471 號
簡 68706	BD15777 號 B
簡 71483	BD15787 號
簡 71483	BD15788 號
簡 71483	BD15789 號
簡 71483	BD15790 號
簡 71483	BD15791 號
簡 71483	BD15792 號
簡 71483	BD15793 號
簡 71483	BD15794 號
簡 71483	BD15795 號
簡 71483	BD15796 號
簡 71483	BD15797 號
簡 71483	BD15798 號
簡 71483	BD15799 號
簡 71483	BD15800 號
簡 71483	BD15801 號
簡 71483	BD15802 號
簡 71483	BD15803 號
簡 71483	BD15804 號
簡 71483	BD15805 號
簡 71483	BD15806 號
簡 71483	BD15807 號
簡 71483	BD15808 號
簡 71483	BD15809 號
簡 71483	BD15810 號
簡 71483	BD15811 號
簡 71483	BD15812 號
簡 71483	BD15813 號
簡 71483	BD15814 號
簡 71483	BD15815 號
簡 71483	BD15816 號
簡 71483	BD15817 號
簡 71483	BD15818 號
簡 71483	BD15819 號
簡 71483	BD15820 號
簡 71483	BD15821 號
簡 71483	BD15822 號
簡 71483	BD15823 號
簡 71483	BD15824 號
簡 71483	BD15825 號
簡 71483	BD15826 號
簡 71483	BD15827 號
簡 71483	BD15828 號
簡 71483	BD15829 號
簡 71483	BD15830 號
簡 71483	BD15831 號
簡 71483	BD15832 號
簡 71483	BD15833 號
簡 71483	BD15834 號
簡 71483	BD15835 號
簡 71483	BD15836 號
簡 71483	BD15837 號
簡 71483	BD15838 號
簡 71483	BD15839 號
簡 71483	BD15840 號
簡 71483	BD15841 號
簡 71483	BD15842 號
簡 71483	BD15843 號
簡 71483	BD15844 號
簡 71484	BD15724 號
簡 71484	BD15725 號
簡 71484	BD15726 號
簡 71484	BD15727 號
簡 71484	BD15728 號
簡 71484	BD15729 號
簡 71484	BD15730 號
簡 71484	BD15731 號
簡 71484	BD15732 號
簡 71484	BD15733 號
簡 71484	BD15734 號
簡 71484	BD15735 號
簡 71484	BD15736 號
簡 71484	BD15737 號
簡 71484	BD15738 號
簡 71484	BD15739 號
簡 71484	BD15740 號
簡 71484	BD15741 號
簡 71484	BD15742 號
簡 71484	BD15743 號
簡 71484	BD15744 號
簡 71484	BD15745 號
簡 71484	BD15746 號
簡 71484	BD15747 號
簡 71484	BD15748 號
簡 71484	BD15749 號
簡 71484	BD15750 號
簡 71484	BD15751 號
簡 71484	BD15752 號
簡 71484	BD15753 號
簡 71484	BD15754 號
簡 71484	BD15755 號
簡 71484	BD15756 號
簡 71484	BD15757 號
簡 71484	BD15758 號
簡 71484	BD15759 號
簡 71484	BD15760 號
簡 71484	BD15761 號
簡 71484	BD15762 號
簡 71484	BD15763 號
簡 71484	BD15764 號
簡 71484	BD15765 號
簡 71484	BD15766 號
簡 71484	BD15767 號
簡 71484	BD15768 號
簡 71484	BD15769 號
簡 71484	BD15770 號
簡 71841	BD15533 號
簡 71841	BD15534 號
簡 71841	BD15535 號
簡 71841	BD15536 號
簡 71841	BD15537 號
簡 71841	BD15538 號
簡 71841	BD15539 號
簡 71841	BD15540 號
簡 71841	BD15541 號
簡 71841	BD15542 號
簡 71841	BD15543 號
簡 71841	BD15544 號
簡 71841	BD15545 號
簡 71841	BD15546 號
簡 71841	BD15547 號
簡 71841	BD15548 號
簡 71841	BD15549 號
簡 71841	BD15550 號

簡 71841	BD15551 號
簡 71841	BD15552 號
簡 71841	BD15553 號
簡 71841	BD15554 號
簡 71841	BD15555 號
簡 71841	BD15556 號
簡 71841	BD15557 號
簡 71841	BD15558 號
簡 71841	BD15559 號
簡 71841	BD15560 號
簡 71841	BD15561 號
簡 71841	BD15562 號
簡 71841	BD15563 號
簡 71841	BD15564 號
簡 71841	BD15565 號
簡 71841	BD15566 號
簡 71841	BD15567 號
簡 71841	BD15568 號
簡 71841	BD15569 號
簡 71841	BD15570 號
簡 71841	BD15571 號
簡 71841	BD15572 號
簡 71841	BD15573 號
簡 71841	BD15574 號
簡 71841	BD15575 號
簡 71841	BD15576 號
簡 71841	BD15577 號
簡 71841	BD15578 號
簡 71841	BD15579 號
簡 71841	BD15580 號
簡 71841	BD15581 號
簡 71841	BD15582 號
簡 71841	BD15583 號
簡 71841	BD15584 號
簡 71841	BD15585 號
簡 71841	BD15586 號
簡 71841	BD15587 號
簡 71841	BD15588 號
簡 71841	BD15589 號
簡 71841	BD15590 號
簡 71841	BD15591 號
簡 71841	BD15592 號
簡 71841	BD15593 號
簡 71841	BD15594 號
簡 71841	BD15595 號
簡 71841	BD15596 號
簡 71841	BD15597 號
簡 71841	BD15598 號
簡 71841	BD15599 號
簡 71841	BD15600 號
簡 71841	BD15601 號
簡 71841	BD15602 號
簡 71841	BD15603 號
簡 71841	BD15604 號
簡 71841	BD15605 號
簡 71841	BD15606 號
簡 71841	BD15607 號
簡 71841	BD15608 號
簡 71841	BD15608 號背
簡 71841	BD15609 號
簡 71841	BD15610 號
簡 71841	BD15611 號
簡 71841	BD15612 號
簡 71841	BD15613 號
簡 71841	BD15614 號
簡 71841	BD15615 號
簡 71841	BD15616 號
簡 71841	BD15617 號
簡 71841	BD15618 號
簡 71841	BD15619 號